Peter Michael
Lingens
Ansichten
eines Außenseiters

Peter Michael
Lingens
Ansichten
eines Außenseiters

Bildquellenverzeichnis
Kristian Bissuti: VI unten
Manfred Bockelmann: IV unten
Christiano Tekirdali: VIII unten
Nora Schuster-Merlicek: V oben, VII, VIII oben (2)
Archiv profil: V unten, VI oben
Alle anderen Fotos stammen aus dem Archiv des Autors.

www.kremayr-scheriau.at

ISBN 978-3-218-00797-9
Copyright © 2009 by Verlag Kremayr & Scheriau KG, Wien
Alle Rechte vorbehalten
Schutzumschlaggestaltung: Michael Schmiederer und Kurt Hamtil
unter Verwendung eines Fotos von Michael Dürr
Lektorat: Marie-Theres Pitner
Typografische Gestaltung: Kurt Hamtil
Druck und Bindung: CPI Moravia Books, Pohořelice

Inhaltsverzeichnis

1. Wie dieses Buch entstand –
speziell für Eric

Vom drängenden Wunsch älterer Väter, in ihren Kindern weiterzuleben und etwas zu hinterlassen, das sie für geronnene Weisheit halten.

„Ihre Chancen stehen 50:50", sagte der Professor, als er mir die Blutprobe abnahm – ich glaube, er hatte Freude an diesem leisen Sadismus.

Doch selbst wenn die negativen 50 Prozent eingetroffen wären, hätte ich immer noch eine Überlebenschance von achtzig Prozent besessen, sofern ich sofort operiert worden wäre. Aber obwohl ich das als Sohn zweier Ärzte von Beginn an wusste und der Professor es mir schon mit dem nächsten Satz lächelnd erläuterte – er hatte diese Abfolge seiner Mitteilungen offenbar mehrfach erprobt und wollte ihre Wirkung auch an mir genießen –, schoss mir prompt die Erinnerung an einen Freund durch den Kopf, der knapp zwei Jahre nach der gleichen Blutprobe nicht mehr am Leben war.

Und im nächsten Augenblick der Gedanke, was ich Dir eigentlich noch sagen wollte.

Denn unter meinen Kindern bist Du mit Deinen zwanzig Jahren das einzige, das gerade noch wirklich ein Kind ist und sich vielleicht noch etwas sagen lässt. Oliver, Sebastian und Katharina sind längst erwachsen – die beiden letzten haben selbst schon Kinder, von denen sie sich wünschen, dass sie ihnen zuhören. Dazu kennen sie ein Gutteil dessen, was ich Dir hier erzähle, bis zum Überdruss, denn sie haben meine Mutter noch in langen Tischgesprächen im O-Ton erlebt und viele Kapitel dieses Buches handeln von ihren Motiven, immer und überall auf Seiten der Schwächeren zu stehen.

Vor allem aber habe ich nicht mehr die geringste Chance, Deine Geschwister zu formen: Katharina wird heuer 42, Sebastian 40, Oliver 34 – sie sind mit mir und sich selber fertig und wie mir scheint im Klaren.

Du hingegen bist gerade noch in einem Alter, in dem Du vielleicht noch etwas von mir annimmst: Du bist noch nicht verheiratet und so interessiert Dich vielleicht, wie ich die Zukunft der Ehe sehe. Du bist politisch noch nicht festgelegt und willst vielleicht wissen, was ich vom Sozialismus oder vom Liberalismus halte. Auch meine Hassliebe zum Journalismus ist Dir vielleicht noch etwas Neues, denn Du hast mich erst gegen Ende meiner Berufslaufbahn erlebt.

Ich kann durch das, was ich Dir hier erzähle, vielleicht noch erreichen, dass auch Du ein wenig so denkst wie ich.

Denn es gibt ihn nun einmal: diesen sentimentalen Wunsch eines älteren Vaters, in seinen Kindern weiterzuleben. Es ist das zwar ein durchaus egoistischer Wunsch, doch er lässt sich rationalisieren: Es ist vielleicht ganz nützlich, wenn Du diesen oder jenen Fehler, den Du fast schon machen wolltest, im letzten Augenblick vermeidest, weil Dir einfällt: Den hat doch schon mein Vater gemacht. (Alle Textstellen, und manchmal auch ganze Kapitel, die ich Dir in diesem Sinne besonders nahe lege, habe ich daher als *„speziell für Eric"* gekennzeichnet.)

Natürlich schreibe ich dieses Buch trotzdem auch für meine drei anderen Kinder – aber nur von Dir verlange ich, dass Du es von vorne bis hinten liest.

So habe ich also vor mich hin geschrieben, wann immer ich Lust und Zeit dazu hatte. Voran Familiengeschichte, denn ich wollte Dir erzählen, woher Du kommst, um Einfluss darauf zu nehmen, wohin Du gehst. Doch dabei ist mir aufgefallen, wie viel von dieser Familiengeschichte doch Zeitgeschichte ist: weshalb Deine Großeltern, trotz der stinkreichen Familien, aus denen sie kamen, so unbedingt an Karl Marx glauben wollten; wieso meine Mutter im Dritten Reich Juden versteckt hat, obwohl sie ein kleines Kind zu Hause hatte; warum sich Konrad Adenauer von meinem Großvater im Stich gelassen fühlte; oder warum Österreichs „Sonnenkönig" Bruno Kreisky wenig Eindruck auf die jüdischen Freunde meiner Mutter gemacht hat.

Nicht zuletzt: warum jemand wie ich vor fünfzig Jahren ein Sozialist geworden ist und heute keiner mehr sein kann.

Als ich bei diesem Kapitel, dem achten, angelangt war, hat mein Kollege Paul Lendvai mich eingeladen, über eben diese Frage einen Artikel für die *Europäische Rundschau* zu schreiben, denn die SPÖ befand sich wegen der Anbiederung ihres neuen Obmanns Werner Faymann an die *Kronen Zeitung* gerade in hellem Aufruhr. Da ist mir erstmals der Gedanke gekommen, aus meinen familiären Erinnerungen ein Buch zu machen: Die Ansichten eine Außenseiters in einem Land, in dem der Liberalismus, dem ich mich am ehesten verbunden fühle, nie eine Chance gehabt hat. Das Verhältnis eines Mannes dieses Zuschnitts zur Freiheitlichen Partei, zu den Grünen, zur katholischen Kirche oder zum Islam. Ein Versuch, klar zu machen, wo man als Linksliberaler steht, wenn es um „Werte" wie die Familie geht. Zu erklären, was das überhaupt ist: ein Linksliberaler. Und zugleich Zweifel anzumelden: Ob nicht Freunde, die mich kennen, in mir weder einen Linken noch einen Liberalen sehen. Also auch Selbsterforschung. (Ich glaube, es gibt in Österreich nur zwei Liberale im engeren Sinn dieses Wortes: den ehemaligen Generaldirektor der CA Heinrich Treichl, der leider schon 96 ist, und meinen Kollegen Christian Ortner. Mit beiden verbindet mich eine herzliche Freundschaft – und von beiden trennen mich eine Reihe wirtschaftlicher Bedenken gegenüber der Leistungsfähigkeit des real existierenden Marktes.)

Wenig später setzte die Wirtschaftskrise ein, die ohne Zweifel eine neue „Weltwirtschaftkrise" der Größenordnung von 1929 ist. Und mit ihr die Gewissheit, dass ich sicher kein Liberaler im Sinne Gustav Hayeks oder Milton Friedmans bin, denn ich hoffe von Herzen, dass John Maynard Keynes mit seiner Forderung nach Interventionen des Staates in Zeiten der Rezession ihnen gegenüber recht behält. Mein Problem ist nur, dass ich mit dem Verstand leise Zweifel daran hege: Ich glaube nicht wirklich, dass man eine Weltwirtschaftskrise, die durch Überschuldung entstanden ist, dadurch überwindet, dass man die Schulden noch sehr viel größer macht. Jedenfalls denke ich, dass ich zu diesem Thema etwas zu sagen habe, das über bloße Berichterstattung hinausgeht: Ich kann für mich in Anspruch nehmen, die Gefahr dieser Krise früher als andere – schon im November 2002 – begriffen und öffentlich vor ihr gewarnt zu haben. Sehr leise freilich – vor nur vielleicht hundert Leuten –, denn ich war der Ansicht, zu wenig von Wirtschaft zu verstehen, um allzu laut zu sein. Stattdessen sind andere laut gewesen, die noch viel weniger verstanden haben: Ich fürchte, dass Wirtschaftsjournalisten einen nicht zu geringen Anteil an der Fehlentwicklung hatten, unter der wir derzeit leiden.

Es hat mir plötzlich leidgetan, dass ich dieses Buch nicht schon viel früher viel weiter vorangetrieben habe, denn es hätte dann zu Beginn dieser Krise herauskommen und mehr Überraschungen bieten können. So erscheint es vermutlich mitten im ersten Jahr der Rezession, und diesmal bin ich selbstbewusster: Ich wage Prognosen, wäge Rezepte gegeneinander ab und riskiere in einer zentralen Frage – der Bekämpfung der Arbeitslosigkeit – am Ende mit meiner Ansicht völlig falsch zu liegen. Aber gerade deshalb versuche ich, so präzise wie möglich zu formulieren und meine Thesen durchwegs nachprüfbar – in der Diktion meines verstorbenen Freundes Karl Popper „falsifizierbar" – vorzutragen. Ich will

Widerspruch herausfordern, wenn ich der Wirtschaft fast jede Gesetzmäßigkeit abspreche, große Budgets für keineswegs lebensgefährlich, Obamas Programm für problematisch oder die Verkürzung der wöchentlichen Arbeitszeit weiterhin für notwendig halte.

Nur wer in Wirklichkeit gar nichts sagt, kann nie unrecht haben.

In Summe handelt dieses Buch also von allem, was mich beschäftigt hat, seit ich vor fünfzig Jahren Journalist geworden bin. Warum die Attentate anständiger Menschen auf üble Staatsmänner so viel seltener gelingen als die Anschläge übler Menschen auf anständige Staatsmänner; weshalb ich die Vereinigung Europas für den größten Erfolg der Nachkriegsgeschichte halte und hoffe, dass die Globalisierung tatsächlich zum „Ende der Geschichte" führt; oder wieso ich die moderne Malerei in der Geiselhaft blinder Wort-Menschen glaube. Und natürlich auch, was ich vom Journalismus halte – seiner Macht, seinen Versuchungen und der Lust, „Zeitung zu machen".

Eine reichliche Hinterlassenschaft sozusagen. Wobei ich nicht behaupte, dass ihr Wert ihrem Umfang entspricht. Aber ich wollte Gepäck loswerden – auch solches, das mich belastet hat.

Das hängt vermutlich mit meinem Alter zusammen: Wenn man demnächst siebzig wird (es bei Erscheinen dieses Buches wohl schon ist), schon einmal die oben beschriebene Blutprobe abgegeben hat und sich eben vom zweiten Herzinfarkt erholt, hält man das eigenen Leben nicht mehr für unbegrenzt.

Umso mehr freut man sich, dass man noch lebt.

In diesem seltsamen Zustand, zwischen dem Wissen um die Möglichkeit des Todes und der Freude am Leben, vermeint man sich weise. Ich weiß nicht, ob man es wirklich ist – vielleicht ist man ausschließlich eitel –, aber man glaubt sich berechtigt, ja sogar verpflichtet, etwas von der im Laufe des Lebens erworbenen Erfahrung weiterzugeben: Sie sollte – so meint man – nicht völlig vergebens so kräfteraubend und manchmal auch schmerzhaft gemacht worden sein.

Auch das war ein Grund, dieses Buch zu schreiben.

2. Was bin ich?

Ein Vater, der sich wünscht, dass seine Kinder ihm ein wenig ähnlich sind,
sollte wissen, was er ist.

Von einem Journalisten wird erwartet, dass er sich über seine politische Einstellung definiert. Ganz genau weiß ich nur, was ich nicht bin: sicher kein Nationalist, kein Marxist, kein Manchester-Liberaler und kein Antisemit – doch wer ist das schon? Aber auch kein Sozialist, obwohl ich mich eher auf Seiten der Schwächeren sehe, und kein Pazifist, obwohl ich den Krieg, wie jeder nicht Geisteskranke, hasse. Kein Katholik, kein Protestant, überhaupt kein Christ, so sehr ich den Menschen Jesus Christus schätze. Aber auch kein Agnostiker und kein Atheist. Auch kein Zen-Buddhist, wie das Mode ist. Kein Freudianer, kein Puritaner, kein Tugendwächter und kein Kostverächter.

Ich denke das wär's.

Wenn ich die Liste durchsehe, entdecke ich unter dem, was ich sicher nicht bin, einen signifikanten Überhang der Silbe „-ist". Das leitet zur positiven Definition über: Ich bin jemand mit großer Skepsis gegenüber allem, was mit „-ist" endet. (Dazu gehört auch der Journalist.)

Von dort weiter zu dem, was ich gerne wäre: Ich wäre gerne Mitgestalter eines Parteiprogramms der ÖVP oder der CDU. Dort versuchte ich einzubringen, dass „Umverteilung" wirtschaftlich nicht zwangsläufig etwas Negatives und ein Sparbudget nicht zwangsläufig etwas Positives ist.

Aber ich wäre auch gern Mitgestalter eines Parteiprogramms der SPÖ oder der SPD. Dort versuchte ich einzubringen, dass man das Schulwesen privatisieren soll, um die Chancengleichheit zu erhöhen; dass eine Flat Tax keine Bevorzugung der Reichen und eine Erhöhung der direkten Steuern keine Benachteiligung der Armen darstellen muss.

Am liebsten wäre ich derzeit Mitgestalter eines Parteiprogramms der Grünen, denn sie scheinen mir in allen zentralen, aktuellen Fragen recht zu haben: Man muss wesentlich sparsamer mit allen Ressourcen umgehen, alternative Energien entwickeln, Gebäude isolieren, Autos durch Züge ersetzen, und es stimmt, dass nur extrem sparsamer Umgang mit Energie das Problem der globalen Erwärmung lösen kann. Aber bei all dieser Übereinstimmung versuchte ich die Grünen davon zu überzeugen, dass sie aufhören sollen, sich als Religion zu gerieren, und beginnen sollten, zwei ihrer Dogmen seriös zu diskutieren: dass nämlich Atomenergie und Gentechnik des Teufels sind.

Die einzige Partei, mit der ich jede Berührung scheue, ist die FPÖ (bzw. ihr Ableger BZÖ), aber die deutschen Liberalen wählte ich mit Vergnügen und versuchte, sie im Geiste Ralf Dahrendorfs für eine Mindestsicherung und im Geiste Milton Friedmans für die Privatisierung des Schulwesens zu gewinnen.

Mit einem Wort: Ich ziehe keine Partei allen anderen grundsätzlich vor, sondern halte die weltanschaulichen Unterschiede für eher künstlich aufgebauscht, um Fukuyamas „Ende der Geschichte" zu verbergen. Ich glaube nicht, dass sich die Ziele der „Rechten" und der „Linken" in unseren entwickelten Industriegesellschaften noch wirklich unterscheiden, sondern dass es eher um die Frage geht, wie sie sich am effizientesten erreichen lassen. Und selbst das scheint mir weniger von den jeweiligen Lösungsvorschlägen als von den handelnden Personen abzuhängen.

Ich wähle nach dem Kanzler-Kandidaten.

Wen also hätte und habe ich gewählt? Bis etwa 1960 war das einfach, denn Personen repräsentierten Weltanschauungen. Aber obwohl ich aus der Sozialdemokratie komme, hätte ich den ehemaligen Heimwehr-Mann Julius Raab und seinen Finanzminister Reinhard Kamitz gewählt, denn sie haben dafür gesorgt, dass Österreich sich dem Privateigentum und der Marktwirtschaft und nicht der „Vergesellschaftung" verschrieben hat, wie dies das vage, aber offizielle Ziel der damals von ihrem Programm her noch reichlich marxistischen SPÖ unter Adolf Schärf und Bruno Pittermann gewesen ist. Denn ich bin nicht nur kein Marxist, sondern mag auch jene sozialdemokratische Wirtschaftspolitik nicht, die in ihrer Ahnungslosigkeit die „Verstaatlichung" an die Stelle von „Vergesellschaftung" gesetzt hat.

In der Folge habe ich tatsächlich einen ÖVP-Politiker gewählt: Ich halte Josef Klaus bis heute für einen der anständigsten und fähigsten Politiker, die das Land je hatte. 1966 führte er nach einem Erdrutschsieg über Bruno Pittermann die erste

Alleinregierung Österreichs nach dem Krieg und war damit der Erste, der es gewagt hat, den lähmenden rot-schwarzen Proporz aufzubrechen, der das Land beinahe erstickt hat. Mit dem ORF hat er erstmals von Staats wegen „unabhängige Information" akzeptiert und mit der Auslagerung der verstaatlichten Industrie in eine eigene Gesellschaft hat er den Grundstein zur Privatisierung gelegt.

Dazu kam mit Stephan Koren der zweifellos beste Finanzminister seit Reinhard Kamitz: Es gelang ihm, eine Rezession schulbuchmäßig durch Deficit Spending zu überwinden und das Land dennoch mit minimaler Verschuldung an seinen Nachfolger zu übergeben, indem er die eingesetzten Gelder in der Folge durch eine Luxussteuer wieder eintrieb.

Sie bescherte dem Kabinett Klaus prompt eine Erdrutschniederlage, denn die Bevölkerung hatte und hat nicht die geringste Ahnung von guter Wirtschaftspolitik und die Berichterstattung der Medien vertieft diesen Zustand eher, als dass sie ihn behebt.

Dass Klaus mir über seine Politik hinaus sympathisch gewesen wäre, kann ich nicht behaupten. Ich empfand ihn als biederen, rechteckigen Kleinbürger, und dass er sich auf Wahlplakaten als „echter Österreicher" von seinem Konkurrenten Bruno Kreisky abheben wollte, war auch nicht unbedingt nach meinem Geschmack.

Vielleicht ist auch das ein Teil meiner politischen Selbstbeschreibung: Sympathie und Geschmack spielen für mich bei politischen Entscheidungen eine vergleichsweise geringe Rolle.

Trotzdem hat es mir ungleich mehr Vergnügen bereitet, in der Folge Bruno Kreisky zu wählen, der dem Land rundum „Öffnung" beschert hat: Öffnung der Sozialdemokratie hin zur Mitte, Öffnung der Gesellschaft hin zum Linksliberalismus seines Justizministers Christian Broda, Öffnung eines, nach der Niederlage in zwei Weltkriegen, in sich zurückgezogenen Landes gegenüber der internationalen Politik. Und leider auch Öffnung gegenüber jenen braunen Geistern, die Österreich die schmerzlichste dieser Niederlagen beschert hatten.

In der Affäre Peter/Wiesenthal habe ich Bruno Kreisky dafür „opportunistisch" und „unmoralisch" genannt, und das hat mir den Ruf eingetragen, „sein Feind" zu sein. Das ist absurd: Ich habe ihn bezüglich dieser ganz konkreten Handlung der Unmoral geziehen und seine Leistungen in Dutzenden anderen Bereichen durchaus zu würdigen (und in der Wirtschaftspolitik zu kritisieren) gewusst.

Ich habe ihn nur nie, wie manche ansonsten durchaus rationalen Leute, bedingungslos verehrt, sondern ihn „differenziert" gesehen: viel Licht – doch durchaus eine Menge Schatten.

Vielleicht ist auch das eine Möglichkeit, klar zu machen, was ich bin: jemand, der im Bereich der Politik stark differenziert und nicht sehr zur Verehrung tendiert.

Das heißt nicht, dass ich sie ausschließe – nur bin ich dabei sehr wählerisch. Ich verehre zum Beispiel Sir Winston Churchill: Hätte er nicht erreicht, dass England unter „Blut und Tränen" den Bombardements durch Deutschland widersteht, so hätte Hitler den Krieg an der Westfront siegreich beenden können und beste Chancen gehabt, den Zweiten Weltkrieg zu gewinnen.

Wir alle danken Winston Churchill unsere Freiheit (und meine Mutter dankt ihm ihr Überleben).

Ohne solche persönliche Betroffenheit verehre ich Robert Schuman: Er sah darüber hinweg, dass Deutschland Frankreich zweimal überfallen hatte, und reichte einem anderen großen Staatsmann, Konrad Adenauer, die Hand zur Versöhnung.

Gemeinsam banden sie Deutschland in jene Montanunion ein, die zum Ausgangspunkt der Europäischen Union werden sollte.

Damit endet mein Potenzial an „Verehrung", aber es gibt eine Menge Politiker, für die ich große Wertschätzung hege. So würde ich Ludwig Erhard unter die großen Staatsmänner reihen, denn es war eine große Leistung, die „Soziale Marktwirtschaft" zum allseits anerkannten Modell zu erheben: Auch Konservative akzeptierten erstmals bewusst, dass es sinnvoll und berechtigt war, die Güter, die ein freier Markt besser als jede andere Wirtschaftsform bereitstellt, nach sozialen Gesichtspunkten zu verteilen.

Auch Willy Brandt und Helmut Schmidt würde ich der beachtlichen Riege großer deutscher Nachkriegs-Staatsmänner zuzählen: den Ersten für seinen Mut, die deutsche Niederlage mit der Oder-Neisse-Linie endgültig anerkannt zu haben, den Zweiten für den Mut, die SPD endgültig von den Resten ihrer marxistischen Vergangenheit befreit zu haben, und für die Effizienz, mit der er die europäische Einigung vorangetrieben hat.

Und nicht zuletzt ist da, trotz seines grauenhaften Systems der Geldbeschaffung, auch Helmut Kohl zu nennen, der die Chance der Wiedervereinigung wahrgenommen hat.

Ich glaube, dass die angeführten Staatsmänner große Wertschätzung verdienen, weil sie Leistungen erbracht haben, an die die Leistung Bruno Kreiskys nicht heranreicht.

„Rechts" und „links" spielt dagegen bei meiner Auswahl so gut wie keine Rolle, es sei denn, man versteht unter „links" die Abkehr von der Marktwirtschaft – dann will ich kein „Linker" sein. (Aber weder Helmut Schmidt noch Bruno Kreisky haben ernsthaft in diese Richtung tendiert.)

Die Amerikaner kennen diese Rechts-Links-Unterscheidung innenpolitisch von vornherein kaum und meine Präferenzen sagen daher ausschließlich etwas über die konkrete Politik der Beteiligten (und damit über mich) aus: Ich halte

John F. Kennedy, der allseits die größte Verehrung genießt, für einen der schwächsten Präsidenten in der Nachkriegsgeschichte der USA: Er hat innenpolitisch wenig weitergebracht, insgeheim den militärischen Einsatz in Vietnam so erhöht, dass nur entweder eine Niederlage oder ein offener Krieg die Folge sein konnte, und in der Schweinebucht gegenüber Kuba mit einer ähnlich „verdeckten" Aktion dilettantisch versagt. Nur weil er dort derart versagt hat, sind die Sowjets in die Lage gekommen, auf Kuba einen Raketenstützpunkt einzurichten, und als sie mit ihren Schiffen auch die zugehörigen Raketen anliefern wollten, sind wir so nahe wie nie vor einem dritten Weltkrieg gestanden.

Diesmal hat Kennedy nicht versagt, sondern getan, was nottat: Er hat den russischen Schiffen amerikanische Kriegsschiffe entgegengestellt und Chruschtschow hat erwartungsgemäß zurückgezogen. So hat Kennedy ein Problem erfolgreich gelöst, das es ohne ihn nicht gegeben hätte. Verehren kann ich ihn dafür nicht und seine Leistung insgesamt sehe ich höchst differenziert: viel weniger Licht als Schatten.

Demgegenüber war sein Nachfolger Lyndon B. Johnson, ein eher ungeschlachter, wenig charismatischer Mann, für mich der innenpolitisch wichtigste Präsident der USA in der Nachkriegszeit: Unter ihm wurde endlich eine Sozialgesetzgebung geschaffen und in seiner Ära wurde jene Gleichberechtigung der Schwarzen in Angriff genommen, die heute Barack Obama ermöglicht. Auf der außenpolitischen Seite der Bilanz steht die Fortführung des von Kennedy und den Franzosen geerbten Vietnamkrieges, der in seiner Ära ein offizieller Krieg wurde und den die USA nicht gewinnen konnten, weil ein Guerilla-Krieg in so großer Entfernung von der Heimat nicht zu gewinnen ist. (In Afghanistan könnten die USA in eine ganz ähnliche Lage geraten, obwohl sie diesen Krieg auch nicht aus primär unanständigen Motiven begonnen haben.) Einen Krieg, den man aus noch so anständigen oder verständlichen Motiven begonnen hat, aber – aus welchen Gründen immer – nicht gewinnen kann, muss man abbrechen, denn er produziert nichts als Leichen – und wird damit unanständig.

Den Abbruch dieses unanständig gewordenen Krieges in Vietnam hat erst ein Präsident geschafft, dessen Namen auf der ganzen Welt nur mit angeekelt hochgezogenen Brauen ausgesprochen wird: Richard Nixon, der gerade einen Einbruch in der Parteizentrale seines politischen Gegners zu vertuschen suchte, beendete das sinnlose Blutvergießen und bereitete Kissingers Friedensschluss vor.

Auch in anderer Hinsicht war er einer der bedeutendsten Präsidenten der Vereinigten Staaten und im rein technischen Sinne dieses Wortes ein großer Staatsmann: Er initiierte jene Annäherung der USA an China, die den Frieden von den bisherigen zwei Beinen „westliche Welt" und „kommunistische Welt" auf wesentlich stabilere drei Beine stellte. Insbesondere von der Annäherung an China profitiert die Welt bis heute.

Jemand kann also ganz offensichtlich große Politik machen, obwohl er ein reichlich zweifelhafter Mensch ist. (Was bei Gott nicht heißen soll, dass zweifelhafte Menschen häufig gute Politik machen – viel häufiger machen sie schlechte Politik und sind außerdem noch zweifelhaft.) Deshalb sind Politiker wie Winston Churchill, Robert Schuman oder Helmut Schmidt (und vielleicht einmal Barack Obama) ein solcher Grund zur Freude: Ihr Charakter stimmt mit ihrem Handeln überein.

Aber wenn ich die Wahl zwischen einem anständigen, aber unfähigen, und einem weniger anständigen, aber fähigen Politiker habe, ziehe ich die zweite Kombination vor.

Selbst nachdem er als Finanzminister Steuern hinterzogen hatte, bin ich für Hannes Androsch als Kanzlerkandidaten eingetreten.

Insofern bin ich kein Moralist, obwohl ich die SPÖ in Dutzenden Kommentaren davor gewarnt habe, dass ihre ständigen Skandale die Wähler Politik-verdrossen und empfänglich für die Haiders und Straches machen.

Ob aus dem, was ich bis hierher über Politik geschrieben habe, hervorgeht, was ich politisch in etwa bin, weiß ich nicht: In meinem Verhältnis zu kommunistischen Staaten war ich wahrscheinlich ein „kalter Krieger", worunter ich freilich Leute verstehe, die heiße Kriege mit allen Mitteln zu vermeiden suchen: Ich trage mit Fassung, diesbezüglich auf einer moralischen Stufe mit Richard Nixon zu stehen, der sich mit einem damals noch ziemlich üblen chinesischen Diktator an einen Tisch setzte, auch wenn mir Helmut Schmidt, der die Sowjets zur Rücknahme ihrer Mittelstreckenraketen zwang, indem er die „Nachrüstung" des Westens mit Cruise Missiles androhte, ganz ungleich sympathischer ist.

Ich bin – das glaube ich geht aus dieser Zusammenstellung hervor – politisch kein Puritaner: Ich glaube an die Notwendigkeit gelegentlicher moralischer Kompromisse im Umgang mit totalitären Regimen und an die Unverzichtbarkeit gelegentlichen militärischen Druckes, sofern das Ziel nur Frieden heißt.

In innenpolitischer Hinsicht bin ich ein typischer Wechselwähler, der Parteien nicht nach Weltanschauungen, sondern nach konkreten Programmen und Personen nach ihren konkreten politischen Aktivitäten beurteilt.

Als Journalist war ich damit in Summe jemand, bei dem die angeblich „bürgerliche" (eher kleinbürgerliche) ÖVP nie ganz sicher war, dass er nicht plötzlich eine angeblich „linke" Idee vernünftig findet, und von dem die SPÖ stets befürchtet hat, dass er letztlich doch ein verkappter Manchester-Liberaler und kritikloser Bewunderer der USA sein könnte – deshalb bin ich zur Rechten nie als

Herausgeber der *Presse* und zur Linken nie als Informationsintendant des ORF in Frage gekommen.

Für die *Presse* wäre ich auch deshalb nie in Frage gekommen, weil ich nicht katholisch bin. Ich sehe keinen Grund, an Gott zu glauben, und habe ein kritisches Bild von der römisch-katholischen Kirche, obwohl ich ihre „kleinen Pfarrer" schätze. Statt der „Schöpfung" bewundere ich die Natur und freue mich über die unglaublich spannenden Gesetze, die großartige Forscher aus ihr abzuleiten vermochten. Ich finde die Evolution eindrucksvoller als jede Schöpfungsgeschichte und genauso schön, wenn ich ihr in Gestalt meiner Frau begegne.

Ich bin sogar bereit, diese fortdauernde Höherentwicklung göttlich zu nennen, weil dieses Wort auch für mich die höchste Vollendung bezeichnet. So gesehen existiert Gott sogar wirklich: Nicht er hat uns aus Erde geschaffen, sondern wir haben ihn durch unsere Gedanken geschaffen, und wenn Milliarden Menschen Gott denken, so ist dieser gewaltigen Menge an Energie sogar ein entsprechendes Quantum an Masse äquivalent.

Ich halte nichts davon, diesen von Menschen geschaffenen Gott zu negieren. Vielleicht können wir ihn immer toleranter – weniger starr und puritanisch, dafür um einiges fröhlicher und offener – weiterdenken, indem wir uns weiterentwickeln.

So wie er derzeit von Papst Benedikt XVI. gedacht wird, ist Gott mir eher fremd, so wie Bischof Reinhold Stecher ihn denkt, ist er mir ziemlich nah: freudig und vor allem barmherzig.

Was ich sonst von der römisch-katholischen Kirche der Gegenwart halten soll, ist mir zur Stunde noch immer unklar: Sie macht zwei Schritte nach vorne – und zwei Schritte zurück.

Das ist mir zu wenig. Denn ihre Vergangenheit halte ich über weite Strecken für schrecklich: Sie hat den Glauben weit eher mit Feuer und Schwert als durch Liebe verbreitet; zusammen mit den Protestanten hat sie jenen Antisemitismus grundgelegt, der Auschwitz ermöglicht hat; und sie hat die Frau in einem Ausmaß diskriminiert, von dem sie sich bis heute nicht erholt hat.

Doch für die ersten dieser epochalen Fehler hat sich der Papst, wenn auch nicht mit der von mir gewünschten Klarheit, entschuldigt, und was die Frauen betrifft, so ist die Kirche zögernd, aber doch, dabei, ihr Bild zu revidieren. Daher kann ich mit der Gegenwart der römisch-katholischen Kirche zumindest einigermaßen leben: Der Katholizismus ist in jeder Bedeutung dieses Wortes nicht mehr so blutvoll wie der Islam noch immer; und trotz Benedikt XVI. gebe ich die Hoffnung nicht auf, dass die Evolution auch vor der katholischen Kirche nicht haltmachen wird: Sie wird sich öffnen oder in unseren Breiten langsam, aber sicher verschwinden.

Zu ihrem Verschwinden beitragen will ich nicht: Ich kenne zu viele Menschen, die sich ihr zugehörig fühlen und die ich für unersetzlich halte.

Und Jesus als ihr Vorbild ist jedenfalls unersetzlich: Er war seiner Zeit um mindestens 2010 Jahre voraus und wir danken ihm die Gleichheit aller Menschen vor dem Gesetz, die sich aus der Gleichheit aller Menschen vor ihm entwickelt hat. „Christliche Nächstenliebe" ist immer noch eine der großartigsten Erfindungen und Herausforderungen der Menschheitsgeschichte. Meine absolut ungläubige Mutter hat ihr zu entsprechen versucht, indem sie Juden versteckt hat, ich versuche ihr zu entsprechen, indem ich immer wieder Flüchtlinge in mein Haus aufnehme.

Ich halte viel davon, die positiven Prägungen durch das Christentum freiwillig zu übernehmen, denn sie sind stärker und tiefer als ausschließlich rationaler Humanismus: Ihr christliches Unterbewusstsein hat selbst explizit atheistische Sozialdemokraten in der großen Zeit des Sozialismus zwischen den beiden Weltkriegen zu großen humanen Taten beflügelt.

Leider stand dem in den letzten Jahren die zweifellos tragische Prägung der amerikanischen Politik durch vermeintlich christliche Grundsätze gegenüber: In manchen Bundesstaaten darf allen Ernstes die Theorie der Evolution nicht unterrichtet werden und die USA führen reichlich irrationale Feldzüge gegen Staaten des Bösen oder gegen Drogen.

Aber sie hätten ohne dieses christliche Engagement für das „Gute" wahrscheinlich auch einen Teufel wie Adolf Hitler nicht so erfolgreich überwunden und ihre ehemaligen Gegner nicht mit *Care*-Paketen und dem Marshall-Plan unterstützt.

Die Rückwirkung der Religion auf die Politik ist eine komplexe Angelegenheit – und für mich ein Grund mehr, nicht so genau zu wissen, was ich von der christlichen Religion halten soll.

Am besten man nimmt auch das als Teil meiner Selbstbeschreibung.

Ungleich klarer als durch eine Weltanschauung – sei es eine politische, sei es eine religiöse – kann ich mich wahrscheinlich durch die Art und Weise definieren, in der ich Bilder anschaue: nämlich sehr viel mehr mit den Augen als mit dem Verstand, wie er vor allem Worte und deren Überfluss im Feuilleton produziert. Ich mag keine „Interpretationen" von Bildern (und auch nicht von Gedichten), wenn es nicht selbst wieder Kunstwerke sind. Vor allem die Malerei sehe ich ungern in der Geiselhaft von Wort-Menschen, die auf diese Weise von ihrer Blindheit ablenken wollen.

Während ich in anderen Bereichen tolerant und selbstkritisch bin, bin ich im Bereich der Kunst intolerant und arrogant: Ein guter Maler ist, wen ich dafür halte.

So halte ich beispielsweise Andy Warhol oder Christian Ludwig Attersee für keine guten Maler, ja nicht einmal für sonderlich gute Kunstgewerbler, während ich umgekehrt Friedensreich Hundertwasser für keinen schlechten Maler halte, obwohl er unglaublich viel zum Teil grauenhaftes Kunstgewerbe abgeliefert hat.

Das Renommee eines Künstlers spielt weder national noch international die geringste Rolle für mich und ich habe in meiner Arroganz nicht das geringste Problem, ein Sakrileg zu begehen. So halte ich zum Beispiel trotz seiner internationalen Geltung nichts von den kohlrabenschwarzen Übermalungen von Arnulf Rainer und hoffe zu seinen Gunsten, dass er sich insgeheim lustig über die Sammler macht, die bewundernd auf die unterschiedlich großen, freigelassenen weißen Eckchen seiner kolossalen schwarzen Leinwände starren. Dagegen kann ich mich dafür begeistern, wie er mit drei, vier Pinselstrichen ein Foto von sich zu einem Fenster in sich verwandelt und habe auch die chaotischen schwarzen Zellgebilde gemocht, die er als Arnulf Rainer TRRR gemalt hat. An einen wirklich Großen der Moderne, wie Francis Bacon, kommt er nicht heran. Aber ich bin auch nie entfernt an Tom Wolfe herangekommen und schreibe trotzdem.

Sofern meine Vorlieben innerhalb großer Malerei mich definieren, ist mir Botticelli sehr viel lieber als Raffael und stelle ich Leonardo da Vinci – nicht sehr originell – über beide. Ferner sind mir fast alle Brueghels im Wiener Kunsthistorischen Museum lieber als fast alle Rubens; ich finde Rembrandts „Selbstbildnis" als alter Mann und seinen „Lesenden Knaben" das Schönste, was wir haben; und ich rate jedermann, sich das „Jüngste Gericht" des Hieronymus Bosch in seinem Versteck in der Akademie der bildenden Künste am Schillerplatz anzusehen.

Und natürlich immer wieder die Gemälde und Zeichnungen Schieles im Belvedere und im Museum Leopold. In dieser Hinsicht bin ich chauvinistisch: Ich halte seine Akte und Selbstporträts für das Größte, das auf diesem Gebiet je geschaffen wurde – großartiger zum Beispiel als die meisten Bilder Picassos (schon gar jene, die er in seiner blauen und rosa Periode in erstaunlicher Nähe zu grandiosem Kitsch gemalt hat). Und ungleich großartiger als die Bilder Gustav Klimts, der die Schwelle zu grandiosem Kitsch gelegentlich überschritten hat.

Ich bin deshalb ziemlich sicher, dass man Schiele in hundert Jahren an die Seite eines Van Gogh stellen und beispielsweise weit höher schätzen wird als die Impressionisten, weil er unglaubliche formale und farbliche Perfektion mit unglaublicher Expression all dessen zu vereinen wusste, was das Innere eines Menschen ausmacht. Dagegen wird man einiges von dem, was die Impressionisten geschaffen haben, (und vieles von Klimt) in größerer Nähe zum Kunsthandwerk sehen und nur ihre Außenseiter und Nachfahren zu den ganz Großen zählen: Cézanne oder Toulouse-Lautrec, Modigliani oder Gauguin statt Monet, Manet oder Renoir.

Wenn ich hier immer wieder von „Kunsthandwerk" schreibe, dann meine ich es übrigens keineswegs abwertend: Ich empfinde es als großen Wert, dass Kunst gelegentlich die Form eines Handwerks angenommen hat, indem Farben, Formen und Techniken gefunden wurden, mit denen auch weniger geniale Maler hervorragende Bilder schaffen konnten. Und natürlich verbleibt den Impressionisten, als Erste zu neuen Ufern aufgebrochen zu sein.

Kunsthandwerk ist viel wert – nur wenn mäßiges Kunsthandwerk große Kunst sein will, wie bei Attersee, bin ich irritiert.

Und noch irritierter, wenn mir, wie bei Joseph Beuys, vom Feuilleton erklärt wird, in welchen philosophischen Zusammenhängen ich seine fettbeschmierten Filzmatten oder Badewannen zu sehen habe.

Ich habe nichts für Bilder übrig, die Worte brauchen, wo sie durch Formen und Farben sprechen sollten.

Dies obwohl oder gerade, weil ich von Worten lebe: Ich sehe nicht nur die bildende Kunst missbraucht, wenn sie der Überproduktion von Worten dient, sondern auch die Worte missbraucht, wenn sie die Dürftigkeit bildnerischer Kreativität verdecken sollen.

Der Wortschutzgedanke verdient Verbreitung. (Achtung: Dieser Satz ist ein herrlicher Aufhänger für eine vernichtende Kritik dieses Textes im Feuilleton.)

Es ist ungerecht und in dieser apodiktischen Form völlig unsinnig, aber ich mag das Feuilleton nicht: das Reservat derer, die es – wie ich – nicht bis zur Kunst geschafft haben.

Deshalb bin ich lieber Lokalreporter und später politischer Journalist geworden.

Speziell für Eric: Was meine Haltung zur Literatur betrifft, so kann ich mich kürzer fassen und Arroganz durch ein Bekenntnis zur Konvention ersetzen. Die Bücher, die ich auf die berühmte Insel mitnähme, auf die man nur mitnehmen darf, was man tragen kann, kennzeichnen den typischen, braven Bildungsbürger alter Schule: Goethes *Faust 1*, Shakespeares *Richard III.*, Tolstois *Krieg und Frieden*, Dostojewskis *Der Idiot*, Marcel Prousts *Auf der Suche nach der verlorenen Zeit*, García Márquez' *Liebe in Zeiten der Cholera* und Joseph Roths *Radetzkymarsch* aus Gründen des Heimwehs. Dazu so viele Gedichte von Rainer Maria Rilke, als ich noch tragen kann, ohne dass der Stapel mir die Sicht verstellt.

Meine Frau nähme zu meiner Freude die nahezu gleichen Bücher mit.

Und jetzt geniere Dich kurz bei dem Gedanken, wie wenige davon Du gelesen hast – ich war nicht fähig, Dir meine Liebe zur Literatur weiterzugeben (und vielleicht hört Deine Generation überhaupt demnächst mit dem Lesen auf).

Wenn ich meinen Stapel durchkämme, entdecke ich, dass ich die breite Erzählung dem Blick ins eigene Innere so vieler Gegenwartsautoren entschieden vorziehe, zumal Marcel Proust oder Fjodor Dostojewski beides aufs Eindrucksvollste kombinieren und man natürlich auch Goethe in Faust kennenlernt. Und Rainer Maria Rilke am besten in den Gedichten, die scheinbar einem „Ding", vom Panther über einen Brunnen in der Villa Borghese bis zur blauen Hortensie, gewidmet sind. Er ist in diesen Pflanzen, Brunnen, Tieren so aufgegangen, wie man im Körper einer Frau aufgeht, mit der man schläft. Ich kann mich nicht sattlesen an seiner Sprache: Dass einer das harte, sperrige, vergleichsweise wortarme Deutsch wie Musik zum Klingen bringt und mit der Hälfte des englischen Vokabulars zu noch größerer Differenzierung als ein Lord Byron gelangt, macht ihm kein zweiter Lyriker nach. Rilke hat das „Gedicht" zur gleichen spezifisch deutschen Vollendung geführt wie Schubert das „Lied", das es nirgends sonst gibt.

Ich habe für *profil* einmal einen Leitartikel geschrieben, in dem ich eine „Renaissance der Lyrik" vermutet habe, weil die Menschen angesichts des ungeheuren Reichtums unserer Gesellschaft wieder die „Muße" finden könnten, sich Gedichten hinzugeben. Doch das war einer meiner gröbsten Irrtümer: Der Kampf um die Mehrung des Wohlstands hat „Muße" zu einem Wort gemacht, das demnächst ausgestorben sein wird. Aber vielleicht hat dieser Leitartikel mir die Freundschaft Peter Turrinis eingebracht – dann durfte er inhaltlich schon daneben treffen.

Insgesamt glaube ich, dass mich meine Vorlieben in der Literatur und meine Einstellung zur bildenden Kunst jedenfalls eher definieren als meine Vorlieben für bestimmte Politiker und meine Einstellung zur Politik.

Die Kunst ist mir letztlich auch immer wichtiger gewesen.

Speziell für Eric: Am ehesten definiert sich ein Mensch aber wohl durch das, was er als „Sinn" seines Lebens erachtet: Das Bedürfnis nach Schönheit ist für mich sicher ein Teil dieses Sinns. Ich wollte nicht ohne schöne Möbel, schöne Bilder oder schöne Texte und schon gar nicht ohne schöne Frauen leben. (Wobei natürlich auch Hässliches, Schreckliches schön sein kann: „Denn das Schöne ist nichts als des Schrecklichen Anfang" – Rilke.)

Einen anderen „Sinn des Lebens" sehe ich darin, jemandem eine Freude zu machen: Ein Geschenk, über das man lange nachgedacht hat – statt es, wie Du, gelegentlich erst im letzten Moment zu kaufen –, drückt die Zärtlichkeit aus, die man für einen anderen empfindet.

Und zur Zärtlichkeit soll man sich Zeit lassen.

Ich spiele, wie viele Leute, gelegentlich Lotto, obwohl ich weiß, dass die Chance zu gewinnen dort noch geringer als bei den meisten anderen Glücksspielen ist. Aber die Vorstellung, vielleicht schon in wenigen Tagen über einen riesigen Geldbetrag zu verfügen, vermittelt ein unbezahlbares Vergnügen: sich auszumalen, wem man jetzt was zum Geschenk machen könnte. Sicher: Ich kaufte mir dann einen Alfa Brera mit einem Dieselmotor, weil er unglaublich schön ist – aber bevor ich mir einen Bentley Continental (auch ein recht schönes Auto, nur fünfmal so teuer) kaufte, kaufte ich lieber kubanischen Freunden einen VW-Golf und schenkte ihnen einen Kurs für den Führerschein, obwohl sie mir meine Frau zum Tanzen ausspannen.

Wir haben immer wieder kubanischen, ungarischen, bosnischen, vietnamesischen, rumänischen Flüchtlingen geholfen, denn ich habe darin einen Teil des „Sinns" meines Lebens gesehen.

Durchaus egoistisch: Es hat vor allem mich gefreut, dass sie sich gefreut haben, in unserem Haus zu wohnen.

Was den weiteren „Sinn des Lebens" angeht, so ist wahrscheinlich schon etwas schiefgegangen, wenn man ihn sucht. Ich habe das im Großen und Ganzen nie getan: Eine Frau zu lieben, mit ihr zu schlafen, Kinder zu lieben und ohne größere Katastrophen großzuziehen, hätte mir wahrscheinlich als Lebensinhalt auch dann gereicht, wenn ich nicht die Chance eines herrlichen Berufes gehabt hätte, der mir erlaubt hat, mein Leben lang neugierig und dann und wann vielleicht sogar schöpferisch zu sein. Durch diesen Beruf auch Wohlstand zu erwerben, hat eine eher geringe Rolle gespielt – insofern bin ich kein „Materialist" –, aber wer weiß, wie ich mich gefühlt hätte, wenn mir jeder Wohlstand abgegangen wäre.

Als eigentliche Erfüllung des Lebens sehe ich – wenig originell – die Liebe.

Ursprünglich hatte ich gedacht, das könnte bei anderen Menschen nicht anders sein, doch das war ein Irrtum: Es gibt, zu meiner Verwunderung, auch Menschen, denen etwas anderes das Wichtigste im Leben ist. Geld zum Beispiel, obwohl ich das eher unter die Perversionen zählen würde.

Aber auch bei durchaus sympathischen Menschen kann die Erfüllung im Beruf an die Stelle der Erfüllung in der Liebe treten.

Ich gehöre nicht dazu: Die Liebe und die Familie sind mir immer wichtiger als mein Beruf gewesen. Das hat mir erlaubt, Kritik an meinen Texten stets ohne die geringsten Probleme zu verdauen, denn ich habe sie nicht als Kritik an einem zentralen Lebensinhalt gesehen. Und es hat mir vor allem ermöglicht, mit gravierenden beruflichen Rückschlägen – etwa dem Ausscheiden aus *profil* – und schließlich auch mit dem totalen beruflichen Absturz im Strafverfahren um Frau H. fertig zu werden: Es ist zwar etwas für mein Leben sehr Wichtiges – „Zeitung zu machen" – weggebrochen, aber der Weltuntergang war das nicht.

Vor die Wahl gestellt, das Schreiben oder das Lieben aufzugeben, hätte ich mich ohne eine Sekunde nachzudenken gegen das Schreiben entschieden.

Für einen Dichter wäre das vermutlich anders: Er könnte ohne Schreiben nicht leben, während ich nicht ohne Lieben leben könnte. Wahrscheinlich kann man den Künstler sogar so definieren: ein Mensch, dem das Zeugen eines Kunstwerks wichtiger als das Zeugen eines Kindes ist. Stopp! Das war eine unsinnige Schlussfolgerung: Goethe hat auch ununterbrochen Kinder gezeugt und war zweifellos ein großer Dichter. Allerdings hat er die Mütter seiner Kinder selten geliebt. Ein großer Liebender war er nicht.

Es ist in diesen Fällen freilich nicht das Schreiben oder Malen als Tätigkeit, das das Lieben ersetzen kann, sondern der schöpferische Akt: Wahrscheinlich war Goethe, nachdem er die Gretchen-Szenen des *Faust* geschrieben hatte, ähnlich erschöpft, wie wenn er Gretchen eine ganze Nacht hindurch geliebt hätte – er hat sich völlig an sie ausgegeben.

Bei Rilke war das mit Sicherheit so: Die Liebe hat ihm als Material für seinen eigentlichen Lebensinhalt, die Dichtung, gedient. Und bei manchen Autoren, etwa Arthur Schnitzler, konnte man sogar den Eindruck gewinnen, sie hätten bei ihren Liebschaften stets mitstenografiert, um die Reaktionen ihrer zurückgewiesenen Geliebten präzise für ihre Stücke im Gedächtnis zu behalten.

Auch der schöpferische Akt, der einem Wissenschaftler gelingt, wenn er einen neuen Zusammenhang entdeckt, kann wahrscheinlich die Liebe als Sinn des Lebens ersetzen: Einstein mag schon so etwas wie das Aufgehen im All empfunden haben, als er den Zusammenhang zwischen Masse und Energie erkannte und in eine Formel zu gießen vermochte. Er hätte diesen Moment vermutlich einer irrwitzigen Liebesnacht unter freiem Sternenhimmel vorgezogen.

Ich nicht.

3. Josephus und Achilles – eine Familiengeschichte

Glück in der Liebe war nicht gerade das Markenzeichen meiner Familie. Widerstand gegen Unrecht schon eher. Leider ist unglückliches Familienleben zu einem hohen Grad erblich. Bereitschaft zum Widerstand hoffentlich auch.

Ich habe in Deutschland einen Onkel namens Ralf, der sich, seit er lesen und schreiben kann, mit der Geschichte unserer Familie befasst: Er hat alle ihre Verästelungen erforscht, weiß, wie wir mit den Heuschs, den Bischoffs oder den Beaucamps verwandt sind und wann den Kütchens ein Enkel geboren wurde. Ich habe das lange nicht begriffen und immer ein bisschen über ihn gelächelt. Auch die umfangreichen „Familientage" der Piedboeufs habe ich nie besucht, bloß einmal voller Staunen den Grabstein meiner Großmutter am Düsseldorfer Friedhof bewundert.

Aber je älter ich geworden bin, desto mehr habe ich begriffen, dass es wahrscheinlich vor allem meine Familie war, die mich geformt hat: Mein Leben wäre nicht verlaufen, wie es verlief, wenn meine Mutter nicht gewesen wäre, wie sie war; und sie wäre eine völlig andere gewesen, wenn ihre Mutter nicht mit solcher Ausschließlichkeit an ihrem übergroßen Vater gehangen wäre.

Speziell für Eric: Ich hoffe zwar, Dir kein übergroßer Vater gewesen zu sein, aber dennoch kann auch Dein Leben nicht unabhängig davon verlaufen, dass Du mein Kind, dass Du der Sohn meiner so viel jüngeren zweiten Frau und ungewollte Enkel meiner übergroßen Mutter bist. Du bist keine unabhängige, keine völlig neuen Persönlichkeit, sondern Du stehst mit Deinen Ansichten und Emotionen in einer Reihe, die weit hinter Dich zurückreicht und über Dich hinausreichen wird, wenn Du Kinder hast.

Manche Familien – insbesondere solche, die Wert darauf legen, sehr alt zu sein – behaupten, dass es einen datierbaren Beginn dieser Reihe gibt und dass das Verhalten ihrer Mitglieder seit damals gewissen, natürlich besonders ehrenhaften Traditionen folgt. Die Schwarzenbergs, zum Beispiel, wollen sich schon im Mittelalter anständiger als andere gegenüber den Juden verhalten haben und Karl Schwarzenberg hat mir Dokumente gezeigt, die das zumindest glaubhaft machen.

Die Traditionen der meisten Familien sind indessen jünger und kürzer: Sie beginnen mit irgendeiner aus irgendeinem Grunde herausragenden Persönlichkeit, halten sich durch zwei, drei Generationen und klingen dann wieder aus.

Es lohnt sich, nach solchen herausragenden Persönlichkeiten – im Guten wie im Schlechten – zu suchen, denn es gibt sie in fast jeder Familie: Nicht gleich als Feldherren oder Staatskanzler, aber vielleicht als besonders beliebte Lehrer, als angesehene Handwerker oder als stadtbekannte Trunkenbolde.

Sie alle hinterlassen Spuren, die ausmachen, was eine Familie ist.

Ich halte für nützlich, dass Du die prägenden Spuren in der nicht allzu langen Geschichte meiner Familie kennst, damit Du immerhin weißt, womit Du von dieser Seite her vorbelastet bist.

Du hattest über mich zwei Vorfahren, die auch nach allgemeiner Ansicht eine gewisse Bedeutung beanspruchen können: Von meinem Vater her Joseph Lingens, der als Gründungsmitglied der katholischen Zentrumspartei und langjähriges Mitglied des Deutschen Reichstages zum „Geheimkämmerer" des Papstes aufstieg, nachdem er ein überaus frommes, wohltätiges Leben geführt und die Aachener Marienkirche gestiftet hatte. In der Familie heißt es, er sei als „Josephus" sogar selig gesprochen worden (und man findet ihn sogar in einem „Heiligen"-Kalender), aber ich konnte dafür keine kirchenrechtlichen Belege finden. Diversen kirchlichen Lexika konnte ich lediglich entnehmen, dass er seinen liberal-katholischen Konkurrenten bei den Wahlen jeweils Erdrutsch-Niederlagen zugefügt hat und dass seine sämtlichen Reden im Reichstag der Einführung der Sonntagsruhe unter Militärs und Beamten galten. Die Zeitungen waren das so gewohnt, dass sie, als er ein einziges Mal über etwas anderes sprach, wie immer berichteten, der Abgeordnete Joseph Lingens sei für die Sonntagsruhe bei Militärs und Beamten eingetreten.

Das sagt nicht nur etwas über Joseph Lingens – es sagt auch etwas über Berichterstattung.

Dass allzu viel von diesem frommen Vorfahren in mir weiterlebt, glaube ich nicht. Höchstens als Widerstand gegen eben jenen konservativen Katholizismus, dem er permanent zum Sieg verholfen hat und der in der Familie meines Vaters vor allem in einer Sonderform des vierten Gebotes weiterlebte: Weit vor der Mutter (die man lieb haben durfte) hatten die Kinder dem Vater Ehrfurcht – Furcht, die ehrt – entgegenzubringen.

Mein Großvater väterlicherseits war Polizeipräsident.

Wie Joseph Lingens war Walther Lingens in Deutschland ein relativ bekannter Mann. Katholisch wie Josephus, wie er ein Mitglied der Zentrumspartei und ähnlich wohlhabend – in der Erzählung meiner Mutter „einer der reichsten Männer von Düsseldorf". Freilich nicht durch eigene Leistung, sondern durch Erbschaft (seine Vorfahren besaßen Tuchfabriken) und Heirat mit der noch viel reicheren Eugenie Piedboeuf, die der Verbindung zweier Industriellenfamilien (Piedboeuf und Dawans) entstammte.

Ich habe mir Fotos dieses staatstragenden Vaters meines Vaters angesehen: Ein fast schon schöner blonder deutscher Jüngling – Du siehst ihm erstaunlich ähnlich –, aber ein eher verkniffener Mann am Höhepunkt seiner Karriere. Den Zylinder als Zeichen seiner Klassenzugehörigkeit in der weggestreckten Hand, die Miene steif wie der Kragen seines Hemdes, die Augen durch einen Zwicker verkleinert – eine ungemein deutsche Mischung aus Honoratior, Major und Studienrat.

„Streng, aber gerecht" ist die Redewendung, mit der man seinesgleichen zu charakterisieren pflegt, wobei die Strenge ausreicht, um jeden Zweifel an der Gerechtigkeit im Keim zu ersticken.

Es ist nicht nur ungebührlich, sondern unmöglich, sich Walther Lingens ohne Zwicker, beim Sex oder zumindest beim Austausch von Zärtlichkeiten vorzustellen, obwohl sechs Kinder davon zeugen, dass es das gegeben haben muss. Zumindest mein Vater konnte sich nicht erinnern, jemals von ihm gestreichelt worden zu sein. Ebenso wenig dass er jemals gelacht hätte – und er hatte auch immer weniger zu lachen: Seine erste Frau, die von ihren Kindern vergötterte Eugenie – „Nini" – Piedboeuf, starb im Kindbett bei der Geburt des jüngsten Sohnes Klaus; und sein Vermögen schmolz durch die Krise auf das eines nur mehr sehr reichen Mannes zusammen. Worauf ihn die Angst heimsuchte, zu verarmen: Er stapelte Konservendosen und Tuchballen im Untergeschoss seines Stadthauses (vielleicht auch seiner Amtswohnung im Polizeipräsidium), um im Fall der nächsten Krise gewappnet zu sein.

Trotzdem konnte er seinen Beruf aus purem Pflichtgefühl ausüben. Als gelernter Offizier und dekorierter Teilnehmer am Ersten Weltkrieg avancierte er 1932 zum Polizeipräsidenten von Köln und war damit ein relativ einflussreicher Mann – der Einzige, der 1933 in dieser Funktion verblieb, obwohl er nicht der NSDAP angehörte. Ob ihm das zur Ehre oder zum Vorwurf gereicht, ist eine spannende Frage, auf die ich noch zurückkomme. Sicher ist, dass er Hitler als Privatmann zwar verachtet, doch als Beamter pflichtgetreu gedient hat.

Das konnten deutsche Beamte bestens.

Allerdings war er kein Antisemit: So bot er jüdischen Beamten, die eben aus ihren Stellungen entfernt worden waren, an, einander in der Wohnung zu treffen, die ihm im Gebäude des Polizeipräsidiums zur privaten Verfügung stand. Auch diesem oder jenem bedrohten Bekannten oder Kollegen soll er dort Schutz gewährt haben. Er war, dafür ist meine Mutter ein unverdächtiger Zeuge, sicher kein Freund jener braunen Übergriffe, die die Jahre vor Hitlers Machtergreifung kennzeichneten. Eher hatte er die seltsame Vorstellung, dass mit dem Führer endlich wieder „Ruhe und Ordnung" einkehren würden.

Das ist vielleicht eine Erklärung für historisch nicht ganz unbedeutende Ereignisse rund um Konrad Adenauer, deren Held Walther Lingens hätte werden können. Wie weit man ihm vorwerfen kann, keiner geworden zu sein, ist eine Frage, die freilich viele Deutsche beschäftigen müsste.

Der bei der Bevölkerung populäre Kölner Oberbürgermeister war als erklärter Demokrat und Verfechter des Rechtsstaates damals zweifellos einer der am meisten bedrohten Männer Deutschlands. Ein Dr. Billstein, 1933 Dezernent der Polizei, erinnert sich in einer autorisierten Biografie des späteren Kanzlers, dass Walther Lingens Adenauer vollmundig angeboten habe, zu ihm ins Polizeipräsidium zu kommen, wenn es kritisch werden sollte. Seine Offiziere und er hätten sich das Wort darauf gegeben, ihn bis zum letzten Mann zu verteidigen. Doch als Adenauer ihn in der Folge tatsächlich um Polizeischutz gebeten habe, habe er erklärt, er könne „ohne Anweisung aus Berlin leider gar nichts tun".

Lingens' zweite Frau Margarethe hat es anders in Erinnerung: Ihr Mann habe Adenauer lediglich zugesagt, ihn, wie schon vorher andere, in der Dienstwohnung im Polizeipräsidium aufzunehmen. Man habe eine ganze Nacht lang auf sein Eintreffen gewartet, doch er sei nicht gekommen.

Der in der *Revue* veröffentlichten Biografie folgend, ist er stattdessen zu Innenminister Göring gefahren, „um sich bei ihm über die Zustände in Köln zu beschweren".

Mein schon zitierter Onkel Ralf ersuchte Bundeskanzler Adenauer um Aufklärung und der gab sie in einem Brief vom 19.11.1955 folgendermaßen:

„An dem entscheidenden Sonntag, den 12. März 1933, rief abends gegen 7.00 bei mir der in der Zwischenzeit verstorbene Beigeordnete Bönner, der Verbindung mit der NSDAP hatte, telefonisch an und sagte mir, die NSDAP habe vor, am anderen Tage morgens das Rathaus zu besetzen und mich dann im Triumph [ironisch gemeint – Anm. des Verf.] durch die Stadt zu führen. Er halte sich für verpflichtet, mir das mitzuteilen. Ich habe mich darauf telefonisch an Ihren Vater, den damaligen Polizeipräsidenten, gewandt. Ich habe ihm diese Mitteilung wiedergegeben und ihn gefragt, was er zu tun gedenke. Er hat mir darauf zur Antwort gegeben, was ich denn von ihm erwarte? Ich habe ihm gesagt, dass die Polizei die Aufgabe hätte, für Ruhe und Ordnung zu sorgen, und dass ich von ihm erwarte, dass eine oder mehrere Hundertschaften der Polizei das Rathaus und mich persönlich schützen. Er hat mir erwidert, er müsse Weisungen abwarten. Er hat mir dann mitgeteilt, die Polizei habe von Berlin die Anweisung bekommen, es zu keinen Zusammenstößen mit der SA kommen zu lassen. Er sei nicht in der Lage, etwas zu tun. Diese Entscheidung hat mich zu dem Entschluss veranlasst, am anderen Morgen nach Berlin zu fahren und mich dort über die Kölner Polizei zu beschweren."

Daraus würde ich schließen, dass auch Konrad Adenauer der Ansicht war, die Spitzen des NS-Regimes würden nun, da sie an der Macht waren, die üblichen Übergriffe der SA nicht mehr goutieren und für Ruhe und Ordnung sorgen. Diese Ansicht war, wie wir heute wissen, kurzfristig nicht einmal abwegig: Hitler wollte im Aus- wie im Inland das Image des Radaubruders loswerden und hat sich der SA bekanntlich sehr energisch entledigt. Wenn Adenauer daher glauben konnte, beim damaligen Innenminister Göring auf Verständnis zu stoßen, wenn er seinen mangelnden Schutz durch die Kölner Polizei kritisierte, ist es nicht ganz so einfach, Walther Lingens vorzuwerfen, dass er ebenfalls in Berlin anfragte.

Jedenfalls hat Adenauer am 10.12.1955 einen zweiten Brief an den insistierenden Ralf Lingens gerichtet, in dem er die Vorgänge deutlich milder interpretiert:

„Nach meiner Meinung war Ihr Vater in den kritischen Tagen gar nicht mehr in der Lage, mir ein Asyl im Polizeipräsidium anzubieten. Ich wäre auch niemals hingegangen. Sein Angebot, das etwa 8 bis 10 Tage vorher abgegeben wurde, war ihm sicher ernst gemeint; dann aber hat sich alles so entwickelt, dass ich ihn nicht mehr für gebunden an sein damaliges Anbieten gehalten habe."

Für meine Mutter, die mit Walther Lingens über diesen 12. März 1933 gesprochen hat, war es eine der vielen versäumten Gelegenheiten, Hitler noch aufzuhalten: Eine zum Schutze Adenauers aufgebotene Hundertschaft der Polizei, die die Braunhemden festnimmt, hätte rundum signalisiert, dass ein Beamter den Rechtsstaat aufrechterhalten konnte, wenn er den Mut hatte, einfach von sich aus zu tun, was die Gesetzeslage gebot und was ihm ohne jede Rückfrage gestattet gewesen wäre. Andere Beamten hätten sich daran vielleicht ein Beispiel genommen. Noch war die NSDAP ja nur die stärkste Partei im Land und Hitler nur Kanzler, noch nicht der „Führer". Er wäre in die schwierige Lage gekommen, eine korrekte Polizeiaktion entweder zu akzeptieren oder rechtswidrig zu korrigieren, und das hätte seinen blinden Partnern vielleicht die Augen geöffnet.

Sehr viel Wahrscheinlichkeit hat diese Vision freilich nicht für sich: Nach menschlichem Ermessen hätte Göring Walther Lingens noch am selben Tag mit der scheinheiligen Begründung abgelöst, dass er nicht in der Lage gewesen sei, Unruhen in Köln schon im Keim zu verhindern, und noch etwas später wäre er möglicherweise in einem Lager gelandet, weil man ihm dienstliche Verfehlungen zur Last gelegt hätte.

Möglicherweise – nicht sicher, denn noch versuchte die NSDAP den Schein des Rechtsstaates zu wahren.

Niemand kann wissen, was an diesem dramatischen Tag in Walther Lingens vorgegangen ist. Ich würde Folgendes vermuten: Der Staatsbeamte in ihm hat wie immer erwartet, dass eine Weisung aus Berlin ihm jede Verantwortung abnehmen würde. Er war aber wahrscheinlich so wenig wie Adenauer von vornherein der Überzeugung, dass Berlin der SA freie Hand lassen würde, und vermutlich überrascht und enttäuscht, dass das doch getan wurde. Der Mut, von vornherein im Sinne des Rechtsstaates initiativ zu werden, hat ihm wie so vielen deutschen Beamten gefehlt.

Bei Übergriffen kommunistischer Kommandos erfüllte er seine Pflicht mit mehr Eigeninitiative. Der *Westdeutsche Beobachter,* das Organ der NSDAP, vermerkt seine persönliche Anwesenheit bei der Eröffnung des Prozesses gegen mehrere Mitglieder des kommunistischen „Rotfrontkämpferbundes Köln-Nord", die angeklagt waren, zwei SA-Männer erschossen zu haben.

Bei deren fast schon Staatsbegräbnis war er Ehrengast.

Nach der Hinrichtung der Angeklagten mit dem Fallbeil kam es in einigen Stadtvierteln zu Protesten und in der Pfarre St. Ursula wurde eine Messe für die Hingerichteten gelesen.

Die Polizei nahm den Priester sogleich in Haft.

Wie so viele strenggläubigen Katholiken sah Walther Lingens keinen Widerspruch zwischen der Bergpredigt und der Herrschaft der Nationalsozialisten: Er hätte sie wählen können, wenn sie nicht so proletarisch und vor allem so gottlos gewesen wären.

Vor und nach dem Essen im Hause Lingens wurde gebetet. Die Kinder hatten zu ministrieren; wenn ein Pater vorbeiging, hatten sie ihn ehrerbietig zu grüßen, und vor Kirchen hatten sie das Kreuz zu schlagen.

Nach einigen Jahren der Trauer und der Abstinenz heiratete Walther Lingens eine nicht mehr ganz junge Frau aus guter Familie, die ihm von nun an mit Umsicht den Haushalt führte, und zeugte mit ihr eine erste Tochter Heide und seinen fünften Sohn Ralf. Aber das Verhältnis zwischen den Kindern aus erster Ehe und der neuen Familie war schlecht: Vor allem sein erstgeborener Sohn, der nach ihm Walter hieß, hetzte seine Brüder gegen die zweite Frau und deren Kinder auf.

Es war dies nur der Anfang ihres Aufstandes, auch gegen ihren Vater. Solange sie seine Strafen zu fürchten hatten, übten sie sich in widerstrebendem Gehorsam, aber in dem Moment, in dem sie sein Haus verlassen konnten, gingen sie zur offenen Revolte über: Walter Lingens junior, den er, als er ihn in die Welt setzte, am liebsten als Militär gesehen hätte, wurde stattdessen Psychiater und lebte zum Entsetzen seines Namensgebers „im Konkubinat" mit einer hinreißend schönen, aus Italien zugewanderten Barfrau, die er allerdings Jahre später zum Traualtar führte, nachdem sie sich als überaus treu und sesshaft entpuppt hatte. (Und die er am Ende sitzen ließ, weil er alles andere als treu und sesshaft war.)

Seinen jüngsten Sohn aus erster Ehe, Klaus, steckte der Polizeipräsident in eine Jesuitenschule, die als ebenso anspruchsvoll wie standesgemäß galt und der er intellektuell nicht wirklich gewachsen war: Er verließ sie mit einem katastrophalen Zeugnis und einer homosexuellen Neigung, die sich auch bei einem anderen Verwandten findet. (Ob das Gesetzen der Genetik oder der Psychologie entspringt, ist eine spannende, mit sehr viel Ideologie vermengte Streitfrage: Ich glaube nicht so ganz an die politisch korrekte Version der rein genetischen Disposition, denn dann müsste Homosexualität immer seltener werden, weil sich Homosexuelle doch deutlich seltener als Heterosexuelle fortpflanzen; aber sie wird nicht seltener, sondern scheint eher zuzunehmen.) Jedenfalls war es charakteristisch für Walther Lingens, dass Klaus zeitlebens nicht wagte, dem eigenen Vater seine Homosexualität einzugestehen, denn dieselbe Kirche, in deren Schule er sie erstmals praktiziert hatte, verdammt sie bis heute als Todsünde und der Polizeipräsident wäre vermutlich schon vor der Zeit seiner Angina pectoris erlegen, wenn sein Kind ihm eine solche Schande eingestanden hätte.

Nachdem er die Schule in einem freundlichen Internat für höhere Söhne doch noch mit Erfolg abgeschlossen hatte, begann Klaus zwar im Auftrag seines Vaters Medizin zu studieren, sattelte aber, sobald er dessen Aufsicht endgültig nach Wien entkommen war, auf den Handel mit Antiquitäten um und blieb ein verzweifelter Schwuler.

Der Einzige, den mein Großvater einigermaßen nach seinem Ebenbild formen konnte, war sein zweitältester Sohn Karl, der ihm auch optisch am ähnlichsten sah: Er machte zwar nicht, wie er im Stillen gehofft hatte, endlich die von ihm so geschätzte militärische Ausbildung, sondern studierte Jura, aber er landete immerhin bei einer Truppe: der SS. Ohne sich allerdings bei seinem Einsatz in deren Verwaltung einer spezifischen Verfehlung schuldig zu machen: Dazu war er zu gut erzogen. Mein Vater beschrieb mir die erstaunliche Naivität seines Bruders: Als er in der Reichskristallnacht eine brennende Synagoge erblickte, habe er einen Passanten gefragt, warum denn die Feuerwehr nicht gerufen würde.

Als der ihn aufklärte, habe er sie freilich auch nicht gerufen.

Kurt Lingens, mein Vater, revoltierte am heftigsten. Zwar schrieb auch er sich zu Beginn in gehorsamer Anpassung in eine technische Hochschule ein, auf der er zum Architekten ausgebildet werden sollte, aber dem stand seine mangelnde Kenntnis der Mathematik im Wege: Er hatte die „Höhere Reife" nur aufgrund einer Bestimmung geschafft, die vorsah, dass man auch mit einer Fünf in Mathematik bestehen konnte, wenn einem „außergewöhnliche persönliche Reife" bescheinigt wurde.

Die war zwar das Letzte, was mein Vater damals vorzuweisen hatte, aber dafür war er der Sohn des Polizeipräsidenten, und das reichte.

Nicht allerdings für die Mathematik, die man an der Technik von ihm verlangte.

Eine Zeit lang ließ er sich den Studienerfolg, den er nicht hatte, auf irgendwelchen Formularen bestätigen, die ihm Kommilitonen beschafften, um dennoch zu einem Scheck seines Vaters zu gelangen, dann ging er die Sache grundsätzlicher an: Er trat dem marxistischen „Spartakusbund" zur Vorbereitung der Weltrevolution gegen Kapitalismus und Imperialismus bei.

Nicht einmal sein Vater konnte – und wollte – verhindern, dass er von allen deutschen Universitäten ausgeschlossen wurde.

Das führte dazu, dass er in Wien inskribierte.

Und brachte mit sich, dass er meine Mutter kennenlernte.

Alles in allem hat der fromme Joseph Lingens also doch einen gewissen Einfluss auf die Entwicklung unserer Familie gehabt.

Bis zu mir hat sich allerdings weder von der Frömmigkeit unserer deutschen Vorfahren noch von der marxistischen Rebellion meines Vaters Signifikantes erhalten. Dem Kommunismus hat mein Vater schon mit vier- oder fünfundzwanzig wieder abgeschworen und den lieben Gott hat er in den letzten Jahrzehnten seines Lebens – er starb schon mit 52 – zwar wieder höher als Karl Marx geschätzt, aber da er mich so gut wie nie erzogen hat, ist die erzkatholische Tradition in unserer Familie mit meinem Vater ausgestorben.

Zwar wurde ich im Sinne meiner väterlichen Familie katholisch getauft und habe, durch den Krieg ins katholische Kärnten verschlagen, als kleiner Bub sogar ministriert, aber die Kirche ist mir später nie mehr so gütig begegnet wie in Gestalt der frommen Bäuerin, die mich damals in ihrer Keusche aufgenommen und verpflegt hat.

Wohl habe ich auch später immer wieder wunderbare Katholiken, bis hin zu einem großartigen Bischof, kennengelernt, aber die Kirche als Ganzes ist mir doch immer fremder geworden und einige ihrer Thesen sind mir nicht nur falsch, sondern unmenschlich erschienen. So bin ich mit etwa dreißig meiner Mutter nachgefolgt und kreuze wie sie in diversen Formularen das Kästchen „ohne Bekenntnis" an.

Was ich letztlich von der katholischen Kirche halten soll, ist eine der Fragen, auf die ich im 16. Kapitel eingehend nach einer Antwort suche – denn schließlich habe ich alle meine Kinder trotz „Josephus" katholisch taufen lassen.

Speziell für Eric: Der weitaus interessantere meiner beiden prominenten Vorfahren war Achilles Thommen, ein aus der Schweiz zugewanderter Bahnbauingenieur, der in Österreich Karriere machen konnte, weil Ausländer damals noch nicht abgewiesen wurden. Zu meiner Schulzeit war ihm im Wiener Technischen Museum noch eine ganze Bilderwand gewidmet, denn er war an der Seite von Ritter von Ghega führend am Bau der Semmering- und der Brennerbahn beteiligt. (Ich hätte Dir diese Bilderwand gerne gezeigt, aber bei meinem letzten Museumsbesuch war sie schon auf ein einzige Bild geschrumpft, und in den zwanzig Jahren, die seither vergangen sind, ist wohl auch dieses letzte Bild dem technischen Fortschritt zum Opfer gefallen – schließlich bereiten wir Weekend-Ausflüge zum Mond vor.)

Wenn ich der Familienchronik folge – und natürlich folge ich ihr in allen schmeichelhaften Zusammenhängen –, dann hat Achilles Thommen die Brennerbahn sogar weitgehend allein erbaut, denn Ritter von Ghega war zu diesem Zeitpunkt aufgrund einer Krebserkrankung kaum mehr einsatzfähig. Jedenfalls gibt es in Innsbruck eine Achilles-Thommen-Straße, durch die Du einmal spazieren und Deines Ur-Urgroßvaters gedenken solltest.

Denn Bahnbau war damals, was heute der Bau von Weltraumraketen ist: vorderste Front der Technik, Erschließung vorher ungenutzter Räume, neuer ökonomischer, politischer und strategischer Möglichkeiten, Vision, Wagnis und Abenteuer.

Dein Ur-Urgroßvater mütterlicherseits war ein Mann, dessen Gen-Bruchstücke ich Dir durchaus zum Erbe wünsche: voll Wagemut und Tatkraft. Dazu noch, wie ich Fotos entnehme, auffallend schön: von großer, kräftiger Statur – einer seiner Vorfahren soll Jakob der Küfner geheißen und in Basel Eisen geschmiedet haben –, mit einem ebenmäßig geschnittenen, ungemein männlichen Gesicht, das von einem kräftigen Vollbart würdig eingerahmt wurde.

Ich verstehe, dass seine einzige Tochter, Elsa, ihn abgöttisch geliebt hat.

Doch eben daraus wurde ein bis heute wirksames familiäres Verhängnis.

Denn als Elsa Thommen sich auf einem Ball der Nordbahn, die Achilles Thommen zu Ende seiner Laufbahn leitete, in den Bahnbeamten Friedrich Reiner verschoss, vermochte der als Ehemann beim besten Willen nicht an den vergötterten Vater heranzureichen.

Die Ehe war von Beginn an nicht allzu gut und wurde umso schlechter, je länger sie dauerte und je mehr Friedrich Reiner, zum Erstaunen und Missfallen seiner Frau, Qualitäten entwickelte, die sie ihrem Vater vorbehalten wissen wollte: Wagemut und ökonomisches Geschick.

Mit sechzig, nachdem er bei der Bahn in Pension gegangen war, tat Friedrich Reiner sich mit drei Freunden zusammen, um die Drina im ehemaligen Jugoslawien (und heutigen Kroatien) zu regulieren und aus einem Sumpfgebiet, das ihm ursprünglich zur Entenjagd gedient hatte, herrlichen landwirtschaftlichen Boden zu machen. Die Geldentwertung ließ ihn den aufgenommenen Kredit in wenigen Jahren zurückzahlen, und obwohl er keinerlei landwirtschaftliche Ausbildung besaß, schuf er ein Mustergut, das Studenten der Bodenkultur bei Exkursionen als beispielhaft vorgeführt wurde.

Hatte er sich anfangs mit tausend Rindern und Schweinen auf Viehwirtschaft konzentriert, so führte er in der Folge aus den USA die kaum bekannte Sojabohne ein, die auf dem hervorragenden Boden Slawoniens doppelt so ertragreich wuchs wie in ihrer Heimat. Worauf er einen Chemiker auftrieb, der ein Verfahren zur Entbitterung des Sojamehls entwickelte und mit ihm zusammen die „Edelsojawerke" gründete. Als die Wiener Kathrein Bank, mit der er arbeitete, in Schwierigkeiten geriet, erwarb er auch noch daran einen größeren Anteil.

Nichts von alledem – ich komme darauf noch genauer zurück – gehört uns übrigens noch.

Mein Großvater freilich war in heutiger Diktion ein vielfacher „Millionär".

Elsa, die ihn ursprünglich als Tochter eines „Generaldirektors" zu sich emporgehoben hatte und von ihm entsprechende Dankbarkeit und Ehrfurcht erwartete, empfand das als persönliche Niederlage. Sie sah sich plötzlich einem Mann gegenüber, der ein größeres Vermögen geschaffen hatte, als sie von ihrem vergötterten Vater erbte, und der auch sonst nicht einsah, warum er so völlig in dessen Schatten stehen sollte.

Das ließ eine nicht sehr gute Ehe eine schlechte Ehe werden und führte während des üblichen Sommerurlaubes der Familie am Grundlsee zu folgendem Gespräch zwischen meiner Großmutter und zwei Damen, die sie zum Picknick eingeladen hatte: „Sie sollten froh sein, dass Ihnen die Ehe erspart geblieben ist. Diese ständige Plage, den Haushalt für so viele Leute in Ordnung zu halten – schon allein der Ärger mit den Dienstboten. Und immer wollte mein Mann weitere Kinder. Also über das erste Kind habe ich mich wirklich noch sehr gefreut, schon weil es ein Bub war – obwohl er, wie ihr wisst, von Geburt an schwerhörig gewesen ist. Auch über die nächsten beiden habe ich mich trotz ihrer Schwerhörigkeit gefreut, denn das waren jetzt Mädchen. Und Helmuth, der vierte, war endlich der erste, der gut gehört hat. Aber bei Ella hatte ich wirklich genug."

Ella war meine Mutter und damals fünf Jahre alt. Sie war – für ihre Mutter durchaus sichtbar – neben dem Picknick-Korb auf der Wiese gesessen.

Jetzt stand sie auf und verkroch sich im nahen Stall.

Selbst noch mit 92, knapp vor ihrem Tod, hat sie mit Wut und Tränen gekämpft, wenn sie über diesen Vorfall gesprochen hat. Und sie hat immer und immer wieder darüber gesprochen, konnte sich weder durch diese Gespräche noch durch eine langjährige psychoanalytische Behandlung davon lösen: „Es gibt für ein Kind nichts Schlimmeres, als von der eigenen Mutter nicht gewollt zu werden. Dabei war ich gesund und intelligent und angeblich sogar sehr herzig. Aber für sie hat das alles nicht gezählt."

So hat die außergewöhnliche Liebe, die meine Großmutter ihrem außergewöhnlichen Vater anstelle ihres (in Wahrheit gar nicht so gewöhnlichen) Ehemannes entgegengebracht hat, meine Mutter zu einem zutiefst unglücklichen Menschen gemacht.

Denn das Leid, das ihr als Kind zugefügt wurde, hat sich durch ihr ganzes Leben gezogen. Es war wie mit den „Spitzendecken", die ich meinen Kindern, als sie klein waren, aus Papier gefertigt habe, indem ich ein kreisrundes Blatt vielfach um seinen Mittelpunkt gefaltet und dann mit der Schere ein ganz einfaches Muster hineingeschnitten habe: Auseinandergefaltet ergibt das ein scheinbar ungeheuer kompliziertes Bild, das in Wirklichkeit doch nur die vielfache Wiederholung dieser ersten, einfachen Schnitte ist.

Meiner Mutter wurde von ihrer Mutter ins Herz geschnitten.

Speziell für Eric: Vielleicht erinnerst auch Du Dich, wie ungern sie auf Bahnhöfe gegangen ist. Wie sie lieber noch so unbequem mit einem Auto als mit der Eisenbahn verreist ist. Alles nur die Wiederholung des gleichen Musters: Als sie ein Kind war, reiste die Familie jedes Jahr mit zahllosen Koffern auf Sommerfrische an jenen Grundlsee, an dem sich das beschriebene tragische Gespräch zugetragen hat. Der Großvater, der selbst nur selten mitkam, hatte einen Bauernhof auf der so genannten „Obertressen" gemietet und Anfang Juli brach Elsa Reiner mit Kind und Kegel dorthin auf. Um ein leeres Abteil im Zug zu ergattern, nahm sie ihre älteren Kinder an der Hand und stürmte mit ihnen einen der wenigen Waggons, die „Aussee" als Endziel angaben. Meine Mutter sollte unterdessen auf dem riesigen Haufen aus Koffern und Taschen sitzen bleiben und so lange warten, bis sie geholt würde. Doch obwohl ihre Mutter oder einer der älteren Brüder sie jedes Mal rechtzeitig holten, geriet sie noch als Vierzehnjährige jedes Mal in

Panik: „Ich habe immer gefürchtet, meine Mutter wird mich vergessen und sitzen lassen."

Ihr ganzes Leben hindurch hat diese Angst sie nicht losgelassen: dass die anderen gemeinsam aufbrechen und sie allein zurücklassen würden. „Ihr nehmt mich doch mit?", hat sie selbst dann mit verzweifelter Stimme gefragt, wenn es nur darum gegangen ist, dass wir zum Heurigen oder in ein Restaurant gehen wollten. Und wie das im Leben leider öfter vorkommt, hat eben dieser verzweifelte Unterton dazu geführt, dass wir sie nicht so gerne mitgenommen haben.

„Mit Deiner Mutter kann man so schwer unbeschwert vergnügt sein", haben auch die, die sie sonst durchaus mochten, ja manchmal sogar verehrten, zu mir gesagt. Und so sehr mir das heute, da sie seit Jahren tot ist, leidtut – ich habe es genauso empfunden und war oft ausgesprochen abweisend zu ihr.

Ich fürchte, dass es auch meinem Vater so mit ihr gegangen ist. Denn er hat sich von ihr in seinem Wesen noch viel stärker als ich unterschieden: ein ungleich „leichterer" Mensch in jeder Bedeutung dieses Wortes. Trotz seines steifen, förmlichen Vaters, der immer wie im Stresemann aussah, besaß er das sonnige Temperament, das den Rheinländern zugeschrieben wird. Statt der ernsten Schwere meiner Mutter hat mein Vater Heiterkeit und Lebenslust ausgestrahlt, sodass man besonders gerne mit ihm zum Heurigen oder zum Essen ausgegangen ist. Niemand (außer dieses oder jenes meist sehr hübsche junge Mädchen) hat meinen Vater verehrt – aber er war bei fast allen Menschen beliebt, denn in seiner Gegenwart konnte man sich unbeschwert gehen lassen und wohl fühlen.

Wahrscheinlich war es genau diese, ihr so fremde, lebensfreudige „Leichtigkeit", für die ihn meine Mutter so sehr geliebt hat.

Aber immer mit der panischen Angst, von ihm verlassen zu werden.

Ich glaube, das war der Urgrund des Scheiterns ihrer Ehe.

Ich glaube es nicht nur, ich weiß es, obwohl ich das zu ihren Lebzeiten immer geleugnet habe, um sie nicht noch mehr zu verletzen: „Der Krieg hat Eure Ehe zerstört", habe ich ihr zugestimmt, und natürlich hat die langjährige Trennung ihren wesentlichen Beitrag zum Scheitern geleistet. Aber viel schwerer wog doch die innere Unsicherheit meiner Mutter – diese verzweifelte Angst, von den Menschen, die sie liebte, nicht wiedergeliebt zu werden, die sie veranlasste, ihre Liebe wie einen luftdichten Sack über meinen Vater zu stülpen: eine dicke, schwere, erstickende Umhüllung aus Liebe, in der man nicht atmen, sich nicht entfalten und bewegen konnte. Eine Liebe, aus der es in der bedrückenden, erdrückenden Gegenwart meiner Mutter kein Entrinnen gab.

Man konnte diese Hülle nur in ihrer Abwesenheit sprengen: So, in einem Akt leichtgewichtiger Feigheit und dennoch aggressiver Gewalt – ich werde die traurigen Begleitumstände noch genauer beschreiben –, hat mein Vater meine in Auschwitz eingesperrte Mutter verlassen und genau die Befürchtung erfüllt, die sie ihr ganzes Leben begleitet hat: dass sie allein am Bahnhof zurückbleiben würde.

Speziell für Eric: Ich glaube Du verstehst jetzt, warum das Wort „ehernes Schicksal" nur eine Umschreibung für diese Weitergabe des Scheiterns innerhalb einer Familie ist, das man wie einen physikalischen Vorgang nach den Gesetzen der Kausalität beschreiben kann: Weil Deine Urgroßmutter ihren großartigen Vater zu sehr geliebt hat, ist ihre Ehe mit ihrem durchaus tüchtigen Mann eine so schlechte gewesen. Weil diese Ehe eine so schlechte war, hat meine Großmutter für ihre jüngste und letzte Tochter, meine Mutter, kaum mehr Liebe aufgebracht. Weil meine Mutter von ihrer Mutter so wenig Liebe erhalten hat, hat sie diese Liebe bei meinem Vater mit so verzweifelter Intensität gesucht – und eben dadurch verloren.

Das ist noch nicht das Ende der Reihe: Wahrscheinlich ist auch meine erste Ehe mit „Lisi" an der Bürde der gescheiterten Ehe meiner Mutter kaputt gegangen, gerade weil ich es krampfhaft besser machen wollte. Und für meine zweite Ehe, die Ehe mit Deiner Mutter, war meine Mutter eine fast übermenschliche Hypothek: Ich musste erleben, wie sie Eva durch die ersten fünfzehn Jahre unserer Beziehung mit biblischem Hass verfolgt hat. Denn sie hat in ihr die zweite Frau meines Vaters gesehen, die sie nur „die Hexe" nannte, die ihn durch ihren Sexappeal verzaubert hätte. In dem Augenblick, in dem Eva mit Dir schwanger war und klar wurde, dass ich bei ihr bleiben und nicht mehr zu Lisi zurückkehren würde, hat sie das mit einem Satz quittiert, der mir so ewig in Erinnerung bleiben wird, wie ihr die Worte ihrer Mutter auf der Wiese am Grundlsee: „Was Du mir antust, ist schlimmer als Auschwitz." Und auch dieser Satz hatte Folgen, die noch bis zu Dir weiterreichen.

4. *Speziell für Eric:*
Scheidung, Schuld und Sühne

Deine Großmutter war eine „große Frau". Ich war ihrem Krieg mit meiner zweiten Frau nicht gewachsen. Ich weiß nicht, ob irgendjemand ihm gewachsen gewesen wäre.

Wenn man, wie ich, ausschließlich mit seiner Mutter aufwächst, konzentriert man zwangsläufig alle kindlichen Gefühle auf sie. In meinem Fall ist hinzugekommen, dass es eine überaus eindrucksvolle Mutter war. In ihrer Jugend sehr schön, ungemein intelligent (mit einem IQ von weit über 140) und von außergewöhnlicher moralischer Autorität: Schließlich hatte sie sich in der NS-Zeit auf eine Weise bewährt, die gleichermaßen Mut, Kaltblütigkeit und Warmherzigkeit erfordert hat, und Yad Vashem hat sie dafür unter die „Gerechten" gereiht.

Es gab eine Menge Menschen, die meine Mutter zu Recht bewundert haben. Ich habe auch dazu gehört.

Aber das Zusammenleben mit dieser „großen Frau" war nicht nur für meinen Vater, es war auch für mich mit Belastungen verbunden. Nicht weil ich die Sorge hatte, ihr intellektuell nicht gewachsen zu sein: Was sie mir an gemessener Intelligenz voraus hatte, hatte ich ihr an künstlerischer Intuition voraus. Auch nicht, weil ihre moralische Größe mir ein Minderwertigkeitsgefühl eingeflößt hätte: Sie hat das bewusst verhindert, indem sie sich nie als „Heldin" gegeben, sondern mir im Gegenteil immer wieder erklärt hat, wie wenig sie sich des Risikos ihres Handelns bewusst gewesen ist. Ich hatte, glaube ich, nicht einmal das in ähnlichen Fällen so häufige Problem, ausschließlich eine weibliche und keine männliche Identifikationsfigur zu besitzen, denn obwohl meine Mutter „vor allem

Frau" sein wollte, war sie in gewisser Weise erstaunlich männlich – sie hat sich immer nur mit ihrem Vater identifiziert.

Nein, das Belastende unseres Zusammenlebens bestand in seiner Ehe-Ähnlichkeit: Seit meinem fünften Lebensjahr war ich der „Lebensgefährte" meiner Mutter. Denn nachdem sie von meinem Vater geschieden worden war, war sie entschlossen, nie mehr einen anderen Mann zu lieben, obwohl er seit Jahren mit einer anderen Frau zusammenlebte. „Aber wenigstens hat er kein Kind mit ihr. Das habe nur ich mit ihm. Du bist das Einzige, was mir von ihm geblieben ist."

Als sie über neunzig und manchmal schon etwas verwirrt war, hat sie uns nicht nur emotional, sondern wirklich verwechselt: Sie hat mich mit seinem Namen angesprochen oder Deiner Mutter vorgeworfen, dass sie ihr den Ehemann weggenommen hätte.

Die Scheidung von meinem Vater, nicht Auschwitz war die größte Zäsur im Leben meiner Mutter: „Seither ist mein Leben sinnlos. Wenn es Dich nicht gegeben hätte, hätte ich sterben wollen."

Meine Mutter lebte diesen gewünschten Tod. Sie lachte fast nie. Sie trug durch Jahre das immer gleiche Kostüm aus schwarzem SS-Stoff, den man ihr bei ihrer Befreiung übergeben hatte, und sie verzichtete darauf, ihr Haar, das durch das Fleckfieber schlohweiß geworden war, zu färben, obwohl sie erst siebenunddreißig und eine unvermindert schöne Frau war. Wenn ich gelegentlich vom Tod geträumt habe, war er für mich nie ein Mann, sondern eine schöne, weißhaarige Frau.

„Meine Mutter sitzt einsam in einem Lehnstuhl aus schwerem Brokat. Ach Mutter, liebe Mutter mein, warum bist Du nur so allein", habe ich mit elf ein entsetzlich schlechtes Gedicht gemacht, das meine Mutter nichtsdestotrotz bis zu ihrem Tod zwischen den Fotos meines Vaters aufgehoben hat. Es bewies ihr sozusagen, dass ich ein guter Sohn war, der das gebührende Mitleid mit ihrem Schicksal hatte.

Auch mit mir selbst hatte ich Mitleid, denn es war wirklich nicht schön, keinen Vater zu haben, obwohl er am Leben war. So wie meine Mutter habe ich immer von ihm geträumt. Ich erinnere mich, wie ich im Tiergarten Schönbrunn einen kleinen Buben beneidet habe, dem, als er fürchtete, das Krokodil könnte entkommen und ihn beißen, von seinem Vater erklärt wurde: „Dann kitzle ich es am Bauch und es kann Dir nichts mehr tun." Oder einen anderen Buben, dem sein Vater ein Eis bestellt und der Kellnerin aufgetragen hat: „Aber bitte nicht zu kalt."

Nur ein Vater, so dachte ich, kann vor Krokodilen schützen und warmes Eis bestellen.

So wie ich sie für ihre Einsamkeit bedauert habe, hat meine Mutter mich für meine Vaterlosigkeit bedauert. Es lag ständig ungeheuer viel gegenseitiges Bedauern in der Luft: Das Bedauern des einen hat das Bedauern des anderen sozusagen in seiner Berechtigung bestätigt.

Ich warne Dich davor, Dich jemals auf diese Art von Zweisamkeit einzulassen: Deine Mutter ist auch von ihrem ersten Mann verlassen worden, sie ist auch mit Kindern zurückgeblieben, sie hat auch gelitten – aber sie hat sich geweigert, mit ihrem Leben abzuschließen.

Meine Mutter wollte den Anschluss nicht mehr finden. Die Ärzte, die sich in der Heilanstalt in Laas und später in Alland durchaus immer wieder um sie bemüht haben, waren für sie auf beinahe beleidigende Weise Luft. Wenn sie, was zweimal vorkam, verheiratet waren, schloss sie energische Freundschaft mit ihren Frauen und gab ihnen gute Ratschläge, wie sie sich vor Seitensprüngen schützen sollten. Als ihr viele Jahre später der eindrucksvollste Mann, den ich kannte, ihr Jugendfreund Alexander Weissberg, sehr ernsthaft den Hof machte, ließ sie ihn in jeder Sekunde fühlen, dass er bestenfalls zweite Wahl war. „Er hat nicht entfernt an Deinen Vater herangereicht."

Trotzdem wunderte sie sich, dass sich Weissberg, nach langem Schwanken, dafür entschied, zu einer eher simplen Frau zurückzukehren, die er in Warschau – angeblich nur, um sich vor der Verfolgung durch die Nazis in Sicherheit zu bringen – „auf dem Papier" geheiratet hatte: „Aber ich hätte ihn sowieso nicht wirklich als Ehemann gewollt. Er war charakterlich minderwertig und hat mich in Bezug auf seine Ehe in Polen von A bis Z belogen."

Meinem Vater hat meine Mutter seine charakterlichen Schwächen dagegen immer nur theoretisch, nie in der Realität ihrer Gefühle zum Vorwurf gemacht: „Er hätte mich nie verlassen, wenn Edi (seine zweite Frau) nicht gewesen wäre. Er war ein anderer Mensch, als er noch mit mir zusammen gewesen ist. Erst durch sie ist er verkommen. Nur sie hat ihn dazu gebracht, sich scheiden zu lassen."

Ich glaube, dass es wenige Kinder gibt, die die Worte „verlassen" und „Scheidung" so häufig gehört haben wie ich. Es gab kaum einen Tag, an dem meine Mutter sie nicht gebraucht hat. Scheidung war schlimmer als der Verlust des Ehemannes im Krieg, wie ihre Schwester Edith ihn erlitten hatte: „Denn sie konnte in dem Bewusstsein weiterleben, dass er sie bis zuletzt geliebt hat." Scheidung war schlimmer als der eigene Tod: „Denn wenn man tot ist, fühlt man nichts mehr, aber wenn man verlassen wird, tut es jeden Tag weh."

Sich von seiner Frau scheiden zu lassen, war dementsprechend das schlimmste Verbrechen, das man begehen konnte. (Nur dass es im Falle meines Vaters nicht wirklich durch ihn, „sondern in Wahrheit nur im Auftrag von Edi" verübt worden war.)

„Und Du willst Lisi wirklich verlassen? Ist Dir bewusst, dass Du sie damit umbringst? Was Du mir antust, ist schlimmer als Auschwitz."

Meine Mutter meinte, was sie mir zu Ende eines langen Gespräches verzweifelt an den Kopf warf. „Auschwitz", das waren für sie physische Qualen gewesen, die sie überstanden hatte, weil sie ungemein kräftig war. Natürlich war es auch psychisch qualvoll gewesen, mitzuerleben, wie andere Frauen wie die Fliegen starben oder wie die Läuse vertilgt wurden. Aber sie hatte mit Verblüffung registriert, wie sehr man sich daran gewöhnen konnte. Natürlich hatte sie weiter für ihre Patientinnen und Kameradinnen gekämpft und zu dieser oder jener hatte sich eine Beziehung entwickelt, die ihren Tod schmerzhafter fühlen ließ, aber der große, der tägliche tausendfache Tod war nicht mit persönlichen Qualen verbunden: Es waren Fremde, die da starben.

Auch die Demütigungen, unter denen viele der Häftlinge mehr als selbst unter Schlägen gelitten hatten, waren meiner Mutter erspart geblieben: Ihr wurden nicht die Haare geschoren, die SS-Männer fassten sie nicht an, sie wurde mit Frau Dr. Lingens angesprochen, denn sie hatte vor ihrem medizinischen Doktorat, zu dem ihr noch eine Prüfung fehlte, ein Jus-Studium abgeschlossen. Einmal schimpfte sie, sich allein glaubend, wütend über eine Anordnung der Lagerleitung, doch ein SS-Mann war vor der Tür gestanden und hatte mitgehört. „Haben Sie fertig geschimpft?", fragte er schneidend beim Eintreten.

„Noch nicht ganz", sagte meine Mutter ebenso schneidend.

Dergleichen hätte auch das Leben kosten können. Aber der SS-Mann wurde rot und verließ den Raum.

Meine Mutter erlebte Auschwitz nicht als persönliche Niederlage.

Die Scheidung hingegen war die Niederlage ihres Lebens: wie als Fünfjährige zurückgestoßen zu werden; sich als jemand zu erleben, der es nicht wert war, geliebt zu werden. Eine „geschiedene Frau" zu sein, empfand sie nicht nur als persönliche, sondern auch als die soziale Demütigung, die es in ihrer Generation (in der es Scheidungen kaum gab) auch tatsächlich war: „Man ist degradiert."

Dem entsprach der überragende Stellenwert, den sie der „Ehe" zubilligte. So sehr sie darauf bestand, dass nur die Liebe sie mit meinem Vater zusammengeführt hatte, so sachlich und kühl erklärte sie mir, dass eine Ehe auch ohne Liebe möglich sei: „Das Wichtigste ist, dass jeder sicher sein kann, dass ihn der andere nicht verlässt." Die Sexualität degradierte sie in diesem Zusammenhang trotz aller Begeisterung für Sigmund Freud zur *quantité négligeable* und hatte davon eine erstaunlich „männliche" Auffassung: „Ich verstehe, dass ein Mann manchmal das Bedürfnis hat, unbedingt mit einer anderen Frau zu schlafen. Das ist schade, aber es ist nicht der Weltuntergang. Wenn er nur keinen Zweifel daran lässt, dass seine Frau seine Frau ist. Wenn er bei seiner Familie bleibt und seine Verantwortung wahrnimmt."

Wie die katholische Kirche hielt sie die Prostitution für eine Institution, die geeignet ist, den Bestand der Ehe zu schützen: „Da kann sich der Mann die Abwechslung holen, die er offenbar braucht. Da ist keine Liebe dabei, das tut der Ehefrau nicht wirklich weh."

Frauen, die sich mit verheirateten Männern einließen, waren für sie ein Mittelding zwischen Prostituierten – „Es geht ihnen ja nur darum, sich einen erfolgreichen, wohlhabenden Mann zu angeln" – und „Hexen": „Edi hat nichts anderes ausgenutzt als diese Schwäche der Männer, wenn eine Frau ihnen ,Nimm mich' sagt. Sie hat Deinen Vater mit ihrem bereitwillig angebotenen Körper verhext, sich ihn hörig gemacht. Er wäre sonst nie gegangen."

„Du wärest nie gegangen, wenn Eva sich nicht an Dich geschmissen hätte."

„Eva hat sich nicht an mich geschmissen, ich bin ihr nachgelaufen."

„Warum hältst Du sie Dir nicht einfach als Geliebte, wenn Du das unbedingt brauchst, und bleibst bei Deiner Frau und Deinen Kindern?

„Weil ich Eva zu sehr liebe."

„Und Deine Frau bedeutet Dir nichts?"

„Lisi bedeutet mir nach wie vor mehr als fast alle anderen Menschen. Es ist doch nicht so, dass ich sie nicht geliebt hätte. Aber in den letzten Jahren musst doch auch Du gemerkt haben, dass es nicht mehr wie früher war."

„Das kann sich doch wieder ändern."

„Ich liebe Eva."

„Weil sie Dich verhext hat. Mit ihrem Sex, mit ihrem offenherzigen Dekolleté, mit ihren kurzen Röcken. Es war ihr egal, dass Du verheiratet bist und drei Kinder hast."

„Es war ihr nicht egal. Ich habe behauptet, ich lebte längst nicht mehr mit meiner Familie zusammen. Ich habe sie angelogen, wie Alex Dich angelogen hat. Als sie dann begriffen hat, dass so vieles nur Lüge war, dass ich natürlich an Lisi und den Kindern hänge, war es für uns beide zu spät. Wir konnten nicht mehr ohne den anderen sein."

„Und Lisi bringst Du um und es macht Dir nichts aus?"

„Es macht mir wahnsinnig viel aus. Du kannst Dir nicht vorstellen, wie sehr es mich quält. Ich werde immer für sie und die Kinder da sein. Man wird mich nicht, wie meinen Vater, mahnen müssen, dass ich etwas zahle. Die Familie wird nicht schlechter als vorher leben, bei meinem Gehalt ist das möglich."

„Was heißt nicht schlechter als vorher? Ohne Ehemann, ohne Vater."

„Ich werde mindestens zweimal in der Woche auf Besuch kommen, ich war auch in der Vergangenheit nicht viel öfter wirklich für meine Familie da, wegen der Arbeit."

„Aber das ist etwas völlig anderes. Da wussten alle, dass Du für sie arbeitest. Aber ab jetzt gehört alles Deiner zweiten Frau, sie hat alles, Deine erste Familie hat nichts. Obwohl Du ihr alles verdankst: Dein schönes Zuhause, Deine Karriere, Dein Ansehen – nichts davon hättest Du ohne den Rückhalt von Lisi erreicht."

„Ich weiß das. Ich weiß, was für eine wunderbare Frau sie ist, ich weiß, was ich ihr zu verdanken habe – aber ich liebe Eva."

„Herunterziehen wird sie Dich. Heruntergehen wird es von jetzt ab mit Dir, so wie es mit Deinem Vater heruntergegangen ist. Im Beruf, im Leben, in allem."

Wir haben das später den „Fluch" meiner Mutter genannt und er hat sich gemäß den gleichen psychologischen Gesetzmäßigkeiten erfüllt, die ich Dir im vorigen Kapitel als „ehernes Schicksal" beschrieben habe: In derselben Woche, in der ich dieses Gespräch mit meiner Mutter geführt habe, hat sich auch eine Auseinandersetzung in der Redaktion des *profil* zugespitzt, und obwohl ich diese Auseinandersetzung eigentlich gewonnen hatte, habe ich von einer Sekunde auf die andere den völlig verrückten Entschluss gefasst, als Herausgeber und Chefredakteur zurückzutreten und nur mehr als hoch bezahlter Kolumnist zu arbeiten. Ich wollte nur „nie mehr irgendeine Auseinandersetzung", Erlösung aus jeder Anspannung. Ruhe. Den ganzen Tag nur mehr mit Eva und mit Dir.

Aus der Depression, die mich schon am nächsten Tag überfallen hat, weil ich die Redaktion, die mein halbes Leben gewesen war, nicht mehr betreten konnte, hat Deine Mutter mich wie ein krankes Ross aus seiner Box herauszuzerren versucht: Ich könnte doch jetzt Bücher schreiben (die ich freilich nie geschrieben habe); ich könnte doch jetzt endlich in Ausstellungen gehen und vielleicht wieder malen (was ich nie getan habe); wir könnten doch jetzt große Reisen unternehmen (was wir erst viel später taten).

Aber bei jedem Satz habe ich ihre Liebe gespürt und ganz langsam hat das fast alles „Äußerliche" – den Verlust der geliebten Arbeit, den Verlust an Ansehen, den Verlust des finanziellen und emotionalen „Gewinnanteils" am Erfolg des *profil* – wiedergutgemacht.

Ich bin wieder auf die Beine gekommen.

Als die Konstruktion, in der ich dem *profil* weiterhin angehörte, sich als immer schwieriger entpuppte – Peter Rabl war neuer Herausgeber, aber ich schrieb den Leitartikel –, hatte ich wieder die Kraft, mir eine neue Herausforderung zu suchen: Ich übernahm die kränkelnde *Wochenpresse* und sollte im Auftrag der Eigentümer ein Wirtschaftsmagazin aus ihr machen.

Es wurde auch ein ziemlich gutes, aber in dem Ausmaß, in dem das geschah, musste es seine Leserschaft austauschen: Alle bisherigen *Wochenpresse*-Leser (eher konservative, nicht mehr ganz junge Leute, die nicht die Wirtschafts-, sondern die Kulturseiten besonders schätzten) gingen verloren – 30.000 völlig neue Käufer wurden gewonnen.

Wäre das einem neu gegründeten Wirtschaftsmagazin gelungen, es wäre ein ziemlich erstaunlicher Erfolg gewesen. So hingegen ergab sich nach außen, dass die neue *Wochenpresse* (nachdem sie noch dazu zur österreichischen Ausgabe der deutschen *WirtschaftsWoche* mutiert war und damit einen neuen, fremden Namen trug) nur die gleichen drei Prozent Reichweite auswies wie die alte. Die deutsche *WirtschaftsWoche* war mit den gleichen drei Prozent Reichweite ein glänzendes Geschäft, denn es waren jene drei Prozent, die sich wirklich für Wirtschaft interessierten und dort auch etwas zu sagen hatten – die wollte die Wirtschaft mit ihren Inseraten erreichen. Doch in Österreich tickte die Werbewirtschaft anders: Drei Prozent der Bevölkerung dieses kleinen Landes waren einfach sehr wenig Leute. Man hielt sich lieber an Monatsmagazine wie *trend* und *Gewinn*, die, weil es sie schon so lange gab, weitaus höhere Reichweiten auswiesen, obwohl sie kaum mehr Exemplare verkauften. (Österreich ist meines Wissens das einzige Land, in dem die sogenannte Media-Analyse, die nur misst, was die Menschen gelesen zu haben behaupten, ungleich mehr gilt als die tatsächlichen Verkaufszahlen.)

Aber trotz dieser Schwierigkeiten waren es gute Jahre für mich: Der Verlust der Zeitschrift hatte sich ganz erheblich verringert. Der deutsche Eigentümer – der Holtzbrinck-Verlag – war ein ausnehmend sympathisches Unternehmen, Dieter Holtzbrinck schätzte, was wir machten, und zeigte Geduld. Ich hatte erneut ein erstklassiges Team, mit dem es aber, anders als im *profil*, kaum Auseinandersetzungen gab: Wir schätzten und mochten einander.

„Es ist Dir noch nie so gut gegangen", sagte meine Frau, wenn ich abends nach Hause kam.

Trotzdem habe ich die Chefredaktion der *WirtschaftsWoche* einmal mehr von einem Tag auf den anderen hingeschmissen. Teils weil ich dachte, die Zeitschrift sei über den Berg, vor allem aber, weil ich zurück in die Politik wollte, die mir damals (das hat sich mittlerweile geändert) ungleich interessanter und relevanter als die Wirtschaft schien. Vor allem aber, weil Oscar Bronner mir angeboten hatte, neben Gerfried Sperl zweiter Chefredakteur des *Standard* zu sein, und ich immer schon „einmal eine Tageszeitung machen" wollte. Ich habe von alten *profil*-Zeiten mit Bronner als Herausgeber geträumt und Sperl als fähigen, anständigen Kollegen gekannt: Jetzt würden wir gemeinsam die beste denkbare Zeitung machen.

Ich war Feuer und Flamme (ich bin das fast immer) – meine Frau hat mich eindringlich gewarnt (Frauen sind bei wesentlichen Entscheidungen ihrer Männer fast immer einfühlsamer als diese): „Es ist nicht mehr wie zur Anfangszeit des *profil*. Du warst jetzt durch zwanzig Jahre immer Dein eigener Chef. Auch wenn Du Dr. Sperl nett und tüchtig findest, wird er keine Freude mit Eurer Co-Chefredaktion haben. Und wer weiß, ob Ossi Bronner wirklich eine hat. Er wird nicht wollen, dass man wieder von Deinen Leitartikeln und nicht von seiner Zeitung spricht. Schau Dir die Unterzeile im *Standard* an, hör Dir an, wie er mit der eigenen Stimme *Standard*-Werbung macht."

„Er hat einfach eine gute Stimme. Und es zweifelt doch niemand, dass er der ‚Mister *Standard*' ist – das hat er doch bewiesen. Er hat es doch in keiner Weise nötig, sich vor mir zu fürchten."

Doch schon die ersten Tage im *Standard* zeigten mir, wie komplex die Dinge lagen. Sperl war wie erwartet absolut fair, aber natürlich nicht begeistert. Er bemerkte allerdings sehr rasch, dass von gleichberechtigter Führung ohnehin keine Rede sein konnte: Er saß der Redaktionskonferenz vor – ich hörte zu und warf dann und wann etwas ein. Es wäre zu viel von ihm verlangt gewesen, diesen Zustand zu verändern. Eher zur Überraschung der Mannschaft, die natürlich mit Argusaugen beobachtete, wie die neuen Machtverhältnisse aussehen würden, hatte ich damit auch keine Probleme, denn Fragen der „Rangordnung" haben mich noch nie interessiert: Mich interessierte, ob eine Führungskonstruktion so beschaffen war, dass dabei ein gutes Produkt herauskam. Es war für mich ganz klar, dass Sperl die Mechanik dieser Zeitung aus dem Effeff beherrschte, während ich sie erst lernen musste. Und es war ebenso klar, dass Bronner als Chefredakteur und zugleich Herausgeber (und Eigentümer) unser beider Chef war: Ich hatte ihn in der täglichen Arbeit noch nie als solchen erlebt, aber ich wusste, wie intelligent und anständig er war und wie sehr er wusste, was eine gute Zeitung war – also hatte ich nicht die geringste Schwierigkeit mit einem Dienstvertrag, der mich seinen Weisungen unterwarf.

Aber zu meinem wachsenden Erstaunen hatte er eine Schwierigkeit damit. Die Co-Chefredaktion mit Sperl bestand ausschließlich auf dem Papier: Bronner lud mich zu den gemeinsamen Leitungssitzungen gar nicht erst ein. Ich saß in einem Zimmer mit dem Täfelchen „Chefredakteur", aber niemand suchte es jemals in diesem Zusammenhang auf. Als ich ein einziges Mal, durchaus vorsichtig, zu sagen wagte, ich hielte es angesichts unserer ständigen Platznot nicht für ideal, ein Drittel von Seite zwei dafür zu verwenden, dort das Auslandswetter zu präsentieren, fuhr Bronner mich an: „Du glaubst schon wieder, alles besser zu wissen."

Mittlerweile ist das Auslandswetter natürlich von Seite zwei verschwunden, aber ich habe damals begriffen, dass Bronner eines ganz sicher nicht mehr von mir wollte: dass ich auch nur im Entferntesten „Zeitung machte".

Doch anders als das vielleicht in früheren Zeiten gewesen wäre, habe ich dagegen in keiner Weise aufbegehrt, sondern es nur als eine weitere Etappe auf dem Weg meines vorgezeichneten Abstiegs hingenommen. Ich habe mich nicht einmal bemüht, gelegentlich doch, wenn Sperl verhindert war, die Konferenz zu leiten, sondern es lieber dem damaligen Leiter des Wirtschaftsressorts, Dr. Hann überlassen, sodass dieser mich einmal beinahe gerügt hat: „Sie müssen sich an die Spitze des Tisches setzen. Wenn Sie das nie tun, wird alles für Sie immer so bleiben wie jetzt."

„Was soll's?", habe ich geantwortet, „wahrscheinlich geschieht mir recht."

Nach einem Jahr *Standard* war ich in eine fast so tiefe Depression gefallen wie nach meinem Ausscheiden aus *profil*.

Sie verband sich mit der Überzeugung, demnächst an Krebs zu erkranken. Die von meiner Mutter stets eindringlich vertretenen (im Prinzip richtigen) Thesen Sigmund Freuds über die körperlichen Symptome seelischer Konflikte erwiesen sich, gerade weil ich sie kannte, als ideale Basis hypochondrischer Furcht: Irgendwo, so war ich überzeugt, musste sich mein Schuldgefühl gegenüber meiner ersten Frau körperliche Bahn brechen; wahrscheinlich würde ich Prostata-Krebs bekommen und damit büßen, dass ich meinen sexuellen Wünschen nachgegeben hatte. Schuld ohne Sühne gab es in meiner Vorstellung nicht.

Wahrscheinlich gibt es sie wirklich nicht. Jedenfalls hat uns die katholische Kirche in dieser Hinsicht durch zwei Jahrtausende (und auf weitere Jahrhunderte hinaus) geprägt. Nur dass sie gleichzeitig die „Verzeihung" erfunden hat und sie nicht einmal an sonderlich unerfüllbare Bedingungen knüpft.

Aber ich war kein Katholik, sondern der Sohn meiner Mutter: Ich war außerstande mir zu verzeihen.

Das ist unverzeihlich.

Eigentlich schien ich dennoch wie durch ein Wunder (oder wie eine Katze) wieder auf die Beine zu fallen. 1993 zeigte sich Raiffeisen-General Christian Konrad als Verwalter des *profil* besorgt über dessen wirtschaftliche Entwicklung und wusste aus meiner Ära in der *Wochenpresse*, dass ich, solange ich sie geführt hatte, im Umgang mit ihren wirtschaftlichen Problemen eine ganz gute Hand besessen hatte. Unser persönlicher Kontakt war nie ganz abgerissen und eines Tages schlug er mir vor, mich neuerlich zum Herausgeber des *profil* zu bestellen.

Alle Modalitäten waren besprochen – da musste ich ihm von einem Tag auf den anderen absagen: Ich war in eine Affäre verwickelt, die auszubaden ich weder dem *profil* noch ihm zumuten konnte.

Sie begann mit einem überaus vergnüglichen Abend in der Eden-Bar, zu dem ich meinen Sohn Sebastian und seine Frau eingeladen hatte und zu dem, weil wir zuvor zusammen essen gewesen waren, auch der Kaufmann K. und seine Frau mitkamen. Schließlich hatte ich auch noch meinen Kollegen Christian Ortner eingeladen, denn er wohnte am Stephansplatz nur einen Katzensprung von der Eden-Bar entfernt.

Sebastian war damals noch nicht lange verheiratet. Eine Zeit lang hatte ich die Angst gehabt, er würde es schwer haben, die richtige Frau zu finden, denn trotz seiner eindrucksvollen Statur war er ein eher unsicheres Kind gewesen: Es hatte zu viele Abende gegeben, an denen der Drei-, Vier-, Fünfjährige am Gartentor vergeblich auf mich gewartet hatte, weil ich noch immer über irgendwelchen Manuskripten gesessen war. Es fehlte im etwas von dem Urvertrauen, das ein Bub entwickelt, dessen Vater ihm warmes Eis bestellt und das Krokodil am Bauch kitzelt.

Nach meiner Scheidung hatte ich gegenüber ihm (wie gegenüber seinem jüngeren Bruder Oliver) zusätzliche Schuldgefühle: Schließlich war er zu diesem Zeitpunkt noch längst kein fertiger, voll widerstandsfähiger Mensch gewesen und ich erinnerte mich, wie sehr ich in diesem Alter noch immer unter der Trennung meiner Eltern gelitten hatte. Vielleicht, so dachte ich, würde ihn das an einer erfolgreichen Beziehung hindern.

Aber dann ergab sich diese Beziehung ganz einfach und ganz selbstverständlich: Er fand eine liebe, tüchtige Frau, die ideal zu ihm passte, und ich war überglücklich.

Die beiden begannen sich eine Existenz aufzubauen und meine Schwiegertochter, die Kosmetikerin war, bewarb sich erstmals um eine Führungsposition: Sie wollte Leiterin eines Schönheitssalons werden, den die Unternehmerin Frau H., ein wenig als Hobby, neben ihren einträglichen Ostgeschäften betrieb. Tatsächlich gelangte sie unter mehreren Bewerberinnen in die engste Wahl und schien den Posten bereits gewonnen zu haben, als sie, um der Ehrlichkeit willen, auf ein Problem aufmerksam machte, das sie ihr ganzes Leben begleitet hatte: Sie leide unter einer Allergie, die sie zwar bei der Arbeit in keiner Weise behindere, die sie aber durch eine Perücke verdecken müsse.

„Ich hätte Sie wirklich gerne genommen", meinte daraufhin die Geschäftsführerin, der Frau H. diese Personalentscheidung übergeben hatte, „aber in einem Schönheitssalon geht das einfach nicht."

Für beide, für Sebastian wie für seine Frau, war das eine schwere Enttäuschung, denn die Absage betraf eben nicht nur den Job, er betraf einen unabänderlichen physischen Zustand.

Ich rief die mir unbekannte Frau H. also an und bat sie, die Entscheidung ihrer Geschäftsführerin noch einmal zu prüfen: Meine Schwiegertochter sei eine hervorragende Kosmetikerin; sie habe in dem Salon, in dem sie bis dahin tätig gewesen war, durch ihre Allergie noch nie das geringste Problem gehabt; Sie würde in ihr die beste, loyalste Führungskraft haben ... und so weiter und so weiter – wie man als Vater eben redet, wenn es um die eigenen Kinder geht.

Worauf Frau H. etwas tat, wovon ich aus meiner eigenen Erfahrung in einer Führungsposition wusste, dass es nur ganz selten vorkommt: Sie stieß die Entscheidung ihrer Geschäftsführerin um und gab der Frau meines Sohnes eine Chance.

Dafür war ich ihr sehr, sehr dankbar.

Die Stellung entpuppte sich als „Traumjob". Frau H. war hoch zufrieden, ihre Geschäftsführerin war hoch zufrieden, die Klienten waren hoch zufrieden, meine Schwiegertochter und mein Sohn waren überglücklich. Sie sahen eine vage Chance, den Salon vielleicht sogar in Pacht zu übernehmen.

Bis das Gerücht auftauchte, Frau H. sei in ein Strafverfahren verwickelt: Ihr würden „unerlaubte Geldflüsse" im Rahmen ihrer Ostgeschäfte vorgeworfen.

Ich habe die Angelegenheit etwas näher kennengelernt, weil die *Wirtschafts-Woche* zwangsläufig darüber berichtet hat, und gestehe, dass meine moralische Empörung sich in Grenzen gehalten hat. Einer meiner engsten Verwandten war ein damals sehr erfolgreicher Ostkaufmann und hatte mir ein Dutzend Male glaubwürdig erklärt, dass es absolut ausgeschlossen sei, „Ostgeschäfte" ohne „unerlaubte Geldflüsse" zu machen.

Als wir eine Woche später in der Eden-Bar mit K. und seiner Frau zusammentrafen, kam das Gespräch, ich weiß nicht mehr durch wen (vielleicht durch Sebastian oder seine Frau, vielleicht durch mich), auch auf das Verfahren gegen Frau H.

Auch K. hörte mit Interesse zu: Der untersuchende Staatsanwalt stellte sich als sein Bekannter Dr. M. heraus. Ich weiß heute nicht mehr, wann und wie es dazu kam, dass ich daraufhin eine Bemerkung machte, die mein Leben verändern sollte: „Kannst Du beim Dr. M. nicht ein gutes Wort für die H. einlegen?"

Ein Satz wie dieser fällt, gleich ob in Wien, in Berlin oder in Paris, wahrscheinlich fast jeden Tag. Ich glaube nicht, dass er jemals zuvor und jemals danach zu einer Anklage wegen Anstiftung zum Amtsmissbrauch geführt hat. Aber ich geniere mich dafür noch heute bis in die Knochen. Dieser oder jener Anwalt, dieser oder jener Geschäftsmann, dieser oder jener „Prominente" mochte einen solchen oder ähnlichen Satz aussprechen, ohne dass man ihm das allzu sehr verübeln konnte.

Ich nicht.

Durch Jahrzehnte hatte ich der Staatsanwaltschaft Wien vorgeworfen, immer wieder Verfahren eingestellt zu haben, obwohl die Indizien für eine Straftat in meinen Augen mit Händen zu greifen waren. Durch Jahrzehnte hatte ich Kommentare verfasst, die diese ganz besondere Form des „Filzes" angeprangert hatten: Das gelegentlich durchaus wortlose Einverständnis zwischen politisch prominenten Geschäftsleuten, einem Justizminister gleicher politischer Färbung und einer von ihm eingesetzten Staatsanwaltschaft, eine bestimmte Affäre als „von der Beweislage her nicht ausreichend für eine Anklage" zu finden.

Es gibt keine Entschuldigung für jemanden wie mich, einen solchen Satz gesagt zu haben, und ich will sie auch gar nicht erst suchen. Trotzdem war das nicht das Schlimmste, was ich damals angerichtet habe. Auch nicht jene weiteren Sätze, die die Ermittlungen gegen mich überhaupt erst in Gang gesetzt haben: Als ich begriff, dass K. tatsächlich ein Geschäft aus seiner Intervention machen wollte, habe ich ihn am Telefon vor dem gewaltigen damit verbundenen Risiko gewarnt: Wenn er Frau H. Hoffnungen machte, die er gar nicht einlösen könnte, und dafür Geld forderte, dann könnte sie das als „Pression" auffassen.

Viele Leute haben meine Freundschaft mit K. nicht verstanden. Er gehörte einer völlig anderen Welt an als ich. Aber vielleicht habe ich eben das als erholsam empfunden: Einmal über schöne Autos und schöne Frauen statt über Bruno Kreisky oder Hannes Androsch sprechen. Vor allem aber mochte er mich wirklich – und es gab nicht viele Menschen, von denen ich das sagen konnte. Also mochte auch ich ihn und wollte nicht, dass er in ein offenes Messer lief.

Da er nicht zu Hause war, sprach ich meine Warnung in verschlüsselter Form auf das Tonband seines Anrufbeantworters: Wenn Frau H. das Gespräch mit Dir womöglich auf ein Tonband aufzeichnet, läufst Du in ein offenes Messer.

K., der meinen Anruf nie abgehört hat, hat ziemlich genau das getan, wovor ich ihn gewarnt habe, und ist dafür verurteilt worden. Seine Frau übergab die Tonbandaufzeichnung meiner Worte der Staatsanwaltschaft und damit war *ich* in ein offenes Messer gelaufen.

Vielleicht wäre ich der Anklage trotzdem entgangen, denn eine solche Warnung war zwar mit meiner Stellung (und mindestens so sehr mit meinen eigenen Wertmaßstäben) unvereinbar, aber sie war kein strafrechtlicher Tatbestand. Doch ich musste mir irgendwie begreiflich machen, was zu meiner Entgleisung geführt hatte: Ich musste es (wie ich das in solchen Situationen öfter tue) niederschreiben, weil ich mir davon, so wie jetzt, eine befreiende Wirkung erhoffte. Nur dass ich dieses Schreiben nicht für mich behalten konnte, sondern den unwiderstehlichen Zwang verspürte, es Menschen, die über mein Verhalten rätseln würden, zuzusenden. Darunter auch jenem sympathischen jungen Staatsanwalt, der mich als Erster einvernommen hatte und vor dem ich mich maßlos für die Lügen genierte, mit denen ich versucht hatte, mein gesamtes Verhalten zu bestreiten.

Das Schreiben enthielt als sachlichen Kern den Satz, der einen Straftatbestand bilden konnte: „Kannst Du beim Dr. M. nicht ein gutes Wort für die H. einlegen."

Mehrere Tage hindurch trug ich das zusammengefaltete Papier in der Innentasche meines Sakkos mit mir herum, wollte es absenden, scheute davor zurück, weil ich dunkel ahnte, dass es mir schaden könnte, und fühlte neuerlich den unbezwingbaren Wunsch, es in ein Kuvert zu stecken und abzusenden. Schließlich zeigte ich es dem Psychoanalytiker Harald Leupold-Löwenthal, mit dem ich befreundet war, weil ich mit einem Arzt darüber sprechen wollte: „Für mich besteht wenig Zweifel, was passiert ist", sagte er, nachdem er es gelesen hatte. „Aber Du kannst doch nicht ernsthaft glauben, dass ein Staatsanwalt auch nur eine Sekunde lang versteht, was in einem Menschen vorgeht. Ich war mehrere Male Gerichtssachverständiger, ich kenne die Justiz. Wenn Du Dich unbedingt ins Gefängnis bringen willst, dann schick das ab."

Am nächsten Tag hinterlegte ich das Kuvert bei Gericht.

Die Staatsanwaltschaft reagierte, wie Leupold-Löwenthal vorhergesagt hatte: Wenn einer schon selbst von seinen Seelenqualen sprach, dann musste er ein rabenschwarzes Gewissen haben. An dieser Vorstellung orientierte sich die Anklage: Mir wurde nicht nur vorgeworfen, gefordert zu haben, „bei M. ein gutes Wort für die H. einzulegen", sondern ich avancierte zum eiskalten Gangsterboss, der sich ein geniales Verbrechen ausgedacht hatte. Von Anfang an, so argumentierte die Anklageschrift, sei mir klar gewesen, dass Frau H. in ihrem Verfahren nur dann einer Anklage entgehen konnte, wenn das durch einen Amtsmissbrauch des zuständigen Staatsanwalts verhindert wurde. (In der Realität wurde das Verfahren gegen Frau H. von einem ganz anderen Staatsanwalt völlig legal eingestellt.) Um die Freundschaft des Staatsanwalts Dr. M. mit meinem Bekannten, dem Kaufmann K., wissend, hätte ich diesen in die Eden-Bar eingeladen, um ihn dort (an einem Tisch, an dem man nur durch eine Handbreite von seinen Nachbarn getrennt war, und vor dem Journalisten Christian Ortner) als Werkzeug für meinen Plan zu gewinnen: Er sollte Frau H. die Chance auf Einstellung des Verfahrens durch Dr. M. eröffnen, wenn sie entsprechend dafür bezahlte.

Mein Motiv (zu einem Zeitpunkt, zu dem ich 200.000 Euro im Jahr verdiente): Geld. Ich hätte K. eine größere Summe (etwa 140.000 Euro) zur Veranlagung übergeben (was stimmte), er aber sei mit dem Projekt eines Seniorenheims völlig Pleite gegangen, und so hätte ich erkannt, dass mein Geld uneinbringlich sei. Um es dennoch zurückzubekommen, hätte ich mir den gemeinsamen Coup zu Lasten der Frau H. ausgedacht und K. habe meinem Plan noch in der Eden sogleich zugestimmt.

An sich ist es nicht angemessen, in einer Angelegenheit, in der man sich denkbar schlecht benommen hat, Kritik an der Justiz zu üben. Ich tue das auch nicht, weil ich es für unberechtigt halte, dass sie mich verfolgt hat, sondern weil ich glaube, dass es einen Grundfehler im System gibt: Die österreichische Strafjustiz geht von der Fiktion aus, dass der Staatsanwalt nicht – wie der verteidigende Anwalt – bloß eine von zwei Parteien in einem Strafverfahren ist, sondern sie billigt ihm als Anwalt des Staates eine ungleich höhere Stellung zu, die daran erinnert, dass er irgendwann einmal Ankläger und Richter in einem gewesen ist: Die Strafprozessordnung geht davon aus, dass er nicht nur alles erhebt und berücksichtigt, was gegen den Angeklagten spricht, sondern auch alles, was ihn entlastet. Sie fordert daher von ihm, in der Anklageschrift nicht bloß eine kritische Vermutung über den möglichen Hergang einer Straftat aufzustellen, sondern angesichts seiner umfassenden Recherche und seiner Objektivität von diesem Hergang überzeugt zu sein, wenn er die Anklage einbringt.

Wenn der Richter diese Forderungen an den Staatsanwalt ernst nimmt – und das tut er –, so bedeutet das für ihn, dass ein Mensch, gegen den eine Anklageschrift vorliegt, in 99 von 100 Fällen auch schuldig ist. Denn der Staatsanwalt hat ja schon alles berücksichtigt, was ihn entlasten könnte, und hat dennoch angeklagt.

In diesem Sinne enden auch so gut wie fast alle bis zur Anklage gediehenen Strafverfahren mit einer Verurteilung. Noch dazu, wo sich Staatsanwälte und Richter vielfach aus demselben Pool rekrutieren: Strafrichter wechseln immer wieder in die Staatsanwaltschaft, weil das schnellere Aufrücken ermöglicht, und kehren in die Richterschaft zurück, weil sie als Richter höheres Ansehen genießen.

Ein Staatsanwalt, dem ein Richter einen Angeklagten freispricht, muss das nahezu als Affront empfinden.

Deshalb glaube ich, dass eine wirkliche Strafrechtsreform von dieser Fiktion des „überparteilichen" Staatsanwalts abgehen sollte: Er ist psychologisch damit überfordert, ebenso energisch nach entlastenden wie nach belastenden Argumenten zu suchen. Natürlich will er anklagen (und wird auch manchmal von oben dazu gedrängt), aber seine Anklageschrift ist eben nicht die Bibel und der Verteidiger muss die Chance erhalten, ihr schon vor der Verhandlung gleichberechtigt entgegenzutreten.

Um das Problem an meinem Fall zu demonstrieren: Die Anklage warf mir vor, mir ein kapitales Verbrechen ausgedacht und K. als mein Werkzeug gewonnen zu haben. Dabei hatte niemand, sei es im Vorverfahren oder auch später, irgendetwas dergleichen behauptet oder auch nur angedeutet. Nicht Frau H., nicht der angeklagte Staatsanwalt M. und vor allem auch nicht der hauptangeklagte Kaufmann K., für den diese Version eine extreme Entlastung gewesen wäre. Trotzdem sah die Staatsanwaltschaft die Bedingung erfüllt, von der Richtigkeit ihrer Anklage absolut überzeugt zu sein, sonst hätte die Strafprozessordnung ihr nicht erlaubt, sie in dieser Form zu erheben.

Die gleiche Strafprozessordnung besagt – siehe oben –, dass der Staatsanwalt auch erheben und berücksichtigen muss, was für den Angeklagten spricht. So ergab sich aus meiner Aussage und der Aussage K.s unbestritten, dass ich ihm erst wenige Tage vor meinem angeblichen Coup neuerlich einen Betrag von rund 70.000 Euro zur Anlage ausgehändigt hatte, was nicht unbedingt dafür sprach, dass ich fürchtete, er würde mir überlassenes Geld nicht zurückgeben.

Trotzdem stützte sich die Anklageschrift ausschließlich auf dieses Motiv.

Noch eine Hürde stand der Anklage entgegen: Anstiftung zum Amtsmissbrauch auf dem Umweg über einen Dritten konnte mir (oder jedem anderen) gemäß einer oberstgerichtlichen Entscheidung nur dann zur Last gelegt werden, wenn ich ganz sicher sein konnte, dass das Weiterleiten meiner Worte seitens K. den Staatsanwalt Dr. M. auch tatsächlich zu einem Amtsmissbrauch bewegen würde. Diese Bedingung sah die Anklageschrift erfüllt, weil Staatsanwalt Dr. M. einmal ein Mittagessen arrangiert habe, bei dem der damalige Wiener Polizeipräsident mich ersucht hatte, von der weiteren Berichterstattung über eine für ihn unangenehme Angelegenheit abzusehen. Dadurch sei mir klar gewesen, dass Dr. M. jederzeit zu jedem Amtsmissbrauch bereit ist.

Das war schon an sich ein überaus kühner Schluss. Aber darüber hinaus wurden weder der Polizeipräsident noch der Staatsanwalt Dr. M. im Vorverfahren oder wenigstens in der Hauptverhandlung zu diesem Mittagessen befragt. Der Polizeipräsident wurde nicht einmal geladen. Trotzdem diente es dem Vorsitzenden im Urteil als Begründung für die vom OGH geforderte Gewissheit, dass Dr. M. zu einem Amtsmissbrauch bereit sei.

Im zweiten Prozess, der nicht mehr in Wien, sondern in Krems stattfand, wurde der Polizeipräsident endlich als Zeuge vernommen und sagte Folgendes aus: Er hätte damals die Chefredakteure aller wichtigen Zeitungen ersucht, in einer ihn betreffenden Angelegenheit nicht weiter zu berichten, weil es sich um eine Intrige gehandelt habe. Nur mit *profil* sei ein solches Einvernehmen ausgestanden und also habe er versucht, es bei diesem Mittagessen, das sein Freund Dr. M. arrangiert habe, zu erzielen. Leider sei sein Versuch gescheitert, denn *profil* habe weiter berichtet.

Auch der Ablauf des ersten Verfahrens und der Weg, den sein Urteil nahm, war bemerkenswert. *News* hatte die Verhandlung als „Prozess des Jahrzehnts" angekündigt und der große Schwurgerichtssaal des Wiener Landesgerichtes war bis zum letzten Platz gefüllt. Der junge Staatsanwalt, ein ausnehmend sympathischer Mensch, vor dem ich mich ungemein genierte, verlas die furchtbare Anklageschrift zwar emotionslos, merkte dann aber erstaunlicherweise etwas an, das seiner absoluten Überzeugung vom angeführten Tathergang einigermaßen widersprach: Erst die Verhandlung müsse zeigen, ob sich alles wirklich so abgespielt habe.

Der Rest war ein einziger Albtraum, der die anwesende Berichterstatterin einer ausländischen Zeitung zu der Bemerkung veranlasste, sie habe noch nie etwas Vergleichbares erlebt. Ich wurde vom Vorsitzenden angebrüllt, wenn ich einmal mehr als „Ja" und „Nein" sagen wollte, meine Frau als Zeugin wurde von ihm angebrüllt, weil sie partout nicht bestätigen wollte, dass wir um K.s schlechte finanzielle Lage wussten, sondern auf das zusätzliche Darlehen hinwies. Irgendwann brach ich in haltloses Weinen aus, denn ich fühlte mich durchaus schuldig – wenn auch nicht im Sinne der Anklage. Doch nach einer endlosen Urteilsberatung endete der Prozess scheinbar zu meinen Gunsten. Mit unvermindert erregter Stimme verkündete der Vorsitzende das Urteil: Schuldspruch für K., weil er tatsächlich versucht habe, Frau H. zu erpressen – aber Freispruch für den Staatsanwalt Dr. M., Freispruch für einen Rechtsanwalt, von dem niemand begriff, wieso er überhaupt angeklagt war, und Freispruch im Zweifel für mich.

Als daraufhin donnernder Applaus der Zuhörer losbrach, drohte der Vorsitzende, den Saal räumen zu lassen.

Es folgte seine denkbar kurze Urteilsbegründung. In meinem Fall im Wesentlichen: dass es „zu weit ginge", meine Worte schon als Anstiftung zum Amtsmissbrauch auszulegen, weil man sonst die halbe Stadt einsperren müsste.

Im schriftlichen Urteil, das der Vorsitzende allein verfasste, schrieb er das Gegenteil: Diese Worte erfüllten, wie mein ganzes Handeln, ohne Zweifel den Tatbestand der Anstiftung zum Amtsmissbrauch. Und dann der absurde Nachsatz (der offensichtlich der Urteilsberatung durch alle vier Mitglieder des Schöffensenates entsprach): Dennoch sei ich freizusprechen.

Der Oberste Gerichtshof konnte kaum anders als das freisprechende Urteil aufzuheben, weil der Freispruch in einem unüberbrückbaren Widerspruch zur inhaltlichen Argumentation des Urteils stand – der Widerspruch zwischen mündlicher und schriftlicher Urteilsbegründung, auf den mein Verteidiger hinwies, interessierte ihn so wenig wie die wenigen Gerichtssaalberichterstatter, die das Verfahren weiter verfolgten. Nur ein Professor für Strafrecht und Kriminologie an der Universität Wien, der der Verhandlung im Landesgericht zufällig beigewohnt hatte, spielte eine Zeit lang mit dem unrealistischen Gedanken, Strafanzeige wegen Amtsmissbrauches gegen den Vorsitzenden des Schöffensenates zu erstatten, kam dann aber offensichtlich zu realistischeren Schlüssen und verfasste lediglich einen Kommentar in der *Presse* über „Rechtsschutzlücken im Strafprozess".

Ich wurde ein zweites Mal vor Gericht gestellt – diesmal, weil man in Wien vielleicht befangen war, in Krems – und ein zweites Mal freigesprochen – diesmal mit einer Begründung ohne offenkundigen inneren Widerspruch. Die Staatsanwaltschaft erbat sich dennoch Bedenkzeit und ein dritter Prozess stand weiter im Bereich der Möglichkeiten. Wenig später erlitt ich einen ersten Herzinfarkt. (Der Rechtsanwalt, der nicht mehr auf der Anklagebank gesessen war, hatte seinen schon nach der ersten Verhandlung erlitten.)

Ich war dort, wo meine Mutter es mir angedroht hatte: in jeder Weise ganz unten.

Aber ich war nicht allein. Meinen Posten im *Standard* war ich zwar selbstverständlich los: Oscar Bronner schätzte mich etwa so wie die Staatsanwaltschaft ein und ich kann es ihm nicht zum Vorwurf machen, aber andere Kollegen, auf deren Urteil es mir ankam (und denen ich mein seltsames Schreiben ebenfalls zugesendet hatte), darunter Hugo Portisch und Gerd Bacher, hatten mir zurückgeschrieben, dass sie nicht daran dächten, mich für einen unanständigen Menschen zu halten, und gratulierten mir jetzt zum Freispruch. Mein Jugendfreund Heinz Fischer lud mich zum Essen ein.

Dazu kam die Unterstützung von Menschen, von denen ich es gar nicht erwartet hatte: Einer meinen Tennispartner, Christian Mang, bot mir einen Job in seiner Agentur an, sodass ich mich nicht mehr arbeitslos melden musste. Es gab den Professor für Publizistik Maximilian Gottschlich, der mich schon nach dem ersten, nicht rechtskräftigen Freispruch an die Donauuniversität in Krems holte (und mit dem ich diese Universität dann verlassen habe, weil sie ihm in meinen Augen Unrecht getan hat). Und es gab den damaligen Chefredakteur der *Presse*, Andreas Unterberger, der mich erstmals wieder eine Kolumne schreiben ließ. Ich führe sie alle namentlich an, weil Du wissen sollst, welchen Menschen ich zu besonderem Dank verpflichtet bin.

Vielleicht am erstaunlichsten verhielt sich ein Mann, den ich nur gerade bei zwei Gesellschafterversammlungen getroffen hatte: Manfred Niederhuber war Geschäftsführer des Sparkassenverlages, dem die Hälfte einer „Lingens-GmbH" gehörte, die damals die Monatszeitschrift *Myway* herausgab (eine Zeitschrift, in der Texte veröffentlicht wurden, die Leser ihr zugesendet hatten). Die Bank Austria, die ein Kooperationspartner dieser Zeitschrift war, trat an ihn mit der Frage heran, ob man die Gesellschaft angesichts meines Prozesses nicht umbenennen sollte. Er lehnte, ohne mich überhaupt zu kontaktieren, ab: „Partnerschaften", so sagte er mir nur kurz im Nachhinein, „bewähren sich in der Krise."

Ich wünsche mir, dass Du jemand wirst, der so etwas auch sagen könnte und dem es auch gesagt wird.

Am meisten bewährt hat sich in der Krise aber zweifellos meine „Großfamilie". Denn der Prozess hatte etwas bewirkt, von dem ich nicht zu träumen gewagt hatte: Seit die Vorwürfe gegen mich bekannt geworden waren, saßen wir fast jeden dritten Tag gemeinsam im Haus meiner ersten Frau in Mauer und sie legte meiner zweiten Frau beruhigend die Hand auf die Schulter und umarmte sie, wenn wir auseinandergingen. Alle Kinder waren nicht mehr Halbgeschwister, sondern Geschwister. Nicht einmal meine Mutter wagte Einspruch zu erheben, denn meine Frau hatte ihre Vorurteile Lügen gestraft: Ich war jetzt nicht mehr der angesehene Herausgeber des *profil*, den sie sich angeblich „angeln" wollte, sondern ein im Zweifel freigesprochener Ex-Journalist. Ich war auch nicht mehr der „wohlhabende Ehemann", der locker zwei Familien erhalten konnte, sondern das Geld, das ich bei K. angelegt hatte, war tatsächlich verloren, der Prozess hatte uns eine gewaltige Summe gekostet und ich hatte nur einen Bruchteil meiner Abfertigung erhalten. Vor allem aber war ich nicht nur gelegentlich, sondern fast ununterbrochen schwer depressiv.

Immerhin hatte ich mir vorzuwerfen, unser Dasein für nichts und wieder nichts in eine Hölle verwandelt zu haben.

Einmal saßen wir in Kroatien Rücken an Rücken mit zwei Wiener Ehepaaren, von denen das eine das andere über den „Sensationsprozess", den es offenbar versäumt hatte, befragte. „Was hat er denn eigentlich gemacht, der Lingens?"

„A reiche Frau hat er abstier'n woll'n. Oba sie war ned so bled."

Da wollte ich nur weiterleben, weil Deine Mutter mich an der Hand genommen und weggezogen hat. Ich habe, was sie mir damals an der Küste gesagt hat, in einem Gedicht festgehalten, das ich hier auch für Dich niederschreibe:

Hab keine Angst,
Sieh, wie gelassen die Zypressen
In die Stille ragen,
Wie unbewegt die Berge
Schwere Felsen tragen,
Atme das Meer,
Das keine Welle kräuselt,
Weil Du bis in die Eingeweide bebst.
Du lebst
Noch viel zu sehr in Dir
Statt zu begreifen,
Dass Du ein Teil des großen Ganzen bist,
Das Dich beschützend hält,
Indem es Dich vergisst.

Hab keine Angst,
Schau auf zum Himmel, um zu lernen,
Wie absolut egal Millionen Sternen
Die Frage Deiner Schuld und Sühne ist.
Du misst
Noch immer mit dem falschen Maß.
Zerbrich
Das über Dich gestülpte Stundenglas,
Gib Dich der Ewigkeit
Des Weltalls hin
Und jeder Augenblick
Hat wieder Sinn.

Hab keine Angst,
Auch meine Liebe ist gelassen,
Ein Fels, ein Berg, ein Meer, ein Baum,
Wenn wir einander an den Händen fassen
Sind wir ein Stern
In einem andren Raum.

Du behauptest, Du hättest unter diesen beiden fürchterlichen Jahren nicht gelitten. Nicht unter den zahllosen Zeitungs- und Illustriertenberichten. Nicht unter den Telefongesprächen, die ich nicht mehr entgegenzunehmen wagte und die Deine Mutter in Tränen ausbrechen ließen. Nicht während der Monate, die dem ersten Prozess vorangegangen sind, in denen ich mit versteinertem Gesicht und geschlossenen Augen dagesessen bin und Dir nur zugehört habe, wenn Du mich angestoßen hast. Nicht unter meinem Zittern, wenn ich den Löffel zum Mund geführt habe. Nicht unter dem haltlosen Weinen, in das ich vor Gericht ausgebrochen bin.

Ich war wahrhaftig nicht der Vater, der Dir ein Vorbild sein könnte und imstande wäre, Dich vor einem Krokodil zu schützen. Ich habe vor allem nicht den Eindruck eines Menschen auf Dich machen können, der schuldlos ist. Denn ich war nicht schuldlos – ich hatte mich Dir und Deiner Mutter gegenüber zutiefst schuldig gemacht: Ich habe ihr Glück, ich habe Dein Glück, ich habe unser Glück für nichts und wieder nichts, vollkommen sinnlos, wahnsinnig, aufs Spiel gesetzt.

Dafür möchte ich Dich an dieser Stelle um Verzeihung bitten.

Ps: Ich habe lange nachgedacht, ob ich dieses Kapitel wirklich in ein Buch für Dich aufnehmen soll. Aber, wie Ingeborg Bachmann das gesagt hat: „Die Wahrheit ist dem Menschen zumutbar." Es ist kein Schaden für Dich, unmissverständlich zu erfahren, dass Dein Vater in einer bestimmten Situation versagt hat. Fast kein Vater, fast kein Mensch ist unantastbar, auch wenn es nicht bei jedem so dramatisch sichtbar wird wie bei mir. Ich wünsche mir, dass Du Verständnis dafür hast, dass Menschen Fehler, auch manchmal sehr schwere Fehler, machen. Und vor allem, dass Du mitnimmst: Ich habe mich nicht umbringen lassen. Ich schreibe wieder im *profil*, wir stehen wieder auf soliden finanziellen Beinen, wir treffen einander immer noch alle gemeinsam in Mauer und Deine Mutter ist immer noch die schönste Frau weit und breit.

5. Die Zukunft der Ehe

*Es wäre schön, wenn ich jetzt „aus dem Schatz meiner reichen Erfahrung"
ein Rezept für eine lebenslange glückliche Ehe anbieten könnte. Stattdessen
bescheide ich mich mit einem frommen Wunsch: Wenigstens zu versuchen,
so lange in einer aufrechten Beziehung zu leben, als Kinder beide Eltern
dringend brauchen. Für die traditionelle Ehe „bis dass der Tod Euch
scheidet" sehe ich leider nicht nur aus meiner eigenen Erfahrung wenig
Zukunft.*

Vor etwas über zwanzig Jahren habe ich für *profil* einen Kommentar geschrieben, in dem ich behauptet habe, ich wüsste, wie man eine haltbare Ehe sicherstellt: einfach indem man fest entschlossen ist, sich unter keinen wie immer gear-
teten Umständen scheiden zu lassen. Unter diesem Druck, so habe ich behauptet,
würde auch ein noch so großer Riss in einer Beziehung wieder heilen.

Ein Jahr später war ich von zu Hause ausgezogen und noch etwas später geschieden.

Extrem strenge Forderungen an ein bestimmtes Verhalten stellt man immer
dann, wenn man extrem gefährdet ist, selbst relativ gemäßigten Forderungen
nicht mehr zu genügen. Das ist ein allgemeines Gesetz: Die katholischen Bi-
schöfe erklärten die Homosexualität nicht zur Todsünde, wenn sie nicht mehr
als andere davon versucht wären.

Speziell für Eric: Wenn ich heute schreibe, was ich über die Ehe denke, dann
halte ich mich daher mit meinen Forderungen an Dich (besser: meinen Wünschen
für Dich) so weit wie möglich zurück: Natürlich sollst Du versuchen, die große,
wunderbare, ewige Liebe zu finden und dieser Liebe und Deinem Partner die Treue

zu halten „bis dass der Tod Euch scheidet". Aber wenn Dich trotzdem – wie meine Eltern und mich – ein Termin beim Scheidungsrichter scheidet, dann versuche, zumindest Deinen Kindern dabei so wenig Schmerzen wie möglich zuzufügen.

Für ein Buch, das sich auch verkaufen soll, ist das wahrscheinlich eine allzu unromantische, minimalistische und daher wenig zugkräftige Sicht. Aber dafür ist sie realistisch: Schon jetzt wird mehr als die Hälfte aller Ehen geschieden – in Eurer Generation wird der Prozentsatz noch größer sein, denn die Lebenserwartung auf der einen Seite und die Finanzkraft der Ehepartner auf der anderen Seite nehmen weiter zu.

Natürlich wünsche ich mir, dass jedes meiner Kinder in einer lebenslangen glücklichen Ehe lebt, und es soll sie auch in der Überzeugung eingegangen sein, dass es die einzige, ewige Ehe bleibt – denn wie soll sie das bleiben, wenn man schon zu Beginn nicht daran glaubt?

Das aber ist bereits das erste Problem der Institution Ehe: Niemand, der einigermaßen bei Verstand ist, kann das Wissen verdrängen, dass Ehen in ihrer Mehrheit wieder geschieden werden – und dennoch soll er fest daran glauben, dass die eigene Ehe ewig hält?

Also glaubt es niemand zu hundert Prozent. (Eine junge Frau, die im Vertrauen auf die Ewigkeit ihrer Ehe auf eine Berufsausbildung verzichtete, wäre verrückt.)

Dabei wird unsere Generation „nur" um die achtzig, die nächste wird wahrscheinlich schon um die hundert Jahre alt. Haben die „lebenslangen Ehen" früherer Jahrhunderte zehn, zwanzig, bestenfalls dreißig Jahre gedauert, so müssten sie in Zukunft sechzig, siebzig, ja achtzig Jahre dauern, um den Anforderungen der katholischen Kirche zu genügen.

Es ist unwahrscheinlich, dass eine Beziehung über einen so langen Zeitraum hinweg für beide Teile so „reizvoll" bleibt, dass jeder der beiden der Verlockung – dem Reiz – einer neuen Beziehung zu widerstehen vermag. Denn es grenzte an ein Wunder, stieße man innerhalb von fünfzig, sechzig Jahren nicht irgendwann auf einen Menschen, der besser zu einem passte als der Partner, den man mit zwanzig, dreißig gefunden hat.

Wahrscheinlich wird daher jede künftige Gesellschaft Männern und Frauen nicht nur das gesetzliche, sondern auch das moralische Recht zugestehen, diese neue, optimale (oder jedenfalls als optimal vermutete) Partnerschaft zu Lasten einer nicht mehr als optimal empfundenen einzugehen.

Wir suchen überall die „Optimierung" – es ist schwer vorstellbar, dass die Ehe davon ausgenommen bleibt.

Man wird den Wechsel des Ehepartners, glaube ich (fürchte ich/hoffe ich), in absehbarer Zeit nicht anders sehen als den in Zukunft auch immer weniger vermeidbaren Wechsel des Wohnortes, des Arbeitsplatzes oder des Berufes und wird das, wie überall, mit einem Verlust an „Sicherheit" bezahlen. (Obwohl auch die umgekehrte Entwicklung denkbar ist: Gerade weil in Zukunft ein Wechsel des Wohnortes, des Arbeitsplatzes und des Berufes immer unvermeidlicher sein wird, könnte daraus ein stärkeres Verlangen wachsen, wenigstens in der Ehe zuverlässige Sicherheit zu finden. Aber ich gebe dieser Variante die weit geringere Wahrscheinlichkeit.)

Die schlechten Zukunftsaussichten der „ewigen, unauflöslichen Ehe" werden noch klarer, wenn man sich ihre Vergangenheit vor Augen hält: Ursprünglich wusste man bekanntlich nicht einmal, dass Kinder daraus resultieren, dass ein Mann bei einer Frau geschlafen hat. Selbst als man einem bestimmten Paar ein bestimmtes Kind zuordnen konnte, resultierte daraus noch keineswegs ein lebenslanges Zusammensein. Erst mit der Anhäufung von Eigentum wurde wichtig, welches Kind wie viel erbte – die Mütter legten Wert darauf, dass das Erbe ihres Kindes nicht durch die Ansprüche eines Dutzends anderer Kinder desselben Mannes geschmälert wurde.

Das – unendlich verkürzt und vereinfacht – sehen die Ethnologen als Anfang der Ehe an: Ein Paar, das möglichst eindeutig, möglichst lange zusammenhielt und seine Fürsorge auf seine Kinder konzentrierte, schuf die günstigsten Voraussetzungen für das Überleben dieser Kinder, das heißt das Überleben der Art.

Die romantische Überhöhung dieses Zusammenseins als Ausfluss ewiger Liebe und die katholische Überhöhung zum Sakrament ist nur gerade ein paar hundert Jahre alt.

Die dramatische Verbesserung der wirtschaftlichen Verhältnisse in unserem Jahrhundert musste daher dramatische Auswirkungen auf die Institution Ehe haben: Es ist wirtschaftlich möglich geworden, dass ein Mann, ja sogar eine Frau, für zwei Familien sorgt, und es ist wirtschaftlich nicht mehr unmöglich, dass eine Frau ihre Kinder allein großzieht. Damit hat die wirtschaftliche „Versorgung" in unseren Breiten als zentrales Motiv der untrennbaren Ehe ausgedient.

Die romantische Liebe ist kein Ersatz – sie ist, ganz im Gegenteil, zu einem Treibsatz für Trennungen geworden: Jeder fordert von seiner Ehe, dass sie von dieser romantischen Liebe erfüllt ist. Wenn er merkt, dass das offenkundig nicht mehr der Fall ist, sieht er daher „Handlungsbedarf" und hat durch die geänderten Bedingungen erstmals eine echte Wahlmöglichkeit: Er kann entweder versuchen, die abgenutzte bisherige Beziehung mit ungewisser Aussicht auf Erfolg doch wieder mit romantischer Liebe zu erfüllen – oder er kann eine funkelnagelneue „romantische Liebe" in einer neuen Beziehung suchen.

Alles spricht dafür, dass immer mehr Menschen diese zweite Möglichkeit der „Reparatur" vorziehen.

Denn „romantische Liebe" ist fast untrennbar mit sexueller Anziehung verknüpft. Und eben diese sexuelle Anziehungskraft hat sich im langjährigen Zusammensein mit dem immer selben Partner zwangsläufig abgenutzt und ist auch beim besten Willen schwer wiederzubeleben.

Die Versuchung, bei einem neuen Partner neue Lust zu finden, ist daher extrem groß.

Bezüglich der Männer weiß man das seit langem, aber mittlerweile gilt es längst für beide Teile: Die Frau sucht nicht minder nach sexueller Erfüllung wie der Mann.

Damit er sie ihr bieten kann, bedarf es aber bei ihm, noch mehr als bei ihr, genau jenes erotischen Interesses, das sich in zwanzig, dreißig Jahren zwangsläufig abgenutzt hat – da ist auch Viagra kein dauerhafter Ausweg, denn es hat dieses Interesse zur Voraussetzung seines Funktionierens.

Deshalb leidet die Frau noch mehr unter dem zwangsläufigen Nachlassen der erotischen Spannung im Verlauf von zwanzig Ehejahren: Während sie immer noch kann, kann er immer weniger, selbst wenn er sich dazu verpflichtet fühlt. Für einen Zwanzigjährigen ist das kein Thema, aber ab etwa fünfzig wird es zu einem.

„Nur Männer, die Potenzprobleme haben, brauchen eine neue, junge Frau", pflegte meine Mutter abschätzig zu sagen, „wirklich potente Männer können treu sein."

Das mag stimmen, aber es haben eben fast alle Männer Potenzprobleme, wenn sie gegen sechzig gehen – auch wenn sie ungern darüber reden. Vor allem aber hat ihr Problem inzwischen eine zweite Seite: Frauen wollen einen neuen oder einen jungen Mann, wenn die Potenz ihres bisherigen Partners abnimmt. Sie nehmen Sex zumindest ebenso wichtig wie die Männer. Und sie haben nicht nur den biologischen Vorteil, langsamer zu altern, sondern finden dabei auch medizinische Unterstützung, indem sie fast durchwegs Pillen mit Hormonen zu sich nehmen, um sich die Beschwerden der Wechseljahre zu ersparen.

Dass immer mehr Scheidungen von Frauen ausgehen, hat nicht nur die Ursache, dass viele Männer nach wie vor Machos sind und die Frauen sich das, anders als früher, nicht mehr bieten lassen, sondern auch, dass sie zu wenig Machos sind, um ihren Ehefrauen ausreichende Befriedigung zu verschaffen.

Dass die Männer in dieser Midlife-Crisis anfällig für Seitensprünge, neue Beziehungen und letztlich neue Ehen sind, ist bekannt – aber die Frauen sind es aus den beschriebenen Gründen mindestens ebenso sehr. Jedenfalls befördert der auf beiden Seiten gegebene Wunsch nach sexueller Erfüllung den Wechsel des Partners ganz erheblich.

Man kann darüber nachdenken, ob dieser Wunsch auch innerhalb einer aufrechten Ehe befriedigt werden kann, indem die Ehefrau einen Freund, der Ehemann eine Freundin hat und alle Beteiligten das akzeptieren.

Ich für meinen Teil kenne kaum Fälle, in denen das wirklich (und allenfalls einen, in dem das halbwegs) funktioniert, denn wir sind von der bisherigen Vorstellung von Ehe geprägt. Dazu gehört, dass Männer ihre Frauen und Frauen ihre Männer in sexueller Hinsicht nur sehr ungern wissentlich teilen. Wir können uns kaum vorstellen, mit jemandem tagsüber glücklich zusammenzuleben, der jede zweite Nacht bei einem/einer anderen verbringt. Vorerst, so glaube ich, ist die „freie Ehe", in der beide Partner einvernehmlich ständig fremdgehen, nur im Roman eine tragfähige Lösung.

Aber auch das kann sich ändern. Von den Eskimos wissen wir, dass die Männer ihre Frauen auch ihren Gästen angeboten haben, und mittlerweile gibt es Frauen, die Befriedigung durchaus auch in Bordellen suchen, also wie Männer bestens imstande sind, Sex und Zuneigung zu trennen.

Es kann sich, wenn wir eine andere Vorstellung von „Beziehung" gewinnen, also durchaus herausstellen, dass auch ein Leben im Quartett oder im Trio eine lebenswerte Möglichkeit darstellt.

Einiges spricht dafür, dass wir letztlich zur völligen „Gestaltungsfreiheit" der Partnerschaft gelangen werden – und das wäre das Ende der Ehe, wie ich sie kenne und im Grunde meines Herzens schätze.

Speziell für Eric: Entsprechend schwer fällt es mir, für die Ehe der Zukunft irgendwelche Kriterien zu formulieren, die Dir nützen könnten. Jeder Satz, den ich schreibe, muss mit „ich glaube" beginnen:

Ich glaube, dass es die Ehe weiter als eine „besondere", weil vergleichsweise dauerhafte Beziehung zwischen zwei Menschen geben soll und wird.

Ich glaube, dass es angesichts des gestiegenen Reichtums und der gestiegenen Lebenserwartung legitim ist, dass Menschen in ihrem Leben mehrere Ehen führen. Beziehungsweise:

Ich glaube, dass es unfair und unsinnig ist, ihnen unter dem Hinweis auf den Wert einer „lebenslangen" ersten Ehe eine glückliche zweite oder sogar dritte Ehe zu verwehren. In sechzig ehefähigen Jahren haben drei glückliche Ehen Platz.

Trotzdem beneide ich den, der in seiner ersten Ehe ein Leben lang so glücklich bleibt, dass ihm eine zweite gar nicht in den Sinn kommt. Ich kenne in unserer Familie eine einzige solche Ehe: die meines Onkels Helmuth – des jüngsten Bruders meiner Mutter – mit seiner ebenso gescheiten wie bildhübschen jüdischen Frau Johanna. Als man sie im siebzigsten Lebensjahr fragte, ob sie irgendetwas in ihrem Leben bereue, antwortete sie: „Ja, dass ich Helmuth nicht schon zwei Jahre früher geheiratet habe."

Dass Du das einmal sagen kannst – dass Dein Partner das einmal sagen kann –, wäre die Erfüllung meines kühnsten Wunschtraumes.

Von solchen Träumen zurück zur Realität: Ist es klug und sinnvoll, wenn die

Gesellschaft die Idealvorstellung der „Ehe bis dass der Tod Euch scheidet" beibehält, obwohl sie in der Realität eine unhaltbare Fiktion darstellt? Beziehungsweise umgekehrt: Wird das gesellschaftliche Einvernehmen darüber, dass Ehen in ihrer Mehrzahl „befristet" sind, diese Frist nicht ständig verkürzen? Während die aufrechte Idealvorstellung einer „ewigen" Ehe zumindest geeignet sein könnte, die Dauer des Zusammenseins zu verlängern?

Im Zweifel neige ich der Ansicht zu, dass die Gesellschaft das, was als Realität unvermeidbar ist, auch als Modell akzeptieren soll: den mehrfachen Wechsel des Ehepartners im Verlauf von fünf, sechs, ja acht Jahrzehnten. Und zwar deshalb, weil sie dann besser mit den unvermeidlichen negativen Begleiterscheinungen dieses Modells umgehen kann.

In der Praxis ist diese Entwicklung schon im Gange:

- Weil Eltern wissen, dass Ehen nicht ewig dauern, halten sie eine abgeschlossene Berufsausbildung auch bei Töchtern für absolut unerlässlich.
- Weil sich aus Scheidungen immer auch finanzielle Auseinandersetzungen ergeben, nimmt die Zahl der Eheverträge zu.
- Weil Scheidungen so zahlreich sind, beginnt sich, zumindest in Ansätzen, eine neue Scheidungskultur herauszubilden: Je mehr zwei Menschen wissen, dass ihr Auseinandergehen nicht zwingend auf das Versagen des einen oder des anderen zurückzuführen ist, desto weniger werfen sie einander gegenseitig den Wunsch nach Scheidung vor.
- Die Zahl der Paare, die geschieden und dennoch befreundet geblieben sind, ist immerhin im Zunehmen. Unsere Familie ist dafür ein gutes Beispiel: Du weißt, wie gut Lisi mittlerweile mit Eva auskommt. Und die Zahl der zu Tode Verletzten ist im Abnehmen: Angesichts einer offenen Zeitspanne von fünfzig, sechzig Jahren stimmt es einfach nicht mehr, dass der gegen seinen Willen Geschiedene mit seinem Leben „abschließen" muss: Er hat eine faire Chance, einen neuen Partner zu finden.

Der wunde Punkt in allen diesen Überlegungen bleiben die Kinder: Ich persönlich kenne kein Kind, das unter der Scheidung seiner Eltern nicht gelitten hat – jemanden, der behauptet, aufgeatmet zu haben, weil er den Streit seiner Eltern nicht mehr mit anhören musste, habe ich erst zweimal in meinem Leben getroffen.

Es kommt in dieser Frage nicht auf den Einzelfall, sondern auf die statistische Mehrheit der Fälle an: Ich persönlich fürchte, dass mehr Kinder unter der Scheidung nicht sehr guter Ehen leiden, als in schlechten aufrechten Ehen todunglücklich sind.

Dass es diesbezüglich keine seriösen, ideologiefreien, psychosoziologischen

Untersuchungen gibt, ist mir rätselhaft – oder eben doch nicht: Die Ideologie, dass Scheidung zu jedem Zeitpunkt möglich sein muss (oder dass sie umgekehrt gegen ein Gebot Gottes verstößt), lässt keine solche unvoreingenommene Untersuchung zu. Denn das Ergebnis einer solchen Untersuchung müsste wohl erhebliche Konsequenzen für unser Verhalten haben. Wenn meine Befürchtung stimmt, dass mehr Kinder unter einer geschiedenen als unter einer schlechten Ehe leiden, wäre es nützlich, wenn die neue Ehekultur lautete: Man bleibt jedenfalls so lange beisammen, bis die Kinder über die Pubertät hinaus sind. Statt vergeblich die „unauflösliche" Ehe zu fordern, wären die Kirchen dann vielleicht damit erfolgreich, einen gesellschaftlichen Konsens durchzusetzen, der da lautet: Solange die Kinder Kinder sind, trennt man sich nicht.

Nur dass ich selbst an dieser Forderung schon wieder gescheitert wäre: Oliver war erst elf, als ich mich scheiden ließ. Denn man lernt die Frau, die man für die Frau seines Lebens hält, eben leider nicht zu einem zuvor auf seine Kompatibilität geprüften Termin kennen, sondern man begegnet ihr „irgendwann" und kann nicht anders, als mit ihr zu leben.

Als Milderungsgrund kann ich nur anführen, dass ich jede Woche zweimal bei meiner ersten Familie und damit bei Oliver und seinen Geschwistern gewesen bin und dass ich Jahre hindurch das Weihnachtsfest nicht nur mit Dir, sondern auch mit ihnen gefeiert habe.

Im Rahmen einer neuen Scheidungskultur wird es vielleicht einmal so weit sein, dass man das Weihnachtsfest nicht teilen, nicht mitten in der Nacht von einem Haus zum anderen rasen muss, sondern dass man es gemeinsam verbringt, wie wir das mittlerweile seit Jahren tun. Denn natürlich verläuft die Krise dann am vergleichsweise glimpflichsten, wenn sich beide Eltern auch nach der Scheidung einvernehmlich um das Kind (die Kinder) kümmern und dafür auch entsprechende Zeit aufwenden.

Leider kenne ich in der Realität – vor allem in sozial schwächeren Schichten, wo sich zu den persönlichen noch finanzielle Probleme addieren – fast nur Fälle, in denen es diesbezüglich zu Auseinandersetzungen gekommen ist, die immer auf dem Rücken der Kinder ausgetragen wurden.

Um wie viel mehr werden tägliche Streitigkeiten in einer aufrechten Ehe auf dem Rücken der Kinder ausgetragen, werden die Befürworter der Scheidung einer schlechten Ehe dieses Argument in ihrem Sinne aufgreifen. Ich muss für möglich halten, dass die von mir geforderte Erhebung auch das umgekehrte Resultat erbringt: dass Kinder unter einer schlechten aufrechten Ehe mehr als unter einer Scheidung leiden.

Du merkst, ich bin letztlich ratlos. So bleibt es am Ende beim Minimalprogramm des ersten Absatzes: Niemand kann sicher sein, dass das, was sich zwischen zwei Erwachsenen in Jahrzehnten begibt, immer den Ansprüchen beider Teile an Glück und Liebe entspricht – aber die Kinder sind daran mit Sicherheit vollkommen unschuldig. Darum sollte es Dir eine Verpflichtung sein, alles Menschenmögliche zu unternehmen, damit sie nicht zu den Hauptleidtragenden Eurer Probleme werden.

6. Die geschwisterlose Gesellschaft

Die meisten Kinder in unseren Breiten sind Einzelkinder. Und laufen Gefahr, zu typischen „Singles" heranzuwachsen.

In Deutschland und Österreich (aber auch in Spanien und Italien) hat die Ehe nicht nur aufgehört, eine lebenslange Verbindung zu sein, sondern es entspringt ihr auch nur mehr ganz selten mehr als ein Kind. Leute, die – wie meine Frau und ich – zusammen sechs Kinder haben, sind eine rare Ausnahme.

Wir sind in eine geschwisterlose Gesellschaft eingetreten.

Das ist insofern paradox, als sich alle genannten Länder durch ein besonders traditionelles Familien- und vor allem Frauenbild auszeichnen: Obwohl es das Mutterkreuz nicht mehr gibt, ist man in einflussreichen konservativen und gar aktiv katholischen Kreisen der Meinung, dass die Frau in erster Linie zur Mutterschaft berufen ist und im Zweifel an den Herd gehört, weil sie nur so auf mehrere Kinder schauen kann.

Obwohl ich mich nicht unbedingt zu diesen Kreisen zähle, habe auch ich es selbstverständlich gefunden, dass meine erste Frau ihren Beruf endgültig an den Nagel gehängt hat, nachdem Katharina und bald darauf Sebastian zur Welt gekommen waren.

Auch sie hat das selbstverständlich gefunden und im Großen und Ganzen genossen: Sie ist nie sonderlich an ihrem Beruf gehangen und hat es lustiger gefunden, eine Horde Kinder (auch viele Nachbarskinder, die mit den unseren im riesigen Garten spielten) zu betreuen, ein gemütliches Heim zu gestalten und sehr gut zu kochen.

Aber weder gibt es in Österreich so viele Männer, die so viel verdienen, wie dies bei mir der Fall war, noch so viele Frauen, die zu Hause bleiben wollen oder können. Die meisten müssen arbeiten, um einen gewissen Lebensstandard aufrechtzuerhalten, und wollen arbeiten, um ihr Bedürfnis nach Leistung und Gesellschaft zu befriedigen. Und nicht zuletzt muss so gut wie jede Frau arbeiten, um eine Scheidung zu überleben, gleichgültig ob sie nichts mehr von ihrem Mann oder ihr Mann nichts mehr von ihr wissen will.

Die finanzielle Lage der meisten Frauen schließt daher aus, sich ausschließlich auf Haus, Herd und Kinder zu konzentrieren. Die Ein-Kind-Familie erweist sich als gängigster Kompromiss.

Die vom österreichischen und deutschen Staat ergriffenen Maßnahmen, die Geburtenrate zu heben, haben die längste Zeit darin bestanden, Ehepaaren mit Kindern auf die verschiedenste Weise (zuletzt via „Kindergeld") finanziell unter die Arme zu greifen, wobei das Ziel, vor allem auf Seiten der „Bürgerlichen", darin bestanden hat, die Berufstätigkeit der Frau überflüssig zu machen, auf dass sich ihre Bereitschaft zur Mutterschaft erhöhe.

Mit durchschlagendem Misserfolg: Obwohl die Zuschüsse höher und höher wurden, wurden die Geburtenraten niedriger und niedriger.

Die auf diese Weise ständig schrumpfende Bevölkerungszahl wirft eine Reihe wirtschaftlicher Probleme auf, deren bekanntestes die Pensionen betrifft: Solange sie im Umlageverfahren jeweils von der nachfolgenden Generation finanziert werden, müssen immer weniger Zahler für immer mehr Pensionisten aufkommen.

Das Problem ist nur entweder durch Zuwanderung – halbwegs – lösbar oder indem das Pensionssystem derart umgestellt wird, dass jeder selbst für seine Pension aufkommt. Das bringt zwar enorme Umstellungsschwierigkeiten, ist aber machbar.

Das ändert aber nichts daran, dass ein Volk, in dem die Ein-Kind-Familie die Regel ist, sukzessive ausstirbt. Da wir nicht, wie China, 1,3 Milliarden Einwohner haben, ginge das sogar relativ rasch. Das kann nicht wirklich unser Ziel sein.

In manchen europäischen Ländern hat man den Hintergrund des Problems früh genug erkannt, um erfolgreich gegenzusteuern, und interessanterweise befand sich das katholische Frankreich dabei im Spitzenfeld: Schon vor vierzig Jahren haben sich dort alle Parteien, die konservativen wie die linken, mit Vertretern der Kirche an einen Tisch gesetzt und die Situation zuerst gemeinsam analysiert. Diese Analyse hat das eben angeführte Resultat ergeben: Wesentlichstes Hindernis für mehr Kinder ist die zwingende wie die gewollte Berufstätigkeit der Frau. Gleich ob man sie für gut, für schlecht, für notwendig, für überflüssig oder für unchristlich hält – es gibt sie und sie ist nicht abzuschaffen. Daher gibt es, wenn man diese Frauen dennoch veranlassen will, mehrere Kinder zu haben, nur eine Lösung: Man muss Bedingungen schaffen, die es ihnen erlauben, Beruf und Kinder zu vereinen.

Die wichtigste dieser Bedingungen ist eine ausreichende Zahl von Kindergartenplätzen. Frankreich hat daher schon vor vierzig Jahren ein Kindergartenprogramm gestartet und dabei den sinnvollsten Weg beschritten: Gefördert wurden vor allem Betriebskindergärten. Die haben den enormen Vorteil, dass die Frauen (es sind, nach wie vor, vor allem sie) nicht, wie bei uns, in der Früh verzweifelt zum Kindergarten rasen müssen, um rechtzeitig am Arbeitsplatz zu sein, sondern dass sie ihre Kinder einfach in die Arbeit mitnehmen können. Meist können sie mittags sogar gemeinsam mit ihnen essen und abends nehmen sie sie bequem mit nach Hause, statt wie bei uns im Stoßverkehr vom Arbeitsplatz zum Kindergarten zu fahren, wo sie nicht selten heulend seit einer Stunde erwartet werden. (Vorausgesetzt, dass sie das Kind überhaupt irgendwo in einem Kindergarten unterbringen konnten, denn noch immer ist der Bedarf weit größer als das Angebot.)

Das französische Modell nützt nicht nur den Frauen – es nützt auch den Betrieben, indem es die Bindung der Arbeitskräfte an das Unternehmen verstärkt und ihre Leistungsfähigkeit erhöht: Eine Frau, die weiß, dass ihr Kind in der Nähe und gut betreut ist, kann sich anders auf ihre Arbeit konzentrieren als eine Frau, die nicht weiß, in welchem Zustand ihr Kind sie erwartet.

Nach dem Kindergarten gehen Kinder in Frankreich (wie in fast allen Ländern mit Ausnahme Österreichs, Deutschlands und der Schweiz) in eine Ganztagsschule, wohin sie höchstens in den ersten ein, zwei Jahren gebracht werden müssen und aus der sie zu einem Zeitpunkt abgeholt werden können, der mit dem Beruf einigermaßen vereinbar ist. Erst jetzt, am frühen Abend, müssen sich die Eltern um ihre Kinder kümmern, und tun das offenbar gern: Jedenfalls hat Frankreich, im Gegensatz zu Österreich, Deutschland, Spanien oder Italien, eine völlig ausreichende Geburtenrate.

Warum diese Länder das französische Modell nicht und nicht kopiert haben, ist mir ein Rätsel. (Oder eben doch keines: Wenn die Ideologie die Berufstätigkeit der Frau ablehnt, ist man in der politischen Praxis unfähig, mit ihr umzugehen.) Erst während ich diese Zeilen schreibe, geschieht endlich, was in Frankreich seit vierzig Jahren geschieht – wenn auch etwas weniger geschickt: Statt ebenfalls Betriebskindergärten zu forcieren, werden immerhin ganz allgemein mehr Kindergärten eingerichtet und Wien will ihnen sogar grundsätzlich einen bestimmten Betrag pro Kind bezahlen.

Neben den wirtschaftlichen, wirft die Ein-Kind-Familie aber auch psycho-soziale Probleme auf: Wenn das historische Defizit der einstigen, sehr großen Familien darin bestanden hat, dass für das einzelne Kind zu wenig elterliche Zuwendung übrig geblieben ist, dann besteht das Risiko der Ein-Kind-Familie darin, dass sich die geballte Zuneigung der Eltern und womöglich auch Großeltern, Onkel und Tanten auf dieses eine Kind konzentriert. Es wird mit Spielzeug und Zuneigung gleichermaßen überhäuft und hält beides für selbstverständlich: So lernt es nie, auch selbst etwas zu geben, um etwas zu bekommen. Zugleich fällt die Abnabelung, vor allem verzärtelter Söhne, von ihren Müttern um vieles schwerer als in Familien mit mehreren Kindern. (Ja, ich würde sogar vermuten, dass das zu einem Anstieg der Homosexualität beigetragen haben könnte.)

Eine zweite psychische Folge der Ein-Kind-Familie müsste gerade katholischen Kreisen ein besonderer Dorn im Auge sein: Es wachsen Generationen heran, die nie gelernt haben, irgendetwas – vor allem Güter oder Liebe – zu teilen.

Denn das ist einer der wichtigsten Lernprozesse innerhalb einer Familie mit mehreren Kindern: Eltern lernen, die größte Sorgfalt darauf zu verwenden, Spielsachen, Zeit und Zuwendung zwischen ihren Kindern „gerecht" aufzuteilen. Und Kinder lernen zu begreifen, dass sie mit ihren Geschwistern teilen müssen, was zur Verfügung steht, weil es im Normalfall nicht möglich ist, dass jedes Kind bekommt, was es will. Sie machen die Erfahrung, auf etwas verzichten zu müssen, weil es neben ihnen noch andere gibt.

Wie schwierig das ist, habe ich bei diesem Buch gespürt: Ich habe es für Eric zu schreiben begonnen, weil ich mit ihm tatsächlich ungleich weniger als mit meinen anderen Kindern über unsere Familie gesprochen hatte und sein Verhältnis zu meiner Mutter ein von Grund auf anderes war – aber mit der Zeit ist es zu einem immer allgemeineren Buch geworden und ich habe mich immer öfter gefragt, ob meine anderen Kinder sich nicht benachteiligt fühlen, wenn ich ihn immer wieder allein anspreche. Aber zu diesem Zeitpunkt war das schon das literarische Konzept diese Buches und nicht mehr zu ändern, wenn ich nicht ganze Kapitel wegwerfen wollte. Ich habe versucht, mich damit zu beruhigen, dass Katharina, Sebastian und Oliver eben im Gegensatz zu Eric wirklich längst keine Kinder mehr sind – aber ob ich damit recht hatte, wird sich erst erweisen.

Jedenfalls halte ich die Erfahrung, „gerecht teilen zu müssen" und „geteilte Zuwendung zu akzeptieren", für ziemlich wichtig. Beziehungsweise: Ich halte für möglich, dass die „geschwisterlose Gesellschaft" zunehmend Egoisten – „Singles" der verschiedensten Varianten – produziert.

Das ist nicht unbedingt so herrlich.

7. Die Sehnsucht nach Gerechtigkeit

Sozialismus ist eine mütterliche Weltanschauung: Sie will Güter und Chancen „gerecht" zwischen allen Beteiligten aufteilen und auch die Schwächsten nicht vergessen. Das hat meine Mutter fasziniert: Sie wollte nie reicher sein als andere – aber sie hätte gerne genauso viel Liebe wie ihre Geschwister bekommen.

Nach außen hin ist meine Mutter unter luxuriösen Verhältnissen aufgewachsen. Ihre Familie lebte in einem Haus in Wien-Wieden, dessen Bauvolumen heute sechs großen Wohnungen Raum gibt. Damals beherbergte es nur gerade meine Großeltern, ihre vier Kinder, ein Hausmeisterehepaar und eine Köchin. Dazu hatte man eine Bedienerin, eine Wäscherin und eine Näherin, die morgens kamen, doch abends wieder gingen.

Aber man lebte trotz dieser vielen Bediensteten und des entsprechend hohen Einkommens auf eine Weise, die meinen Kindern in jeder Hinsicht unverständlich wäre: Meine Mutter musste durchwegs die abgelegten Kleider ihrer älteren Schwestern „auftragen", und weil sie größer war als diese, wurden sie unten angestückelt. Das ging so weit, dass die Direktorin der teuren Privatschule, in die sie ging, meine Großmutter Elsa Reiner einmal zu sich bat, um sie zu ersuchen, ihrer Tochter doch einen neuen, längeren Wintermantel zu kaufen, „denn sie zieht ihren alten immer schon vor dem Schultor aus, weil sie sich geniert".

„Ach so, wenn Sie meinen", sagte meine Großmutter und am nächsten Tag ging sie tatsächlich, ihrer Tochter ein paar neue Sachen zu kaufen. Deren größter Wunsch war neben dem neuen Mantel ein Paar weiße Schlüpfer, denn sie war soeben in die Tanzschule eingetreten und die meisten Mädchen dort hatten solche Schuhe. Ihre

Mutter kaufte ihr ein paar teure, hohe braune Schnürschuhe, weil die „viel besser für die Füße sind". Meine Mutter zog sie jedes Mal nur unter Tränen an und meinte, alle ihre Tanzpartner würden nur auf ihre Schuhe starren.

Allerdings war es nicht ausschließlich der Mangel an Zuneigung, der Elsa Reiner daran gehindert hat, ihrer jüngsten Tochter das zu kaufen, was diese gerne gehabt hätte. Es war auch etwas von dem evangelischen Puritanismus, der in ihrer Familie herrschte und bekanntlich die wichtigste Schweizer Tugend ist: Geld für „Tand" auszugeben, war grundsätzlich „sündig".

Kleidung, die mehr tat, als vor Kälte zu schützen, diente augenscheinlich der Verführung und Elsa Reiner war der Ansicht, dass ihre Töchter besser unverheiratet blieben – das Schicksal, das sie erlitten hatte, sollte ihnen erspart bleiben.

Meine Tante Hertha hat sich tatsächlich in diese Vorgabe gefügt und nie geheiratet, obwohl sie bildhübsch war und zahllose Männer ihr den Hof gemacht haben. Ihre jüngere Schwester, meine Tante Edith, hat revoltiert und einen Mann gefunden, obwohl sie die weniger hübsche und stärker schwerhörige war.

Meine Mutter hat auch revoltiert und den falschen Mann gefunden. Doch das ist ein anderer Teil der Geschichte, auf den ich später komme.

Hier will ich nur sagen, dass zur Tradition unserer Familie immer auch ein gewisser Puritanismus gehörte, auch wenn er bei mir stark gemildert ist: Ich habe mir den Jaguar, den ich immer fahren wollte und mir eine Zeit lang auch durchaus hätte leisten können, nie gekauft, weil mir das allzu luxuriös erschienen wäre. Und während meine Frau einen (wenn auch übertragenen) offenen Audi nicht nur fährt, sondern auch genießt, fahre ich einen 12 Jahre alten japanischen Kombi und schrecke sie mit der Aussage, als Nächstes würde ich mir einen Renault Kangoo kaufen, der mit einem Dieselmotor noch viel sparsamer zu betreiben ist.

Auch beim Essen im Restaurant wähle ich eher den Hauptgang, der am wenigsten kostet. Aber ich leiste mir, so oft es das gibt, ein Kokos-Eis zum Nachtisch.

Bei Elsa Reiner wäre das „Völlerei" gewesen.

Fleisch gab es grundsätzlich nur zweimal die Woche. Zwar feinstes Rindfleisch, aber nie so viel, dass man davon allein satt geworden wäre. Das wurde man immer nur „beinahe" durch Gemüse, das als Beilage Kartoffeln bei weitem vorgezogen wurde, weil es nicht „voll" machte. Vor dem Rindfleisch gab es Rindssuppe – aber nicht zu fett. Nachher gab es die Spalte eines rohen Apfels.

Wenn es in anderen Häusern „unfein" war, wenn sich jemand nicht völlig gesättigt vom Tisch erhoben hätte, hätte meine Großmutter es „unfein" gefunden, wäre nicht in jedem noch ein Rest von Hunger zurückgeblieben.

Nur an Sonntagen durfte die Köchin Tini ihr berühmtes Schokoladesoufflé auftischen. Davon durfte dann jedes Kind einen gehäuften, „großen Löffel" essen. Genau wie bei meiner Mutter, wenn sie später, weil sie nicht kochen konnte, für mich Schokoladesoufflé beim Konditor besorgte. Denn obwohl meine Mutter die Speisegewohnheiten ihrer Mutter als „doch recht spartanisch" ablehnte, hat sie sie mit kleinen Abstrichen übernommen.

Auch bei uns gab es Fleisch nie öfter als zweimal die Woche. Noch mit zwanzig habe ich davon geträumt, einmal in ein so großes Beefsteak zu beißen, dass ich allein davon und ohne jede Beilage satt würde. Denn auch meine Mutter hat immer weit mehr Gemüse als Fleisch auf den Teller gelegt, damit ich „nicht zu voll" würde.

Manchmal haben auch ihre Schwestern für mich gekocht, und das war dann noch viel spartanischer als bei Elsa Reiner, denn im Gegensatz zu dieser hatten sie überhaupt kein Geld und sparten vor allem beim Haushalt. Als ein Schulfreund einmal erlebte, wie sie mir Griesbrei servierten, in den sie eine Knackwurst hineingelegt hatten, um Gas fürs Heißmachen zu sparen, lud mich dessen Mutter jede Woche einmal zu sich zum Essen ein. Meiner Mutter habe ich erzählt, ich hätte später Schulschluss und ginge deshalb in die WÖK (eine heute nicht mehr existente Billig-Ausspeisung), denn ich hatte Angst sie zu kränken. Sie wollte mir nämlich immer eine gute Köchin sein – nur dass sie nicht kochen konnte, weil sie die längste Zeit jemanden gehabt hatte, der für sie kochte. Ihr Highlight – „Du wirst mir zugeben, den mache ich wirklich ausgezeichnet" – war ein Fischauflauf. Als sie ihn besagtem Schulfreund servierte, vergaß sie in der Aufregung, die Papierfolien, die die fertig gekauften Teigplatten voneinander trennten, im Schnellkochtopf und wir alle aßen sie wortlos mit.

Meine Mutter ohne es überhaupt zu merken.

Allerdings waren ihre spartanische Küche und ihre kulinarische Genügsamkeit kein ausschließliches Familienerbe: Der Flecktyphus, an dem sie in Auschwitz um ein Haar gestorben wäre, hatte sie ihren Geruchs- und damit auch Geschmackssinn gekostet; und der Hunger, den sie mit angesehen hatte, machte es ihr schwer, mehr auf einen Teller zu legen, als mit Sicherheit aufgegessen wurde. Sie konnte nichts – kein noch so flachsiges Stück Fleisch, keine noch so faserige, harte Fisole – in den Mistkübel werfen und aß selbst Brot auf, das bereits Schimmel ansetzte.

Denn nach dem Fleckfieber, als sie verzweifelt versucht hatte, wieder zu Kräften zu kommen, lag sie neben einer eben Verstorbenen, die ein Stück Brot in der steif gewordenen Hand hielt, von dem sie wegen ihres wunden Gaumens nur einmal abgebissen hatte. Meine Mutter bog ihr die leichenstarren Finger auseinander, um es ihr zu entwinden, und würgte es hinunter, um für mich zu überleben.

„Ich finde Deinen Fischauflauf wirklich ausgezeichnet", habe ich ihr zeitlebens gesagt und versucht, damit ein wenig von meinem Dank abzutragen.

Speziell für Eric: Vielleicht verstehst Du aufgrund dieser Geschichte, dass ich immer ein ganz klein wenig irritiert war, wenn Du das mit Abstand teuerste Gericht aus der Speisekarte ausgewählt hast – beziehungsweise dass ich froh bin, dass Du es seit kurzem nicht mehr tust. Ich weiß, dass das ungeheuer kitschig klingt und auch keinerlei wirtschaftliche Logik für sich hat: Aber es gibt so viel Hunger auf der Welt, dass ich es für unverantwortlich halte, zwanzig, dreißig, vierzig Euro für ein Essen auszugeben. Man isst auch für zehn Euro ganz gut und kann vielleicht von Zeit zu Zeit etwas spenden.

Zumindest angesichts großer politischer Katastrophen habe ich das fast immer getan und wünsche mir, dass Du es auch tust.

Ich habe allerdings nie so systematisch gespendet wie meine Großmutter. Sie war in typisch schweizerisch-kalvinistischem Stil „karitativ": So wenig sie für ihre Kinder ausgab, so große Summen spendete sie für Kinderspitäler und Waisenhäuser, ja sogar für „die armen Schwarzen in Afrika".

Einmal die Woche lud sie „brave arme Leute" zum Essen ein. Allerdings unterschied sie nachhaltig zwischen „braven armen Leuten", die dankbar für eine Mahlzeit waren, und armen Leuten, die auf die Straße gingen und höhere Löhne forderten, um sich mehr Lebensmittel kaufen zu können.

„Tini", befahl sie der Köchin, als derartige Protestmärsche zunahmen, „sperren Sie das Haustor von nun an auch bei Tag immer ab. Ich habe Angst, dass jemand von diesem roten Gesindel hereinkommt."

Das war der Anfang der politischen Sozialisation meiner Mutter.

„Leute, vor denen meine Mutter sich fürchtet, müssen gute Leute sein, habe ich mir gedacht", erzählte sie mir ausnahmsweise lachend. „Ich glaube das war der entscheidende Grund dafür, dass ich mich den Sozialisten angeschlossen habe."

Das Lachen bei ihrer Antwort ist wichtig. Denn obwohl sie selbst auf diesen Ursprung ihrer politischen Überzeugung hingewiesen hat, wollte meine Mutter ihre politische Entwicklung nicht darauf reduziert wissen – und ich will es auch nicht: Unzählige Menschen haben sich damals in Europa dem Sozialismus oder sogar dem Kommunismus zugewandt und darin die Lösung brennender gesellschaftlicher und wirtschaftlicher Probleme gesehen.

Meine Mutter unterschied sich von ihnen höchstens dadurch, dass sie keine wirtschaftlichen Probleme hatte – die konnte sie allenfalls bekommen, wenn die Sozialisten oder gar die Kommunisten die Macht übernahmen. Aber auch darin war sie keineswegs eine Ausnahme: Auch Karl Marx, Otto Bauer oder Victor Adler und andere große Führer der Linken kamen aus durchaus wohlhabenden Familien.

Jedenfalls trat meine Mutter mit vierzehn den Sozialistischen Mittelschülern, mit siebzehn den Sozialistischen Studenten und mit achtzehn der Sozialistischen Partei bei.

Vor allem VSM und VSSTÖ – die „Vereinigung Sozialistischer Mittelschüler" und der „Verband Sozialistischer Studenten Österreichs" – waren Organisationen, wie ich mir wünschte, dass es sie auch für meine Kinder gegeben hätte. Nicht wegen der Weltanschauung, die dort gepredigt wurde, sondern wegen der unglaublichen Menschen, die sich dort in ihrem Geist zusammengefunden haben.

Einige von ihnen durfte ich noch kennenlernen, denn nach dem Krieg haben sie meine Mutter besucht, wann immer sie in Wien waren, und die Gespräche, die sie dann bei Tee und Brötchen in unserem „Salon" geführt haben, sind die Basis meiner, im Vergleich zu manchen linken Kollegen, gerade in dieser Richtung recht fundierten politischen Bildung.

Sie alle kamen vom Sozialismus oder vom Kommunismus, doch während die Sozialisten weiterhin, wenn auch sehr kritische, Sozialisten geblieben waren, waren die ehemaligen Kommunisten zu den schärfsten Kritikern dieser Ideologie geworden.

Zur ersten Gruppe gehörte ein Mann, auf dessen spätere Freundschaft ich so stolz wie auf einen Orden bin: Victor Weisskopf war aus einer großbürgerlichen jüdischen Familie zu den Sozialisten gestoßen, ohne damit gegen irgendjemanden zu revoltieren – er hielt die herrschenden wirtschaftlichen Verhältnisse aufgrund seiner exakten, unvoreingenommenen Beobachtungen für ungerecht, ohne dass ihm sein Vater widersprochen hätte. Ein brillanter theoretischer Physiker, der bei Niels Bohr assistiert hatte, musste er etwa um die Zeit meiner Geburt, wie so viele der besten Köpfe des Landes, in die USA emigrieren und hat dort als Bürgermeister der Wissenschaftler-Kommune Los Alamos wesentlich zur Entwicklung der Atombombe beigetragen. Das hinderte ihn allerdings nicht daran, den Abwurf der zweiten Bombe auf Nagasaki als „großen Fehler" und später als „Kriegsverbrechen" zu bezeichnen: „Denn zu diesem Zeitpunkt wusste man um die furchtbare, auch von uns nicht vorausgeahnte Wirkung der Bombe und Japan war bereits auf dem Weg zur Kapitulation."

So hat sich Victor Weisskopf sein ganzes Leben hindurch gegenüber militärischen Möglichkeiten verhalten. Nie hat er sie mit der Naivität der „Pazifisten" grundsätzlich abgelehnt – es war mehr als berechtigt, jede noch so starke Bombe gegen Hitler zu entwickeln –, aber sie einzusetzen, war für ihn dennoch mit den größtmöglichen Skrupeln verbunden. Nie ließ er sich diesbezüglich von Emotionen hinreißen – immer bestimmten Humanität und Vernunft seine Überlegungen.

Als die USA in Zeiten des Kalten Krieges ein teures Raketenabwehrsystem einrichten wollten, rechnete Weisskopf, mittlerweile Inhaber des prestigeträchtigen Lehrstuhles für Theoretische Physik am MIT (Massachusetts Institute of Technology), der Regierung als Berater vor, dass es billiger wäre, vier Angriffsraketen herzustellen, als eine einzige Abwehrrakete zu bauen. Die Überlegungen, die er in diesem Zusammenhang anstellte, trugen maßgeblich zu späteren Rüstungsbeschränkungsabkommen bei, und es war nur logisch, dass er sich der amerikanischen Friedensbewegung anschloss, die, im Gegensatz zur naiven, meist ahnungslosen europäischen Friedensbewegung, nie der Versuchung des Pazifismus erlag.

Weisskopf, das hat auch meine Mutter so sehr an ihm bewundert, war nie ein blinder Ideologe, sondern jemand, der mit beiden Beinen mitten in der Realität stand und sie zum Besseren zu verändern suchte.

Nach seiner Tätigkeit am MIT wurde er erster Direktor des Europäischen Kernforschungszentrums CERN und war nebenher auch Berater des österreichischen Bundeskanzlers Bruno Kreisky in Bezug auf das Kernkraftwerk Zwentendorf: Obwohl er die Kernenergie, an deren Entdeckung er mitgewirkt hatte, grundsätzlich bejahte, hielt er es für kein Unglück, wenn Österreich sich bis auf Weiteres davon abkoppelte. Den „Atomsperrvertrag" als ewige Abkoppelung hielt er hingegen für groben Unfug.

Auch dieses abwägende Verständnis für gegensätzliche Ansichten war für ihn charakteristisch und insofern war er auch unter den sozialistischen Studenten von damals eine Ausnahme: ein kompromissbereiter Reformer – nie ein kompromissloser Revolutionär.

Victor Weisskopf war eines meiner großen politischen Vorbilder und ich hoffe, dass er es auch für meine Kinder ist.

Im VSSTÖ freilich waren die marxistischen Revolutionäre sehr viel zahlreicher und intellektuell nicht minder imponierend. Der eindrucksvollste unter ihnen war ein gewisser Alexander Weissberg, der im Leben meiner Mutter eine entscheidende, tragische Rolle spielen sollte: Weil sie für ihn, der als U-Boot in Polen lebte, einen Fluchtweg in die Schweiz erproben wollte, landete sie in Auschwitz.

Doch das war gute zehn Jahre, nachdem sie ihn im VSSTÖ kennengelernt hatte. Wie Weisskopf studierte er damals Physik, nur hatte er sich nicht für theoretische, sondern für technische Physik entschieden, denn er wollte helfen, in der Sowjetunion „den Sozialismus aufzubauen", und technische Anwendung erschien ihm sozialer und proletarischer als blanke Theorie.

Leider – denn er war der brillanteste der vielen brillanten Menschen, die ich in meinem Leben kennenlernen durfte. Obwohl er auch als technischer Physiker eine Menge leistete – es gibt eine nach ihm benannte Kälteregel, er war maßgeblich am Aufbau des kältetechnischen Instituts der Sowjetunion in Charkow beteiligt und Albert Einstein setzte sich für ihn ein, als Stalin ihn in den Kerker warf –, hätte er doch als theoretischer Physiker einer der ganz Großen seines Faches werden können: Sein IQ entzog sich der Messung – die schwierigsten Aufgaben, die es im Test zu lösen galt, waren zu leicht für ihn und es lagen keine weiteren bereit. Neben dieser überragenden Intelligenz besaß er eine zweite, gerade für die theoretische Physik noch wichtigere Voraussetzung: Fantasie und künstlerische Intuition. Kunst war ihm so wichtig wie Wissenschaft. Er konnte die großen Monologe diverser Shakespeare-Dramen ebenso auswendig wie Goethes *Faust* und sämtliche großen Gedichte Rilkes – sobald er sie einmal gelesen hatte, blieben sie in seinem Gedächtnis haften. Wenn ich mich heute an ihn erinnere, dann sehe ich ihn vor einem Felsbrocken am Ufer des Altausseer Sees, wo er gelegentlich mit meiner Mutter den Urlaub verbrachte, „Josuas Landtag" deklamieren und die Sonne anschreien: „Steh!: Und Gott ging hin, erschrocken wie ein Knecht, und hielt die Sonne, bis ihm seine Hände wehtaten, ob dem schlachtenden Geschlecht. Nur weil da einer wollte, dass sie stände." Alexander Weissberg – nicht Rilkes Josua.

Es gibt Menschen, die eine solche natürliche Autorität ausstrahlen, dass man ihnen fast ohne Nachdenken folgt. Das ist gefährlich. Es war auch an Alex Weissberg gefährlich: Nicht alles, was er mit all seiner Autorität verkündete, war auch richtig. Meine Mutter bezahlte den Glauben an sein Eheversprechen mit einer Fortsetzung der Enttäuschung, die ihr schon mein Vater bereitet hatte. Ein Freund, der unter seinem Einfluss mit ihm nach Russland gegangen war, um dort den Sozialismus aufzubauen, bezahlte mit seinem Leben.

Auch Weissberg entging, wie Tausende andere glühende Kommunisten und große Wissenschaftler, nicht der Verhaftung durch Stalin im Rahmen der großen Tschistka – einer riesigen, paranoiden Verhaftungsaktion gegen alle nur einigermaßen intelligenten Menschen. Es bedurfte dazu nicht des geringsten Verdachtsmoments – dass man einen Kopf hatte, genügte. Die Anschuldigungen waren gegen alle Verhafteten die gleichen: Spionage und Konterrevolution, die Vorbereitung von Verbrechen gegen die Sowjetunion und ihren großen Führer Josef Stalin. Die Staatsanwälte schrieben sie automatisch in den jeweiligen Akt, denn sie sahen sich gezwungen, Woche für Woche eine Stalin befriedigende Zahl von Verhaftungen zu begründen. Doch so eifrig sie auch agierten – es schützte sie nicht davor, am Ende selbst verhaftet und der Konterrevolution beschuldigt zu werden, denn schließlich besaßen auch sie einen Kopf.

Das ist eine Grundregel: Einen Wahnsinnigen kann man nicht damit zufriedenstellen, dass man seinen Wahnsinn mitmacht. Auch die Mitglieder der

„Judenpolizei", die glaubten, der Vergasung zu entgehen, indem sie ihre Brüder – und meine Mutter, die ihnen helfen wollte – der Gestapo auslieferten, wurden am Ende selbst vergast. Auch der Staatsanwalt und der Untersuchungsrichter, die Weissberg anklagten, begegneten ihm ein paar Wochen später als Angeklagte.

Wie alle Verhafteten war Weissberg vorerst im Gefängnis gelandet, um in den nächsten Tagen vom Richter verhört zu werden. Da die Anschuldigungen durchwegs erfunden waren, reagierten alle Gefangenen anfangs wie vernünftige Menschen: Sie bestritten die Vorwürfe und versuchten, die Richter von ihrer Unschuld zu überzeugen. Das aber war ausgeschlossen, denn die Gerichte mussten Woche für Woche eine Stalin befriedigende Zahl von Verurteilungen aussprechen.

Wer auch nach mehreren Wochen trotz Dunkelhaft und nasskalter Zelle noch kein Geständnis abgelegt hatte, wurde als besonders hartnäckiger Verbrecher bezeichnet und daher gefoltert: Man holte ihn mitten in der Nacht mehrmals zum Verhör, sodass er an immer größerem Schlafmangel litt, man schrie permanent auf ihn ein, man zwang ihn, auf einem Stuhl ohne Lehne kerzengerade zu sitzen, obwohl er sich vor Erschöpfung kaum noch aufrecht halten konnte. Zuletzt musste Weissberg Stunden hindurch bis zu den Knöcheln in kaltem Wasser stehen oder hocken, wenn er zu schlafen suchte.

Als er nicht mehr konnte, erfand er, wie Hunderttausende andere, ein Geständnis. Nur dass er es schon am nächsten Tag widerrief, um weiter gefoltert zu werden.

Ohne den von Stalins Behörden gewünschten Erfolg.

Das rettete ihm das Leben.

Denn obwohl Stalins Regime ein durch und durch verbrecherisches war, legte es, wie übrigens auch das Regime Hitlers, bürokratischen Wert auf den Schein des Rechtsstaates: Eine Verurteilung konnte erst erfolgen, wenn „Beweise" vorlagen. Objektive Beweise konnte es nicht geben, denn die Anschuldigungen waren erfunden – daher bestanden die „Beweise" durchwegs in den „Geständnissen", die die total erschöpften, gefolterten Häftlinge irgendwann abgaben, um weiteren Foltern zu entkommen.

Damit konnte der Richter sein Urteil begründen und wenige Tage später wurde der Verurteilte aus dem Polizeigefangenenhaus in ein Gefangenenlager in Sibirien überstellt.

Millionen Unschuldige – darunter Hunderttausende glühende Kommunisten – sind auf diese Weise umgekommen.

Weissberg überlebte, weil er kein verwertbares Geständnis ablegte und damit die bürokratischen Kriterien für seine Verurteilung nicht erfüllte.

Auch das ist eine Grundregel: Es nutzt fast nie, die Forderungen eines paranoiden Unrechtsstaates zu erfüllen, indem man eine falsche Beschuldigung akzeptiert – man verliert sein Gesicht und wird trotzdem vernichtet.

Natürlich bedeutet das in keiner Weise, dass man der Vernichtung zwingend entgeht, wenn man die falsche Beschuldigung bis zuletzt zurückweist – aber man hat den Folterknechten zumindest nicht die Genugtuung eines Sieges geschenkt. Und die längere Zeitspanne, die das Unrechtsverfahren aufgrund des geleisteten Widerstandes dauert, eröffnet einem möglicherweise eine lebensrettende Chance: Weil die beiden größten Verbrecher der Weltgeschichte, Josef Stalin und Adolf Hitler, im Jahre 1939 kurzfristig einen Pakt schlossen, wurde, wie das in solchen Fällen Tradition ist, ein Gefangenenaustausch beschlossen und Alexander Weissberg gelangte unter die Auszutauschenden. Denn Stalin – so hat er es jedenfalls interpretiert – wollte Hitler entweder eine besondere Freude machen oder aber ihn betrügen: Er tauschte sowjetische Spione gegen Juden – entweder weil er bereits wusste, wie gerne Hitler Juden umbrachte, oder weil er ihm anstelle wertvoller arischer Spione, die in sowjetischen Gefängnissen saßen, nur „minderwertiges jüdisches Menschenmaterial" ausfolgen wollte.

Jedenfalls wurde Weissberg nach Polen überstellt und dort der Gestapo übergeben, die ihn sofort wieder ins Gefängnis steckte, wo er als Jude und Exkommunist doch wieder mit dem sicheren Tod rechnen musste.

Doch da ereignete sich im Gefängnis eine jener Schießereien, bei denen SS-Leute blindlings in den Pulk der aus irgendeinem Grunde fast immer Appell stehenden Häftlinge schossen. Weissberg gelang es, sich zur Seite zu retten – einer Reihe anderer Häftlinge gelang es nicht und so lagen ihre Leichen einige Zeit unbeaufsichtigt über den Gefängnishof verstreut. In diesem Zeitraum vermochte Weissberg, einem der Toten seinen Gefangenenausweis in die Tasche zu stecken und dessen Ausweis an sich zu nehmen: „Ich habe mir gedacht, schlechtere Chancen als ich kann er unmöglich haben – und vielleicht hat er bessere."

Er hatte tatsächlich bessere: Man wollte von ihm ein Versteck erfahren, das Weissberg in der Folge nicht und nicht preisgab – schon weil er es nicht kannte.

Zum zweiten Mal gewann er damit Zeit und vermochte Kontakt zu kommunistischen Freunden im Widerstand zu knüpfen. Diese präparierten zwei Wohnungen in einer Ausfallstraße des Gefängnisses derart, dass man von der einen durch ein Mauerloch ins Nebenhaus und von dort durch einen Hinterausgang in eine andere Straße gelangen konnte.

Dann versorgten sie Weissberg mit Zigaretten, von denen er einige aß, um hohes Fieber zu bekommen. Da er das gesuchte „Versteck" noch immer nicht verraten hatte, durfte er nicht sterben, sondern sollte unter Bewachung in einem Spital gesund gepflegt werden.

Zu diesem Zweck packte man ihn in einen Lastwagen, der ihn überstellen sollte. Weissberg lag kaum auf der Pritsche hinter dem Führerhaus, als er dem SS-Mann durch das Fenster ein Paket Zigaretten zeigte. „Ich habe noch zwei Kisten davon", ließ er ihn wissen, „wir müssten sie nur in meiner Wohnung holen und könnten sie teilen."

Wie fast alle SS-Leute war auch dieser korrupt – auch das zählt zu den Dingen, die man über Unrechtsstaaten wissen sollte: Die Schergen sind viel seltener idealistische Mörder als unscheinbare Diebe – und zeigte sich sofort mit dem Handel einverstanden, sofern ihm daraus kein Problem erwachsen konnte.

Ein solches wäre ihm natürlich erwachsen, wenn der Häftling die Möglichkeit, seine Wohnung aufzusuchen, zur Flucht benutzt hätte, aber Weissberg erklärte dem Uniformierten, dass er ruhig bei seinem Wagen bleiben könnte, während er in den vierten Stock hinaufliefe, denn das Haus hätte nur einen Ausgang und den könnte er jederzeit im Auge behalten. Der SS-Mann betrat den Hausflur, überzeugte sich, dass es keinen Hinterausgang gab und ließ Weissberg gehen. Fünf Minuten später war der durch den Hinterausgang des Nachbarhauses in Freiheit.

Die Partisanen versteckten ihn bei einer Frau, die sich prompt in ihn verliebte, und er zog in ihrer Wohnung eine kleine Werkstatt für die Fertigung grober Bürsten und Besen auf, die sie der deutschen Wehrmachtsverwaltung teuer verkaufte. Denn auch dort war man selbstverständlich korrupt und ließ sich von jeder Lieferung, die man „dieser tüchtigen arischen Frau, die bereit ist, uns zu unterstützen" abnahm, ein Drittel des bezahlten Betrages gleich wieder zur eigenen Verwendung refundieren.

Bei der Frage, was die Wehrmacht sonst noch brauchen könnte, stießen Weissberg und seine Freundin auf eine Goldmine: Dachpappe. Die Wehrmacht brauchte Dachpappe, um Lager und Unterkünfte einzudecken.

Weissberg trieb die Dachpappe bei seinen kommunistischen Freunden billig auf und verkaufte sie teuer an die Wehrmachtsverwaltung – nicht ohne jedes Mal in Erfahrung zu bringen, wann und wohin sie weitertransportiert würde. Dass Partisanen dann wenige Tage später genau jene Lastzüge anhielten und ausraubten, die Pappe enthielten, um sie in andere Landesteile zu transportieren, hätte eigentlich auffallen müssen. Aber in der Wehrmachtsverwaltung war man begeistert: Man musste „bedauerlicherweise neue Dachpappe bestellen" und konnte abermals ein Drittel des Preises kassieren.

Das Geschäft lief so gut, dass Weissberg mitten im Krieg zu einem beachtlichen Vermögen gelangte, aus dem er weiteren Widerstand finanzierte. Aber er wollte auch seinen Spaß haben: „In der Physik versucht man immer, die Versuchsanordnung weiter und weiter zu vereinfachen, bis man sozusagen einen ‚reinen' Vorgang vor sich hat. Da hat es mich natürlich gestört, dass wir immer wieder Pappe in Züge laden, mühsam nicht ganz ungefährliche Überfälle durchführen und kostspielig weitere Pappe auftreiben müssen. Also habe ich beschlossen, dass wir gar keine Pappe verladen, sondern dass die Partisanen bloß verkünden, den Zug überfallen zu haben. Genau das hat dann auch die Wehrmachtsverwaltung gemeldet und es konnte neue Pappe bestellt werden. Denn es ist ja wirklich nichts bei ihr angekommen, weil weit und breit nichts eingeladen worden war. Auf diese Weise haben wir null Dachpappe durch halb Polen im Kreis geschickt und die Deutschen haben gezahlt und gezahlt und kassiert und kassiert. Ich glaube, wir hätten ganz Polen mit imaginärer Dachpappe zudecken können."

Einer solchen Erzählung eines anderen müsste man misstrauen – und sicher ist das eine oder andere Detail ein wenig übertrieben –, aber die Geschäfte, die Weissberg nach dem Krieg vor meinen Augen abgewickelt hat, waren kaum weniger abenteuerlich: Er kaufte in Polen gelagerte Motoren deutscher JU-Flugzeuge als Schrott, baute sie mit JU-Rümpfen zusammen, die er in Spanien als Schrott erworben hatte, und verkaufte dem polnischen Staat die fertigen Flugzeuge. Die polnische Regierung war so wütend, nicht selbst auf diese Idee gekommen zu sein, dass sie ihm den Kaufpreis nicht ausbezahlen wollte. Worauf Schweden, wo Weissberg mittlerweile lebte, ein polnisches Kriegsschiff beschlagnahmte, das zur Reparatur in einer schwedischen Werft lag. Ein paar Monate – bis die Polen doch bezahlten – war Weissberg quasi Eigentümer eines polnischen Kriegsschiffes.

Nachdem er unter dem Titel *Hexensabbat* einen Bestseller über seine Erlebnisse in Russland verfasst, in Paris Wohnungen gebaut, in Deutschland Wiedergutmachungsprozesse gewonnen und zwischendurch ein Buch über Joel Brand geschrieben hatte, der erfolglos Lastwagen gegen das Leben von 10.000 Juden tauschen wollte, steckte er sein gesamtes Geld in die Planung einer Eisenbahn von Brasilien in die USA, denn ihm war klar, dass sich dort der ideale Markt für hochwertige brasilianische Erze befand, die preiswert transportiert werden mussten.

Die Errichtungsgesellschaft war gegründet, die Strecke war durchgeplant, die notwendigen staatlichen Bewilligungen waren erteilt, als irgendwo, ich weiß nicht mehr wo, eine Revolution ausbrach, die eine neue Regierung an die Macht brachte, die die Bewilligung ihres Landes zurückzog.

Das Projekt war tot. Weissberg hatte sein gesamtes Geld verloren. Ich konnte eine Aktie seiner Eisenbahngesellschaft, die er mir mit den Worten: „Davon wirst Du einmal leben können" geschenkt hatte, getrost in den Papierkorb werfen.

Speziell für Eric: Ich weiß nicht genau, warum ich diese Geschäfte derart ausführlich erzählt habe – eigentlich war ich beim Beitritt meiner Mutter zur Vereinigung Sozialistischer Mittelschüler und zum Verband Sozialistischer Studenten –, aber die Geschichte hat mich einfach mit sich fortgerissen: Weissberg war sicher der faszinierendste Mensch, den ich jemals kennenlernen durfte, und ich möchte Deine Freude an faszinierenden Persönlichkeiten wecken. Nicht nur an faszinierenden Persönlichkeiten, sondern auch an faszinierenden Geschäften: Geschäfte sind nichts Trockenes oder gar Langweiliges. Sie haben, wenn sie wirklich groß sind, viel weniger mit „Rechnen" als mit „Fantasie" zu tun: In seinem Dachpappe-Geschäft spiegelt sich nicht nur Weissbergs Freude an der Physik, sondern auch seine Freude an Shakespeares Monologen oder Rilkes Gedichten wider.

Es ist der „schöpferische Akt", der ihn fasziniert hat und jeden Menschen faszinieren sollte: zwei Ebenen, die vorher nichts miteinander zu tun zu haben schienen, zu einem bisher niemandem bekannten Schnitt zu bringen – JU-Motoren, die Schrott scheinen, und JU-Rümpfe, die Schrott scheinen, zu JU-Flugzeugen zusammenzufügen. Wie jeder andere vom brasilianischen Erz und vom amerikanischen Erzbedarf zu wissen und beides durch eine Bahnlinie zu verbinden – das ist ähnlich „schöpferisch" wie die neuen Worte, die Rainer Maria Rilke für uralte Gefühle gefunden hat.

Natürlich wollte ich Dir auch klarmachen, wie faszinierend die Menschen waren, die damals, vor dem Zweiten Weltkrieg, den Sozialismus aufbauen wollten: Nicht nur waren viele von ihnen besonders anständig, es war auch der „Sozialismus", wie Karl Marx ihn ausmalte, ein ungemein faszinierendes Denkgebäude. Du solltest seine Thesen zumindest in der Kurzdarstellung von Leopold Schwarzschild lesen. Lass Dich nicht dadurch davon abbringen, dass Leute sagen, dass sei alles falsch, zerstörerisch, ja verbrecherisch und außerdem restlos überholt. Denn das stimmt nur begrenzt: Es ist faszinierend und in vielen Details unverändert zutreffend – auch wenn es im politisch relevanten Kern falsch ist. Um das klar zu erkennen, lies ein anderes Buch: *Die offene Gesellschaft und ihre Feinde* von Karl Popper – die präziseste, überzeugendste Kritik des Marx'schen Denkgebäudes, die es gibt. Und auch eine überzeugende Erklärung dafür, weshalb der Marxismus noch überall, wo er angewendet wurde, in Diktatur gemündet ist. Aber weder wollte Marx das, noch ist deswegen alles, was er gedacht hat, überflüssig: Viele der Schattenseiten gerade der gegenwärtigen wirtschaftlichen Situation werden durch ihn verständlicher.

Auch Karl Popper hat deshalb trotz seiner Kritik immer auch größte Hochachtung vor Karl Marx gezeigt. Und als junger Mann – in der Zeit, in der meine Mutter jung war – war auch er von Marx fasziniert.

An der Wiener Pädagogischen Akademie ließ er sich zum Volksschullehrer ausbilden, um „den neuen Menschen" heranzubilden, und einige der großartigsten Menschen, die ich später kennenlernen durfte, taten das auch. Robert Lammer und seine Frau zum Beispiel, die in der kleinen Widerstandsgruppe meiner Eltern eine entscheidende Rolle spielen sollten und zu Poppers engsten Freunden gehörten.

Allerdings ist auch für sie charakteristisch, was für Karl Popper charakteristisch wurde: dass sie, nach einer kurzen Phase blinder Verliebtheit, die immanenten Schwächen des Marx'schen Denkgebäudes und insbesondere seine Inklination zur Diktatur erkannten.

„Wer mit zwanzig kein Kommunist war, war nicht anständig, wer es mit fünfzig noch immer war, war nicht intelligent", zählt zu jenen geflügelten Worten, die nichts von ihrer Gültigkeit verloren haben. Und anständig auch nicht, würde ich hinzufügen: Denn Stalins Regime hat innerhalb der Sowjetunion mehr Menschen umgebracht als selbst das Regime Hitlers innerhalb des Deutschen Reiches. Und das zu übersehen und immer noch vom Kommunismus zu schwärmen, „wenn er nur richtig angewandt würde" – wie das manche Linke und ein paar trotz ihrer Größe verwirrte Künstler bis heute verkünden –, ist nicht lässlich, sondern fahrlässig kriminell.

Ein Mann vom moralischen Format Karl Poppers konnte nur umgekehrt reagieren: Die Risiken des Marx'schen Denkgebäudes mit aller Schärfe aufzeigen, nachweisen, dass jede „geschlossenen Gesellschaft" nicht „zufällig", sondern aus systemimmanenten Gründen zur Diktatur entartet.

Ich hatte das unglaubliche Glück, Karl Popper über meine Mutter nicht nur kennenzulernen, sondern seine langjährige Freundschaft zu genießen. Sie hat mich um so viele Überlegungen bereichert, dass ich in diesem Buch immer wieder darauf zurückkommen werde. Hier will ich nur begreiflich machen, wie unglaublich verlockend, beinahe zwingend es war, sich im Wien der Zwischenkriegszeit als engagierter, intelligenter junger Mensch dem Sozialismus/Kommunismus/Marxismus zuzuwenden: Nirgends gab es so viele Männer – ja, es waren vor allem Männer, kaum Frauen –, die gleichzeitig so hervorragend dachten, so sozial fühlten und außerdem noch Rilke wie Heine, Schiller wie Goethe zitieren oder eine Symphonie Mahlers dirigieren konnten.

Im Falle Weissbergs sogar bei der „Hakoah" Fußball spielten und im Dianabad zusammen mit dem Schriftsteller Friedrich Torberg Schwimmwettkämpfe bestritten.

Die „Hakoah" war der große jüdische Sportverein jener Zeit und es dürfte schon aufgefallen sein, dass die Männer, von denen ich bisher geschrieben habe, Juden waren. Auch das ist natürlich kein Zufall: Wie Karl Marx waren auch Victor Adler oder Otto Bauer Juden, und in ihren Theorien und Artikeln versuchten sie, auch den Antisemitismus als eines der kapitalistischen Phänomene zu erklären, die es nicht mehr geben würde, wenn der „Sozialismus" einmal gesiegt hat.

Daran wollten die jungen Juden Europas glauben.

Hinzu kam ihre Freude an einer „wissenschaftlichen" Weltanschauung, die ihnen logisch erschien wie Natur- oder Rechtswissenschaften und die, anders als die geläufige Weltanschauung des Bürgertums, nicht auf dem Christentum aufbaute, das die Juden nach wie vor zu Gottesmördern stempelte. Wenn Marx die Religion „Opium des Volkes" nannte, dann wussten die Juden um die Pogrome, die im Rausch der Religion an ihrem Volk verübt worden waren.

Zu guter Letzt mussten sie auch geringere Barrieren überwinden als andere junge Menschen, wenn sie sich einer revolutionären Bewegung anschlossen: Außenseiter des herrschenden Systems waren sie sowieso – warum sollten sie nicht zu einer Bewegung gehören, die dieses System sprengen wollte?

Der VSM und der VSSTÖ waren ihr bevorzugtes Trainingslager. Beide Organisationen waren sozusagen jüdisch dominiert und standen damit in einem gewissen Spannungsverhältnis zur „Sozialistischen Jugend" (SJ), in der die „arische" Arbeiterjugend sich sammelte.

Einer der wenigen jungen Juden, die aus VSM und VSSTÖ zur SJ hinüberwechselten, war übrigens Bruno Kreisky, der unter den Mittelschülern und Studenten keine führende Position zu erobern vermochte, weil er für längst nicht so brillant wie ein Weissberg und seinesgleichen gehalten wurde.

Durchaus zu Recht – nur dass er im Gegensatz zu ihnen politischen Instinkt und ein gewisses Gespür für reale Machtverhältnisse besaß: Innerhalb der Sozialistischen Partei war die Sozialistische Jugend die in der täglichen Praxis ungleich einflussreichere Organisation. Im VSSTÖ dominierte – wie freilich auch an der Spitze der Partei – die Theorie. Bei den wöchentlichen Treffen konnten die Mitglieder ihre Kenntnisse im Marxismus vertiefen, letzte Feinheiten der Mehrwert-These diskutieren oder die Wirkung ihrer Argumentation erproben.

Und nicht zuletzt hübsche, junge Mädchen kennenlernen, die bereit waren, sich das alles bewundernd anzuhören.

Meine Mutter war, wie Weisskopf und Weissberg unisono vermerkten, eines der hübschesten unter ihnen, obwohl sie sich, unsicher wie sie zeitlebens war, selbst keineswegs als hübsch empfand. „Meine Nase war immer viel zu groß", konzentrierte sie sich auf den einzigen Makel ihres ebenmäßig geschnittenen Gesichts, der durch die riesigen blauen Augen unter herrlich geschwungenen Brauen mehr als kompensiert wurde. Für ihre Generation mit 1,73 Meter sehr groß und sehr blond, besaß sie darüber hinaus einen makellosen, kräftigen Körper, den sie durch jede Menge Sport fit hielt: Sie schwamm an Wochenenden in der Donau von Tulln bis Wien, ruderte die gesamte Loire entlang und kletterte

Siebenersteige: Die Vajolettürme in den Dolomiten, die ich einmal von unten gesehen habe, hätte ich für unbezwingbar gehalten – senkrechte Wände mit Überhängen –, sie hat einen ihrer Bergkameraden am Seil hinaufgeführt.

„Ich kann schließlich ohne Probleme einen zehn Zentimeter breiten Strich entlanggehen – warum sollte ich mich fürchten, wenn es neben mir hundert Meter hinuntergeht?“, hat sie mir ihre Kletterfähigkeiten als Bub erklärt.

Erst viel später hat sie mir eingestanden, dass es in Wahrheit ihre Fähigkeit war, dem Tod in die Augen zu sehen.

Weil sie ihn nicht fürchtete, könnte man sagen.

Weil sie ihn unbewusst herbeisehnte, hat sie mir zugegeben.

Obwohl sie bildhübsch war und bei den Männern jede Menge Erfolg hatte, war es die alte, als fünfjähriges Kind unverlierbar erworbene Unsicherheit, die meiner Mutter den Lebensmut nahm und sie ihn gegen den Mut eintauschen ließ, senkrechte Wände hochzuklettern.

„Wir haben das nicht gewusst, wir haben sie nur einfach für ungemein stark gehalten“, sagten mir Weissberg wie Weisskopf unisono und Letzterer fügte hinzu: „Ich habe nie gewagt zu hoffen, dass Deine Mutter etwas für mich übrighaben könnte. Sie war ja die hübscheste von allen und dazu noch derart gescheit.“

„Weisskopf wäre unter allen diesen gescheiten, aber total verrückten Männern der Einzige gewesen, mit dem man gerne verheiratet gewesen wäre“, erzählte mir meine Mutter, „aber ich habe nie für möglich gehalten, dass er etwas für mich übrighaben könnte.“

Vielleicht hat zu diesem beiderseitigen Missverständnis auch beigetragen, dass sie Arierin war, während er nicht nur aus einer prominenten jüdischen Familie stammte, sondern auch in gutem Einvernehmen mit seinen Eltern lebte. Es gibt da eine mich irritierende Schranke, an die auch ich einmal gestoßen bin: In der Zeit, in der ich für Simon Wiesenthal gearbeitet habe, gab es dort eine entzückende Sekretärin namens Cécile, der ich, glaube ich, so gut gefiel wie sie mir. Doch als ich einmal mit ihr ausgehen wollte, lehnte sie ab: „Ich könnte Dich nie heiraten“, sagte sie lächelnd, „deshalb gehe ich besser gar nicht mit Dir aus.“

„Wieso könntest Du mich nie heiraten?“, versuchte ich ebenso lächelnd zurückzufragen, obwohl ich die Antwort verärgert ahnte.

„Du bist kein Jude“, sagte Cécile.

„Meine Mutter ist in Auschwitz gewesen, weil sie Juden retten wollte“, erwiderte ich.

„Ich weiß“, entgegnete Cécile, „aber das ist etwas anderes, das kannst Du nicht verstehen.“

Ich kann es wirklich nicht verstehen.

Aber ich akzeptiere es nolens volens.

Alexander Weissberg, der, ganz anders als Weisskopf, aus kleinen Verhältnissen stammte und sein Judentum, beinahe wie Bruno Kreisky, eher als ein Versehen des Schicksals ansah, hatte diese leise Scheu vor einer Beziehung zu einer „Arierin" sicher nicht – eher den Wunsch, eine große blonde Frau zu besitzen, um die seine Freunde ihn beneiden würden. Er umschwärmte meine Mutter, hatte aber in seiner Jugend keine Chance: „Er war mir viel zu verrückt. Ganz abgesehen davon, dass ich damals viel zu jung war und dass er immer nach Russland gehen wollte."

Obwohl sie sich so früh und so entschlossen den Sozialisten angeschlossen hatte, war das Marx'sche Denkgebäude meiner Mutter in keiner Weise vertraut gewesen: Nur dass er offensichtlich auf Seiten der Schwachen zu stehen schien, war ihr geläufig und sympathisch.

Doch als sie 17 war, war ein Verehrer in ihr Leben getreten, den man gemeinhin den Vater der modernen Soziologie nennt: Paul Lazarsfeld wollte das hübsche, wohlhabende, arische Mädchen unter allen Umständen von sich, von seiner Wissenschaft und vom Marxismus überzeugen.

Ich fürchte, seine Person war wesentlich dafür verantwortlich, dass ihm das restlos misslang. Meine Mutter fand ihn zwar intelligent, aber „ganz und gar nicht attraktiv", und das hat bei ihr zeitlebens eine wesentliche Rolle gespielt: Ein Mann musste ihr in erster Linie als Mann und dann erst als „Intellektueller" gefallen.

Ich habe dafür das größte Verständnis – es geht mir in Bezug auf Frauen ähnlich –, aber es hatte für sie als außergewöhnlich intelligente Frau seine Tücken: Sie verliebte sich in meinen Vater, weil er ein ungemein gut aussehender Mann und „ein wunderbarer Liebhaber" war – aber die Ehe mit ihm litt darunter, dass er ihr intellektuell nicht das Wasser reichen konnte und sich ihr daher letztlich stets unterlegen fühlte.

Das aber – ich bin in dieser Hinsicht ein Reaktionär – ist für einen Mann schwerer zu ertragen als für eine Frau: Eine Frau kann sich in der intellektuellen Überlegenheit eines Mannes geborgen, umworben und gut aufgehoben fühlen – ein Mann fühlt sich von einer intellektuell überlegenen Frau an die Wand gedrängt. Der diesbezüglich Schwächere zu sein, widerspricht seiner männlichen Rolle oder zumindest seiner Auffassung davon.

Natürlich ist überall zu lesen, dass das eine restlos überholte Vorstellung ist, die so wenig Bestand haben wird, wie das gesamte Patriarchat: Warum soll eine Frau nicht intelligenter als ihr Mann sein? Wieso soll sich eine intelligente Frau nicht einen hübschen Mann suchen, wie so viele intelligente Männer eine vor allem hübsche Frau?

Ich kann nur zur Antwort geben: weil ich an meinen Eltern erlebt habe, dass eine solche Konstellation ein beträchtliches Risiko birgt, das für das Scheitern ihrer Ehe jedenfalls mitverantwortlich war.

Es erscheint mir nicht sehr sinnvoll, ein bestimmtes Rollenbild damit abzutun, dass dieses keineswegs „biologisch vorgegeben", sondern „nur" eine Folge Jahrhunderte (Jahrtausende) währender patriarchaler Verhältnisse sei: Die Prägung des Homo sapiens durch seine Umwelt ist mindestens ebenso stark und unflexibel wie seine Prägung durch irgendwelche möglicherweise keineswegs geschlechtsspezifischen Erbanlagen. Und vielleicht weist die Biologie darüber hinaus doch in manchen Bereichen in die von mir beschriebene Richtung: Männlichen Kampffischen, denen beim Liebesspiel ein besonders großes Weibchen sehr energisch entgegenschwimmt, verschließt sich reflektorisch der Paarungsapparat.

Bei meinem Vater ging das nicht so weit: Sein Paarungsapparat funktionierte, obwohl meine Mutter ihn intellektuell um Häuser überragte, aber er zog ihr doch dümmere Frauen im Bett bei weitem vor. Und irgendwann nicht nur im Bett, sondern auch im Leben.

„Das beweist, dass er kein wirklich starker Mann war!", pflegt die liebste meiner feministischen Freundinnen einzuwenden und theoretisch hat dieser Einwand eine Menge für sich. Aber in der Praxis ist auch sie, seit ich sie kenne, auf der vergeblichen Suche nach dem Mann, der ihr im Kopf gewachsen und dennoch gut im Bett ist.

Paul Lazarsfeld wäre intellektuell wahrscheinlich ein adäquater Partner für meine Mutter gewesen. Aber als er bei einem nachmittäglichen Besuch das *Kapital*, aus dem er ihr vorgelesen hatte, aus der Hand legte, um den Arm um ihre Schultern zu legen, entzog sie sich dem, indem sie ihn daran erinnerte, dass sie doch eigentlich Marxismus von ihm lernen sollte.

Ihre Eltern hatten sie in keiner Weise aufgeklärt, aber sie hatte Büchern entnommen, was es über Sex zu wissen galt. Mit sechzehn war sie in der Tanzstunde gewesen und hatte sich, wie viele ihrer Mitschülerinnen, in Wolfgang „Wolfi" Russ verschaut, der strahlend blaue Augen hatte und Jus studierte.

„Warum Jus?", wollte meine Mutter wissen.

„Weil Juristen letztlich doch allen anderen überlegen sind", antwortete blauäugig Wolfgang Russ.

„Das war wahrscheinlich der Hauptgrund für mein Jus-Studium", erzählte mir meine Mutter. Und obwohl sie dabei ähnlich lachte wie bei der Erzählung, dass sie Sozialistin geworden sei, weil ihre Mutter Angst vor dem „roten G'sindl" hatte, glaube ich, dass sie diesmal mit ihrem Lachen nur schamhaft die Wahrheit verbergen wollte: Meiner so überaus gescheiten Mutter war ziemlich gleichgültig, auf welchem Gebiet sie ihre außergewöhnliche Intelligenz anwenden würde – ungleich wichtiger waren für sie die Menschen, die ihr dieses oder jenes nahelegten. Sie suchte Erfolg in der Liebe – nicht Erfolg im Beruf.

Paul Lazarsfeld war ihr darin insofern ähnlich, als er den marxistischen Unterricht sofort abgebrochen hätte, wenn sie seinen Arm um ihre Schultern geduldet hätte – so setzte er ihn notgedrungen in der Hoffnung auf eine bessere Zukunft fort.

Aber stattdessen übertrug sich der unterbewusste Widerstand meiner Mutter gegen seinen Körper auf Karl Marx: Meine Mutter fand seine Thesen „papieren – alles graue Theorie, ohne die geringste Ahnung von der Natur des Menschen".

Erst sekundär deckte sie dank ihrer hohen Intelligenz auch die theoretischen Schwächen seines Denkgebäudes auf: Sie wollte nicht glauben, dass die Gewerkschaften den Sieg des Sozialismus in Wahrheit verzögerten, indem sie die gröbsten Schwächen des kapitalistischen Systems kurzfristig kaschierten, und wies Lazarsfeld auf die Verbesserung der Lebensverhältnisse in England hin. Sie machte ihn auf den Widerspruch zwischen Marx' Vorhersage einer sozialistischen Revolution und der ökonomischen Entwicklung Russlands aufmerksam und sie war nicht bereit, ein „Klasseninteresse" darin zu sehen, dass ihr Vater die Landarbeiter besser als andere Großgrundbesitzer bezahlte.

„Es ist unmarxistisch, einzelne Entwicklungen, die zufällig noch nicht im Einklang mit Marx' Thesen stehen, zu verallgemeinern", erklärte ihr Paul Lazarsfeld.

„Marxistisch oder unmarxistisch ist für mich kein Argument", erwiderte meine Mutter, „ein Argument ist für mich nur: richtig oder falsch."

Ihre Skepsis sollte sich in den folgenden Jahren dramatisch bewähren: Während ihre marxistischen Freunde der Meinung waren, Hitlers Aufstieg sei angesichts der ökonomischen Entwicklung ein kurzes Intermezzo, sah sie die ungeheure Anziehungskraft der archaischen Ideologie Hitlers gegenüber dem, was sie anfangs die „menschliche Natur", später – unter dem Einfluss der Psychoanalyse – das „Es" nannte. Sie war von Beginn an überzeugt, dass er die Arbeiterschaft für sich gewinnen, einen Weltkrieg beginnen und die Juden wie nie zuvor verfolgen würde.

Der Soziologe Lazarsfeld brauchte zu dieser Erkenntnis sehr viel länger.

Hatte er schon kein Glück damit, sie von der „Wissenschaftlichkeit" des Marxismus zu überzeugen, so erlitt er mit der „Wissenschaftlichkeit" der Soziologie noch schlimmeren Schiffbruch. Als er ihr beibringen wollte, wie sehr die Ergebnisse seiner Erhebungen sich von bloßen Vermutungen des gesunden Menschenverstandes unterschieden, wählte er prompt das falsche Beispiel: „Was glaubst Du, von wem sich Frauen im Schuhgeschäft lieber bedienen lassen, von Männern oder von Frauen?"

Von Frauen, hatte er eben im Wege einer umfangreichen Umfrage herausgefunden und dafür ein erstes größeres Honorar kassiert.

„Natürlich von Frauen", antwortete meine Mutter wie aus der Pistole geschossen. „Wer zeigt einem Mann schon gern seine Hühneraugen."

Als Lazarsfeld für den Meinl-Konzern erhob, dass dessen Schokolade wegen der Farbe ihrer Verpackung nicht gekauft würde, bezeichnete meine Mutter das als plumpen Schwindel: „Im Gegensatz zu seinen anderen Produkten war die Schokolade von Julius Meinl damals einfach nicht gut."

Sie hat dieses tiefe Misstrauen gegen alle Meinungsumfragen bis ins hohe Alter beibehalten und an mich vererbt: Die Ergebnisse von Umfragen sind im Allgemeinen entweder trivial oder unüberprüfbar oder falsch. Es gilt für sie so etwas wie die Heisenbergsche Unschärferelation: Je brisanter das abgefragte Thema, desto fraglicher die erhaltene Antwort. Denn so wie der Messstrahl Ort oder Geschwindigkeit kleinster Partikel verändert, verändert eine heikle Frage jene sensible psychische Konstellation, die für die Antwort verantwortlich ist.

Auf die Frage, ob man lieber grüne oder braune Hosen trägt, gibt man vielleicht die richtige Antwort. Auf die Frage, ob man „national" oder aber sozialdemokratisch, grün oder christlich-sozial wählen wird, antwortet man schon viel seltener wahrheitsgemäß – deshalb schneiden Parteien wie NPD oder FPÖ bei solchen Umfragen immer weit schlechter ab als bei Wahlgängen. Und auf die Frage nach sexuellen Vorlieben stimmt die Antwort wahrscheinlich nie.

So wurde ich knapp vor der Matura beispielsweise gefragt, ob ich schon einmal Sex gehabt hätte. Das war damals, vor einem halben Jahrhundert, eine ungemein heikle Frage – ich zum Beispiel war noch „Jungfrau". Trotzdem habe ich „Ja" gesagt, denn natürlich wollte ich mich vor dem Meinungsforscher nicht blamieren. Genauso gut kann es sein, dass ein anderer Bursch meines Alters ihm „Nein" gesagt hat, obwohl er eine Freundin hatte, weil Sex vor der Ehe damals absolut tabu war. Es hätte also sein können, dass die Umfrage hundert Prozent „Ja" ergeben hätte, obwohl kein Befragter Sex hatte – oder auch hundert Prozent „Nein", obwohl alle Sex hatten.

Soziologen erklären, dass sie dergleichen „selbstverständlich" durch begleitende, scheinbar unverfängliche Fragen abklären können. Wenn jemand zum Beispiel angibt, abends nie auszugehen, dann sei es unwahrscheinlich, dass er wirklich das behauptete Verhältnis mit einem Mädchen habe, und dergleichen mehr.

In Wirklichkeit schirmen unterbewusste Schutzmechanismen das, was man wirklich nicht preisgeben will, auch gegen noch so geschickte Fangfragen ab. Deshalb glaube ich Meinungsforschern nichts, was ich nicht auch kraft eigenen Verstandes und eigener Beobachtung vermute.

So ungerecht und unsinnig das ist: Ich mag diese Branche nicht und ich glaube, ich habe diese Antipathie von meiner Mutter geerbt.

Und danke sie wahrscheinlich Paul Lazarsfeld.

Nachdem er eine Reihe von Nachmittagen damit verbracht hatte, meiner Mutter vergeblich das *Kapital* und seine Untersuchungen über Arbeitslose in Marienthal („lauter triviale Ergebnisse") schmackhaft zu machen, hielt er die Zeit dennoch für reif, sich selbst ins Spiel zu bringen:

„Wir sollten unsere Beziehung jetzt formalisieren und uns verloben", sagte er. „Ich werde Deine Mutter davon informieren und mich keinem noch so großen Widerstand beugen."

Das war der Schlüssel zum Erfolg: Einer, der sich dem Widerstand ihrer Mutter nicht beugen würde, war meiner Mutter sogleich um vieles sympathischer und eine „Verlobung" brachte vielleicht mehr Freiheit, als einer höheren Tochter damals selbst von liberalen Eltern zugestanden wurde.

„Gut, dann verloben wir uns halt", sagte meine Mutter und schon am nächsten Tag sprach Lazarsfeld bei ihrer Mutter vor.

Die reagierte in jeder Hinsicht modern: Weder war ihr ihre Tochter so ans Herz gewachsen, dass sie sie nicht fortgeben wollte, noch lehnte sie die Verbindung mit einem „hochintelligenten Juden" grundsätzlich ab – sie riet nur, mit einer Hochzeit noch eine Weile zuzuwarten.

Ähnlich reagierte, aus etwas anderen Motiven, auch mein Großvater: „Geh jetzt einmal auf eine größere Reise und prüfe, ob Du ihn dann noch immer magst", sagte er seiner Tochter in der festen Überzeugung, dass sie Lazarsfeld schon demnächst vergessen würde.

Damit behielt er in jeder Hinsicht recht: Meine Mutter, die die „Verlobung" von vornherein auch nicht entfernt mit einer „Hochzeit" in Verbindung gebracht und mit ihrem Verlobten nicht einmal einen Kuss gewechselt hatte, schrieb ihm schon nach zwei Wochen von ihrer eilig unternommenen Reise in die Schweiz, dass sie sich ein Leben mit ihm „leider doch nicht vorstellen" könnte, und löste die Verlobung auf.

So wurde ein anderer hochbegabter Jude ihr erster „Freund" im heutigen Sinne: Ernst Fischer war Redakteur des „Zentralorgans der sozialistischen Partei" *Arbeiter-Zeitung*, schrieb überaus talentierte Gedichte und galt als politische Hoffnung. Wenn man will, kann man befinden, er habe diese Hoffnung auch erfüllt: Er wurde nach dem Krieg langjähriger Führer der Kommunistischen Partei Österreichs – verließ sie aber, als die Russen den Prager Frühling niederschlugen.

Von vielen Leuten wurde er dafür gefeiert, aber meine Mutter sah es prosaisch: „Die Hotels, in die man ihn daraufhin im Westen eingeladen hat, waren um diese Zeit ganz ungleich besser als die Moskauer Hotels, in die man ihn sowieso immer seltener eingeladen hat, weil seine KP in Österreich so wenig Erfolg hatte. Letztlich war für ihn entscheidend, dass er für wenig Arbeit und ein paar gute Formulierungen gut leben konnte. Er war in Wahrheit politisch ein Parasit und ein Schwächling."

Vielleicht sprach aus solchen Worten die Enttäuschung über das erste intime Verhältnis mit einem Mann: Sie schlief mit ihm, weil sich das für eine revolutionäre Sozialistin gehörte.

Waren frühe intime Beziehungen außerhalb der Ehe damals in der bürgerlichen Gesellschaft absolut ausgeschlossen, so waren sie eben deshalb unter den jungen Sozialisten und gar Marxisten die Regel. Ja, es gab schon alles, was in den Sechzigerjahren als „sexuelle Revolution" gefeiert wurde: Man „probierte" im Bett mehrere Partner aus, ja, lebte sogar schon in „Kommunen", in denen alle beteiligten Mädchen allen beteiligten Burschen gehörten. Mein Onkel Helmuth, der jüngste und liebste Bruder meiner Mutter, der wie sie bei den Sozialisten angeheuert hatte, hat kurz in einer solchen Kommune gelebt und es gibt für mich nichts Komischeres als diese Vorstellung: Einen bürgerlicheren, harmloseren, braveren Menschen kann man sich kaum ausdenken – er führte später die beste Ehe, die ich jemals kennengelernt habe, und hat seine hinreißende Frau kein einziges Mal im Leben betrogen. Aber er machte seine ersten sexuellen Erfahrungen, wie übrigens auch Alexander Weissberg, in einer Kommune: Drei Burschen teilten sich in einer Wohngemeinschaft drei Mädchen.

„Völlig gleichberechtigt?", wollte ich wissen.

„Nicht wirklich. Wenn mein Freund drangekommen wäre, hat meine Freundin immer ‚ausgerechnet jetzt' die Periode gehabt."

„Also hatte doch jeder seine Freundin?"

„Natürlich – aber das durfte man auf keinen Fall sagen."

„Und wie ist das Ganze ausgegangen?"

„Irgendwann haben wir die Kommune aufgelöst – warum, weiß ich nicht mehr, vielleicht ist einem von uns die Unordnung zu viel geworden oder er hat in einer anderen Stadt studiert. Jedenfalls haben wir die Auflösung beschlossen."

„Und was war mit den Mädchen?"

„Wir haben beschlossen, dass gelost wird, wer welches Mädchen mitnehmen darf."

„Und das habt ihr wirklich gemacht?"

„Natürlich – aber ich habe natürlich geschwindelt."

„Die anderen auch?"

„Ganz sicher."

Ich bin heilfroh, dass meine Kinder es heute sehr viel leichter haben und nicht aus Protest zu mir in einer Kommune durcheinander schlafen und dann beim Losen schwindeln müssen. Trotzdem fällt mir auf, dass nicht nur mein Onkel, sondern auch die meisten anderen dieser „revolutionären Sozialisten" später erstaunlich dauerhafte Ehen geführt haben, in denen die Treue absolut selbstverständlich war. Denn alle jungen Sozialisten von damals waren in Wahrheit zutiefst von der „alten" bürgerlichen Moral geprägt: Scheidung war zwar ein theoretisches Recht, für das sie auf die Barrikaden stiegen – aber in der Praxis gehörte sich das nicht. Man hatte „revolutionäre" Ideen zur Ehe, die die Ehe in Wirklichkeit sichern sollten, und dazu auch durchaus geeignet waren. Zum Beispiel die Idee der „Probe-Ehe": Junge Paare sollten zwei Jahre hindurch zwar mit allen Rechten, aber ohne spezielle Pflichten miteinander leben und sich, wenn kein Kind da war, sofort und ohne jeden Umstand wieder trennen können. Auf diese Weise sollten sie – das war das damals Revolutionäre – erproben, ob sie sexuell zueinander passten und auch im Alltag miteinander auskamen. Erst nach zwei Jahren oder wenn ein Kind kam, sollte die Probe-Ehe eine normale – damals de facto unauflösbare – gesetzliche Ehe sein.

Heute gibt es die Probe-Ehe de facto: Die meisten jungen Leute leben durch ein zwei Jahre in einem eheähnlichen Zustand mit ihrem Partner zusammen, ehe sie heiraten. Trotzdem wird weit mehr als die Hälfte der Ehen bald wieder – nicht selten gerade dann, wenn ein Kind gekommen ist – geschieden.

Ich sehe darin ein gewaltiges Problem, denn ich kenne es leider von beiden Seiten: Meine ganze Kindheit hindurch habe ich darunter gelitten, dass meine Eltern geschieden waren – und dennoch habe ich mich irgendwann scheiden lassen, obwohl Oliver erst elf war.

Fast wie mein Vater.

Als meine Mutter ihn geheiratet hat, war mein Vater der „linkere" der beiden: Er konnte sich immer noch die proletarische Revolution gegen seinen Vater vorstellen, meine Mutter wollte nur eine gerechtere Gesellschaft. Es irritierte sie, dass Hausgehilfinnen, die viel und lang arbeiteten, in fensterlosen Zimmern wohnten und nichts verdienten. Sie zahlte ihren Hausgehilfinnen deutlich mehr – vom Scheck ihres Vaters. Sie hatte noch immer ein Problem damit, sich ein teures Kleid zu kaufen, denn es irritierte sie, dass andere junge Frauen, die ihren Männern auch gefallen wollten, sich keines kaufen konnten. Bis zu ihrer Heirat hatte sie grundsätzlich auf alles verzichtet, was ihre Eltern ihr nun, als „junger Frau aus gutem Haus", zustanden: Kostüme von erstklassigen Schneidern, Reisen erster Klasse, Übernachtungen im besten Hotel, Essen in erstklassigen Restaurants. Stattdessen hatte sie ausschließlich in der Mensa oder aus der Blechdose gegessen, hatte blaue oder weiße Blusen zu blauen Kitteln getragen, war dritter Klasse gefahren und hatte in der Jugendherberge übernachtet.

Damit meinte sie sich ein Herz, eine Seele und ein politisches Bewusstsein mit jenen Mädchen, die aus Arbeiterfamilien oder aus dem Kleinbürgertum zur sozialistischen Bewegung gestoßen waren.

Zu Unrecht, wie ich aus der späteren Bekanntschaft mit einigen dieser Frauen weiß: Sie hielten es für eine ganz besondere Art von Hochmut – nämlich „Herablassung" –, dass meine Mutter Baumwollkittel trug, obwohl sie sich Seidenkleider leisten konnte. Und als sie sich endlich selbst Seidenkleider leisten konnten – viele von ihnen waren im Rahmen der sozialistischen Bewegung in gut bezahlte Positionen aufgestiegen oder die Ehefrauen gut bezahlter, aufgestiegener Männer geworden –, trugen sie Dior oder Chanel mit dem besten Gewissen der Welt als etwas, das ihnen selbstverständlich zustand.

Hertha Firnberg, eine ungemein gescheite Sozialdemokratin, die es zur Ministerin für Wissenschaft und Unterricht brachte und in dieser Position eine Menge leistete, ließ ihren Chauffeur einmal sechs Stunden vor Salzburgs nobelster Boutique Resman warten, während sie Kleider aussuchte.

„Heute könnte ich mir nicht leisten, bei Resman einzukaufen – in meiner Jugend habe ich es aus lauter Sozialismus nicht getan, obwohl ich es mir bequem hätte leisten können", konstatierte meine Mutter ein klein wenig bitter. „So habe ich nie wirklich schöne Sachen zum Anziehen gehabt."

Während ihre Genossinnen die Welt ungerecht fanden, weil sie „unten" und andere „oben" waren, fand meine Mutter es ungerecht, „oben" zu sein. Sie sah sich mit Gewalt „den Armen verpflichtet", obwohl sie aus sehr reichem Haus kam. Nicht obwohl, sondern weil sie es sich leisten konnte, teure Kleidung zu tragen, ging sie wie eine 68erin herum.

Jedes zweite „Obwohl", so konstatierte Marcel Proust in der *Suche nach der verlorenen Zeit,* ist ein verkapptes „Weil": Nicht „obwohl" er Jude war, sondern „weil" er damit seine jüdische Herkunft zu relativieren glaubte, bestellte Österreichs sonst so vernünftiger Bundeskanzler Bruno Kreisky gleich vier „Ehemalige" zu Ministern. Gudrun Ensslin schloss sich der RAF nicht an, „obwohl" sie die Tochter eines Pastors war, sondern „weil" sie keine engelsreine Pastorentochter sein wollte. Karl Marx bestritt den Einfluss historischer Persönlichkeiten auf den Lauf der Geschichte nicht „obwohl" er ihn wie kein anderer beeinflusst hat, sondern „weil" er sich damit sogar über die angeblich ehernen Gesetze der Geschichte erhob. Meine Mutter schloss sich den Sozialdemokraten nicht an, „obwohl" sie aus einer wohlhabenden Familie kam, sondern „weil" sie sich in dieser Familie elend fühlte und Mitglied einer größeren, besseren, sozialdemokratischen Familie werden wollte. Sie hatte etwas gegen die Armut anderer und war der Überzeugung, dass die Gesellschaft die Aufgabe hätte, erreichbaren Reichtum „gerecht" zu verteilen – nicht so wie ihre Mutter ihre Zuneigung zwischen ihren Kindern.

Klassische Liberale meinen, dass der Staat auch zugunsten der Armen besser nicht eingreifen solle – eine florierende Wirtschaft löse die Probleme der Armut von selbst. Ich teile diese Meinung nicht und meine Mutter hat sie nicht nur in ihrer Jugend, als glühende Sozialistin, sondern auch im Alter als enttäuschte Sozialistin nicht geteilt. Stärkere müssen den Schwächeren helfen. Sowohl persönlich als auch durch Gesetze. Nur war die sozialistische Neigung als Tradition unserer Familie auch bei ihr zuletzt auf die Befürwortung einer „sozialen Marktwirtschaft" reduziert: eine Gesellschaftsordnung, die den von einer möglichst liberalen, freien Marktwirtschaft geschaffenen Reichtum nach sozialen Gesichtspunkten so verteilt, dass auch die Schwächeren ein Leben in Würde führen können.

8. Wie man (k)ein Sozialist wird

Ich bin so selbstverständlich in der Sozialdemokratie aufgewachsen wie mein jüngster Sohn in einem kleinen Dorf in Niederösterreich. Es muss viel passieren, damit man auswandert.

Wenn ich meinem jüngsten Sohn mein Verhältnis zum Sozialismus erklären soll, rufe ich ihm die vielen Wohnungen und Häuser in Erinnerung, in denen er schon gelebt hat: von der Zimmerflucht am Wiener Modenapark über das gelbe, alte Landhaus im niederösterreichischen Enzesfeld bis zu den selbst geplanten Häusern in Spanien. Wenn ich ihn frage, welchen dieser Wohnsitze er am ehesten mit „Heimat" verbindet, antwortet er mit ziemlicher Sicherheit: „Enzesfeld."

Dabei hat er dort am kürzesten gelebt und wird vor allem sicher nie mehr dorthin zurückkehren – aber dort ist er aufgewachsen: Dort ist er in seine erste Schule gegangen, hat erste Freunde gewonnen, erste Raufereien bestanden und erste Mädchen an der Hand genommen. Deshalb wird er Enzesfeld immer als „Heimat" empfinden.

Ich bin kein Sozialist mehr – aber ich werde die Sozialdemokratie immer als Heimat empfinden.

Denn ich bin dort aufgewachsen.

Weil meine Mutter dort durch fast achtzig Jahre zu Hause war; weil so gut wie alle ihre Freunde oder Bekannten dort zu Hause waren: die Lammers, die Neumanns, die Scheus oder Minna Lachs und ihr Sohn; weil fast alle meine Jugendfreunde aus diesem Kreis stammen.

Speziell für Eric: Manche der genannten Namen hast Du sicher gehört: Die

Lammers haben die Lebensmittelmarken für die Juden besorgt, die meine Eltern versteckten; Tommy Lachs haben wir erst unlängst in Dubrovnik getroffen, weil die Nationalbank, deren Führung er lange Zeit angehört hatte, irgendwas mit dem dortigen Musik-Festival zu tun hat. Vor fünfzig Jahren hat er mich auf der Fahrt zwischen zwei Stationen der Stadtbahn – so hieß die U-Bahn damals – für die SPÖ geworben. Seine Mutter war Direktorin des Gymnasiums in der Wiener Rahlgasse und eine der ältesten Freundinnen meiner Mutter, sein Vater war Leiter des Kontrollamtes der Stadt Wien und natürlich auch ein geeichter Sozialdemokrat. Friedrich „Friedl" Scheu war ein Redakteur der *Arbeiter-Zeitung* und hatte mit seiner Frau eine ganze Reihe von Töchtern, von denen mir eine, Veronika, sehr gefallen hat. Heute ist er längst verstorben und auch seine Frau ist begraben, genauso wie die Neumanns oder die Lammers.

Aber sie haben mich durch meine Jugend begleitet.

An Sonntagen traf man einander an der Endstation der Linie 43 in Dornbach oder der Linie 60 in Rodaun, um im Wienerwald zu wandern: Alle, auch die Frauen, immer in zünftigen Wanderschuhen, die oft noch aus ihren Wandervogel-Jahren stammten. Dazu Rucksäcke, in denen ähnlich alte, jugendbewegte Blechdosen mitgetragen wurden, aus denen dann Semmeln mit Extrawurst, harte Eier und Gurkerln verteilt wurden.

Die „Erwachsenen" gingen voraus – meist führte Robert Lammer, der alle Wanderwege auswendig kannte – und diskutierten: den Zustand der SPÖ, ihre Chancen, die ÖVP abzulösen, die Versteinerung des Kommunismus unter Stalin oder die Gefahren, die den neuen Staat Israel umgaben.

Wir Kinder trotteten hinterher und warteten auf eine Wiese, auf der wir Fußball spielen konnten, aber es war unausweichlich, dass wir mit halben Ohren Satzfetzen aufschnappten: „Die Gewerkschaften sind und bleiben das Rückgrat der Partei ..."; „Marx hat das völlig anders gesehen ..."; „Der Kapitalismus hat sich entwickelt ..."; oder „Der Marxismus hat Stalin nicht verdient ..."

Nicht dass wir solche Sätze verstanden hätten, aber wir wussten, dass sie wichtig waren und dass wir versuchen müssten, sie irgendwann zu verstehen. Der Weg zu diesem Verständnis war ebenso selbstverständlich: Alle wurden wir früher oder später Mitglieder des Verbandes Sozialistischer Mittelschüler und hörten dort ehrfürchtig zu, wie Karl Blecha oder Norbert Leser die gleichen Diskussionen führten.

Fußball und vor allem Tischtennis haben wir aber natürlich auch gespielt: Mit dem heutigen Bundespräsidenten Heinz Fischer habe ich heiße Tischtennisschlachten ausgetragen, und obwohl er heute ganz oben ist und ich inzwischen schon ziemlich weit unten war, ist er ein Freund geblieben. Als ich ihn kürzlich bei einer Veranstaltung getroffen habe, haben wir über alte Zeiten geredet und einander gestanden, dass wir beide in Andrea verliebt gewesen sind. Andrea Strasser war die Tochter des SP-Nationalratsabgeordneten Peter Strasser, dessen Mutter natürlich auch eine Freundin meiner Mutter war, und das hübscheste Mädchen weit und breit: Der spätere Finanzminister Hannes Androsch hat sie ebenso umschwärmt wie diverse spätere rote Abgeordnete, Gemeinderäte und mittlerweile Partei-abtrünnige Unternehmer. Natürlich wollte jeder von uns allein mit ihr ins Kino gehen, aber um das zu erreichen, versuchten wir, ihr durch unsere Beiträge zu den ständigen politischen Diskussionen zu imponieren. Man war nicht in erster Linie „cool", weil man Designer-Kleidung trug oder ein toller Sportler war, sondern weil man Otto Bauer oder wenigstens den letzten Leitartikel Oscar Pollaks in der *Arbeiter-Zeitung* gelesen hatte. Wenn Andrea dann mit offenem Mund höchstes Interesse und Verständnis vorgab (sie hat mir später gestanden, dass sie vieles in keiner Weise verstand und auch gar nicht verstehen wollte), war man glücklich.

Es gab im VSM zwar längst nicht mehr die Giganten, die meine Mutter miterlebt hatte – der Mord an den Juden und die Emigration hatten die Partei des wichtigsten intellektuellen Potenzials beraubt –, aber es gab doch eine Reihe sehr guter Köpfe: Tommy Lachs gehörte zu meiner Zeit dazu, der heutige Pensionisten-Chef und frühere Innenminister Karl Blecha und vor allem Norbert Leser, der heute als Professor für Politikwissenschaften zu den schärfsten Kritikern der SPÖ gehört.

Blecha war damals schon in der Politik: Wir betrachteten es als Ehre, wenn er, der schon deutlich über zwanzig war, sich mit uns abgab und uns bis in die späte Nacht hinein erklärte, warum die SPÖ fast überall recht und die ÖVP fast überall unrecht hatte.

Als der eigentliche „Kopf" galt freilich Norbert Leser: mit Abstand der beste Redner, als Diskutant allen anderen um Häuser überlegen und mit ziemlicher Sicherheit der Einzige, der Marx wirklich gelesen hatte. Mir mutete er derart dicke Bände nicht zu, aber er empfahl mit jenes Buch von Leopold Schwarzschild, das ich zuvor weiterempfohlen habe: in Marxens Lebenslauf eingebunden eine Kurzfassung seiner wichtigsten Thesen – gleich zusammen mit der zugehörigen Kritik.

Ich könnte nicht sagen, ob Leser, der sich als der kommende Ideologe der SPÖ gesehen hat, damals eigentlich ein Marxist oder ein Antimarxist gewesen ist: Es machte ihm Spaß, mir einmal eine These und beim nächsten Mal die zugehörige Gegenthese noch überzeugender als Schwarzschild zu präsentieren und mich reichlich verwirrt zurückzulassen. Erst durch die Lektüre Karl Poppers habe ich mich endgültig für die „Gegenthese" entschieden. Trotzdem danke ich Leser den überwältigenden Teil meiner auch im Verhältnis zu Kollegen aus der *Arbeiter-Zeitung* relativ eingehenden „linken" politischen Bildung.

Heute würde ich sagen, dass Leser schon damals drei grundlegende Annahmen Marx' nicht anders als Popper prinzipiell verwarf:

- dass die Geschichte nach einem „ehernen Gesetz" abläuft, das zum Sieg des „Sozialismus" führen muss;
- dass die „Klassengegensätze" der einzige Treibsatz der Politik sind;
- und dass Gesetze (Gerichte) nur die Interessen der herrschenden Klasse wahren: Leser wollte keine Verunglimpfung der „Institutionen", wie sie damals in der SPÖ durchaus noch Mode war.

Heute ist er jedenfalls, wie ich, ein vehementer Gegner des Marxismus – er bringt dem Ökonomen Karl Marx nur den gebührenden Respekt entgegen.

Damals, im VSM, schien mir auch bei ihm der Respekt zu überwiegen und ich teilte ihn. So sehr, dass ich die dicken Bände doch im Original zu lesen begann – aber nach kaum einem Viertel aufgegeben habe.

Bekanntlich ist Norbert Leser dann doch nicht der „Ideologe" der SPÖ geworden – eher deren Schrecken. Und das scheint mir einer der Gründe ihres Niederganges: Sie vermochte brillante kritische linke Geister nicht zu nutzen, sondern drängte sie in die Opposition.

Sicher war Norbert Leser nicht unbedingt angenehm im Umgang. Auch nicht mit mir: Als es mir nach meinem Strafprozess so schlecht wie noch nie gegangen ist, schrieb er mir einen Brief, den meine Frau wütend zerrissen hat: Ich sei nur deshalb so tief gefallen, weil ich die Freundschaft mit den falschen Leuten dem Verkehr mit ihm vorgezogen hätte.

Lesers Eitelkeit war grenzenlos und erinnerte an die einer Operndiva. Aber er war (ist) – jedenfalls in intellektueller Hinsicht – mit gutem Grund so eitel: Er zählt unverändert zu den intelligentesten Leuten, die ich in diesem Land kenne. Niemand unter den Intellektuellen der SPÖ könnte ihm in der Diskussion ideologischer Fragen auch nur entfernt das Wasser reichen. Aber es hat diese Diskussion mit ihm in den 55 Jahren, die seit meiner Mitgliedschaft beim VSM vergangen sind, ohnedies nicht gegeben: weder in den Gremien der Partei noch vielleicht im Club 2 des ORF. Als politische Figur der SPÖ verschwand Norbert Leser in der Versenkung, nachdem er zu Recht bestritten hatte, dass ausschließlich die Christlichsozialen in der Zwischenkriegszeit Fehler gemacht haben.

Die SPÖ ertrug keine differenzierte Sicht ihrer Vergangenheit.

Statt führender Mitarbeiter jedes Parteiprogramms, Leiter der Parteiakademie oder etwa roter Justizsprecher zu werden, wurde Leser Professor für Politikwissenschaften und schrieb Bücher, in denen die SPÖ immer schlechter wegkam.

Die SPÖ der Nachkriegszeit war – im Gegensatz zur SPÖ meiner Mutter – nicht mehr die Partei, an deren Spitze brillante Intellektuelle eine wesentliche

Rolle spielten: Das jüdische Reservoir war winzig geworden und in den studentischen und akademischen Organisationen wuchs eher Durchschnitt nach. Die wenigen hochintelligenten Leute, die – wie Leser – herausragten, drängte man so lange zur Seite, bis sie die Seiten wechselten. Günther Nenning gehörte in diese Kategorie: Ein unglaublich fantasievoller, witziger doppelter Doktor, für den die folgende Geschichte so charakteristisch wie seine beiden Doktorate ist: Als ich schon Herausgeber des *profil* war, haben wir eines Tages an der Universität irgendein „großes" Thema – vielleicht sowieso Marx, aber vielleicht auch die „Friedensbewegung" – aufs Heftigste und unter größter Anteilnahme des jugendlichen Publikums diskutiert. Nach der Veranstaltung habe ich Nenning in meinem Auto nach Hause gefahren und wollte auf der Fahrt weiter mit ihm diskutieren, aber er wurde immer einsilbiger. „Interessiert Dich die ganze Diskussion denn nicht mehr?", habe ich ihn gefragt. „Schon", antwortete er, „aber hast Du schon einmal gehört, dass die Ritter weiter Turniere gekämpft haben, wenn keine Burgfräulein mehr am Fenster gewesen sind?"

Frauen interessierten Nenning noch mehr als der Marxismus, und das war ein mir überaus sympathischer, uns jedenfalls gemeinsamer Zug – auch wenn nicht alle Frauen, die mit ihm zusammen waren, ihn immer als Kavalier empfunden haben. Auf seine amüsante Weise war er ähnlich eitel wie Norbert Leser – aber auch ähnlich brillant. Wie Leser setzte er sich mit allen großen Nachkriegsproblemen der Sozialdemokratie auseinander: ihrem ungelösten Verhältnis zum Marxismus, ihrem ungelösten Verhältnis zur Kirche, ihrem ungelösten Verhältnis zur Monarchie oder ihrem ungelösten Verhältnis zum Wehrdienst. Überall sah er Entwicklungen richtig voraus und wurde von den jeweiligen Parteichefs dafür gescholten, dass er sich schon heute in die Richtung bewegte, in die sie erst morgen einschwenken würden. War er eine Zeit lang ein engagierter Marxist, so mutierte er wenig später zum engagierten Reformer, zum engagierten Katholiken, zum engagierten Umweltschützer – aber durchaus auch wieder zurück zum Marxisten. Hauptsache, er wurde überall als „völlig unerwarteter Gast" begeistert aufgenommen. Bruno Kreisky hat ihn einmal „a bissl an Wurstl" genannt, und das war er sicher auch – aber gerade die Mächtigen sollten nicht auf weitsichtige Narren verzichten.

Kreisky hat Nenning wieder Geld für seine Zeitschrift *Forum* zukommen lassen, aber zugehört hat er ihm nicht.

Dabei wäre auch Nenning, wie Leser, ein Mann gewesen, der vielleicht in der Lage gewesen wäre, der Sozialdemokratie neue Inhalte zu finden, die sie für die Gegenwart attraktiver gemacht hätten. Ja, er war sogar bereit, für die Partei treppauf und treppab zu laufen, um Mitgliedsbeiträge zu kassieren. Als witziger Redner, guter Organisator und erfolgreicher Gewerkschafter hätte er einen idealen Wahlkämpfer abgegeben. Aber er avancierte, wie Norbert Leser, nie in eine Position, in der seine Talente für die SPÖ zum Tragen gekommen wären.

Also streifte er ein Hirschgeweih über, schrieb Kolumnen für die *Kronen Zeitung*, um Schulden abzutragen, die er in seinem Kampf gegen das Wasserkraftwerk Hainburg gemacht hatte, und begnügte sich mit der Rolle des „Wurstls", so wie Leser sich mit der Rolle des schrulligen „Professors" begnügte.

In der wahrscheinlich wichtigsten ideologischen Frage – dem Verhältnis der SPÖ zum Marxismus – unterschied er sich von Leser freilich wie Feuer von Wasser: Selbst nach der „Wende" und dem restlosen Zusammenbruch der Sowjetunion und all dessen, was sie ideologisch ausgemacht hatte, wollte Nenning nicht von Marx abrücken, sondern meinte, man sollte es doch in einer demokratischen Gesellschaft noch einmal mit seinen Ideen probieren.

Mich hat seine Äußerung angesichts der Millionen Toten des kommunistischen Kerkers so empört, dass ich mitten in der Fernsehdiskussion, die wir zu dieser Frage führten, aufgestanden und weggegangen bin: „Diese Diskussionen habe ich mit vierzehn geführt, jetzt ist mir die Zeit dafür zu schade ..." oder so ähnlich habe ich ihm verärgert zugerufen.

Leser hätte mir diesbezüglich doppelt recht gegeben: Wie Popper hatte er längst erkannt, dass es zum Mechanismus des angewandten Marxismus gehört, zu undemokratischen Verhältnissen zu führen.

Aber genau diese ehrliche, offene Diskussion um Brauchbarkeit oder Unbrauchbarkeit des Marxismus als Weltanschauung ist in der SPÖ, anders als in der SPD in Bad Godesberg, nie ernsthaft geführt worden – so notwendig das auch für die Partei gewesen wäre. Sie hat sich nie völlig vom Kommunismus distanziert, obwohl sie immer energisch gegen die winzige Kommunistische Partei Österreichs aufgetreten ist.

Ich hatte tatsächlich das Glück, Diskussionen dieser Art an unzähligen Samstagen im „Salon" meiner Mutter zu erleben. Etwa ab meinem zwölften Lebensjahr war ich als stummer Zaungast zugelassen, wobei ich die meisten der Beteiligten von unseren Sonntagsausflügen kannte. Denn natürlich waren so gut wie alle Teilnehmer dieser nachmittäglichen oder abendlichen Diskussionen in unserem Wohnzimmer entweder Sozialisten oder ehemalige Kommunisten.

Nur unter den Letzteren gab es einen, der sich vermutlich nicht mehr als „Sozialist" bezeichnet hätte: Der einstige Russland-Fahrer Alexander Weissberg war, wenn man gezwungen gewesen wäre, ihn politisch einzuordnen, zweifellos ein Liberaler – aber er selbst definierte sich einmal mehr über den Sozialismus: „Ich bin kein Sozialist mehr."

Sein größter Widerpart war der einzige Teilnehmer des „Salons", den ich weiter als „Kommunisten" bezeichnen würde, obwohl er selbst sich den „Sozialdemokraten" zugezählt hat: Christian Broda, damals noch Rechtsanwalt, später der wichtigste Justizminister Nachkriegsösterreichs.

Meine Mutter war seit ihrer „sozialistischen Jugend" mit ihm befreundet, denn er war, wie sie, Mitglied der Organisation des vierten Wiener Bezirks gewesen und stammte darüber hinaus, wie sie, aus einer wohlhabenden bürgerlichen Familie, sodass die beiden auch eine gemeinsame Sprache und ein gemeinsames Interesse für Theater, Literatur und bildende Kunst verband. Wenn ich es richtig in Erinnerung habe, war Broda auch in die Scheidung meiner Eltern eingebunden – jedenfalls war er es, der meinen Vater von Zeit zu Zeit mahnte, doch seine Alimente zu bezahlen.

Obwohl Broda wegen seiner beruflichen Anspannung nur relativ selten und Weissberg wegen seiner nur fallweisen Anwesenheit in Wien noch seltener am „Salon" teilnahmen, sind es ihre Auseinandersetzungen, die mir mit Abstand am deutlichsten in Erinnerung geblieben sind. Einmal, weil Weissberg, wie jeder gute Redner, stets ungemein plastische, auch für ein Kind verständliche Beispiele an der Hand hatte; dann weil er sehr langsam und sehr deutlich sprach, als lese er ein Rilke-Gedicht; vor allem aber, weil mich sein Vorgehen an die Roman-Detektive erinnerte, die ich damals bewunderte: Er ließ seinem Gegner keinen Ausweg.

Broda war ihm ein ebenso eloquenter wie engagierter Gegner, der dem Kampf nie auswich, sondern ihn frontal aufnahm.

Im Kern ging es immer um die gleiche Frage: War an dem, was in der Sowjetunion geschehen war und weiterhin geschah, doch irgendetwas Gutes? Etwas, das die Sozialisten von den Kommunisten übernehmen sollten? Wobei die beiden Männer einig waren, dass das sicher nicht die Geheimpolizei und die Gefängnisse sein sollten. Aber während Weissberg in der Wirtschaftsordnung der Sowjetunion die Grundlage ihres politischen Scheiterns sah, sah Broda darin unverändert die Basis einer besseren künftigen Gesellschaftsordnung.

Heute ist diese Frage für alle vernünftigen Menschen völlig eindeutig entschieden, aber damals, in den frühen Fünfzigerjahren, war sie es unter Mitgliedern der Sozialistischen Partei Österreichs in keiner Weise.

Weissberg machte immer auf die gleiche grundsätzliche Achillesferse im Marx'schen Denkgebäude aufmerksam: Marx hat nie erklärt, was er unter „Vergesellschaftung" und „Herrschaft des Proletariats" real verstand. Damit hat er zugelassen, dass die kommunistischen Führer es im Sinne ihrer Machtergreifung ausgelegt haben: Sie waren die Repräsentanten des Proletariats; und Lenin brauchte „Vergesellschaftung" nur noch mit Verstaatlichung gleichzusetzen, damit sie uneingeschränkt über alles und jeden herrschen konnten.

Die Schwächen der staatlichen „Planwirtschaft" pflegte Weissberg am Beispiel des Verkehrs zu illustrieren: „Im Eisenbahnverkehr, wo man wenige Einheiten hat, die sich noch dazu nur auf bestimmten, festen Gleisen bewegen, kann man einen Fahrplan erstellen: Um 9 Uhr 11 passiert Zug A die Weiche X und erreicht Wien um 9 Uhr 17, um 9 Uhr 15 wird die Weiche von Zug B passiert, der Wien um 9 Uhr 21 erreicht. Aber wollte man den Autoverkehr so regeln, wäre man verrückt: Um 9 Uhr 3,15 passiert Auto A die Kreuzung Theresianumgasse/Argentinierstraße, um 9 Uhr 3,16 wird sie von Auto B von links, um 9 Uhr 3,17 von Auto C in der Gegenrichtung passiert. Eine solche Planung, die viele Einheiten umfassen soll, die sich auf unterschiedlichen Bahnen unterschiedlich schnell bewegen, kann nur in ständigen Unfällen bis zu einem gigantischen Stau enden – so ist das mit den sowjetischen Fünfjahresplänen."

„Trotzdem wurde die UdSSR in wenigen Jahren von einem heruntergekommenen Agrarstaat zu einem modernen Industriestaat", wandte Broda ein.

„Ohne Planwirtschaft hätte die Sowjetunion den gleichen Industrialisierungserfolg in einem Viertel der Zeit und mit einem Tausendstel der Opfer erreicht."

„Das ist unbewiesen. Vielleicht wäre etwas weniger Planung manchmal erfolgreicher gewesen, aber das Wesentliche war: Das Privateigentum war abgeschafft. Man konnte im Interesse der Allgemeinheit über die Produktionsmittel verfügen."

„Vor allem im Interesse der Bonzen – die Masse hatte am Aufschwung kaum teil. Jedenfalls ungleich weniger als in den kapitalistischen Staaten."

„Das ist eine Frage der Ausgangssituation und es wird eine Frage der Zeit sein: Die Sowjetunion wird den Vorsprung des Westens aufholen und ihn letztlich überholen. Wenn man das Interesse der Allgemeinheit im Auge hat, kann man die Wirtschaft besser organisieren, als wenn man immer nur an den eigenen Vorteil denkt."

„Gut, dann nehmen wir einen konkreten Wirtschaftszweig, für den die Resultate nicht erst in einer fernen Zukunft ersichtlich sein werden, sondern jetzt schon vorliegen: die russische Landwirtschaft. Ihre Zwangskollektivierung hat in wenigen Jahren mindestens fünf Millionen Hungertote mit sich gebracht. So gut hat das funktioniert, dass die Bauern nicht mehr die Eigentümer der Produktionsmittel waren und nicht mehr an den eigenen Vorteil gedacht haben."

„In Russland hat es immer Hungersnöte gegeben."

„Aber nicht in diesem Ausmaß. Und nicht systematisch herbeigeführt. Wider jede Vernunft. Wider jede Humanität."

„Und den Kapitalismus nennst Du vernünftig und human?"

„Ja."

Das in etwa war der Punkt, an den die beiden Männer bei fast jeder Diskussion gelangten, und für manche Leute ist er bis heute nicht überwunden. Ich pflege diese Frage wie Weissberg ebenfalls ganz klar und deutlich mit einem „Ja" zu beantworten, und das ist einer der Gründe, warum ich mich nicht mehr als „Sozialisten" bezeichne. Damals hingegen war diese Frage auch für mich noch offen.

„Ich möchte Dir jetzt eine ganz konkrete Frage stellen", sagte Weissberg in der für mich einprägsamsten dieser Auseinandersetzungen. „Bist Du nun für die Verstaatlichung der österreichischen Industrie? Ja oder Nein?"

„Bei der Großindustrie selbstverständlich. Sie bewehrt sich."

„Wenn etwas sich als wirtschaftliches Prinzip bei einem Betrieb mit hundert Millionen Umsatz bewährt, warum soll es sich dann bei einem Betrieb mit einer Million Umsatz nicht bewähren? Du müsstest auch für die Verstaatlichung der Mittelbetriebe sein."

„Sie wäre nützlich."

„Wenn sie dort nützlich ist, dann muss es auch sinnvoll sein, die Friseursalons zu verstaatlichen."

„Ich weiß nicht, warum ich das sollte – die Friseursalons sind einfach nicht so wichtig."

„Um wichtig oder unwichtig geht es nicht. Es geht um die Frage, ob es besser ist, wenn von der Politik festgelegt wird, wie ein Geschäft zu führen ist, oder wenn derjenige, dem es gehört, sich daran orientiert, wie er am meisten verdient."

Broda schwieg.

Weissberg war aufgestanden und stand wie ein Untersuchungsrichter vor dem Fauteuil, in dem sein Jugendfreund saß: „Ich lasse Dich jetzt nicht aus. Du kannst Dich nicht drücken. Würdest Du die Friseursalons nun verstaatlichen? Ja oder Nein?"

„Ja", sagte Christian Broda.

Dieses „Ja" war unmissverständlich und ich habe seinen Klang noch im Ohr. Der Rest des Gespräches ist natürlich rekonstruiert, aber sein Sinn war sicher der beschriebene und kein anderer. Ich habe Broda daher zeit meines Lebens für einen Kommunisten gehalten, obwohl er sich später als Politiker nie mehr auch nur annähernd ähnlich geäußert oder verhalten hat.

Damals, als Halbwüchsiger, war ich im Übrigen bloß überzeugt, dass er bezüglich der Planwirtschaft im Unrecht war und dass die Verstaatlichung der Friseure ein Unsinn gewesen wäre. Bezüglich der Großindustrie hat es noch etlicher Jahre und vieler Gespräche mit Weissberg bedurft: Ich glaube, dass ich erst mit drei-, vierundzwanzig ganz sicher war, dass Privateigentum und freie Marktwirtschaft „sozialistischem Wirtschaften" (fast) immer und (fast) überall überlegen sind.

Auch deswegen bin ich trotz dieses einschränkenden „fast" kein Sozialist mehr.

Mit achtzehn war ich dagegen sogar Redakteur des „Zentralorgans" der SPÖ, der *Arbeiter-Zeitung.* Auch das ergab sich ganz selbstverständlich: Ich hatte vor nicht allzu langer Zeit meinen Wehrdienst im Gardebataillon der Wiener Fasangarten-Kaserne abgeleistet, als ich las, dass dort ein Zugführer eine Explosion in einer Munitionskammer verursacht hatte, weil er eine Zigarettenkippe weggeworfen hatte; daraufhin verfasste ich einen Leserbrief, in dem ich die Konstellation analysierte, die in meinen Augen der Hintergrund dieses Unfalls war: Da das Bundesheer damals im Vergleich zur massiv wachsenden Nachkriegswirtschaft extrem schlechte Gehälter zahlte, bekam es für die untersten Ränge fast nur Leute, die anderswo nicht aufgenommen wurden – weil man befürchten musste, dass sie beispielsweise nicht wussten, dass Rauchen in Munitionsdepots gefährlich war.

Meine Mutter drückte dem Chefredakteur der *Arbeiter-Zeitung* Oscar Pollak diesen Leserbrief persönlich in die Hand, denn auch er war ein gelegentlicher Teilnehmer des „Salons" und ihr Jugendfreund: In der Verbotszeit hatten sogar Redaktionssitzungen der AZ gelegentlich in ihrer Wohnung stattgefunden. Nach ein paar Tagen wollte Pollak von ihr wissen, was ich denn werden wollte und ob „Journalist" nicht eine Option wäre.

Meine Mutter erzählte mir von dem Gespräch und wenige Tage später war ich Mitglied der Redaktion der *Arbeiter-Zeitung,* obwohl der Leserbrief nie erschienen ist. Ich bin nicht einmal ganz sicher, ob Oscar Pollak vorher noch einmal mit mir gesprochen hat, um einen persönlichen Eindruck von mir zu gewinnen – wenn ja, dann muss es jedenfalls ein sehr kurzes Gespräch gewesen sein, denn es ist mir nicht in Erinnerung. Im Wesentlichen genügte es zweifellos, dass ich aus einem eindeutig sozialdemokratischen Elternhaus kam und schreiben konnte.

Ich gehörte zur Familie – und jetzt nahm ich eben den Platz im Unternehmen „Sozialdemokratie" ein, für den ich offenbar die notwendigen Fähigkeiten besaß: Ich bekam ein Zimmer im Vorwärts-Verlag auf der Linken Wienzeile, das zwischen dem Zimmer des späteren Meinungsforschers Ernst Gehmacher und des späteren Chefredakteurs, Informationsintendanten und Gesundheitsministers Franz Kreuzer lag, und lernte von ihm nicht nur Meldungen aufzubauen, sondern auch, dass man nicht „Grüß Gott" sagen durfte, wenn man die Redaktion betrat und dabei an einem würdigen weißhaarigen Genossen am Eingang vorbeigehen musste, sondern dass man ihn mit „Guten Morgen", „Guten Abend" und zu allen anderen Zeitpunkten mit „Mahlzeit" grüßte.

Die Aussöhnung mit der katholischen Kirche kam erst mit Bruno Kreisky.

Angestellt wurde ich die längste Zeit nicht, obwohl ich ein festes monatliches Entgelt bezog, denn natürlich wollte (und musste) auch der Vorwärts-Verlag jene Sozialabgaben einsparen, die höherer Profite wegen zu unterschlagen die *Arbeiter-Zeitung* den „Unternehmern" vorwarf.

Eigentlich hätte mir dieses Auseinanderklaffen zwischen Wort und Tat, das mich später zum Verlassen der *Arbeiter-Zeitung* bewegen sollte, von Beginn an auffallen müssen. Auch der „Leserbrief", der Oscar Pollak veranlasst hatte, mich in die Redaktion aufzunehmen, ist nie erschienen. Und zwar mit folgender verschlungenen Begründung: Die ÖVP, also der politische Gegner, so erklärte Pollak meiner Mutter, könnte daraus eine Kritik des österreichischen Bundesheeres ablesen; dies aber sei insofern kritisch, als die Volkspartei die SPÖ sowieso als Bundesheer-feindlich zu diffamieren suche und den Leserbrief in der AZ womöglich als Beleg dieser These missbrauchen könnte.

Oscar Pollak dachte nie in erster Linie als Journalist (obwohl er viel von diesem Handwerk verstand), sondern immer in erster Linie als „verantwortlicher Redakteur" der SPÖ, der auch seine Frau Marianne als Abgeordnete zum Nationalrat angehörte.

Ein einziges Mal sprang er über diesen Schatten: Als sich die SPÖ immer unmissverständlicher den Freiheitlichen annäherte, kritisierte er das in einem wütenden Leitartikel.

Aber im Normalfall ging er davon aus, dass in einem „Zentralorgan" nur die Parteilinie und nichts als die Parteilinie vertreten werden konnte. Womit er insofern recht hatte, als Franz Kreuzer, der es Jahre später anders versuchte und die Parteilinie um Diskussionen bereicherte, von Bruno Kreisky abberufen wurde.

Ich war damals schon lange aus der Redaktion ausgeschieden und dem lagen zwei symptomatische Anlässe zugrunde: Wir hatten zu dieser Zeit zu Hause eine unglaublich liebe Bedienerin namens „Frau Leeb". Diese „Frau Leeb" war über fünfzig und seit dreißig Jahren SPÖ-Mitglied. Wir waren auf sie gestoßen, weil sie eine „geschlossene" TBC hatte und damit meine Mutter als Ärztin konsultierte. Sie durfte ihrer Krankheit wegen nur leichte Arbeit leisten und die konnte unser Haushalt ihr bieten. Im eigenen Haushalt lebte sie mit ihrer Tochter, ihrem Schwiegersohn und beider Baby in einem einzigen Zimmer mit winziger Küche und ohne Bad. Da sie seit Ewigkeiten um eine Gemeindewohnung angesucht hatte, ging meine Mutter zur zuständigen Abteilung, um herauszubekommen, warum sie nicht und nicht berücksichtigt wurde.

„Wir haben leider noch viel schlimmere Fälle", erklärte ihr der Genosse.

Zu diesem Zeitpunkt lebte die überwiegende Mehrheit der AZ-Redakteure (und darüber hinaus der bürgerlichen Redakteure, die über die Gemeinde Wien Bericht erstatteten) in Gemeindewohnungen. Ich ersuchte meine Mutter, dem zuständigen Genossen zu sagen, dass ich mich mit einer Liste aller mir bekannten in Gemeindewohnungen sitzenden Redakteure vor den Stephansdom setzen würde, wenn Frau Leeb keine Wohnung bekäme – und siehe da, es zeigte sich, dass sie in der Reihung sowieso ganz vorne gestanden war.

Es hing mit solchen und ähnlichen Erfahrungen zusammen, dass das erste große Thema, dessen sich das *profil* nach seiner Gründung annahm, die „Geschäfte der Gemeinde Wien" auf dem Grundstückssektor waren.

Unmittelbarer Anlass, mich nach einem anderen Job in einer anderen Zeitung umzuhören, war allerdings ein Gespräch in unserem „Salon", an dem ich nun schon gleichberechtigt teilnahm. Es war lange um die „Verstaatlichung" und zuletzt um den „Mieterschutz" gegangen. Alle anderen Gäste waren schon aufgebrochen, aber Oscar Pollak war noch geblieben und hatte meiner Mutter weiter zugehört. „Ich war ein Hausherr", sagte meine Mutter, „uns hat das Nebenhaus mit vierzig Wohnungen zur Hälfte gehört. Wir haben diese Hälfte um 5000 Schilling (ca. 365 Euro) an einen Baumeister verkauft, denn der war durch seinen Beruf in der Lage, das Haus billig zu sanieren. Mit dem Mietzins war das ausgeschlossen."

„Ja", sagte Oscar Pollak, „das ist ein Problem."

„Nicht ein Problem", sagte meine Mutter, „sondern absurd: Es kann doch nicht sein, dass ein Wohnhaus mit 42 Wohnungen 10.000 Schilling (ca. 730 Euro) wert ist und eine Bombenruine gleich daneben eine Million."

„Ja", sagte Oscar Pollak.

Wenige Tage später schrieb er in der *Arbeiter-Zeitung* einen seiner weiteren wütenden Artikel gegen die „Hausherren".

Pollak war ganz sicher nicht dumm und er war auch nicht unanständig. (Heute ist er für die „Genossen" eine Legende aus besseren Zeiten.) Aber die SPÖ glaubte, bestimmte wirtschaftliche Vorstellungen mithilfe bestimmter Reizworte aufrechtzuerhalten und verteidigen zu müssen. Dazu zählte, dass „Hausherren" übel waren und ein Quadratmeter Wohnfläche den Mieter nicht mehr als einen Schilling (ca. 7 Eurocent) kosten sollte. Nur hatte die Partei diesen Mietpreis in der Zwischenkriegszeit festgelegt, als ein Familienvater vielleicht 300 Schilling (ca. 21 Euro) verdiente. Eine 100-m²-Wohnung kostete also etwa ein Drittel seines Einkommens.

Aber die SPÖ blieb bei diesen Mieten, als der Betreffende 10.000 Schilling (ca. 730 Euro) im Monat verdiente.

Es war diese Erfahrung, dass die Sozialdemokratie in wirtschaftlichen Fragen immer wieder völlig unsinnig agierte, die mich schon vor der Lektüre Poppers intellektuell immer mehr von ihr entfernte, nachdem „Frau Leeb" und Oscar Pollak mich emotional von ihr abgekoppelt hatten.

Zum Austritt aus der Partei hat es dennoch eines dramatischen Anstoßes bedurft: Im ersten Jahr nach seiner Gründung habe ich im *profil* in Erinnerung an „Frau Leeb" besonders kritisch über die damals wirklich ziemlich verkalkte und korrupierte Gemeinde Wien unter ihrem Bürgermeister Felix Slavik berichtet. Dieser Felix Slavik war an sich ein anständiger Mann – im Krieg war er im Widerstand gewesen und persönliche Bereicherung lag ihm fern –, aber mit dem Amt des Bürgermeisters hatte er nach dem Peter-Prinzip sein *level of incompetence* erreicht. (So verhinderte er u. a. jahrelang den Bau einer U-Bahn, weil er allen Ernstes eine Magnetschwebebahn auf Stelzen durch Wien führen wollte.) Aber er war ein guter Netzwerker und geschickt im Gebrauch der Macht: Er unterschied streng zwischen Feinden und Freunden, und wer zu seinen Freunden zählte, der konnte gut verdienen und hatte nichts zu befürchten, auch wenn die Geschäfte, die er mit der Gemeinde Wien machte, nach dem Staatsanwalt riefen – der sich freilich nicht einschaltete, weil mit Christian Broda ein Parteifreund an der Spitze des Justizministeriums saß. Ich werde mich hüten, von kollegialem Amtsmissbrauch zu sprechen, schon weil es das nicht war: Es war nur eine Art von Filz, innerhalb dessen Genossen, die Geschäfte machten, besser als ihre Konkurrenten wussten, mit welchen Genossen in der Gemeinde Wien sie zu diesem Zweck vertraulich sprechen mussten, und innerhalb dessen die Genossen bei der Staatsanwaltschaft ein untrügliches Gefühl dafür hatten, welche Strafverfahren der Genosse Broda kaum als zielführend ansehen würde. (Wenn das Ziel einer Verurteilung nicht mit ziemlicher Sicherheit erreicht werden kann, klagt die Staatsanwaltschaft zu Recht nicht an.)

Nachdem *profil* in einer Serie mit dem einprägsamen Titel „Dokumente" über eine ganze Reihe solcher sehr guter, nicht angeklagter Geschäfte berichtet hatte, geriet Slaviks Stellung als Bürgermeister ins Wanken.

Zwei junge Männer, die der Partei schon gelegentlich Dienste geleistet hatten, boten ihm ihre Hilfe an: Sie gingen aufs Wiener Handelsgericht, kopierten dort die Unterschrift des *profil*-Eigentümers Oscar Bronner und verfertigten mittels eines Fotokopiergerätes mehrere „Dokumente", aus deren einprägsamstem hervorging, dass Bronner von der ÖVP vier Millionen Schilling dafür erhalten hätte, dass *profil* gegen Felix Slavik schoss.

Slavik übernahm diese „Dokumente", die auf den ersten flüchtigen Blick und angesichts seiner begreiflichen Begeisterung echt aussehen mochten, und übergab sie der *Arbeiter-Zeitung*. Die prüfte sie in keiner Weise – sie rief Bronner gar nicht erst an – und veröffentlichte sie zusammen mit einem gesalzenen Leitartikel: *profil* nähme Geld für politische Agitation.

Als ich den Autor fragte, ob er mir, der ich zwei Jahre hindurch Redakteur der *Arbeiter-Zeitung* gewesen sei, wirklich zutraute, dass ich gegen Bezahlung falsche Behauptungen über die SPÖ ins Blatt rückte, schrieb er zurück, ich sei nicht Redakteur, sondern nur Redakteursaspirant und als solcher nur wenige Monate bei der AZ gewesen. Beides stimmte insofern, als mich der Vorwärts-Verlag aus den weiter oben beschriebenen wirtschaftlichen Gründen tatsächlich nur wenige Monate angemeldet hatte.

Heute lehrt er die Branche, was korrekter Journalismus ist.

Damals bewiesen wir schon am nächsten Tag anhand des Handelsregisterauszuges, dass das „Dokument", dem die AZ vertraut hatte, eine primitive Fälschung war, und hatten kurz darauf auch die Fälscher eruiert. Wir zeigten sie bei der Staatsanwaltschaft wegen Betruges an, aber Brodas Staatsanwaltschaft stellte das Verfahren ein. Nur weil ein Richtergremium eine so genannte „Subsidiarklage" bewilligte, kam es doch zum Prozess und die beiden Männer wurden verurteilt.

Ich erklärte der SPÖ in einem Brief, sie hätte sich bei mir zu entschuldigen – solange sie das nicht täte, würde ich meine Parteimitgliedschaft ruhend stellen.

Seit damals – dem Jahr 1971 – ruht sie.

Vor einiger Zeit fragte mich Heinz Fischer, ob ich sie nicht doch wieder aufleben lassen wollte – an der Entschuldigung würde das sicher nicht scheitern. Und so fern ich der Partei mittlerweile bin, habe ich doch eine Sekunde darüber nachgedacht: Heinz Fischer, mit dem ich politisch nichts als Auseinandersetzungen geführt hatte, war für mich ein Stück besonders liebenswerter „Heimat" und ich hatte das leise Heimweh aller Emigranten. Aber nach einer winzigen Nachdenkpause habe ich doch klar und deutlich „Nein" gesagt: „Ich fürchte, ich bin kein Sozialist mehr."

9. Die amputierte Sozialdemokratie

Heute hat der Sozialismus als Weltanschauung ausgedient: Der Marxismus ist als ökonomische Theorie falsifiziert, die Gewerkschaften haben ihre Schuldigkeit getan. Sie haben erreicht, was im Rahmen einer Gott sei Dank „kapitalistischen" Nationalökonomie zu erreichen war – auf die Herausforderungen der Globalisierung wissen sie keine Antwort.

Die Sozialdemokratie, so lehrte mich der Professor für Politikwissenschaften Norbert Leser, als wir beide noch sozialistische Studenten waren, hatte zwei Treibsätze beziehungsweise später zwei Standbeine: die Gewerkschaftsbewegung und den Marxismus.

Das ist eine grundlegende Fehlkonstruktion, denn die beiden sind unvereinbar: Wenn Marx' „ehernes Gesetz der Geschichte" zwangsläufig zur Überwindung des Kapitalismus durch den Sozialismus führt, braucht man keine Gewerkschaften, die das mühsam erkämpfen. Tatsächlich ist ihnen Marx die längste Zeit mit größter Reserve gegenübergestanden, indem er behauptet hat, ihre kurzfristigen Erfolge dienten nur dazu, die Brüchigkeit des kapitalistischen Systems zu verdecken. (Erst in späteren Jahren ersann er eine mühsame Hilfskonstruktion: Es gäbe Personen und damit auch Organisationen, die in der Lage wären, das eherne Gesetz der Geschichte zu erkennen und im Wissen um den Sieg des Sozialismus beschleunigend zu ihm beizutragen.)

Während die kommunistischen Parteien in aller Welt die Unvereinbarkeit von Marxismus und Gewerkschaft gelebt und verwirklicht haben – wo sie die Macht ergriffen, gab es keine Gewerkschaften mehr –, haben die sozialdemokratischen Parteien auf eine konsequente Auseinandersetzung mit dem inneren Widerspruch verzichtet: Sie haben sich in der Praxis auf die Gewerkschaftsbewegung gestützt und in der Theorie die Marx'schen Thesen beibehalten.

Das war ein grundlegender Sündenfall: Sie hätten Marx' „ehernes Gesetz der Geschichte" als durch die Gewerkschaftsbewegung falsifiziert beiseite legen müssen. Es stimmt nicht, dass die ökonomische Entwicklung zwangsläufig zum Zusammenbruch des kapitalistischen Systems führen muss (obwohl sie dieses durchaus gefährden kann). Es stimmt nicht, dass dieser Zusammenbruch in eine „proletarische Revolution" münden muss, die den „Sozialismus" erzwingt. Denn es stimmt auch nicht, dass der „Klassengegensatz" zwischen Besitzenden und Werktätigen unüberbrückbar ist (obwohl es ihn durchaus gibt), weil es auch nicht stimmt, dass die herrschende Klasse die werktätige Klasse ausschließlich ausbeutet (obwohl sie das hin und wieder tut). Schon gar nicht stimmt es, dass Recht und Gerichte nur im Dienste der herrschenden Klasse stehen (auch wenn sie das gelegentlich tun), sondern sie sind vor allem dazu da, die Macht der herrschenden Klasse einzudämmen.

Das alles ist von Karl Popper und vielen anderen in der Diskussion der Marx'schen Theorie eindrucksvoll aufgezeigt worden und konnte Jahrzehnte hindurch in der Praxis beobachtet werden.

Die Sozialdemokratie hätte Marx' zentrale Thesen als widerlegt aufgeben und der Wissenschaftsgeschichte überantworten müssen.

Da sie das nicht getan hat, sind ihr diese Thesen schon bei der Abwehr des Nationalsozialismus im Wege gestanden: Allen voran in Deutschland verwechselten die Sozialisten Hitlers Faschismus mit dem beginnenden Zusammenbruch des Kapitalismus, der sich solcherart demnächst selbst erledigen würde. Stattdessen liefen Mitglieder der Arbeiterklasse scharenweise zu den Nazis über.

Als Österreichs Sozialisten endlich erkannten, dass sie sich im Kampf gegen Hitler über alle Marx'schen „Klassengegensätze" hinweg mit der „Bourgeoisie" verbünden müssten, war es zu spät.

Nach dem Zweiten Weltkrieg war die niemals durchtrennte Verbindung zu Marx für die SPÖ das entscheidende Hindernis für kreatives politisches Denken: Im Schatten des Marxismus vermochte die Sozialdemokratie bis heute keine tragfähigen Ideen zu entwickeln, die an seine Stelle getreten wären.

Ich selbst war durch meine Mutter für die Versuchungen des Marxismus relativ immun – aber ich war ein begeisterter Anhänger der Gewerkschaftsbewegung. Alles, was Sozialdemokraten in Österreich, Deutschland und anderswo für die Bevölkerung durchgesetzt haben, haben sie mittels der Gewerkschaften durchgesetzt.

Niemand, der Gewerkschaften heute „Bremser" nennt, sollte das vergessen:

Noch vor hundertfünfzig Jahren hat man die ganze Woche hindurch 12 Stunden am Tag gearbeitet. An Maschinen, die nicht gesichert waren. Im Ziegel- oder Kohlestaub. Und wenn man dann krank war – halb Wien litt an TBC –, gab es keine Krankenversicherung und keine Pension.

Erst die Gewerkschaften haben diese Zustände durch erste Krankenkassen und ihre Streiks beendet.

Die Sozialistische Partei hat dabei nur insofern ebenfalls eine wesentliche Rolle gespielt, als es ihr gelungen ist, die von der Gewerkschaft erzielten Fortschritte im Verein mit einsichtigen Christlichsozialen auch in Gesetzen zu verankern.

In den USA, wo es den Sozialismus als Weltanschauung nicht gegeben hat, sodass ihm auch keine Partei entsprach, unterblieb diese massive gesetzliche Verankerung gewerkschaftlicher Erfolge. Die Erfolge als solche hat es aber in den USA nicht anders als in Österreich oder Deutschland gegeben. Oder genauer: Sie sind von den USA ausgegangen.

Und zwar ganz ohne jede Sozialdemokratie.

Das ist die grundsätzliche Schwäche des sozialdemokratischen Anspruchs, ein Monopol auf sozialen Fortschritt zu besitzen: Gewerkschaft ist nichts primär „Sozialistisches". Sie ist vielmehr eine logische Ergänzung des Kapitalismus: die Erkenntnis, dass nicht nur Betriebe an Stärke gewinnen, wenn sie sich zu Konzernen zusammenschließen, sondern auch Menschen, indem sie ihre Kampfkraft in Gewerkschaften bündeln. Dieser Erkenntnis der „Werktätigen" verband sich (einmal mehr gegen Marx' Thesen) die Erkenntnis des „Kapitalisten" Henry Ford, dass seine Arbeiter besser verdienen müssen, wenn sie seine Autos kaufen sollen.

Es war daher kein Zufall, dass die ersten Gewerkschaften in den USA nur ein Jahr später (1886) als in Europa gegründet wurden (wo sie 1885 aus Arbeiter-Vereinen entstanden) und dass sie in den Staaten lange Zeit die weit größeren Erfolge hatten, weil sie sich nicht als Stoßtrupp der Weltrevolution, sondern als Interessenvertretung verstanden. Die sozialdemokratischen Parteien Europas haben dieses Erfolgsrezept eher aus den USA kopiert, als selbst entwickelt.

Das muss noch kein Nachteil sein: Man kann (wie heute Japan oder China zeigen) auch mit kopierten Rezepten überaus erfolgreich leben. Bis vor etwa zwanzig, dreißig Jahren war das in Österreich, Deutschland, Frankreich oder Italien auch der Fall: Die Gewerkschaften haben immer größere Anteile am geschaffenen Mehrwert für die „Werktätigen" herausgeholt. Die Sozialdemokratie hat das auf ihre Fahne heften können, weil der Gewerkschaftsbund zwar eine bürgerliche Fraktion aufweist (wie das mit kapitalistischer Logik absolut vereinbar ist), in seiner Mehrheit aber doch klar sozialdemokratisch war und ist.

Doch spätestens ab 1980 haben die Gewerkschaften massiv an Macht und Einfluss verloren. Als Ursache wurde lange Zeit nicht ganz zu Unrecht angeführt, dass sie so gut wie alles erreicht hätten, was Sozialisten je gefordert haben: Wohlstand, humane Arbeitsbedingungen, Krankenversicherung, Pensionsversicherung, Zugang zu Bildung, Aufstiegsmöglichkeiten und soziale Sicherheit. Die Gewerkschaften, so hieß es, hätten sich durch ihre Erfolge sozusagen selbst überflüssig gemacht.

Aber heute sind diese Erfolg längst nicht mehr sicher: Krankenversicherung und Pensionsversicherung kämpfen mit Finanzierungsproblemen; Bildungschancen wurden nicht im erhofften Umfang wahrgenommen; und vor allem ist die Sicherheit des Arbeitsplatzes extremer Unsicherheit gewichen.

Trotzdem sind die Gewerkschaften nicht wieder erstarkt.

Das hat in Österreich zum Teil eine sehr spezielle Ursache: Den Gewerkschaften fehlt es seit der Herrschaft Anton Benyas als ÖGB-Präsident an intellektuellem Potenzial. Zwar ist Benya im Gegensatz zu seinem Nachfolger Fritz Verzetnitsch nie aus seinem einfachen Haus in ein Penthaus umgezogen, aber er vermochte die Dinge auch nie aus einer höheren Perspektive zu sehen: Als ein breiter, polternder Proletarier (auch im durchaus guten Sinne dieses Wortes) mit einem ausgeprägten Machtinstinkt anstelle wirtschaftspolitischer Nachdenklichkeit, gab er sich damit zufrieden, dass die Löhne der Beschäftigten jedes Jahr im Ausmaß der Steigerung der Produktivität angehoben wurden. Die Arbeitslosen und prekär Beschäftigten interessierten ihn nicht.

Das nationalökonomische Referat des ÖGB, in dem einst hervorragende Leute gesessen waren, löste sich unter seiner Führung sukzessive auf.

Zwar besaßen die Gewerkschaften in den Experten der Arbeiterkammer weiterhin einen durchaus potenten nationalökonomischen Apparat, aber sie nutzten ihn kaum und brüskierten ihn, indem sie ahnungslose Politiker an seine Spitze stellten. So erinnere ich mich eines Betriebsrats-Meetings über die Zukunft der Sozialversicherung, zu dem mich die eben ernannte AK-Präsidentin Lore Hostasch als Moderator eingeladen hatte: Obwohl ich aus meinen Gesprächen mit den Experten der AK wusste, dass sie die Zukunft der Pensionen als ebenso gefährdet ansahen wie ich, wollte Hostasch diese Gefahr nicht einmal diskutieren. Als ich anzudeuten suchte, dass sinkende Beitragszahlungen bei steigender Lebenserwartung zu Problemen führen müssten und dass man vielleicht doch das schwedische Modell einer für alle gleichen staatlichen Mindestpension ventilieren sollte, fuhr sie mich an: „Sie sind als Moderator engagiert, nicht um hier Überlegungen anzustellen. Die Pensionen sind absolut gesichert."

Die AK blieb eine kompetente Gutachter-Organisation – zu einer Ideenschmiede für die Sozialdemokratie wurde sie nicht.

Es ist charakteristisch, dass unter den beiden Kronprinzen Benyas, dem Vorsitzenden der Gewerkschaft der Privatangestellten Alfred Dallinger und dem Vorsitzenden der Metallarbeiter Karl Sekanina, der höchst simpel gestrickte, aber ungemein machtbewusste Sekanina der unbestrittene Favorit gewesen ist, bis er sich an der Gewerkschaftskasse vergriff.

Alfred Dallinger starb bei einem Flugzeugunfall, war aber intern schon vorher gescheitert: Der einzige Gewerkschafter, der den neuen Herausforderungen mit neuen Ideen entgegentreten wollte, war innerhalb des ÖGB und innerhalb der SPÖ zu diesem Zeitpunkt längst isoliert. Innerhalb der Öffentlichkeit übrigens auch, denn obwohl man insbesondere unter Industriellen und Unternehmern sehr genau wusste, wie kompetent und sachlich er war, wurde er in der „bürgerlichen" *Presse* konsequent als „Utopist" diffamiert.

Seine „utopische Idee" war es gewesen, der Arbeitslosigkeit entgegenzutreten, indem man die Arbeit umverteilt: Von weniger Menschen, die lang arbeiten, auf mehr Menschen, die kürzer arbeiten. Leider wurde diese Idee „Arbeitszeitverkürzung" genannt und damit umgebracht. „Wenn es uns schlechter geht, müssen wir mehr, nicht weniger arbeiten", lautete der eingängige Schlachtruf der Gegner. In Wirklichkeit könnte man natürlich trotz verkürzter Arbeitszeit des einzelnen Arbeitnehmers insgesamt durchaus auch „mehr" arbeiten, indem wesentlich mehr Menschen in den Arbeitsprozess eingegliedert würden. Das diesbezüglich einzige logische – wenn auch gravierende – Hemmnis besteht im Mangel an qualifizierten Arbeitskräften: Wenn deren Arbeitszeit verkürzt wird, fehlen sie der qualifizierten Produktion. Individueller „Arbeitszeitverkürzung" müsste also, damit sie keinen Engpass bei Fachkräften bewirkt, eine Qualifizierungsoffensive vorangehen.

Das alles – und die Vielzahl von Detailproblemen einer solchen Reform – war Dallinger bewusst und ich bin damals wie heute mit ihm der Meinung, dass es sich um einen richtigen Denkansatz handelt, der sich letztlich auch ohne gewerkschaftliches Eingreifen durchsetzen wird: Die tägliche Arbeitszeit des Einzelnen wird – zumindest in Ländern mit einer ausreichenden Geburtenrate – entgegen der augenblicklichen Tendenz weiter sinken, während die Qualifikation zunehmen muss. (Wenn, wie in Österreich, die Geburtenrate extrem abfällt, kann zeitweilig allerdings auch eine Verlängerung der Lebensarbeitszeit jedes Einzelnen notwendig sein – das ist kein Widerspruch.)

Ich habe diese Thema aber hier nicht so ausführlich dargestellt, weil ich sicher bin, dass Dallinger und ich den Stein der Weisen gefunden haben (ich gehe darauf im 26. Kapitel eingehend ein), sondern weil ich demonstrieren möchte, wo das zentrale Problem der Gewerkschaftsbewegung der Gegenwart – und damit das zentrale Problem der Sozialdemokratie – liegt: Sie vermag das Gespenst der Arbeitslosigkeit mit ihren traditionellen Mitteln und Ideen nicht zu bannen.

Die Hilflosigkeit der Gewerkschaften ist an allen Ecken und Enden fühlbar: Schon seit langem sind ihnen die höher qualifizierten Arbeitskräfte entglitten und vertreten ihre Interessen lieber in Eigenregie; sie vermögen unzureichend qualifizierte Arbeitnehmer in ihren neuen, oft kurzfristigen und isolierten Arbeitsverhältnissen nicht zu organisieren, geschweige denn erfolgreich zu vertreten; vor allem aber stehen sie den Herausforderungen der Globalisierung schockstarr gegenüber.

Es ist für einen Betriebsrat schon sehr schwer, einzusehen und vor allem gegenüber seiner Belegschaft zu vertreten, dass Arbeitsplätze abgebaut werden müssen, um der nationalen Konkurrenz standzuhalten – aber wie schwer muss es ihm erst fallen, zu akzeptieren, dass sein Betrieb schließen muss, weil die Arbeitskräfte im benachbarten Ungarn billiger sind?

Und selbst wenn er Ungarn, Polen oder Tschechien irgendwann zähneknirschend als Mitgliedsstaaten desselben Wirtschaftsraumes akzeptiert – wie soll er akzeptieren, dass billige Arbeitskräfte in Indien oder Indonesien die Schließung seines Betriebes herbeiführen?

Gewerkschaften sind immer national organisiert, die Weltwirtschaft ist global organisiert. Das Problem wird so lange brennen, als in den unterschiedlichen Ländern des Globus die unterschiedlichsten Einkommensverhältnisse herrschen, beziehungsweise es wird erst gelöst sein, wenn sich die Einkommen einander angeglichen haben. Liberale Ökonomen sind der Ansicht, dass man diesen Prozess am besten dem Markt überlässt, auch wenn er ziemlich lange dauert: Produktionen wandern so lange aus Ländern mit hohen Lohnkosten in Länder mit niedrigeren Lohnkosten ab, bis die zu teuren Arbeitskräfte der Hochlohnländer es relativ billiger geben, während die Löhne in den ursprünglichen Niedriglohnländern ständig steigen, weil die zugewanderte Produktion den Bedarf an Arbeitskräften laufend erhöht. Dieser Prozess ist für die Niedriglohnländer, deren Gehaltsniveau ständig steigt, zwangsläufig sehr viel angenehmer als für die Hochlohnländer, deren Gehaltsniveau, zumindest relativ gesehen, ständig sinkt.

Solange die Gewerkschaften keine tragfähige Idee haben, wie sie diese Angleichung der Einkommen auf internationaler Ebene schmerzlos beschleunigen können, haben sie keine ernsthafte Funktion. Sie bleiben darauf beschränkt, den Beamten, den Müllmännern oder den Busfahrern, die auf nationaler Ebene unersetzbar sind, höhere Einkommen zu Lasten aller anderen Bürger zu sichern. Der durchschnittliche Bürger kann nicht mehr der Meinung sein, dass die Gewerkschaft seine wirtschaftliche Situation verbessert oder absichert.

Das ist der praktische Hintergrund des sukzessiven Mitgliederschwundes des Gewerkschaftsbundes und der strukturelle Hintergrund der Krise der Sozialdemokratie: So wie sie sich in besseren Zeiten die Erfolge der Gewerkschaften auf ihre Fahne heften konnte, leidet sie jetzt unter deren Erfolglosigkeit. Sie hat keine ökonomische Idee, die sie den (neo-)liberalen Thesen erfolgreich entgegensetzen könnte.[1]

Die Gewerkschaftsbewegung als eines der beiden Beine der Sozialdemokratie ist ersatzlos weggebrochen.

Wenn das Wegbrechen des gewerkschaftlichen Standbeines alle sozialdemokratischen Parteien Europas versehrt hat, so haben sie unter dem Wegbrechen des marxistischen Beines umso mehr gelitten, je mehr sie sich darauf gestützt haben.

Die SPÖ gab sich noch zur Zeit meines Eintritts vor rund fünfzig Jahren als „marxistische" Partei. Wie weit sie es wirklich war, wage ich nicht zu beurteilen: So weit ich ihre späteren Spitzen im VSM oder im Verband Sozialistischer Studenten kannte, hatten sie Marx in den meisten Fällen nie gelesen – sie verwendeten nur Schlagworte aus seinem Vokabular. Anstelle des Marxismus entwickelten sie etwas, das ich „Vulgärmarxismus" nenne: viel verbale Entrüstung gegen „Profite" und „Spekulation"; eine dumpfe Aggression gegen „Konzerne"; und vor allem eine absurde Liebe zur Verstaatlichung, die sie ahnungslos mit Marx' „Vergesellschaftung" verwechselten. Dabei hatte gerade der führende Austromarxist Otto Bauer dem mit gutem Grund (und den Gedankengängen Marx' viel eher entsprechend) energisch widersprochen: Im Staatsmonopolkapitalismus würden nur fähige kapitalistische Unternehmer durch unfähige Beamten abgelöst.

In der SPÖ hat man das entweder nicht gelesen oder nicht geglaubt: Die „Verstaatlichung" blieb ihr Marxismus-Ersatz und ihr Ersatz für linkes Denken. Spätestens mit dem Debakel der Verstaatlichten Industrie zu Ende der Ära Kreisky musste daher auch diese Prothese zerbrechen.

Bruno Kreisky war, wie Günther Nenning es formulierte, „ein Komet für sich" – und zwar ein sehr österreichischer. Wie meine Mutter stammte der Sohn eines

---

1 Die einzige große sozialdemokratische Partei, die in den letzten zwanzig Jahren erfolgreich war – Labour unter Tony Blair –, ist in Wirklichkeit auf einen (neo-)liberalen Kurs eingeschwenkt: Englands Gewerkschaften verloren noch mehr an Bedeutung als schon unter Margaret Thatcher, Arbeitsverhältnisse können relativ leicht und schnell gelöst werden, „Konzerne" werden gefördert, selbst wenn sie aus dem Ausland kommen. Die Arbeitslosenrate Englands ist dabei eine vergleichsweise niedrige – nur dass viele Arbeitnehmer gleich mehrere Jobs brauchen. Die wirtschaftlichen Probleme, die England gelöst hat – wenn es sie gelöst hat –, hat es liberal, nicht auf der Basis gewerkschaftlichen Engagements oder gar einer „sozialistischen" Idee gelöst.

jüdischen Textilkaufmanns aus einem wohlhabenden bürgerlichen Milieu, das er zu einem „großbürgerlichen" hochstilisierte und als Bundeskanzler erfolgreich durch Maßanzüge, Maßschuhe und eine Vorliebe für britische Autos demonstrierte. Dazu passte eine gewisse Schwäche für den Adel, die ihn dazu prädestinierte, den sogenannten „Habsburg-Kannibalismus" der SPÖ – die ebenso absurde wie hysterische Ablehnung der Hinterbliebenen des Kaiserhauses – zu beenden. Auch dem österreichischen Bundesheer kam seine Vorliebe für den Adel insofern zugute, als er den, noch aus der Monarchie übernommenen, herausragenden Berufsoffizier General Emil Spannocchi zum wichtigsten Reformer der bis dahin nach dem Muster der Deutschen Wehrmacht organisierten Armee machte – allerdings im selben Aufwaschen auch den mehr als schillernden General Karl Lütgendorf zum desolaten Verteidigungsminister.

Man versteht Kreisky besser, wenn man sich vor Augen hält, das Österreichs Adel und das nichtjüdische Großbürgertum zwei Kreise waren, zu denen er wegen ihres leisen Antisemitismus in der Zwischenkriegszeit kaum Zutritt hatte – jetzt mussten deren Mitglieder bei ihm als dem erfolgreichsten Kanzler der Nachkriegszeit um Audienz ansuchen.

In seiner Jugend war er wie die meisten jungen Juden, auch wenn sie aus „bürgerlichen Verhältnissen" stammten, in der Vereinigung Sozialistischer Mittelschüler gelandet, hatte dort aber in keiner Weise reüssiert: Neben Leuten wie Alexander Weissberg oder Victor Weisskopf wirkte er blass und unscheinbar. „Die Führung des VSM, in der lauter brillante Juden dominiert haben, hat ihn in ihrer Überheblichkeit einfach für zu wenig intelligent gehalten", erzählte mir meine Mutter von seinen vergeblichen Versuchen, in diese Führung aufzusteigen.

Ich könnte mir vorstellen, dass diese Zurückweisung nicht unerheblich zu seiner seltsamen Animosität gegen das Judentum beigetragen hat, die später vor allem in der Affäre Wiesenthal sichtbar wurde. Jedenfalls kehrte er dem VSM den Rücken und trat der „Sozialistischen Jugend" bei, in der „arische" junge Arbeiter dominierten, die ihn tatsächlich als intellektuellen Führer anerkannten. Wahrscheinlich hat das gefördert, dass er politische Themen später so verständlich für breiteste Bevölkerungsschichten aufbereiten konnte und von ihnen nie als „überheblich" eingeschätzt wurde.

Ein großer Theoretiker war Kreisky dagegen nie. Als Herausgeber des *profil* überließ er mir ein paar Mal Texte, von denen er hoffte, sie würden als Kolumnen erscheinen – aber sie waren so dürftig und wirr, dass ich nur einen ersten nach stundenlangem Redigieren wirklich ins Blatt rückte und alle weiteren mit der Ausrede ablehnte, wir riskierten andernfalls, den Ruf der politischen Unabhängigkeit zu verlieren.

Was Bruno Kreisky auszeichnete, war nicht überragender Intellekt, sondern gesunder Hausverstand, gepaart mit sehr viel Fantasie und noch mehr Intuition. Diese Trias bescherte Österreich einen atemberaubenden gesellschaftlichen und wirtschaftlichen Aufbruch und der SPÖ einen einzigartigen Höhenflug – aber seine Unfähigkeit, Probleme analytisch zu Ende zu denken, bereitete ihren heutigen Niedergang vor.

Kreiskys Masterplan war es, die Vorherrschaft der OVP zu brechen, indem er ihr die Freiheitliche Partei als seinen bürgerlichen Partner entgegenstellte. Indem er dieser als De-facto-Partner seiner Minderheitsregierung politische Bedeutung verlieh und indem er das Wahlrecht noch stärker in Richtung zu einem Verhältniswahlrecht reformierte, verhinderte er, dass die FPÖ in die Bedeutungslosigkeit abglitt, an der damals geltenden Fünf-Prozent-Hürde scheiterte und einging.

Mit dieser auf allen Ebenen vorangetriebenen Rettungsaktion beließ er Jörg Haider und Heinz-Christian Strache ein taugliches Instrument, mit dem sie die anderen Parteien, voran die SPÖ, seit seinem Abgang vor sich her treiben können. Denn er riss auch die letzte moralische Barriere nieder, die die FPÖ von der realen Macht trennte, indem er vier ehemaligen Nationalsozialisten, darunter einen SS-Mann, in die Regierung berief, das ständestaatliche Anhaltelager Wöllersdorf mit den Vernichtungslagern des Dritten Reiches verglich oder Simon Wiesenthal zur „Mafia" erklärte.

Wer sollte der FPÖ da noch vorwerfen, reihenweise „Ehemalige" als Funktionäre aufzubieten, den Nationalsozialismus zu verharmlosen oder „Vergangenheitsbewältigung" abzulehnen?

Nicht nur, dass seine Minderheitsregierung nur durch die Zusammenarbeit mit der FPÖ möglich geworden war, nicht nur, dass klar war, dass er sofort eine Koalition mit der FPÖ eingegangen wäre, wenn er nicht unerwartet die absolute Mehrheit errungen hätte, ging auch sein Nachfolger Fred Sinowatz ganz in Kreiskys Sinn die erste tatsächliche Koalition mit den Freiheitlichen ein.

Kreisky leistete damit gleich in zweifacher Hinsicht die entscheidende Vorarbeit für die Realisierung jener Koalition, die ÖVP-Chef Wolfgang Schüssel 1999 zu Lasten der SPÖ mit den Freiheitlichen einging: indem er die FPÖ am Leben hielt und indem er sie salonfähig machte.

Wenn die FPÖ zusammen mit dem BZÖ heute 55 von 183 Mandataren stellt, ist das ohne Kreiskys Vorarbeit genauso wenig zu erklären.

Es wäre auch kein Problem, wäre die FPÖ, wie Kreisky fantasierte, eine zweite „bürgerliche Partei". Doch sie ist das Gegenteil davon: Ihr wehrsportertüchtigter Obmann Heinz-Christian Strache und das Gros der bekannteren Funktionäre stünden in Deutschland mit größter Wahrscheinlichkeit unter Beobachtung des Verfassungsschutzes.

Eine liebe feministische Bekannte, die Bruno Kreisky verehrt, obwohl (oder weil) er eher ein Macho gewesen ist, hat eingewandt, dass es die von der Zukunft verschreckten, von der Gegenwart enttäuschten, von der „Vergangenheit" unbeeindruckten Wähler, auf die Strache (wie vor ihm Jörg Haider) sich stütze, doch auf jeden Fall und auch ohne Kreisky gegeben hätte. Das ist richtig – aber wenn es die FPÖ nicht mehr gegeben hätte, hätten sie als Arbeiter den rechten Rand der SPÖ und als Kleinbürger und Freiberufler den rechten Rand der ÖVP gebildet. Das aber wäre ungleich harmloser gewesen als ihre Konzentration in FPÖ und BZÖ, denn in beiden „Großparteien" wären sie in der Minderheit gewesen und hätten nicht die Parteilinie bestimmen können.

So sind die Freiheitlichen gleichberechtigter Partner in jeder politischen Konstellation: Schon in der Opposition trieben sie die jeweiligen SP- oder VP-Innenminister in der berühmten „Ausländerfrage" so vor sich her, dass sie einige der dümmsten und inhumansten Fremdengesetze beschlossen; im Verein mit der *Kronen Zeitung* schürten sie die Stimmung gegen die EU, der Österreich sein zweites Wirtschaftswunder verdankt; und als Regierungspartei verschafften sie Leuten ihrer Geisteshaltung Spitzenpositionen im Beamtenapparat, aus denen sie durch Jahrzehnte nicht mehr zu entfernen sind.

Kreisky hat die „bürgerliche Vorherrschaft" der ÖVP in Österreich tatsächlich gebrochen: eine riesige, wabernde, trübe Masse mit braunen Einsprengseln (die alles, nur nicht bürgerlich ist) bedeckt, vom äußersten rechten Rand her kommend, ein gutes Drittel der politischen Landschaft. Die schwarzen „Bürgerlichen" sind jetzt sogar größenmäßig hinter sie zurückgefallen. Die SPÖ liegt gerade noch gleichauf – doch bei den Erstwählern machen die freiheitlichen Wähler schon 60 Prozent aus.

In fünfzig Jahren wird man Bruno Kreisky deshalb nicht mehr unter die überragenden Staatsmänner Österreichs zählen, sondern wird ihm, wie allen anderen Regierungschefs, gewisse Leistungen attestieren, aber auch entscheidende Fehlleistungen anlasten.

Aus der Sicht einer sozialdemokratischen Theorie war es Kreiskys größtes Versäumnis, dass auch er sich nicht dazu durchrang, den Marxismus endgültig und eindeutig als Grundlage des Sozialismus zurückzuweisen, obwohl er das Prestige dazu besessen hätte. Es gab wahrscheinlich überhaupt nichts, was er, in seinem Wunsch, von allen geliebt zu werden, zurückgewiesen hätte: nicht die Lütgendorfs, nicht die „Ehemaligen", nicht die Bauern und eben auch nicht die vulgärmarxistischen Jusos. (Sogar von mir wollte er geliebt werden: Als er erfuhr, dass meine Tochter an einer Krankheit litt, die mir damals große Sorgen machte, machte er sich erbötig, bei einem Staatsbesuch in den USA die besten Ärzte für sie ausfindig zu machen, und ich fand das in Hinblick auf einen fremden, kritischen Journalisten ungemein nett.)

Dass die SPÖ den Marxismus nie wirklich abgelegt, sondern als Vulgärmarxismus weitergeschleppt hat, hat nicht nur nachteilige ökonomische, es hat auch nachteilige moralische Folgen gehabt: Die (bei Marx in dieser Form gar nicht gegebene) Vorstellung, dass man als Kapitalist nicht anständig sein könne, hat wahrscheinlich wesentlich dazu beigetragen, dass so viele Sozialdemokraten, als sie in entsprechende wirtschaftliche Positionen gelangten, der Versuchung der Korruption erlegen sind. Und da die SPÖ es vulgärmarxistisch abgelehnt hatte, Unternehmern Moral zuzugestehen, besaß sie auch keine Regeln unternehmerischer Moral: Der Skandal beim Neubau des Wiener Allgemeinen Krankenhauses oder der BAWAG-Skandal waren die logische Konsequenz.

Denn die ganze Zeit über beförderte die verbale Anhänglichkeit an den Marxismus eine negative Auslese unter den Personen, die sich innerhalb der Sozialdemokratie mit Wirtschaft befassten. Entweder sie waren zu uninformiert oder zu naiv, um die Unhaltbarkeit der zentralen Thesen Marx' zu begreifen – oder sie waren zynisch: entschlossen, nichts von dem zu verwirklichen, was für Marxismus gehalten wurde, aber bereit, das vulgärmarxistische Vokabular weiterhin zu gebrauchen, weil das für den Aufstieg innerhalb der Partei von Nutzen war.

So verkamen insbesondere jene sozialistischen Jugendorganisationen, die die künftige intellektuelle Elite der Partei heranbilden sollten, zu einer Sammlung von erstaunlich naiven oder erstaunlich zynischen Jusos: Leuten, die mit Tiraden gegen die „Hausherren" begannen, um als Hausbesitzer zu enden.

Zwar gab es auch ehrliche Lernprozesse: Ferdinand Lacina lernte als Finanzminister, dass Verstaatlichung in Pleiten mündet, und als redlicher Mann wandte er sich von ihr ab und begann – sogar energisch – zu privatisieren. Aber damit trennte auch er als sogenannter „Linker" sich von dem, was der Partei noch an angeblich „linkem" Gedankengut verblieben war.

Ohne Marxismus oder wenigstens Vulgärmarxismus und ohne „Verstaatlichung" ist die SPÖ nicht mehr im Besitz irgendeiner großen, verbindenden, gemeinsamen Idee.

Wenn sich die Sozialdemokratie in Österreich oder Deutschland dennoch bei den Wählern behaupten will, könnte sie das daher heute nicht mehr dank einer grundsätzlich besseren „großen" Idee, sondern allenfalls dank der besseren Leute. Die aber kann die SPÖ schwer haben, solange sie deren Auslese nach „vulgärmarxistischen" Kriterien vornimmt, die ihr im wohl wichtigsten Bereich, der Wirtschaft, ein Übermaß an Zynikern oder Ahnungslosen beschert. (Was nicht heißt, dass die Zyniker immer eine Ahnung von Wirtschaft hätten – man kann auch zynisch und ahnungslos sein.)

So weit es um die SPÖ geht, die ich besser kenne, ist es der naive Teil des Apparates, der erstaunlich unfähige Leute hochkommen lässt, und der zynische Teil des Apparates, der verhindert, dass wenigstens Totalversager ausgeschieden werden: Es ist einfacher, sie zu belassen und zur Absicherung der eigenen Stellung zu benutzen.

Ich muss es an einem Beispiel festmachen: Die Wiener SP-Stadträtin Grete Laska verantwortet den architektonisch hässlichsten Platz, den ich je gesehen habe: den Vorplatz zum Wiener Prater; sie verteidigt diese Scheußlichkeit mit der unkritischen Selbstsicherheit dessen, der von Bau- oder Stadtkultur augenscheinlich nichts versteht. In der Folge stellt sich heraus, dass die Un-Bauten darüber hinaus weit mehr als das veranschlagte Geld kosteten, dieses Geld aber nur zum Teil an die beschäftigten Handwerksbetriebe geflossen ist: Sie stehen vor dem Konkurs, während irgendwer sich wohl gründlich saniert hat.

Aber Grete Laska bleibt Stellvertretende Obfrau der mächtigen Wiener SPÖ und Stadträtin, während erstklassige Leute wie Wissenschaftssprecher Josef Broukal zurücktreten, wie der Wiener Stadtschulratspräsident Kurt Scholz zurückgetreten wurden oder wie Caspar Einem gar nicht erst nach vorne gelangt sind. (Dieser Text war schon geschrieben, als sich, mit einem Jahr Verspätung, ein Wunder ereignete: Grete Laska trat – freilich mit einer völlig anderen Begründung – zurück.)

Solche spektakulären Fehlleistungen kosten die SPÖ mehr Reputation, als ihr die stillen Leistungen hervorragender PolitikerInnen wie Ex-Justizministerin Maria Berger einbringen.

Und charakteristischerweise sind die internen Machtverhältnisse verkehrt: Nicht Maria Berger regiert über FunktionärInnen von der Statur Grete Laskas, sondern diese regieren über sie.

Solange die SPÖ diese Art von Personalpolitik betreibt, kann sie nicht „die besseren Leute" haben, obwohl ihr die ÖVP bei Weitem kein Dream-Team gegenüberstellt.

Wenn eine Partei weder die besseren Leute noch die besseren Ideen hat, bleibt ihr in Österreich trotzdem ein Ausweg: Sie verbündet sich mit der relativ größten Zeitung der Welt und lässt sich von ihr zum Wahlsieg führen – auch wenn die *Neue Kronen Zeitung* fast überall das Gegenteil dessen vertritt, was mich vor fünfzig Jahren zum Beitritt zur SPÖ bewogen hat.

Hans Schmid, der schwerreiche Ex-Eigentümer der Werbeagentur GGK, die lange Zeit die Wahlkämpfe der SPÖ betreute, erklärte mir einmal, was für ihn vom Sozialismus geblieben sei: „Ein bisschen mehr auf der Seite der Schwächeren zu stehen."

An sich ist das der einzige Zugang zur Sozialdemokratie, der auch mir verblieben ist: etwas mehr auf der Seite der Schwächeren zu stehen. Vielleicht gehe ich sogar noch etwas weiter: Zwischen zwei funktionstüchtigen wirtschaftlichen Modellen, von denen das eine ein relatives Minimum und das andere ein relatives Maximum an wirtschaftlicher Gleichheit verwirklicht, ziehe ich im Zweifel das zweite vor.

Mir ist Schweden im Zweifel lieber als die USA.

Voraussetzung ist aber eben die wirtschaftliche Funktionstüchtigkeit: Die schwedische Wirtschaft konnte ein erstaunliches Maß an Einkommensgleichheit im breiten Sockel der Einkommenspyramide verwirklichen, weil sie dennoch ausreichend viel Reichtum an ihrer Spitze zuließ und darüber hinaus sehr liberal organisiert war. Doch als die Sozialdemokraten die Steuern in astronomische Bereiche schraubten, um über das Budget noch mehr Umverteilung und damit relative Gleichheit zu verwirklichen, begann die Wertschöpfung insgesamt bis fast zur Pleite hin zu sinken und die Regierung musste zurücktreten. Erst eine Mitte-Rechts-Regierung schaffte wieder eine vernünftige Relation von Umverteilung und wirtschaftlichem Erfolg.

So bin ich wahrscheinlich eine eher ausgefallene Spezies: Ich wünsche mir eine extrem liberal organisierte Wirtschaft, damit ihre Wertschöpfung extrem hoch ausfällt – und ich wünsche mir, dass diese hohe Wertschöpfung so gleichmäßig wie gerade noch möglich über die Menschen verteilt wird. Wenn sie nämlich zu gleichmäßig verteilt wird, dann sinkt die Wertschöpfung wieder.

Ich weiß nicht, wo ich mit dieser Ansicht parteipolitisch stehe – ich hoffe, dass es ein Platz auf Seiten der Schwächeren ist.

10. Auf der Seite der Schwächeren

Für meine Mutter bedeutete, auf der Seite der Schwächeren zu stehen, in den Jahren des Dritten Reiches, Juden zu verstecken. Sie hat es bitter gebüßt.

Der Untertitel zu dem Buch, das meine Mutter über ihre Erlebnisse in Auschwitz geschrieben hat, lautet: „Ein Leben im Zeichen des Widerstandes", und das ist zweifellos die entscheidende Tradition, die sie in unserer Familie – hoffe ich wenigstens – begründet hat: Widerstand gegen Unrecht, Zwang und Verfolgung zu leisten; für diejenigen einzutreten, die aus irgendeinem Grund an den Rand gedrängt sind: Außenseiter, „Ausländer" oder einfach Schwache; und insbesondere: einzutreten für die, die immer und überall zu Sündenböcken erkoren werden – unsere Familie wird immer auf Seiten der Juden stehen.

Das mag im ersten Moment seltsam klingen: Kann man „immer" auf Seiten der Juden stehen, wenn Israels Armee in palästinensischen Gebieten ganze Straßenzüge in Schutt und Asche legt, weil ein palästinensischer Selbstmordattentäter in Tel Aviv ein Kind mit in den Tod gerissen hat?

Nein, so meine ich es nicht: Auf Seiten der Juden zu stehen, kann durchaus damit einhergehen, Israel, wie jedes andere Land, mehr oder minder zutreffend zu kritisieren. Aber eben wie jedes andere Land und nicht mit dem Zusatz: „Gerade die Juden sollten doch wissen, was es bedeutet, ein Volk ohne Heimat zu sein und kollektiv dafür bestraft zu werden, dass ein Einzelner etwas Unrechtes getan hat."

Juden, so hat meine Mutter mich gelehrt, müssen Unsinn machen oder Unrecht haben können, ohne „gerade die Juden" zu sein.

In einer Welt, die durch zwei Jahrtausende eines christlichen und mittlerweile auch Jahrzehnte eines islamischen Antisemitismus geprägt ist, auf Seiten der Juden zu stehen, bedeutet: darauf zu bestehen, dass sie sich nicht von allen anderen Menschen unterscheiden. Weder im Guten noch im Schlechten. Und nach dieser Einsicht zu handeln.

Nein, das ist nicht präzise genug. Es gilt, zumindest im Augenblick, doch einen Unterschied zu machen: Zumindest wir Österreicher und Deutsche sollten die Juden die nächsten hundert Jahre ein wenig bevorzugen. Ich stütze mich dabei auf das in meinen Augen sehr weise Urteil des Obersten Gerichtshofs der USA in Bezug auf die Diskriminierung der schwarzen Bevölkerung: Weil diese Bevölkerung durch mehr als zweihundert Jahre benachteiligt worden sei, sei es trotz der Forderung nach Gleichheit vor dem Gesetz berechtigt, sie in den nächsten Jahrzehnten auch von Gesetzes wegen zu bevorzugen.

Die Juden wurden zwei Jahrtausende hindurch benachteiligt – wie berechtigt ist es da erst, ihnen auf absehbare Zeit mit geöffneten Armen und vor allem geöffneten Gehirnzellen entgegenzutreten.

Auch die Haltung meiner Mutter gegenüber der jüdischen Minderheit war in Ansätzen schon durch ihre Erziehung vorgeformt. Insbesondere meine Großmutter Elsa Reiner, von der man aus dem Vorangegangenen vermutlich keinen allzu guten Eindruck mitgenommen hat, war in politischer Hinsicht eine durchaus bemerkenswerte Frau. Obwohl, wie damals praktisch alle Leute, Monarchistin, war sie der revolutionären Ansicht, der Kaiser sollte seinen Völkern mehr Selbstbestimmung und Freiheit zugestehen; in der Affäre Dreyfus, die Frankreich entzweite, nahm sie Partei für den verleumdeten jüdischen General; und den Rechtsstaat hielt sie für eine so große Errungenschaft, dass sie das Jus-Studium meiner Mutter mit Freude begrüßte. (Wäre das zu ihrer Zeit schon möglich gewesen, sie hätte gerne selbst studiert und besaß auch durchaus die intellektuellen Voraussetzungen dafür.)

Ihre Schweizer Herkunft ließ sie weit demokratischer denken als die meisten Österreicherinnen ihrer Gesellschaftsschicht und nationales Denken war ihr zwangsläufig fremd. Ebenso fremd wie ihrem Mann, der zwischen Wien und seinem jugoslawischen Gut pendelte und schließlich die jugoslawische Staatsbürgerschaft annahm, weil er sich den größeren Teil des Jahres in Slawonien aufhielt.

Dem kleinbürgerlichen österreichischen Katholizismus (der grundsätzlich leisen Antisemitismus einschloss) widersetzten sich beide Großeltern schon durch ihre Heirat, denn Elsa Reiner, geborene Thommen, war, wie ihr Vater, evangelisch, während Friedrich Reiner, wie die überwältigende Mehrheit der Österreicher, katholisch war. Obwohl die katholische Kirche bei solchen „Mischehen" vorschreibt, die Kinder katholisch zu erziehen, zog Elsa Reiner ihre Kinder mit dem Einverständnis ihres Mannes evangelisch auf und schickte meine Mutter in eine evangelische Privatschule, die engstirnig kleinbürgerliches oder nationales Denken vergleichsweise lange abzuwehren vermochte und bewusst auch jüdische Schülerinnen aufnahm, ehe der zunehmende Antisemitismus auch dort klammheimlich einzudringen vermochte.

Wie meine Mutter diesem Antisemitismus schon als Kind entgegentrat, werde ich später genau beschreiben.

Jedenfalls war Antisemitismus schon ihrer Mutter fremd. In dem „Salon", zu dem Elsa Reiner, wie viele Damen der Gesellschaft, einmal in der Woche einlud, waren Juden selbstverständliche Gäste. Sie wäre ebenso wenig wie ihr Mann auf die Idee gekommen, Gesprächspartner nach ihrem Glaubensbekenntnis zu unterscheiden, sondern kannte als einziges Kriterium „langweilige" oder „interessante" Gäste.

Das Gefühl, das Elsa und Friedrich Reiner Adolf Hitler entgegenbrachten, war daher nicht das nationaler oder gar „arischer" Gemeinsamkeit, sondern das eines fundamentalen Unterschiedes: „Nichts ist schlimmer als ein dumpfer Nationalist und wild gewordener Kleinbürger", schütteten sie ihre Verachtung über den verpatzten Maler aus Braunau aus und vererbten diese grundlegende Verachtung meiner Mutter. „Mir ist bis heute nicht begreiflich, dass die Leute nicht laut aufgelacht haben, wenn sie Hitler reden gehört haben", gab sie dieses Erbe an mich weiter. „Wie konnte so ein lächerlicher Mensch nur die geringste Faszination ausüben."

Manche Leute haben meine Mutter für solche Ansichten „hochmütig" genannt und es gibt hervorragende Biografien Hitlers – etwa die von Joachim Fest –, die dem Hitlerbild meiner Mutter und deren Mutter widersprechen und ihm eine Reihe durchaus faszinierender Eigenschaften zuschreiben. Aber es scheint mir darauf anzukommen, wen er zu faszinieren vermochte: keine Frauen vom Format einer Elsa Reiner oder meiner Mutter, keine Männer vom Format eines Friedrich Reiner oder vom revolutionären Geist meines Vaters, sondern letztlich „Kleinbürger", auch wenn sie in der Gestalt proletarischer Arbeiter oder traditionsreicher Adeliger daherkamen. (Ich kenne genügend Aristokraten, die Kleinbürger und nicht weniger lächerlich als diese sind.)

Speziell für Eric: Du jedenfalls solltest, wie Deine Großmutter oder Deine Urgroßmutter, in Diktatoren immer das Lächerliche erkennen, wie Charlie Chaplin es in seinem genialen Film *Der Diktator* herausgearbeitet hat: ihren, für kleine Persönlichkeiten so charakteristischen, Drang nach „Größe"; ihre so verzweifelte Liebe zur Kunst, die sie nicht wiederliebt; ihre Einbildung, genial zu sein, bloß weil sie wahnsinnig sind: „Zutiefst unbegabte Postkartenmaler, die sich für Leonardo da Vinci halten", wie meine Mutter es ausdrückte.

Es war nicht zuletzt ihr guter Geschmack, der meine Eltern Hitler verachten ließ.

Sie kannten alle Museen Österreichs, Deutschlands, Hollands, Frankreichs oder Italiens und bewunderten Egon Schiele, als er noch ein verfemter „Pornograf" war; sie verschlangen Rilke oder Marcel Proust, Stendhal oder Dostojewski und erkannten das Genie Franz Kafkas, ehe man ihn feierte. Sie ließen ihre Wiener Wohnung in der Piaristengasse von einem erstklassigen jungen Architekten einrichten und lebten zwischen Le-Corbusier-Stühlen und Renaissancetruhen, die mein Vater aus seinem Elternhaus in seine Wohnung in der Doblhoffgasse mitbrachte.

Es gab keine Woche, in der sie nicht mindestens einmal ins Theater gingen, obwohl sie im Sommer außerhalb Wiens in der Hinterbrühl wohnten.

Du hast mir gesagt, dass Du vielleicht einmal Diplomat werden willst. und mein Freund Peter Marboe, der Österreich durch Jahre als Botschafter in den USA vertreten hat, hat Dir gesagt, dass man Dich bei der Übernahmeprüfung möglicherweise auch nach Schillers *Räubern* oder nach Bernhards *Jagdgesellschaft* fragen könnte. Ich weiß nicht, ob das stimmt, aber wenn ja, dann wäre es ein Beweis für die Qualität des österreichischen Außenamtes: Ein Mensch, der keine Beziehung zu Kultur hat, kann weder sein Land vertreten noch ein fremdes Land wirklich beurteilen.

„George Bush ist im Irak unter anderem deshalb so furchtbar gescheitert, weil er keine Ahnung von der Kultur dieses Landes hat. Es ist charakteristisch, dass es keinen Plan gab, die irakischen Museen vor Plünderungen zu schützen", empörte sich der ehemalige Generalintendant des Österreichischen Rundfunks Gerd Bacher in einem Streit, den wir über die Berechtigung des Irak-Krieges führten. Und ich glaube er hatte recht: Menschen, die bar jeder Kultur sind, können schwer gute Politik machen.

Stopp. Stimmt nicht: Lyndon B. Johnson war, zumindest innenpolitisch, ein hervorragender US-Präsident und ist sicher nur ganz selten freiwillig ins Theater gegangen. Und Leopold Figl, den ich, was die Kultur betrifft, ähnlich einschätze, war ein sehr guter österreichischer Bundeskanzler und Außenminister.

Ich korrigiere mich also: Die These, dass ein Politiker ohne Kultur keine gute Politik machen kann, ist entschieden falsifiziert. Ich reduziere sie auf ihr glaubwürdiges Minimum: Für eine gute Außenpolitik ist ein gewisses Maß an kultureller Bildung zumindest sehr nützlich.

Außenpolitisch hat Johnson – vor allem in Vietnam – schwerste Fehler gemacht.

Aber der hoch kultivierte John F. Kennedy sowohl in Vietnam als in Kuba ebenfalls.

Und der kulturell nicht rasend interessierte Leopold Figl hat als Außenminister den österreichischen Staatsvertrag zumindest sehr gut verhandelt.

Also ich fürchte: Der Zusammenhang zwischen guter kultureller Ausbildung und guter Politik ist rundum ein sehr dürftiger.

Aber zumindest das scheint mir richtig: Es war schwer, Kultur zu haben und auf Adolf Hitler hereinzufallen. (Wobei Herbert von Karajan oder Gustaf Gründgens sofort widersprochen hätten, aber Künstler sind politisch eine eigene Rasse: Die Eitelkeit bringt sie um den Verstand.)

Es war freilich nicht Hitlers Lächerlichkeit und Unkultiviertheit, die meine Mutter zum Widerstand gegen den Nationalsozialismus motivierten – so sehr sie eine Rolle für ihre Ablehnung der „Bewegung" spielten –, sondern es war von der ersten Sekunde an die Unmenschlichkeit: „Was er in *Mein Kampf* über die Juden geschrieben hat, hat schon gereicht, bevor er sie vergast hat."

Von der ersten Sekunde an hat meine Mutter das Archaische begriffen, das Hitlers Emotionen beherrscht hat: die ungezügelte Aggression hinter der vorgeschobenen historischen, wirtschaftlichen oder politischen Argumentation.

Als damals glühende Anhängerin sämtlicher Thesen der Psychoanalyse war sie überzeugt, dass das von Freud postulierte „Unbehagen in der Kultur" exakt dem Behagen in der Unkultur entsprach, dem sich die Nazis hingaben: der Lust zu töten, was sich ihnen entgegenstellte, der Lust zu rauben, was ihnen gefiel, der archaischen Lust in Blut zu waten und Blut zu trinken.

Sie war deshalb auch überzeugt, dass der Nationalsozialismus intensiven Widerhall in der Bevölkerung finden musste: „In jedem steckt der uneingestandene Wunsch, die Zivilisation abzustreifen und sich seiner tierischen Natur hinzugeben."

Während anderswo gerätselt wurde, wie ausgerechnet das hoch kultivierte „Volk der Dichter und der Denker" sich Hitler hingeben konnte, hielt sie die Deutschen im psychoanalytischen Sinne für prädestiniert zu dieser Hingabe: „Sie waren eines der am höchsten zivilisierten Völker. Die Dichter und Denker haben dafür gesorgt, dass das Volk seine archaischen Wünsche nach Rache, Mord und Raub maximal verdrängt hat. In der Weimarer Republik gab es zum Beispiel ein ganz modernes Strafrecht, das, wie Jahrzehnte später Justizminister Broda, den Gedanken der Strafe aus Rache energisch verworfen hat. So viel Verdrängung überfordert die Menschen. Deshalb sind ihre verdrängten archaischen Wünsche im Nationalsozialismus mit solcher Vehemenz hervorgebrochen, als Hitler die Schleuse geöffnet hat."

Persönlich glaube ich, dass diese Sicht eine Schicht des Phänomens durchaus richtig trifft – aber eben nur eine: Es gab zwar vielleicht bei manchen Menschen diese verdrängte archaische Lust an Gewalt, aber mindestens so sehr gab es gerade in Deutschland auch die erstaunliche Gewöhnung an Gewalt. Und es gab dort – und schon gar in Österreich – vor allem einen in keiner Weise verdrängten, sondern tief verwurzelten, mit der Muttermilch weitergegebenen katholischen wie lutherischen Antisemitismus: Nur „Christenmenschen" waren mit Gewissheit Menschen, bei Juden war das fraglich.

Das freilich empfand meine Mutter von Beginn an als „größte denkbare Ungerechtigkeit". Sie war durch ihren Umgang insofern Philosemitin, als sie die brillantesten Köpfe unter den Juden kennengelernt und sich „für den überragenden Intellekt" der Juden begeistert hatte. Dass Juden in der Zwischenkriegszeit in Wien für eine kulturelle Blüte sondergleichen verantwortlich waren, musste eine Frau, die ununterbrochen las, ins Theater, in Galerien oder die Oper ging, besonders beeindrucken.

So wie sie ihr begegneten, empfand sie die Juden daher in vieler Hinsicht als besonders wertvolle Menschen: begabter als alle anderen – und trotzdem verhasst. Das konnte sie nicht verstehen: Es erinnerte sie an sich selbst im Verhältnis zu ihrer Mutter.

Sie empfand es als zutiefst ungerecht.

Gerechtigkeit ist etwas, das man nirgends so eindringlich wie an Geschwistern lernt: Eltern setzen alles daran, ihre Zeit, ihre Geschenke, ihre Liebe so zu verteilen, dass alle ihre Kinder sich gerecht behandelt fühlen – Kinder geben alles darum, so zärtlich, so liebevoll, so ausgiebig wie ihre Geschwister umsorgt zu werden.

Meine Mutter wurde von ihrer Mutter mit ungleich weniger Liebe als ihre Geschwister bedacht.

Sie hat auf die schmerzlichste denkbare Weise gelernt, was Ungerechtigkeit ist.

Wer sich als Kind nicht geliebt fühlt, wird schon als Kind zum Außenseiter. Obwohl eine glänzende Schülerin und ein durchaus hübsches Mädchen, war meine Mutter in der kleinen, nur neun Mädchen umfassenden Klasse ihrer evangelischen Privatschule durch Kleidung und Köperhaltung das Aschenputtel   immer ein wenig besorgt, sie würde „allein auf ihren Koffern sitzen gelassen".

Die längste Zeit hatte sie keine „beste Freundin" und gehörte keinem jener „inneren Kreise" an, die sich besonders an Privatschulen rund um gemeinsame Theaterbesuche oder gemeinsame Tanzstunden bilden. Aus einem dieser Kreise wuchs in der vierten Mittelschulklasse eine Wandergruppe unter der Führung eines großen, schlanken Mädchens, das überall für seine Sportlichkeit bekannt war und diese Jahre später beim Bund Deutscher Mädchen (BDM) trainieren sollte.

Auch meine Mutter war außergewöhnlich sportlich, aber sie vermochte auch diese Qualität nicht zu verkaufen. Erst nachdem sie der sportlichen Kameradin auf der Toilette deren gesamte Französisch-Schularbeit geschrieben hatte, kam diese auf die Idee, sie auch in die Wandergruppe einzuladen.

Meine Mutter war so glücklich, wie es eine Außenseiterin nur sein kann, wenn sie in einen inneren Kreis aufgenommen wird, und revanchierte sich, indem sie bei den gemeinsamen Sonntagsausflügen in den Wienerwald grundsätzlich den schwersten Rucksack trug.

Nach zwei Monaten wollte sie die Gruppe um ein neues Mitglied bereichern: Gretel war ein hübsches, zwölfjähriges Mädchen, das in die dritte Klasse ging und stolz war, meine ältere Mutter zur Freundin zu haben.

„Darf ich Gretel zu unserem nächsten Ausflug mitnehmen?", fragte meine Mutter,

„Nein", sagte die Anführerin.

„Aber warum denn? Sie ist doch besonders nett."

„Wir wollen keine Jüdin in unserer Gruppe!", sagte die Anführerin in ihrer gewohnten herrischen Art, die keine Widerrede duldete.

„Dann möchte ich auch nicht mehr mit Euch mitgehen", sagte meine Mutter ganz leise, drehte sich um und ließ die Anführerin verdutzt zurück.

Sie war damals dreizehn Jahre alt; sie wusste nur sehr ungefähr, was eine Jüdin war und was dem jüdischen Volk in seiner Geschichte widerfahren war – aber sie wusste mit ihrem von ihrer Mutter so tief verletzten Herzen, was Ungerechtigkeit war und dass sie sich niemals daran beteiligen wollte. Lieber verließ sie die Gruppe, in die aufgenommen zu werden sie sich so sehr gewünscht hatte, als zu akzeptieren, dass Gretel davon ausgeschlossen wurde.

Alles, was meine Mutter später an Widerstand geleistet hat, ist nur eine Wiederholung dieser Entscheidung.

Ich wünsche mir, dass sie bei meinen Kindern nicht anders ausfiele.

11. Todesmut

Yad Vashem hat Ella und Kurt Lingens unter die „Gerechten" gezählt, weil sie ihr Leben riskiert haben, um das Leben anderer zu retten. Muss man sein Leben riskieren, um ein „Gerechter" zu sein?

Eigentlich war es mein Vater, der als Erster meinte, man müsste Hitler Widerstand entgegensetzen: vielleicht Flugzettel in Telfonzellen verteilen oder dergleichen.

Im ihrem Buch *Gefangene der Angst – Ein Leben im Zeichen des Widerstandes* beschreibt meine Mutter die Konsequenzen dieses Gespräches: Auschwitz.

In diesem Kapitel geht es mir nur um einen einzigen Aspekt dieses gewaltigen Themas: Was darf man für sich und andere riskieren, um „Widerstand" zu leisten?

„Ich habe das Flugzettel-Verteilen sofort abgelehnt", erinnerte sich meine Mutter, „es hätte überhaupt nichts gebracht und wir hätten nur ein unverhältnismäßig großes Risiko auf uns genommen. Das wäre unvertretbar gewesen, wenn man ein kleines Kind zu Hause hat."

Speziell für Eric: Aber wie vertretbar war es, Juden zu verstecken, wenn man ein zweijähriges Kind zu Hause hatte? Als Du so alt warst wie ich damals, haben wir Dich einmal auf nur drei Tage mit Deiner geliebten Schwester Katharina allein gelassen, und Du warst vollkommen verstört, als wir zurückgekommen sind.

Ich habe in diesem Alter fast drei Jahre ohne meine Eltern auskommen müssen.

Seltsamerweise haben wir zwar immer wieder darüber gesprochen, was Auschwitz und die damit verbundene Trennung meiner Eltern für meine Mutter bedeutet hat, aber die Bedeutung dieser Trennung für mich war für uns alle kein Thema.

Ich wollte Dich, solange Du ein Kind warst, nicht, wie meine Mutter mich, mit meinen traurigen Geschichten belasten und habe Dir daher nicht allzu viel von meiner Kindheit erzählt.

Höchstens davon, wie herrlich sie begonnen hat. Irgendwann bist Du, glaube ich, auch mit mir in dem wunderschönen Park in der Hinterbrühl gewesen, in dem ich die ersten zwei Lebensjahre zugebracht habe und der so groß ist, dass heute ein ganzes SOS-Kinderdorf locker darin Platz gefunden hat.

Damals gehörte er der unendlich reichen Bankiers-Familie Lieben-Motesiczky und dort, wo jetzt der Dorfplatz ist, stand eine schlossartige Villa. Doch Karl von Motesiczky, der sie von seiner Mutter geerbt hatte, hat sie endgültig verfallen lassen – ich glaube es widersprach seinem politischen Bewusstsein, in einem Schloss zu leben – und ist stattdessen in das ursprüngliche Gesindehaus gezogen, das freilich immer noch die Größe eines heutigen „Landhauses" hatte. Er hat es allerdings mit herrlichen antiken Möbeln eingerichtet (die vermutlich im Schloss gestanden waren) und die ich Dir nicht näher beschreiben muss: Du kennst die Maria-Theresien-Barockkommode, die bei uns im Wohnzimmer steht – meine Mutter hat sich ihren Kauf vom Essen abgespart, weil sie uns ein Stück Hinterbrühl zurückbringen wollte.

Meine Eltern hatten Karl von Motesiczky – so glaube ich wenigstens – in der Eichhorn-Gesellschaft kennengelernt, in der der Psychiater August Eichhorn mit seinen Studenten die Anwendung der Psychoanalyse auf Jugendliche (insbesondere auf jugendliche Delinquenten) diskutierte. Da meine Mutter zu diesem Zeitpunkt noch glaubte, Psychoanalytikerin zu werden – der Krieg sollte sie zwingen, stattdessen, ohne wirkliche Neigung, Lungenfachärztin zu werden –, und weil auch mein Vater damals an eine Laufbahn als Kinderpsychiater dachte – er wurde immerhin Psychiater –, haben beide Eichhorns Vorlesungen besucht und in seiner „Gesellschaft" mit anderen Studenten über dessen Thesen diskutiert.

Karl von Motesiczky war ein ewiger Student. So unendlich reich, dass er sich ein endloses Studium leisten konnte. Wie mein gleichfalls wohlhabender Vater, der sich fast so lange Zeit ließ, stand er dem Kommunismus nahe; wie mein Vater versprach er sich davon die Lösung aller wirtschaftlichen Probleme der „Unterprivilegierten" (also einer Schicht, die er, wie mein Vater, nur vom Hörensagen kannte). Ebenso enthusiastisch glaubte er, diesmal durchaus eigennützig, an die Psychoanalyse: Sie sollte nicht nur die Politik von Aggressionen, sondern insbesondere auch ihn von seinen beträchtlichen psychischen Problemen befreien. Ich habe später irgendwo gelesen, dass er eine Verbindung von Marxismus und Psychoanalyse versucht hat, und so wenig ich sie mir wissenschaftstheoretisch vorstellen kann, so sehr ist mir immer die formale Ähnlichkeit der Erklärungsansätze von Karl Marx und Sigmund Freud ins Auge gesprungen: Beide glaubten, den Gang der Welt aus einer einzigen Ursache erklären zu können und damit den Schritt aus der materiellen/psychischen Notwendigkeit in die materielle/psychische Freiheit zu tun.

Für einen materiell absolut unabhängigen, psychisch von Hunderten Zwängen bedrückten Menschen wie Karl von Motesiczky war es ungemein verlockend, nach psychischer Erlösung zu suchen, indem er für die materielle Erlösung seiner Mitmenschen eintrat.

Bei meinen nicht ganz so neurotischen Eltern war das, auf eine nicht ganz so dramatische Weise, recht ähnlich.

Es ist verständlich, dass sie enge Freunde wurden. So eng, dass Karl von Motesiczky ihnen erlaubte, so lange sie wollten in seinem Haus in der Hinterbrühl zu wohnen, während er es nur gelegentlich aufsuchte. Meine Eltern bewohnten den Landsitz in der Hinterbrühl, als wäre es der ihre – Karl von Motesiczky bewohnte ihn fast nur wie ein sehr befreundeter Gast.

Drei Viertel des Jahres durfte ich auf diese Weise nicht nur zwischen seinen Barockmöbeln wohnen, sondern, was mir damals wohl wichtiger war, in seinem, von einem Gärtner nur knapp vor der Verwilderung bewahrten Schlosspark spielen.

Es gab große gemähte und riesige ungemähte Wiesen, in denen man sich verlieren konnte. Es gab ein Schwimmbad, in dem mein Vater mich mit einem Schwimmgürtel aus Kork vergeblich zu ersten Schwimmversuchen animierte. Dazu überall riesige, uralte Laubbäume und hinter dem Haus einen eigenen Wald südländisch wirkender Nadelbäume, der hier, an der Thermenlinie, einen ebenso südländisch wirkenden felsigen Berghang hochstieg.

Es heißt, ich sei diesen Berghang im Alter von knapp zwei Jahren einmal ganz allein, mit einem Schemel unterm Arm, hochgestiegen und hätte mich dann an der schönsten Stelle in die Sonne gesetzt, um den Ausblick zu genießen, während mein Kindermädchen verzweifelt nach mir suchte.

Speziell für Eric: Ich weiß nicht, ob es ganz so war – meine Mutter erzählte zahllose Geschichten, die beweisen sollten, wie sehr ich schon als Kind die Schönheit suchte –, aber in Nuancen könnte es schon so gewesen sein: Freie Natur ist mir bis heute unglaublich wichtig – und Schönheit, wie Du an Deiner Mutter ersiehst, zweifellos auch.

Aber das alles hat durchaus auch mit Dir zu tun: Schon als mein erstes Kind, Katharina, zur Welt gekommen ist, habe ich darauf gedrängt, dass wir im herrlichen Garten meiner ersten Frau in Mauer möglichst rasch und unter beträchtlichen Anstrengungen ein Haus gebaut haben, damit Katharina und ihre Geschwister „wie in der Hinterbrühl" aufwachsen könnten. Und als wir Mauer durch meine Scheidung zeitweise verloren – heute ist es Gott sei Dank unser zweites Zuhause –, habe ich ebenso energisch gedrängt, dass wir aus der herrlichen Wohnung am Wiener Modenapark in ein Haus am Schlosspark Enzesfeld übersiedelt sind. Denn ich konnte mir ein glückliches Aufwachsen von Kindern immer nur im Grünen vorstellen.

Und gemeinsam mit einem Hund: Du erinnerst Dich bestimmt noch, wie Du Dich gegenüber Fremden nur als „Lumpus" ausgegeben hast, so sehr hast Du „Columbus" vulgo „Lumpus", den Schäfer-Bernhardiner-Mischling Deiner Geschwister in Mauer, als einen weiteren Bruder empfunden. (Deine Mutter mit ihrem feinen Geruchssinn übrigens auch, wenn Du länger mit ihm zusammen warst.)

Auch „Columbus" kommt aus der Hinterbrühl. Als ich ein Jahr alt war, schenkten mir meine Eltern einen Wollknäuel, der sich zu einem riesigen Schäfer-Bernhardiner-Mischling auswuchs und den Namen „Teddi" erhielt. Obwohl Psychologen behaupten, man könnte sich unmöglich an einen so frühen Lebensabschnitt erinnern, erinnere ich mich, dass ich auf ihm geritten bin. Ich erinnere mich an sein langes, flauschiges Fell, in dem ich mich, wie Du im Fell von „Columbus", festgehalten habe und an seine gewaltige feuchte Schnauze.

Als mir ein Schulfreund, der Tierarzt geworden war, erzählte, er wisse mir einen Schäfer-Bernhardiner-Rüden, habe ich alle Bedenken meiner ersten Frau gegen einen so großen Hund beiseitegefegt und ihn sofort gekauft. Ich wollte, dass meine Kinder die Hinterbrühl riechen und streicheln konnten.

Ich selbst bin erst Jahrzehnte nach dem Krieg zum ersten Mal wieder dort gewesen, denn ich hatte Sorge, das „Paradies", von dem meine Mutter ununterbrochen geschwärmt hat, würde mich enttäuschen. Prompt hatte ich die größte Mühe, „unser Haus" zu betreten, denn ich konnte der Leitung des Kinderdorfes nur sehr mühsam erklären, wieso es „unseres" gewesen ist. Aber der Park und der Wald waren nach wie vor so herrlich, wie ich sie in Erinnerung hatte.

Bei Nachbarn habe ich dann auch nach „Teddi" gefragt. Was mir wirklich geantwortet wurde, weiß ich nicht mehr, aber in meinem Kopf hat sich, so gewiss, als sei ich dabei gewesen, folgende Geschichte festgesetzt: Nachdem Karl von Motesiczky und meine Eltern verhaftet worden waren, hat sich irgendein hoher Nazi – in meiner Darstellung ist es immer ein SS-Mann – die Villa unter den Nagel gerissen. Als der Krieg dem Ende zuging und die Russen über diese Gegend Richtung Wien vordrangen, hat er sich im Glashaus des Parks, an das ich noch eine vage Erinnerung habe, mit ein paar Säcken voll Lebensmitteln versteckt. Der Gärtner, der selbst ein Nazi war, hat ihn ebenso wenig verraten wie zuvor die jüdischen U-Boote meiner Eltern – wer sich innerhalb des Zaunes befand, war offenbar sakrosankt. Aber „Teddi" soll sich vor das Glashaus gestellt und wütend – das „wütend" stammt jedenfalls von mir – gebellt haben. Da sei der SS-Mann herausgekommen und habe ihn erschossen.

Ich weiß, wie gesagt, nicht, ob diese Geschichte sich wirklich so oder zumindest so ähnlich zugetragen hat – sie hat jedenfalls eine Menge Wahrscheinlichkeit für sich –, aber für mich ist sie wahr: Die SS hat alles vernichtet, was das Glück meiner Kindheit ausgemacht hat.

Absurderweise ist mir der objektiv grausamste Augenblick dieser Vernichtung in subjektiv freundlichster Erinnerung: Wie zwei Männer meine Mutter aus der Hinterbrühl abholten und auch mich in ihren wunderschönen dunklen Wagen steigen ließen, um mich bei meinen Tanten in der Theresianumgasse abzuliefern, ehe man meine Mutter ins Gefängnis brachte; und wie der eine der beiden Männer mich während der Fahrt seinen Revolver angreifen ließ, weil er Kindern offenbar gern eine Freude machte – oder mich vielleicht auch am Weinen hindern wollte.

So, mit einem artigen „Danke" an diesen SS-Mann, wurde ich aus dem Paradies vertrieben.

Alles weitere weißt Du aus dem Buch meiner Mutter: wie sie von der Gestapo verhört wurde; wie sie schon hoffte, erfolgreich geleugnet zu haben; wie die Gestapo meinem Vater vorspiegelte, sie habe ein volles Geständnis abgelegt; wie er daraufhin wirklich gestand und die Gestapo meine Mutter nach Auschwitz deportierte.

Mein Vater hatte wahnsinniges Glück – ich komme später darauf zurück – und entging der Deportation. Aber die Gestapo setzte durch, dass er zu einer „Bewährungskompanie" versetzt wurde, die in Russland in unmittelbarer Nähe der feindlichen Linien Telefonkabel verlegen oder Minen räumen musste.

So weit er das weiß, ist er als einziges Mitglied dieser Einheit lebend aus Russland zurückgekommen. Und auch das nur durch wahnsinniges Glück: Er erlitt einen sogenannten „Heimatschuss", einen Lungendurchschuss, der im Truppenlazarett nicht behandelt werden konnte, sodass man ihn mit einem der letzten Züge, die sich noch in Richtung Deutschland bewegen konnten, nach Hause schickte.

Letztlich landete er im Allgemeinen Krankenhaus in Wien und wurde von einer jungen Malerin betreut, die man zum Krankendienst verpflichtet hatte: Eduarda – „Edi" – Massiczek, die ihn gesund pflegte, wurde seine zweite Frau.

Meine Mutter hat dafür viele Erklärungen vorgebracht: dass ein Mann, der von einer Frau gesund gepflegt wird, ihre körperliche Nähe zwangsläufig als besonders wohltuend empfindet und sich ihr außerdem zu Dank verpflichtet fühlt; dass er womöglich glauben konnte, sie selbst sei nicht mehr am Leben, denn gegen Kriegsende ist der spärliche Briefverkehr mit den Häftlingen endgültig zusammengebrochen; vor allem aber, dass Edi ihn „verhext", ihren Sexappeal dazu benutzt habe, ihn die Liebe zu seiner angestammten Familie verraten zu lassen.

Dass ihre Ehe auch schon vorher rissig gewesen sein könnte, hat sie mit Tränen der Wut verneint: „An einem der letzten Abende, bevor wir verhaftet wurden, haben wir beschlossen, noch ein Kind zu haben", hat sie mir immer wieder versichert. „Er wäre zu mir zurückgekommen, wenn sie es nicht, aus Angst davor, mit aller Gewalt verhindert hätte."

Tatsächlich hat sich Eduarda Massiczek ziemlich abenteuerlich benommen und vieles spricht dafür, dass sie das tatsächlich vor allem aus Angst getan hat: Als meine Mutter nach fast drei Jahren Konzentrationslager nach Wien kam und an der Wohnungstür meines Vaters in der Doblhoffgasse läutete, machte er nicht auf. Und sie will gehört haben, wie Edi ihm sagte: „Du brauchst nicht aufzumachen, das ist Deine Wohnung."

Meine Mutter hat sich revanchiert, indem sie im Scheidungsprozess – damals war Scheidung gegen den Willen der Frau praktisch unmöglich – zwar auf jeden Einspruch und auf jegliche Alimente für sich selbst verzichtete, wohl aber durchsetzte, dass in den Urteilsspruch aufgenommen wurde, dass die zweite Frau meines Vaters niemals den Namen „Lingens" führen darf.

Kurz darauf wanderte mein Vater in die USA aus und begann unter dem Namen „Lynn" ein neues Leben. Ich habe ihn danach nur noch viermal gesehen: zweimal bei kurzen Wien-Besuchen, einmal auf einer einwöchigen Reise durch Kärnten, einmal bei einer etwas längeren Reise durchs Rheinland.

Meine Mutter ertrug nicht, dass „die Hexe" uns auf diesen Reisen begleitete, mein Vater ertrug nicht, dass er die Frau, die er liebte, vor mir verstecken sollte.

Mein Vater wollte von mir hören, dass ich sie nett fände, meine Mutter wollte von mir hören, dass ich sie grässlich fände.

Irgendwann wollte ich mit beiden über nichts mehr sprechen, das uns gemeinsam betraf.

Es war eine Trennung mit dem Fleischermesser.

Auch in physischer Hinsicht: Drei Jahre lebte ich nicht bei meinen Eltern, weil meine Mutter in Auschwitz und mein Vater Soldat war. Dann erschwerte ihr Beruf als Lungenfachärztin das Zusammensein mit meiner Mutter: Erst lebte sie in der Heilanstalt Laas und ich in Kötschach, dann lebte sie in der Heilanstalt Alland und ich in verschiedenen Heimen in Wien.

Erst als ich 14 war, hatte ich wieder ein Zuhause.

Die Wunden, die ich durch so viel Trennung abbekommen habe, sind nie ganz geheilt. Obwohl ich mit dem Verstand wusste, dass mein Vater meine Mutter, nicht aber mich verlassen hatte, habe ich das als Kind als persönliche Niederlage empfunden: Ich war nicht liebenswert genug, dass mein Vater um meinetwillen geblieben wäre.

Man mag dieses Minderwertigkeitsgefühlt durch psychologische Betreuung lindern, beseitigen kann man es nicht. Die frühen Wunden haben ihre Narben hinterlassen und bei ungünstiger Wetterlage schmerzen sie bis heute.

Nicht dass Auschwitz allein an dem allen schuld gewesen wäre, aber es hat doch einen wesentlichen Beitrag dazu geleistet: Nicht nur das Leben meiner Eltern, auch mein Leben wäre anders verlaufen, hätten meine Eltern nie beschlossen, Hitler Widerstand zu leisten.

„Ich fürchte, dass nicht einer der Juden überlebt hat, die wir versteckt haben", gestand mir meine Mutter einmal.

Widerstand war im Falle meiner Eltern sicher kein Geschäft mit gutem Ausgang: Das „Gute" siegt nicht zwingend – es kann höchstens dann und wann siegen.

Du sollst das wissen – und trotzdem Widerstand leisten, wenn Widerstand geleistet werden muss.

Die Behandlung der Wiener Juden seit der Reichskristallnacht, aber spätestens seit dem „Anschluss", hat in jedem anständigen Menschen Abscheu erregen müssen. Obwohl man noch in keiner Weise wusste, dass man sie systematisch umbringen würde, wusste man doch, dass man ihre Geschäfte zertrümmert hatte, dass sie Gehsteige aufwaschen mussten, dass sie angespuckt und niedergeschlagen wurden.

Für meine Eltern, die viele jüdische Freunde hatten, war dieses Wissen nicht theoretisch, sondern praktisch: Sie sahen ihre jüdischen Freunde weinen. Das ließ sie beim selben Gespräch, bei dem sie die Idee der Flugzettel verwarfen, einen wie sie meinten viel weniger riskanten Entschluss fassen: „Wenn einer unserer jüdischen Freunde unsere Hilfe braucht, dann werden wir sie nicht verweigern." Was daraus geworden ist, findest Du genauer im schon erwähnten Buch meiner Mutter beschrieben, daher hier nur ganz kurz: Nachdem sie 1940 eine erste junge Jüdin in ihrer Wohnung in der Piaristengasse versteckt hatten, versteckten sie ab 1941 eine ganze Reihe von Juden in der Hinterbrühl. Mithilfe von Essensmarken, die das befreundete Lehrerehepaar Robert und Hilde Lammer – Jugendfreunde aus dem Verband Sozialistischer Studenten – beim Verteilen einbehielt, weil die Bezugsberechtigten verstorben oder krank waren, vermochten sie sie zu verköstigen. Was übrig blieb, verteilte mein schwuler Onkel Klaus per Fahrrad unter Wiener U-Booten, denn als Medizinstudent brauchte er anfangs noch nicht einzurücken.

Je länger dieses Leben im Untergrund andauerte, desto verzweifelter versuchte natürlich jeder noch im Land verbliebene Jude ins Ausland zu entkommen und ein Bekannter meiner Eltern war der Erste, dem es unter ihren Augen vorerst gelang: Heinrich Lieben war ein Bruder der Mutter des Karl von Motesiczky. Während Karl durch seinen arischen Vater, einen tschechischen Grafen, vor der „Übersiedlung" in den Osten geschützt war, musste Heinrich Lieben befürchten, demnächst auf „Transport" geschickt zu werden. Doch unter den Mitgliedern der „Judenpolizei", die solche Transporte vorbereiteten, stieß er auf einen gewissen Rudolf Klinger, der sich erbötig machte, ihm zu helfen.

Die „Judenpolizei" war eine der infamsten Erfindungen des Dritten Reiches: Juden wurden dazu aufgefordert, selbst für „Ordnung" unter Juden zu sorgen, indem sie deren „Erfassung" und „Umsiedlung" mit organisierten, die Transporte zusammenstellten und überwachten.

Sie verblieben in dieser Funktion auch, als ihnen klar sein musste, dass sie damit Beihilfe zum Massenmord leisteten, und mein verstorbener Freund Simon Wiesenthal hat die wenigen überlebenden Judenpolizisten mit fast noch größerer Intensität verfolgt als Hitlers Mörder: „Das waren Brüder-Mörder, etwas Schlimmeres gibt es nicht."

Ich bin nicht ganz seiner Meinung: Jeder dieser Männer wusste, dass er mit Sicherheit umgebracht wurde, sobald er nicht mehr zur „Judenpolizei" gehörte – jeder hoffte, sein eigenes Leben retten zu können, wenn er weiter mittat. Natürlich war dieses Weiter-Mittun denkbar schlimm, aber das Schlimmste besteht in meinen Augen darin, Menschen vor eine solche Alternative zu stellen.

Der Judenpolizist Rudolf Klinger könnte vielleicht sogar für sich geltend machen, zumindest versucht zu haben, jemanden zu retten: Er erklärte Heinrich Lieben, dass er in der Lage sei, ihm zur Flucht in die Tschechoslowakei zu verhelfen, wenn er ihm genug Geld gäbe, ein paar Leute bei der Gestapo zu bestechen.

Lieben gab ihm das Geld und schrieb meinem Vater wenig später eine Ansichtskarte aus Prag.

Das ließ meine Eltern an Klinger glauben. (Ob Heinrich Lieben wirklich gerettet war, konnte ich nicht eruieren. Im Internet bin ich jedenfalls auf einen Heinrich Lieben gestoßen, der letztlich auch in Auschwitz ermordet wurde.)

Natürlich könnte ich dem ehemaligen Schauspieler Klinger jetzt unterstellen, dass er genau das erreichen wollte: dass er, im Einvernehmen mit der Gestapo, in diesem einen Fall für viel Geld eine Flucht organisiert hat, um auf diese Weise unter wohlhabenden Juden und deren Freunden einen glaubwürdigen Ruf zu erlangen und in der Folge möglichst viele von ihnen ans Messer zu liefern.

Aber meine Mutter hat mich gelehrt, selbst in seinem Fall vorsichtig mit einer solchen Vermutung zu sein: Es ist auch denkbar, dass Klinger ursprünglich wirklich helfen wollte und erst später zum Instrument der Gestapo geworden ist.

Für meine Eltern war er es jedenfalls.

Einige Zeit nachdem sie Liebens Karte erhalten hatten, erreichte meine Mutter ein Anruf aus Polen: Am Telefon war ihr Jugendfreund Alexander Weissberg, der wissen wollte, ob sie ihm eine Möglichkeit wüsste, in die Schweiz zu gelangen. (Denn die Tschechoslowakei war schon nicht mehr sicher.) „Ich werde mich bemühen", antwortete meine Mutter und nahm Kontakt zu Klinger auf.

Der versprach zu helfen.

Beim nächsten Telefonat erklärte Weissberg, er würde zwei jüdische Ehepaare mit ausreichend Geld nach Wien schicken, um den Fluchtweg zu prüfen, denn die beiden sähen überhaupt nicht jüdisch aus und ihr Risiko sei daher geringer als seines.

Nach einer kurzen Zwischenstation in der Hinterbrühl übergaben meine Eltern die beiden in Klingers Obhut. Der brachte sie tatsächlich bis an die Schweizer Grenze – dort empfing sie die Gestapo.

Meine Mutter fand sie auf einer Häftlingsliste von Auschwitz wieder.

Klinger übrigens auch. Er hat sein Leben nicht retten können, indem er seine Seele verkauft hat.

Meine Eltern und Karl von Motesiczky wurden sofort nach der geplatzten Flucht verhaftet. Als meine Mutter sich ein letztes Mal endgültig und entschieden weigerte, als Spitzel für die Gestapo zu arbeiten – die Geschicklichkeit, mit der sie geleugnet hatte, hatte dort Eindruck gemacht –, war ihr Schicksal besiegelt: Auschwitz.

Auch Karl von Motesiczky sollte dort landen. Wie wenig er ahnte, was Auschwitz war, mag man aus seiner Bitte ersehen, ihm sein Guarneri-Cello nachzuschicken.

Drei Wochen nach seiner Einlieferung war der sanfte, kurzsichtige Privatgelehrte tot.

Nach dem Krieg hat meine Mutter versucht, mit Karl von Motesiczkys Schwester Marie-Louise, einer begnadeten Malerin, die rechtzeitig nach England geflohen war, Kontakt aufzunehmen. Aber das Gespräch blieb kühl: „Sie hat mir, glaube ich, übel genommen, dass ich ihren Bruder in die Sache hineingezogen habe. Aber er wollte dabei sein. Obwohl ich zugeben muss, dass er wahrscheinlich überhaupt nicht begriffen hat, in welches Risiko er sich begab. Aber das haben wir genauso wenig begriffen. Irgendwie waren wir alle wie die Kinder. Vielleicht ist das davon gekommen, dass wir damals immer noch gelebt haben wie im Paradies."

Tatsächlich lebten meine Eltern bis zu ihrer Verhaftung trotz des Krieges fast wie im Paradies. Sie hatten nicht nur diese herrliche Sommerbleibe in der Hinterbrühl, sie hatten auch die prachtvolle Dachgeschoss-Wohnung in der Piaristengasse und mein Vater konnte es sich leisten, in der Doblhoffgasse im 1. Bezirk mit seinem Bruder Klaus eine weitere 200-m²-Wohnung zu behalten. Ich hatte eine Gouvernante und ein Kindermädchen, damit meine Eltern in Ruhe studieren konnten, und natürlich räumte immer und überall jemand auf. Das alles war möglich, weil von den Eltern meiner Mutter nach wie vor jeden Monat Schecks eintrafen, von denen jeder bequem den Unterhalt einer größeren Familie sichergestellt hätte. Von Friedrich Reiners jugoslawischem Gut kamen in Zeiten beginnender Nahrungsmittelknappheit dazu noch Pakete mit Butter und Fleisch. Mein Vater wiederum hatte von seinem wütenden Vater den Pflichtteil seines künftigen Erbes ausbezahlt bekommen, als er nicht von meiner Mutter lassen wollte.

Meine Eltern hatten jede Menge Geld, sie hatten einander und sie hatten mich.

Dass Adolf Hitler ihnen das alles nehmen könnte, dachten sie nicht. Sie hofften, diesen Krieg, von dem sie meinten, er würde viel kürzer dauern, „irgendwie durchzutauchen", um danach, auf einer der Wiesen, die Motesiczky ihnen schenken wollte, ihr eigenes Haus zu bauen. Mein Vater hat sogar (jetzt weißt Du, von wem ich das habe) schon ständig erste Pläne gezeichnet.

Dennoch haben meine Eltern das alles aufs Spiel gesetzt, indem sie Juden versteckten.

Yad Vashem hat sie dafür unter die „Gerechten" gereiht.

Aber ich habe das Verhalten meiner Eltern in der NS-Zeit durch viele Jahre nicht aus der Sicht von Yad Vashem, sondern aus der egoistischen Sicht des zurückgebliebenen Zweieinhalbjährigen gesehen: Durfte man Juden verstecken, wenn man ein kleines Kind zu Hause hatte? Durfte vor allem meine Mutter das tun?

Ich bin in dieser Hinsicht reaktionär: Ich glaube, dass die Bindung der Mutter an ein kleines Kind intensiver als die des Vaters und ihr Schutzinstinkt ausgeprägter ist. Es sind die „Weibchen", die das Überleben ihrer Brut unter Einsatz des Lebens verteidigen.

Meine Mutter hat ihr Leben riskiert, um das Überleben Fremder zu verteidigen.

Heute habe ich dazu eine Meinung, die sich mit der von Yad Vashem durchaus deckt, aber noch in Deinem Alter habe ich meiner Mutter ihr Verhalten zwar niemals mit Worten, aber sehr wohl mit Emotionen vorgeworfen.

Die Frage der Verhältnismäßigkeit von Erfolg und Risiko und die Frage, wie weit man dieses Risiko nur für sich selbst oder auch für einen Dritten übernehmen darf, hat mich beschäftigt, seit ich denken kann. Sie hatte für mich die beschriebene persönliche Bedeutung, aber sie ist auch von beträchtlicher gesellschaftlicher Relevanz.

Ich will versuchen diese beiden Ebenen zu trennen, auch wenn das wahrscheinlich nicht ganz möglich ist.

Wahrscheinlich sind, wenn man es vom Standpunkt der Gesellschaft her sieht, immer wieder Menschen vonnöten, die alles riskieren, um Unrecht zu begegnen – aber ich persönlich kann Jan Palach, der sich am Wenzelsplatz in Prag angezündet hat, um gegen die kommunistische Diktatur in seinem Land zu protestieren, nicht wirklich als Helden verehren. Er hat mir sein Leben zu wenig geliebt.

Ich glaube, dass hier eine grundsätzliche Problematik jedes Widerstandes gegen besonders üble, totalitäre Regime vorliegt: Psychisch relativ gesunde (relativ unneurotische), anständige Menschen, denen man zutrauen kann, den Staat nach einem Umsturz erfolgreich und human zu führen, lieben das Leben. Aber eben weil sie es lieben, widerstrebt es ihnen, Widerstand auf eine Weise zu leisten, bei der sie fast unausweichlich zu Tode kommen. Das vermindert die Effizienz ihres Widerstandes.

Letztlich daran ist das Attentat vom 20. Juli gescheitert: Graf Stauffenberg hätte die Möglichkeit gehabt, seinen Revolver zu ziehen und Hitler zu erschießen – nur dass er dann fast sicher von dessen Wachen erschossen worden wäre. Weil er das Leben liebte, versuchte er, es so weit wie möglich abzusichern, indem er statt zu schießen eine Aktentasche mit Sprengstoff deponierte.

Natürlich war es wahnsinniges Pech, dass die schwere Tischplatte Hitler das Leben gerettet hat – aber das Risiko, dass Stauffenbergs Revolver versagt hätte, wäre nun einmal erheblich geringer gewesen als das Risiko des Missglückens eines Bombenattentats. Trotzdem steigert es meine Verehrung für Stauffenberg, dass er sein eigenes Leben zu schützen suchte, statt es zu opfern. Ich ziehe Helden, die das Leben lieben, Helden, die den Tod nicht fürchten, vor.

Das ist nicht die übliche Sicht dieses Themas, aber es ist die meine – und ich möchte sie meinen Kindern vererben.

Das heißt nicht zwingend, dass es die richtige Sicht ist. Die gesellschaftliche, politische Bewertung einer Widerstandshandlung kann ganz anders ausfallen: Es ist politisch bedauerlich, dass Anschläge auf üble Diktatoren so häufig daran scheitern, dass vor allem solche Männer oder Frauen als Attentäter in Frage kommen, die das Leben letztlich bejahen und das Töten letztlich verabscheuen. (Während Anschläge auf anständige Staatsmänner so häufig gelingen, weil sie von Menschen verübt werden, die das Leben gering schätzen und daher ohne Probleme töten.)

Die von Todessehnsucht geprägte Selbstverbrennung des Jan Palach war politisch höchst wertvoll: Sie hat wahrscheinlich geholfen, die Flamme des Widerstandes in der Tschechoslowakei aufrechtzuerhalten. Sie hat die Dissidenten rund um Václav Havel vielleicht veranlasst, die Kerkerstrafen, von denen sie bedroht gewesen sind, mit Palachs Todes-Opfer zu vergleichen und dieser Vergleich hat sie vielleicht durchhalten lassen.

Es muss ganz offensichtlich Menschen geben, die zu dieser Selbstaufgabe bereit sind – Sigmund Freud hat es den kulturellen Wert der Neurose genannt.

Aber ich wünsche mir keine neurotischen, sondern glückliche Kinder, die das eigene Leben zu sehr lieben, als dass sie es, mit noch so großem Nutzen für die Gesellschaft, zum Opfer brächten.

Speziell für Eric: Wie ist das dann mit der Opferbereitschaft meiner Eltern, wirst Du mich fragen. Sie haben offenkundig den Tod riskiert, als sie Juden versteckten – haben sie ihr Leben zu wenig geliebt?

Für meinen Vater kann ich das ausschließen – ich habe Dir schon erzählt, wie lebenslustig und beliebt er war. Aber auch, dass meine Mutter sich so sehr in ihn verliebt hat, weil sie so wenig von seiner Leichtigkeit besessen hat. Heute, da sie tot ist, kann ich es so klar zu Papier bringen: Deine Großmutter hat ihr Leben bis in Dein Alter in keiner Weise geliebt, sie hat immer wieder an Selbstmord gedacht.

„Damals, mit fünf, auf der Wiese am Grundlsee", so hat sie mir gestanden, „wäre ich zum ersten Mal am liebsten tot gewesen." Mit sieben trank sie die abgestellten Weingläser nach Abendgesellschaften ihrer Eltern leer, weil ihr das erlaubte, sich „aus der Welt wegzuträumen". „Und mit 15 Jahren wollte ich mich zum ersten Mal umbringen." Auch nach der Pubertät, in der viele Jugendliche Selbstmordfantasien haben, hat sie immer wieder an Selbstmord gedacht und ihr extremes Klettern war ein ständiges Spiel mit dem Tod.

Nach einem tatsächlichen Selbstmordversuch, über den sie nie genauer mit mir sprechen wollte, begann sie eine psychoanalytische Behandlung, die, so meinte sie, den Umschwung eingeleitet hat: Sie habe zumindest gelernt, ihre Wut auf ihre Mutter statt auf sich selbst zu konzentrieren.

„Den wirklichen Umschwung hat aber erst die Beziehung zu Deinem Vater gebracht: Da bin ich zum ersten Mal glücklich gewesen."

Das bestätigte auch mein Onkel Klaus: Die Beziehung meiner Mutter zu seinem Bruder sei zwar sicher nicht ideal gewesen – immer wieder habe es Krisen und Spannungen gegeben –, aber im Großen und Ganzen seien doch beide zu ihrer Ehe gestanden. Mich, ihr erstes Kind, hätten sich beide von Herzen gewünscht.

Sicher ist: Gemessen an allen vorangegangenen Jahren ihres Lebens, hat meine

Mutter ihr Leben geliebt, als sie gemeinsam mit meinem Vater den Entschluss fasste, „unsere Hilfe nicht zu verweigern, wenn einer unserer jüdischen Freunde sie braucht".

Vor allem aber: Beide Eltern waren – jedenfalls zu dem Zeitpunkt, zu dem sie diesen Entschluss fassten – gar nicht der Ansicht, damit ihr Leben aufs Spiel zu setzen. Sie glaubten vielmehr, im schlimmsten Fall eine kurze Gefängnisstrafe für meinen Vater zu riskieren. Eine Frau mit einem kleinen Kind, so dachten sie, würde sicher mit einer bedingten Strafe davonkommen.

In diesem falsche Glauben wiegte sich vor allem meine Mutter, die die deutsche Familie meines Vaters stets für noch etwas prominenter hielt, als sie in Wirklichkeit war: Einen Deutschen seiner Herkunft, so dachte sie, würden Deutsche nicht für länger ins Gefängnis werfen. Und sah sich in dieser Ansicht bestätigt, als der älteste Bruder meines Vaters, Walter, in Berlin verhaftet und schon tags darauf wieder freigelassen wurde, obwohl man ihm und seiner italienischen Geliebten ursprünglich Spionage vorgeworfen hatte. In Wirklichkeit war er „nur" ein wütender Gegner Hitlers und im Übrigen ein Sonderling. Brillant begabt, arbeitete er als Psychiater an der bekannten Berliner Klinik Bumke, wurde aber von seinen Kollegen immer wieder gehänselt, sich viel besser zum Patienten als zum Arzt zu eignen: Selbst bei Abendgesellschaften kreuzte er vorzugsweise barfuß auf, lief bei seinen Italien-Aufenthalten über glühende Kohlen und führte lateinische, nicht italienische, Konversationen mit Mönchen. Ich halte für möglich, dass sich ihn die Gestapo beim übelsten Willen schwer als Spion vorstellen konnte.

Meine Mutter aber war überzeugt, dass er seine rasche Entlassung ausschließlich dem Einfluss seines Vaters dankte.

Walther Lingens senior war – ich habe es schon erwähnt – ohne Parteimitglied zu sein noch bis 1937 Polizeipräsident von Köln und später immerhin noch Mitglied der Landesregierung, wobei er der NSDAP immer wieder im Kompromissweg entgegenkam. Es gibt eine Doktorarbeit, in der ihm das ungeheuer übel genommen wird, aber ich weiß nicht, ob hier nicht der Fall eines Mannes vorliegt, der auf seinem Posten verblieb, weil klar war, dass sein Nachfolger nur ein geeichter Hitler-Scherge sein konnte. Jedenfalls weiß meine Mutter aus mehreren Gesprächen, wie sehr Walther Lingens Hitler verachtete und dass er früher als andere befürchtete, dass dieser das Land in einen furchtbaren Krieg stürzen würde. Als dieser Krieg dann wirklich begann, reagierte er allerdings auf die verquerte Weise so vieler Deutscher: „Jetzt müssen wir alle hinter Deutschland stehen."

Kölns damaliger Oberbürgermeister Konrad Adenauer – auch darüber habe ich schon geschrieben – warf Walther Lingens in autorisierten Memoiren vor, dass der ihn in einem entscheidenden Augenblick im Stich gelassen habe: Er habe sich geweigert, ihn unter seinen Schutz zu stellen. Er hat das, wie beschrieben, in einem persönlichen Brief an die Familie widerrufen.

Wahrscheinlich wäre mein Großvater seine Funktion in der Sekunde los gewesen, in der er Adenauer tatsächlich unter Schutz gestellt hätte. Aber eben nur „wahrscheinlich". Wenn nicht fast alle Beamten, die die rechtliche Möglichkeit gehabt hätten, etwas gegen die Nazis zu unternehmen, das aus Angst vor dem Verlust ihres Amtes sofort unterlassen hätten, wären die Nazis vielleicht gar nicht in die Lage gekommen, sie tatsächlich hinauszuwerfen. Aber zu dieser Haltung hätte es der Zivilcourage bedurft – und ein Held war Walther Lingens ganz sicher nicht.

Aber das sind nachträgliche Betrachtungen. In den Augen meiner Eltern war er noch zu Beginn des Krieges ein einflussreicher Mann, der Hitler nicht mochte und seinen Söhnen mit seinen Beziehungen zur Hilfe kommen würde, wenn sie das brauchten.

Mein Onkel Ralf, der die Familiengeschichte mit Abstand am genauesten kennt, hält diese Hoffnung allerdings für reichlich kühn und nur aus der Entfernung zwischen Wien und Köln erklärbar. Denn 1937 wurde Walther Lingens als Nicht-Parteimitglied doch zum Rücktritt als Polizeipräsident gezwungen, und auch wenn er danach noch die Stelle eines Reichsluftschutzführers im Rheinland und dann eines höheren Beamten im Preußischen Innenministerium bekleidete, habe sein Einfluss allenfalls darin bestanden, diesen oder jenen alten Beamten persönlich zu kennen – aber auch diese Beamten seien immer weniger geworden.

Obwohl mein Vater darum bat, hatte unsere deutsche Familie tatsächlich nicht den geringsten Erfolg bei ihrem Bemühen, die Deportierung meiner Mutter nach Auschwitz zu verhindern oder sie vielleicht früher wieder frei zu bekommen.

Der Einzige, der einen Augenblick lang eine Chance zu haben schien, war ein Wiener Anwalt namens Alberti, bei dem meine Mutter nach Abschluss ihres Jus-Studiums kurz gearbeitet hatte und den sie einen „Edelnazi" nannte: Er habe wirklich an den Nationalsozialismus geglaubt, sei aber er ein anständiger Mensch gewesen. Auch durch die Freundschaft mit Dr. Alberti hatte meine Mutter sich geschützt geglaubt – aber auch er hat sie letztlich nicht frei bekommen.

Das ist denn auch das Resümee aus dieser Recherche, die ich nicht mit der subjektiven Emotion eines Sohnes, sondern mit der objektiven Kühle eines professionellen Journalisten vorgenommen habe: Meine Eltern haben gedacht, dass ihr Risiko ein begrenztes sei, als sie sich darauf einließen, Juden zu verstecken. Das war ein bitterer Irrtum – aber er lässt mich ihr Verhalten besser verstehen und keineswegs geringer achten.

Es ist wahrscheinlich nur ganz selten so, dass ein Mensch von der ersten Sekunde an der absolute Held ist. Viel eher ergibt Heldentum sich so wie in dem genialen Film *Hero* mit Dustin Hoffman: Ein scheinbarer Durchschnittsmensch, im konkreten Fall sogar ein Gelegenheitsgauner, der Mühe hat, sein Leben zu meistern, rettet nach einem Flugzeugabsturz erst einen Menschen, dann noch einen Menschen und schließlich sämtliche Passagiere aus der brennenden Maschine. Weil er einmal damit begonnen hat; weil er nicht erträgt, dass ein Kind, das seinen Vater noch im Flugzeug glaubt, nach ihm weint; weil es ihm zuletzt physisch unmöglich ist, auch nur einen der Menschen, die er im Rauch nach ihm rufen hört, verbrennen zu lassen.

Heldentum anständiger Menschen resultiert daraus, dass sie es nicht ertragen, Leid mit eigenen Augen mit anzusehen, ohne etwas dagegen zu unternehmen. Sie entschließen sich nicht, ihr Leben heldenhaft zu riskieren, sondern sie schlittern aus Mitleid in ihr Heldentum.

Auch meine Eltern.

Als sie erstmals gebeten wurden, eine junge Jüdin zu verstecken, weil sie sonst eingesperrt und deportiert würde, überließen sie ihr ein hinteres Zimmer in der Dachwohnung in der Piaristengasse und schärften ihr ein, sich keine Sekunde blicken zu lassen.

Die 17-Jährige vermochte das nicht durchzuhalten und legte sich eines Tages zum Sonnen aufs Blechdach vor dem Fenster. Das entdeckten Schüler im gegenüberliegenden Piaristen-Gymnasium und drängten sich ihrerseits an einem Gangfenster, um den offenbar attraktiven Anblick zu genießen. Ein Lehrer sah die Sittlichkeit gefährdet und verständigte die Polizei. Zehn Minuten später klopfte ein Polizist an der Wohnungstür.

Die junge Jüdin machte nicht auf, sondern sperrte sich in Panik in ihr Hinterzimmer ein: „Ich komme in zehn Minuten wieder, wenn Sie dann nicht aufmachen, lasse ich die Türe aufsprengen!", erklärte der Polizist.

Als er nach zehn Minuten wiederkam, öffnete ihm ganz verlegen ein blondes Mädchen und erklärte ihm, wie sehr es sich geniere, nackt auf dem Blechdach gelegen zu sein. Sie habe sich erst ankleiden müssen, ehe sie öffnen konnte, aber sie würde so etwas sicher nie mehr tun.

„Ist schon gut!", brummte der Polizist und ging.

Sekunden später fiel eine dunkelhaarige Jüdin dem blonden Mädchen um den Hals: Es war eine Freundin meines damals noch nicht so eindeutig schwulen und ungemein feschen Onkels Klaus, mit dem es sich in der Wohnung meiner Eltern verabredet hatte.

Hätte der Polizist den Betrug durchschaut, beide Frauen wären unweigerlich in Auschwitz gelandet. Wahrscheinlich begriff das blonde Mädchen dieses Risiko so wenig, wie meine Eltern es begriffen. Aber es sah, dass ein Mädchen seines Alters sich panisch fürchtete und konnte nicht anders als zu helfen.

Wie „Hero" Dustin Hoffman, als der kleine Bub nach seinem Vater weinte.

Dass Juden systematisch umgebracht wurden, wusste die Freundin meines Onkels damals so wenig wie meine Eltern. Als einer der jüdischen Bekannten meines Vater meinte, er wollte für die „Umsiedlung nach Osten" doch lieber sein eigenes Auto als die Bahn benutzen, ging mein Vater noch 1941 in Uniform ins Gestapo-Hauptquartier um sich für den Reisenden zu verbürgen: „Ich kenne ihn seit vielen Jahren, er kommt sicher in Polen an."

„Mensch, verschwinde so rasch Du kannst durch den Hinterausgang und komm' nie wieder!", rief ihm in einem Anflug von Hilfsbereitschaft, wie es ihn sogar bei einem Gestapo-Mann geben konnte, der Beamte zu und mein Vater erzählte es erstaunt meiner Mutter.

Auch sie sollte den systematischen Mord noch auf ihrer Bahnfahrt nach Auschwitz im Februar 1943 für ausgeschlossen halten: Knapp nach der polnischen Grenze brachten SS-Männer eine sehr einfache junge Frau ins Abteil, die aus Auschwitz geflohen und wieder eingefangen worden war und den Österreicherinnen nun von „Waschräumen" erzählte, in denen „alle Juden" umgebracht würden.

Niemand glaubte ihr – meine Mutter hielt sie für geisteskrank.

Nirgends wusste man in Wahrheit so wenig über den Holocaust wie in Österreich und Deutschland, denn es gab keine Medien, die auch nur das Geringste berichtet hätten. Als in Schweizer und amerikanischen Zeitungen schon längst erste Berichte von geflohenen Häftlingen über Massenmorde erschienen, wussten in Österreich oder Deutschland allenfalls Menschen, die in unmittelbarer Nähe eines KZ wohnten, dass das Leben von Juden dort keinen Wert hatte: Auf der Straße, die zum Konzentrationslager Mauthausen führte, lagen unübersehbar die Leichen Erschöpfter oder Erschlagener herum. Und wahrscheinlich haben sich auch betrunkene Aufseher gelegentlich etwas von der Seele gesprochen: Im Oktober 1942 im Gefängnis in Wien ist meine Mutter auf eine Prostituierte gestoßen, die etwas von „Morden in Badewannen" zu wissen behauptete.

Meine Eltern hatten dieses Wissen jedenfalls in keiner Weise – aber sie wussten, dass man Juden anspuckte, ausplünderte und zu Transporten zusammentrieb, und das hat ihnen genügt, jene junge Jüdin bei sich aufzunehmen.

Es sollte auch meinen Kindern genügen.

Dass mein Vater nicht nach Auschwitz kam, verdankte er seinem Kompaniekommandanten. Der ging zur Gestapo und bestand darauf, dass Dr. Kurt Lingens als Offizier (er war als eben fertiger Arzt eingezogen worden) ausschließlich der Wehrmachtsgerichtsbarkeit unterstünde und ihm daher sofort zu übergeben sei. Die Gestapo musste sich fügen. Das Wehrmachtsgericht verurteilte meinen Vater zu lediglich zwei Wochen Arrest und Verlust seines Offiziersranges. Die wütende Wiener Gestapo-Dienststelle vermochte allerdings nachträglich durchzusetzen, dass er zu einer „Bewährungskompanie" versetzt wurde, die die Bevölkerung zu Recht „Strafkompanie" nannte, denn man hat den Dienst dort im Allgemeinen nicht überlebt.

Speziell für Eric: Das ändert nichts am grandiosen Verhalten seines Kompaniekommandanten und der Mitglieder des Wehrmachtsgerichts. Alle diese Männer wollten meinem Vater helfen und ich möchte, dass ihr Verhalten Dir mindestens so sehr wie das Verhalten meiner Eltern ein Vorbild ist: Man kann unglaublich viel bewirken, ohne unglaublich viel zu riskieren.

Der Kommandant meines Vaters hat sein Leben nicht riskiert, als er bei der Gestapo die Herausgabe meines Vaters verlangte, denn er war formal im Recht. Was er riskierte, war die (rechtswidrige) Ablehnung seines Ersuchens und wahrscheinlich ein schwarzer Punkt in einem Gestapo-Akt. Das mochte ihn seine nächste Beförderung kosten, obwohl nicht einmal das sehr wahrscheinlich ist, denn die Wehrmacht ließ sich von der Gestapo ungern dreinreden.

Das Gleiche gilt für die befassten Wehrmachtsrichter: Sie riskierten nicht ihr Leben, indem sie ein so mildes Urteil fällten – und bewahrten meinen Vater dennoch vor dem Schicksal des Karl von Motesiczky. Die entscheidende Motivation dieser Männer hat einmal mehr darin bestanden, dass ihnen das Schicksal ihrer Mitmenschen nicht gleichgültig gewesen ist. Dass sie bereit waren, alles im Bereich ihrer Möglichkeiten Liegende zu unternehmen, um meinen Vater vor einer für sie ersichtlichen großen Gefahr zu retten.

Daran ist jedes Verhalten in der NS-Zeit zu messen.

Wenn der Kompaniekommandant nicht zur Gestapo gegangen wäre, hätte er kein Verbrechen begangen. Wenn die Wehrmachtsrichter meinen Vater zu einer hohen Strafe, ja zum Tode verurteilt hätten, hätten sie damit nicht gegen die Gesetze jener Zeit verstoßen und die zahlreichen „Blutrichter" der Justiz sind in Österreich nicht einmal nach dem Krieg für ihre Schandurteile zur Rechenschaft gezogen worden. Man konnte sich in der NS-Zeit sehr unanständig verhalten, ohne deshalb heute unter die „Verbrecher" oder zumindest „Schergen" des NS-Regimes gereiht zu werden – oder sehr anständig, ohne dass man deshalb als „Widerstandskämpfer" gefeiert würde.

Meine Mutter hat das immer gegen die These von Daniel Goldhagen ins Treffen geführt, wonach es in Österreich und Deutschland fast nur „willige Vollstrecker" und kaum Widerstand gegeben hätte: Weder mein Onkel Klaus noch seine blonde

Freundin, weder das Ehepaar Lammer noch der Kommandant meines Vaters oder seine Wehrmachtsrichter scheinen unter „Widerstand" auf.

Für mich persönlich sind der Kompaniekommandant und die Wehrmachtsrichter die idealen Helden, von denen Du lernen solltest: Sie haben ihren Widerstand so klug geleistet, dass er mit einem Minimum an Risiko und einem Maximum an Erfolg verbunden war.

Es sind nach dem Krieg in Österreich und Deutschland eine Menge Wehrmachtsangehörige aufgetreten, die, wenn man ihnen Verbrechen in der NS-Zeit zum Vorwurf gemacht hat, beteuert haben, sie hätten nicht anders können. Meist haben sie den Stehsatz: „Ich habe nur meine Pflicht getan" gebraucht.

Aber man konnte seine Pflicht eben so oder so tun: wie der Kompaniekommandant meines Vaters oder wie der ehemalige Obmann der Freiheitlichen Partei Österreichs und langjährige Abgeordnete zum Parlament Friedrich Peter. Er rechtfertigte mit diesem Satz die Tätigkeit bei einer Einheit der SS, die durch zwei Jahre mit nichts als Mord befasst war – aber er vergaß hinzuzufügen, dass man diese Mordbrigade verlassen konnte, wenn man sich sofort an die Front meldete. (Im letzen Kriegsjahr wurde die Einheit mangels anderer Truppen tatsächlich an die Front verlegt, was Friedrich Peter zum Anlass genommen hat, sich als „Soldat wie jeder andere" zu sehen.) Der mit einem Orden dekorierte Soldat Friedrich Peter wurde vom österreichischen Parlament im Wissen um alle diese Tatbestände mit stehenden Ovationen verabschiedet – Robert und Hilde Lammer wurden zeit ihres Lebens von niemandem ausgezeichnet.

Ich kann Dir also nicht vorführen, dass anständiges Verhalten zwangsläufig geehrt und unanständiges zwangsläufig geächtet wird: Der wichtigste Lohn für anständiges Verhalten besteht darin, dass man sich morgens im Spiegel besser in die Augen sehen kann.

Heldenmut ist eine andere Sache und man kann ihn von niemandem fordern. Es wäre zum Beispiel Unsinn, wenn man Friedrich Peter zum Vorwurf gemacht hätte, dass er nicht von seiner Einheit desertiert war, um sich Partisanen anzuschließen, oder wenn man das Gleiche von einem der SS-Bewacher in Auschwitz verlangt hätte. Aber auch dieser hätte sich an die Front melden können, an der mein Vater kämpfen musste, und tat es nicht.

Allerdings ist selbst dieses Verhalten in manchen seltenen Fällen komplexer zu bewerten: Jemand konnte unter Umständen nur deshalb in seiner grauenhaften Funktion verbleiben, weil er vermeiden wollte, dass sie von einer Bestie übernommen würde. „Wie kommt es, dass jemand wie Sie hier Dienst macht?", fragte meine Mutter einen SS-Mann, der sich inmitten der Hölle von Auschwitz-

Birkenau fast väterlich um seine Häftlinge bemühte. „Wäre es Ihnen lieber, wenn jemand anderer an meiner Stelle wäre?", fragte er zurück.

Man muss, so lehrte mich Simon Wiesenthal in der Zeit, in der ich bei ihm gearbeitet habe, jeden Fall für sich betrachten, um ein moralisches Urteil darüber abzugeben. In jedem einzelnen Fall gilt es abzuwägen, welches Risiko derjenige einging, der sich anständig verhielt, und in welchem Verhältnis dieses Risiko zum möglichen Nutzen seines anständigen Verhaltens stand: Dem SS-Mann, der die Frauen seines Blocks keine drei Stunden in der Kälte stehen ließ, passierte nichts – aber er konnte damit verhindern, dass an diesem Tag zwei, drei Frauen tot umfielen. Ein solcher SS-Mann versuchte im Rahmen seiner Möglichkeiten anständig zu sein, und das war vielleicht wertvoller, als wenn er sich an die Front gemeldet hätte und sein Platz von einem SS-Mann eingenommen worden wäre, der die Frauen doppelt so lang stehen gelassen hätte.

Hätte er einigen Häftlingen Waffen verschafft und einen Aufstand organisiert – letztlich standen Hunderttausende Häftlinge ein paar Duzend Bewachern gegenüber –, er wäre ein Held gewesen. Und mit größter Wahrscheinlichkeit hingerichtet worden.

Diese Art Heldentums kann man von keinem Menschen verlangen: Das ist der Grund dafür, dass jede Gesellschaft immer auch die Jan Palachs braucht.

Speziell für Eric: Du wirst mich wahrscheinlich fragen, was Du heute als österreichischer Bürger mit dieser ellenlangen Analyse anfangen sollst: Es ist denkbar unwahrscheinlich, dass Du in die Lage kommst, jemanden vor dem Tod zu retten, indem Du selbst Dein Leben oder auch nur das Gefängnis riskierst.

Aber Du kannst in die Lage kommen mit anzusehen, wie jemand vor Deinen Augen gedemütigt wird. Und dann solltest Du Dich bewähren – und zwar womöglich besser als ich, als ich zum ersten Mal vor einer solchen Herausforderung gestanden bin.

Ich war, wie Du weißt, bei der Ersten Kompanie der Garde eingerückt, denn eine Zeit lang wollte ich Berufsoffizier werden, weil ich dachte, dass Österreich nie mehr wehrlos einem Angreifer zum Opfer fallen sollte – und die Garde galt als Elite-Truppe. In ihrer Ersten Kompanie regierte damals, 1956, ein seltsamer Ton: Der Kommandant, ein gewisser Hauptmann Huber, sprach „Soldattt" grundsätzlich mit drei „T" aus. Normalerweise war das nur komisch. So klagte er mir, den er als sehr deutsch und sehr soldatttisch einschätzte, dass die Heeresleitung sich zum dritten Mal über seine Eingabe hinweggesetzt habe, das Kommando für die Kavallerie (die es damals noch gab) von „Trab" in „Teee-rap" zu ändern, obwohl auch ich zugeben musste, dass das leichter zu kommandieren ist. Und einen Neuankömmling, der, als er näher kam, arglos auf seinem Koffer sitzen blieb, fuhr er an: „Wissen Sie nicht, wer ich bin? Ich bin Hauptmann Huber, österreichischer Gardeoffizier und Kommandant der Ersten Kompanie."

„Grüß Gott, Schremser, Elektriker," wagte der Frischling, sich höflich erhebend, zur Antwort zu geben.

„Und mit solchen Menschen soll ich ein Heer machen?!", klagte mir Huber verzweifelt.

Als wir unseren ersten Achtzig-Kilometer-Marsch hatten (auch das gab es damals noch und ich bin bis heute sehr stolz, ihn durchgehalten zu haben), fuhr er mit seinem Jeep die unter der Hitze stöhnende Marschkolonne entlang und ließ das Wasser aus seiner Feldflasche lächelnd auf den Asphalt rinnen.

Beim ersten Manöver, das seine Kompanie mitmachte, wurden drei von vier Zügen in der ersten halben Stunde für „ausgefallen" erklärt, denn die Soldaten hatten sich auf den Zuruf „Fliegerangriff von rechts" in der Sekunde auf einer Hügelkuppe flach auf den Boden gelegt, obwohl ein paar Meter weiter ein dichter Wald wartete: Sie waren mit Fußtritten darauf trainiert worden, sich sofort (und womöglich in eine schmutzige Lacke) hinzuwerfen, wenn „Decken" angeordnet wurde.

Die Mitglieder meiner Gruppe, denen ich beigebracht hatte, die jeweils vernünftigste Deckung aufzusuchen, hatten bei Kompanie-internen Übungen immer wieder „Sonntagssperre" ausgefasst, weil sie nicht rasch genug flach gelegen waren – an diesem Manövertag aber waren sie die Einzigen, die „überlebten".

Aber das alles fand ich im Grunde nur komisch und dumm, aber harmlos. Ich war damals ein glänzend durchtrainierter Sportler und hatte eher meinen Spaß daran, diesen Affenzirkus zu überleben und manchmal zu blamieren: Einmal rannte ich vier Vorgesetzte kaputt, als sie mich strafweise Runden um den Exerzierplatz drehen ließen. Denn dabei mussten sie mitlaufen, auch wenn sie sich abwechseln konnten und ohne Tornister und Gewehr liefen, während ich in voller Gefechtsausrüstung laufen musste.

Du kannst Dir nicht vorstellen, was für ein Genuss es war, als mir der letzte an meiner Seite schnaufende Zugführer hinter der Halle, die den Exerzierplatz zum Kasernengelände hin abschloss, vergeblich vorschlug: „Da könnt' ma doch eigentlich gehen statt rennen." Denn das Gefühl, mit dem ich dann zehn Meter vor ihm vor dem versammelten Bataillon aufgetaucht bin, während er mit Seitenstechen innehalten musste, ist absolut unschlagbar.

„Der Läufer" hieß ich nachher in der Truppe und Du merkst zweifellos, wie stolz ich bis heute auf diese Geschichte bin.

Das erleichtert es mir, nun endlich zu der Geschichte zu kommen, auf die ich weniger stolz bin: Es gab in dieser seltsam geführten Kompanie einen eher dicklichen, nicht sehr sportlichen Burschen, der, aus welchem Grunde immer, Bett nässte. Als er das zum zweiten Mal tat, gab Hauptmann Huber ihm den Befehl, sich mit seinem vorne durchnässten Nachthemd auf den Gang unseres Stockwerks zu stellen, und wir erhielten den Befehl, an ihm vorbeizudefilieren.

Ich bin mitdefiliert.

Angeekelt zwar – dem Angeprangerten standen die Tränen in den Augen –, aber doch mitdefiliert. Denn ich hatte damals eine Freundin, die ich am Wochenende unbedingt treffen wollte, und da zog ich es vor, nicht „unangenehm aufzufallen".

Ein einziger Soldat – ein Student namens Gunther Tichy, der später ein überaus angesehener Professor für Wirtschaftswissenschaften werden sollte – löste sich aus unserem Defilee und ging wortlos auf sein Zimmer. Trotz Hubers sonst strengem Regiment hatte er keinerlei Nachteile zu gewärtigen, denn dem Kompaniekommandanten war klar, dass seine gesamte Anordnung der Wehrordnung widersprach – und dem Jus-Studenten Gunther Tichy war es ebenso klar.

Mir auch, aber die Angst, Huber könnte „Sonntagssperre" gegen mich verhängen, war stärker gewesen.

Eine unbedeutende Geschichte? Nein! Eine Geschichte, wie sie sich Hunderte Male auf den Straßen von Wien ereignet hat, wenn Nazis alte Juden zwangen, Gehsteige zu schrubben, und man als Passant grinsend vorbeigehen oder angeekelt die Straße wechseln konnte.

Auschwitz hat mit der offenen Demütigung von Juden begonnen.

Ich habe daran gedacht, als mein Freund Simon Wiesenthal angespuckt wurde, als er mit seiner Frau in einem Park in Döbling spazieren ging. Die Geschichte, die dem voranging, hat eine gewisse historische Relevanz, sodass ich sie hier erzähle: Jener Friedrich Peter, über den ich vorhin geschrieben habe, war 1975 weiterhin Obmann der FPÖ, die 1970 Kreiskys Minderheitsregierung ermöglicht hatte. Hatte die SPÖ die Wahlen 1971 überraschend mit absoluter Mehrheit gewonnen, so ging sie bei den Wahlen von 1975 davon aus, diese absolute Mehrheit einzubüßen, und war entschlossen, nun doch jene Koalition mit der FPÖ einzugehen, mit der sie schon 1971 gerechnet hatte.

FPÖ-Obmann Peter sollte in der zu bildenden Regierung Vizekanzler werden. Von ihm war zwar bekannt, dass er der Waffen-SS angehört habe, aber deren Einheiten waren nicht zwingend in Verbrechen verwickelt – es gab sie über weite Strecken auch als ganz normale kämpfende Truppen.

Doch im September des Wahljahres entdeckte Wiesenthal, ausgerechnet in der Publikation eines sozialdemokratischen Verlages, dass Peter nicht Mitglied der Waffen-SS, sondern der allgemeinen SS gewesen war und seinen Dienst bei einer der berüchtigtsten Einheiten getan hatte: Die 1. SS-Infanteriebrigade war in den ersten Kriegsjahren ausschließlich damit befasst, die Gebiete hinter der

Front zu „reinigen", indem sie alle „Juden und Kommunisten", derer sie habhaft werden konnte, in Gruben schoss, die diese zuvor selbst ausheben mussten: vornehmlich Greise, Frauen und Kinder. Peters spezifische Kompanie, so recherchierte *profil*, als Bruno Kreisky „konkrete Beweise" forderte, war zum Beispiel für ein Massaker in dem russischen Städtchen Leltschitky verantwortlich, das im Tätigkeitsbericht des Kommandostabes folgenden Niederschlag findet: „Am 4.9.41 wurde mit starken Aufklärungskräften Leltschitky erreicht und genommen. Es wurden keine Verluste gemeldet. Beute: 60 Gewehre, 11 MG, 15 Handgranaten, 22.115 Schuss Gewehrmunition, ferner wurden 38 Gefangene eingebracht und 1089 Juden erschossen."

In dieser Form agierte die Brigade Tag für Tag, ehe sie gegen Ende des Krieges doch zu Kampfzwecken an die Front beordert wurde, woraus Friedrich Peter ableitete, ein „Soldat wie jeder andere" gewesen zu sein.

Um die Wahl als solche nicht zu beeinflussen, ging Wiesenthal mit seinem Material vorerst nicht an die Öffentlichkeit, sondern übergab dem Bundespräsidenten ein entsprechendes Dossier und meinte, ein solcher Mann sei nicht würdig, Österreich als Vizekanzler zu vertreten. Worauf bei Kreisky die Sicherungen durchbrannten. Nachdem er Wiesenthal einen „angeblichen Ingenieur" und eine „Mafia" genannt hatte, bezichtigte er den Überlebenden des Holocaust vor versammelter Weltpresse der Kollaboration mit der Gestapo: „Der Herr Wiesenthal hat zur Gestapo, behaupte ich, eine andere Beziehung gehabt als ich. Ja, nachweisbar. Kann ich mehr sagen? Alles andere werde ich beim Prozess sagen. Meine Beziehung zur Gestapo ist eindeutig: Ich war ihr Gefangener, ihr Häftling und war beim Verhör. Seine Beziehung ist eine andere, so glaube ich zu wissen, und das wird sich klarstellen lassen … Das wird ein großer Prozess."

Es wurde keiner, denn Kreisky zog seine Äußerung einige Zeit später so leise wie möglich zurück, nachdem ihm klar geworden war, dass er keinerlei Beweise für seine Behauptung besaß.

Während der deutsche Staatsanwalt Rolf Sichting, der Wiesenthals Holocaust-Vergangenheit im Detail kannte, Kreiskys Äußerung schlicht „infam" genannt hatte, herrschte in Österreich Jubel: Endlich fuhr einer diesem ewigen Rächer, der in Wahrheit selbst nichts als Dreck am Stecken hatte, mit dem nassen Fetzen ins Gesicht. 83 Prozent der Bevölkerung sahen Kreisky in der Auseinandersetzung voll im Recht – ganze drei Prozent waren auf Seiten Wiesenthals.

Die *Kronen Zeitung*, deren Herausgeber Hans Dichand von sich behauptet, keinerlei Macht zu besitzen und auszuüben (ich komme darauf in einem späteren Kapitel zurück), schoss fast täglich Salven gegen den Nazi-Jäger ab und forderte seine Ausbürgerung.

Wenn der 67-Jährige in diesen Tagen mit seiner Frau – auch sie eine Überlebende mehrerer Konzentrationslager – in der Nähe seines Hauses durch einen der öffentlichen Parks ging, wurden sie angespuckt. „Das Schlimmste, was uns seit dem KZ zugestoßen ist", nannten sie diese Zeit später.

Doch diesmal wollte ich nicht in der Reihe der Vorbeidefilierenden bleiben. Obwohl er der beliebteste Kanzler der Nachkriegszeit war und auch ich ihn in vieler Hinsicht schätzte, nannte ich das Verhalten Bruno Kreiskys in einem Leitartikel des *profil* „ungeheuerlich, unmoralisch, unwürdig und opportunistisch". Am Ende des Kommentars forderte ich dazu auf, dass Leser, die mein Urteil teilten, das in Leserbriefen kundtun sollten. Bis zur nächsten Ausgabe gab es gerade zwölf solche Schreiben. Und es wurden kaum mehr: Die linke Hoffnung Ferdinand Lacina schwieg ebenso beharrlich wie diverse linke Politologen oder der Dichter Peter Turrini; die NS-Expertin Erika Weinzierl blieb ebenso stumm wie ihr Nachfolger Professor Gerhard Botz; der Reiter wider Kurt Waldheim, Alfred Hrdlicka, erhob die Stimme so wenig wie Elfriede Jelinek.

Denn Bruno Kreisky stand erstens ganz oben und wurde zweitens von der Linken in einem Maße verehrt, das jegliche Fähigkeit zur kritischen Distanz vermissen ließ. Ich glaube, er hätte betrunken eine blinde Rentnerin mit Schäferhund am Zebrastreifen überfahren müssen, damit in jener Zeit von österreichischer Seite Kritik an ihm laut geworden wäre.

Jedenfalls kam kaum jemand dem Juden Simon Wiesenthal gegen den „Sonnenkönig" zur Hilfe. (Erst als Kreisky zurückgetreten war und Friedrich Peter noch rasch zum Parlamentspräsidenten machen wollte, unterschrieb die linke Elite seitenweise Protest-Inserate.)

Ich habe mir angesichts so viel blinder Verehrung manchmal gedacht: Ein Glück, dass Bruno Kreisky in fast allen anderen Fällen ein anständiger Mensch und überzeugter Demokrat gewesen ist.

Das hat ihn in diesem besonderen Fall – ich nenne es seinen „blinden Fleck" – allerdings nicht daran gehindert, mich für meinen Leitartikel wegen „übler Nachrede" zu klagen, denn er durfte durchaus hoffen, auch bei Gericht nicht auf starrköpfigen Widerstand zu stoßen. Der Presserichter am Wiener Landesgericht gab der Anklage (sie wurde als Offizialdelikt abgehandelt, weil Kreisky in seiner Eigenschaft als Bundeskanzler betroffen war) denn auch erwartungsgemäß – wenn auch unter Wahrung des formaljuridischen Anstandes – recht: Zwar gäbe es keinerlei Indizien, dass Simon Wiesenthal tatsächlich ein V-Mann der Gestapo gewesen sei, aber der Kanzler habe seine Bemerkung guten Glaubens gemacht und also sei sie von mir zu Unrecht als „ungeheuerlich, unmoralisch, unwürdig und opportunistisch" gewertet worden. Meinen Einwand, dass sich ja niemand meiner Wertung anschließen müsse, dass ich aber das Recht haben müsse, sie vorzubringen, verwarf der Richter ebenso wie das Oberlandesgericht Wien: Journalisten hätten Tatsachen zu berichten und sich moralischer Bewertungen zu enthalten.

Dreißigtausend Schilling (ca. 2180 Euro) Geldstrafe waren die Folge.

Das war indessen die geringste Unbill, die ich damals auf mich genommen habe. Denn obwohl Kreisky allseits als „liberal" galt und es politisch auch war, kannte er in Auseinandersetzungen mit Leuten, die ihm persönlich nicht passten, kein Pardon: Gegen einen Österreich-Korrespondenten der *Zürcher Zeitung*, dessen Berichterstattung er nicht goutierte, intervenierte er so lange, bis die Zeitung ihn abzog. Und als Gerd Bacher, der in Österreich von ihm als Generalintendant des ORF ausgebootet worden war, in die vergleichbare Funktion eines deutschen Senders berufen werden sollte, wusste er das durch einen Anruf bei deutschen Parteifreunden zu verhindern.

In meinem Fall wurde er bei der Vereinigung Österreichischer Industrieller vorstellig, der *profil* damals mehrheitlich gehörte, und verlangte meine sofortige Ablöse. Das war insofern durchaus kritisch, als die IV immer wieder Anliegen hatte, die die Regierung befürworten oder zurückweisen konnte, und ihr damaliger Präsident Hans Igler sogar staatliche Unterstützung für sein Textilunternehmen in Anspruch genommen hatte.

Aber Kreisky hatte Igler unterschätzt: Der Bankier, der die Nazis gehasst und sich im Schützengraben mit Baudelaire-Gedichten über seinen Einsatz als deutscher Soldat hinweggetröstet hatte, wies Kreiskys Ansinnen ohne Nachdenkpause zurück. Sonst wäre ich meinen Job als Herausgeber und Chefredakteur des wichtigsten österreichischen Nachrichtenmagazin los gewesen.

Ein gewaltiges Risiko? Lächerlich: Ich wäre eben Kommentator einer „bürgerlichen" Tageszeitung geworden oder, wenn Kreisky auch dort interveniert hätte, nach Deutschland gegangen, von wo ich schon einmal ein Angebot erhalten hatte.

Im Übrigen hat Kreisky sich später wieder beruhigt und wir haben einander freundlich gegrüßt. Und sogar meine gerichtliche Verurteilung in Wien wurde zehn Jahre später durch den Europäischen Gerichtshof in Strassburg aufgehoben. Dieser zerriss die Argumentation des Wiener Oberlandesgerichtes in der Luft und postulierte das Gegenteil: Wenn jemand einen Sachverhalt richtig wiedergäbe, müsse ihm selbstverständlich gestattet sein, ihn moralisch zu bewerten. Bei einem sehr kritischen Sachverhalt, den negativ zu bewerten jedenfalls nicht abwegig sei, sei der Journalist auch zu harten Worten berechtigt, solange sie nicht den Charakter einer Beschimpfung hätten. Das Urteil, das der Wiener Rechtsanwalt Dr. Werner Masser erfocht, erlangte eine gewisse Bedeutung für die gesamte Berichterstattung in der EU.

Speziell für Eric: Was Du daraus ablesen sollst: In Zeiten wie den unseren gibt es keinen Grund, auf Widerstand zu verzichten. Man kann immer genug verdienen, um sich und seiner Familie das wirtschaftliche Überleben zu sichern. Und man hat sogar eine faire Chance, am Ende siegreich zu bleiben.

Vorsicht: Glaube ja nicht, dass man siegreich bleiben muss. Dass das Gute siegt und das Böse unterliegt, ist ein religiöses Vorurteil, an das ich nicht glaube, ja das ich sogar für amoralisch halte: Moral wäre dann nichts anderes als das Vertrauen auf das letztlich bessere Geschäft. Das kann es, aber das muss es beileibe nicht sein: Es hätte auch sein können, dass ich meinen Job wirklich verloren hätte, dass ein nächster Job wesentlich schlechter bezahlt gewesen wäre und dass der Europäische Gerichtshof meine Klage abgewiesen hätte. Aber was ist das alles neben dem Risiko meiner Eltern – und neben den Verlusten meiner Mutter?

12. Die Gegenwart der „Vergangenheit"

Die Hoffnung, dass es unmöglich sein würde, im heutigen Österreich an Argumentationen und Emotionen der NS-Zeit anzuknüpfen, war voreilig.

Als das Resultat des Wahlganges vom 28. September 2008 bekannt wurde, fragten so gut wie alle Zeitungen der Welt: „Was ist los mit Österreich?" Die moralische Barriere, die in allen anderen Ländern Europas der breiten Zustimmung zu einer Partei der äußersten Rechten entgegensteht, scheint in Österreich nicht zu existieren.

Immerhin war erst unmittelbar vor den Wahlen abermals ein Foto aufgetaucht, das den Obmann der FPÖ, Heinz-Christian Strache, (in jüngeren Jahren, aber keineswegs als „Buben") bei Wehrsportübungen zeigt, wie sie üblicherweise eingefleischte Neonazis zu absolvieren pflegen. Doch schon vor dem Wahlgang vermutete die Gratiszeitung *Heute*, dass dieses Foto Strache eher Stimmen bringen als Stimmen kosten würde: Es sei sowieso klar, wo er politisch stünde.

Straches Erfolg übertraf bekanntlich alle Erwartungen oder Befürchtungen: Seine FPÖ wuchs von 11 auf über 18 Prozent.

Jörg Haider, der die Charakterstärke jener SS-Männer besonders bewunderte, die ihrer Gesinnung treu geblieben sind, errang mit seinem BZÖ über 10 Prozent der Stimmen und damit trotz hereinbrechender Finanzkrise mehr als die Grünen des Wirtschaftsprofessors Alexander van der Bellen.

Zusammen wurden FPÖ und BZÖ deutlich stärker als die Christlichsozialen und blieben nur hinter dem Komma schwächer als die Sozialdemokraten. Da die beiden freiheitlichen Parteien mit dem Tod Jörg Haiders entweder eng zusammenarbeiten oder überhaupt fusionieren werden, bilden sie nicht mehr die dritte, sondern die zweite Kraft im Land.

Christian Rainer nannte es im Leitartikel des *profil* zu Recht den „Super-GAU" und führte folgende Gründe für diese Entwicklung an:

„Erstens: Die großen Koalitionen der Neunzigerjahre, verfangen im permanenten Belauerungszustand, und das (aktuelle) Beziehungsdrama (zwischen Gusenbauer und Molterer) der vergangenen 18 Monate haben es jeder populistischen Opposition leicht gemacht. Da brauchte es nur mehr das Raubtier Strache plus einen charismatischen Grenzgänger wie Haider, um aufzugabeln, was an Verärgerten und Verlorenen herumstreunte. Dass die tatsächliche Performance von Rot und Schwarz respektabel war, ist im rechten Geheul untergegangen: EU-Beitritt, boomende Wirtschaft, fallende Arbeitslosigkeit – wen schert das schon. Daher – zweitens – muss Folgendes festgestellt werden: Die Empfänglichkeit der Österreicher für jenen billigen Populismus ist eine überdurchschnittliche, und die Empfindlichkeit gegen rechtsextreme Ausartungen zeigt sich unterentwickelt. Drittens: Im Jahr 2000 ließen uns Wolfgang Schüssel und seine Wende-Theoretiker in Hintergrundgesprächen wissen, warum der Tabubruch einer schwarz-blauen Regierung notwendig sei: Nicht bloß zur Implantierung konservativer Wirtschafts- und Gesellschaftspolitik, sondern auch um das rechte Lager ein für alle Mal niederzuringen, indem dessen Unfähigkeit zur Regierungsarbeit demonstriert würde. Das war die Beruhigungspille, die uns naive Moralisten in den Schlund zu stopfen suchten. Die Niederringung ist also misslungen. Aber gleichzeitig ist die Hemmschwelle gefallen, rechts zu wählen, wo es sich bei BZÖ/FPÖ nun doch um durch Regierungsbeteiligung legitimierte politische Kräfte handelt."

Das ist so kurz und präzise, dass ich es wörtlich übernommen habe. Nur bedarf es einer Ergänzung: Die Legitimierung der FPÖ durch „Regierungsbeteiligung" ist nicht erst durch Wolfgang Schüssel, sondern bereits durch Kreiskys Nachfolger Fred Sinowatz erfolgt und war – siehe Seite 115 – die ebenso logische wie zwingende Konsequenz der politischen Strategie Bruno Kreiskys.

Auch die „Hemmschwelle" wurde nachhaltig schon unter Kreisky beseitigt. Nachdem er die FPÖ einmal salonfähig gemacht hatte, konnte niemand mehr den Aufstieg des „rechten Lagers" einbremsen – auch nicht der tüchtige EU-Wegbereiter Franz Vranitzky, der es im Gegensatz zu Kreisky mit politischer „Ausgrenzung" der FPÖ versuchte. Schon unter seinem Nachfolger Viktor Klima wurden die Freiheitlichen bekanntlich mit 27 Prozent der Stimmen zweitstärkste Partei im Land.

Schüssel ist zwar tatsächlich kein nachhaltiges Niederringen des „rechten Lagers" im Wege gemeinsamen Regierens gelungen, aber er vermochte den kontinuierlichen Aufstieg der FPÖ immerhin eindrucksvoll zu unterbrechen, indem er – freilich unfreiwillig – vorführte, wie unfähig die Freiheitlichen in der praktischen Regierungsarbeit sind.

Es ist wahrscheinlich ein charakteristisches Kennzeichen Österreichs, dass die so offensichtliche, nachgewiesene Unfähigkeit der freiheitlichen Spitzenkräfte so gar keinen nachhaltigen Eindruck auf die Wähler hinterlassen hat: Ein neuer Obmann genügte, sie neuerlich zweitstärkste Partei werden zu lassen – so sehr entspricht das, was die FPÖ emotional anbietet, einem nationalen Bedürfnis. Ich fürchte, dass ihr Aufstieg auch in Zukunft sehr schwer anders als durch die Beteiligung an einer Regierung zu stoppen sein wird: Strache & Co. werden so lange gewählt werden, bis sie neuerlich vorgeführt haben, wie völlig unfähig sie sind.

Dann werden sie kurz absacken, um nach drei vier Jahren unter einem neuen Haider oder Strache wiederzukehren. Denn mindestens ein Viertel der Österreicher fühlt und denkt in ihren Bahnen. Und der Tabubruch Bruno Kreiskys ist irreversibel.

Womit wir wieder beim „Super-GAU" wären: Ein Viertel der österreichischen Wähler, so lässt sich durchaus schlüssig behaupten, wählt Parteien, deren Programm sich in dem Satz „Ausländer raus" zusammenfassen lässt, und ist völlig unbeeindruckt davon, dass Heinz-Christian Strache Wehrsporteinlagen hinter sich hat oder dass sein Vorgänger und BZÖ-Kollege Jörg Haider sich für die einstige Gesinnung von SS-Männern stark macht. Anders als im benachbarten Deutschland, wo dergleichen zu beider sofortigem Rücktritt geführt hätte, ist es in Österreich nicht das geringste Hindernis für Wahltriumphe.

Trotzdem erklärte der Präsident der Israelitischen Kultusgemeinde Ariel Muzicant am Tag nach der Wahl: „Österreich ist kein Nazi-Land."

Ist es auch nicht, wenn man unter Nazis Leute versteht, die dem Dritten Reich bewusst nachtrauern, sich Hitler als Bundeskanzler wünschen, einen Weltkrieg führen oder Juden vergasen wollen. All das will die überwältigende Mehrheit der FPÖ- oder BZÖ-Wähler sicher nicht. Aber sie sind, wie seinerzeit die Wähler der NSDAP, ein bunter Haufen von „Enttäuschten" und „Verlierern": voran Arbeiter, die um ihren Job und ihr Einkommen fürchten (und meinen, dass „Ausländer" ihnen beides streitig machen); dazu ein paar Freiberufler und Manager, die sich um die Zukunft ihrer Kinder sorgen – unter ihnen einige, die tatsächlich dem Dritten Reich nachtrauern; und schließlich jede Menge Jungwähler, die nicht die geringste Ahnung von Politik haben.

Dass die Erstwähler zu 60 Prozent Strache gewählt haben, müsste bei allen anderen Parteien eigentlich Panik entfachen, denn irgendwann sind zwangsläufig sie es, die jede Wahl entscheiden.

Ihre politische Ahnungslosigkeit ist eine tickende Zeitbombe.

Man kann nur hoffen, dass sie vor allem darauf zurückzuführen ist, dass sie in Wahrheit noch Kinder sind: 16-Jährige an Wahlen zum Nationalrat zu beteiligen, war eine politische Schnapsidee der Sonderklasse. Sie wurde in der SPÖ geboren und unter Alfred Gusenbauer verwirklicht, sodass er sie gleich doppelt zu verantworten hat. (Die Chefs der anderen Parteien hatten „nur" nicht das Verantwortungsbewusstsein, ihm zu widersprechen, weil sie fürchteten, die Jugendlichen sonst gegen ihre Partei einzunehmen. Dabei gestanden selbst diese in zahlreichen Fernsehinterviews, sich noch nicht reif zum Wählen zu fühlen.)

So kurz und unerheblich Gusenbauers Kanzlerschaft sonst auch war, macht diese Entscheidung sie historisch: Alfred Gusenbauer hat die Chance freiheitlicher „Bubis", bei Wahlen gut abzuschneiden, weil sie den Buben und Mädchen unter den Wählern beinahe so gut wie Beckham gefallen, erheblich und auf Dauer vergrößert. (Beziehungsweise: Es werden auch alle anderen Parteien Kandidaten in den Vordergrund rücken müssen, die sich vor allem für Poster in Teenager-Zimmern eignen.)

Nicht, dass zwei Jahre mehr einen Teenager zum politischen Weisen machen – aber wenn man davon ausgeht, dass man frühestens mit zehn überhaupt in die Lage gerät, politische Probleme intellektuell zu erfassen, dann ist die politische Lehrzeit durch diese Reform immerhin um ein Viertel verkürzt.

Dafür lehrt Alfred Gusenbauer jetzt Politik an amerikanischen Universitäten.

Ein besonders hoher Prozentsatz der freiheitlichen Wähler kommt aus zugewanderten Familien. Dort kann man im Allgemeinen noch etwas schlechter Deutsch und ist damit noch etwas weniger in der Lage, eine Zeitung zu lesen oder einer politischen Diskussion zu folgen.

Dass Jugendliche, deren Eltern aus der Türkei stammen, noch weniger Ahnung von der NS-Zeit haben als österreichische Kinder, kann nicht verwundern: Dass jemand SS-Leuten besondere Charakterstärke bescheinigt, kann sie kaum kopfscheu machen, weil sie nicht wissen, was ein SS-Mann ist.

Dass es auch die Kinder österreichischer Eltern nicht kopfscheu macht, liegt daran, dass auch die in ihrer Mehrheit kaum mehr wissen, was ein SS-Mann war, weil es schon ihre Eltern in ihrer Mehrheit nicht mehr wissen wollten. Denn sonst hätten sie sich mit der Rolle ihrer Eltern oder Großeltern im Dritten Reich befassen müssen, und davon ließ man lieber die Finger – es konnte unangenehme Überraschungen mit sich bringen.

So hat kaum jemals jemand mit diesen Jugendlichen darüber gesprochen, dass SS-Männer eine mörderische Gesinnung hatten oder dass Neonazis in Wehrsport-Gruppen zusammenfinden. Niemand hat sie je darauf aufmerksam gemacht, wie problematisch es ist, eine bestimmte Gruppe von Menschen zu

Sündenböcken zu erklären, weil Ähnliches ein wichtiger Schritt auf dem Weg nach Auschwitz gewesen ist. Niemand hat ihnen je begreiflich gemacht, dass Auschwitz auch mit Österreich zu tun hat.

Ohne die leisesten Skrupel übernahmen sie daher Haiders und Straches Thesen, wonach die „Ausländer" die Ursache allen Übels wären. (Schuld an ihrer prekären Zukunft, weil sie ihnen die Jobs wegnähmen; schuld an ihrer ungenügenden Ausbildung, weil ihre Kinder die Schulen überfüllten; schuld an den Defiziten der Sozialversicherung, weil sie mehr herausbekämen, als sie eingezahlt hätten.)

Was ich hier in Klammern angeführt habe, ist jeweils die Begründung, die FPÖ und BZÖ den Beteiligten als Ursache für ihre Sorgen liefern.

Nicht sehr viel anders als die NSDAP, die den „Verlierern" der Wirtschaftskrise von 1929 den Einfluss der Juden als Begründung angeboten hat.

So wie diese Wirtschaftskrise die wesentlichste Voraussetzung für das Aufkommen des Nationalsozialismus war, ist es auch jetzt vor allem die wirtschaftliche Situation, die die Rechtsparteien in Österreich begünstigt. Obwohl das Land so reich wie nie zuvor ist, hat vor allem die männliche Bevölkerung Angst vor der Zukunft: Angst, den Arbeitsplatz zu verlieren, bei den Älteren, noch größere Angst, ihn gar nicht erst zu bekommen, bei den Jungen.

Obwohl offiziell „Vollbeschäftigung" herrscht, weiß jeder, dass viele dieser „Vollbeschäftigten" nur jeweils kurzfristig und prekär beschäftigt sind und die gesamte Arbeitslosenstatistik längst nicht mehr der inneren Wahrheit entspricht: Sie ist mithilfe unzähliger Frühpensionierungen geschönt und weist auch all die Personen als „beschäftigt" aus, die in Wirklichkeit nur im Rahmen des Arbeitsmarktservices umgeschult werden.

Vor allem die Jungen wissen genau, wie lange sie brauchen, um eine Anstellung zu finden. Und schon die Über-Vierzig-Jährigen erleben, dass sie nach einer Kündigung kaum mehr eine berufliche Chance haben.

Das alles ist nach wie vor zwar durch ein ausreichendes, aber ständig von Finanzierungsnöten gefährdetes soziales Netz abgefedert, aber erstens sehen sich die Menschen ungern als Sozialhilfeempfänger oder solche, die es jeden Moment werden könnten, und zweitens fürchten vor allem die Jungen, dass dieses Netz am Ende doch reißen könnte und ausgerechnet sie, die am meisten zur Kasse gebeten werden, am Ende abstürzen könnten. Ein großer Teil der Jugendlichen hat „Lebensangst", diagnostizieren Jugendpsychologen. Und Angst essen Seele auf.

Dass die Kinder von Zuwanderern unter dieser Voraussetzung in besonderem Ausmaß eine Partei wählen, die jede weitere Zuwanderung stoppen will, ist nicht erstaunlich, sondern nur logisch: Sie müssen die meiste Angst haben, durch neue, billige „Ausländer" um ihren Job gebracht zu werden.

Eine wirkliche Lösung gäbe es nur, wenn es gelänge, wieder echte Vollbeschäftigung zu erreichen, bei der Arbeitskräfte jeder Art dringend gesucht werden. Aber weder die Wirtschaftspartei ÖVP noch die Arbeiterpartei SPÖ noch vor allem die Gewerkschaften wissen dafür ein Rezept. Die Rechtsparteien wissen auch keines – aber sie kennen einen Sündenbock: die Ausländer.

Die regierenden Parteien sind in ihrer Gegenwehr Gefangene der eigenen Propaganda: Da sie offiziell nicht von der Fiktion echter Vollbeschäftigung abgehen wollen, machen sie auf die Gefährdeten den Eindruck, ihre Probleme nicht zu sehen oder jedenfalls nicht ernst zu nehmen – nur von Strache oder Haider fühlen diese sich ernst genommen.

Haider sah, wo der Schuh drückt: „140.000 Arbeitslose – 180.000 Gastarbeiter", argumentierte er auf seinen Wahlversammlungen. Exakt wie seinerzeit die Nazis der Bevölkerung Rechnungen wie „500.000 Arbeitslose – 400.000 Juden" präsentierten. Die Zielsetzung ist die gleiche: den Eindruck zu vermitteln, dass die einen die Ursache für die missliche Lage der anderen darstellten.

Als ob ein Buchhalter in Sankt Pölten deshalb keine Beschäftigung fände, weil ein Hotel in Tirol einen serbischen Gastarbeiter als Abwäscher beschäftigt (nachdem es Monate hindurch nach einem Österreicher für diese Tätigkeit gesucht hat). Als ob es Linzer Metallarbeitern etwas brächte, wenn ein niederösterreichischer Landwirt auf bosnische Erntearbeiter verzichtete. Als ob die Arbeitsplätze in einem Wiener Bauunternehmen sicherer würden, wenn es keine Türken mehr einstellte, um Sand zu schaufeln. Von den Krankenhäusern und Pflegeheimen, deren Betrieb zusammenbräche, wenn es keine jugoslawischen, thailändischen oder philippinischen Pflegerinnen mehr gäbe, gar nicht zu reden.

Aber für die Österreicher, die die Sicherheit ihres Arbeitsplatzes gefährdet fühlen, gilt Haiders Rechnung: „140.000 Arbeitslose – 180.000 Gastarbeiter".

Straches wie Haiders „Lösung" heißt „Zuwanderungsstopp". Auch das hat sein fast wortgleiches Pendant im Programm der NSDAP: „Jede weitere Einwanderung Nichtdeutscher ist zu verhindern!", hieß es in Punkt 8 ihres Parteiprogramms von 1928.

Ohne historisches Vorbild in ihrer Absurdität ist nur noch Straches Spekulation mit einem Austritt aus der EU: Immerhin würde er damit auch noch jene abertausend Arbeitsplätze seiner Wähler gefährden, die dem Exportboom durch die Ost-Erweiterung zu danken sind.

Aber das zitierte Viertel der Bevölkerung ist rationalen Argumenten in dieser Frage kaum zugänglich: Angst essen nicht nur Seele, Angst essen auch Verstand auf – und Menschen, die ihres Arbeitsplatzes nicht mehr sicher sein können, haben nun einmal Angst.

In Deutschland gibt „die Linke" vor, wirtschaftliche Rezepte zu besitzen, die diese Angst überflüssig machen: Ein Teil davon ist mit Sicherheit kontraproduktiv, ein anderer, die Stärkung der Nachfrage durch nicht mehr ganz so „liberal" zurückgehaltene Lohnerhöhungen, scheint mir zumindest der Diskussion wert – jedenfalls ist nichts an den Vorschlägen der „Linken" von Grund auf inhuman.

Das unterscheidet Deutschlands „Linke" grundlegend von Österreichs „Rechter". Deren einziges Rezept besteht darin, die Mehrheit der Menschen glauben zu machen, dass eine Minderheit von Menschen Ursache all ihrer Probleme ist. Sie hat damit Erfolg, weil es in Österreich ein besonders großes Reservoir an Menschen gibt, die für diese Art von Argumentation und Emotion empfänglich sind.

Auch das war in der NS-Zeit nicht viel anders.

Österreich ist kein Nazi-Land – wohl aber ein Land, in dem eine Partei mit gerade noch rechtlich unbedenklicher argumentativer Ähnlichkeit zur NSDAP unter widrigen wirtschaftlichen Umständen alle Chancen hätte, neuerlich die Macht im Staat zu erringen.

Die Ursachen für diesen Zustand haben ich und viele andere in unzähligen Artikeln für *profil*, aber auch für *News* oder *Kurier* darzustellen versucht. Allem voran ist es eine bis 1945 nahezu ungebrochene autoritäre Tradition. Lediglich zwischen Monarchie und Austrofaschismus gab es eine gequälte demokratische Unterbrechung: Es wurde immerhin gewählt – aber die Christlichsozialen träumten von einem „Ständestaat" und die Sozialdemokraten von der „Diktatur des Proletariats".

In Summe war die Bevölkerung seit Ewigkeiten gewohnt, einer Obrigkeit zu folgen ohne allzu viele Fragen zu stellen oder gar Widerstand zu leisten – der Austrofaschismus war vom System her eine optimale Überleitung zum Hitler-Faschismus. (Auch wenn er mit diesem in keiner Weise vergleichbar war: In den Konzentrationslagern von Engelbert Dollfuß wurden politische Gegner bei ausreichender Verpflegung angehalten, in den Konzentrationslagern des Dritten Reiches wurde „minderwertiges Menschenmaterial" systematisch vernichtet. Ich erwähne diese historische Selbstverständlichkeit nur, weil Bruno Kreisky die Anhaltelager des Ständestaates und die Vernichtungslager des Dritten Reiches allen Ernstes in einem Atemzug genannt hat.)

Ebenso ungebrochen wie Österreichs autoritäre ist seine antisemitische Tradition als katholisches Erbe. Es wurde unter dem christlichsozialen Bürgermeister Karl Lueger sogar noch intensiver gepflegt als unter seiner allerkatholischsten Majestät, dem Kaiser. Für die Bevölkerung war es selbstverständlich, die Juden als minderwertig und dennoch gefährlich anzusehen, und damit war auch die Überleitung vom Lueger-Antisemitismus zum mörderischen Antisemitismus Hitlers eine optimale. „Jetz is aus mit unsern guad'n oid'n Antisemitismus", sagt ein gutherziger Wiener in einem Witz, als er die Deutschen im Stechschritt über den Ring paradieren sieht – er hat an deutscher Gründlichkeit hinzugewonnen.

Aufgrund dieser beiden Voraussetzungen – Obrigkeitshörigkeit und Antisemitismus – waren die Österreicher zweifellos von Beginn an emotional besonders geeignet, zu Mitgliedern der NSDAP zu werden, und sie wurden es bekanntlich auch schon vor dem Einmarsch Hitlers unter dem Eindruck einer dramatischen Wirtschaftskrise in Scharen. Trotzdem ist es unrichtig, dass ganz Österreich Hitler jubelnd empfangen hätte, wie unter kritischen jungen Leuten des Öfteren behauptet wird: Es gab zwar die jubelnden Massen auf den Straßen, aber es gab auch die, die mindestens so zahlreich zu Hause blieben. Und es gab ein paar, die, wie meine Eltern, den Untergang des Landes gekommen sahen. Sie waren nur weniger laut und sind auf den Fotos, die die jubelnden Massen bei Hitlers Einzug zeigen, zwangsläufig nicht zu sehen.

Wären die Jubelnden mit Sicherheit in der Mehrzahl gewesen, so wäre Hitler nicht einmarschiert, sondern hätte zuversichtlich die von Kanzler Schuschnigg geplante Volksabstimmung abgewartet.

Als er das Land freilich einmal beherrschte, gewann Hitler die Massen im Eilzugstempo: Man war dankbar für den wirtschaftlichen Aufschwung, gewohnt, dem Herrschenden Gefolgschaft zu leisten, und glücklich, dass der „größte Führer aller Zeiten" in siegreiche Schlachten statt in Niederlagen führte.

Dass Synagogen angezündet und jüdische Geschäfte geplündert wurden, störte in keiner Weise, sah man in den Juden doch jene Kapitalisten, die angeblich Verursacher und Nutznießer der Wirtschaftskrise waren und sich angeblich auch die drückenden wirtschaftlichen Auflagen der Alliierten ausgedacht hatten.

Spätestens ab 1940 war Österreich Nazi-Land.

Frühestens 1943 begann die Begeisterung mit dem offensichtlich abnehmenden Kriegsglück bei einem Teil der Menschen langsam zu bröckeln. Als „Sieg" und „Befreiung" wurde die deutsche Niederlage dennoch bloß von einer Minderheit empfunden.

Nach dem Krieg wurde eine Liste all jener Personen erstellt, die Mitglieder von NS-Organisationen waren – vom harmlosen NS-Kraftfahrkorps über die NSDAP bis zur SS –, und wer darauf stand, durfte nicht wählen.

1949 wurde dieses Verbot aufgehoben und es entstand der „Verband der Unabhängigen" (VdU) als braunes Sammelbecken. (Wobei einige der Gründer das durchaus ehrenwerte Anliegen einer „Umerziehung" hatten, nur dass sie bald von geeichten Ewiggestrigen in den Hintergrund gedrängt wurden.)

Aus diesem Verband der Unabhängigen wuchs die FPÖ. Doch auch seitens der Bevölkerung hat es, anders als in Deutschland, nur unmittelbar nach dem Krieg eine Abrechnung mit der NS-Vergangenheit gegeben. Eine Aufarbeitung wurde gar nicht erst in Angriff genommen.

Auch das ist schon Dutzende Male beschrieben worden: Die NS-Vergangenheit wurde nicht aufgearbeitet, weil Österreich das Glück hatte, von den Alliierten als Hitlers erstes Opfer eingestuft zu werden. Das, obwohl es in Prozent der Bevölkerung mehr Täter als Deutschland aufwies: Obwohl „Ostmärker" nur acht Prozent der Bevölkerung des Dritten Reiches ausmachten, stellten sie einen deutlich höheren Prozentsatz der SS und insbesondere des Bewachungspersonals der Konzentrationslager und 70 Prozent des für die Judenvernichtung zuständigen Stabes Eichmann. Doch das alles fiel angesichts des Einmarsches Hitlers in Österreich unter den Tisch.

„Es ist uns gelungen, Hitler zu einem Deutschen und Beethoven zu einem Österreicher zu machen", pflegte meine Mutter zu resümieren.

Nur unmittelbar nach dem Krieg fanden Verfahren gegen sogenannte „Kriegsverbrecher" statt, wobei diese Bezeichnung in den meisten Fällen eine Verschleierung des wahren Tatbestandes darstellte. Denn in den großen Prozessen ging es kaum je um „Kriegsverbrechen" – also Verstöße gegen jenes Mindestmaß an Fairness, das auch in Kriegen gefordert wird –, sondern um Morde, die zufällig während des Krieges stattgefunden hatten: um Benzininjektionen in die Herzen Kranker, um Massenerschießungen von Frauen, Kindern und Greisen, um die industrielle Vernichtung von Juden, Zigeunern und Schwulen. In der Diktion des Strafrechts: um besonders feige, meist mit Raub verknüpfte Morde aus niedrigen Motiven.

In rund zweitausend Fällen wurden Österreicher unmittelbar nach dem Krieg wegen solcher Verbrechen verurteilt, davon 43 zum Tode, 29 zu lebenslangem Kerker, 269 zu langjährigen Freiheitsstrafen.

Damit war das Thema erledigt, obwohl weiterhin zahllose Massenmörder frei herumliefen. Sie waren nur erfolgreicher als andere untergetaucht, weil gerade die schlimmsten meist auch mehr Geld für ihre Tarnung und für Verstecke aufwenden konnten. Aber auch eine verfehlte Propaganda spielte ihnen in die Hände: In ersten Büchern und Berichten wurden SS-Männer grundsätzlich als Peitschen schwingende, diabolisch grinsende Sadisten dargestellt, während sie in Wirklichkeit die biederen Gesichter braver österreichischer Familienväter hatten. Ihre Nachbarn weigerten sich, in ihnen Mörder zu erkennen. (Das Buch meiner Mutter, das die SS so schilderte, wie sie wirklich war, war deshalb ein relativer Misserfolg: Die Menschen wollten Teufel sehen, um sich des Unterschiedes zu sich selbst sicher zu sein.)

Schon in den Fünfzigerjahren kam es nur mehr ganz sporadisch zu Anklagen. Stattdessen begnadigte der sozialdemokratische Bundespräsident Adolf Schärf in trautem Zusammenwirken mit dem sozialdemokratischen Innenminister Oskar Helmer und dem sozialdemokratischen Justizminister Otto Tschadek scharenweise verurteilte Massenmörder: Die Sozialdemokratie wollte bei der Rückgewinnung „Ehemaliger" unbedingt vor der ÖVP landen.

Denn da die Ehemaligen wieder wählen durften, war klar, dass letztlich jene Partei die Mehrheit im Staat erringen würde, der es gelang, mehr von ihnen aufzusaugen oder aber ihre Partei, den VdU bzw. später die FPÖ, zum politischen Partner zu gewinnen. Immerhin war der VdU 1949 bei seinem ersten Antreten mit elf Prozent der Wählerstimmen drittstärkste Kraft, weit vor den Kommunisten, geworden.

Die Gründung des VdU war vor allem von der SPÖ befürwortet, von der ÖVP dagegen lange bekämpft worden: Mit Leopold Figl war damals ein ehemaliger KZ-Insasse ihr starker Mann.

Als der ehemalige Heimwehrmann Julius Raab an die VP-Spitze gelangte, machte dann auch die ÖVP mobil: In der Sorge, die SPÖ könnte ihr zuvorkommen, wollte Raab den VdU 1953 in eine gemeinsame Regierung holen, aber der sozialdemokratische Bundespräsident Theodor Körner weigerte sich (im stillen Einvernehmen mit dem Alliierten Rat), eine solche Regierung zu akzeptieren, und seine persönliche Autorität und Beliebtheit waren zu groß, als dass Raab riskiert hätte, die Koalition mit den Freiheitlichen gegen seinen Einspruch durchzusetzen.

So blieb es dem Sozialdemokraten Bruno Kreisky vorbehalten, die Freiheitlichen endgültig aus der politischen Isolation zu befreien, indem er sie 1970 mit dem Versprechen einer späteren Koalition dazu bewog, seine Minderheitsregierung zu unterstützen. Dass er sein Versprechen nicht einlösen musste, war purer Zufall: Er errang bekanntlich schon 1971 die absolute Mehrheit.

Bis zu Kreisky hatte der *cordon santaire*, den katholische Mitglieder der Volkspartei und kämpferische Mitglieder der Sozialdemokratie um VdU/FPÖ errichtet hatten, letztlich irgendwie gehalten. Da sie nicht und nicht in eine Regierungskoalition gelangte, verlor die Freiheitliche Partei immer mehr Wähler an die beiden Großparteien, die sie willig aufnahmen.

Bruno Kreisky musste – ich habe es im vorigen Kapitel beschrieben – eine aus dem letzten Loch pfeifende FPÖ vor dem bevorstehenden Scheitern an der 5-Prozent-Hürde retten, indem er eine Wahlrechtsreform durchführte, die ihren Einzug ins Parlament erheblich erleichterte.

Ihm ist ihr Überleben zu danken.

Kreisky war eine Ausnahmeerscheinung: Fantasievoll, machtbewusst, geschickt und persönlich sehr anständig. Primär hatte er mit der Gedankenwelt der Personen, die die FPÖ anführten, sicher nicht das Geringste gemein, aber diese Personen schreckten ihn auch nicht im gleichen Ausmaß wie meine Mutter ab.

Statt des Hitler-Faschismus hatte er nur den Austrofaschismus am eigenen Leibe erlebt und der Zufall wollte es darüber hinaus, dass er mit einem offenbar eher sympathischen Edelnazi gemeinsam in der Zelle saß, als Dollfuß sowohl die Sozialistische Partei als auch die NSDAP verbot. Kreisky empfand diesen Mann emotional als Schicksalsgenossen.

Den gewaltigen Unterschied zwischen Dollfuß' Faschismus und Hitlers Faschismus lernte er nicht kennen, denn er emigrierte rechtzeitig nach Schweden. Das erleichterte es ihm, einem ehemaligen SS-Mann wie dem damaligen Obmann der FPÖ Friedrich Peter die Hand zu Verhandlungen zu reichen.

Hätte jeder andere Politiker sich durch solche Verhandlungen dem nationalen und internationalen Verdacht ausgesetzt, braunes Gedankengut zu verharmlosen, so war Kreisky als Jude über diesen Verdacht erhaben. Ich würde in Kenntnis seiner Psyche sogar behaupten: Es hat ihn emotional wahrscheinlich besonders befriedigt, Friedrich Peter gerade als Jude die Hand zu reichen und sich später von dessen jüdischem Widerpart Simon Wiesenthal zu distanzieren, indem er ihm vorwarf, Unschuldige zu verfolgen und ewige Rache zu üben.

Jedenfalls befriedigte es die Österreicher ganz ungemein. Sie erkoren Bruno Kreisky zu ihrem „Hausjuden": einer, der – anders als alle anderen Juden – anständig, ehrlich und ohne Rachegelüste war. Und der sich in seinem Verhältnis zu Simon Wiesenthal fast so antisemitisch gebärdete wie sie.

Ich habe auch über dieses Phänomen im *profil* eine Menge geschrieben. Ein Jude, der in Österreich lebt, hat unter dem Druck des herrschenden Antisemitismus im Extremfall zwei Möglichkeiten: entweder eisern auf seinem Judentum zu beharren oder sich total zu assimilieren. Sich in nichts von allen anderen Österreichern zu unterscheiden aber bedeutet zwangsläufig, auch etwas vom landestypischen Antisemitismus in sich aufzunehmen. Jüdischer Antisemitismus ist nichts Einmaliges in Österreich – auch Karl Kraus ist dafür ein prominentes Beispiel.

Trotz Äußerungen wie „Wenn die Juden ein Volk sind, sind sie ein mieses" will ich nicht so weit gehen, Bruno Kreisky Antisemitismus zu unterstellen, aber seine Haltung gegenüber Juden hat es ihm ungemein erleichtert, Simon Wiesenthal als „angeblichen Ingenieur" aus dem „Osten" zu diffamieren und dem SS-Mann Friedrich Peter die Hand zu reichen. Sie hat es ihm ungemein erleichtert, die Zusammenarbeit mit einer FPÖ zu suchen, unter deren Funktionären immer wieder Zweifel an der Existenz der Gaskammern auftauchten und von denen „Wissenschaftler" zu Vorträgen eingeladen wurden, die diese Zweifel „wissenschaftlich" untermauerten.

Meine Mutter oder Simon Wiesenthal waren auch immer wieder bereit, ehemaligen Nazis versöhnlich die Hand zu reichen. Aber ehe sie diese Hand ergriffen, haben sie sich überzeugt, dass die Betreffenden bereit waren, sich von ihrem „ehemaligen" Gedankengut zu trennen. (Im Falle meiner Mutter: bereit, ihr zumindest im Wissen um ihre Vergangenheit lange und ernsthaft zuzuhören.)

Bruno Kreisky hat diesen Anspruch theoretisch vielleicht auch gehabt, aber in der Praxis hat er darauf verzichtet, ihn gegenüber freiheitlichen Funktionären geltend zu machen. Seine reiche Fantasie gestattete ihm, seinem Wunschdenken bedenkenlos zu folgen und zu glauben, dass diese Funktionäre ihr einstiges Gedankengut längst begraben hätten. Er nannte die FPÖ ernsthaft eine „liberale Partei" wie Deutschlands FDP.

Tatsächlich schien diese FPÖ in der Ära Friedrich Peter, in der Kreisky sie wachküsste, nach außen hin weniger „rechts" und „national" als heute. Zu Recht glaubte ihre Führung nämlich die längste Zeit, überhaupt nur dann eine Chance aufs Mitregieren zu haben, wenn sie sich nach außen hin gemäßigt gab und Skandale vermied: Friedrich Peter hätte nie, wie Jörg Haider, die Charakterstärke gesinnungstreuer SS-Männer oder die Beschäftigungspolitik des Dritten Reiches öffentlich gelobt. Dergleichen tat man nur daheim und am Wirtshaustisch.

Dieses brave Verhalten erleichterte Kreisky seine Fata Morgana einer geläuterten FPÖ und die Überwindung des innerparteilichen Widerstandes gegen eine Zusammenarbeit mit ihr.

In der Folge – und das ist mein wesentlicher Vorwurf gegen ihn – setzte er allerdings einen neuen Maßstab für den Umgang mit der „Vergangenheit": Mit Hans Öllinger berief er einen ehemaligen SS-Mann zum Landwirtschaftsminister, ersetzte ihn zähneknirschend durch das ehemalige NSDAP-Mitglied Oskar Weihs und berief mit Bautenminister Josef Moser und Verkehrsminister Erwin Frühbauer gleich zwei weitere NSDAP-Mitglieder ins Kabinett. Auch sein Verteidigungsminister Otto Rösch war eine zumindest schillernde Figur: Er war im Krieg Mitglied der SA und nach dem Krieg Angeklagter in einem Neonazi-Prozess gewesen. Aber eine liebenswerte alte KZ-Kameradin – Rosa Jochmann – bescheinigte ihm saubere Hände und so will auch ich bestimmt nicht strenger sein als sie, obwohl mir bekannt ist, dass es Rösch war, der Kreisky gefälschtes Material des polnischen Nachrichtendienstes gegen Wiesenthal in die Hand drückte.

Jeder andere Bundeskanzler hätte mit einer derart zusammengesetzten Regierung im Inland Protestdemonstrationen und im Ausland Sanktionen ausgelöst

– der Jude Bruno Kreisky ging als „größter Staatsmann der zweiten Republik" und sozialdemokratischer Heiliger in die Geschichte ein.

Unter Kreiskys Justizminister Christian Broda kam die strafrechtliche Abrechnung mit dem Nationalsozialismus völlig zum Erliegen: Die Staatsanwaltschaft erhob kaum mehr Anklage.

Brodas private Begründung: Er wolle die ständigen Freisprüche solcher Leute durch die Geschworenen vermeiden, um Österreichs internationales Ansehen nicht zu gefährden. Tatsächlich war es kaum mehr möglich gewesen, auch schlimmste Massenmörder einer Verurteilung zuzuführen: Die Geschworenengerichtshöfe fällten die abenteuerlichsten Freisprüche und gelegentlich wurde der Freigesprochene auch unter Jubel aus dem Saal geleitet.

Die Zuhörer solcher Prozesse stellen allerdings eine Auslese dar: Es lässt sich nicht verhindern, dass vor allem „Ehemalige" ihren Kameraden durch ihre Anwesenheit moralische Unterstützung gewähren – man sollte den gelegentlichen Jubel also nicht überbewerten. Doch die Geschworenen werden bekanntlich nach dem Zufallsprinzip aus der Bevölkerung ausgewählt: Es gab in dieser Bevölkerung also offensichtlich eine Mehrheit, die Nazi-Mörder nicht verurteilen wollte.

Also doch Nazi-Land? Bestand die Mehrheit der Bevölkerung bis in die Siebzigerjahre aus klammheimlichen Verteidigern des NS-Regimes? In manchen Städten möglicherweise. Sonst aber saßen nicht Nazis über nationalsozialistische Mörder zu Gericht, sondern ehemalige Nazis, Söhne und Töchter von Nazis oder nahe Verwandte von Nazis.

437.632 Personen wurden nach dem Krieg als Angehörige nationalsozialistischer Organisationen registriert. Die Zahl reicht von Mitgliedschaften beim harmlosen NS-Kraftfahrkorps über die NSDAP bis zur SS. Tatsächlich dürfte ihre Zahl größer sein, denn vielen Leuten gelang es, sich der Registrierung zu entziehen. In Summe machten sie zu allermindest elf Prozent der erwachsenen Bevölkerung aus.

Aber zu ihnen muss man eine große Menge Frauen rechnen, die seltener registrierungspflichtigen Organisationen angehörten und daher nur einen Teil der registrierten elf Prozent bildeten, obwohl sie vielfach besonders glühende Anhänger des Führers waren. Dazu kommen jene vielen Jugendlichen, die die HJ durchlaufen hatten und dort natürlich ebenfalls mit nationalsozialistischem Gedankengut infiziert worden waren. Und natürlich konnte man auch ohne Mitgliedschaft bei einer NS-Organisation ein Nazi sein.

Ich glaube nicht, dass ich weit danebenliege, wenn ich annehme, dass es neben jenen elf Prozent Wählern, die sich 1949 für den VdU entschieden hatten, noch etwa vier, fünf Prozent engagierte NS-Sympathisanten gab, die sich auf ÖVP und SPÖ aufteilten. Damit dürfte es umgekehrt nur wenige erwachsene Österreicher gegeben haben, die nicht zumindest einen eindeutigen NS-Sympathisanten zur engeren Verwandtschaft zählten.

Selbst in unserer Nazi-fernen Familie hat der älteste Bruder meiner Mutter in Jugoslawien besonders gute Geschäfte mit den deutschen Besatzern gemacht und es wurde ihm dort der Prozess gemacht, weil er angeblich mit den Deutschen fraternisiert hatte. (Hauptindiz gegen ihn war absurderweise das Zusammentreffen mit einem „deutschen Offizier" – dem Ehemann seiner Schwester Edith, der als Berufsoffizier am Balkan Dienst tat und die Nazis hasste.)

Und in unserer deutschen Familie war der ältere Bruder meines Vaters, Karl, bei der SS.

Österreich war kein Nazi-Land mehr, wohl aber ein Land, in dem nicht nur die Ehemaligen ihre Kameraden nicht an den Pranger stellen wollten, sondern fast jeder einen Grund zu familiärer Rücksicht gegenüber Nazis und „ehemaligen Nazis" hatte.

Geschworene, die über NS-Verbrecher zu Gericht saßen, wollten ihre Zeitgenossen so wenig für ihre Morde verurteilen wie sie sich selbst oder nahe Verwandte dafür verurteilen wollten, Hitler zugejubelt, irgendwann von Deportationen gewusst, das Morden geahnt und in lauter Angriffskriegen „nur ihre Pflicht getan" zu haben. Obwohl ihnen von außen keineswegs eine „Kollektivschuld" aufgebürdet wurde, nahmen sie sie selbst unterbewusst auf sich, indem sie jeden Vorwurf gegen einen Mörder als Vorwurf gegen sich selbst auffassten.

Dabei wäre die eindeutige Verurteilung der Verbrecher ihre stärkste Entlastung gewesen, denn es hätte sie klar von ihnen abgegrenzt: Schließlich besteht ein gewaltiger qualitativer Unterschied zwischen einem Mörder, einem PG mit „Sonderaufgaben", einem unauffälligen Parteimitglied und jemandem, der Hitler vielleicht anfangs zugejubelt hat, weil er sich von ihm das Ende der grassierenden Arbeitslosigkeit erhoffte.

Aber so gut wie alle diese Männer und Frauen, die noch persönlich in irgendeiner Form an das NS-System angestreift waren, sind heute tot. Wie kommt es, dass es dennoch eine so große Gruppe von Menschen gibt, die es nicht irritiert, wenn in der Partei, die sie wählen, immer wieder massive braune Flecken sichtbar werden?

Zum einen ist es der schon weiter oben angedeutete Mechanismus: In Familien, in denen irgendein Mitglied zu irgendeinem Zeitpunkt ins NS-Regime involviert war, wurde jedes NS-Thema bewusst oder unterbewusst gemieden – es wurde (man sollte doch gelegentlich bei Sigmund Freud nachlesen) mit einem

„Tabu" belegt: Man sprach nicht über die „Vergangenheit". Ja, man sprach am besten überhaupt nicht über Politik, denn ein solches Gespräch konnte an das Tabu anstreifen.

Es entstanden zahllose extrem apolitische Familien, für deren Nachkommen die Aussage typisch ist: „Über Politik ist bei uns nie geredet worden." Wer nie über Politik diskutiert hat, kann keine Ahnung von gefährlichen Entwicklungen Argumentationen oder Emotionen haben. Er ist den Argumentationen derer, die „ihrer Gesinnung treu geblieben sind", hilflos ausgeliefert.

Entscheidend für die weitere Entwicklung des freiheitlichen Lagers war nicht, dass zweifellos die Mehrheit der ehemaligen NS-Sympathisanten dort andockte, sondern dass besonders geeichte „Ehemalige" den Kader der Funktionäre dominierten: Besonders viele, die, um Jörg Haider zu zitieren, die Charakterstärke besaßen, ihrer Gesinnung auch unter den geänderten Umständen treu zu bleiben, wurden freiheitliche Landesparteiobleute und Spitzenkandidaten.

Dieser harte braune Kern hat in der Folge das politische Klima in Österreich wesentlich mitbestimmt, indem es ihm, im durchaus eigenen Interesse, gelang, jeden Versuch einer Differenzierung zwischen Mördern, ernsthaft Belasteten und harmlosen oder erzwungenen Mitläufern zu verhindern. Da zweifellos nicht alle gleichermaßen schuldig waren, einigte man sich darauf, alle für gleichermaßen unschuldig anzusehen.

Wann immer ein NS-Massenmörder ins Kreuzfeuer geriet, vermochten diese Hard-Core-Ehemaligen das in einen Angriff gegen alle Unschuldigen umzudeuten, die dem NS-Regime als Frontsoldaten gedient hatten. Sie nahmen die gesamte „Wehrmachtsgeneration" in Geiselhaft, wenn es darum ging, den Blick auf Männer zu verschleiern, die (vielfach zu Lasten der Wehrmacht) während des Krieges ganz gewöhnliche Morde begangen hatten.

Wesentlich war, dass sie dabei auf die Schützenhilfe von Journalisten zählen konnten, die in bestimmten Zeitungen – etwa dem nicht mehr existenten *Blauen Montag* – die entsprechende Interpretationsarbeit leisteten. Von ihnen kamen die Berichte und Kommentare, die sich öffentlich darüber empörten, dass die „Wehrmachtsgeneration" in „den Schmutz gezerrt" würde, und „endlich Schluss" mit der „ewigen Hexenjagd" forderten.

Heute sind freilich auch diese frühen Kader-Funktionäre und ihre journalistischen Helfershelfer fast durchwegs tot. Doch sie leben in ihren Söhnen und Töchtern weiter. Jeder zweite junge FP-Funktionär ist der Sohn eines ehemals registrierten bzw. einschlägigen alten FP-Mitgliedes.

Es ist dies ein ungemein komplexes und in gewisser Hinsicht auch tragisches Phänomen: Natürlich lieben Söhne und Töchter ihre Väter und gerade unter

Nationalsozialisten dürfte es sogar besonders viele für ihre Kinder besonders liebenswerte Väter gegeben haben. Und nun sollten diese Kinder (Enkel) „aufarbeiten", dass diese bewunderten und geliebten Väter (Großväter) in der NS-Zeit im schlimmsten Fall willige Vollstrecker der düstersten Ideen des Führers gewesen sind oder ihm im günstigsten Fall zur Macht verholfen haben. Das ist emotional unendlich schwierig. Man will es nicht wahrhaben und zieht es vor, die Geschichte umzuformen, sieht plötzlich hundert Gründe, warum man an Hitlers Ideen glauben musste und warum die NS-Verbrechen so nicht stattgefunden haben können.

Der Sohn oder die Tochter eines Nationalsozialisten steht dem Nationalsozialismus auf diese Weise gelegentlich unkritischer gegenüber als ihr Vater, der ihn gelebt hat.

Es gehört sehr viel menschliche Größe dazu, zu sagen: „Ich habe erkannt, dass Du, mein Vater, in der NS-Zeit versagt hast, ich teile Deine Ansichten zu diesem Thema in keiner Weise und distanziere mich davon – trotzdem bist Du mein Vater, dem ich in Liebe verbunden bleibe."

Weil ich um diese Schwierigkeit weiß, habe ich besonderen Respekt vor Menschen, die sich aus nationalsozialistischen Familien heraus zu Gegnern nationaler Gesinnung entwickelt haben. Der Mitbegründer des LIF und kurzfristige Verteidigungsminister Friedhelm Frischenschlager gehört in diese Kategorie; auch Heide Schmidt, die aus einer Vertriebenen-Familie heraus fast so zwangsläufig in die FPÖ eintrat wie ich in die SPÖ, hat sich aus eigener Kraft energisch von diesem familiären und politischen Hintergrund gelöst; mein verstorbener Kollege Franz G. Hanke hat es, und verdient dafür besonderen Respekt.

Es gibt diejenigen, die aus dem Wissen um das mehr oder minder große Versagen ihrer Eltern besonders entschlossene Gegner jeder Gesinnung geworden sind, die an den Nationalsozialismus anstreift: Hankes verbissenes Bemühen, ein Rezept gegen die Arbeitslosigkeit zu propagieren, rührte davon her, dass er miterlebt hatte, wie sein arbeitsloser Vater zum glühenden Anhänger Hitlers geworden war.

Aber in der Mehrheit der Fälle ist es doch wohl umgekehrt: Die Söhne der Nationalsozialisten – etwa Jörg Haider als Sohn eines Illegalen der ersten Stunde – halten mit aller Kraft an der Verteidigung ihrer Väter fest, und die beste Verteidigung besteht darin, der Bevölkerung einzureden, dass jeder Vorwurf gegen einen NS-Verbrecher oder unverbesserlichen alten Nazi ein Angriff auf die „Wehrmachtsgeneration" in ihrer Gesamtheit ist.

Österreich hat das Problem, dass auch die journalistischen Kommunikatoren dieser These zum einen noch nicht gänzlich ausgestorben, zum anderen als

„Söhne" nachgewachsen sind: Mein Kollege Gerd Leitgeb, Sohn eines nach dem Krieg inhaftierten NS-Arztes, der im *profil* noch tadellose Texte geschrieben hatte, verfasste die abenteuerlichsten Texte, als ihm Kurt Falk, Sohn eines belasteten Nationalsozialisten, in *täglich Alles* dazu Gelegenheit gab.

Den mit Abstand größten Beitrag zur Verteidigung der „Wehrmachtsgeneration" hat freilich die 1959 von Hans Dichand und Kurt Falk gegründete *Kronen Zeitung* geleistet: Wie der *Blaue Montag* hat sie die „Wehrmachtsgeneration" ununterbrochen gegen angebliche pauschale und unzutreffende Verdächtigungen in Schutz genommen: Wenn etwa bei einer „Wehrmachtsausstellung" oder einer anderen Gelegenheit darauf hingewiesen wurde, dass auch Wehrmachtsangehörige Verbrechen begangen haben, sah sie „die Wehrmachtsgeneration" sogleich in ihrer Gesamtheit mit Schmutz beworfen. Selbst noch „Herrn Strudls Sonntags-Notizen" mussten dazu herhalten: „I frag mi, wann der Wehrmachtsausstellung a Ausstellung über die Verbrechen der Sieger folgen wird." Wenn die Stadt Wien zu dem Schluss kam, dass Fliegermajor Walter Nowotny doch kein Ehrengrab dafür verdiente, dass er mehr alliierte Flugzeuge als jeder andere abgeschossen hatte, diffamierte sie das als Störung der Totenruhe, obwohl der Leichnam gar nicht umgebettet wurde, sondern das Grab nur den Rang eine Ehrengrabes verlor. Natürlich forderte sie bei jeder sich bietenden Gelegenheit „endlich Schluss" mit der Diskussion der „Vergangenheit". Natürlich nahm sie in der Auseinandersetzung zwischen Bruno Kreisky und Simon Wiesenthal wütend gegen Wiesenthal Partei und wollte ihn des Landes verwiesen sehen.

Die *Kronen Zeitung* verbreitet nicht „nationalsozialistisches Gedankengut", wohl aber jene Gesinnung, die es den Wählern von FPÖ und BZÖ so leicht macht, die braunen Flecken innerhalb dieser Parteien zu übersehen.

Wo immer sie kann, bringt sie „uns Österreicher", die wir arbeitsam, fleißig und ehrlich sind, in eine Frontstellung gegen eine angeblich feindliche Welt, die uns nichts als Unrecht tut: uns unser Wasser wegnehmen will, uns tödliche Atomkraft aufoktroyiert oder uns dazu zwingen will, „Gen-verseuchte" Nahrung zu essen. Die „Wir"-Gruppe wird übermäßig gestärkt, indem sie ununterbrochen positiv von „den anderen" unterschieden wird. Wer je über die Entstehung des Nationalsozialismus diskutiert hat, weiß, welche Bedeutung dem zukommt.

Da Juden trotz Kreiskys Ausfällen relativ tabu sind, greift die *Kronen Zeitung* auf die übliche genialische Weise nur das Gedächtnis an den Holocaust an: „Die dritte Generation überlebender Juden mag die Märtyrer-Saga der so barbarisch vergasten Opfer Hitlers auf ähnliche Weise brauchen, wie die Christen seit 2000 Jahren das Andenken an den – wohl noch barbarischeren – Kreuzigungstod Jesu Christi pflegen." (*Krone*-Starkolumnist Richard Nimmerrichter alias „Staberl") Als Feindbild hat sie die Juden längst durch „Ausländer", „Zuwanderer" und

„Asylanten" ersetzt, deren großer „Makel" darin besteht, keine Österreicher zu sein. Sie tut das großflächig – mit der zitierten Konfrontation zwischen Österreich und seiner feindlichen, habgierigen, ungerechten Umgebung – und sie tut es subtil, indem sie bei Kriminalfällen stets liebevoll ausführt, dass der Verdächtige oder Verurteilte ein „Nigerianer", „Pole" oder jedenfalls „Ausländer" ist. Was sie an Kommentaren hinzuzufügen klugerweise unterlässt, besorgen die Leserbriefseiten, die ungeschminkt die „nationalen" Emotionen schüren.

Die FP-Wahlslogans „Österreich zuerst", „Daham statt Islam" oder „Heimat statt Schüssel und Brüssel" waren nur die gekonnte Zuspitzung dessen, was die *Kronen Zeitung* auf ihren Seiten täglich insinuiert.

Ich glaube, dass man den Einfluss der *Kronen Zeitung* auf das politische Klima dieses Landes gar nicht hoch genug einschätzen kann. Mit drei Millionen Lesern ist sie, gemessen an der Bevölkerung, die mit Abstand größte Zeitung der Welt und wird von Hans Dichand bis heute genial gemacht. Dass sich mit ihrer Geisteshaltung drei Millionen Leser gewinnen ließen, zeugt zwar davon, wie verbreitet die Toleranz gegenüber „nationalem" Gedankengut in Österreich zu allen Zeiten gewesen ist, aber die *Kronen Zeitung* hat diese Toleranz durch ihre Berichterstattung auch ständig ausgeweitet. Es ist ein Regelkreis mit erheblichem Rückkoppelungseffekt entstanden: Die *Kronen Zeitung* erschafft sich ständig die Leserschaft, die ihr treu bleiben wird. Und die selbst dann zu 30 Prozent die FPÖ wählt, wenn Dichand, wie bei der Wahl von 2008, eine beispiellose Kampagne zugunsten des SP-Kandidaten Werner Faymann fährt.

In den Worten meines Kollegen Sven Gächter in einem Leitartikel des *profil*: „Die *Krone* ist ein Phänomen, das sich selbst genügt. Daraus schöpft das Blatt sein strammes Selbstbewusstsein und seine erdrückende Breitenwirkung in allen Schichten. Mit weiten Teilen des heimischen Establishments teilt Herausgeber Hans Dichand den unerschütterlichen Glauben an die scheinbar staatstragende Relevanz seiner Zeitung: Publizistik als *self-fulfilling prophecy*, die täglich neu beglaubigt wird.

13. Politik ohne Falsifizierung

Wer in Österreich keine Große Koalition zwischen Christlichsozialen und Sozialdemokraten haben will, kann sie kaum abwählen bzw. muss eine Regierung unter Einschluss der Freiheitlichen in Kauf nehmen. Das Wahlrecht lässt keinen besseren Ausweg.

Während CDU und SPD in Deutschland auf die FDP zurückgreifen können, wenn sie eine regierungsfähige Mehrheit außerhalb einer Großen Koalition brauchen, müssen SPÖ und ÖVP auf die FPÖ zurückgreifen. Obwohl ihr Name ähnlich klingt, ist die FPÖ das absolute Gegenteil der FDP: chauvinistisch statt weltoffen, intolerant statt liberal, kollektivistisch statt individualistisch. Wo die FDP wirtschaftspolitisch für Privatisierung, Deregulierung und Öffnung der Märkte eintritt, tritt die FPÖ gegen Privatisierung, für Staatsinterventionen und gegen die EU auf. Wo die FDP für Toleranz gegenüber Homosexuellen eintritt, liefert die FPÖ eine Abwehrschlacht gegen die Homo-Ehe. Wo die FDP für multikulturellen Pluralismus eintritt, ist es das zugkräftigste Wahlkampfthema der FPÖ, ihn abzulehnen usw. usw.

Ich glaube, es gibt keine einzige Position der FDP, die in der FPÖ nicht ihr Gegenteil findet.

Eigentlich kann es zwischen einer vernünftigen, einigermaßen liberalen, weltoffenen Partei und der FPÖ keine Koalition geben – aber man muss sie eingehen, wenn man keine Große Koalition will. Das ist seit Jahrzehnten der ganz spezielle Jammer Österreichs.

Er wird durch ein Wahlsystem heraufbeschworen, das absolute Mehrheiten, und damit handlungsfähige Regierungen, zur Ausnahme stempelt. Denn Österreich hat ein reines Verhältniswahlrecht: Das Parlament spiegelt exakt die politische Landschaft wider. Und in dieser machen die rechten, die „nationalen" und die Protestwähler in etwa ein Drittel aus. Sie sind ein bunter Haufen, ohne ein wirkliches politisches Ziel: Modernisierungsverlierer, die ihre meist eher schlechte wirtschaftliche Lage teils den „Ausländern", teils der EU anlasten, obwohl ihre Situation ohne EU noch weit schlechter wäre und obwohl gerade die österreichische Wirtschaft „Zuwanderer" dringend braucht. Als Arbeiter fühlen sie sich von der SPÖ, als gefährdete Klein-Unternehmer von der ÖVP und als Jugendliche von beiden Parteien unverstanden und vernachlässigt.

In den Jahren 2006 und 2007 erwies sich die Regierung als besonders inkompetent und zu den Sorgen und Ängsten der Bevölkerung trat ein begreiflicher allgemeiner Politik-Verdruss hinzu. Es bestand der zutreffende Eindruck, dass die Regierung zu effizientem Handeln unfähig war.

Damit bin ich bei dem Kern des Problems, um das es mir eigentlich geht: Ich glaube, dass Koalitionen dazu neigen, ineffizient zu regieren, weil die Beteiligten aufgrund eines Mechanismus, auf den ich noch eingehen werde, im Allgemeinen in verschiedene Richtungen ziehen.

Deutschland hat ein gemischtes Wahlrecht, bei dem immerhin die Hälfte der Abgeordneten nach einem Mehrheitswahlrecht bestellt wird. Dieses Mehrheiten ebenfalls nicht unbedingt fördernde System war in Deutschland so lange kein gröberes Problem, als das Zünglein an der Waage, das zur Regierungsmehrheit ausreichte, FDP hieß. Wirtschaftlich hatte diese Partei immer annähernd die gleichen Ziele wie die CDU und zumindest unter Helmut Schmidt war auch die Entfernung zur SPD nicht gravierend. Sowohl CDU/CSU als auch SPD konnten in einer Koalition mit der FDP ihre Politik einigermaßen erfolgreich verwirklichen.

Mit dem Erstarken der Grünen ergab sich dann die Möglichkeit einer rotgrünen Koalition links der Mitte, der rechts der Mitte eine Koalition aus CDU/CSU und FDP als Alternative gegenüberstand. Jede dieser beiden Koalitionen war in ihrem Sinne ausreichend handlungsfähig. (Auch wenn die Übereinstimmung zwischen SPD und Grünen manchmal ein wenig gequält ausfiel.)

Die wirklichen Probleme begannen, als mit der „Linken" eine fünfte größere Partei ins Rennen ging. Denn damit ist es auch in Deutschland immer schwieriger, eine in sich halbwegs kohärente Mehrheit zu erzielen. Weder CDU/CSU noch die SPD erhielten wenigstens genügend Mandate, um mit der FDP oder den Grünen eine regierungsfähige Mehrheit zu bilden. Also mussten sie nach österreichischem Muster eine Große Koalition eingehen und werden auch in Zukunft immer öfter vor dieser problematischen Alternative stehen. Denn CDU/

CSU und SPD unterscheiden sich in ihren wirtschaftlichen Vorstellungen doch in einem Ausmaß, das es reichlich schwierig macht, zu klaren gemeinsamen Entschlüssen zu gelangen. Zumal die SPD die Unterschiede sogar noch betonen muss, damit sie gegenüber ihren Stammwählern nicht ihr „Profil" verliert und immer mehr von ihnen zur „Linken" abwandern.

Daher: „Kein Abbau des Sozialstaates" und „höhere Unternehmens- und Vermögenssteuern" gegen „mehr Flexibilität" und „niedrigere Steuern".

Ohne zu sagen, was ich für die richtigere Richtung halte, behaupte ich: Es gibt zwischen diesen Forderungen keinen vernünftigen „Mittelweg".

Sondern das Resultat ist Paralysierung.

Aber auch eine Ampel aus CDU/CSU, FDP und Grünen zeichnet sich nicht gerade durch wirtschaftspolitische Kohärenz aus, sondern lässt ununterbrochene Kleinkriege und vage Kompromisse erwarten.

Eher noch könnten SPD, Grüne und die „Linke" zu klaren gemeinsamen Entscheidungen gelangen. Aber ich weiß nicht wirklich, ob ich Deutschland das wünschen soll. Nicht einmal so sehr der Wirtschaftspolitik wegen – da ergäbe sich immerhin die Gelegenheit, einmal ein wirkliches Alternativprogramm auszuprobieren und nach vier Jahren entweder zu feiern oder es mit einem Erdrutschsieg für die CDU/CSU ein für alle Mal zu verwerfen –, sondern weil ich keine ehemaligen Stasi-Sympathisanten in wichtigen Stellungen sehen möchte.

Ich möchte diesbezüglich keine „österreichischen Verhältnisse", wie wir sie nach der Kleinen Koalition aus ÖVP und FPÖ hatten, die uns bekanntlich nicht nur für zwei Legislaturperioden reihenweise unfähige „nationale" Minister eingebracht, sondern diesen Typus für Jahrzehnte in höchste Beamtenpositionen befördert hat.

Obwohl ich jetzt ziemlich ausführlich parteipolitische Details ausgeführt habe, ist mein Einwand grundsätzlicher Art, und ich stütze mich dabei, wie so oft in diesem Buch, auf Karl Popper. Kurz vor seinem Tod veröffentlichte er im *Economist* einen Artikel, in dem er seine Ansicht zum Thema „Wahlen" zusammenfasste. Sie hat mit seiner Einstellung zum Thema „Naturwissenschaften" zu tun, wie sie aus seiner *Logik der Forschung* hervorgeht: Unser Bemühen muss sich darauf konzentrieren, eine These zu falsifizieren.

Speziell für Eric: Die *Logik der Forschung* ersuche ich Dich dringend zu lesen, obwohl ihre Kernaussage mittlerweile Allgemeingut gebildeter Menschen ist: Naturwissenschaftliche Thesen muss man zu falsifizieren, nicht zu verifizieren versuchen. Wenn eine Feder und ein Stein auch hundertmal mit ganz unterschiedlicher Geschwindigkeit fallen, muss es noch nicht richtig sein, dass der leichtere Gegenstand wesentlich langsamer fällt. Aber wenn sie im luftleeren

Raum gleich schnell fallen, war die Theorie, dass sie unterschiedlich schnell fallen, falsch.

Wir können nie mit absoluter Sicherheit sagen, dass eine Aussage richtig ist (nur dass sie bisher nie falsifiziert werden konnte und sich also „bewährt" hat), wohl aber können wir mit absoluter Sicherheit sagen, dass sie falsch ist, wenn wir sie in einem auf ihren Kern zugeschnittenen Experiment, dem *experimentum crucis,* falsifiziert haben.

Was hat das mit Politik zu tun?

Karl Popper ist der Ansicht, dass politische Programme so etwas wie gesellschaftliche Theorien darstellen, deren Anwendung die jeweilige Regierung über eine Legislaturperiode hinweg erprobt – und dass Wahlen vor allem dazu da sind, Theorien, die sich nicht bewährt haben, zu verwerfen, indem man die Regierung abwählt. Aufs „Abwählen-Können" eines falsifizierten Regierungsprogramms komme es an.

Es wird kaum überraschen, dass ich auch dieser Ansicht bin.

Daran knüpft sich meine grundsätzliche Ablehnung der Großen Koalition im Rahmen des bestehenden Wahlrechts: Man kann sie nicht wirklich abwählen – höchstens in ihrer Zusammensetzung etwas verändern. Und man kann die Leistung der beteiligten Parteien nicht wirklich beurteilen, weil ja die meisten getroffenen Maßnahmen weder ganz dem einen, noch ganz dem anderen Parteiprogramm entsprechen. Wenn die Differenzen sehr groß sind, sind die Kompromisse besonders gequält – nicht selten münden sie in völligen Stillstand. Es kann nicht effizient sein, wenn zwei Parteien gemeinsam regieren müssen, obwohl sie in wesentlichen Fragen unterschiedliche Meinungen haben.

Wenn die ÖVP ein Unternehmen möglichst rasch, möglichst vollständig privatisieren will, so kann sie das in einer Großen Koalition nicht durchsetzen, weil die SPÖ nur langsam privatisieren und einen Staatsanteil behalten will. Man wird das Problem also im Allgemeinen „bis zur nächsten Legislaturperiode aufschieben". Aber in der wird man es wieder nicht lösen, selbst wenn aufgrund der nächsten Wahlen eine deutlich größere Zahl von Wählern der Ansicht der ÖVP ist. Denn die SPÖ wird in der Großen Koalition ja weiterhin ihr Partner sein, auch wenn sie jetzt vielleicht ein paar Mandate weniger hat. Ja, die Lösung wird sogar noch schwieriger sein, weil die SPÖ jetzt noch ausgeprägter gegen vollständige Privatisierung sein wird, um ihre Kernwähler nicht vor den Kopf zu stoßen.

Die AUA ist ein klassisches Opfer dieser Mechanik: Zuerst waren beide Parteien aus unsinnigen patriotischen Motiven gegen die rasche Privatisierung, die in der Praxis zu einem baldigen Verkauf an einen starken ausländischen Partner geführt hätte. Dann wollte die ÖVP die Privatisierung wenigstens vorantreiben, die SPÖ sträubte sich. Die FPÖ war massiv dagegen und stimmte die Bevölkerung gegen einen Verkauf ein. Worauf die ÖVP Angst bekam, dass ihre Privatisierungs-/Verkaufs-Ambitionen sie Stimmen kosten könnten, und auch auf einen „nationalen" Kurs einschwenkte: Ihr in meinen Augen reichlich ahnungsloser Finanzminister Willhelm Molterer bestellte mit Alfred Ötsch außerdem noch einen in vieler Leute Augen besonders unfähigen Manager, um die österreichische Luftlinie im Alleingang zu sanieren. Das mündete in das bekannte Desaster, worauf die rot-schwarze Koalition nun doch wieder den Verkauf beschloss. Nur dass der Finanzexperte der SPÖ Christoph Maznetter die in seinen Augen „sozialistische" Forderung aufstellte, dass es einen österreichischen Kernaktionär oder zumindest eine österreichische Sperrminorität geben müsse. Damit war auch der rasche Verkauf ausgeschlossen. Das Ende ist bekannt: Die Republik muss ihre Fluglinie, für die sie zu Beginn der gesamten Debatte noch ein paar Hundert Millionen erlöst hätte, verschenken und noch einen Teil des aufgelaufenen Verlustes tragen.

Der gleiche Mechanismus lässt sich am Beispiel Schulreform jederzeit mit umgekehrten Vorzeichen vorführen: Die SPÖ kann ihre vernünftigen Gesamtschulpläne nicht ernsthaft in Angriff nehmen, weil ihr Koalitionspartner ÖVP sich auf die Erhaltung unseres angeblich „differenzierten Schulsystems" festgelegt hat. Immer werden die Partner einer Großen Koalition nach Neuwahlen eher noch stärker in entgegengesetzte Richtung ziehen als schon zuvor.

„Die Große Koalition schreitet von der Paralyse zur Querschnittslähmung fort", formulierte es der ehemalige Generalintendant des ORF, Gerd Bacher.

Das Einzige, worauf der Wähler durch seine Wahl Einfluss nehmen kann, solange die Regierung aus den beiden größten Parteien gebildet wird, ist die Zahl der Minister, auf die die etwas kleinere Partei der beiden Anspruch hat. Und nicht einmal das wirklich. Denn weil die etwas größere Partei die etwas kleinere aufgrund des Wahlrechts zwingend zur Regierungsbildung braucht, kann diese sich teuer verkaufen: Damit die ÖVP 2007 mit der SPÖ ging, beanspruchte die Volkspartei bekanntlich gleich viele Minister und den Finanzminister als Vizekanzler, und Ende 2008 war es nicht viel anders.

Das Resultat von 2007 kennen wir und es war entsprechend: Gusenbauer wollte das SP-Regierungsprogramm verwirklichen, die ÖVP stellte den Finanzminister, der nicht daran dachte. Eine Einigung war nur in marginalen Bereichen möglich, denn nicht umsonst wird das Budget auch „das in Zahlen gegossene Regierungsprogramm" genannt.

Erst mit dem Zusammenbruch der Regierung im Sommer 2008 kam es zu größeren Entscheidungen, indem sich in einzelnen Fragen ganz neue Spontan-Koalitionen herausbildeten, die in Hinblick auf die Neuwahlen in gegenseitiger

Lizitation ein Wahlzuckerl nach dem anderen beschlossen, was eigentlich auch nicht der Sinn der Sache sein kann.

Die neue Regierung unter Werner Faymann und Josef Pröll macht es zumindest äußerlich vorerst wesentlich besser, was daran liegt, dass sie weiß, dass eine Wiederholung der Gusenbauer-Molterer-Vorstellung sie beide von der politischen Bühne stieße – aber es ist höchst fraglich, wie lange ein solcher Lernprozess vorhält. Ansonsten stehen sie nicht unter dem Zwang, ihre unterschiedlichen Konzepte, etwa im Bereich der Schule oder der Privatisierung, zu verwirklichen, denn es gibt für sie nur ein Thema: die einigermaßen erfolgreiche Bewältigung der aktuellen Wirtschaftskrise. Keine der beiden Parteien hat dafür ein anderes „Rezept" als Keynes'sches Deficit Spending, und so werden sie es gemeinsam durchziehen.

Es ist das eine der Ausnahmesituationen, in denen eine Große Koalition durchaus ihre Vorteile hat – nur dass eine solche Zusammenarbeit in einer außergewöhnlichen Situation natürlich auch möglich wäre, wenn eine Partei aufgrund eines Mehrheitswahlrechts die klare Mehrheit erhielte und sich freiwillig mit der anderen zusammentäte, weil der Ausnahmezustand es sinnvoll macht.

Eine solche „freiwillige" Große Koalition wäre auch effizienter als die augenblickliche, weil sie doch eine eindeutigere Führung hätte.

In allen anderen Situationen, so behaupte ich, ist die Alleinregierung automatisch die weit effizientere Regierungsform. Denn man kann die Regierungsprogramme zweier verschiedener Parteien nur dann gleichzeitig verwirklichen, wenn sie weitgehend gleich sind. In jedem anderen Fall kommt es zu enormen Reibungsverlusten bis hin zur Paralyse. Egal, ob nun die ÖVP oder die SPÖ den Regierungschef stellt.

Aber nicht nur das Regieren wird pervertiert, auch das für eine lebendige Demokratie unerlässliche Wechselspiel von Regierung und Opposition ist durch die Große Koalition beständig denaturiert: Die ÖVP, die im Fall eines SP-Sieges die logische starke Opposition wäre, sitzt stattdessen als ausgewachsener Juniorpartner in der Regierung. Und wenn die nächste Große Koalition dann von der ÖVP angeführt würde, wäre die SPÖ ihr ausgewachsener Juniorpartner, statt logische starke Opposition zu sein.

Einer der Kernmechanismen einer funktionierenden Demokratie, nämlich die Kontrolle einer starken Regierung durch eine starke Opposition, die die nächste Regierung werden will, ist außer Kraft gesetzt.

Grüne und Freiheitliche werden dem von Herzen zustimmen: Auch sie halten die Große Koalition für ein Unglück, das es zu vermeiden gilt, und stellen ihr das Glück einer Kleinen Koalition mit einem von ihnen gegenüber.

Das hat zuerst einmal den Haken, dass die größere und damit chancenreichere der beiden „kleinen" Parteien die FPÖ ist und ich eine Koalition mit dieser Partei grundsätzlich für ein Unglück halte: Wie kann irgendeine vernünftige große Partei mit einer Partei koalieren, die den Austritt aus der EU gefordert hat und trotz einer der niedrigsten Geburtenraten der Welt jede Zuwanderung stoppen will?

Inzwischen ist aber noch ein weiteres, grundsätzliches Problem hinzugetreten: Der derzeitige Führer der FPÖ, Heinz-Christian Strache, bevorzugt eine Koalition mit der SPÖ, denn er hat erlebt, wie sein Vorgänger Jörg Haider in einer Koalition mit der ÖVP untergegangen ist.

Dieser Untergang war kein zufälliger, sondern entsprang einer systemimmanenten Mechanik: Wenn eine etablierte eher rechte Partei, die den Kanzler stellt, mit einem rechten Newcomer eine Koalition bildet, dann werden die Erfolge dieser Koalition der Kanzler-Partei zugeschrieben, der rechte Juniorpartner gerät in die Rolle des Schmiedl neben dem Schmied. Am Ende der ersten Legislaturperiode der VP-FP-Regierung unter Wolfgang Schüssel haben bekanntlich sehr viel mehr Leute die ÖVP und sehr viel weniger Leute die FPÖ gewählt.

Das wird in einer solchen Konstellation fast immer so sein. Deshalb ist Straches Überlegung parteitaktisch richtig: Nur in einer Koalition mit der SPÖ kann sich die FPÖ als „rechte Alternative" profilieren und damit bei folgenden Wahlen zulegen.

Ähnliches gilt mit umgekehrten Vorzeichen für die Grünen: Nicht zufällig favorisierte Alexander van der Bellen eine Koalition mit der ÖVP, denn dort kann sich seine Partei als „linke Alternative" profilieren.

Das ist einmal mehr ein grundsätzlicher Fehlmechanismus: Statt dass in Koalitionen zwangsläufig die beiden Parteien zusammenfänden, die einander programmatisch am nächsten stehen, finden womöglich in Zukunft immer öfter die beiden Parteien zusammen, die unterschiedliche, im Extremfall diametrale Programme repräsentieren. Die Strache-FPÖ, die die Zuwanderung völlig unterbinden will und die Gesamtschule total ablehnt, will mit der SPÖ koalieren, die Grünen, die die Zuwanderung bejahen und die Gesamtschule fordern, liebäugeln mit der ÖVP.

Wenn jeder Parteiobmann das tut, was für seine Partei taktisch das Beste ist, kommt zwingend das Schlechteste für das Land heraus, nämlich eine Regierung, in der die Partner in wesentlichen Fragen in entgegengesetzte Richtung ziehen.

Eigentlich müsste denkenden Menschen die grundsätzliche Problematik dieser politischen Mechanik auffallen. Aber dem war die längste Zeit nicht so. Die überwältigende Mehrheit der Österreicher hat der „Alleinregierung" Umfrage für Umfrage die größten Reserven entgegengebracht und die Große Koalition für die beste Regierungsform gehalten. Dabei sprachen alle Erfahrungen gegen diesen Befund: Die mit Abstand erfolgreichsten Regierungen Österreichs waren Alleinregierungen.

Die erste wuchs 1966 aus dem sogenannten „Rundfunkvolksbegehren". So wie alle anderen Bereiche – von der Verstaatlichten Industrie über den Wohnbau bis zu den Banken oder selbst den Autofahrervereinen – war auch der Rundfunk großkoalitionär zwischen Roten und Schwarzen aufgeteilt: Das Fernsehen gehörte der SPÖ, der Hörfunk der ÖVP (weil deren Obmann ihn in seiner Ahnungslosigkeit für das wichtigere Medium gehalten hatte). So wurde der Hörfunk inhaltlich aus der ÖVP-Zentrale, das Fernsehen aus der SPÖ-Zentrale dirigiert. Von unabhängiger innenpolitischer Berichterstattung konnte so wenig die Rede sein wie in der sowjetischen *Prawda*.

Gegen diesen Zustand starteten die „unabhängigen" (meist der ÖVP näher als der SPÖ stehenden) Zeitungen ein Volksbegehren, das unerwarteten Zulauf erhielt, weil die Menschen der Aufteilung des Landes in eine rote und eine schwarze Hälfte auch sonst müde waren.

Der eben neu gekürte Obmann der ÖVP, Josef Klaus, war klug genug zu erklären, dass die ÖVP den Gesetzesentwurf des Volksbegehrens verwirklichen würde, wenn sie ans Ruder käme. Das und ein reichlich ungeschickter und dogmatischer roter Parteichef (Bruno Pittermann) bescherten ihm den unerwarteten Erdrutsch-Sieg.

Die Reform brachte dem ORF eine der britischen BBC nachempfundene Struktur, durch die der Partei-Einfluss deutlich zurückgedrängt wurde und die es dem einmal gewählten „Generalintendanten" erlaubte, in beträchtlicher Freiheit zu schalten und zu walten, sofern er das Risiko auf sich nahm, nicht wiederbestellt zu werden.

Mit Gerd Bacher stand der Prototyp eines solchen Mannes zur Verfügung und das Glück wollte es, dass er von der Regierung Klaus auch akzeptiert wurde, weil er zweifellos ein „Bürgerlicher" war. Freilich einer, für den die journalistische Unabhängigkeit über alles ging und der jederzeit bereit war, seine Stellung zu riskieren – in der festen (und vor allem berechtigten) Überzeugung, dass es weit und breit niemanden gab, der die Geschäfte besser führen konnte.

Der ORF erlebte einen unglaublichen Aufschwung und zählte, vor allem dank seiner Nachrichtenredaktion, für einige Zeit unter die führenden Rundfunkanstalten Europas. Die plötzlich unabhängige innenpolitische Berichterstattung kam indessen nicht der ÖVP, sondern Bruno Kreisky zugute, denn der Rundfunk sah sich, wie jedes ordentliche Medium, in einer politischen Kontrollfunktion und gab Kritik an der Regierung daher völlig ungewohnten Raum.

Die gesellschaftliche Bedeutung dieser medialen Revolution war für Österreich ungleich größer als alles, was die viel zitierten „68er" damals durchzusetzen versuchten. (Allerdings entsprach sie der Stimmung, die die Menschen in diesen Jahren aus den verschiedensten Gründen – allen voran der Entdeckung der Pille – auch hierzulande ergriffen hatte.)

Die zweite, von Josef Klaus angezettelte Revolution betraf die Verstaatlichte Industrie. Obwohl diese als Kriegsfolge entstanden war – es gab für die von den Deutschen in Österreich gegründeten Industriebetriebe keine privaten Eigentümer und es bestand die berechtigte Besorgnis, dass die Sowjets sich ihrer bemächtigen würden –, betrachtete die SPÖ die „Verstaatlichung" – völlig zu Unrecht, wie ich schon erläutert habe – als Vorstufe der von Karl Marx propagierten „Vergesellschaftung". Tatsächlich zeichnete sich das „Königreich Waldbrunner", wie es nach dem zuständigen roten Minister genannt wurde, genau wie von Otto Bauer vorhergesagt, durch eine reichlich unprofessionelle Betriebsführung aus, zumal jede Führungsposition doppelt besetzt werden musste: mit einem roten Generaldirektor und einem schwarzen Stellvertreter.

Klaus begann diese direkte Parteiabhängigkeit wie beim Rundfunk aufzubrechen und schuf eine eigene Gesellschaft zur Verwaltung der verstaatlichten Unternehmen, die sich im Prinzip bis heute als ÖIAG erhalten hat und den Beginn der Privatisierung darstellt.

Abseits solch bahnbrechender Veränderungen hatte die Regierung in Stephan Koren den besten jemals für die Republik tätigen Finanzminister: Als sich das Wirtschaftsklima europaweit eintrübte, betrieb der Universitätsprofessor für Volkswirtschaftslehre lehrbuchmäßiges Deficit Spending, sodass Österreich die Rezession glänzend überstand. Nur dass er, im Gegensatz zu seinen Nachfolgern, auch danach lehrbuchmäßig vorging: Er führte eine Steuer auf Luxusgüter, Alkohol und Zigaretten ein, um dem Budget jene Beträge wieder zuzuführen, die er ihm zuvor zum Zweck des Deficit Spending entnommen hatte. Auf diese Weise übergab er seinem Nachfolger einen so gut wie schuldenfreien Staat.

Dieser Nachfolger hieß Hannes Androsch und war Finanzminister einer SPÖ-Alleinregierung. Denn die Österreicher, die zu allen Zeiten nicht die geringste Ahnung von Wirtschaft hatten, nahmen Stephan Koren die Sanierung des Staates durch seine (bis heute erhaltenen) Luxussteuern derart übel, dass sie der ÖVP 1970 eine Erdrutsch-Niederlage bescherten.

Die SPÖ unter ihrem neuen Vorsitzenden Bruno Kreisky wurde zu stärksten Partei und regierte dank der Duldung durch die FPÖ mit einer Minderheitsregierung.

Aufbauend auf der Vorarbeit Stephan Korens konnte der fähige Hannes Androsch in den folgenden neuerlichen Wirtschaftswunderjahren eine ganze

Reihe zusätzlicher Leistungen für die Bürger finanzieren, sodass Bruno Kreisky die nächsten Wahlen mit absoluter Mehrheit gewann.

Es folgten 13 Jahre Alleinregierung Bruno Kreisky, die neben einem enormen Aufholprozess in der Wirtschaft alle bis heute entscheidenden gesellschaftspolitischen Reformen mit sich brachten: allen voran die Reform des Familienrechts und des Strafrechts durch Christian Broda. Erstmals wurden Scheidungen gegen den Widerspruch des Ehepartners möglich und die Ehefrau (es war praktisch immer sie) konnte auch nicht mehr auf „Ehestörung" klagen, wenn sich ihr Mann mit seiner Geliebten traf. Gleichzeitig wurden Schwangerschaftsabbruch und Homosexualität weitgehend straffrei. Brodas Reformen und die Erfindung der „Pille", nicht die „68er"-Bewegung, waren verantwortlich für die sogenannte „sexuelle Revolution".

Auch die Alleinregierung Kreisky hat sich also als ungleich effizienter als frühere und spätere Große Koalitionen erwiesen, obwohl sie wirtschaftlich am Ende in ein Debakel schlitterte: Zwar überstand Österreich abermals eine Rezession weit besser als andere Staaten, aber der von der SPÖ gegen die ÖVP hartnäckig verteidigte Einfluss auf die Verstaatlichte Industrie ließ diese Milliardenverluste anhäufen, die der Kleinen Koalition zwischen SPÖ und FPÖ unter Fred Sinowatz auf den Kopf fielen.

Trotzdem bleibt die Gesamtbilanz der Alleinregierung Kreisky eine überragende: Österreich gelangte auf jene „Überholspur", auf der es sich bis heute befindet.

Die Kleine Koalition zwischen SPÖ und FPÖ zeigte dann auf, dass die Zusammenarbeit einer großen „linken" und einer kleinen „rechten" Partei mehr gegenseitige Paralysierung als gegenseitige Befruchtung bringt. Sinowatz wich seinem Finanzminister Franz Vranitzky und der bevorzugte als überzeugter Gegner aller „Ehemaligen" ab 1986 eine Große Koalition mit der ÖVP.

Diese Große Koalition war eine der erfolgreichsten ihrer Art, und das hatte zwei Gründe:

Erstens stand Vranitzky innerhalb der SPÖ wirtschaftspolitisch deutlich rechts und hätte diesbezüglich ebenso gut der ÖVP angehören können. Damit zogen die beiden großen Parteien wirtschaftlich in wesentlichen Fragen in die gleiche Richtung.

Zweitens gab es eine historische Aufgabe, die eine Große Koalition zu rechtfertigen vermochte: die Integration ins Vereinte Europa.

So wie Österreich in der unmittelbaren Nachkriegszeit durch „Zusammenarbeit" mit einer historischen Ausnahmesituation fertig werden musste, musste es jetzt eine historische Ausnahmeentscheidung fällen: Eine Volksabstimmung sollte über den Beitritt zur EWG entscheiden, die schon entschlossen war, zur EU zu mutieren.

Die Bevölkerung war – nicht zuletzt durch jahrelange Gegenpropaganda der SPÖ – keineswegs Europa-freundlich eingestellt: So hatte Bruno Kreisky, der den Krieg in Schweden überlebt hatte, ursprünglich massiv die EFTA – eine Freihandelszone unter der Führung Englands mit Schweden als stärkstem Partner – favorisiert und der EWG „Dominanz des Profitstrebens" und „mangelnde soziale Rücksicht" unterstellt.

Es war daher ein Glück, dass sich die beiden großen Parteien „großkoalitionär" auf den EWG-Beitritt einschworen und ihn gemeinsam vertraten. (Die FPÖ, die jetzt den Austritt aus der EU fordert, war übrigens am längsten und massivsten für den EWG-Beitritt.)

Damit lässt sich die Bilanz der Großen Koalition eindeutig formulieren: In historischen Ausnahmesituationen kann sie von Vorteil sein, im Normalfall ist die Alleinregierung erheblich effizienter.

Man kann das, meine ich, vor allem mit den Erfahrungen der Betriebswirtschaft begründen: Jeder Konzern hat, weil er auf Effizienz wert legt, eine eindeutige Führungsspitze, der er für die Dauer ihrer Bestellung alle wichtigen operativen Entscheidungen überlässt. Es ist selbstverständlich, dass dabei einer eindeutigen und klaren Unternehmensstrategie gefolgt wird und es als absurd angesehen würde, wenn diese Strategie ununterbrochen im Kompromissweg zwischen zwei Vorständen mit unterschiedlichen Zielvorstellungen ausgehandelt werden müsste. Ein „großkoalitionäres" Wirtschaftsunternehmen ginge ebenso ein wie eines, das gemeinsam von der SPÖ und der FPÖ oder der ÖVP und den Grünen geführt würde.

Ich glaube, dass es sinnvoll ist, den Staat doch nicht ganz anders als ein Wirtschaftsunternehmen zu führen: Die Führung durch eine Alleinregierung ist zwingend mit Abstand effizienter als die Führung durch jede Art von Koalition. Eine Große Koalition ist (abseits historischer Ausnahmesituationen) besonders schwerfällig, eine Kleine Koalition nur dann relativ effizient, wenn sie aus zwei Parteien mit ähnlichem politischem Programm besteht. Aber der politische Mechanismus macht es wahrscheinlicher, dass in jeder Koalition Partner mit unterschiedlichen Programmen zusammenfinden.

Deshalb glaube ich, dass es vernünftig wäre, das Wahlrecht so zu verändern, dass es der stärksten Partei im Allgemeinen gestattet, allein zu regieren.

Wenn ich Karl Popper zur Unterstützung meiner Ansicht angeführt habe, so kann der Versuch nicht ausbleiben, sie zu falsifizieren: Was spricht gegen ein Mehrheitswahlrecht, das einer Partei für eine Legislaturperiode die Möglichkeit in die Hand gibt, allein zu entscheiden?

Eines der Probleme habe ich bei meinem ersten Ferienaufenthalt in England selbst recherchiert: Ich habe mich gewundert, dass so viele Lastautos rot gestrichen waren, und wollte wissen, warum. Heraus kam, dass die Labour Party, die die ersten Wahlen nach dem Krieg gewonnen hatte, dem englischen System entsprechend in dieser Phase allein regierte. Da sie damals noch reichlich kommunistisch angehaucht war, bestand ihre erste Maßnahme darin, das Transportwesen des Landes zu verstaatlichen. (Wie in Russland und Österreich verwechselte sie Marx' Forderung nach „Vergesellschaftung" mit der Forderung nach „Verstaatlichung".) Alle Lastautos wurden rot gestrichen und gehörten dem Staat.

Als Labour die Wahl nicht zuletzt dank schlechter Wirtschaftsdaten verlor und die Konservativen an die Macht kamen, die sie abermals mit niemandem zu teilen brauchten, machten sie die Verstaatlichung rückgängig und die Lastautos erhielten wieder private Eigentümer. Die meisten von ihnen lackierten sie sofort wieder um, aber manchen fehlte dazu das Geld und so gab es nach wie vor auffallend viele rote Fahrzeuge, die mir ins Auge stachen.

Allein die Kosten des Lackes, den dieses Hin und Her gekostet hat, müssen gigantisch gewesen sein.

Heute sind politische Gegensätze dieser Größenordnung in unseren Breiten aber kaum zu befürchten: Keine österreichische oder deutsche Alleinregierung hat derart dramatische Entscheidungen getroffen. Trotzdem muss es auch eine institutionelle Absicherung dagegen geben, dass sie das Land auf den Kopf stellt, und die liegt auf der Hand: Gesetze, die Grundlagen des Staates verändern, sind an eine Zweidrittelmehrheit zu binden. Die Überführung von Privateigentum in Staatseigentum gehört sicher dazu. Das Umgekehrte – die „Privatisierung" staatlichen Eigentums – möglicher-, aber nicht zwingenderweise ebenfalls.

Man könnte einwenden, dass das die Handlungsfähigkeit einer Alleinregierung in Österreich schon wieder entscheidend einengte, aber ich glaube das nicht: Darüber, dass letztlich privatisiert werden soll, sind sich die großen Parteien einig. Worüber sie streiten, sind die Details der Durchführung: das Ausmaß (Soll die Republik eine Sperrminorität behalten?), das Tempo, der Zeitpunkt und manchmal der Preis. Solche Detailentscheidungen sollten nicht an eine Zweidrittelmehrheit gebunden, sondern das gute Recht der jeweiligen Regierung sein.

Derzeit haben in Österreich (aus Gründen, deren Anführung hier zu viel Platz verbrauchte) die lächerlichsten Gesetze Verfassungsrang und dieser Zustand gehörte sowieso dringend revidiert. Da die Einführung eines Mehrheitswahlrechts sowieso einer Zweidrittelmehrheit bedarf, sollte es aber möglich sein, dass sich die Parteien, die über eine solche Mehrheit verfügen, auch darauf einigen, was im Verfassungsrang verbleibt.

Der relevantere und in der Praxis auch gewichtigere Einwand kommt von den kleineren Parteien: In England sind sie politisch so gut wie inexistent. Man hört zwar manchmal, dass es einen erstaunlichen Prozentsatz an „Liberalen" gibt, aber als Partei haben sie so gut wie keinen Einfluss. Es bedürfte schon eines Erdrutsches, damit weder Labour noch die Tories, sondern die Liberalen regierten – ausgeschlossen ist er freilich nicht.

Ich glaube aber nicht, dass das englische System für Österreich oder Deutschland Vorbild sein sollte, sondern denke eher an das französische Wahlrecht: Es lässt die kleineren Parteien am Leben und gibt dem Wahlsieger dennoch die Möglichkeit, weitgehend unbehindert zu regieren.

Freiheitliche und Grüne werden ein Mehrheitswahlsystem trotzdem vehement bekämpfen, denn derzeit haben sie eine realistische Chance – mit all den von mir aufgezählten Nachteilen für das Land –, aktiv mitzuregieren. Allerdings steht dem das erhebliche Risiko gegenüber, immer öfter durch eine Große Koalition von jeder politischen Einflussnahme ausgeschaltet zu sein.

Deshalb sollte man ihnen einen Tausch anbieten: Im Zuge der Einführung eines Mehrheitswahlrechts sollten die Rechte der Minderheiten im Parlament erheblich gestärkt werden: So sollten sie etwa selbstverständlich einen parlamentarischen Untersuchungsausschuss beschließen und ihm vorsitzen können usw.

Wirklich funktionieren kann das Ganze sowieso nur, wenn wir zu einem funktionierenden Parlamentarismus gelangen, in dem der einzelne Abgeordnete wirklich in erster Linie seinem Gewissen und seinen Wählern und dann erst seiner Partei verpflichtet ist. Dann ist es nämlich durchaus möglich, dass auch Abgeordnete der Regierungspartei bei bestimmten Gesetzen mit der Opposition stimmen und diese Gesetze zu Fall bringen oder dass sie umgekehrt eine Initiative der Opposition unterstützen und ein Gesetz gegen die Regierung durchbringen.

Die Einführung eines Mehrheitswahlrechts muss zwingend mit der Einführung eines Persönlichkeitswahlrechts einhergehen.

Schon vor Jahren habe ich mich einer Initiative angeschlossen, die für die Einführung eines Mehrheitswahlrechts eintritt, und wenn ich mir diesen Text durchlese, wird mir klar, wie ungeheuer groß die Barrieren sind, die überwunden werden müssten, um es durchzusetzen: Freiheitliche und Grüne sind aus Eigeninteresse strikt dagegen und werden sich durch verstärkte Minderheitsrechte nicht ködern lassen. Das Gros der Abgeordneten wird dagegen sein, weil sie berechtigte Zweifel haben, ob sie bei der Einführung eines Persönlichkeitswahlrechts wieder zu Abgeordneten gewählt würden. Große Teile der Bevölkerung sind dagegen, hätten viel lieber eine Allparteien-Koalition oder noch lieber einen „starken Mann" ohne Parlament. Und vor allem gibt es auf absehbare Zeit keine zwei Parteien, die eine Zweidrittelmehrheit zustandebrächten.

Aber ich liebe es, mich hoffnungslosen Initiativen anzuschließen, denn man trifft dort Leute, die man schätzt: Gerd Bacher, Erhard Busek, Heinrich Neisser, Franz Fischler und andere mehr.

Christian Rainer hat in einem Leitartikel des *profil* gemeint, die größte Gefahr des Mehrheitswahlrechts bestünde darin, dass womöglich die FPÖ in die Lage gelangt, vier Jahre hindurch allein zu regieren. Ich halte diese Gefahr für gering, wenn wir ein Mehrheitswahlrecht nach französischem Muster einführten: Dort gilt jener Abgeordnete als gewählt, der in seinem Wahlkreis die absolute Mehrheit der Stimmen erringt. Erringt er sie nicht, so kommt es zu einer Stichwahl zwischen den beiden stimmenstärksten Kandidaten. Letztere sollte nur selten zugunsten des freiheitlichen Kandidaten ausgehen, denn rote, schwarze und grüne Wähler gemeinsam sollten im Allgemeinen seinem Gegenkandidaten die Mehrheit bei der Stichwahl bescheren. Ist die Stimmung im Lande so, dass er trotz dieser Konstellation die Mehrheit erreicht, so hätte die FPÖ beim geltenden Wahlrecht noch viel größere Chancen auf eine absolute Mehrheit.

Ich sehe die größte Gefahr für das Land daher genau umgekehrt in der Beibehaltung des geltenden Wahlrechts:
- Ohne die Möglichkeit, eine konkrete Persönlichkeit zu wählen, wird die Bevölkerung sich immer weniger mit ihren Mandataren identifizieren,
- und wenn kaum je eine wirklich handlungsfähige Regierung zustande kommt, so wird das die Politikverdrossenheit ins Unendliche steigern.

Nutznießer dieser Entwicklung wird die Partei sein, die schon bisher am meisten davon profitiert hat: Die FPÖ wird tatsächlich die absolute Mehrheit erringen. Wir werden einen Kanzler Heinz-Christian Strache haben, der sich bei Wehrsportübungen ertüchtigt hat. Wir haben ja jetzt schon einen Dritten Präsidenten des Parlaments, Martin Graf, der als „Saalschutz" bei einem Vortrag des Neonazis Reinhold Oberlercher agierte und aus einer Burschenschaft kommt, die das Dokumentationsarchiv des Widerstandes (DÖW) als rechtsextrem einstuft und zu deren Gästen der Liedermacher Michael Müller zählt. Liedtext: „Mit sechs Millionen Juden, da fangt der Spaß erst an." Refrain: „Zünd ma den Ofen an."

14. Die geleugneten Probleme

Nicht alles, was Strache & Co. als „Ausländer-Probleme" bezeichnen, ist pure Erfindung. Auch die „Gutmenschen", die diese Probleme eisern übersehen, gibt es wirklich. Das erschwert deren Lösung.

In einer der Fernsehdiskussionen, die dem Wahlgang vom September 2008 vorangingen, erklärte Heinz-Christian Strache, dass von 50.000 Zuwanderern des letzten Jahres höchstens 5000 tatsächlich in den Arbeitsprozess integriert werden konnten.

Ich hielt das im ersten Moment für eine der vielen falschen statistischen Daten, die Freiheitliche im Zusammenhang mit „Ausländern" zu präsentieren pflegen, aber eine kurze Recherche belehrte mich, dass die Ziffern der absolut seriösen Untersuchung des Professors für Migrationsforschung an der Universität Wien Heinz Fassmann entstammen.

Sie treffen zu. Und das bedeutet, dass etwas mit der Zuwanderung fundamental schiefläuft. Es wandern offensichtlich nicht die Leute zu, die die Wirtschaft wirklich braucht. Und die aus humanen Gründen begrüßenswerte „Familienzusammenführung" hat eine qualitativ veränderte Situation geschaffen: Es kommen auf einen arbeitenden Zuwanderer jeweils gleich mehrere Personen – Frauen und Kinder –, die von ihm, im Wege von Sozialleistungen sehr wohl aber auch vom österreichischen Staat, erhalten werden müssen.

Ich bin der Ansicht, dass Österreich ein so reiches Land ist, dass es sich das leisten kann. Aber es verändert die wirtschaftliche Bilanz der Zuwanderung: Österreich gewinnt zwar eine Arbeitskraft und erspart sich deren Ausbildung, die bereits im Herkunftsland stattgefunden hat, aber es muss Sozialleistungen – insbesondere medizinische Leistungen – für mehrere Angehörige aufbringen und ihnen die gesamte Infrastruktur des Staates von der Schule über die Kläranlage bis zum Schwerpunktspital zur Verfügung stellen.

Sehr oft ist die eine gewonnene Arbeitskraft ein dürftig ausgebildeter Hilfsarbeiter, sodass die ersparten Ausbildungskosten eine marginale Rolle spielen und der Betreffende gleichzeitig auch nur marginal zum Nationalprodukt beiträgt. Wenn er darüber hinaus aus einer Gesellschaft stammt, in der Frauen im Allgemeinen nicht berufstätig sind, fällt auch die Ehefrau und fallen womöglich auch die Töchter als Arbeitskräfte aus.

Ich fürchte, dass eine ideologiefreie Untersuchung unter den gegebenen Umständen zu dem Resultat kommt, dass die Zuwanderung, wenn überhaupt, dann nur ein äußerst mäßiges Geschäft für den österreichischen Staat ist. (Allerdings ändern sich die Umstände ständig: Derzeit zum Beispiel liefert das benachbarte Deutschland die meisten Zuwanderer.)

Ich bin trotzdem dafür zu akzeptieren, dass Österreich ein „Einwanderungsland" ist – sowohl aus humanitären Gründen als auch, weil das langsame Aussterben der Bevölkerung (wie es ohne Zuwanderung aufgrund der niedrigen Geburtenrate zwangsläufig stattfände) keine Alternative sein kann. Und nicht zuletzt, weil es sich bei der beschriebenen Bestandsaufnahme um eine Momentaufnahme handelt: Schon eine Generation später sind alle männlichen Nachkommen von Zuwanderfamilien nach menschlichem Ermessen österreichische Arbeitskräfte und noch eine Generation später höchstwahrscheinlich auch die weiblichen Nachkommen, weil sie sich den österreichischen Lebensgewohnheiten angepasst haben.

Trotzdem gibt es ein massives Übergangsproblem, das man nicht einfach negieren kann. Denn selbst die Söhne von Zuwanderern, die der österreichischen Wirtschaft zugutekommen, sind häufiger arbeitslos als heimische Arbeitskräfte, was zwar zum Teil an einer gewissen Diskriminierung, zum Teil aber auch an ihrer vergleichsweise schlechten Ausbildung liegt: Sie haben fast immer nur einen Pflichtschulabschluss und oft keine abgeschlossene Lehrausbildung. Damit vergrößern sie die Gruppe jener schlecht qualifizierten Arbeitskräfte, die angesichts der Globalisierung ganz allgemein Gefahr laufen, arbeitslos zu werden.

Das kann nicht das Ziel österreichischer Zuwanderungspolitik sein. Man muss darüber nachdenken, ob man die Zuwanderung nicht doch so steuern kann, dass sie dem Land rascher und eindeutiger zum Vorteil gereicht.

Es ist wirtschaftlich ganz klar, wann das der Fall ist: wenn der Zuwanderer eine möglichst hohe berufliche Qualifikation aufweist und aus einer Gesellschaft kommt, in der auch Frauen selbstverständlich berufstätig sind. In diesem Fall ist zum einen sein eigener Beitrag zum österreichischen Nationalprodukt wesentlich größer als bei einem Ernte- oder Bauhilfsarbeiter und zum anderen hat Österreich sich hohe Ausbildungskosten erspart.

Im Idealfall sollte der Zuwanderer ein indischer Informatiker sein.

Stattdessen holen wir türkische oder bosnische Tellerwäscher, Erntearbeiter, Bauhilfsarbeiter ins Land. Nicht dass wir nicht auch Leute brauchten, die die Arbeit machen, zu der sich die Österreicher zu gut sind – selbst Freiheitliche pflegen das im privaten Gespräch einzugestehen –, aber sie sollten nicht im derzeitigen Ausmaß überwiegen.

Ein durchaus liberaler Lehrer hat mir auf einem Lehrer-Meeting ganz leise, damit niemand es hört, erklärt: „Wir haben kein Ausländer-, wir haben ein Türken-Problem." Ich bin beinahe sichtbar zusammengezuckt: Ich liebe die Türkei und ihre Menschen, die ich als besonders herzlich kennengelernt habe, bewundere ihre Kulturdenkmäler und gehöre zu jenen „Meinungsmachern", die trotz einer regierenden islamischen Partei eine Aufnahme der Türkei in die EU befürworten, sobald sie ihr Kurden- und ihr Zypernproblem gelöst hat. Doch nicht nur der zitierte Lehrer, auch meine Tochter Katharina, die an einer Wiener Volksschule unterrichtet, brachte durchaus bedenkenswerte Argumente für ihre Ansicht vor: Töchter aus türkischen Familien kämen mit Abstand am häufigsten einfach nicht zum Unterricht, Söhne seien mit Abstand aggressiver als der Rest der Schüler. Beides entspräche der traditionellen Erziehung in der türkischen Unterschicht: Die Söhne sollen Machos sein, die Töchter sollen kochen.

Als Kerstin, die Tochter meiner Frau aus erster Ehe – ebenfalls eine Lehrerin und erklärte Multikulti-Sympathisantin – einen der Väter eines solchen, den Unterricht energisch meidenden Mädchens zu einer Unterredung in die Schule bat, weigerte er sich, mit ihr, einer Frau, auch nur zu diskutieren. Engagierte, betont fremdenfreundliche Lehrerinnen derselben Schule erzählten, dass viele türkische Männer ihre hingestreckte Hand ausgeschlagen hätten.

Ein aus der Türkei stammender Medizin-Student, der sein Geld als Taxichauffeur verdient, erklärte mir das Phänomen mit einem Satz, den ich als „politisch korrekter" Journalist nicht riskiert hätte: „Österreich hat vor allem Leute aus der untersten Schicht der Türkei aufgenommen. Es darf sich nicht wundern, dass die sich jetzt nicht als feinsinnige Intellektuelle entpuppen."

Womit wir, selbst wenn wir diese Aussage relativieren, wieder beim gleichen Problem sind: Man muss die Zuwanderung anders steuern, sodass eher die türkischen Studenten zu uns kommen.

Die Lehrerinnen an der beschriebenen Schule im fünften Wiener Bezirk, einem der Stadtteile mit besonders hohem „Ausländer"-Anteil, kümmern sich trotzdem mit bewundernswertem Engagement um ihre türkischen Schüler und Schülerinnen. Meine Frau wohnte einer Schulstunde bei und bestätigte dennoch, was jener Lehrer beim Lehrer-Meeting behauptet hatte: Der Unterricht verlief auf bescheidenstem Niveau. Es war offensichtlich, dass ein Großteil der Kinder – es waren zu 80 Prozent Kinder „nichtdeutscher Muttersprache" – des Deutschen tatsächlich nicht mächtig war. Sie verstanden nicht, was die Lehrerin sagte, und sahen gelangweilt in die Luft. Das taten auch die wenigen „österreichischen" Kinder, denen der Unterricht zu einfach und daher ebenfalls langweilig war.

Natürlich muss ich jetzt zum Ausgleich auch andere Lehrer zitieren. So versicherte mir ein Wiener Pflichtschullehrer, dass er Gott danke, dass er Ausländer in seiner Klasse habe. Denn in Wien sei die Hauptschule eine „Restschule", in die österreichische Eltern ihre Kinder wirklich nur dann schickten, wenn sie in einer AHS unter gar keinen Umständen mitkämen. Ausländer dagegen schickten ihre Kinder sehr wohl in die Pflichtschule, weil das die logische Vorbereitung für eine Lehre sei und sie höchstes Interesse daran hätten, dass ihr Kind möglichst bald im Beruf steht und verdient. Diese ausländischen Schüler – darunter auch Türken – seien im Allgemeinen die besten seiner Klasse. Das einzige Problem, das daraus erwüchse, betreffe die österreichischen Eltern, deren Kinder schlechtere Noten heimbringen: Sie schimpften besonders laut über den hohen Ausländer-Anteil an der Schule, weil er ihnen erlaubt zu behaupten: „Wenn nicht so viele Ausländer in der Klasse wären, lernte unser Kind viel besser."

Ich könnte noch viele Schulgeschichten erzählen, denn der Umstand, dass ich mit *TOPIC* eine an Schulen viel genutzte Zeitschrift verlege, bringt es mit sich, dass ich häufig mit Lehrern in den verschiedensten Bundesländern zusammentreffe. (Die Probleme in Wien unterscheiden sich nämlich gravierend von denen in der Steiermark, in Vorarlberg oder in Tirol.) Aber es ist gefährlich, aus solchen, letztlich unsystematisch geführten Gesprächen allzu weit reichende Schlüsse zu ziehen. Trotzdem liege ich sicher nicht völlig falsch, wenn ich behaupte: Es gibt ein ernst zu nehmendes Ausländer- und insbesondere Türken-Problem an den Schulen.

Vor allem muss unser Schulsystem endlich so gut werden, wie wir uns einbilden, dass es ist: der ausländischen wie der österreichischen Schüler wegen.

Zu den besonders grotesken Behauptungen vor allem einiger ÖVP-Granden zählt, dieses Schulsystem als „differenziert" dem „Eintopf" der Gesamtschule gegenüberzustellen. Es ist wenig differenziert, denn es unterscheidet im Wesentlichen nur zwischen AHS und Pflichtschule. Zwar kennt es wenigstens diese „Leistungsstufen", aber es stehen für diese weder genug Räume noch genug Lehrer zur Verfügung. Daher kommt es immer wieder vor, dass Kinder, die in die erste Leistungsstufe passten, dennoch in die zweite abgeschoben werden, damit alle drei Leistungsstufen etwa gleich viele Schüler aufweisen. Wer aber in einer Pflichtschule nicht der ersten Leistungsstufe angehört, kann nicht automatisch in eine höhere Schule weitergehen.

Demgegenüber hat eine ordentliche Gesamtschule grundsätzlich drei Leistungsstufen und so viele Räume und Lehrer, dass auch noch so kleine oder noch so große Schülergruppen unterrichtet werden können. Die Kinder der obersten Leistungsstufe in Mathematik, der zweiten Leistungsstufe in Naturwissenschaften oder der niedrigsten Leistungsstufe in Englisch werden auch nicht nach dem gleichen, sondern nach einem eigenen, auf sie abgestimmten Lehrplan unterrichtet. Daneben gibt es Förderkurse, die dabei helfen, von einer niedrigeren Leistungsstufe in eine höhere zu gelangen, was natürlich Ziel der Schule, nicht aber Voraussetzung eines positiven Schulabschlusses ist.

Fast alle angloamerikanischen, internationalen Schulen, in die auch ÖVP-Honoratioren ihre Kinder zunehmend schicken, sind „Gesamtschulen" nach diesem Muster. Und sie alle lösen das „Sprachproblem", das darin besteht, dass jemand, der noch kaum Englisch kann, plötzlich in Englisch unterrichtet wird: Mein Sohn Eric hat in der dritten Klasse der englischen Volksschule, in die er eingetreten ist, so lange Einzelunterricht in Englisch bekommen, bis man ihm getrost zumuten konnte, dem Unterricht zu folgen. Bis dahin wurde er nicht benotet, um ihm das Erlebnis eines Misserfolges zu ersparen.

In Österreich folgt man stattdessen zunehmend der Agitation der FPÖ: Als die PISA-Vergleichstests reichlich mäßige Resultate für österreichische Schüler ergaben, schob man das auf den großen Anteil von Kindern mit Migrationshintergrund. Auch viele AHS-Lehrer schlossen sich der Argumentation Jörg Haiders an, dass das schlechtere Abschneiden bei den PISA-Tests vor allem darauf zurückzuführen sei, dass „in unserer Volksschulen 80 Prozent Kinder nichtdeutscher Muttersprache sitzen".

Es sind zwar in Wirklichkeit nur einige Volksschulen, die diesen hohen Prozentsatz aufweisen, und dass die Mutter nicht Deutsch spricht, heißt noch keineswegs, dass das betreffende Kind (das meist schon hier geboren wurde) auch kein Deutsch kann, aber in höheren Schulstufen macht sich in vielen Fällen tatsächlich bemerkbar, dass der sprachliche Hintergrund, den das Elternhaus geboten hat, ein dürftiger war.

Aber es gibt ein ganz ähnliches Problem einheimischer Kinder aus sozial schwachen Schichten: Auch bei ihnen wirkt der dürftigere sprachliche Hintergrund des Elternhauses nach. Deshalb hätte es längst den Deutschunterricht schon im Kindergarten und das verpflichtende Vorschuljahr geben müssen. Denn erst dann kann man beurteilen, wie gravierend das Problem von Migrantenkindern wirklich ist. Bestehen tut es mit Sicherheit, denn nicht selten fällt bei ihnen beides zusammen: Die Eltern entstammen erstens einem sozial und intellektuell schwachen Milieu und verständigen sich zweitens vor ihren Kindern in einer Sprache, die diese in der Schule im Allgemeinen nicht gebrauchen können.

Es gibt zwar einer Reihe von Untersuchungen, die belegen, dass das zweisprachige Aufwachsen die intellektuelle Leistungsfähigkeit fördert, und auch politisch unvoreingenommene Lehrer haben mich darauf hingewiesen, dass viele Migrantenkinder unter den besten und keineswegs den schlechten Schülern ihrer Klasse sind. Aber die PISA-Tests haben gezeigt, dass es sehr wohl Gegenbeispiele gibt: Bei der Mehrheit der Migrantenkinder liegen die Leistungen unter dem Durchschnitt.

Meine Mutter hat mir von ähnlichen Beobachtungen im Konzentrationslager erzählt: Besonders intelligente, zweisprachig aufgewachsene Gefangene standen solchen gegenüber, die keine ihrer beiden Muttersprachen wirklich beherrschten. Sie zog daraus einen Schluss, der mir überlegenswert erscheint: dass das Aufwachsen in zwei Sprachen ein intellektuell leistungsfähiges Kind beflügeln, ein intellektuell eher schwaches Kind aber sehr wohl überfordern kann.

Es ist hier nicht der Platz, das zu klären, aber eine ideologiefreie Untersuchung wäre der Frage durchaus angemessen.

Wichtiger aber erscheint mir eine andere Erkenntnis, die sich aus jedem PISA-Test einfach ablesen lässt: dass nämlich kanadische oder australische Schüler wesentlich besser als österreichische Schüler abschneiden, obwohl in kanadischen oder australischen Schulklassen zahllose Kinder „nichtenglischer Muttersprache" sitzen. Diese Länder lösen das Sprachproblem im Wege funktionstüchtiger, ernsthaft „differenzierender" Gesamtschulen mit zusätzlichen Förderkursen.

Es bleibt freilich das Gegenargument, dass die Einwanderung aus muslimischen Gesellschaften in den genannten Ländern deutlich geringer ist. Man wird daher nicht darum herumkommen, systematisch zu erheben, welche Zuwanderung welche Probleme mit sich bringt: differenziert nach Geschlecht, nach sozialer Schicht der Eltern, nach Dauer ihres Aufenthaltes in Österreich und nach Herkunftsland.

In Deutschland hat es eine ähnliche Erhebung gegeben und sie hat ein bemerkenswertes Resultat erbracht: Kinder aus türkischen Familien schaffen den Aufstieg in höhere Schulen ungleich seltener als deutsche Kinder, aber nicht einmal deutsche Kinder schaffen ihn so locker wie die Kinder vietnamesischer Zuwanderer. Am Umstand der Migration allein kann es also nicht liegen.

Der offensichtlichste Unterschied zwischen den beiden angeführten Zuwanderergruppen ist die Religion: Es kann eigentlich nicht sehr überraschen, dass Muslime schulisch schlechter abschneiden – schon allein weil Allah angeblich 50 Prozent der Eingeschulten, nämlich die Mädchen, gar nicht an einer höheren Schule sehen will.

Bei der Bewertung dieses Ergebnisses ist trotzdem Vorsicht am Platz: Ich glaube, dass es extrem davon abhängt, welcher sozialen Schicht die Zuwanderer angehören: Je höher die Schicht, so würde ich vermuten, desto größer trotz der Zugehörigkeit zum Islam die Bildungsbereitschaft. Wenn man nicht nur türkische Tellerwäscher und Bauarbeiter, sondern türkische Studenten und Akademiker einbürgerte, wäre die Differenz im Schulerfolg zwischen deren Kindern und den Kindern vietnamesischer Zuwanderer vermutlich deutlich geringer, denn sie schickten vermutlich weit mehr Mädchen an höhere Schulen.

Entscheidend ist die Reaktion auf Untersuchungen dieser Art: Wenn die Zuwanderung türkischer Tellerwäscher und Erntearbeiter tatsächlich ein solches Problem darstellen sollte, dann muss man sich entscheiden: Ist uns der wirtschaftliche Nutzen dieser Zuwanderung wichtig genug, die damit verbundenen Probleme auf uns zu nehmen? Wenn nicht, dann müssen wir die Zuwanderungspolitik ändern und den Wünschen jener Branchen, die Tellerwäscher und Bauhilfsarbeiter fordern, nicht im bisherigen Ausmaß nachkommen. Wenn ja, dann müssen wir alles unternehmen, um die Probleme, die die Familien türkischer Tellerwäscher aufwerfen, auf ein Minimum zu reduzieren. Die türkisch-stämmigen Kinder sind an der Zuwanderung ihrer Eltern nach Österreich oder Deutschland sicher nicht schuld. Wenn sie, wie es aussieht, deutlich schlechtere Voraussetzungen für schulischen Erfolg mitbringen, muss man sie deutlich stärker unterstützen: Indem man sie schon im Kindergarten besonders fördert, indem man spezielle Schul-Stützkurse für sie einrichtet, vielleicht indem man Türkisch-Kurse für LehrerInnen veranstaltet.

Aber ich bin auch so „rechtsreaktionär", den Erhalt gewisser staatlicher Leistungen an den Besuch von Deutschkursen durch die Eltern und den Besuch eines Kindergartens durch die Kinder zu binden. Und so „linksreaktionär", den islamischen Religionsunterricht auf Kosten der Republik Österreich an österreichischen Schulen noch etwas vehementer abzulehnen als schon den katholischen und evangelischen Religionsunterricht. Wir müssen nicht auch noch dafür bezahlen, dass die Schule die Mädchen aus muslimischen Familien darin bestätigt, dass sie ausschließlich für die Ehe geschaffen sind.

Zu Allah können die muslimischen Kinder in der Moschee beten. So wie katholische und evangelische Kinder in der Kirche.

Leider bin ich in dieser Frage mit einem Teil der Freiheitlichen einig: Sie sind zurzeit gespalten zwischen Funktionären, die – wie etwa Ewald Stadler und neuerdings H. C. Strache – ihre Ablehnung des Islam mit einem kämpferischen Bekenntnis zu einer konservativen katholischen Kirche verbinden und daher massiv für den katholischen Religionsunterricht eintreten, und der kaum kleineren Gruppe jener, die in Fortsetzung der nationalsozialistischen Kirchenfeindlichkeit vom katholischen Religionsunterricht so wenig wie ich wissen wollen. Man kann von sehr verschiedenen Seiten her zu ähnlichen Schlussfolgerungen gelangen.

Es ist das ein Dilemma, mit dem ich immer wieder zu kämpfen habe: So war ich seinerzeit mit Jörg Haider dafür, die Zuwanderung zu kontingentieren, und habe für diese Übereinstimmung anfangs zur Linken heftige Kritik geerntet – bis die SPÖ dazu übergegangen ist, Jörg Haider in seiner Abwehr der Zuwanderung fast schon zu übertreffen.

Nicht alles, was dieser oder jener Freiheitliche fordert, ist immer falsch, auch wenn er es meist aus den falschen Motiven tut. Wäre ich Heinz-Christian Strache, so wendete ich gegen das von mir skizzierte Schulmodell sofort und berechtigt ein, dass es teuer ist. Man braucht mehr Räume, um die vielen Leistungsgruppen, die ein einziger Klassenzug mit sich bringt, unterzubringen, und man braucht aus demselben Grund mehr Lehrer für den Unterricht. Von den zusätzlichen Lehrern für die zusätzlichen Förderkurse gar nicht zu reden.

„Wenn Sie so viele Lehrer aufwenden, geht natürlich alles besser. Egal nach welchem System. Das ist ja keine Kunst", schleuderte mir ein Lehrer entgegen, den ich mit den Erfolgen der Kanadier und Australier konfrontierte.

Nur dass Österreich zu den Ländern mit den meisten Lehrern pro Einwohner und den höchsten Kosten pro Schüler zählt.

Irgendetwas, so behaupte ich einmal mehr, kann an unserem Schulsystem nicht ganz so herrlich sein, wie wir es uns einbilden. Ich komme im nächsten Kapitel noch einmal ausführlich auf das Thema Schule zurück, hier aber genügen, glaube ich, folgende Feststellungen:

- Es gibt sehr wohl ein Ausländer-/Sprachproblem an den Schulen.
- Aber es gibt auch sehr wohl Schulen, die dieses Problem erfolgreich zu lösen imstande sind.
- Die besseren Lösungen erfordern mehr Geld.

Und ich glaube, dass man dieses Geld aufbringen muss, wenn man vermeiden will, dass die Mehrheit aller 16-jährigen Erstwähler FPÖ und BZÖ ankreuzt.

In der Propaganda der FPÖ spielt allerdings auch noch eine zweite Ausländer-Problematik an den Schulen eine gewichtige Rolle: das Entstehen „national" organisierter Schülergruppen, die einander mehr oder minder heftig bekriegen, wobei die FPÖ selbstverständlich nur die Österreicher als bedauernswerte Opfer sieht.

Auch dieses Problem ist nicht erfunden, sondern real und international: In Spanien hat mein Sohn die Animositäten zwischen englischen und spanischen Kindern hautnah an seiner Schule im andalusischen Almunecar erlebt. Im günstigsten Fall haben sie einander auf dem Fußballfeld bekriegt, im ungünstigsten ist man einander bei Raufereien „national" organisiert zur Hilfe gekommen.

Die spanischen Eigentümer der Schule haben diese Spannungen gefördert, indem sie bei Auseinandersetzungen innerhalb der Lehrerschaft zwischen „guten" spanischen und „weniger guten" englischen Lehrern unterschieden haben.

Letztlich war das einer der Gründe, dass wir unseren Sohn aus dieser Schule herausgenommen haben: Ich wollte nicht für eine internationale Schule bezahlen, die nationale Unterscheidungen fördert.

Sein folgendes College in Marbella hat gezeigt, dass es auch anders geht: Dort hat die Leitung der Schule nationale Spannungen gar nicht erst aufkommen lassen, indem sie es als größten Vorzug dargestellt hat, international zu sein.

Trotzdem besteht kein Zweifel, dass es diese Spannungen geben kann. Es ist nicht von vornherein nur freiheitliche Propaganda, wenn Strache & Co. behaupten, dass es an manchen Schulen mit einem extrem hohen Ausländer-Anteil gelegentlich zur Einschüchterung der österreichischen Minderheit kommt. Auch mein Sohn hat auf dem eingefriedeten Spielplatz vor dem Wiener Justizministerium immer wieder erlebt, wie serbische Jugendliche die Österreicher reichlich rau verdrängten und schon gar nicht mitspielen ließen.

Der umgekehrte Fall, dass eine Mehrheit österreichischer Schüler eine ausländische Minderheit diskriminiert, dürfte zwar kaum seltener vorkommen, trotzdem muss man es, um die Österreicher nicht zu überfordern, vermeiden, dass Klassen mit einem Ausländeranteil von 80 Prozent zustande kommen. Das setzt eigene Zuwanderungs-Beauftragte in den Stadtregierungen voraus, die einen wahrscheinlich ziemlich komplexen Integrationsplan erstellen müssen: Man muss den Zuwanderern bei der Wohnungssuche helfen, damit sie sich nicht im derzeitigen Ausmaß in bestimmten Vierteln konzentrieren; man muss Schulbusse haben, die ein gewisses (nicht zu großes) Maß an amerikanischem „Busing" betreiben und die Schüler mit Migrationshintergrund etwas breiter verteilen; vor allem aber muss man die Zuwanderung besser steuern: Wenn man vornehmlich Hilfsarbeiter aufnimmt, kann man nicht erwarten, dass sich ihre Söhne in Österreich wie Klosterschüler benehmen.

Wenn sich unter den Zuwanderern mehr qualifizierte bis hoch qualifizierte Fachkräfte befinden, dann werden diese sich automatisch nicht ausschließlich in den billigsten Vierteln der Städte ansiedeln und es wird zu einer viel gleichmäßigeren Verteilung der „Zuwanderung" über die Städte kommen.

Das täte nicht nur den Schulen besser. Auch in vielen Wohnhausanlagen mit hohem Zuwandereranteil gibt es derzeit durchaus reale Probleme, die daraus resultieren, dass einfach gestrickte Zuwanderer andere Lebensgewohnheiten haben als einfach gestrickte Einheimische: dass sie es etwa selbstverständlich finden, die Einkaufswägen aus Supermärkten mit nach Hause zu nehmen und in den Höfen abzustellen, wo sie dann in windigen Nächten klappernd aneinanderschlagen. Auch der berühmte Hammel wird gelegentlich – wenn auch in kleinen Stücken und äußerst würzig – wirklich im Hof gebraten.

Nicht dass das dramatische, unlösbare Probleme wären – aber es sind Probleme, derer man sich annehmen muss, indem man zum Beispiel Sozialarbeiter einsetzt, die darin geübt sind, solche Konflikte des täglichen Zusammenlebens zu lösen. Die Gemeinde Wien scheint das begriffen zu haben und setzt seit kurzem eigene uniformierte Ordnungshüter ein, die in den Wohnhausanlagen nach dem Rechten sehen sollen.

Jener Aspekt der „Öffnung" des Landes für Ausländer, der die wahrscheinlich größte emotionale Irritation der Inländer auslöst, ist die gestiegene Kriminalität. Wieder weiß die FPÖ das unbestreitbare Problem optimal auszuschlachten, indem sie ununterbrochen einen sprachlichen Zusammenhang zwischen „Ausländern" und „Kriminalität" herstellt.

Sie verlässt sich darauf, dass die Bevölkerung nicht in die Lage kommt, zwischen der Kriminalität von „Zuwanderern", von „Flüchtlingen" und von „Durchreisenden" zu unterscheiden. Denn dann stellte sich die Situation sogleich ganz anders dar, als Strache & Co. behaupten:

- Die Kriminalität der Zuwanderer ist im Schnitt geringer als die der Österreicher, weil sie fürchten, abgeschoben und von der Polizei und der Justiz härter behandelt zu werden.
- Bei den Flüchtlingen ist das die meiste Zeit ähnlich, aber es kann passieren, dass in einer bestimmten Phase besonders viele Flüchtlinge aus einem Gebiet aufgenommen werden, in dem der Krieg besonders brutal gewütet hat, etwa Tschetschenien. Dann kann die Gewaltbereitschaft in diesem Personenkreis kurzfristig überdurchschnittlich ausfallen. Außerdem hat es die Kriminalität von Flüchtlingen extrem gefördert, dass sie vor der Bewilligung ihres Asylansuchens keiner Arbeit nachgehen konnten.
- Der wirkliche Anstieg der Kriminalität rührt aber keineswegs von den in Österreich wohnhaften „Ausländern", sondern ausschließlich von den Diebeszügen tatsächlich ausländischer Banden her, die kurz einreisen, um Autos, Geschäfte oder Wohnungen aufzubrechen, um sich dann mit Kleinlastwagen voller Beute wieder auf den Heimweg zu machen.

Diese Art der Kriminalität ist im Gegensatz zu manchen öffentlichen Bekundungen sehr wohl massiv gestiegen. Dass die Kriminalstatistik diesen Anstieg nicht noch deutlicher spiegelt, liegt vornehmlich daran, dass die Bürger es in allen Fällen kleinerer Eigentumsdelikte längst aufgegeben haben, Anzeige zu erstatten, weil sie keinerlei Chance sehen, dass die Polizei den Täter findet.

Statt sie zu leugnen – was nur Empörung auslöst und Strache in die Position des „einzig ehrlichen" Politikers versetzt –, müsste man diese gestiegene Kriminalität erstens erklären: als zwingenden Ausfluss jener Armut in ehemals kommunistischen Staaten, die uns Gott sei Dank durch viel Glück erspart geblieben ist. Dann müsste es zweites gelingen, sie in die richtige Dimension zu rücken: Wien zum Beispiel ist nach wie vor eine der sichersten Städte der Welt. Und drittens und vor allem müsste man darüber informieren, welche wirtschaftlichen Vorteile der unbestreitbaren Belastung durch die vermehrte Kriminalität gegenüberstehen: Über dieselben offenen Grenzen, über die Diebesbanden einreisen, reisen auch immer mehr Touristen aus dem ehemaligen Ostblock nach Österreich, kaufen in hiesigen Kaufhäusern ein und füllen hiesige Hotels. Und vor allem ist der Wert unserer Exporte in die Länder des ehemaligen Ostblocks ungleich höher als der Schaden, der uns durch die kriminellen Importe entsteht.

Bei dieser Information gibt es allerdings ein Problem, das in ähnlichen Zusammenhängen immer wieder auftaucht: Der wirtschaftliche Nutzen der offenen Grenzen schlägt sich zwar in den Bilanzen österreichischer Unternehmen nieder und sichert damit Abertausende österreichische Arbeitsplätze, aber dieser Zusammenhang wird vom einzelnen Österreicher selten unmittelbar erlebt. Dagegen erlebt jeder die erhöhte Kriminalität: In mein Auto wurde ebenso eingebrochen wie in das meines ältesten Sohnes Sebastian. In die Wohnung unter uns wurde eingebrochen. Ins Haus meines Freundes F. E. gleich mehrmals.

Es geht, einmal mehr, nicht an, dieses Problem zu negieren. Es reicht auch nicht, es zu relativieren und als „Armutskriminalität" begreiflicher zu machen. Sondern man muss die vermehrte Kriminalität verstärkt bekämpfen: indem man weithin sichtbar mehr Polizei einsetzt.

Das wird diese Kriminalität erstens tatsächlich etwas senken, es wird den Bürgern aber vor allem das wichtige Gefühl geben, dass ihre Sorgen ernst genommen werden. Ich, ein durchaus nicht überängstlicher, die Kriminalität keineswegs überschätzender Wiener, möchte bei meinem Weg durch die Stadt bei Tag und bei Nacht ständig Polizisten begegnen. Meine Frau möchte das auch. Und sogar die Tochter meiner liebsten grünen Freundin möchte es (zum leisen Befremden ihrer Mutter, die in einem noblen Vorort wohnt): Sie wohnt nämlich im fünften Wiener Gemeindebezirk und will nicht ständig von jungen Türken zum „Ficken" eingeladen werden.

Es gibt tatsächlich das Problem jener grünen „Gutmenschen", die in noblen Vororten, im 7., 18. oder 19. Bezirk wohnen und wirklich keine Ahnung von den Problemen haben, die sich im 5. oder 15. Bezirk ergeben. Keine unlösbaren Probleme, aber Probleme, zu deren besserer Bewältigung man unter anderem mehr Polizei auf die Straßen schicken muss.

Natürlich kostet mehr Polizei mehr Geld. Aber wenn es stimmt, dass die Osterweiterung Österreich gewaltige Mehrerlöse aus dem Export einbringt – und es stimmt –, dann hat die Bevölkerung ein Recht darauf, dass ein Teil dieser gewaltigen Mehrerlöse dazu verwendet wird, ihre Sorgen zu vermindern, indem mehr Polizei in den Straßen patrouilliert.

Das löste auch ein Problem, das vor allem Jungwähler in die Arme Straches getrieben hat: Junge Zuwanderer schließen sich – nicht zuletzt unter dem Druck einer gewissen Diskriminierung – immer öfter zu nationalen Gruppen zusammen, die dann als „Serben" „Rumänen" oder „Türken" über bestimmte Spielplätze, Praterwiesen oder andere Treffpunkte regieren und Einheimische – ich komme auf Erics Fußballspiel zurück – gelegentlich recht rüde verdrängen. In einer solchen Situation muss man einen Polizisten um Hilfe bitten können und der muss geschult genug sein, sie lachend und auf eine Weise zu leisten, welche die Zuwanderer nicht als weiteren Teil ihrer Diskriminierung empfinden.

Man braucht nicht nur mehr, sondern erstklassig ausgebildete Polizisten. Dieser Beruf muss das Ansehen zurückgewinnen, das er vor seiner Diskriminierung durch die 68er hatte.

Das ist kein Randthema, sondern ein ganz wesentliches Thema, bei dem ÖVP und SPÖ beweisen könnten, dass sie die Anliegen des sogenannten „Kleinen Mannes" ernst nehmen. Die englische Labour Party verdankte einen wesentlichen Teil ihrer einstigen Popularität einer solchen Stärkung der Polizei.

Statt energisch diesen Weg zu beschreiten, haben rote und schwarze Innenminister einander lediglich energisch darin überboten, immer restriktivere Fremdengesetze zu erlassen, die die Kriminalität noch gefördert haben, indem etwa Asylwerbern die Annahme einer bezahlten Beschäftigung verboten wurde.

Man hat es der FPÖ in jeder Hinsicht besonders leicht gemacht.

15. Lasst tausend bunte Schulen blühen

Nicht nur für die Integration von Ausländern ist die Qualität des Schulsystems entscheidend. Sie entscheidet auch über unseren künftigen Wohlstand im Rahmen einer globalen Konkurrenz der Volkswirtschaften. Theoretisch hat es die Schule leicht: Eine der wichtigsten Eigenschaften jedes Lebewesens ist die Neugier – Kinder sind von Natur aus neugierig. Solange man ihre Neugier nicht erstickt, wollen sie lernen. Aber wir haben Talent im Ersticken.

An die erste Schule meines Lebens, die Volksschule im kärntnerischen Kötschach-Mauthen, habe ich eine einzige Erinnerung: Wie ich dem Lehrer immer aufs neue zwei Finger hinhielt und auf die Frage, ob der Hieb mit dem Rohrstab jetzt wehgetan habe, trotzig „Nein" sagte.

Bis die Fingerkuppen so blau waren, dass sie zu platzen drohten.

Doch 1947 hat meine Mutter eine Stelle als Sekundarärztin in der Lungenheilanstalt Alland bei Wien bekommen und wir sind in die Hauptstadt übersiedelt. Da ich wegen der Ansteckungsgefahr nicht in der Heilanstalt wohnen durfte, bin ich ins „Quäkerheim" gekommen, das Elisabeth Schilder, eine Jugendfreundin meiner Mutter, die später die „Bewährungshilfe" mitbegründen und leiten sollte, ihr als das „einzig menschliche" Heim empfohlen hatte.

Einzigartig war es sicher. Finanziert wurde es, wie der Name sagte, vornehmlich von den Quäkern, denn in Österreich herrschte bitterste Nachkriegsnot. Jedenfalls war der Heimleiter Hans Anderfuhren ein Quäker, nur dass er es fertigbrachte, nebenher noch ein glühender Kommunist zu sein.

Doch in erster Linie war er ein herzensguter Mensch.

Seine einzige disziplinäre Forderung an uns bestand darin, am 1. Mai um sieben Uhr morgens aufzustehen, damit wir innerhalb des Zuges der Kommunisten am Maiaufmarsch teilnehmen konnten. Angeführt von Siegfried, der mit etwa 17 Jahren das älteste der Heimkinder war und über seinem Bett ein Foto Lenins und ein Plakat mit Hammer und Sichel aufgehängt hatte, das Anderfuhren meiner Mutter voll Begeisterung zeigte, als sie mein neues Zuhause anschauen kam.

Es befand sich in einer riesigen Villa mit einem ebenso riesigen Park in der Promenadegasse in Neuwaldegg, das zu den besten Wohngegenden der Stadt zählt. Damals beherbergte es vielleicht hundert Kinder, deren gemeinsames Merkmal darin bestand, auf irgendeine Weise vaterlos zu sein. Meist war der Vater gefallen, manchmal vermisst oder in Gefangenschaft. Vaterlos durch Scheidung war damals nur ich, denn Scheidung gegen den Willen der Ehefrau war zu dieser Zeit unmöglich – und Frauen wollten sich im Gegensatz zu heute nicht scheiden lassen, denn das hätte ihren wirtschaftlichen Untergang bedeutet.

Die meisten Kinder waren von ihren Müttern hier untergebracht worden, viele waren aber auch Vollwaisen. Am einprägsamsten war der etwa achtjährige „Joschi": Niemand wusste, wie alt er wirklich war und ob er wirklich so hieß, denn anfangs hatte er kaum sprechen können. Man hatte ihn erwischt, wie er irgendwo eingebrochen war, um etwas Essbares zu stehlen; offenbar hatte er seit Längerem so gelebt – von dem, was Bauern ihm zuwarfen oder was er aus Speisekammern stahl. Und es gab auch im Heim keine Lade und keinen Schrank, die er nicht aufbrach, um sich zu nehmen, was er brauchte. Wenn man ihn dabei erwischte, wehrte er sich, indem er einen mit aller Kraft in die Hand biss, aber auch durchaus einen Holzklotz aufhob und einem damit auf den Kopf schlug.

Ich danke ihm eine wichtige Lebenserfahrung: Von meinem nach Amerika ausgewanderten Vater hatte ich ein „Ruderleiberl" geschickt bekommen, das damals etwa den Wert eines Smokinghemdes von Brioni (ich danke meinem Sohn Eric für diesen Hinweis auf die führende Hemdenmarke) hatte. Ich hatte meinen Spind daher von oben mit gleich zwei großen Nägeln zugenagelt, um es zu schützen, doch als ich am Nachmittag das Zimmer betrat, stand Joschi dort in meinem Ruderleiberl.

Es war normalerweise abwegig, sich auf eine Rauferei mit ihm einzulassen, denn er biss selbst viel Ältere in die Flucht. Aber dass ich das einzige Andenken an meinen Vater verlieren sollte, verlieh mir übermenschliche Kräfte: Es gelang mir nicht nur, Joschi niederzurennen, sondern sogar seinen Hals in eine „Beinschere" zu bekommen, deren Druck er hilflos ausgeliefert war. Damit hielt ich ihn eisern fest, denn mir war klar, dass er mir den Schädel einschlagen würde, wenn er jemals freikäme. So waren wir also weiterhin in dieser Stellung befangen, als die anderen Kinder aufs Zimmer kamen und fassungslos über Joschis Niederlage einen Kreis um uns bildeten.

„Lass mi aus", keuchte Joschi mit rotblauem Gesicht.

„Damit Du mich erschlägst?", gab ich in Angstschweiß gebadet zurück.

„I tu Dir nix. Ehrenwort."

„Ich glaub Dir nicht."

„Ehrenwort. Ich schwör's."

Der Wortabtausch dürfte ziemlich lange gedauert haben, jedenfalls begann sich im Kreis der Umstehenden Mitleid mit dem blauroten Joschi breit zu machen.

„Du könntest ihn jetzt auslassen."

„Damit er mich erschlägt?"

„I tu Dir nix, i schwör's."

„Geh, lass eam."

Ich ließ los und stand auf. In der nächsten Sekunde rettete mich John, ein englischer Maler und unser liebster Erzieher, vor dem Sessel, den Joschi aufgehoben hatte, um ihn mir über den Schädel zu schlagen.

John hatte Joschi wegen eines verschwunden Malkastens gesucht.

Speziell für Eric: Um es als Erfahrung an Dich weiterzugeben: Einem „Ehrenwort" soll man nur vertrauen, wenn es von einem Ehrenmann ausgesprochen wird. Vom Krieg gezeichnete Kinder haben es schwer, Ehrenmänner zu werden. Vielleicht fällt es überhaupt schwer: Als Vierzehnjähriger hatte ich eine (unschuldige) Freundin namens Ulli im Wiener Vorort Hadersdorf-Weidlingau und die Burschen dort empfanden das mit Recht als Verlust, denn sie war entzückend. Also lauerten sie mir, als ich sie mit meinem Fahrrad besuchen wollte, an einer einsamen Stelle auf und forderten mich zum Kampf heraus. Zu fünft und durchwegs älter als ich. Doch das „Quäkerheim" hatte mich zu einem hervorragenden Raufer gemacht und so hoffte ich auf eine faire Chance.

„Unter Kulturmenschen", sagte ich, „macht man das so, dass ihr einen von euch aussucht, mit dem ich mich dann schlage. Ihr seid sowieso viel älter und größer als ich."

Sie wählten den Größten aus und nach zehn Sekunden hatte ich ihn in einem eisernen „Schwitzkasten". Worauf die gesamte Runde mich bedrohlich in ihre Mitte zerrte. „Aber unter Kulturmenschen ...", versuchte ich einzuwenden.

„Mir san kane Kulturmenschen", sagte ein untersetzter Bursch mit einer Lederjacke – dann prügelten sie mich gemeinsam windelweich.

Die Hadersdorfer und Neuwaldegger Erfahrung hat mir als Journalist zu einem entscheidenden Erkenntnisvorsprung verholfen: Als der „Prager Frühling" hereinbrach und beim russischen Bären entsprechende Irritation auslöste, war ich überzeugt, die Russen würden einmarschieren.

„Unmöglich", widersprach mir der damalige Chefredakteur des *Kurier*, Eberhard Strohal, „da verlieren sie doch vor der ganzen Welt völlig das Gesicht."

„Und?", sagte ich, „das hat nur unter unseresgleichen Gewicht. Für sie geht es um ihren Satelliten-Gürtel."

Strohal glaubte mir nicht – er ist offenbar nie in einem Heim gewesen.

Auch zu lernen hatte „Joschi" keine Lust: Man konnte Worte oder Zahlen nicht essen und er hatte kraft seines Gebisses sowieso eine zentrale Stellung in unserer Gemeinschaft. So weigerte er sich standhaft und erfolgreich, am Unterricht teilzunehmen, schon weil er keine fünf Minuten still sitzen konnte und weil unsere Lehrerin, Frau Schmitli, auch nicht entfernt Johns Autorität und vor allem Muskelkraft besaß. (Er pflegte Joschi ruhig zu stellen, indem er dessen Arme minutenlang in den Schraubstock seiner riesigen Hände klemmte, was ihm nach heutiger Schulordnung vermutlich nicht gestattet wäre.)

Frau Schmitli dagegen war, wie meine Mutter mir erklärte, „Anthroposophin" und gegen jeden Zwang. Ich weiß bis heute nicht, was das wirklich ist – im Zweifel klingt es grün –, nur dass wir zu Beginn jeder Unterrichtsstunde unter Aufsagen eines Reimes irgendwelche Holzstäbe nach oben und nach unten strecken oder über unseren Rücken rollen lassen mussten und wie die Mädchen Häkeln und Stricken lernen sollten. Ich häkelte ausgesprochen gern und strickte ausgesprochen schlecht: einen Socken in zwei Volksschuljahren. Dafür war er dann durch Schweiß so verfestigt, dass man ihn wie ein Gefäß auf einen Tisch stellen und Kastanien hineinfüllen konnte.

Der Unterricht war für alle Altersgruppen gemeinsam und ich habe daran abermals nicht die geringste Erinnerung. Allerdings auch keine schlechte: Wenn uns die Geschichten, die Frau Schmitli zwischendurch immer wieder erzählte, nicht interessierten, dann pflegten wir den Raum zu verlassen. Dieser war normalerweise unser Speisezimmer und hatte eine riesige Fensterwand zum Park hin; man brauchte nur eines der Metallfenster zu öffnen und war draußen, ohne den Mann zu passieren, der – so glaube ich zumindest – am Haustor wachte. Durch ein Loch im Zaun des Parks gelangte man dann auf die Straße und durch ein Loch im Zaun des Neuwaldegger Bades in eine der schönsten Badeanstalten Wiens.

Ich habe während meiner Volksschulzeit jedenfalls sehr gut schwimmen und auf Bäume klettern gelernt. In ein Baumhaus zogen wir uns auch zurück, wenn uns Hans Anderfuhren oder John suchten, denn ganz unten waren die Äste der großen, alten Bäume aus rätselhaften Gründen ganz dünn (vermutlich nur Triebe) und trugen die schweren Männer nicht. Ich zog mich vorzugsweise mit Susi auf den Baum zurück, denn das war meine „Heim-Mutti", die mir dort oben zeigte, was sie zwischen den Beinen hatte. Denn während Burschen und Mädchen in den Heimen und Schulen rundum damals eisern getrennt wurden, pflegte das Quäkerheim hautnahe Koedukation: Jeder der vaterlosen Buben durfte sich eines der vaterlosen Mädchen zu seiner „Heim-Mutti" auswählen und, solange das Licht angedreht war, sogar kurz zu ihr ins Bett kriechen, um sich Wärme für die Nacht zu holen, die man dann allerdings doch allein im Bubenschlafsaal verbringen musste.

Dass es auf diese Weise nur einmal zu einem Kind kam, spricht für unsere Unschuld. Nur Siegfried hatte, glaube ich, ein Verhältnis – aber nicht mit einem Heimkind, sondern mit unserer französischen Erzieherin, die, so glaube ich mich zu erinnern, Veronique hieß und uns so lange alle liebte, bis wir den beiden eine Hand voll Ringelnattern ins Bett legten, die wir im nahen Hanselteich gefangen hatten.

Der beliebteste Erzieher und Lehrer war aber ohne jeden Zweifel John, der Maler. Von ihm selbst gemalte Bilder habe ich nicht in Erinnerung, wohl aber riesige Farbtiegel, in die wir notfalls auch mit den Fingern greifen durften, um ebenso riesige, an die Wand geheftete Packpapiere zu bemalen.

Selbst Joschi tat da mit, und dass er einen Malkasten stahl, spricht stark dafür, dass ihm dieser Unterricht gefiel.

Mir gefiel er sowieso und ich denke, dass meine Idee, Maler zu werden, aus einem von Johns Farbtiegeln stammt.

Mit denen, die halbwegs geschickte Finger hatten, malte er nicht nur, sondern baute mit ihnen Roller aus Holz, die auf Kugellagern fuhren. Ich glaube nicht, dass ich auf irgendein Zehngangrad oder, noch später, irgendein Auto jemals so stolz war wie auf meinen ersten, selbst gebauten Roller. Er versetzte mich in die Lage, mit den „Großen" unter ohrenbetäubendem Getöse und einem Funkenregen, den die Kugellager aus der Straße schlugen, die Schafbergstraße hinunterzurasen und dabei meine neue „Heim-Mutti" hinter mir auf dem Trittbrett stehen zu haben. Sie hieß – von hinten buchstabiert (denn so habe ich es bis heute in Erinnerung) – „Akleberk" und ich war sogar einmal bei ihrer Mutter, Frau Krebelka, einer Kriegerwitwe, im Gemeindebau auf der Dornbacherstraße eingeladen. Es gab englische Kekse und wir sprachen über vermisste Väter.

Schon allein am Reichtum meiner Erinnerungen sieht man, dass die Schulzeit im Quäkerheim trotz der desolaten Umstände eine ungleich schönere, aber auch lehrreichere als jene in Kötschach-Mauthen gewesen ist: Immerhin kann ich bis heute Einbauschränke bauen, ohne mich zu vermessen oder mir in die Hand zu bohren, und das hat mir ziemlich viel Geld erspart und wäre ein Zeit lang beinahe mein Beruf geworden.

John hat mich also etwas überaus Sinnvolles gelehrt.

Was die üblichen Schulkenntnisse eines Volksschülers nach Abschluss der vierten Klasse betrifft, war ich allerdings ziemlich im Hintertreffen. Nachdem der alte Freund meiner Mutter, Volksschullehrer Robert Lammer, kurz meine Rechtschreib- und Rechenfähigkeiten getestet hatte, erklärte er ihr, dass ich die Aufnahmeprüfung in die Mittelschule unmöglich schaffen würde.

Ich hätte sie auch nicht geschafft, wenn meine Mutter sich nicht zwei Ferienmonate lang jeden Tag mit mir hingesetzt und gepaukt hätte – und selbst heute besitze ich im Rechtschreiben nicht entfernt die Sicherheit meiner Frau, die den üblichen Drill einer guten Wiener Volksschule hinter sich hat. Allerdings kann sie nicht einmal ein Strichmännchen zeichnen und eine Schraube anziehen.

Es gab einmal eine Zeit, in der jedes Kind, auch aus der besten Familie, ein Handwerk lernen musste, sebst wenn es in späteren Jahren Philosophie oder Mathematik studierte. Karl Popper zum Beispiel erlernte die Tischlerei, ehe er sich der *Logik der Forschung* gewidmet hat.

Es scheint seinem Verstand nicht geschadet zu haben.

Ich konnte für den Betrieb an einer „Mittelschule", wie man sie damals nannte, nicht einmal meine malerischen Fähigkeiten einbringen. Ein Ölbild, das ich voller Stolz angefertigt hatte, weil ich als Einziger mit Ölfarben umgehen konnte, hängte der Klassenlehrer nicht auf, weil er es „viel zu erwachsen" fand und der Hilfe eines Elternteils zuschrieb. Obwohl meine Mutter schwor, mir nicht geholfen zu haben – sie war fürs Malen etwa so begabt wie meine Frau –, blieb das Bild mit der Rückseite nach außen am Fuß der hinteren Klassenwand stehen. Der Lehrer hatte es glücklich geschafft, mir das einzige, heiß herbeigesehnte Erfolgserlebnis dieses ersten Mittelschuljahres vorzuenthalten.

Denn in allen anderen Gegenständen war ich sowieso ein katastrophaler Schüler: In Deutsch regnete es schwache Vierer, denn meine Aufsätze wimmelten von „schweren Rechtschreibfehlern", die bekanntlich durch zwei rote Querstriche so hervorgehoben werden, dass man sie nie vergisst. (Der beste Pädagoge, den ich in meinem Leben kennengelernt habe, ein gewisser Dr. Karl Grohmann, erklärte mir später, dass man dem Schüler auf diese Weise in Wirklichkeit die falsche Schreibung möglichst anhaltend ins Gedächtnis präge. Er ist bei seinen Schülern daher genau umgekehrt vorgegangen und hat jedes richtige Wort rot eingerahmt. Benotet hat Grohmann grundsätzlich nur die inhaltliche Qualität der Aufsätze und nebenher reine Rechtschreib-Wettkämpfe veranstaltet, die seine Schüler als Spaß genossen.)

Noch schlechter war ich im Rechnen, wo mir sowohl jegliche Übung als auch das Talent fehlte. Nur in Naturkunde und – so glaube ich zumindest – in Geschichte brachte ich brauchbare Noten heim. Nicht nach Hause, sondern wieder in ein Heim: Aus dem Quäkerheim hatte mich meine Mutter ins „Bundeskonvikt" Schützengasse übersiedelt, weil ich doch etwas von der Disziplin erlernen sollte, die es braucht, um eine Mittelschule erfolgreich zu absolvieren – und weil wir nach wie vor keine elterliche Wohnung hatten.

Ich habe tatsächlich gelernt: zum Beispiel, dass man die stinkenden Kleidungsstücke die ganze Woche hindurch eisern anbehält und am Wochenende zum Waschen nach Hause bringt, damit ungebrauchte Hemden, Unterwäsche und Socken immer untadelig, blütensauber und quadratisch im Spind liegen. Das hat mir beim Bundesheer, wo man die gebrauchten Sachen sogar in einen privaten Sack stopfen und so verschwinden lassen konnte, unglaublich genützt: Ich galt als Mustersoldat, bei dem sogar Zahnbürste und Zahnpastatube stets höchsten disziplinären Anforderungen genügten, weil sie mangels Nutzung nie die geringste Verformung aufwiesen. Wo Kameraden nach der Spindkontrolle „Sonntagssperre" ausfassten, heimste ich ein Sonderlob ein.

Das ging mir auch im Bundeskonvikt so, wenn die „Sauberkeitskontrolle" nach dem Waschen durchgeführt wurde: Waschen war die eigentliche Tortur jedes Heims bis hinauf in die Siebzigerjahre. In der Früh kam der Erzieher mit den Worten „Auf, auf" in den Schlafsaal, dann hatte man die Matratzen aufzustellen, die Fenster aufzureißen und am Gang im Nachthemd zum „Morgenwaschen" anzutreten. Der Gang war immer kalt, warme Hausschuhe waren verpönt, sodass man in dünnen Stoffpantoffeln oder barfuß fror – als notwendige Vorbereitung für den Waschsaal, in dem am Morgen grundsätzlich nur kaltes Wasser aus einem halben Dutzend Hähnen in rund fünf Meter lange gemeinsame Waschbecken floss. Man wusch sich unter den prüfenden Augen des Erziehers, und wenn man genügend gefroren hatte, wurde „Antreten" zur Rückkehr in den Schlafsaal gepfiffen, wo die offenen Fenster inzwischen ebenfalls Eiseskälte verbreitet hatten. Das war gesund.

Am Abend aber durfte der Erzieher aus Gründen der Sittlichkeit nicht gemeinsam mit den Zöglingen im Waschsaal sein, denn diesmal durften sie die heiße Brause so lange benutzen, bis sie auf sein Kommando nur mehr eiskaltes Wasser ausspie. Danach zog man sein Nachthemd wieder an und an der Tür stand der bekleidete Erzieher und prüfte die Sauberkeit, indem er mit dem Daumen an den Hand- und Fußgelenken rubbelte und wartete, ob sich dabei kleine schwarze Röllchen bildeten.

Unser Schlafsaal bestand diese Prüfung Monate hindurch perfekt, denn wir schrubbten einander gegenseitig beinahe die Haut von den Gelenken und präsentierten auf diese Weise unvergleichlich saubere Hautringe. Bis der Erzieher einmal abrutschte, über meinen Handgelenksring hinausfuhr und eine Serie schwarzer Lawinen auslöste. Seither mussten wir die Ärmel der Nachthemden aufkrempeln und uns daher auch am Ellenbogen waschen.

Wie weit die so erlernte Disziplin meinem schulischen Fortgang genutzt hat, kann ich nicht mehr sagen, denn auch meine Erinnerung an die Schulzeit in der Mittelschule in der Kundmanngasse, wohin alle Zöglinge des Heims gingen, ist mit Ausnahme des abgehängten Bildes ein schwarzes Loch.

Allerdings begann ich damals ausgiebig mit einer Taschenlampe unter der Bettdecke bis tief in die Nacht hinein zu lesen: anfangs vor allem Edgar Allan Poe und Jack London, später Dostojewski und zu Hause am Wochenende Shakespeares blutigste Dramen. Aber statt mich unter meiner Decke weiterlesen zu lassen, verlangte der Schlafsaal nun immer häufiger „eine Geschichte", und das war immer eine Kriminalgeschichte, in der die Täter immer Männer und die Opfer immer sehr schöne, nackte Frauen waren, die sich diesen Männern manchmal begeistert hingaben, ehe ihnen die Kehle durchschnitten wurde.

Ich habe daher als Chefredakteur des *profil* nie Zweifel daran gehabt, dass wir zumindest zweimal im Jahr eine Nackte am Cover brauchen, die sich durch den „Schlankheitswahn" oder „Wiens geheimes Nachtleben" rechtfertigen lässt. Es waren immer die bestverkauften Ausgaben.

Ein ähnlich verkommener Kollege namens Rainer Himmelfreundpointner hat mich kürzlich mit der Idee konfrontiert, eine Zeitschrift namens *Crime* zu gründen und in ihr jede Woche die reizvollsten Kriminalfälle und zugehörigen Gerichtsverfahren der ganzen Welt aufzubereiten. Ich bin überzeugt, dass das eine goldene Marktlücke darstellt, denn das Fernsehen kennt überhaupt nur Kriminalsendungen, um Quoten zu machen. Aber es hat sich kein Verlag für das Projekt interessiert und ich bin zu alt, um dergleichen mit wenig Geld monatlich selbst zu starten.

Mit vierzehn war meine „Heim-Zeit" zu Ende. Meine Mutter sah (zu Unrecht, wie sich herausstellen sollte) eine ernsthafte Chance, zur Primaria einer Heilanstalt für tuberkulöse Alkoholiker in Laab am Walde berufen zu werden und endlich ein wenig näher an ihrem eigentlichen Interessengebiet, der Psychiatrie, zu arbeiten. In Wien waren wir aus unserem ausgebombten Elternhaus in einen an dessen Stelle errichteten Neubau eingezogen, und da Laab davon ziemlich entfernt im Westen lag, kam ich in eine neue Schule nahe der Stadtbahnstation Braunschweiggasse, die ich in vierzig Minuten erreichen konnte und die später auch von Laab aus in dieser Zeit erreichbar gewesen wäre.

Die Schule lag in der Astgasse und hatte zwei herrliche große Sportplätze und sogar ein Schwimmbad, weshalb sie heute als Sport-AHS fungiert. Trotzdem habe ich vor allem anderen ihre Schülertoiletten in Erinnerung. Wenn Marcel Proust durch den Geruch einer in Tee getauchten Brioche an seine Kindheit erinnert wurde, dann werde ich bis heute durch den Geruch eines Urinoirs an meine Schulzeit erinnert: die Urinoirs jener schwarz gestrichenen Pissoir-Wände der Schultoiletten, vor denen wir uns vor allen Schularbeiten drängten, um unsere Angst abzulassen.

Für Schüler von heute ist das wahrscheinlich unvorstellbar, aber wir hatten ununterbrochen Angst: Angst vor den zahlreichen Schularbeiten, Angst vor den angesagten und unangesagten mündlichen Prüfungen, Angst vor Konferenzen. Obwohl ich nun ein ziemlich guter Schüler wurde und in der fünften und sechsten Klasse ein Vorzugszeugnis hatte, hatte ich die gleiche Angst wie alle anderen auch: Angst vor einem „Nicht genügend", das den Professor die Stirn in Falten legen und vom nahenden „Sitzenbleiben" sprechen lassen würde; Angst vor Eltern (vor meiner Mutter), die sich durch solche Äußerungen in Panik versetzen ließen und bei Sprechtagen darum flehten, die ungenügenden Leistungen ihrer Kinder als „vorübergehende Konzentrationsschwäche" und nicht als elementares „Versagen" einzustufen.

Vor allem Mathematik unter Professor Walter Eschig war bis zum In-die-Hose-Machen gefürchtet. Eschig war der „schwarze" stellvertretende Direktor der in dieser Gegend relativ einsamen „roten" Schule und legte Wert darauf, dass unser Niveau nicht wie in anderen „roten" Schulen „nach unten angeglichen wurde".

Ich liebte ihn, denn er war unnahbar und „streng, aber gerecht", und das war, aus Gründen, die ich nicht zu analysieren vermag, die Vorstellung, die ich von einem Vater hatte. Obwohl ich auch in Mathematik mittlerweile ganz gut geworden war, stand ich bei ihm zeitweilig auf einem „Nicht genügend", weil ich bei den Schularbeiten vor lauter ängstlicher Aufregung nicht mehr denken konnte. Das führte dazu, dass er mir eine private Nachhilfestunde gab, die für mich der Himmel war: Ich konnte spüren, dass er sich väterlich über mich beugte, und ihm vielleicht beweisen, dass ich doch nicht so blöd war.

„Er kann wirklich alles, wenn er mit mir allein ist", sagte er meiner Mutter und gab mir auf die nächste Schularbeit das nächste „Nicht genügend". Bis ich mit einem Nachhilfelehrer derart intensiv übte, dass ich trotz aller Aufregung zwischen „gut" und „befriedigend" abschnitt.

Wirklich gut war ich weiterhin in Naturkunde, wo mich Frau Professor Halama, die einzige Lehrerin, unterrichtete, die trotz des „roten" Direktors meines Wissens auch die einzige eindeutig „rote" Lehrerin war. Denn Wiens Mittelschulprofessoren waren „schwarz" und allenfalls „freiheitlich". So ist mir neben Frau Halama, die den Unterricht ungemein spannend zu gestalten wusste, vor allem ein freiheitlicher Deutschprofessor in guter Erinnerung. Er war, glaube ich, sogar Abgeordneter der FPÖ und schätzte die „großen deutschen Dichter". Ich schätzte die großen deutschen Dichter auch und das verband uns über den KZ-Aufenthalt meiner Mutter hinweg.

„Du hast eine ungemein belesene Mutter", sagte er mir, nachdem er sie beim Sprechtag kennengelernt hatte, „jetzt weiß ich, woher Du das hast."

Er las einen meiner Deutschaufsätze vor versammelter Klasse vor, und als ich in einem späteren Aufsatz schrieb, ich wollte vielleicht Journalist werden, fand er das „eine gute Idee".

Auch der Lehrer in Physik, ich glaube er hieß Professor Fleischig, war nett und angenehm und möglicherweise ein zweiter geheimer „Roter". Sein Gegenstand war mir mittlerweile sowieso der liebste, denn ich hatte inzwischen stundenlange Gespräche mit Victor Weisskopf und Alexander Weissberg führen dürfen und hielt die moderne Physik für die nächste Annäherung an die Poesie.

Auch in Französisch und Englisch war ich gut, nachdem ich per Autostopp durch beide Länder getrampt war. Aber als ich meine erste Englisch-Schularbeit schrieb, verkündete der Professor triumphierend, dass „auch Schüler, die sich für besonders gut halten, stolpern können": Ich hatte „squirrel" (Eichkätzchen) zweimal falsch geschrieben und das war „zweimal ein schwerer Fehler" und damit nur „befriedigend".

Ob man eine Sprache sprechen konnte, war im Fremdsprachenunterricht meine ganze Schulzeit hindurch völlig unerheblich. Auf der Maturareise nach Paris war ich ziemlich der Einzige, der sich dort ernsthaft verständigen konnte.

Die Astgasse sollte allerdings erst meine vorletzte Schule sein. Denn im Rahmen ich weiß nicht mehr welches Unterrichtfaches besuchten wir den Film „Die Matthäuspassion" und mein Freund Heinrich – „Heini" – Litschauer kam auf die Idee, bei dieser Gelegenheit Knallerbsen zu werfen. Auf dem Weg in ein Hietzinger Kino hat unser gemeinsamer Freund Heinz Hintermayer tatsächlich in einer Trafik drei Knallerbsen besorgt und sie ihm in die Hand gedrückt. Auch ich habe einen Beitrag zur Tat geleistet: „Geh, ihr traut's Euch eh nicht", habe ich den beiden etwa auf der Höhe des einstigen Hietzinger Strandbades gesagt.

Heini traute sich doch. Zwei Knallerbsen durchbrachen Bachs Matthäuspassion.

Die Lehrerversammlung trat zu einer Sondersitzung zusammen und beschoss eine „Untersuchung". Die Ansicht von Frau Professor Halama, die Angelegenheit doch nicht derart aufzubauschen, wurde verworfen, denn im Kino waren auch die Schülerinnen der nahen Wenzgasse anwesend gewesen, die eine „schwarze" Schule war. Deren „schwarze" Direktorin, so bedeuteten die „schwarzen" Professoren unserer „roten" Schule unserem „roten" Direktor, könnte den Zwischenfall als „Religionsstörung" auffassen und als solche dem „schwarzen" Unterrichtsminister Heinrich Drimmel melden. Wenn unser Direktor als „Roter" die Angelegenheit daher nicht mit dem erforderlichen Nachdruck ahnde, könne das den Eindruck erwecken, eine „rote" Schule toleriere eine „Religionsstörung".

Unser „roter" Direktor, ich glaube er hieß Milo Vlach und war ein freundlicher, wohlgenährter älterer Herr, begriff die Gefahr im Verzug und handelte: Die „Untersuchung" wurde mit dem notwendigen juridischen Instrumentarium ausgestattet: Es gab einen „Ankläger" und jeder „Verdächtige" durfte sich einen „Verteidiger" wählen – ich wählte in meiner Ahnungslosigkeit den „schwarzen" Walter Eschig, der besonders energisch für „strengste Ahnung" eingetreten war – und in einer Reihe eingehender Verhöre wurde der „Tatbestand" ermittelt: Heini Litschauer hatte zwei von Heinz Hintermayer gekaufte Knallerbsen geworfen.

Das Problem war: Heini Litschauer war der Sohn eines erzschwarzen Skistock-Fabrikanten, dem „Religionsstörung" nicht wirklich zuzumuten war. Dafür war Heinz Hintermayer sogar Mitglied des Verbands Sozialistischer Mittelschüler – aber leider zugleich der Sohn des „Bundeslastverteilers" (heute des Verbund-Generaldirektors) und damit eines ebenso prominenten wie einflussreichen „Roten", den ein „roter" Direktor angesichts eines „roten" Stadtschulrates unmöglich aus einer „roten" Wiener Schule werfen konnte.

Doch Gott sei Dank gab es mich: Ich war ebenfalls ein Mitglied des Verbands Sozialistischer Mittelschüler, meine Mutter aber war keine prominente „Rote" und also avancierte ich zum Anstifter. (Ich musste an diese Geschichte denken, als mich die Staatsanwaltschaft Wien Jahrzehnte später zum „Anstifter" im Kriminalfall K. erklärte.)

„Wieso Anstifter?", wollte meine verzweifelte Mutter vom „roten" Schuldirektor wissen. „Er hat doch seine Bemerkung überhaupt erst gemacht, nachdem die Knallerbsen schon gekauft waren."

„Aber er ist mehrfach durch seine außergewöhnliche Intelligenz aufgefallen."

„Sie halten es wirklich für außergewöhnlich intelligent, in einem Film Knallerbsen zu werfen?"

„Darüber kann man streiten. Aber wir mussten uns gegen den Vorwurf der Religionsstörung verwahren. Es hat mir ja persönlich wirklich leidgetan, aber Sie verstehen hoffentlich."

Heini Litschauer und ich flogen von der Schule, Heinz Hintermayer kam mit einer Verwarnung davon.

Ich packte also mein Federpennal zusammen und übersiedelte gemeinsam mit Heinrich Litschauer in die Marchettigasse im sechsten Wiener Gemeindebezirk. Dank der „schwarzen" Maßstäbe Walter Eschigs tat ich mir dort in meinem

Angstgegenstand Mathematik sehr leicht, musste aber zwei Jahre Latein nachler-
nen, denn das war an der Realschule Astgasse auch als Freifach nicht unterrichtet worden.

So lernte ich meinen liebsten und besten Lehrer kennen: Er hieß Professor
Karl Kolm, unterrichtete neben Latein auch Philosophie und war das Gespött
der Schule. Denn er stotterte ein wenig und besaß absolut keine Autorität:
„Kkkann ich noch … oder mmuss ich schon" – nämlich weiterreden oder den
Direktor zur Hilfe bitten –, pflegte er mindestens zehnmal während einer Unterrichtsstunde zu sagen, denn die 37 Schüler starke Klasse ließ sich durch ihn in
ihrem Summen und Schwätzen in keiner Weise unterbrechen, wenn er versuchte,
uns die Bedeutung der von den Naturwissenschaften geprägten englischen Philosophie oder die Relativität der Zeit nahe zu bringen. Die Nazi-Zeit hatte Kolm
in China zugebracht und so versuchte er auch gelegentlich, uns zu erklären, dass
Buddha ohne Kreuzzüge ausgekommen sei und dass man Meditation und Trance
auch als psychische Techniken, nicht unbedingt als Vereinigung mit Gott verstehen könne. In seiner Freizeit las er mit uns Gedichte – auch die ersten, die ich
selbst geschrieben hatte – und borgte und empfahl uns Bücher.

„Uns", das war immer mein bester Freund Klaus Draxler, der später Wissen-
schaftsattaché in Brüssel werden sollte, meist „Tomsi", der heute als Architekt in
Deutschland lebt und einen anderen Namen trägt, und manchmal Jörg Juritsch,
der Sohn einer Familie, in der man ein Bild des Vaters in Uniform in besonderen
Ehren und mich für einen erstaunlich sympathischen Juden hielt. Wir hatten,
wie seinerzeit an der Schule meiner Mutter, einen „inneren Kreis" gebildet, den
das Interesse an Literatur und bildender Kunst, aber auch die Liebe zur klassischen Musik, vor allem aber die Bewunderung für meine Mutter miteinander
verband: Ganze Nachmittage blätterten wir mit ihr in ihren zahllosen Kunstbän-
den von Phaidon, statt Hausaufgaben zu machen. (Richtiger: Ich machte keine,
sondern schrieb sie von Tomsi oder Klaus, die sie meist schon in den Pausen
gemacht hatten, ab.)

Kolms besondere Aufmerksamkeit galt der Herkunft von Worten: Angst, erklärte er mir, kommt von „Enge" der Brust, „schön" kommt von „schaun", Ehr-
furcht ist „Furcht, die ehrt" – ich habe jede dieser Erklärungen in diesem Buch
(und schon vorher Dutzende Male in meinen Texten) verwenden können. Für
den Lateinunterricht hatte er sich ein eigenes System zurechtgelegt, bei dem die
Zeitworte zu Gruppen gemeinsamer Herkunft gebündelt waren, und obwohl ich
Latein nur durch zwei Jahre lernte, war ich in der Lage, auch schwierigere Texte
zu übersetzen, auch wenn meine Lateinkenntnisse nach gängiger Messung zweifellos „nicht genügend" waren.

Karl Kolm (und ein Zeichenlehrer, auf den ich im 33. Kapitel noch kommen werde) ist der einzige Lehrer, von dem ich behaupten würde, dass er mir etwas mitgegeben hat, das ich mein ganzes Leben nutzen konnte.

Dafür passten andere Lehrer an dieser Schule in ein Panoptikum. Etwa der Geschichtelehrer, ein verbitterter Gnom, der uns an die zweihundert Jahreszahlen auswendig lernen ließ, die wir am Tag nach der Prüfung mit allem, was sie bedeuteten, vergessen hatten.

Mich liebte er besonders:

„Können 'S was, Lingens?"

„Jawohl, Herr Professor."

„Dann setzn 'S sich wieder, ich werd Sie prüfen, wenn Sie nichts können."

Eine Zeit lang versuchte ich ihn durch verbissenes Auswendiglernen – ich hatte damals im Gegensatz zu später ein hervorragendes Gedächtnis – von meinem Können zu überzeugen, denn Geschichte war ursprünglich einer meiner Lieblingsgegenstände gewesen. Aber als es nichts fruchtete, gab ich es völlig auf und führte nicht einmal mehr ein Heft. Stattdessen ließ ich mir von meinem Nachbarn Klaus Draxler, der in dieser Hinsicht mit Abstand am meisten von der Klasse konnte, einsagen und zeigte, wenn andere geprüft wurden, beständig auf:

„Herr Professor, darf ich die Antwort sagen? Ich weiß sie."

„Na schön, Lingens."

Am Ende des Schuljahres hatte ich ein „gutes Gut" und Klaus Draxler ein „gerade noch Gut" in Geschichte.

Er hat mir das bis heute nicht verziehen.

Noch schlimmer, weil sie meinen Lieblingsgegenstand – Deutsch – unterrichtete, war für mich die Deutschprofessorin. Ich verschweige auch ihren Namen, obwohl er mir ewig in Erinnerung bleiben wird, und beschreibe sie nur äußerlich: klein, mit grauen Haaren, grauer Haut und in einem grauen Kleid. Ich bin sicher, dass sie auch graue Augen hatte, aber sie sah einen nie an.

Ihre Lieblingsautorin war Marie Ebner-Eschenbach, bei der wir in der siebenten Klasse ein halbes Jahr verweilten. Eines Tages tauchte ein Schulinspektor auf – ich glaube er hieß Figdor oder so ähnlich –, der diese Funktion als einziger Kommunist behalten hatte und ähnlich wie der ehemalige kommunistische Stadtrat Viktor Matejka ein kulturell außergewöhnlich gebildeter Mann war. Als er den fünften Schüler unserer Klasse nach einem wichtigen deutschen Autor gefragt und jeder ihm Marie Ebner-Eschenbach genannt und ihm den Inhalt aller ihrer Werke erläutert hatte, platzte ihm der Kragen:

„Frau Eschenbach ist eine brave, mittelgute österreichische Autorin. Haben Sie sonst nichts gelernt? Ich meine über Autoren von Weltrang?"

„Die letzten sechs Monate nicht", wagte ich – zugegebenermaßen aus reiner

Bosheit – zu sagen, „aber wahrscheinlich kommen die noch. Eine Viertelstunde für Thomas Mann oder so."

Von da an liebte unsere Deutschlehrerin auch mich.

Ihre liebste Ansage lautete: „Interpretieren wir" – und dann folgte ein manchmal durchaus schönes Gedicht, dem in den folgenden Minuten alle Federn ausgerissen und alle Farben genommen wurden, bis es ein toter, grauer Vogel war.

Ich weiß bis heute nicht, warum Deutschprofessoren das Interpretieren so über alle Maßen lieben, denn die meisten Gedichte sagen das, was sie sagen wollen, in genau den Worten, die der Dichter aus gutem Grund verwendet hat. Vielleicht kann man dazu andere Worte, Klänge, vielleicht auch Farben assoziieren, das lässt die Gedichte am Leben. Sie zu sezieren, macht sie zu Leichen.

Als ich zur Matura über „ein Werk der Moderne, das mich besonders beeindruckt hat" schreiben sollte, wählte ich Rilkes „Sonette an Orpheus", nur um meiner grauen Lehrerin die folgenden Zeilen aus dem 5. Sonett an den Kopf zu werfen:

> „Errichtet keinen Denkstein, lasst die Rose
>
> nur jedes Jahr zu seinen Gunsten blühn
>
> Denn Orpheus ist's, seine Metamorphose
>
> in dem und dem. *Wir sollen uns nicht mühn*
>
> *um andre Namen*. Ein für alle Male
>
> ist's Orpheus, wenn es singt …"

Sie gab mir ein „Befriedigend" auf den Text, die Maturakommission setzte die Note um einen Grad hinauf, denn es gab keinen Rechtschreibfehler.

In Mathematik tat ich mir nach den strengen Jahren bei Walter Eschig so leicht, dass ich aufhörte, ein Heft zu führen, und streikte, denn Professor K., der auch Physik unterrichtete, hatte mein zweites Lieblingsfach umgebracht: Statt wunderbarer Naturgesetze lernten wir die Teile von Elektromotoren oder Turbinen auswendig. Ich war in Physik zu gut, um dort trotz meines Lernstreiks eine schlechte Note zu bekommen, aber in Mathematik schrieb ich jede zweite Arbeit auf „nicht genügend", weil ich gar nicht wusste, worum es gerade ging. Dann setzte ich mich mit Klaus Draxler zusammen, der auch in Mathematik der Beste war (er sollte später Physik studieren), und ließ mir von ihm den Stoff der nächsten Schularbeit erklären. Auf die musste mir K. dann zwangsläufig ein „Gut" geben. (Für ein „Sehr gut" reichte es angesichts der geringen Übung nie ganz.) Ich wechselte also zwischen „nicht genügend" und „gut" und bekam in den Zwischenzeugnissen jedes Mal ein „Genügend".

„Aber bei der Matura haben sie nur eine Arbeit", erklärte mir mit verkniffenem Gesicht Professor K.

„Ich weiß, die werde ich auf ein ‚Gut' machen."

Da ich vor der Matura noch länger mit Klaus Draxler lernen konnte, gelang mir, glaube ich, ein „Sehr gut".

Die Note im Maturazeugnis blieb eine Drei.

Ansonsten sind mir noch ein lieber Klassenvorstand in Französisch und ein exzellenter Lehrer in Darstellender Geometrie in Erinnerung: Letzterer hatte ursprünglich an der Universität unterrichtet, war aber, wie man munkelte, im Krieg ein großer Nazi gewesen und hatte seinen ursprünglichen Job deshalb nicht mehr bekommen. So brachte er also uns Anfängern auf erstaunlich verständliche Weise bei, wie man einen Kegel schneidet und den Schatten eines Stabes darauf abbildet. Ich merkte, dass ein wirklicher Könner scheinbar Kompliziertes ganz einfach machen kann, und die Darstellende Geometrie, die anderswo zu den Angstfächern zählte, gehörte bei uns zu den Fächern, die niemanden ins Pissoir verschlugen. Nur unser Professor ging gelegentlich auf die Toilette, um dort einen tiefen Schluck aus einem Flachmann zu tun, den er beständig bei sich trug, und kam dann mit einer gewaltigen Fahne zurück.

Ich weiß nicht, was er im Krieg gewesen ist, aber er war ein hervorragender Lehrer und damit schon der zweite Freiheitliche, dem ich etwas Gutes nachsagen müsste.

In Summe waren die letzten beiden Mittelschuljahre nicht mehr, wie die ersten sechs, von Angst beherrscht: Ich hatte aufgegeben, unbedingt ein Vorzugszeugnis haben zu wollen, und ich hatte selbst in meinen Lieblingsgegenständen aufgehört, mehr auswendig zu lernen, als ich für die jeweilige Prüfung brauchte.

Was mich, Klaus Draxler, Jörg oder Tomsi damals wirklich interessierte, ergab sich außerhalb der Schule: Wir gingen ins Theater, in die Oper, in Ausstellungen oder zu Konzerten und lasen die Bücher, die meine Mutter oder Karl Kolm vorgaben. Wenn Victor Weisskopf oder Alex Weissberg in Wien waren, konnte auch Klaus mit ihnen über Physik reden und manchmal redeten wir auch über den Nutzen der Schule.

„Ich habe auch immer gelesen", erzählte Alexander Weissberg, „in der Schule halt unter der Bank."

„Und da haben sie Dich nie erwischt?"

„Doch, davon kommen die Bildungslücken."

Mir ist klar, dass sich die Schule seit meiner Zeit ungeheuer verbessert hat. Die Lehrer sind ganz andere; die Lehrbücher sind ganz andere; das Klima ist ein ganz anderes. Die Schüler sind wahrscheinlich um einiges schwieriger geworden: Sie fürchten sich zwar weiterhin vor dem Durchfallen, aber selten vor ihrem Lehrer

– eher der vor ihnen. Nur die Einteilung in „rote", „schwarze" und in Kärnten auch „blaue/orange" Schulen ist die gleiche geblieben.

So weit ich Volksschulen kennenlernen durfte, sind sie hervorragend: Die Lehrerinnen – es unterrichten dort praktisch nur Frauen – sind motiviert, engagiert und meistens sogar bereit, sich auch schwierigster Kinder anzunehmen.

Auch an den meisten Pflichtschulen habe ich dieses Engagement angetroffen. Vor allem im ländlichen Raum sind auch sie hervorragend und nehmen es, was die Kenntnisse der Schüler anlangt, problemlos mit den meisten höheren Schulen auf. Um so ärgerlicher ist ihre finanzielle Unterdotierung: Da es weder genug Platz noch genug Lehrer gibt, müssen Schüler, die eigentlich in die erste Leistungsgruppe gehörten, immer wieder in die zweite Leistungsgruppe abgeschoben werden, was ihnen den einfachen Übertritt in die AHS verwehrt.

Leistungsgruppen – ich komme später darauf zurück – kosten Geld, das man zum Beispiel in Zeiten der Krise dringend investieren sollte.

Natürlich sollte es diese Leistungsgruppen auch an der AHS geben, wenn man weiterhin auf der Teilung in AHS und Pflichtschulen besteht. Und das kostete abermals Geld. Denn wiewohl wir besonders stolz auf unsere AHS sind, scheint sie mir nicht der stärkste Teil unseres Schulsystems: Es gibt dort zu viele Lehrer, die keineswegs unbedingt Lehrer werden wollten, sondern es eben aus irgendwelchen Gründen geworden sind – wegen der „Sicherheit", wegen der vielen Freizeit oder weil sie „leider" doch keine Physiker, Mathematiker, Biologen oder vielleicht auch Journalisten geworden sind. Gleichzeitig gibt es – vor allem unter den älteren Semestern – noch immer die „Professoren", die sich einerseits etwas ungleich Besseres als gewöhnliche „Lehrer" dünken und andererseits unter einem erstaunlichen Mangel an Selbstbewusstsein leiden: Obwohl sie im Vergleich zur Akademikern in der Privatwirtschaft keineswegs schlechter verdienen, fühlen sie sich ausgepowert, ausgebeutet, unter ihrem Wert geschlagen.

Ich weiß nicht, woran das liegt, denn sie üben einen herrlichen Beruf aus, den ich auch einmal ergreifen wollte.

Was diese „Halt-eben-Lehrer" und „Leider-doch-nur-Lehrer" selten vermitteln – seltener als an Pflichtschulen –, ist Enthusiasmus: Freude an dem Gegenstand, den sie lehren, die sich auf die Schüler überträgt, die ihnen zuhören müssen, statt dass sie ihnen zuhören wollen. Was immer an Reformen des Schulwesens geplant ist – es muss selbstbewusste, begeisterte, freudige Lehrer hervorbringen. Das ist die Voraussetzung für selbstbewusste, begeisterte, freudige Schüler.

Ich habe das Glück, den größten Teil meines Geldes in einem Beruf verdient zu haben, der mir die größtmögliche Freude bereitet hat: Als Journalist durfte ich mein Leben lang neugierig sein.

Dabei habe ich die längste Zeit nicht gewusst, worauf ich meine Neugierde konzentrieren sollte, und glaube, dass es vielen jungen Menschen so geht. Deshalb bin ich nicht überzeugt, dass der aktuelle Trend zu einer möglichst frühen Spezialisierung wirklich so vorteilhaft ist: Natürlich sollen die, die von Beginn an ganz genau wissen, was sie wollen, sich von Beginn an spezialisieren können – sie lassen sich daran sowieso kaum hindern. Aber angesichts einer Lebenserwartung von achtzig und mehr Jahren sollten die, die es nicht so genau wissen, sich beruhigt etwas mehr Zeit lassen dürfen, ohne deshalb gleich abgeschrieben zu werden.

Schon dem vorigen Kapitel war zu entnehmen: Mich hat die Neugier nur so hin und her gerissen. Mit zwölf wäre ich unter dem Einfluss von Alexander Weissberg und Victor Weisskopf am liebsten Physiker geworden – vor allem um herauszufinden, ob sich die Blicke, die man hübschen Mädchen nachwirft, physikalisch messen lassen, denn das hätte mir damals erklärt, dass sie sich umdrehen. Nicht lachen: Es sind wahrscheinlich auch bei großen Forschern sehr oft die sentimentalen Rätsel, die sie lösen wollen.

Als ich 15 war und eine von mir damals vergötterte Schauspielerin (deren Namen ich heute nicht einmal mehr weiß) an einem scheinbar inoperablen Gehirntumor erkrankte, habe ich meine eben erst im Physikunterricht erworbenen Kenntnisse über „stehende Wellen" in einer schlaflosen Nacht zu ihrer Heilung gebündelt: Man müsste zwei gegenläufige Ultrakurzwellen (von denen ich wusste, dass sie Tumoren zerstören können) einander so überlagern, dass durch ihre Interferenz eine stehende Welle im Zentrum des Tumors entsteht, während die anderen Regionen des Gehirns völlig unbeschädigt bleiben. Leider konnte ich ihr mein fantasiertes Gerät nicht sofort zu Füßen legen, aber ich habe nicht ohne leisen Stolz erfahren, dass das reale Gerät, mit dem sie tatsächlich operiert worden ist, immerhin eine gewisse Verwandtschaft mit dem meinen aufwies: Man lässt die Strahlungsquelle so um den Kopf des Patienten rotieren, dass der Strahl ununterbrochen durch den Tumor geht, die gesunden Regionen des Gehirns aber nur ganz gelegentlich streift.

Ist es nicht – auch ohne jedes Patent und ohne jeden Patienten – herrlich, sich solche Geräte in schlaflosen Nächten auszumalen? Ich kann nicht verstehen, dass die technischen Berufe in Österreich (aber auch in Deutschland) immer weniger Zulauf finden: Um wie viel interessanter ist doch die Interferenz physikalischer Wellen als die Interferenz soziologischer Fragestellungen (und um wie viel nützlicher ein Hochfrequenz-Skalpell als eine Meinungsumfrage).

Als ich zwanzig war, wäre ich gerne Physiologe geworden, um herauszufinden, welche Botenstoffe jenen autolytischen Prozess im Rückenmark auslösen, der meine erste große Liebe an Multipler Sklerose erkranken (und 16 Jahre später daran sterben) ließ. Fasziniert habe ich Berichte gelesen, wonach man Multiple Sklerose in Afrika kaum kennt, während sie in anderen Ländern, aber manchmal auch in bestimmten Häusern, gehäuft auftritt. Ich bin nicht draufgekommen, warum – aber irgendwann wird irgendwer draufkommen und die Krankheit heilen.

Deshalb bekomme ich Tobsuchtsanfälle, wenn die katholische Kirche Gesetze durchsetzt, die die Forschung an Stammzellen behindern, denn Stammzellen bieten die derzeit größte Chance, Multiple Sklerose heilbar zu machen. Wenn ich im nächsten Kapitel auf mein Verhältnis zur Religion zu sprechen komme, lasse ich dieser Irritation freien Lauf: Ich halte es für die Erbsünde der christlichen Kirchen, den Menschen als Erbsünde vorzuwerfen, dass sie Früchte vom Baum der Erkenntnis genießen wollten.

Wenn eines meiner Kinder diesbezüglich Talent hätte, hätte ich ihm geraten, Biochemie zu studieren und sich an der Stammzellen-Forschung zu beteiligen, denn sie scheint mir das Aufregendste, der Menschheit Nützlichste, was es derzeit in der Wissenschaft gibt. Aber schon bei mir war die Chemie einer meiner schwächeren Gegenstände und ich fürchte, dass ich das an alle meine Kinder weitergegeben habe – verbunden mit der Unlust, mich länger mit Auswendiglernen abzugeben. Schließlich habe ich mein Medizinstudium aufgegeben, nachdem ich bei der Chemie-Prüfung durchgefallen bin, weil ich nicht wusste, wie man Blutzucker nachweist, und der Prüfer die entsprechende Laborprobe mit Recht als wesentlich für einen künftigen Arzt angesehen hat, während ich sie für völlig unerheblich gehalten habe, denn ich wollte gerade die Schizophrenie besiegen, von der mein Vater Spuren in unserer Familie entdeckt zu haben glaubte.

Jedenfalls hatte ich eine Mappe angelegt, in der ich alle Texte gesammelt hatte, die ich in Zeitschriften zum Thema Schizophrenie finden konnte (das Internet hat es damals leider noch nicht gegebenen), und versuchte mit ihnen meine gar nicht so absurde Theorie dieser Psychose zu belegen: Menschen, die an Schizophrenie erkranken – so schloss ich aus der Wirkung von Lysergsäure –, leiden an einem erblichen Mangel in der Produktion jener Substanzen, die ausgeschüttet werden, um Angstzustände abzubauen. Das schien mir zu erklären, dass Schizophrenie eine erbliche Komponente hat; aber auch dass man bei Menschen, die später an Schizophrenie erkranken, schon im Säuglingsalter extreme Überempfindlichkeit registriert; dass extreme Angsterlebnisse selbst bei scheinbar sehr stabilen Persönlichkeiten Psychosen auslösen können; oder dass sogar Tiere schizophrene Verhaltensweisen entwickeln, wenn man sie systematisch in Panik versetzt.

So weit der biochemische Teil meiner Theorie, den ich damals durch die Nennung entsprechender Enzyme und Rezeptoren aus meinem Chemieskriptum um einiges eindrucksvoller gestalten konnte. Teil zwei war psychologischer Natur: Da potenzielle Schizophrene aufgrund des beschriebenen angeborenen Mangels ständig mit Angstgefühlen konfrontiert sind, entwickeln sie psychische Systeme zur Angstabwehr: einerseits eine schützende Schicht extremer Gefühlskälte, andererseits Wahnideen, die es ihnen ermöglichen, ihre ständige, unerklärliche und daher besonders Angst erregende Angst dadurch zu lindern, dass sie ihr eine „verständlichere" äußere Ursache unterstellen – etwa die Verfolgung durch feindliche Nachbarn oder die Vergiftung durch geheimnisvolle Strahlen. So weit ich informiert bin, ist das heute die gängige Sicht von Wahnsystemen: Sie stellen Versuche der Selbstheilung dar.

Vor fünfzig Jahren war ich von meiner Theorie jedenfalls derart angetan, dass ich sie meiner Cousine Elsa Reiner – einer schon damals international renommierten Professorin für Biochemie an der Zagreber Universität – in allen Details vorgetragen und einen Aufschrei der Bewunderung erwartet habe. Stattdessen hat sie mir eine kalte Dusche beschert: „Es gibt wahrscheinlich ein paar Hundert Forscher auf diesem Gebiet, die etwas Ähnliches vermuten. Entscheidend wird sein, wer in der Lage ist, einen konkreten Nachweis zu erbringen."

Ich habe ihn bekanntlich nicht erbracht. Trotzdem war allein das Suchen nach Belegen für meine Vermutung – Experimente über die Erzeugung Schizophrenie-ähnlicher Zustände mittels diverser Chemikalien, Untersuchungen über die Schmerzempfindlichkeit von Kindern schizophrener Frauen, Experimente mit Hunden, denen unregelmäßige Stromschläge versetzt wurden und die sich, je nach ursprünglicher Schmerzempfindlichkeit, sehr bald oder nie mehr von ihrer Verwirrung erholten – ein ganz unglaubliches Vergnügen: Es hat mir eine Ahnung davon vermittelt, welches tägliche Glück jeder Wissenschaftler erlebt, der forschen darf, und wie unbeschreiblich das Glücksgefühl sein muss, wenn sich seine These eines Tages sogar als richtig herausstellt.

Auch wenn er sich dann sofort der nächsten offenen Frage zuwenden muss, um weiterhin glücklich zu sein: Denn nur Fragen befriedigen die Gier nach Neuem.

Als Journalist hatte ich das große Glück, ununterbrochen mit offenen Fragen konfrontiert zu sein, in jedes mir zumindest vage verständliche Wissensgebiet hineinzuriechen: dilettantisch, oberflächlich, wie wir Journalisten nun einmal sind, aber doch mit ungeheurem Genuss an dem, was andere erahnen, erforschen oder vielleicht schon wissen. Gemeinsam mit ernsthaften Wissenschaftlern dürfen Journalisten ewige Kinder sein:

„Und warum hat das Nashorn ein Horn, Papa? Und warum fallen wir nicht von der Erde herunter, Mama?

Deshalb ist es so wahnsinnig wichtig, dass das Schulsystem die Neugier fördert: dass es den ohnedies in jedem Kind vorhandenen natürlichen Drang, alles und jedes zu erkunden, so lange wie möglich wach hält, statt ihn langsam, aber sicher einzuschläfern, wenn nicht unter einem dicken Polster überflüssigen Wissensballasts zu ersticken.

Ich erinnere mich, wie begeistert mein jüngster Sohn seine ersten Deutschaufsätze geschrieben hat: voller Fantasie und unfrisierter, jugendlich übermütiger Sätze. Und wie die einzige deutsche Lehrerin, die er am Aloha College hatte, ihm diese Begeisterung durch Textanalysen, Textinterpretationen, Paradigmen-Feststellungen und ununterbrochene rote Wellenlinien unter jeder zweiten Zeile so lange ausgetrieben hat, bis er nur mehr linkische Schachtelsätze mit möglichst vielen Fremdworten zu Papier gebracht hat.

Nichts ist schlimmer als Lehrer, die keine Kinder mehr sein wollen, sondern graue Computer, die schwarze Textmassen ausspucken und auf „Rot" umschalten, sobald man sie mit Haus- oder Schularbeitstexten füttert, die ihrer Programmierung nicht entsprechen. Der Unterschied zwischen einem echten Lehrer und dem berühmten Blechtrottel ist die Fähigkeit, Fragen aufzuwerfen, statt Antworten auszuspucken.

Wissenschaft lebt nicht von Definitionen, wie man sie an Schulen und Universitäten ununterbrochen auswendig lernen muss – völlig überflüssige Worthülsen nannte sie Karl Popper –, sondern von aufgeworfenen Fragen, die sich ihrer Beantwortung widerborstig widersetzen. Das gilt gleichermaßen für die Geistes- wie für die Naturwissenschaften. Mit Schaudern erinnere ich mich an ein (Gott sei Dank überholtes) österreichisches Lehrbuch der Physik, aus dem ich dem Sohn eines Freundes Nachhilfeunterricht erteilen sollte: seitenlang Definitionen, seitenlang Erläuterungen über die verschiedenen Formen von Elektromotoren, deren Anker die Form eines „T", eines „I" oder weiß ich was noch haben können, aber ein kurzer, unendlich dürftiger Abschnitt über die wunderbare Theorie der elektromagnetischen Wechselwirkung – so als sei sie kaum bedeutender als eine weitere Motorvariante.

Ich habe dem Unterrichtsminister am Wiener Minoritenplatz damals – es waren die siebziger Jahre – angeboten, zusammen mit dem Inhaber des Lehrstuhls für theoretische Physik am MIT, Victor Weisskopf (dem zitierten Freund meiner Mutter aus dem Verband Sozialistischer Studenten), ein neues Physikbuch zu schreiben. Aber der ehemalige Lehrer Helmut Zilk, einer der expeditivsten Minister, die Österreich je hatte, hat nach zwei Monaten das Handtuch geworfen: „Du weißt, ich habe in meinem Leben eine Menge durchgebracht, aber ein neues Physikbuch gegen die Schulbuchautoren – unmöglich."

Inzwischen haben sich die österreichischen Schulbücher total gewandelt: Die Idee Bruno Kreiskys, sie gratis zur Verfügung zu stellen, indem man sie entsprechend subventioniert, erscheint zwar von einem wirtschaftlichen Blickpunkt her eher problematisch – das „Wegwerf-Schulbuch" hat genügend Kritik geerntet –, aber ich bin nicht sicher, ob sie nicht letztlich doch mehr Vorteile als Nachteile mit sich gebracht hat: Der freie Wettbewerb auf einem künstlich geschaffenen Markt hat immer bessere, immer modernere Schulbücher entstehen lassen.

Trotzdem schneiden österreichische Schüler in diversen PISA-Tests bei den Naturwissenschaften alles andere als grandios ab.

Es muss also doch eher an den Lehrern und Lehrerinnen liegen: Ich fürchte, dass viele von ihnen etwas von der grünen Animosität gegen die Naturwissenschaften in die Schulstunden mitbringen. Man muss sich ehrlich über den wissenschaftlichen und technologischen Fortschritt freuen, um Kindern Freude an Naturgesetzen zu vermitteln.

Ich halte es für eine der entscheidenden Schulreformen, den LehrerInnen im Rahmen ihrer Ausbildung Begeisterung für die Naturwissenschaften zu vermitteln. Ihnen klar zu machen, dass deren Anwendung die Natur nicht zerstören muss, sondern im Gegenteil die einzige Chance darstellt, sie möglichst unversehrt zu erhalten. Sie zu überzeugen, dass die Naturwissenschaften nichts Trockenes, Sperriges, ausschließlich Nützliches sind, sondern sie für die Poesie der modernen Physik empfänglich zu machen. Ja, Poesie – ich kenne nichts, das mehr Wunder anböte als die Welt der großen physikalischen oder biochemischen Entdeckungen. Es ist eine Sünde, den Blick darauf durch die allzu ausführliche Beschreibung von Elektromotoren oder die Einteilung der Würmer zu verstellen.

Und eine Todsünde, den Kindern die Lust am Fragen zu nehmen, indem man ihre offenen Münder zum Anlass nimmt, auf „mangelnde Kenntnisse" und „mangelnde Befassung mit dem Lehrstoff" zu schließen.

Ich erinnere mich, welche Angst ich in meiner Schulzeit hatte, durch eine „saudumme Frage" unangenehm aufzufallen, und zumindest von manchen Lehrern wird das bis heute so gehandhabt. Noch immer sind Aufzeigen und Fragen eher mit der Sorge, sich zu blamieren, als mit der Freude, Neues zu erfahren, verbunden. Noch mehr gilt das für die Lehre, in der Meister ihren Lehrlingen über den Mund fahren, statt sie zu ständigem Fragen anzuregen. Und am meisten für den Eintritt in eine berufliche Führungsposition: Man wird sich doch nicht selbst desavouieren, indem man zugibt, was man alles noch nicht weiß!

Helene van Damm, jene Sekretärin aus Niederösterreich, die es in den USA bis zur führenden Mitarbeiterin des Präsidenten im Rang eines Ministers brachte, hält diesen Unterschied in der Frage-Kultur für den entscheidenden zwischen Österreich/Deutschland und den USA: Gerade wer dort einen gehobenen Job antritt, stellt allen seinen Mitarbeitern, ob sie ihm vorgesetzt oder untergeben sind, nichts als Fragen – das ehrt ihn, statt ihn zu blamieren.

Fragen und infrage stellen sind der Treibsatz jedes Fortschritts, denn nur auf Fragen lassen sich Antworten finden.

Wenn ich mich frage, wie die ideale Schule beschaffen sein soll, die uns im globalen Wettbewerb mit brillanten Indern, Chinesen, Koreanern oder Brasilianern bestehen lässt, dann glaube ich, aus den Erfahrungen mit internationalen Schulen einiges ganz sicher zu wissen:

- Ein Lehrer sollte nicht mehr als zwölf Kinder unterrichten müssen.
- Das Niveau innerhalb dieser Gruppe sollte nicht allzu stark divergieren: Ein sehr viel schlechterer Schüler bremst seine sehr viel besseren Kameraden, ein sehr viel besserer entmutigt seine sehr viel schwächeren Kameraden.
- Lehrbücher sollten – so weit wie irgend möglich – von Phänomenen ausgehen, die man im täglichen Leben beobachten, vielleicht sogar in eigenen Experimenten nachvollziehen kann, und erst in der Folge nach Theorien zu ihrer Erklärung fragen, um diese dann Schritt für Schritt zu erläutern, und nicht umgekehrt.
- Theater spielen, Musik machen, malen sollten gleichberechtigte, integrale Unterrichtsgegenstände sein.
- Die schwächeren Schüler jeder Leistungsgruppe sind ständig speziell zu fördern, damit sie den Anschluss nicht verlieren – die besten ebenso, damit sie vielleicht den Aufstieg in die nächsthöhere Leistungsstufe schaffen.
- Eine Schule ist exzellent, wenn möglichst viele Schüler in möglichst vielen Gegenständen die oberste Leistungsgruppe schaffen, nicht wenn sie mittels „Durchfallen" möglichst viele „ausgesiebt" hat.

Ich glaube, dass die Gesamtschulen Finnlands, Australiens oder Koreas diesen Ansprüchen derzeit eher gerecht werden als unser Schulsystem, das statt vorrangig in Leistungsgruppen, vorrangig in Allgemeinbildende Höhere Schulen bzw. Berufsbildende Schulen und Pflichtschulen teilt, aber ich bin diesbezüglich kein Kulturkämpfer: Deutsche und österreichische Technik könnte nicht so hervorragend sein, wenn das deutsche/österreichische Schulsystem so letztklassig wäre. Vor allem aber glaube ich, dass es überhaupt vermessen ist, zu glauben, ein für alle Mal und für alle sich wandelnden Bedürfnisse die ideale Schule definieren zu können. Vielmehr bin ich mit Milton Friedman der Meinung, dass jene Gesellschaft den Wettlauf um die beste Bildung gewinnen wird, die nach Stahlerzeugung, Telefon oder Müllabfuhr auch das Schulwesen privatisiert und nur Rahmenbedingungen festlegt, innerhalb derer es sich bewähren muss.

Österreich, so entnehme ich den Zahlen der OECD, gibt pro Schüler pro Jahr kaum weniger aus, als ich am Aloha College an Schulgeld für meinen Sohn bezahlen musste. Da dieses College sogar Gewinn macht, muss sich für dieses Geld auch für jeden Österreicher oder Deutschen ein Unterricht entsprechender Qualität finanzieren lassen: mit ausreichend großen, modernen Schulgebäuden, um den Unterricht in ausreichend kleine Leistungsgruppen aufspalten zu können; mit Ganztagsunterricht durch Lehrer, die wissen, dass sie, um ihren Job zu behalten, genauso viel Einsatz mitbringen müssen wie jeder Mitarbeiter eines profitorientierten Betriebes, weil sie der Schuldirektor nach seinem Ermessen einstellen oder kündigen kann.

Der Posten dieses Direktors ist vom privaten Eigentümer öffentlich und international auszuschreiben und die Vorstellung, dass seine Bestellung irgendetwas mit Parteizugehörigkeit zu tun haben könnte, sollte bei allen Beteiligten Gelächter auslösen.

Im staatlichen Schulwesen ist dieses letzte Ziel grundsätzlich unerreichbar: Man kann die Bestellung von Schuldirektoren noch so sehr objektivieren, letztlich wird sie politisch entschieden, weil der Staat einfach kaum anders als auf dem Umweg über politische Parteien agieren kann. (Als in Kärnten nach dem Wahlsieg des damaligen Chefs der FPÖ, Jörg Haider, die Postenvergabe für Direktoren und Inspektoren „objektiviert" wurde und diese Stellen „ausschließlich nach sachlichen Gesichtspunkten" besetzt wurden, gehörten elf von zwölf Neubestellten zufällig der FPÖ an. Der viel geschmähte Proporz stellt in Wahrheit sicher, dass die jeweils regierende Partei wenigstens nicht alle Staatsjobs „absolut objektiv" mit ihren Leuten besetzt.)

Ebenso unerreichbar ist an staatlichen Schulen die freie Auswahl und vor allem freie Kündbarkeit des Lehrpersonals: Ich erinnere mich eines Falles, bei dem eine Direktorin eine Lehrerin, die fast täglich zum Unterricht zu spät kam, sich ständig krankmeldete und von ihren Kolleginnen und Kollegen gleichermaßen wie von ihren Schülern und deren Eltern abgelehnt wurde, über Jahre nicht loszuwerden vermochte. Am Ende des jahrelangen Kampfes stand ihre „Verwarnung".

Auch wenn die formale Unkündbarkeit durch Pragmatisierung jetzt endlich gefallen ist, sind die Gewerkschaften im öffentlichen Dienst durchwegs so stark, dass de facto nur der Diebstahl silberner Löffel einen unfähigen Lehrer um die Möglichkeit bringt, sich an der Neugier eines Kindes zu vergehen.

Dieses wohl gravierendste Problem des staatlichen Schulwesens relativierte sich in dem Augenblick, in dem private Schulen auf einem freien Schulmarkt miteinander und mit staatlichen Schulen konkurrieren: Gute Lehrer werden dann wesentlich gefragter sein (und wahrscheinlich mehr verdienen), schlechte werden sich um einen anderen Job umsehen müssen, wie alle anderen Arbeitnehmer auch.

In meinem Schulsystem der Zukunft sollte es daher wesentlich leichter werden, eine private Schule zu gründen. Der Betreiber bestellt einen Direktor seiner Wahl und dieser bestellt (und kündigt im Notfall) die Lehrer seiner Wahl. Ob die Schule als Gesamtschule, als Hochbegabten-Schule, als alternative Schule, nach den Prinzipien von Montessori, Herrn Schreiber oder sonst wem geführt wird, ist dem Betreiber überlassen – ebenso, ob er den Schwerpunkt auf Naturwissenschaften, Geisteswissenschaften oder musische Kenntnisse legt. Der Staat fordert nur in jedem Hauptgegenstand bestimmte Kenntnisse ein, die in bestimmten zeitlichen Abständen, nicht anders als am Aloha College, in entsprechenden standardisierten Prüfungen nachgewiesen werden müssen. (Die betreffenden Prüfungsarbeiten werden von einer zentralen, unabhängigen Stelle bewertet, wie Frau Minister Claudia Schmied das für die Matura bereits plant.)

Alles andere bestimmt, wie bei allen anderen Waren und Dienstleistungen, der Wettbewerb am freien Markt: Um der allgemeinen Schulpflicht zu genügen, erhalten alle Eltern vom Staat Schulgeldschecks, die sie bei der jeweils von ihnen gewählten Schule einlösen können. Manche Schulen werden etwas mehr kosten, als sich mit den Schecks allein finanzieren lässt – und das wird manchen Eltern den Mehraufwand wert sein und anderen nicht. So groß wie der derzeitige Unterschied zwischen privaten und öffentlichen Schulen wird der Unterschied aber nie und nimmer sein und natürlich kann man das System durch Kredite ergänzen.

Ich bin überzeugt – und das bin ich ganz selten von eigenen Vorstellungen –, dass ein solches Schulsystem dem geltenden klar überlegen sein wird: Es wird, wie die private Telefonie, ein ungleich besseres Preis-Leistungsverhältnis sicherstellen; es wird sich den unterschiedlichen und zudem wandelnden Erfordernissen ungleich flexibler anpassen; und es wird den Ansprüchen der Schüler wie der Lehrer an sozialer Achtung ungleich besser entgegenkommen.

Wahrscheinlich kann man dergleichen nicht auf einen Schlag einführen, aber man kann den Sektor der privaten Schulen nach dem beschriebenen Prinzip ständig ausweiten, wie beispielsweise in der Schweiz ein großer privater Spitalsektor neben dem öffentlichen besteht. Es ist denkbar, dass letztlich gar nicht alle Schulen zu privaten Schulen werden, denn sehr gute private Schulen werden öffentliche Schulen zu Reformen und zur Steigerung ihrer Qualität zwingen, und ich bin kein Ideologe, der den Staat als Schulbetreiber auch dann ablehnte, wenn er sich im freien Wettbewerb bewährte.

Es ist nur der freie, faire Wettbewerb, auf den es mir ankommt. Und der kann nicht darin bestehen, dass öffentliche Schulen mit ausschließlich von den Eltern zu bezahlenden, teuren Privatschulen konkurrieren.

Jeder Schüler hat dem Staat dasselbe wert zu sein. Zum Vorteil dieses Staates.

In Schweden hat die konservative Mitte-Rechts-Regierung erstmals ein solches System staatlich finanzierter privater Schulen eingeführt: Der Staat bezahlt die Schulen pro angemeldetem Schüler. Das System hat sich immerhin derart bewährt, dass die folgende sozialdemokratische Regierung, der es gegen den ideologischen Strich ging, es nicht wieder abzuschaffen wagte. Trotzdem gestehen auch seine Verfechter ein, dass es noch nicht die extreme Leistungsfähigkeit des staatlichen finnischen Schulsystems erreicht hat: Weil dort die Lehrerausbildung eine noch wesentlich bessere sein soll.

Dies ist natürlich eine Kernfrage: Pädagogische Hochschulen müssten zu den am höchsten angesehenen und wichtigsten des Landes zählen. Es muss undenkbar und unmöglich sein, dass jemand auf die Schüler losgelassen wird, der zwar Physik oder Englisch oder Biologie studiert, nie aber gelernt hat, wie er einen solchen Stoff aufzubereiten und unterschiedlichen Altersgruppen vorzutragen hat und wie er reagieren soll, wenn ihm ein Schüler das Götz-Zitat oder eine Schülerin ihr Höschen an den Kopf wirft.

Deutsch als Pädagoge zu vermitteln, ist im Zweifel schwerer, als Journalist zu sein. Ich weiß, wovon ich rede, denn ich habe mich eine Zeit lang als Journalistik-Lehrer versucht.

In Österreich werden ausschließlich die katholischen Privatschulen ernsthaft durch den Staat gefördert, indem dieser ihnen die Bezahlung des Lehrpersonals abnimmt. Diese im Konkordat festgeschriebene Bevorzugung steht in Wirklichkeit in ebensolchem Widerspruch zur Trennung von Kirche und Staat wie der in der Praxis kaum vermeidbare Religionsunterricht und das Kreuz in den meisten Klassenzimmern.

Es ist schon richtig, dass Österreichs Bevölkerung in ihrer überwältigenden Mehrheit katholisch ist, aber sie hat genügend Gelegenheit und genügend Kruzifixe, ihren Glauben außerhalb der Schule auszuleben. In der Schule hat er nichts zu suchen. Sie ist da, Wissen, nicht Glauben zu vermitteln.

Wir kritisieren zu Recht die Koran-Schulen, in denen man die Suren des Koran anstelle der Naturgesetze lernt.

In manchen Bundesstaaten der USA gibt es den abenteuerlichen Zustand, dass aufgrund fundamentalistisch christlicher Politiker (die immerhin als Vizepräsidentinnen in Betracht gezogen wurden) die Gesetze der Evolution nicht unterrichtet werden dürfen, weil das der fundamentalistisch christlichen Vorstellung widerspricht, dass Gott die Welt, so wie sie ist, erschaffen hat.

Ich weiß schon, dass die Mehrheit österreichischer Religionslehrer solchen Unsinn nicht aktiv verzapft, aber sie unterstützen ihn mental, indem sie die Schöpfungsgeschichte selten mit der notwendigen Distanz darbieten und jedenfalls auf jede Diskussion der Evolution verzichten, obwohl das im Bereich der Ethik mehr als berechtigt wäre.

Auch die Ansicht meines Religionslehrers an der Astgasse, dass Onanie zu Hirnerweichung führe, entspricht nicht ganz den Zielen des Sexualkunde-Unterrichts. Dass er, wenn es irgendwann laut wurde, meinte, dass wir „in keiner Judenschul" seien, war vielleicht nur ein Zufall.

Wirklich ernst genommen wird das Verfassungsgesetz über die Trennung von Kirche und Staat nur durch den Ersatz des Religions- durch einen Ethikunterricht, in dem staatliche Lehrer selbstverständlich auch auf den Beitrag der Kirche zu dieser Ethik – und deren Rolle in der Geschichte des Abendlandes – einzugehen haben. Nur dass sie dabei den Gegensatz zur Aufklärung und deren Rolle für die Ethik genauso berücksichtigen müssen.

Katholische Privatschulen ohne besondere Unterstützung des Staates können das selbstverständlich anders halten. Eltern, die ihre Kinder dorthin schicken, tun es dann, weil sie eine „katholische Schule" wollen, nicht aber deshalb, weil katholische Schulen die einzig erschwinglichen Privatschulen sind.

16. Kreuz und quer

Der Papst hebt die Exkommunizierung eines Bischofs auf, der die Gaskammern leugnet, und wollte einen Bischof ernennen, der den Hurrikan Katrina eine Strafe Gottes nennt und Homosexualität für eine heilbare Krankheit hält. Unter diesen Voraussetzungen erscheint mir die Zukunft der katholischen Kirche in unseren Breiten eher ungewiss.

Ganz so schlimm, wie es sich hier liest, ist es nicht, wenn man genauer hinsieht: Papst Benedikt ist sicher kein Antisemit – er sucht sogar den Dialog mit den Juden –, sondern er wollte nur die stockkonservativen, antisemitischen Pius-Brüder in die Kirche heimholen, und unter ihnen befand sich eben auch jener Bischof Williamson, der den Holocaust leugnet. Durch die Aufhebung der Exkommunizierung darf er nun die Sterbesakramente empfangen – mehr darf er nicht, denn für den Papst ist der vom abtrünnigen Kardinal Lefebvre Geweihte weiterhin kein Bischof.

Aber selbst Gläubige sind immer weniger in der Lage, solche Raffinessen des innerkirchlichen Umgangs zu verstehen. Denn für jeden normal denkenden Menschen ist das Leugnen des Holocaust viel eher ein Grund zur Exkommunizierung als die Zugehörigkeit zur Anhängerschaft des Kardinal Lefebvre. Ich als Ungläubiger kann noch viel weniger verstehen, dass immer noch Abertausende andächtig lauschen, wenn ein greiser Papst mit brüchiger Stimme den Segen „Urbi et Orbi" murmelt und mit Entscheidungen wie den obigen beweist, dass er im trivialsten Sinne dieser Worte „nicht von dieser Welt" ist.

Aber ich möchte den Pfarrer nicht missen, der Arigona Zogaj aufgenommen hat, als unser christlichsozialer Innenminister sie des Landes verweisen wollte, ich möchte nicht auf die Gläubigen vom menschlichen Format einer Ute Bock verzichten, die gestrandeten „Fremden" Unterkunft gewährt. Und was die katholische Kirche etwa in Afrika leistet, kann ich auch nicht negieren. Nicht zuletzt bin ich in meiner sehr persönlichen Not in Bischof Stecher einem der großartigsten Menschen weit und breit begegnet und danke ihm so etwas wie „Vergebung" einer Sünde.

Allerdings war gerade er gegenüber der jüngeren Entwicklung in Rom so skeptisch wie ich.

Es ist das Teuflische, dass sie kaum aufzuhalten ist: Seit Papst Woytila bestellen die Päpste nur mehr erzkonservative Kardinäle, die den nächsten erzkonservativen Papst wählen, der die nächsten erzkonservativen Kardinäle bestellen wird. Nur ein Wunder kann diese Abwärtsspirale durchbrechen.

Katholiken glauben an solche Wunder und manchmal – siehe Johannes XXIII. – ereignen sie sich auch, aber nicht religiöse Menschen wie ich denken in politischen Strukturen: Eine im Kern undemokratische Struktur, zu der sich die Beteiligten ganz offen als einer Grundfeste bekennen – „Kirche kann nicht demokratisch sein" –, muss immer wieder all die Probleme produzieren, die dazu geführt haben, dass vergleichbare politische Systeme in allen entwickelten Gesellschaften abgelöst wurden.

Die Mitglieder einer aufgeklärten Gesellschaft glauben an die Notwendigkeit der Mitwirkung der Basis bei der Kür der Spitze. Dass die katholische Kirche das so kategorisch ablehnt, wird ihr innerhalb dieser Gesellschaft auf die Dauer nicht zum Vorteil gereichen.

Glaube ich zumindest. Denn bekanntlich hat diese aufgeklärte Gesellschaft auch das Regime Adolf Hitlers akzeptiert. Es ist leider nie auszuschließen, dass die Menschen sich die Unterwerfung unter eine undemokratisch bestellte, „unfehlbare" höchste Instanz wünschen. (Sonst hätte die evangelische Kirche wesentlich mehr Zulauf von Seiten verärgerter Katholiken.)

Ich gebe zu, dass mir ein Papst in diesem Fall sehr viel lieber als ein Hitler ist.

Ursprünglich hätte ich gedacht, dass der christliche Glaube sogar so etwas wie einen Schutzschild gegen den Glauben an Adolf Hitler darstellt, aber das war bekanntlich ein gewaltiger Irrtum: Zehntausende Christen töteten bedenkenlos Millionen Juden, Zigeuner, Schwule, Kranke oder Schwache. Millionen Christen hoben bis zuletzt den Arm für den Führer.

Meine Eltern, die nicht an Gott glaubten, versteckten Juden, um sie vor der Unbarmherzigkeit der Christen zu retten. Vielleicht tröstet das meine Kinder darüber hinweg, dass sie aus einer ziemlich atheistischen Familie stammen.

Zumindest ihre sämtlichen Großeltern waren, wie Eva und ich, ohne es auszusprechen, Atheisten. Mein Schwiegervater, der Professor für Meteorologie Friedrich Lauscher, suchte den Himmel allenfalls nach meteorologischen Phänomen ab und auch seine Frau Adele, die wie er Mathematik und Physik studiert hatte, sah keinen Grund zu der Annahme, dass dort ein übernatürliches Wesen wohne und den Gang der Dinge bestimme. Charakteristischerweise haben sie Eva dennoch katholisch taufen lassen, denn das gehörte sich so. Auch ein Abendgebet musste sie sprechen, doch in die Kirche sind sie nie gegangen.

Erst durch die Schulmessen ihrer Volksschule im noblen Sievering hat Eva dennoch ausführliche Bekanntschaft mit der Bibel und der Kirche gemacht, denn der Religionslehrer pflegte jeweils abzufragen, wer die Messe besucht hatte. Die Geschichten über Engel, Teufel und Heilige haben ihr genauso gefallen wie Geschichten über Könige, Prinzen und Prinzessinnen, die sie damals verschlungen hat, ohne dass sie deshalb später eine monarchistische Ader entwickelt hätte. Daran, dass sie sogar eine eher antikatholische Ader entwickelt hat, hatte dann ihr Religionslehrer wesentlichen Anteil: Je öfter er mit ihr sprach, desto enger zog er sie dabei mit ständig schwitzenden Händen an sich und tat dies auch mit den anderen Mädchen ihrer Volksschulklasse. Bis diese Neigung zu schulinterner Aufregung Anlass gab: Bei einem Schulausflug hatte er sich mit einer Schülerin der vierten Volksschulklasse in den verlassenen Autobus zurückgezogen und sie hatte das ihren Eltern erzählt. Es gab eine klammheimliche Untersuchung, die zu einem seltsamen Resultat führte: Lehrkörper und Elternversammlung einigten sich darauf, dass der gute Mann der Verführung durch eine verdorbene Zehnjährige erlegen sei, wie man sie leider auch in dieser guten Gegend antreffe, seit die Sozialdemokraten begonnen hätten, in dem „Krim" genannten Teil des Bezirks soziale Wohnbauten zu errichten.

Weniger körperlichen, aber dafür geistigen Widerwillen erweckte bei Eva dann der Religionslehrer an der Oberstufe ihres Gymnasiums. Er eröffnete den Unterricht mit der Erklärung, dass jeder, der seine Worte in Frage stelle, mit einem „Nicht genügend" zu rechnen hätte, und beschloss ihn in der vorletzten Klasse mit der Feststellung, dass alle mit einem „Sehr gut" rechnen dürften, die sich bis zur Matura an diese Regel hielten. Das tat denn auch die gesamte Klasse und verwendete die Religionsstunde, um Hausaufgaben für andere Unterrichtsgegenstände zu machen.

Ich habe meinen eigenen Religionsunterricht, von dem ich mich, sobald das damals möglich war – also mit 14 –, abgemeldet habe, in ähnlicher Erinnerung. Mit der zusätzlichen Erfahrung, dass unser Religionslehrer „Kopfnüsse" zu verteilen pflegte und Lärm mit den Worten: „Da geht's ja zu wie in einer Judenschule" unterband.

Dass diese Sorte Religionslehrer nicht ausgestorben ist, musste Evas Sohn Holger drei Jahrzehnte später am Akademischen Gymnasium erleben: „Geschiedener, komm vor!", wurde er dort in der ersten Religionsstunde angesprochen und dann aufgeklärt: „An einer Scheidung ist grundsätzlich die Frau schuld." (Holgers Vater hatte zwei Jahre hindurch ein Verhältnis mit einer anderen Frau – daraufhin hatte seine Frau die Scheidung eingereicht.)

Es mag schon sein, dass die Erlebnisse Holgers, meiner Frau und meine eigenen Erlebnisse mit Religionslehrern absolut untypisch sind, trotzdem zähle ich es unter die Skandale, dass der Religionsunterricht in Staatswesen, die sich zur Trennung von Kirche und Staat verpflichtet haben, de facto unausweichlich ist. Das heißt in keiner Weise, dass ich es überflüssig finde, dass jeder Bürger über die christlichen Grundlagen unserer Gesellschaft informiert wird, aber eben informiert, nicht indoktriniert.

Der Ethikunterricht, wie es ihn zumindest in einigen deutschen Bundesländern gibt, sollte eigentlich eine Selbstverständlichkeit (und nicht ein Wahlfach) sein. Umso mehr, als ein immer größerer Teil der Kinder einen anderen als christlichen religiösen Hintergrund hat. Was für ein ungeheurer Vorteil – auch bei der Abwehr eines fanatischen Islam – wäre es doch, wenn schon die Jugendlichen erfahren, wie viele Gemeinsamkeiten Judentum, Christentum und Islam doch aufweisen; oder wie marginal die Unterschiede zwischen Protestantismus und Katholizismus doch sind, obwohl die Menschen einander deswegen dreißig Jahre lang umgebracht haben.

Im Übrigen ist der Ersatz des Religionsunterrichts durch einen Ethikunterricht die einzige Möglichkeit, jene islamischen Religionslehrer loszuwerden, die, gemäß einer viel zitierten Studie, Demokratie für unvereinbar mit dem Islam erachten. Denn man kann diese Lehrer nicht namentlich ermitteln und das Religionslehrergesetz überlässt ihre Auswahl – durchaus logisch, wenn man Religionsunterricht prinzipiell bejaht – ausschließlich der Religionsgemeinschaft. Nur wenn wir, wie Christian Rainer das in einem Leitartikel des *profil* eindringlich gefordert hat, generell von jedem Religionsunterricht an öffentlichen Schulen Abstand nehmen, können wir uns diese Islam-Lehrer ersparen.

Alle Jugendlichen aller Bekenntnisse sollen von neutralen Lehrern erfahren, was ihre Religionen jeweils zum Entstehen ethischer Grundsätze geleistet haben, in welchen – meist geringfügigen – Fragen sie sich unterscheiden und welche anderen wesentlichen Beiträge zur Ethik es gegeben hat.

Welche Angst muss die katholische Kirche, deren Glaube nach den Aussagen auch des amtierenden Papstes allen anderen Religionen überlegen ist, vor einem solchen vergleichenden Ethikunterricht denn haben?

Ich könnte mir vorstellen, dass es die Angst vor der Reaktion meiner Frau ist: Als sie im Rahmen ihres Jus-Studiums mit den Details der Kirchengeschichte –

von den Kreuzzügen über die Inquisition bis zum Willkommensgruß der österreichischen Bischofskonferenz für Adolf Hitler – konfrontiert wurde und für ihre Prüfung in Kirchenrecht auswendig lernen musste, in welchem Ausmaß die kirchliche Hierarchie der eines totalitären Staates gleicht, zog sie die Konsequenzen und trat aus der katholischen Kirche aus.

Ich war in dieser Hinsicht ungleich schlampiger und meldete meinen Austritt erst, als meine Kirchensteuer eine Höhe erreicht hatte, die ich für unvertretbar hielt: Ich habe mein Leben lang für karitative Zwecke gespendet und zog es vor, das nach meinem Gutdünken zu tun. Die Erhaltung der Kirchengebäude ist in meinen Augen Aufgabe des Denkmalamtes.

Vielleicht lag mein nicht so entschiedener Abschied von der katholischen Kirche aber auch daran, dass ihn schon meine Eltern nicht ganz so eindeutig vollzogen hatten. Auch sie glaubten zwar nie an Gott, sondern hielten ihn mit Sigmund Freud für das in den Himmel projizierte Bild des *pater familias*. Aber sie bewahrten sich eine sentimentale Zuneigung zur katholischen Kultur: gingen immer wieder in Kirchen, um ihre herrliche Architektur zu genießen, hielten die katholischen Zeremonien – von der Taufe über die Hochzeit bis zum Begräbnis – für unvergleichlich schöner als etwa die nüchterneren evangelischen und waren der, gleichfalls von der Psychoanalyse beeinflussten, Überzeugung, dass die Menschen einen Bedarf an „mystischen Erfahrungen" haben. „Es ist besser, dass dieser Bedarf durch katholische Messen als durch die Hakenkreuz-Feiern gedeckt wird", erklärte mir meine Mutter und ich kann ihr nicht widersprechen.

So haben meine Eltern selbstverständlich katholisch geheiratet, ich wurde selbstverständlich katholisch getauft, und als mein Vater sehr jung, mit 54 Jahren, starb, erhielt er in Spitz in der Wachau ein prächtiges katholisches Begräbnis auf dem wunderschönen, mittelalterlichen Friedhof am Fuß des Jauerling.

Vor allem wenn es um die Zeremonien des Todes geht, ist die katholische Kirche ziemlich unschlagbar: Sie nimmt dem erlittenen Verlust seine Unbarmherzigkeit, indem sie auf festliche Weise ein Fortleben nach dem Tod suggeriert.

„Als wir auf dem Weg von der Kirche zum Friedhof bei den verschiedenen Heiligenfiguren stehen geblieben sind und ein Gebet gemurmelt haben, ist, glaube ich, jedem von uns ein kleines Bisschen leichter ums Herz geworden", sagte meine nicht religiöse, aus der Kirche ausgetretene Mutter, als wir meinen Vater in Spitz begruben.

Allerdings hat der Rückweg vom Friedhof ihr eindringlich demonstriert, wie wenig praktizierende Katholiken ihrem Glauben folgen: Diesem Glauben gemäß war meine nach katholischem Ritus mit meinem Vater verheiratete Mutter durch das heilige Sakrament der Ehe bis in den Tod seine Frau. Dennoch hat der überaus katholische Halbbruder meines Vaters meine Mutter energisch aufgefordert, sich nicht neben mir, sondern ganz weit hinten im Kondolenzzug einzureihen, damit die zweite Frau meines Vaters (katholisch: seine Konkubine), mit der er sich herzlich angefreundet hatte, sich durch ihre Gegenwart nicht irritiert fühle.

Einen Moment lang hat es, während der Trauerzug anhielt, eine unglaublich peinliche Auseinandersetzung zwischen ihm und mir gegeben, die damit endete, dass ich mich gemeinsam mit meiner Mutter ein paar Reihen weiter hinten eingereiht habe.

Ich habe einen derartigen katholischen Moral-Salto weniger kränkend, aber noch um einiges skurriler noch ein zweites Mal erlebt: Als junger Journalist hatte ich ein sehr kurzes, aber sehr intensives Verhältnis mit einer verheirateten Frau, das mein Gewissen in hohem Maße belastet hat. Ich besprach es mit dem Bruder der zweiten Frau meines Vaters, einem in der kirchlichen Laienbewegung führend tätigen Katholiken, mit dem meine Mutter und ich uns angefreundet hatten, da er sich als ein besonders liebenswerter und anständiger Mann erwies. Seine katholische Lösung für mein Problem war dennoch haarsträubend: Die Frau, mit der ich schliefe, sei mit ihrem Mann sowieso nur standesamtlich verheiratet – ich hätte also gar keine Ehe der beiden gebrochen und müsste daher auch kein schlechtes Gewissen haben.

Schon dass ich einen katholischen „Schiedsrichter" heranzog, zeigt, dass auch ich Katholiken lange Zeit hindurch erhöhte moralische Kompetenz zugebilligt habe. Die katholische Kirche stand mir von klein auf weit näher als meiner Frau: Anstelle eines grauslichen Religionslehrers erlebte ich als Kind eine aus Südtirol gebürtige, überaus katholische Gouvernante, die sich meiner aufs Zärtlichste annahm, nachdem meine Mutter nach Auschwitz deportiert und mein Vater einer „Bewährungs-Kompanie" in Russland zugeteilt worden war. Aus Wien, wo der Krieg immer spürbarer wurde, nahm sie mich nach Kärnten mit, wo wir in einem Gasthaus im Lesachtal den Krieg überlebten. Auch sie zog mich, wenn sie mit mir sprach, immer näher an sich heran, aber auf diese Weise erlebte ich mütterliche Wärme, für die ich bis heute dankbar bin.

Natürlich besuchten wir gemeinsam die Gottesdienste in der winzigen Kirche und beim Zu-Bett-Gehen sprach sie mit mir das Abendgebet – mit der ständigen Bitte, dass meine Eltern bald zurückkommen sollten. Als meine Mutter dann wirklich zurückkam, war das für „Nolle" – so ließ sie sich von mir nennen – gar nicht so leicht: Sie hat mich als ihr Kind empfunden, das sie nur ungern wieder hergeben wollte. Und ich habe sie als meine Mutter empfunden, die mir, der sonst so etwas wie ein Waise gewesen wäre, Geborgenheit geschenkt hat.

So etwas vergisst man nicht.

Auch in den Jahren danach wurde mir diese Geborgenheit vor allem durch eine sehr fromme Frau vermittelt: Ursula Dekan – die „Dekanin", wie sie allgemein genannt wurde – war die Mutter unseres Kindermädchens und wohnte zufällig am unteren Ende des Lesachtals in Kötschach-Mauthen. Als meine Mutter heimkehrte und wir in Kärnten keine Wohnung hatten, nahm mich die verwitwete „Dekanin" in ihrer winzigen „Keusche" auf, denn in der Lungenheilanstalt Laas, wo meine Mutter erste Arbeit fand, konnte ich der Ansteckungsgefahr wegen nicht wohnen.

Ich habe meinen Kindern diese „Keusche" auf Kärnten-Reisen gezeigt, um ihnen ein Gefühl dafür zu vermitteln, mit wie wenig man glücklich leben kann: Neben einer kleinen Küche bestand sie aus zwei winzigen Zimmern und dem Stall. In dem einen Zimmer wohnte die „Dekanin", in dem anderen hatte sie nicht nur mich, sondern auch den unehelichen Sohn ihrer Tochter untergebracht. Uns beide ernährte sie mit ihrer Hände Arbeit: Vor dem Häuschen gab es einen winzigen Acker, auf dem sie Kartoffeln anbaute, und ihre einzige Ziege weidete auf einer nahen Wiese, während im Stall ein Schwein gefüttert wurde.

Die Ziege habe ich gelegentlich gehütet und konnte sie sogar melken, was wesentlich schwerer als Kuhmelken ist. Auch Kukuruz (Mais) wurde irgendwo angebaut und das hat dazu geführt, dass wir täglich „Polenta" gegessen haben: in der Früh mit Kaffee, mittags mit Schmalz, abends mit Milch.

Und vor jeder dieser Mahlzeiten haben wir gebetet.

Die Frömmigkeit der „Dekanin" war so einfach wie ihre „Keusche": beten und arbeiten. Wenn sie nicht arbeitete – Holz sammelte, das Ferkel fütterte, das Gemüsegärtchen umstach –, betete sie Rosenkränze, und wenn wir nicht spielten – uns im Wald versteckten, Steine in die Fluten der nahen Gail warfen oder Wehre im noch näheren Bach bauten –, beteten wir mit.

Was Nächstenliebe in der Vorstellung der „Dekanin" bedeutete, erfuhren wir nicht nur am eigenen Leib, sondern lebte sie auch bei jeder sich bietenden Gelegenheit eindringlich vor: Wenn sie einen Sack jener Kartoffeln, die sie mit ständig gekrümmtem Rücken vor dem Haus anbaute, bei benachbarten Bauern gegen einen Laib Butter getauscht hatte, gab sie davon die Hälfte an eine „arme Familie" ab, denn der heilige Martin hatte seinen Mantel auch mit einem Bettler geteilt.

Für mich zählt Ursula Dekan darum bis heute unter die Heiligen, für die ich jederzeit eine Kerze anzuzünden bereit bin.

Ihre Geschichte wäre allerdings nicht vollständig, wenn ich einen tragische Folge ihrer Frömmigkeit unter den Tisch fallen ließe (wie ich das einen Moment lang vorhatte, ehe meine Frau meinte, es wäre nicht redlich): Vielleicht weil sie die „Sünde" ihrer Tochter gutmachen wollte, aber wohl vor allem, weil sie es für „gottgefällig" hielt, schickte sie den Buben, der mit mir aufwuchs, nach der

Volksschule in ein kirchliches Internat, in dem er zum Priester herangebildet werden sollte.

Dazu war er denkbar ungeeignet. Ausnehmend gut aussehend, war er ein Mädchenschwarm und empfand die Vorstellung eines zölibatären Lebens als Horrorvision. Er riss aus, wurde von der Polizei aufgegriffen, unter Tränen (der Großmutter wie eigener) zurückgeschickt, riss neuerlich aus und wurde schließlich ohne Schulabschluss aus dem Internat ausgeschlossen.

Das Hin und Her ist ihm nicht gut bekommen: Wie zwischen kirchlichem Internat und Freiheit wechselte er später zwischen Freiheit und diversen Haftanstalten, versuchte immer aufs Neue, ein „gottgefälliges" Leben zu führen, und schlitterte immer aufs Neue in ein Betrugsdelikt.

Ich bin nicht ganz sicher, ob nicht auch das Aufwachsen mit mir dazu einen gewissen Beitrag geleistet hat. Als meine Mutter langsam mehr verdiente, brachte sie uns an den Wochenenden doch Geschenke mit, die aus dem Rahmen fielen: ein Bilderbuch, ein Auto zum Aufziehen, einen Kreisel, der Musik machte. Gleichzeitig versuchte sie uns Tischmanieren beizubringen, die ebenfalls den gewohnten bäuerlichen Rahmen sprengten, und besserte den Enkel der „Dekanin" aus, wenn er Kärntnerisch statt Hochdeutsch sprach.

Ihm gefiel das – es gab ihm das Gefühl, einer „besseren Familie" anzugehören. Nur dass diese Familie trotz allem nicht die seine war und dass er sie verlor, als wir Kötschach 1948 verließen und nach Wien zogen.

Er verließ es ein paar Jahre später und erhielt seine erste Vorstrafe wegen Hochstapelei.

All diese aus der Frömmigkeit seiner Großmutter und der Anteilnahme meiner Mutter geborenen Probleme sind mir allerdings erst viel später bewusst geworden. Solange wir zusammen aufwuchsen, war er mir (ähnlich wie meinem Sohn die Kinder diverser Flüchtlinge, die wir in unser Haus aufgenommen haben) ein „Bruder", mit dem ich selbstverständlich nicht nur das Zimmer und die Spielsachen, sondern auch den Glauben an den lieben Gott, sämtliche Engel und den Teufel teilte. (Er war diesbezüglich nur etwas bodenständiger als ich: „Na Michi, da kommen die Paradeiser", belehrte er mich, als ich schwarze Löcher in einem umgegrabenen Acker für Eingänge zur Hölle hielt).

Natürlich beteten wir jeden Tag gemeinsam, natürlich gingen wir jeden Sonntag sowohl zur Morgen- wie zur Abendandacht und wurden gemeinsam unter die Ministranten der Kötschacher Kirche aufgenommen. Ich hatte aber auch dort einen kleinen finanziellen Vorsprung: Nachdem meine Mutter die damals gar nicht so geringe Summe von 5 Schilling gespendet hatte, durfte ich das Weihrauchfass schwingen. Dergleichen wirkt nach: Der Geruch von Weihrauch berührt mich heimatlich.

Ich gehe bis heute gelegentlich in die Kirche, wenn mir etwas besonders schwer auf der Seele liegt: Als es aufgrund einer schlampigen Fehldiagnose einen Moment lang so aussah, als würde das linke Bein meiner Tochter Katharina im Wachstum zurückbleiben, bin ich in eine der gotischen Kirchen im steirischen Murau (wo sie ins Spital aufgenommen worden war) gegangen und habe gebetet, dass die (scheinbare) Störung sich gibt. Das hat mich beruhigt und erleichtert – aber nicht, weil der liebe Gott mich erhört hat, sondern weil ich in der Ruhe des herrlichen Gewölbes meine Fassung wieder gefunden habe.

Noch ein zweites Mal in einer scheinbar ausweglosen Situation habe ich Zuflucht bei der Kirche gesucht: Als man mich als Schwerverbrecher angeklagt, freigesprochen und neuerlich unter Anklage gestellt hat, habe ich Bischof Reinhold Stecher aufgesucht, um mit ihm zu besprechen, was ich mir wirklich vorzuwerfen hatte: dass ich bei dieser Affäre das Glück meiner Familie – vor allem Erics Glück und das Glück meiner Frau – vollkommen sinnlos (eines absurden Freundschaftsdienstes wegen) aufs Spiel gesetzt habe.

Ich kannte Bischof Stecher aus einem Briefwechsel über Antisemitismus – unter anderem hatte er sich energisch dafür eingesetzt, nicht mehr für jenen Anderl von Rinn zu beten, der nach Tiroler Überlieferung einem „Ritualmord" durch Juden zum Opfer gefallen war – und habe in ihm eine moralische Instanz gesehen, der ich mich unterwerfen wollte. Wahrscheinlich – ich stehe nicht an, das zuzugeben – habe ich mir von ihm sogar so etwas wie „Absolution" erhofft. Aber Absolution seitens eines von mir ungemein geschätzten, großartigen, vermutlich mit vieler Menschen Sünden befassten Menschen – nicht Erlass meiner Sünden durch den lieben Gott.

Jedenfalls bin ich von diesem Gespräch befreit und gestärkt nach Wien zurückgekehrt und meine Frau, die mit mir gekommen war, hat es ähnlich empfunden: „Wenn die katholische Kirche so wie Bischof Stecher wäre ..."

Nein, wir könnten trotzdem nicht wieder eintreten, denn wir glauben nicht: nicht an „Gott, den Vater, den Allmächtigen, den Schöpfer des Himmels und der Erde" und nicht an die „heilige katholische Kirche", wie sie uns im Glaubensbekenntnis entgegentritt. Allenfalls mit vielen Überlegungen des Menschen Jesus Christus können wir uns identifizieren. Auch Menschen wie Bischof Stecher oder Kardinal König, wie Martin Luther King oder Nelson Mandela, wie Mutter Teresa oder die „Dekanin" nötigen uns den größten Respekt ab und etwas von diesem Respekt färbt auf die Kirche ab, aus der sie kommen. Präziser: Sie machen einiges von dem wieder gut, was diese Kirche in der Vergangenheit verbrochen hat.

Eine Reihe sehr sympathischer Katholiken hat mir manchmal, wenn ich über Menschen wie Bischof Stecher oder über den Wert gewisser christlicher Grundsätze geschrieben habe, freundlich die Hand auf die Schulter gelegt und gemeint: „In Wahrheit sind Sie genauso religiös wie ich – Sie wissen es nur nicht."

Das stimmt nicht. Obwohl ich sonst, im Gedenken an Karl Popper, denkbar wenig von einer „Definition" halte – hier ist sie nötig: Religiös ist, wer an ein außer(über)irdisches Wesen glaubt, das Einfluss auf unser Dasein hat, es lenkt, überwacht, beendet und richtet.

Ich sehe nicht den geringsten logischen Grund, die Existenz eines solchen Wesens zu vermuten, und habe auch kein emotionales Bedürfnis, gegen meine Vernunft an ein solches Wesen zu glauben. Es ist für mich ein aus verschiedenen psychologischen Gründen geschaffenes Fantasiegebilde, das im Abendland das herrschende, extrem patriarchalische Familienbild des Nahen Ostens widerspiegelt. Umgeben ist dieses Fantasiegebilde von einer Reihe mythischer Erzählungen, die teilweise schon vorangegangenen Göttern zugeordnet wurden und in Bezug auf den biblischen Gott der Juden im Alten Testament kulminieren: einer vielfach umgeschriebenen Sammlung meist ungemein grausamer Horrorberichte von der Vertreibung der Menschen aus dem Paradies, bloß weil sie Fragen stellen wollten, über Gottes gerade nicht zu hundert Prozent (Arche Noah!) erfüllten Wunsch, sie wegen ihrer Sünden allesamt in der Sintflut zu ertränken, bis zur Vertreibung der verschiedensten Völker aus dem „Gelobten Land", das einzig dazu da war, vom „auserwählten Volk" blutig erobert zu werden. Ununterbrochen wird diesem Volk von Gott gestattet, ja aufgetragen, alle, die sich dieser Eroberung widersetzen, niederzumetzeln – in der Terminologie von heute müsste man wohl von permanenter „ethnischer Säuberung" sprechen: Nachdem Moses in seinem vierten Buch bereits allen Soldaten der Midianiter den Garaus gemacht und ihre Häuser niedergebrannt hat, befiehlt er am Ende, auch alle männlichen Kinder und alle Frauen zu töten, die keine Jungfrauen sind, „aber alle weiblichen Kinder und die Frauen, die noch nicht mit einem Mann geschlafen haben, lasst für euch am Leben".

Der Unterschied zu den Vergewaltigungen am Ende diverser Kriege von heute ist marginal. (Wie das Alte Testament überhaupt eine ganze Reihe von Jungfrauen der Schändung preisgibt.) Aber auch männliche Jugendliche haben es nicht immer leicht: Isaak muss immerhin erleben, wie sein Vater Abraham ihn im Auftrag Gottes auf dem Scheiterhaufen festbindet, um seinen festen Glauben zu beweisen.

Wie dieses Alte Testament, das immerhin rund drei Viertel des Bibeltextes ausmacht, bis heute als „fromme Lektüre" gepriesen werden kann, ist mir ein Rätsel. In Wahrheit verkörpert es über weite Strecken eine Gesinnung, deren dringende Überwindung das Ziel jedes anständigen Menschen sein müsste, denn es lehrt, dass fanatischer Glaube jegliches Blutvergießen rechtfertigt.

Vor rund zweitausend Jahren ist dann Gott sei Dank ein junger Prediger aufgetreten, der das meiste, was die Schriftgelehrten ihm überliefert haben, verworfen und eigene, vielfach entgegengesetzte Ansichten vertreten hat: zum Beispiel, dass alle, die an ihn glauben, Hebräer und Griechen, Freie und Sklaven, Frauen und Männer, vor Gott gleich sind; dass man nicht nur seinen Nächsten, sondern sogar seine Feinde lieben soll; dass man nicht „Zahn um Zahn" Vergeltung üben, sondern im Gegenteil die andere Wange hinhalten soll, wenn man geschlagen wird.

All das stand in krassem Widerspruch zum Alten Testament und war für das Volk, dem es gepredigt wurde, in einem revolutionären Ausmaß fortschrittlich.

Zu fortschrittlich, hat meine Mutter unter dem Einfluss der Psychoanalyse eingewendet. Denn Jesus erklärte nicht nur die bösen Taten – das Töten, das Schlagen, das Ehebrechen –, sondern bereits den bösen Gedanken zur Sünde: Schon wer eine Frau „auch nur lüstern ansieht, hat in seinem Herzen schon Ehebruch mit ihr begangen" (Matthäus 5, 27–30). Schon wer „seinem Bruder auch nur zürnt, soll dem Gericht verfallen sein" und wer ihn gar einen Narren nennt, „soll dem Feuer der Hölle verfallen sein". (Matthäus 5, 21–22)

Christen müssten sich auf diese Weise eigentlich alle fünf Minuten schuldig fühlen und im Mittelalter haben sie tatsächlich ständig das Jüngste Gericht und die Hölle erwartet. Wie bei allen überzogenen Anforderungen, denen allenfalls Heilige genügen können, hat sich die unterdrückte Aggression allerdings aus gegebenem Anlass besonders kräftig Bahn gebrochen. Und solche Anlässe haben sich die Gläubigen ununterbrochen gefunden: vor allem, indem sie bei anderen Unglauben vermutet haben.

Nicht einmal Jesus, so könnte man argumentieren, hat seinen hohen Ansprüchen zu genügen vermocht. Nachdem er eben noch erklärt hatte, man müsse seine Feinde „lieben und für die beten, die euch verfolgen" (Matthäus 5, 43–45), drohte er seinen Gegnern unter den Schriftgelehrten, diesen „Nattern, dieser Schlangenbrut" mit der Hölle und prophezeite einer Stadt, die Christen „nicht aufnimmt und auf ihr Wort hört", dass es ihr am Tag des Gerichts schlimmer ergehen wird „wie dem Gebiet von Sodom und Gomorrha". (Matthäus 10, 14–15)

Man kann einwenden, dass diese Höllenstrafen nur von Gott an den armen Seelen, nicht aber von Menschen an den armen Gegnern zu vollziehen seien. Aber die Gläubigen haben die Bibel in dieser Hinsicht die längste Zeit beim Wort genommen.

Alle hehren Gebote und Verhaltensregeln, so hat der Religionskritiker Richard Dawkins auch am Neuen Testament grundsätzliche Kritik geübt, haben immer nur unter „Christenmenschen" gegolten – Ungläubige oder Andersgläubige durfte man weiterhin vertreiben, vergewaltigen, niedermetzeln.

Tatsächlich haben „Christenmenschen" durch zweitausend Jahre genau so gehandelt: Während sie sich selbst jeweils für den Inbegriff des Guten hielten, haben sie einen Krieg nach dem anderen geführt. Jesus, wenn er nicht so jung am Kreuz gestorben wäre, sondern erlebt hätte, wie seine Theorie in die Tat umgesetzt wurde, hätte ständig laut aufschreien müssen.

Meine Mutter hat darin immer eine leise Ähnlichkeit zum Marxismus gesehen: Auch er hat die aggressive, egoistische Natur des Menschen maßlos überfordert. Auch dort hat die hehre Theorie eben deshalb eine besonders verbrecherische Praxis hervorgebracht. Auch Karl Marx hätte vermutlich laut aufgeschrien, wenn er erlebt hätte, was Lenin und Stalin aus seinen Gedanken gemacht haben.

Meine eigene Sicht ist weniger psychoanalytisch und prosaischer: Das Neue Testament wurde ja nicht von Jesus niedergeschrieben oder wenigstens redigiert, sondern die verschiedensten Autoren haben seine Aussagen und auch die Aussagen anderer Prediger sowie die Aussagen älterer Autoren, aber vor allem auch ihre eigenen Gedanken zu Texten zusammengefügt, die nicht nur zwangsläufig eine Reihe von Widersprüchen enthalten, sondern vor allem einen Kompromiss zwischen dem konservativen Gedankengut des Alten Testaments und dem revolutionären Gedankengut der Bergpredigt herstellen mussten. Zwar sollte man seine Feinde lieben und für sie beten – aber töten und verfolgen dürfen sollte man sie auch.

Es ist mit der Bibel wie mit dem Koran: Man kann immer für alles, was man gerade tun will, eine Textstelle finden, die es rechtfertigt.

In der Kirche als Institution haben die Konservativen (ein wenig wie in den kommunistischen Parteien) die längste Zeit die Oberhand behalten.

Während es in der vorchristlichen Kultur, etwa jener Ägyptens oder des Alten Griechenland, Göttinnen gab, Frauen selbstverständlich an Gottesdiensten beteiligt waren, Geschäfte abschließen konnten und Bürgerrechte besaßen, ja gelegentlich sogar regierten, kommen im Alten Testament praktisch nur Männer vor. Dem entsprach die Stellung der hebräischen Frauen: Sie konnten keine Geschäfte abschließen, nicht erben und in Prozessen nicht als Zeuginnen auftreten. Wenn sie die Periode hatten, waren sie „unrein" und durften keinen Mann berühren; wenn sie die Ehe brachen, durfte man sie töten (während Männer selbstverständlich untreu sein durften); und wenn sie das Essen anbrennen ließen, durfte der Ehemann die Scheidung begehren. Im Tempel waren sie selbstverständlich nicht zugelassen und waren auch nicht Teil des Bundes Gottes mit dem Volk Israels.

Gegen all das ist Jesus aufgestanden: Zwar hatte gemäß der biblischen Überlieferung auch er nur männliche Apostel um sich, aber Frauen durften ihm zuhören und ausgerechnet die ehemalige Hure Maria Magdalena durfte sogar zu seinen Füßen sitzen, ebenso wie Lazarus' Schwester Maria. Als jemand fand, dass Maria sich lieber der Hausarbeit widmen sollte, bestand Jesus darauf, dass sie Gottes Lehre von ihm erfahren sollte. Einem Mädchen, das seit Monaten blutete, also zutiefst „unrein" war, reichte er die Hand. Er bestritt, dass nur Frauen Schuld am Ehebruch hätten, und verbot die Scheidung nicht zuletzt in dem Wissen so streng, dass eine geschiedene Frau praktisch dem Untergang preisgegeben war. Für die „Auferstehung" nennt das Neue Testament ausschließlich Frauen als Zeuginnen, obwohl sie bis dahin nicht einmal in einem Rechtsstreit Zeuge sein konnten. Und noch in einem der Paulusbriefe sind unter den 29 Kirchenoberhäuptern, die zu Jesu Gefolgschaft aufgerufen werden, zehn Frauen angeführt.

Doch das patriarchale Imperium schlägt zurück. Schon hundert Jahre später heißt es im (von der offiziellen katholischen Kirche allerdings nicht anerkannten) Thomas-Evangelium 1, 11–12: „Ein Weib lerne in der Stille und in aller Untertänigkeit." (Das fand übrigens selbst noch Papst Johannes Paul II. im Jahr 1988: „Eine Frau soll still zuhören und sich ganz unterordnen. Ich gestatte es keiner Frau, zu lehren und sich über den Mann zu erheben. Zuerst wurde ja Adam erschaffen und dann erst Eva.")

Um 200 nach Christi bläst der Kirchenlehrer Tertullian zur endgültigen Rückeroberung des durch Jesus an die Frauen verlorenen alttestamentarischen Territoriums, indem er an Eva als „Eingangspforte des Bösen" erinnert: „Du bist es, die dem Teufel Eingang verschafft hat, Du hast das Siegel jenes Baumes gebrochen ..." „Allein das Bewusstsein ihres Wesens muss die Frau mit Scham erfüllen", assistiert sein Kollege Clemens Alexandrinus. Augustinus, als wichtigster aller Kirchenlehrer, weist der Frau dann an der Wende vom vierten zum fünften Jahrhundert endgültig wieder den Platz zu, den sie vor Christi Geburt innehatte: „Das Weib ist ein minderwertiges Wesen, das von Gott nicht nach seinem Ebenbild geschaffen wurde." Von dort ist es dann nur mehr ein kleiner geistiger Schritt zu Heiligen des Mittelalters wie Franz von Assisi oder Kirchenlehrern wie Thomas von Aquin: „Wer mit dem Weibe aber verkehrt, ist der Befleckung so ausgesetzt wie jener, der durchs Feuer geht, der Versengung seiner Sohlen"; und: „Die Frau ist ein Missgriff der Natur ... mit ihrem Feuchtigkeitsüberschuss und ihrer Untertemperatur körperlich und geistig minderwertiger ... eine Art verstümmelter, verfehlter, misslungener Mann ..."

Das Patriarchat hatte nicht nur sein verlorenes Terrain zurückerobert, sondern die nächsten tausendfünfhundert Jahre besetzt.

Im Vergleich dazu sieht der Koran die Minderwertigkeit der Frau geradezu milde. „Die Männer stehen über den Frauen und wenn ihr fürchtet, dass Frauen sich auflehnen, dann vermahnt sie, meidet sie im Ehebett, schlagt sie." (Sure 4,

Vers 34) „Die Männer sind den Weibern überlegen, wegen dessen, was Allah den einen vor den anderen gegeben hat." (Sure 4, Vers 282)

Dabei hatte auch Mohammed zur Befreiung der Frau aufgerufen: War sie vor ihm in seiner Region eine bessere Sklavin gewesen, die man kostenlos gebrauchen und dann wegwerfen durfte, so forderte er, wie Jesus, sie als Menschen zu akzeptieren, und billigte ihr erstmals einen Anspruch auf Unterhalt durch den Ehemann zu, von dem dieser sie nur unter bestimmten Umständen wieder ausschließen konnte.

Die Propheten, zu denen die Moslems auch Jesus zählen, waren durchwegs Menschen, die dem herrschenden religiösen und politischen Verständnis gesellschaftlicher Zusammenhänge um Hunderte Jahre voraus waren. Daher hat die Religion, aus der sie im wahrsten Sinne des Wortes „entsprungen" sind, sie so schnell wie möglich wieder in Geiselhaft genommen und ihnen wieder die alten, überholten Thesen untergeschoben beziehungsweise angedichtet.

Jesus, so glaube ich, wäre erschüttert gewesen, wenn er Augustinus oder Thomas von Aquin gelesen hätte.

Und Mohammed, der die Frauen liebte und mit mindestens 13 verheiratet war, hat sich schwerlich vorgestellt, dass man sie anderthalb Jahrtausende später in seinem Namen steinigen könnte, wenn sie allein das Haus verlassen.

Im Wesentlichen bin ich mit Karl Popper einig, dass man Religionen danach beurteilen soll, was sie im Laufe der Geschichte an Positivem oder Negativem bewirkt haben. In Bezug auf das Christentum sieht diese Bilanz für mich folgendermaßen aus:

- Es war ein entscheidender Fortschritt, die grundsätzliche Gleichheit aller Christen vor Gott zu postulieren. „Denn ihr alle, die ihr auf Christus getauft seid, habt Christus als Gewand angelegt. Es gibt nicht mehr Juden und Griechen, nicht Sklaven noch Freie, nicht Mann und Frau, denn ihr alle seid einer in Jesus Christus", lautete die Taufformel der Galater und ist bis heute einer der revolutionärsten, humansten Sätze, die je geschrieben wurden.
  Die Gleichheit aller Menschen hat die Kirche daraus allerdings noch keineswegs abgeleitet: Nicht-Christen, Ungläubige, Ungetaufte standen weiterhin tief unter Mitgliedern des auserwählten Volkes und durften selbstverständlich nach wie vor vertrieben, verfolgt und im Falle des Widerstandes getötet werden.
  Trotzdem kann man die Gleichheit aller Christen vor Gott als Probegalopp für die Gleichheit aller Menschen vor dem Gesetz ansehen.
- Es war ein großer Fortschritt, der Rachejustiz des Alten Testaments im Neuen Testament die Möglichkeiten der Versöhnung entgegenzustellen, auch wenn

das abermals primär nur in der eigenen Gruppe der „Christenmenschen"
galt.

- Es war ein großer Fortschritt, in der Nächstenliebe die vielleicht wichtigste
menschliche Tugend zu sehen: Caritas und Fürsorge leiten sich, als Emotionen wie Organisationen, bis heute davon ab.
- Und es war eine große Leistung aus jüngster Zeit, dass derselbe Papst Johannes Paul II., der Frauen nicht gestatten wollte zu lehren (und ihnen übrigens
auch neuerlich die Pille verbot), die durch Armut verursachte Ungleichheit
angeprangert und den reichen Norden zur Hilfe für den armen Süden aufgefordert hat.

Wenn die folgenden Negativa zahlreicher als die Positiva sind, heißt das nicht
zwangsläufig, dass sie sie auch an Gewicht übertreffen:

- Wie der Islam, achtet das Christentum das „Erdenleben" geringer als das
„ewige Leben", das ihm angeblich folgt. Dieses Vertrösten aufs „Paradies" hat
die Menschen Jahrhunderte hindurch daran gehindert, ihr irdisches Leben zu
genießen und sie – sehr zur Freude der jeweiligen politischen Herrscher – darin behindert, die Bedingungen eben dieses irdischen Lebens mit dem nötigen Nachdruck zu verbessern.
- Die Drohung mit der Hölle hat die Menschen bis zum Ende des Mittelalters in
ständige panische Furcht versetzt. Augustinus' Idee einer „Erbsünde" hat sich
dabei als ideale Basis einer Schreckensherrschaft des Klerus erwiesen: Obwohl es absurd ist, anzunehmen, dass ein Kind durch den Sexualakt bereits
am Tag seiner Geburt mit „Sünde" belastet ist, hat diese Behauptung doch
ausgereicht, Müttern einzureden, dass ungetaufte Kinder in der Hölle landen.

Die Angst vor einem unmittelbar bevorstehenden Jüngsten Gericht hat noch
im 15. Jahrhundert zu Paniken geführt.

- Kreuzritter und spanische Eroberer haben den christlichen Glauben mit Feuer
und Schwert in der Fremde verbreitet. Die Inquisition hat ihn in der Heimat
mit Henker und Scheiterhaufen abgesichert.
- Der für Atheisten wie mich kaum begreifliche Unterschied zwischen katholischem und protestantischem Glauben hat Europa in einen dreißigjährigen
Krieg gestürzt.
- Die Diskriminierung der Frau in der katholischen Kirche hat zwangsläufig zu
ihrer Diskriminierung im gesamten abendländischen Kulturkreis geführt.
- Die aus der Angst vor der Sexualität der Frau gewachsene katholische Sexualfeindlichkeit hat Familien durch Jahrhunderte um ein erfülltes Sexualleben
gebracht.
- Das Verbot jeder funktionierenden Geburtenkontrolle ist in unterentwickel-

ten katholischen Ländern ein wichtiger Beitrag zur Überbevölkerung. In Afrika ist die Ablehnung von Kondomen ein wichtiger Beitrag zu Aids.

- Homosexualität zur „Todsünde" zu stempeln, hat geschätzte fünf, sechs Prozent der Bevölkerung durch Jahrhunderte in ihrem intimsten Bereich zur Verstellung gezwungen, um öffentlicher Ächtung und Strafverfolgung zu entgehen. In Auschwitz wurden auch 50.000 Homosexuelle umgebracht.

- Indem die Christen den Juden den Mord an Christus angelastet haben, haben sie den Grundstein zu zweitausend Jahren Antisemitismus gelegt, diesen in Worten gepredigt und in Taten verwirklicht. Keines der zahllosen Pogrome und auch nicht Auschwitz ist ohne den lutherischen wie katholischen Antisemitismus denkbar, der Adolf Hitler ebenso geprägt hat wie Adolf Eichmann und natürlich auch jene zahllosen österreichischen und deutschen Christen, die ohne mit der Wimper zu zucken Millionen Juden erschossen, erschlagen und vergiftet haben.

- Bis in die jüngste Zeit herauf hat sich insbesondere die katholische Kirche immer wieder aufs Engste mit Diktatoren verbündet, diese motiviert und in ihrer autoritären Haltung unterstützt – egal ob in Lateinamerika oder in unseren Breiten, wo sie noch vor kurzem in Dollfuß' Österreich, in Mussolinis Italien, in Salazars Portugal, in Francos Spanien oder in Ante Pavelić' Kroatien die wichtigste Stütze des Faschismus gewesen ist.

  Die leisen Sympathien Papst Pius XII. für Hitler-Deutschland will ich nicht der gesamten Kirche in die Schuhe schieben – so wenig wie den Umstand, dass einige der schlimmsten Kriegsverbrecher ausgerechnet über die „Klosterroute" jene Schiffe zu erreichen vermochten, mit denen sie nach Südamerika entkamen. Wohl aber ist der gesamten Kirche anzulasten, dass sich Christen nur in wenigen Ausnahmefällen durch Widerstand gegen Hitlers teuflische Unternehmungen ausgezeichnet haben.

- Der Fortschritt der Wissenschaften und der damit untrennbar verbundene soziale, wirtschaftliche und politische Fortschritt wurden durch religiöses Denken sowohl unmittelbar – durch Ächtung einiger der größten Forscher aller Zeiten – als auch mittelbar – durch Denkverbote und Denkblockaden – systematisch behindert.

In Summe ist die Bilanz des Christentums für Karl Popper damit eher eine negative: Die mit ihm verbundenen Denkverbote, Sexualverbote und Verhetzungen würden gegenüber den mit ihm verbundenen Errungenschaften überwiegen.

Ich bin nur insofern etwas zurückhaltender, als ich glaube, dass dann, wenn die christliche Religion nicht für die beschriebenen Negativa gesorgt hätte, eben eine andere Religion diese Rolle übernommen hätte. Denn die Hingabe an eine mehr oder minder autoritäre, mehr oder minder aggressive Religion scheint mir eine unvermeidliche Etappe in der Entwicklung der Gesellschaft, die man, fürchte ich, nicht überspringen kann.

Allerdings wären die heiteren griechischen Götter und Göttinnen mit ihren so menschlichen Vorlieben und Fehlern mir als Wegbegleiter dieser unvermeidlichen religiösen Etappe um einiges sympathischer gewesen als der eine Ehr-Furcht gebietende Gott der Juden. Immerhin konnte man zwischen ihnen wählen und gefahrlos von einem zum anderen überlaufen. Aber sie haben sich gegen den „einen und einzigen" Gott der nomadisierenden Wüstenvölker, der zwangsläufig sehr viel kriegstüchtiger war, nun einmal nicht halten können und sind ihm europaweit gewichen.

Ich nehme das kommentarlos zur Kenntnis, denn es hat wenig Sinn, zu diskutieren, was gewesen wäre, wenn die römisch-christlichen Kohorten (bzw. die muslimisch-türkischen Heere) sich nicht als derart überlegen erwiesen hätten und stattdessen ein griechisches Heer die griechische Götterwelt zur religiösen Grundlage des Abendlandes gemacht hätte. Vielleicht wäre im Übrigen auch diese griechische Götterwelt unter dem Einfluss konservativer Hohepriester vom Pluralismus zur Alleinherrschaft des Zeus übergegangen und Strenge und Ehr-Furcht hätten auch unter seiner Ägide Heiterkeit und Leichtigkeit verdrängt.

Und vielleicht hätten die griechischen Götter niemals, wie der christliche Gott, die Idee der Gleichheit aller ihrer Anhänger entwickelt und ihnen Nächstenliebe ans Herz gelegt. Ich bin in der griechischen Götterwelt einfach zu wenig zu Hause, um mit ausreichender Sicherheit zu behaupten: Sie hätte dieselben Fortschritte wie Jesus herbeigeführt, ihren Anhängern aber die Kämpfe und Kriege, Verhetzungen und Verletzungen zweier christlicher Jahrtausende erspart.

Eine abwegige Vermutung ist das aber sicher nicht.

Im Augenblick scheint mir jedoch ein anderer Aspekt der Bilanz des Christentums weit wichtiger: Es ist weitestgehend überholt.

Von einer Reihe der angeführten Negativa hat die Kirche sich ausdrücklich distanziert, andere hat sie ad acta gelegt bzw. das Tuch des Vergessens darüber gebreitet:

- Die Juden wurden vom Vorwurf des Gottesmordes freigesprochen.
- Hexenverbrennungen und Inquisition sind unter Christen nicht mehr zu befürchten.
- Protestanten und Katholiken oder Orthodoxe werden sich kaum mehr in Religionskriegen zerfleischen, sondern im Gegenteil immer näher zusammenrücken.
- Die lustfeindlichen kirchlichen Sexualgebote werden in der christlichen Welt – Teile der USA ausgenommen – restlos negiert. (Auch wenn der deut-

sche Bischof Graber noch 1980 zum Aufklärungsunterricht an Schulen erklärte: „Vielleicht wird uns hier klar, warum wir vorher auf den Zusammenhang des Weibes mit dem Tier aufmerksam machten: Sexualität führt zu
Bestialität.")

- Die Wissenschaft hat zumindest die schlimmsten An- und Übergriffe hinter
  sich.
- Seit selbst die Schweiz den Frauen das Wahlrecht zuerkannt hat, sind sie in
  der aufgeklärten christlichen Welt (wenn auch nicht vor Gott und Papst Benedikt) absolut gleichberechtigt. Die frauenfeindlichen Auslassungen von Andrinus, Thomas und Augustinus werden von Kardinälen wie Pfarrern energisch totgeschwiegen.

Dagegen hat sich die wichtigste der positiven Errungenschaften der christlichen
Religion gehalten beziehungsweise ist in der Charta der Menschenrechte aufgegangen: Aus der Gleichheit aller Christen vor Gott ist in allen christlichen Ländern die grundsätzliche Gleichheit aller Menschen vor Gott und dem Gesetz
geworden. Christliche Nächstenliebe wird in umfangreichen Programmen für
Entwicklungshilfe umgesetzt. Und wenn man will, kann man auch im Völker-
recht Jesu Abkehr von Rache und Vergeltung erkennen.

So kann man zu Beginn des dritten Jahrtausends beruhigt konstatieren: Wissenschaft, Aufklärung und Zeitablauf haben Rigidität und Aggressivität der
christlichen Religionen derart geschwächt, dass man sie nicht mehr im früheren
Ausmaß zu fürchten braucht.

Ungefährlich aber – siehe George Bush – ist „gelebtes Christentum" immer
noch nicht. Zwar dient es nicht mehr als unmittelbare Rechtfertigung für einen
„heiligen Krieg", wohl aber erleichtert es massive Notwehrüberschreitungen bei
Kriegen zur „Verteidigung unserer westlichen Werte".

Nicht zuletzt dient das „Bekenntnis zum christlichen Glauben" einer Reihe
gelegentlich besonders engstirniger Personen als gegenseitiges Erkennungszei-
chen und sie protegieren einander in der Folge so ähnlich wie die Mitglieder
bestimmter Burschenschaften oder die Absolventen bestimmter Schulen: hieven
einander in führende Stellungen in Staat und Gesellschaft und haben so, insbesondere in den USA, eine weit über ihre Zahl hinausreichende politische Macht
erlangt. Und hierzulande waren Wolfgang Schüssel oder Andreas Khol auch
nicht gerade ohnmächtig (ohne dass ich sie mit den amerikanischen Fundamentalisten auch nur entfernt vergleichen möchte).

Diese Macht ist in drei Bereichen weiterhin erheblich: als „christlicher"
Widerstand gegen die Homo-Ehe, gegen den straflosen Schwangerschaftsabbruch und gegen die Stammzellenforschung.

Was die Homo-Ehe betrifft, will ich mich kurz halten. Es wird sie in dieser oder jener Form etwas früher oder etwas später gegen den Widerstand der Kirche in der ganzen christlichen Welt geben, weil auch die Schwulen eine Pressure-Group bilden. Warum sie ihrem Zusammenleben – das zu fördern ich für sinnvoll halte – unbedingt eine kirchliche Punze verpassen wollen, verstehe ich nicht ganz und gestehe, dass ich die Bezeichnung „Ehe" doch eher der Beziehung zwischen Mann und Frau zum Zweck des Aufziehens von Kindern vorbehalten wollte. (Das entspräche auch der wirtschaftlichen Logik dieses Rechtsinstitutes: Die Ehe wird vom Finanzminister bevorzugt, weil damit das Aufziehen von Kindern gefördert werden soll, wie es in Homo-Ehen doch eher die Ausnahme sein dürfte). Aber mein Sohn Oliver meint, dass erstens auch Schwule gerne und gut Kinder aufziehen könnten und dass die Ehe zweitens auch unter Heterosexuellen ausgedient hat. Aber während ich aus diesem letzten Argument ableitete, dass es noch unverständlicher ist, dass die Homosexuellen solchen Wert auf die Bezeichnung „Ehe" legen – die mit einer Ehe verbundenen Rechte macht man ihnen sowieso kaum mehr streitig, obwohl das finanziell nicht sehr logisch ist –, leitet er daraus ab, dass selbst die katholische Kirche (nach der evangelischen) die Homo-Ehe akzeptieren müsste: Schließlich könnten Schwule auch gläubige Katholiken sein und sich daher wünschen, dass ihre Verbindung durch ein Sakrament geheiligt wird.

Ich kann das – ohne es wirklich zu verstehen – akzeptieren.

Abtreibung und Stammzellenforschung berühren mich mehr. Letztere aus den Erfahrungen meines Alters – immer mehr meiner Bekannten leiden an Krankheiten, die die Stammzellenforschung besiegen könnte; Erstere aus den Erfahrungen meiner Jugend – es gibt in meiner Generation wahrscheinlich keinen Mann, der nicht irgendwann eine Frau verbotenerweise zum Gynäkologen begleitet hat. Nicht aus Mordlust, sondern weil er dieser Frau, sich selbst, vor allem aber dem potenziellen Kind ein Leben unter ungünstigen Aussichten ersparen wollte: Es gibt für ein Kind nichts Schlimmeres – ich erinnere mich der Worte meiner Mutter –, als von seinen Eltern nicht voll und ganz gewollt zu werden.

Und es gibt nun einmal Lebensumstände, die diesem „Voll-und-Ganz-Wollen" im Wege stehen: Man kann zu jung, zu unreif, zu beschäftigt oder ohne ausreichende Beziehung zueinander sein. Natürlich soll man unter diesen Umständen vermeiden, überhaupt ein Kind zu zeugen – was die Kirche nach Kräften erschwert –, aber selbst wenn man es vermeiden will, kann es passieren. Vor allem wenn man sehr jung und sehr unerfahren ist.

Ich hätte mein erstes Kind mit 18 mit einem 17-jährigen Kindermädchen aus Hamburg bekommen, das ich auf meiner Maturareise beim Tanzen kennengelernt habe. Sie hatte keine Ahnung von Verhütung – vermutlich war sie christlich erzogen –, ich war so aufgeregt, dass ich den Gummi beim Überstreifen verletzt haben dürfte – jedenfalls hielt er unserem Eifer nicht stand. Hätten wir in der Folge im Sinne der Kirche gehandelt, so hätte das bedeutet: Eine Siebzehnjährige aus bescheidenen Verhältnissen wäre vor ihrem Schulabschluss mit einem Kind dagestanden, zu dem sie weit und breit keinen Vater gehabt hätte. Denn weder hätte ich nach Hamburg, noch hätte sie nach Wien ziehen wollen oder können, denn wir hätten weder Wohnung noch Einkommen gehabt.

Also haben wir unchristlich gehandelt: Mein Cousin Alexander, der damals in Hamburg arbeitete und lebte, hat für tausend Mark einen Arzt gefunden, dem das Mädchen zum Dank noch zusätzlich einen gestrickten Pullover geschenkt hat. Ich bin erlöst nach Wien heimgekehrt und darf mich heute über vier Kinder freuen. Die Wahrscheinlichkeit spricht dafür, dass auch mein Hamburger Kindermädchen nicht kinderlos geblieben ist.

Die Abtreibung war für alle Beteiligten die mit Abstand beste Lösung.

Niemand bricht eine Schwangerschaft leichten Herzens ab: Die „junge Frau, die abtreiben ließ, weil sie den kommenden Ball nicht versäumen wollte" ist eine üble kirchliche Erfindung. Vielmehr stellt eine unerwartete Schwangerschaft die Beteiligten vor eine Entscheidung, die sie im Bewusstsein ihres Gewichts entweder verantwortungsvoll oder verantwortungslos treffen können. Verantwortungslos bedeutet: Man bekommt das Kind, obwohl einem klar ist, dass seine Chancen, zu einem glücklichen Menschen heranzuwachsen, unter den gegebenen Umständen erheblich vermindert sind, weil seine Eltern zu unreif oder aus anderen Gründen nicht willens oder außerstande sind, es adäquat zu betreuen. Verantwortungsvoll bedeutet: Das Kind nicht zu bekommen, weil man sich verpflichtet fühlt, ihm die bestmöglichen Voraussetzungen für ein glückliches Heranwachsen zu bieten.

Speziell für Eric: Ich bilde mir ein, das bezüglich aller vier Kinder, die ich bekommen habe, getan zu haben und erwarte es energisch auch von Dir. Du tätest in meinen Augen etwas Unanständiges, wenn Du nicht versuchtest, die Geburt eines ungewollten Kindes mit aller Kraft zu verhindern. (Wenn die Frau es gegen Deinen Willen bekommen will, ist das ihre Sache und Du kannst Dich nicht vor Deiner finanziellen Verantwortung drücken – aber sie zu einer solchen Haltung zu ermutigen, hielte ich für unverantwortlich.)

Wenn die Kirche ihr wichtigstes Anliegen darin sähe, das Glück geborener Menschen zu schützen, bewiese sie in meinen Augen mehr Nächstenliebe als in ihrem Kampf für den Schutz „ungeborenen Lebens".

Ich will ihr zugestehen, dass sie heute (nach jahrhundertelanger Ächtung der bedauernswerten Betroffenen) ihr Bestes für ledige Mütter und uneheliche Kinder tut, aber das Beste der Betroffenen ist es selten: Natürlich ist das Aufwachsen in einer von vornherein unvollständigen Familie ein psychisches und soziales Handicap und natürlich ist das Dasein einer allein erziehenden Mutter trotz aller finanziellen Unterstützung ein reichlich schwieriges.

Vor allem aber macht die Kirche sich und allen wirklich Gläubigen bei ihrem wütenden Widerstand gegen den Schwangerschaftsabbruch innerhalb der ersten drei Monate ein Problem, das sie in keiner Weise haben müsste. Denn sämtliche Gläubige, sämtliche Priester, Bischof Stecher oder Papst Benedikt eint mit meiner Frau, ihren Eltern, meinen Eltern und mir zu hundert Prozent die christliche Überzeugung, dass wir das Leben aller Menschen mit der ganzen Härte des Gesetzes und der ganzen Kraft moralischer Gebote schützen müssen – wir unterscheiden uns nur darin, ab welchem Zeitpunkt wir es für berechtigt halten, einem Häufchen Zellen die Bezeichnung „Mensch" zuzuerkennen.

Die Kirche, die die Naturwissenschaften so lange abgelehnt hat, glaubt, im charakteristischen Übereifer von Konvertiten, dass sie es der Biologie schuldet, bereits die mit einer Samenzelle vereinigte Eizelle einen „Menschen" zu nennen, weil sich aus ihr, wenn nichts dazwischen- und einiges hinzukommt, ein Mensch entwickeln kann.

Jeder vernünftige (nicht katholisch indoktrinierte) Biologe wird hingegen erst dann von einem „Menschen" sprechen, wenn das genannte Zellgebilde eine Reihe der für einen Menschen charakteristischen Eigenschaften aufweist: Wenn es weitgehend menschliche Form hat und wenn insbesondere sein Gehirn eine entsprechende Strukturierung besitzt.

Mit Recht stellt die Wissenschaft beim Tod eines Menschen – in christlicher Sicht beim Auszug seiner Seele aus seinem Köper – einvernehmlich auf das Erlöschen spezifischer Gehirnströme ab, selbst wenn das Herz noch schlägt und die DNA sämtlicher Zellen selbstverständlich die Vereinigung einer Ei- mit einer Samenzelle spiegelt. Deshalb ist es nur vernünftig, auch die Entstehung eines Menschen – in christlicher Sicht seine Beseelung – erst beim Einsetzen entsprechender spezifischer Gehirnströme anzunehmen.

Es ist unüblich, weil unsinnig, völlig unterschiedliche Entwicklungsstadien eines Lebewesens mit dem gleichen Wort zu bezeichnen. Kein Mensch käme auf die Idee, einen Kirschkern als „Baum" zu bezeichnen, obwohl er sich zweifellos zu einem solchen entwickeln kann; eine Larve ist kein Schmetterling und ein angebrütetes Ei ist für niemanden ein „Huhn".

Natürlich stellt auch die Gesetzgebung auf diese gravierenden Unterschiede ab. In so gut wie allen europäischen Ländern gibt es zum Beispiel Gesetze, die das leichtfertige Fällen von Bäumen verbieten und das Quälen von Tieren unter Strafe stellen; auch Qualen, die einem Huhn zugefügt werden, ziehen entsprechende Strafen nach sich. Aber es griffe sich doch jedermann an den Kopf, wenn plötzlich jemand, der ein angebrütetes Ei aufklopft, wegen Tierquälerei angeklagt würde; oder wenn jemandem, der einen Kirschkern zertritt, vorgeworfen würde, er habe verbotenerweise einen Baum gefällt.

Der Entwicklungszustand eines befruchteten Zellgebildes – Differenzierung, Ausformung, Schmerzempfinden, Bewusstsein – stellt selbstverständlich überall das entscheidende Kriterium für den zulässigen Umgang mit ihm dar.

Ein Lamm, wie es auch Christenmenschen gelegentlich genießen, nachdem es in heißem Fett gebraten wurde, ist einem menschlichen Fötus in den ersten drei Monaten in Ausformung, Differenzierung und vor allem Schmerzempfindung um Welten voraus – dennoch wird es vielfach noch ohne Narkose getötet. Es leidet darunter ungleich mehr als der mit einer Kürette aus der Gebärmutter geschälte Fötus.

Wenn die Kirche sich am Leid der Kreaturen, nicht an einer unsinnigen Definition des „Menschen" orientierte, dann kämpfte sie mit aller Energie für betäubende Spritzen für Lämmer statt gegen den Abbruch von Schwangerschaften in einem frühen Stadium.

Weil die Natur nur notwendige Hemmungen absichert, wird mit dem Töten einer befruchteten Eizelle auch keinerlei „natürliche Schranke" gegen das Töten insgesamt beseitigt oder geschwächt: Schweden, das den Schwangerschaftsabbruch meines Wissens als erstes Land straffrei gestellt hat, verzeichnet weit weniger Blutverbrechen als der Bible Belt der USA, und nirgendwo wurde umgekehrt so hemmungs- und schrankenlos gemordet wie in jenem Dritten Reich, dessen Abtreibungsgesetze so streng gewesen sind, wie Papst Benedikt sie sich wünscht.

Müsste man in der Kirche nicht viel eher über diesen Umstand nachdenken: Dass es die besonders abtreibungsfeindlichen Regime – von Stalins Sowjetunion über Francos Spanien bis zu den heutigen Diktaturen im Zeichen des Islam – waren und sind, bei denen das Leben des Menschen besonders wenig Achtung genossen hat und genießt? Könnte das nicht sogar innerlich zusammenhängen: Weil in allen diesen Staaten an eine „höhere Idee" statt an die konkreten Menschen gedacht wird/worden ist?

Ich behaupte: Es ist die Überzeugung von der besonderen Schutzwürdigkeit menschlichen Lebens, die meine Mutter, meine Frau oder mich den Schwangerschaftsabbruch akzeptieren statt verdammen lässt. Mir scheint des Menschen Würde verletzt, wenn man ihn mit einem Zellhäufchen von der Differenzierung einer Kaulquappe gleichsetzt.

Könnte die Kirche sich dazu durchringen, den „Menschen" auf eine Weise zu definieren, die seiner würdig ist (und die im Übrigen in viel besserem Einklang mit der Wissenschaft stünde), so löste sich damit gleich auch das dritte ihrer aktuellen Probleme in Luft auf: Sie müsste nicht mehr zu Lasten von Millionen Kranken darum kämpfen, die Gewinnung von Stammzellen aus Embryonen zu verbieten.

Es gibt wenige Phänomene, an denen sich die Abwegigkeit Vernunft-entkleideten religiösen Denkens dramatischer illustrieren lässt als anhand der Stammzellen-Debatte: Bei der In-vitro-Fertilisation, wie sie heute zahllosen, früher kinderlosen Ehepaaren zu Kinderfreuden verhilft, entstehen bekanntlich aus technischen Gründen unvermeidlich weit mehr befruchtete Eizellen, als danach in die Gebärmutter eingepflanzt werden. Diese überzähligen Embryonen könnten auf ideale Weise dazu dienen, pluripotente Stammzellen zu gewinnen: also solche Stammzellen, aus denen sich am leichtesten noch jegliches Organ entwickeln kann, sodass ihnen zu Recht das ganz besondere Interesse der medizinischen Forschung gilt.

Aber die Kirche hat über ihre engstirnigen Gefolgsleute an politischen Schaltstellen durchgesetzt, dass die Forscher diese überzähligen Embryonen nicht benützen dürfen. Sie müssen vielmehr nach österreichischer und deutscher Gesetzgebung vernichtet werden. Wie das mit der Vorstellung, dass es sich bereits um „menschliches Leben" handelt, zusammengeht, entzieht sich meinem Verständnis – wahrscheinlich muss der Arzt die Embryonen eines „natürlichen Todes" sterben lassen, indem er sie nicht in der notwendigen Nährlösung belässt. Sicher ist nur, dass die Kirche damit eine Forschung behindert, die entscheidend dazu beitragen kann, einige der grausamsten uns bekannten Krankheiten zu heilen: von der Multiplen Sklerose über Parkinson bis zur Alzheimer'schen Krankheit – und vielleicht einmal bis zum Ersatz kaputter Herzmuskel oder krebszerfressener Bauchspeicheldrüsen durch neue.

Aber noch so großes, in jedem Spital sichtbares, konkretes menschliches Leid ist der Kirche weniger wichtig als ihr völlig absurdes, abstraktes Verständnis (in Wahrheit: Unverständnis) dessen, was einen „Menschen" ausmacht.

Wer irgendeinen an Parkinson, MS oder Alzheimer leidenden Menschen kennt – und ich kenne etliche –, wird verstehen, dass ich diese religiöse Behinderung der Stammzellenforschung nicht als lässliche Sünde, sondern nur als Todsünde einstufen kann.

Speziell für Eric: Obwohl ich seit mindestens dreißig Jahren so denke, wie ich es bis hierher beschrieben habe, und meine Frau darin mit mir vollkommen einig ist, haben auch wir Dich im ungewöhnlichen Alter von fünf Jahren katholisch taufen lassen und eigentlich genierte ich mich dafür, wenn es nicht aus Rücksicht auf Dich geschehen wäre.

Wir haben damals unsere Wiener Wohnung verkauft und sind ins dreißig Kilometer entfernte Enzesfeld gezogen, weil wir unbedingt wollten, dass auch Du im Grünen aufwächst. Dieser winzige Ort in Niederösterreich zeichnet sich durch ein Schloss und gleich zwei wunderschöne gotische Kirchen aus, von denen eine direkt an unser Grundstück grenzte. Wir wollten unter allen Umständen vermeiden, dass Du in der ersten Volksschulklasse unter vermutlich dreißig katholischen und vielleicht zwei evangelischen Kindern ein Außenseiter bist. Wenn meine Frau und ich Außenseiter einer katholischen Dorfgemeinschaft sein sollten, war das unsere Sache und unsere Haut ist auch dick genug, es problemlos auszuhalten – aber die Haut eines Kindes ist dünn und wir haben uns nicht für berechtigt gehalten, Dich Verletzungen auszusetzen: dass Dir der Pfarrer, wenn Du ihm über den schmalen Weg läufst, der sein Grundstück von unserem trennt, womöglich erklärt, dass Du in die Hölle kommst, weil Du nicht getauft bist.

Allerdings ist der Pfarrer von Enzesfeld dann nicht wirklich dieser Typ gewesen. (Obwohl er Eric auf diesem Weg einmal energisch angehalten und gefragt hat, wieso er nicht zur Beichte gekommen sei. Dabei hatte er ihm tags zuvor schweißgebadet seine sämtlichen Sünden gebeichtet – aber das war ihm in der Masse der kindlichen Sünden entfallen.) Vielmehr haben wir uns bald herzlich mit ihm angefreundet und er war sogar bereit, die Kirchturmuhr so einzustellen, dass sie nur bis zehn Uhr abends und dann erst wieder ab 7 Uhr morgens jede Viertelstunde mit kristallklaren, hellen und jede volle Stunde mit dröhnenden, dunklen Schlägen angezeigt hat.

Die Freundschaft begann, als wir in der Kirche auf einen dicken Stapel von Teilnahme-Formularen für eine Art Volksbegehren stießen, in dem katholische Laien für eine Öffnung der Kirche, insbesondere gegenüber Frauen, eintraten. Diese Initiative war in Niederösterreich wie in keinem anderen Bundesland verpönt, stand der Diözese St. Pölten doch damals der konservativste Bischof des Landes, Kurt Krenn, vor. „Sie machen das, obwohl der Bischof derart dagegen ist?", wollte ich wissen. „Eben deshalb", sagte der Pfarrer von Enzesfeld.

Sonst war er selten so eloquent. Beileibe kein „Linkskatholik" oder einer, der Gottesdienste kürzer und volksnäher gestalten wollte. „Sie werden mit dem Fotografieren doch wenigstens die paar Minuten warten können, die die Taufe dauert", herrschte er eine junge Mutter an, die den heiligen Augenblick mit ihrer Kamera festhalten wollte, und ging von dieser Haltung auch nicht ab, nachdem etliche Mütter und Väter beim Hinausgehen: „In diese Kirche kommen wir sicher nie wieder" gemurmelt hatten.

Obwohl es eine der schönsten Kirchen weit und breit ist, ließ man sich, der harschen Manieren unseres Pfarrers wegen, dort weit seltener als in fotofreundlicheren Pfarren trauen: „Wer nur dafür kommt, soll's bleiben lassen", erklärte er unwirsch.

Ursprünglich war er Maurer gewesen und seine riesigen Hände und sein breiter Rücken schienen ihn für diesen Beruf zu prädestinieren. Jede freie Minute baute er mit klobigen Hohlblock-Steinen irgendwelche Teile des barocken Pfarrhauses um und entstellte es schließlich endgültig, indem er das Dach mit einer unförmigen, selbst gebastelten Solaranlage versah. (Unter seinem Nachfolger, einem Polen, der die besondere Wertschätzung der Erzdiözese besitzt, wurde das alles um sehr viel Geld saniert.) Allerdings baute er mit den gleichen großen Händen und den gleichen klobigen Hohlblock-Steinen auch einen Aufenthaltsraum für die Jugendlichen des Dorfes im Vorratsschuppen seines Gartens und mähte die darüber liegende Wiese, damit Eric und seine Freunde dort besser Fußball spielen konnten. (Sein polnischer Nachfolger hat den gesamten Garten mittlerweile geschlossen.)

Im Ort war er trotzdem nicht sonderlich beliebt: „Der kann so was von unfreundlich sein. Und Spaß versteht er überhaupt kan", wollten ausgerechnet Landarbeiter oder Bauarbeiter nicht allzu viel von dem Mann mit den Bauarbeiterhänden wissen. Die paar Familien, die in der Trafik den *Standard* kauften, fanden seine Predigten „schon eher sehr simpel" und die wenigen erzkatholischen Kirchengänger nahmen ihm übel, dass er nicht automatisch die erste Bank für sie frei hielt.

Die relativ größte Wertschätzung wurde ihm noch von den Aktivistinnen jener katholischen Laienbewegung entgegengebracht, die für eine „Öffnung der Kirche" eintrat: In seinem stets geöffneten Pfarrgarten veranstalteten sie alle paar Wochen köstliche Sommerjausen mit selbst gebackenem Kuchen. Aber selbst sie bedauerten sein mangelndes Verständnis für Kinder, die während der Predigt nicht ruhig in der Bank saßen, oder für Säuglinge, die während der Wandlung schrieen.

Wirklich beliebt war er nur „unter die Ausländer": Er beschäftigte Ausländer, wo immer er konnte – notfalls auch illegal aus der eigenen Tasche –, hatte eine muslimische Familie ins Pfarrhaus aufgenommen (die wir dann von ihm geerbt und in unserem Haus untergebracht haben; ihr Sohn schlief mit meinem Sohn im Zimmer und war damals sein bester Freund) und wetterte von der Kanzel gegen „Leute, die auf Fremde herunterschauen".

„Um die Ausländer hat er sich bald mehr als um uns gekümmert", stieß auch das nur auf sehr geteilte Zustimmung. Erst als Jahre später der Pfarrer aus Polen seinen Platz einnahm, weinten auch seine Kritiker unserem Pfarrer nach: „Also so abgehoben wie der war er nie. Und das Pfarrhaus war auch immer offen. Immerhin war er einer von uns."

Ich weiß nicht, ob er sich selbst so empfunden hat. Im Salzkammergut bin ich einmal auf einen ganz ähnlichen Pfarrer gestoßen, der mir erklärt hat, er wollte schleunigst wieder auf seine Station in irgendeinem Urwald Südamerikas zurück, „denn unter lauter Heiden wie hier halt ich's nicht länger aus".

Ich glaube, er war unserem Pfarrer ziemlich ähnlich: ein wirklich frommer Mann.

Als Peter Turrini eines Nachmittags bei uns zu Besuch war, um uns aus seinem neuesten Stück „Tod und Teufel" vorzulesen, habe ich unseren Nachbarn gefragt, ob er der Lesung beiwohnen wollte, „auch wenn Turrini manches an der Kirche eher kritisch sieht".

„Was glauben Sie, wie viel ich dort kritisch sehe?", hat er geantwortet und hat aufmerksam zugehört.

Das Stück hat ihm trotzdem nicht sonderlich gefallen: „Mir ist das zu kompliziert. Ich fürchte, ich versteh es nicht wirklich."

Als wir wenig später nach Spanien übersiedelt sind, haben wir ihn eingeladen, uns dort zu besuchen, und er wollte unbedingt kommen: „Man soll dort wunderbar wandern können. Dazu hatte ich nie die Zeit."

Aber er schaffte es nicht mehr: Knapp vor unserer Abreise haben wir ihn noch einmal im Spital besucht, doch als wir Optimismus heucheln wollten, indem wir unsere Einladung wiederholten, hatte der Krebs seine riesigen Hände schon so sehr geschwächt, dass er sie kaum mehr heben konnte, um abzuwinken.

Er war einer jener Pfarrer, um deretwegen ich nicht absolut sicher bin, ob ich auch die katholische Kirche ablehne – bloß weil ich nicht an Gott glaube und in so ziemlich allen Religionen mehr Gefahren als Nutzen sehe. Auch der Pfarrer, der Arigona Zogaj in seinem Haus versteckt hat, gehört in diese Kategorie „kleiner" Pfarrer, die rundum Großes leisten.

Wer die Lebensgeschichte von Barack Obama gelesen hat, dem wird aufgefallen sein, dass er als Sozialarbeiter in den schwarzen Vierteln Chicagos fast nur mit kirchlichen Stellen zusammengearbeitet hat, weil ihr Engagement für die Schwachen unübersehbar war. Und was Organisationen wie die Caritas oder was Missionare heute leisten, ist wirklich tätige Nächstenliebe und hat nichts mit der autoritären Christianisierung früherer Jahrhunderte gemein.

Das sind mir zu viele, zu wichtige Leistungen, als dass es mir gelänge, die Kirche mit der gleichen Vehemenz abzulehnen, wie das etwa der Evolutionsbiologe Richard Dawkins in seinem Bestseller *Der Gotteswahn* tut. Dabei teile ich alle seine Argumente, denn sie decken sich zu hundert Prozent mit allem, was ich in diesem Kapitel zu Lasten der Religion angeführt habe.

Aber fast alle Pfarrer an der Basis, die ich kennenlernen durfte, waren „feine Leute": Es wäre schade, wenn sie ihren Gemeinden nicht mehr mit Rat und vor allem Tat zur Seite stünden. Und sie sind in ihrem Tun nun einmal davon motiviert, dass es den lieben Gott gibt, der sich darüber freut und es ihnen dankt, wenn es ihnen schon ihre Mitmenschen nicht immer danken.

Diese „kleinen" Pfarrer verdammen (zumindest hierzulande) auch (im Allgemeinen) keine Schwulen, sie nehmen keinem Ehepaar und nicht einmal jungen Mädchen die Pille übel, und wenn man sie vom Zölibat erlöste, hätten sie vermutlich noch mehr Verständnis für das, wozu man die Pille braucht. Ich glaube nicht einmal, dass unser Pfarrer einer Sechzehnjährigen erklärt hätte, dass sie eine Todsünde begeht, wenn sie ihre Schwangerschaft abbricht – aber diesbezüglich bin ich nicht absolut sicher.

Ich glaube – auch wenn das eine bloße Vermutung ist –, dass das Land ohne diese „kleinen" Pfarrer ärmer wäre.

Mir ist bewusst, dass ich damit, wie in vielen wichtigen Belangen, nicht konsequent bin. Indem ich die Pfarrer an der Basis akzeptiere, so argumentierte vermutlich Richard Dawkins, akzeptiere ich indirekt auch den Papst an der Spitze und demonstriere, dass ich nicht bereit bin, gegen die katholische (oder evangelische) Religion zu kämpfen, obwohl ich ihr vorzuwerfen habe, dass sie in der Vergangenheit mehr verbrochen als geleistet hat.

Aber ich glaube eben auch in der Religion an die Evolution. Auch die katholische/evangelische Religion/Kirche wird sich, um zu überleben, ändern. (Oder, ohne dass man sie bekämpfen müsste, untergehen.)

Irgendwann wird – so wie Gorbatschow in der russischen Kommunistischen Partei – versehentlich ein Bischof zum Papst erhoben werden, der sich aus Eigenem um seine Allmacht bringt und demokratischere Strukturen schafft. Sehr bald wird er, schon um außerhalb Afrikas und Südamerikas überhaupt noch Priester zu bekommen, den Zölibat beseitigen. Und wenn er ein großer Papst ist – und das soll man nicht ausschließen –, wird er sich bei den Frauen, so wie das sein Vorgänger schon bei den Juden getan hat, entschuldigen und erklären, dass Paulus, Andrinus, Augustinus oder Thomas von Aquin Unrecht hatten, als sie ihnen eine untergeordnete Rolle zuwiesen, aus der Jesus sie emporheben wollte.

Meine Kinder könnten noch die erste Frau als Priesterin erleben. Und spätestens meine Enkel werden einen Papst erleben, der die Bibel zu einem Dokument ihrer Zeit erklärt, das einer kritischen Überprüfung aus heutiger Sicht bedarf. Statt zu behaupten, dass wir den Teufel wörtlich nehmen müssen (wie Johannes Paul II.), wird er erklären, dass man die Bibel nirgends wörtlich nehmen darf: dass fast alles nur als Gleichnis und vor dem Hintergrund der Zeit ihrer Entstehung zu verstehen ist; dass das Alte Testament brutale Vorgänge leider heiligen musste, weil es für ein Volk geschrieben wurde, das sich in Kriegen behaupten wollte und musste; dass das Neue Testament das Alte nicht fortgesetzt, sondern verworfen und einen neuen, besseren Weg gewiesen hat. Er wird die Stellen hervorheben, die diesen neuen Weg vorgeben: das Bekenntnis zur Gleichheit und zur Nächstenliebe und die Bereitschaft, einer Verletzung anders als durch Rache entgegenzutreten. Er wird zugeben und zulassen, dass Richard Dawkins einwendet, dass dies alles nur für die Juden, nicht für die Anders- oder Ungläubigen galt, aber er wird dem entgegenhalten, dass das christlich-jüdische Muster Vorbildwirkung hatte: dass ohne diese christliche Vorgabe die Gleichheit vor dem Gesetz von heute vermutlich nicht erzielt worden wäre.

Er wird – und das wird das Schwierigste sein – aus den vielen moralischen Forderungen, die heilige Bücher an uns stellen, jene heraussortieren, die tatsächlich – nach Art des deutschen Grundgesetzes – ewige Gültigkeit haben, und wird sie zur Maxime christlichen Handelns erklären.

Er wird zulassen, dass an den Schulen nicht katholische, evangelische oder vielleicht islamische Religion, sondern Ethik unterrichtet wird, damit die Schüler unter anderem erkennen, wie verwandt, nicht wie verfeindet diese Religionen miteinander sind und dass sie eine gemeinsame Moral vermitteln.

Man wird dann möglicherweise behaupten, dieser Papst sei kein Christ mehr – so wie man vom heutigen Führer der chinesischen KP behauptet, dass er eigentlich kein Kommunist mehr ist –, aber das wird unerheblich sein: Die Menschen werden es ihm danken.

Sie werden die Gebote eines aufgeklärten humanistischen Christentums befolgen, nicht weil sie Moses offenbart wurden, sondern weil sie sie dank der eigenen Vernunft als sinnvoll erkennen. Sie werden voll demütiger Bewunderung vor der Schönheit der Natur und ihren Gesetzen stehen, nicht weil Gott sie geschaffen hat, sondern weil sich uns diese Schönheit mehr und mehr erschließt. Sie werden das Paradies nicht mehr nach dem Tod im Himmel, sondern hier und jetzt auf der Erde suchen und ihm damit ein großes Stück näher kommen.

Von Jesus werden sie in der Schule lernen, dass er ein großer Mensch und seiner Zeit um gute zweitausend Jahre voraus gewesen ist.

Allerdings könnte die Entwicklung auch völlig anders verlaufen. Die Kirche könnte – wie das manche ihrer Mitglieder und Führer durchaus goutieren – wieder eine Heerschar aus ihrer Herde machen: eine kleine, geeichte, entschlossene Truppe, die Frauen weiterhin ausschließt, Sexualität weiterhin verdammt, den Papst weiterhin für unfehlbar hält und jeden, der Gott und Teufel nicht wörtlich nimmt, exkommuniziert. Sie würde dann in unseren Breiten zu einer Sekte schrumpfen: einem Auffangbecken für psychische Außenseiter, die diese Art „geschlossene Gesellschaft" brauchen.

Egal wie die Entwicklung verläuft, die Prägung unseres Verhaltens durch zweitausend Jahre Christentum wird noch extrem lange anhalten: Natürlich war auch meine atheistische Mutter in ihrem Widerstand gegen Hitler von der christlichen Forderung geprägt, dem „Gewissen" auch gegen den Druck des Staates zu folgen. Natürlich widersprach die Teilung der Menschheit in wertvolle „Arier" und „jüdisches Ungeziefer" sowohl dem protestantischen Menschenbild, wie sie es von ihrer mütterlichen Familie übernommen hatte, als auch dem katholischen Menschenbild, das ihr Vater ihr weitergegeben hatte. Natürlich hätten Christen Hitler als den fleischgewordenen Anti-Christen erkennen müssen, wenn sie sich an Jesus orientiert hätten.

Meine atheistische Mutter vertrat daher folgende erstaunliche Theorie zum Siegeszug des Nationalsozialismus: Er sei (abseits der bekannten wirtschaftlichen Voraussetzungen) eine Folge jenes Vakuums, das der zunehmende Verlust des christlichen Glaubens in ihrer Generation hinterlassen habe. Das erkläre insbesondere die überraschende Anfälligkeit so vieler junger Sozialisten für die NS-Religion: Während die Generation ihrer Eltern das Christentum zwar aus ideologischen Gründen abgelehnt habe, in ihrer Moral aber sehr wohl von ihm geprägt gewesen sei (sodass die sozialistische Moral als eine Art Draufgabe zur christlichen hinzugetreten sei und moralisch besonders hoch stehende Menschen hervorgebracht habe), wären sie bereits von Grund auf anti-christlich erzogen worden. (Gemäß dem marxistischen Slogan: „Religion ist das Opium des Volkes.") So habe ein Teil dieser „zweiten" sozialistischen Generation sein mystisch-religiöses Bedürfnis damit befriedigt, kritiklos an Karl Marx zu „glauben", und ein anderer Teil habe sich dem Glauben an Adolf Hitler hingegeben.

Die Theorie wird meinen Kindern bekannt vorkommen. Nicht nur, weil meine Mutter sie auch im Gespräch mit ihnen noch vertreten hat, sondern weil sie sich auch in meiner These spiegelt, dass es Phasen unserer religiösen wie politischen Entwicklung gibt, die man nicht so einfach überspringen kann: Sogar Richard Dawkins registriert bei größeren Teilen der Spezies Mensch ein gewisses mystisches Bedürfnis, von dem er nicht ganz genau weiß, wie er es evolutionsbiologisch einordnen soll. (Während die Kirche daraus natürlich auf ein angeborenes Bedürfnis nach Religion schließt.)

Ich weiß auch nicht, welchen Zweck dieses mystische Bedürfnis für die Erhaltung der Art haben könnte, aber ich habe seine Existenz auch an mir selbst registriert und nenne es das „Berggipfelgefühl": Wenn ich nach einem anstrengenden Aufstieg allein am Gipfel eines hohen Berges gesessen bin und auf die Gesteinsmassen rundherum geschaut habe, habe ich mich plötzlich nicht mehr als individuelle, mir selbst bewusste Person, sonder als Teil des Universums empfunden.

In christlicher Demut sollte ich vielleicht schreiben: Ich habe in solchen Augenblicken begriffen, ein wie winziger Teil dieses Universums ich bin – und ein wenig von diesem Begreifen ist tatsächlich in diesem Gefühl enthalten. Aber viel stärker habe ich das Aufgehen in der Natur empfunden: Ich war ein Teil der klaren, kalten Luft, ein Teil der Gesteinsmassen, ein Teil der verkrüppelten Bäume rund um mich und die Bäume, die Felsen und die Luft waren ein Teil von mir.

Auch zu einzelnen Bäumen kann man eine solche mystische Beziehung haben: Meine Frau zum Beispiel hat die riesige Fichte, die in Enzesfeld neben unserem Haus kerzengerade in den Himmel geragt ist, immer nur ihren „Baum-Gott" genannt: Man erstarrt, wenn man an ihr hochblickt, vor der Größe und Schönheit dessen, was die Natur hervorgebracht hat, und wird ein Teil davon.

Ihr und mein Bedarf an mystischem Erleben ist durch solche Augenblicke (die man natürlich auch angesichts der himmelragenden Säulen gotischer Kirchen oder der Schönheit einer Schubert-Sonate empfinden kann) restlos gedeckt, aber ich akzeptiere, dass andere Menschen zu ihrem Gott beten und Ähnliches empfinden wollen.

Das ist mir im Zweifel sehr viel lieber, als wenn sie bei Sonnwendfeiern zu einem „Führer" beten.

Ich stelle Dawkins' These von der moralischen Nutzlosigkeit bzw. Schädlichkeit des Christentums also die These gegenüber, dass es noch schädlicher ist, wenn den Menschen ein ohnehin bereits geläutertes Christentum plötzlich völlig abhanden kommt und eine Ideologie von der absichtlichen Grausamkeit des Nationalsozialismus oder der unabsichtlichen Grausamkeit des Marxismus an seine Stelle tritt.

17. Das Kreuz mit dem Halbmond

Mit jeder Religion kann man leben, wenn man sie nicht ganz ernst nimmt. Der Islam wird von seinen Anhängern leider noch vielerorts todernst genommen. Katholische Kirchenfunktionäre und Gläubige betrachten das mit unverhohlenem Neid.

Immer, wenn eines der großen Attentate mit fundamentalistischem Hintergrund durch die Weltpresse gegangen ist, sind die wirklich gläubigen unter meinen katholischen Freunden auf mich zugekommen, um mir zu sagen: „Man muss jetzt unbedingt etwas tun, damit das nicht den ganzen Islam in Verruf bringt."

Diese Reaktion ist nicht erstaunlich, sondern entspricht dem Zusammenrücken aller grundsätzlich religiösen Menschen. Nicht zwischen den Moslems auf der einen und den Christen auf der anderen Seite findet der „Kampf der Kulturen" statt, sondern zwischen den ernsthaft Religiösen und den nicht wirklich Religiösen. Nur dass sich unter den ernsthaft Religiösen in unserem Raum sehr viel mehr Moslems als Christen befinden und dass sich unter den nicht wirklich Religiösen viele dennoch als Katholiken oder Protestanten bezeichnen.

Für einen nicht religiösen Menschen, der einigermaßen von den aktuellen Selbstmordattentaten abzusehen vermag, ist der Unterschied zwischen Moslems und Christen (und natürlich auch Juden) nicht wesentlich größer als der zwischen Katholiken und Protestanten: Alle beten sie zu demselben Wüstengott, ob sie ihn nun „Gott", „Jahwe" oder „Allah" nennen. Um alle drei Namen ranken sich die weitgehend gleichen Erzählungen und die vielfach gleichen Propheten verkünden sie. Nur dass Jesus den Moslems (und den Juden) bloß als Prophet und nicht als Gottes Sohn gilt und dass sie mit dem Propheten Mohammed einem Menschen die Rolle Jesu zugewiesen haben. Wenn Jesus für die Christen trotz seiner göttlichen Herkunft „Mensch geworden" ist, ist Mohammed für die Moslems trotz seiner menschlichen Herkunft gottgleich – der Unterschied ist marginal.

Auch Mohammed ist wie Jesus der große Neuerer, der nicht zuletzt dem Patriarchat Schranken auferlegt: Frauen sind für ihn mehr als eine Sache beziehungsweise eine Sklavin. Der Ehemann ist verpflichtet, für ihren Unterhalt zu sorgen, und darf sie nicht einfach wegwerfen, wenn sie ihm nicht mehr gefallen.

Natürlich ist die Frau auch für Mohammed längst nicht gleichberechtigt, sondern hat sich dem Mann, wie Paulus es für die Christin fordert, unterzuordnen, aber immerhin hat es unter den großen Lehrern des Islam meines Wissens nie einen Kirchenlehrer wie Thomas von Aquin gegeben, der die Frauen als „Missgriff" bezeichnet hätte.

Im Prinzip hat der Islam damit eher bessere Voraussetzungen für ein zeitgemäßes Frauenbild mitgebracht als das Christentum. Aber leider ist er im Gegensatz zum Christentum von der Aufklärung verschont geblieben, und so blieb Mohammeds Frauenbild ausschließlich in der Obhut all jener männlichen Religionsführer, die sich, wie die Päpste auf der christlichen Seite, angemaßt haben, seine Nachfolger zu sein. Und wie bis vor kurzem die Päpste haben sie dieses Frauenbild – leider bis heute – nicht nach vorwärts, sondern nach rückwärts entwickelt: bis hin zu Frauen, die das Haus nicht allein verlassen dürfen und sich von Kopf bis Fuß unter einer Burka verbergen müssen.

Wie der vorausgeeilte Jesus von der katholischen Kirche wieder eingefangen und überwältigt wurde, haben die Ayatollahs Mohammed wieder eingefangen und überwältigt, indem sie ihr patriarchalisches Frauenbild von Neuem durchgesetzt haben.

Auch was den Umgang mit „Ungläubigen" betrifft, unterscheiden sich die drei Wüstenreligionen nur unwesentlich: Wer an einen anderen (oder gar keinen) Gott glaubt, ist minderwertig, muss bekämpft und darf vernichtet werden. Das entspricht der Herkunft dieser Religionen von kriegerischen Nomadenstämmen, die um wenige fruchtbare Gebiete kämpfen mussten und daher wenig Rücksicht walten lassen konnten. Vielmehr verlangte der ständige Kampf Tugenden wie Opferbereitschaft bis hin zur Selbstaufgabe, Enthaltsamkeit und die Fähigkeit, lange ohne Essen auszukommen – durch Tage, Wochen oder einen ganzen Monat lang zu „fasten". Und vor allem verlangte er ein gerüttelt Maß an Härte gegenüber den jeweils „ungläubigen" (andersgläubigen) Völkern, um von ihnen nicht womöglich für schwach gehalten und besiegt zu werden.

Die zugehörigen Suren des Korans entsprechen ziemlich exakt den Schilderungen des Alten Testaments über den Kampf des „auserwählten Volkes" gegen die jeweils zu vertreibenden Völker: „Als die schlimmsten Tiere gelten bei Allah diejenigen, die ungläubig sind und nicht glauben werden." (Sure 8, Vers 55) „Siehe, die Ungläubigen vom Volk der Schrift (Juden und Christen) sind die schlechtesten der Geschöpfe." (Sure 98, Vers 6) „Und wenn die heiligen Monate abgelaufen sind, dann tötet die Ungläubigen, wo ihr sie findet, greift sie, umzingelt sie und lauert ihnen auf." (Sure 9, Vers 5) „Diejenigen aber, die ungläubig sind – nieder mit ihnen." (Sure 6, Vers 2)

Natürlich gibt es, wie im Neuen Testament, auch im Koran Passagen, die das Morden verdammen und Freundschaft predigen – aber eben nur unter Moslems.

Zu behaupten, der Islam sei eigentlich eine friedfertige Religion und der Koran eine moralische Schrift, ist eine ebensolche Geschichtsfälschung wie gleich gelagerte Behauptungen bezüglich der Bibel: Es gibt im Koran, wie in der Bibel, *auch* friedfertige, humanistische Inhalte, aber die „Ungläubigen" werden in beiden Büchern für vogelfrei erklärt.

Da die Moslems allerdings nicht der Ansicht sind, die Juden hätten ihren Gott gekreuzigt, gelten ihnen die Juden nur als „Ungläubige" und nicht auch noch als Gottesmörder, sodass das Zusammenleben mit ihnen ursprünglich relativ besser funktionierte. Im Gegensatz zum christlichen ist der islamische Antisemitismus neueren Datums und weit weniger religiös als politisch motiviert. (Während christliche Antisemiten ihre Lehre aktiv gegen die Juden gebrauchen können, müssen muslimische Antisemiten den Islam zu diesem Zweck eher missbrauchen.)

Am angenehmsten funktionierte der Islam überall dort, wo ihm der Zeitablauf oder besondere historische Umstände, fast wie dem Christentum, die Kraft genommen und die Zähne gezogen haben, sodass der Koran längst nicht mehr wörtlich genommen, sondern eine humane Auslese aus den Suren getroffen wird.

In der Theorie ist das schwieriger als bei der Bibel, weil diese sich nur immer wieder auf das Wort Gottes beruft, während die Suren des Korans angeblich durchwegs Gottes eigene Worte sind und daher eigentlich nicht interpretiert werden dürfen. Aber in der Praxis haben die Moslems durch Jahrhunderte eine bessere Auslese aus den Suren des Korans getroffen als viele Christen aus der Bibel: Die von den Türken beherrschten Gebiete wurden über weite Strecken mit erstaunlicher Toleranz verwaltet.

Mit jeder Religion kann man leben, wenn man sie nicht ganz ernst nimmt.

Im Abendland hat die Aufklärung diese Relativierung erzwungen, in den muslimischen Ländern blieb es örtlichen religiösen Führern und örtlichen politischen Machthabern überlassen, wie „relativ" sie den Koran ausgelegt haben.

Überall dort, wo die Auslegung sich möglichst eng an den Wortlaut hält und die besondere „Reinheit" der Lehre zum wichtigsten Ziel erhoben wird, entsprechen die vom Islam verursachten Probleme fast spiegelbildlich denen, die das mittelalterliche Christentum verursacht hat: Die Frauen wurden und werden vom öffentlichen Leben und vom Beruf ausgesperrt; der Sexualakt galt und gilt als „unrein"; die Wissenschaften wurden und werden unterdrückt und vernachlässigt – in den Schulen lernen die Kinder die Suren des Korans statt Physik und Chemie. Und wie das Christentum bis vor fünfzig Jahren verbündet sich auch der Islam mit Vorliebe mit autoritären Regimen und dient ihnen als Rechtfertigung für Unterdrückung und Aggression.

Weil er die jüngere Religion ist und keine Aufklärung über sich ergehen lassen musste – nicht weil er für sich genommen barbarischer wäre –, ist der Islam zurzeit schwerer als das Christentum zu ertragen.

Aber so unmissverständlich ich diese Kritik am Islam (und zuvor am Christentum) zu Papier bringe, so wenig spräche ich sie gegenüber einem Moslem aus. Und zwar nicht aus Prinzipienlosigkeit oder gar Feigheit, sondern aus Respekt. Respekt nicht vor dem Islam bzw. dem Koran, sondern Respekt vor den Menschen, denen der Islam so wichtig ist, dass sie sich zu Allah bekennen und im Koran ihre Bibel sehen.

Ich will keinen wirklich gläubigen Menschen – egal ob Christen, Juden oder Moslem – durch meine Kritik persönlich verletzen. Und das wäre unvermeidlich, wenn wir einander im persönlichen Gespräch gegenüberstünden, denn ein Gespräch kann man nicht aus der Hand legen wie ein Buch.

Solange ein Moslem (ein Christ) mich nicht bekehren will, solange er durch die Ausübung seines Glaubens nicht gegen unsere Gesetze bzw. die Charta der Menschenrechte verstößt oder fordert, dass wir islamische Gesetze zu einem Teil unserer Rechtsordnung machen, muss er die Möglichkeit haben, ungebrochen einem Glauben anzuhängen, den ich persönlich für rückwärtsgewandt und gegen seine eigenen Interessen gerichtet halte.

Man wird sagen, dass das selbstverständlich ist, die Freiheit der religiösen Überzeugung und der Religionsausübung ist ja ein integraler Teil der Menschenrechte und ich verstieße gegen sie, wenn ich sie in Frage stellte. Aber mir kommt es – ich wiederhole mich – auf diesen kleinen, aber wesentlichen Unterschied an: Ich achte und respektiere den Islam nicht, weil er eine Religion und Allah ihr Gott ist, sondern ich achte und respektiere ausschließlich die Menschen, die – für mich unverständlich – an Allah glauben.

Richard Dawkins hat im Zusammenhang mit dem christlichen Glauben heftig gegen diese Haltung polemisiert: Man müsse eine Sicht der Welt, die man mit gutem Grund für verfehlt hält, bekämpfen. Der Glaube an einen allmächtigen Gott, der unsere Geschicke lenkt, Gläubige Ungläubigen vorzieht und manche von uns ins Paradies aufnimmt, während er andere zu ewiger Höllenqual verdammt, bleibe auch dann ein Wahn, wenn Millionen ihn teilen.

Darauf antworte ich ausnahmsweise zynisch: Psychiater, die mit Wahnideen konfrontiert sind, verzichten aus gutem Grund auf den Versuch, sie den Betroffenen mit Gewalt auszureden. Denn das führt nur zu Verhärtungen.

Weniger zynisch: Ich wiederhole meine Überzeugung, dass die religiöse Hingabe an einen allmächtigen Gott eine Phase der menschlichen Entwicklung darstellt, die vom Animismus über die Vielgötterei zum Monotheismus geführt hat und von dort weiter zu einem aufgeklärten Humanismus führen wird.

Diese mehr oder minder fundamentalistische, monotheistische Phase kann man im Islam so wenig überspringen, wie man sie im Christentum überspringen konnte. Man kann nur hoffen, dass sie in absehbarer Zeit vorübergeht und die Beteiligten sie ohne bleibenden Schaden überstehen.

Am ehesten vermeidet man bleibende Schäden, indem man die harmlosen Manifestationen der jeweiligen Religion ohne viel Widerspruch hinnimmt. Ich glaube – ein bisschen zynisch –, dass das nach einem ähnlichen Rezept funktioniert wie der Umgang vernünftiger Eltern mit den pubertären Exzessen ihrer Kinder: Wenn ich Eric erklärt hätte, dass ich es, bei aller Fußballbegeisterung, schwachsinnig finde, jedes Rapid-Match inmitten einer johlenden grün-weiß gestreiften Fan-Gruppe zu erleben, versäumte er vermutlich bis heute kein einziges Rapid-Spiel. So hat er doch nach und nach gefunden, dass man an diesem oder jenem Wochenende doch auch ins Theater gehen kann.

Um es mir nicht nur mit den Rapid-Fans, sondern auch mit der slowenischen Minderheit zu verscherzen: Ich ziehe es im Grunde vor, wenn Slowenen, die in Österreich leben, sich weitestgehend assimilieren – wenn sie weder durch ihre Sprache, noch durch ihr Brauchtum oder ihren internen Zusammenhalt sonderlich auffallen. Aber das erreicht man nicht, indem man sich gegen slowenische Ortstafeln, slowenische Vereine oder slowenische Gymnasien wehrt – das hält ganz im Gegenteil das „Slowenentum" nur übermäßig lang als Widerstandshandlung am Leben –, sondern indem man genau umgekehrt slowenische Ortstafeln oder slowenische Gymnasien zulässt, ja fördert.

Das „slowenische Volkstum" ist den Betreffenden dann nach ein, zwei Jahrzehnten nur mehr halb so wichtig, und wenn sie das Slowenische nicht geschäftlich brauchen (wie das in Kärnten derzeit der Fall ist), werden sie lieber Englisch und Spanisch als Slowenisch lernen.

In diesem Sinne glaube ich, dass das vergleichsweise funktionierende Zusammenleben zwischen aufgeklärten Christen und Moslems in Österreich historisch

Der Urgroßvater des Autors, Achilles Thommen. Zusammen mit Ritter von Ghega erbaute er die Semmering- und danach die Brennerbahn.

Achilles Thommen mit seinen Kindern. Die abgöttische Liebe, die seine Tochter Elsa ihm entgegenbrachte, geriet zum familiären Verhängnis.

Der Großvater des Autors, Friedrich Reiner, mit seiner Frau Elsa, geborene Thommen. Je erfolgreicher er wurde, desto schlechter wurde die Ehe.

Die fünf Kinder der Familie Reiner. Bei der Mutter des Autors, Ella (re. außen), die als letzte zur Welt kam, hatte Elsa Reiner „wirklich genug".

Der Großvater des Autors, Walther Lingens (links, erstes Bild) blieb 1933 Deutschlands einziger Polizeipräsident ohne Mitgliedschaft bei der NSDAP, doch als Konrad Adenauer ihn um Schutz bat, versäumte er es, zum Helden zu werden. Seine Frau Eugenie Piedboeuf stammte wie er aus einer reichen Düsseldorfer Industriellenfamilie (Bild darunter und rechts mit ihrem Sohn Kurt). Beider beträchtliches Vermögen ließ Kurt Lingens, den Vater des Autors, ein luxuriöses Studentenleben führen, aber von der „proletarischen Revolution" träumen. Auch sein Bruder Klaus (links unten) entfloh der strengen Aufsicht des Polizeipräsidenten nach Wien. In der NS-Zeit versorgte er jüdische U-Boote mit Nahrungsmitteln.

Unten: Die Eltern des Autors, Ella und Kurt Lingens, mit dem Zweijährigen knapp vor ihrer Verhaftung. Rechts daneben von oben nach unten: Robert Lammer, der Essensmarken für die versteckten Juden organisierte; Ella Lingens auf einem Foto, das ein befreundeter Star-Fotograf von ihr anfertigte, und Karl von Motesiczky, der, wie sie, nach Auschwitz deportierte wurde. Der exzentrische Privatgelehrte ließ sich sein Guarneri-Cello nachsenden. Als es in Auschwitz eintraf, war er bereits tot.

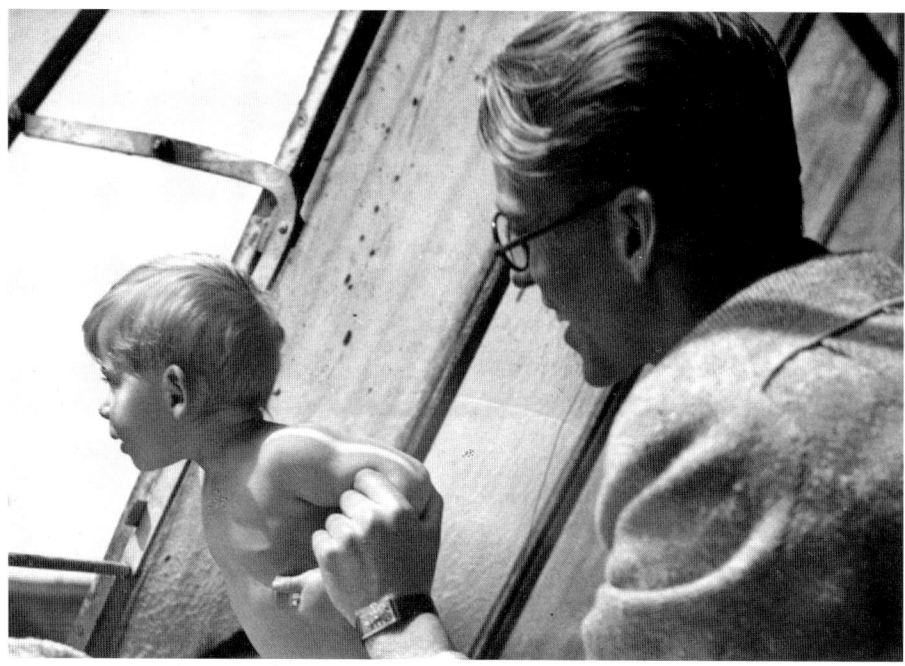

Kurt Lingens mit dem zweijährigen Peter Michael in der elterlichen Dachgeschoss-Wohnung in der Piaristengasse, die als erstes Versteck jüdischer U-Boote diente.

Peter Michael Lingens mit seiner zweiten Frau Eva und dem fünf Monate alten Sohn Eric in Kärnten, auf einem Foto ihres Freundes Manfred Bockelmann.

Peter Michael Lingens zur Zeit der Gründung des profil

Oscar Bronner zur Zeit der Gründung des profil

Simon Wiesenthal in einem formellen Gespräch mit Peter Michael Lingens. Privat verband die beiden bis zu Wiesenthals Tod eine herzliche Freundschaft, die in dessen Auseinandersetzung mit Bruno Kreisky eine Feuerprobe erfuhr.

Bruno Kreisky bei seiner Aussage im Ehrenbeleidigungs-Prozess gegen Peter Michael Lingens, der in Österreich in letzter Instanz mit einer Verurteilung des Autors endete. Zehn Jahre später hob der Europäische Gerichtshof das Urteil auf.

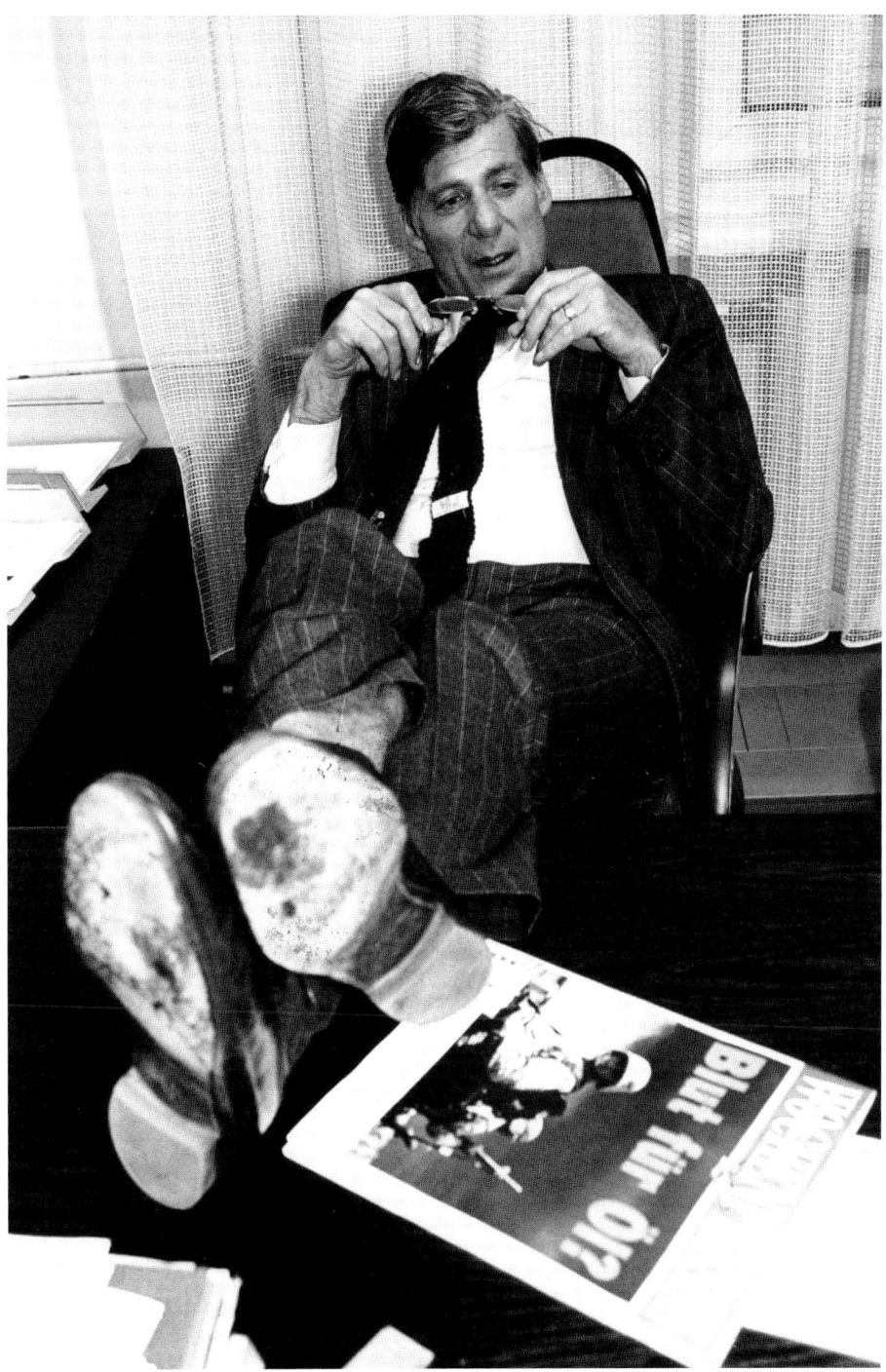

Peter Michael Lingens in der Zeit seiner Chefredaktion der Wochenpresse/WirtschaftsWoche, *fotografiert von deren Starfotografin Nora Schuster*

Der Autor mit dem ehemaligen Chef der CA, Heinrich Treichl: „Ich kenne nur zwei echte Liberale im Land. Er ist einer davon."

Der Autor mit Karl Schwarzenberg: Manche Familien haben sich immer schon anständig zu Juden verhalten. Das kann zum Erbe werden.

Innenminister Karl Blecha und der Autor anlässlich einer Feier des Kurier (im Hintergrund der damalige Chefredakteur des Kurier, Franz Ferdinand Wolf, und Kolumnist Hans Rauscher). In seiner Jugend lehrte der VSM-Altmeister Blecha den VSM-Neuling Peter Michael Lingens die Parteilinie der SPÖ.

darauf zurückzuführen ist, dass wir den Islam schon seit 1912 als Religion anerkennen. Man muss versuchen, den Islam an die Aufklärung zu assimilieren, und das geschieht am besten, indem man ihn in unser aufgeklärtes Leben integriert. (Wie richtig das ist, kann man der Heftigkeit entnehmen, mit der muslimische Fundamentalisten diese Integration ablehnen.)

Selbstverständlich sollen daher Moscheen mit ihren Minaretten auch in unseren Breiten zum Gebet einladen, solange dort nicht die Auslöschung Israels oder die Himmelfahrt von Selbstmordattentätern gepredigt wird. Denn irgendwann werden auch Moslems ihre Moscheen nur mehr zum Zweck der inneren Sammlung betreten, wie ich die gotische Kirche von Murau.

Selbstverständlich soll man muslimische Frauen ihre Kopftücher tragen lassen, solange sie es freiwillig und nicht auf Befehl eines Vaters, Ehemannes oder Bruders tun. Ich finde das zwar furchtbar schade, denn gerade viele der Frauen aus muslimischen Ländern haben prachtvolles Haar, aber ich verstehe die besondere Lust, es erst im entscheidenden Augenblick und nur für den Geliebten zu öffnen. Vor allem aber werden die jungen Musliminnen, die bei uns leben, irgendwann von sich aus nicht mehr darauf verzichten wollen, dieses Haar einzusetzen, um blonde junge Burschen wie Eric zu erobern.

Kopftücher in offiziellen Funktionen – etwa bei Lehrerinnen – empfinde ich, selbst wenn sie nicht Ausdruck einer politischen Gesinnung sind, als ähnlich irritierend wie Kruzifixe in Schulräumen: Die eindeutige Trennung von Kirche und Staat ist einer der Werte, für die ich auf Barrikaden steige und für die auch meine Kinder auf die Barrikaden steigen sollten.

Burkas, die das Gesicht bis auf einen Sehschlitz verhüllen, sind überall dort nicht zuzulassen, wo sie die Feststellung der Identität behindern – also praktisch überall. (Der Richter, der eine Burka-Trägerin von der Verhandlung ausschloss, hatte mehr als recht: Die Strafprozessordnung fordert von ihm, ihre Aussage zu werten, und das kann er nur, wenn er ihr Gesicht sieht.)

Kinder, die in Österreich zur Schule gehen und in Österreich sozialversichert sind, haben am Turnunterricht teilzunehmen, weil die Behandlung von Übergewicht oder Haltungsschäden zu Lasten der österreichischen Steuerzahler geht.

Ich klinge da fast wie ein Funktionär der FPÖ, aber es gibt auch Werte (Freiräume), die wir Atheisten zu verteidigen haben. Ich will nicht in einem Land leben, in dem ein Teil der Bevölkerung von den Eltern verheiratet, zum Tragen von Burkas gezwungen oder daran gehindert wird, eine Turnhose zu tragen, denn das widerspricht der bei uns Gott sei Dank errungenen persönlichen Freiheit, und da kenne ich keinen Kompromiss. Ein deutsches Urteil, in dem die milde Strafe für einen Ehrenmord damit begründet wurde, dass der Betreffende aus einer Gesellschaft kommt, die ihn für zulässig hält, halte ich für ein Fehlurteil: Nicht wir haben muslimische Rückstände zu akzeptieren, sondern Moslems, die bei uns leben, haben unsere Gesetze zu respektieren.

Speziell für Eric: Dass das Zusammenleben von so völlig ungläubigen Menschen wie uns und so relativ gläubigen Menschen wie der bosnischen Familie, die wir in Enzesfeld in unser Haus aufgenommen hatten, unter dieser Voraussetzung problemlos klappte, hast gerade Du vier Jahre hindurch hautnah erlebt. Der zwölfjährige Mersed ist in diesen vier Jahren nicht nur Dein liebster Freund gewesen, sondern hat Dich auch „aufgeklärt" und Dir Fußballspielen beigebracht.

Ich kann mir nicht vorstellen, dass irgendein Prediger euch gegeneinander aufhetzen könnte. Und das zumindest ist tröstlich.

18. No Sex more Crime

Speziell für Eric: Nicht dass ich Dich überzeugen müsste, dass der Orgasmus das größte Geschenk ist, das die Natur für uns bereithält: „Berggipfelgefühl" im Bett. Mit Sigmund Freud und den Blumenkindern glaube ich darüber hinaus, dass es auch für die Welt am besten ist, wenn er das vorrangige Ziel sexueller Energie ist.

Um mir nicht den Vorwurf der Blasphemie einzuhandeln, habe ich das Kapitel zum Thema Religion vorsichtshalber abgeschlossen, ehe ich auf die mit Abstand wichtigste Möglichkeit mystischen Erlebens eingehe: den gleichzeitigen, gemeinsamen Orgasmus.

Verzeih mir, wenn ich die Schönheit diese Ereignisses nach Art Deiner und meiner verhassten Deutschlehrerin zu „analysieren" versuche: Ist das „Berggipfelgefühl" das Aufgehen in einer vorher von der eigenen Person getrennten Landschaft, um sie gleichzeitig in sich aufzunehmen, so wirst Du im gemeinsamen Orgasmus Teil eines vorher von Dir getrennten Köpers und nimmst ihn zugleich in Dich auf. Aber während am Gipfel des Berges absolute Ruhe und Stillstand herrschen, ist der Gipfel des gemeinsamen Orgasmus der Urknall: sich explodierend über den anderen Körper hinaus ins Universum zu weiten und es in sich aufzunehmen.

Ich weiß in unserer Kultur kein anderes Wort als göttlich, um diesen Vorgang zu beschreiben.

Dass alle drei großen Religionen ihn verteufeln, ist ihre Erbsünde: Sie haben die größte Lust zur größten Last gemacht.

Es wird Dich kaum wundern, dass ich die Ansicht der Blumenkinder teile, dass die Welt eine wesentlich schönere wäre, wenn die Menschen mehr Liebe machten. Körperliche Liebe – die seelische Liebe ist nur die Draufgabe, die sie vollendet.

Nicht, wie alle anständigen Menschen behaupten, umgekehrt.

Natürlich ist es am schönsten, wenn beides zusammenfällt – nur dann ist dieses völlige Aufgehen im anderen und im Universum zu erreichen –, aber wenn ich zwischen seelischer Liebe fast ohne körperliche Liebe und körperlicher Liebe fast ohne seelische Liebe wählen müsste, zöge ich, fürchte ich, das Zweite vor. Ich bin in dieser Hinsicht ein unanständiger Mensch.

Gott sei Dank hat meine Frau mich nie vor diese Wahl gestellt.

Dies ist das eigentlich Teuflische am Orgasmus: dass er auch ohne jede Liebe so vergnüglich und daher im Sinn der Kirche doppelt sündig ist.

Lange Zeit hindurch haben wir Männer diese Sünde daher allein auf uns genommen, aber mittlerweile zeigt sich, dass Frauen in dieser Hinsicht nicht minder sündigen können und sündigen wollen. Ja, dass sie uns in der Zahl ihrer Orgasmen sogar weit überlegen sind und das nicht zwingend mit einer geringeren Intensität des Glücksgefühls bezahlen.

Du magst die instinktive Weisheit von Dichtern daran erkennen, dass Johann Wolfgang Goethe diese Überlegenheit schon lange geahnt hat, denn er reimte: „Die Lust des Weibes neben der vom Manne ist wie ein Epos neben einem Epigramme." Ich glaube, das ist der eigentliche Hintergrund aller von den Männern ersonnenen und zur Religion erhobenen Maßnahmen des Unterwerfens, Wegsperrens, Verhüllens und Beschneidens der Frauen: die Angst vor der epischen Größe ihrer Sexualität, wenn Mann sie einmal loslässt.

Du kennst wahrscheinlich Freuds mehr amüsante als zutreffende These vom Penis-Neid der Frauen; ich möchte ihr die mindestens so amüsante These vom Orgasmen-Neid der Männer entgegensetzen.

Wahrscheinlich stimmt auch sie nicht wirklich – ich war meiner Frau nie ihre Orgasmen neidig und sie mir nie meinen Penis, sondern wir haben das immer als gemeinsamen Besitzstand empfunden –, aber der heilige Thomas hatte ganz offensichtlich die Angst, von einer Vagina überwältigt und aufgefressen zu werden. Ich habe sie, in dem Maße, in dem ich älter werde und mein Testosteronspiegel absinkt, gelegentlich auch, aber sie wird durch das Vergnügen egalisiert, die unverminderte Lust meiner Frau zu erleben.

Um es als Ratschlag an meine Söhne zu formulieren: Genießt die Lust der Frau, die ihr liebt. Das hält euch jünger.

Weltanschauungen, die – wie fast alle Religionen – die körperliche Liebe extremen Einschränkungen unterwerfen, sind schon rein medizinisch ein Unglück:

Sie lassen uns nachgewiesenermaßen rascher altern; sie bringen uns um das größte und billigste Vergnügen der Welt; und sie nehmen uns die natürlichste Möglichkeit mystischen Empfindens.

Ich bin in dieser Hinsicht nur zu einem einzigen Kompromiss mit der Kirche bereit: Sofern eine Religion die physische Vereinigung zweier Menschen als gleichzeitige Vereinigung mit Gott bezeichnet, hat sie zumindest die Größe des Augenblicks begriffen.

Dazu müsste die christliche Kirche Augustinus oder Thomas von Aquin nicht nur vergessen bzw. verlegen übergehen, sondern sich von ihnen distanzieren: Den Geschlechtsakt als „unrein" zu diffamieren und ihn der Weitergabe der „Erbsünde" zu bezichtigen, ist für mich eine „Todsünde" und war der Urgrund der Hexenverbrennungen: die zum religiösen Wahn gesteigerte Angst des Mannes vor der Sexualität der Frau. Diese ist leider ein Markenzeichen aller von Männern dominierten Religionen und für mich – darin bin auch ich, wenn auch aus der umgekehrten Richtung kommend, bei Sigmund Freud – ein wesentlicher Grund für Verbrennungen und Weltenbrände.

Denn Angst ist der häufigste Ausgangspunkt von Aggression, man könnte die beiden fast siamesische Zwillinge nennen. Wie nahe die Angst vor der Sexualität und die Bereitschaft zu töten beisammen liegen können, konnte man, wie in einem Lehrbuch, an der Figur des 9/11-Attentäters Mohammed Atta studieren: ein muttergebundener, weicher Bub, von dem lange befürchtet wird, er würde nie ein Mann. Dann heiratet er zwar, aber in dem Brief, den er hinterlässt, um seinen Todesflug würdig abzuschließen, verfügt er, dass keine Frau auch nur seinen Leichnam berühren darf.

Es gibt keine seriösen diesbezüglichen Untersuchungen (schon weil man Leichen schwer psychologisch untersuchen kann), aber ich bin überzeugt: Es gibt keinen Selbstmordattentäter (und überhaupt keinen Selbstmörder) mit einem glücklichen, erfüllten Sexualleben.

Ihre Sexualfeindlichkeit ist die größte Sünde der ernst genommenen christlichen wie der ernst genommenen muslimischen Religion: Sie muss Aggression erzeugen. Denn Aggression – an den anderen herangehen – ist die Basis der Sexualität, und wenn sie nicht Erfüllung im Geschlechtsakt findet, dann sucht sie sie anderswo.

Der Satz: „*Make love, not war*" ist richtig.

Oder auch nicht: Die buddhistischen Mönche in Tibet sind nicht gerade für ihr reiches Sexualleben bekannt und zeichnen sich durch besondere Aggressionsarmut aus, wendete Karl Popper sofort gegen meine so apodiktisch vorgetragene These ein.

Ich bin also gezwungen, sie zu modifizieren: Ein langes, von religiöser Überzeugung getragenes Klosterleben lässt den Sexualtrieb zweifellos durch Nichtgebrauch einfach verkümmern: Er wird nicht mit Gewalt unterdrückt, um dann doppelt aggressiv hervorzubrechen, sondern er trocknet im wahrsten Sinne des Wortes aus. Es bleibt unter diesen Voraussetzungen weder genügend Aggression zum Zweck des Sexualaktes noch genügend Aggression zum Zweck von Gewaltakten übrig. (Diejenigen der tibetischen Mönche, die diesen Austrocknungsprozess nicht goutieren, sind von vornherein Mönche auf Zeit: Sie haben also vor und nach ihrem Klosterleben ein Sexualleben.)

Aber das reicht zur Erklärung des Widerspruches noch nicht aus.

Ich versuche es also von der anderen Seite: Wenn es zutrifft, dass die Menschen einen gewissen, nicht zu leugnenden Bedarf an mystischem Erleben haben, dann befriedigt der Buddhismus diesen Bedarf in einem besonders hohen Maße: Es ist ja sein vorrangiges Ziel, durch Meditation das Aufgehen im Nirvana zu erreichen.

Sozusagen ständiges Berggipfel-Gefühl anstelle häufiger Orgasmen.

Ich glaube, dass das funktioniert und dass es die Friedfertigkeit von Nonnen, Mönchen und Einsiedlern einigermaßen zu erklären vermag. Ich glaube allerdings nicht, dass sich die Mehrheit der Menschen zu Mönchen und Nonnen eignet. Im Schnitt müssen diejenigen, die arbeiten (und ohne deren Arbeit letztlich auch die Mönche und Nonnen nicht leben könnten) ein gewisses Maß an nutzbarer „freier" Aggression zur Verfügung haben: An jeden Eber, den man jagt, an jeden Baum, den man fällt, an jedes Haus, das man baut, muss man „herangehen".

Vor allem Männer sind bis heute „Jäger" (und die Frauen zunehmend Amazonen). Sie brauchen also einen gewissen Testosteronspiegel. Und damit bin ich wieder bei meiner alten These: Wenn sie diesen Antrieb weder benutzen, um einen Eber zu erlegen, noch um eine Frau zu befriedigen, dann erlegen sie womöglich ihren Nachbarn. Vorsichtiger und (für den Fall, dass es gedruckt werden sollte) auch angemessener formuliert: Ich teile Freuds altmodische Ansicht, dass sexuelle Energie die wichtigste Energie des Menschen ist. Ich glaube, dass es am adäquatesten ist, sie zum primärsten ihrer Zwecke zu nutzen: zum Beischlaf. Nicht nur, weil das die Art erhält, sondern weil es gleichzeitig ideal geeignet ist, unseren Bedarf an mystischem Erleben zu stillen.

Auch auf der Jagd nach beruflichem Erfolg, nach Wohlstand oder einem runden Lederball lässt sich zweifellos eine Menge sexueller Energie sozialverträglich nutzen und einen kleinen Orgasmus gibt auch ein gelungenes Bild, Gedicht oder Musikstück her.

Auch Freuds „Sublimieren" sexueller Energie hat sicher seine Meriten.

Aber unsublimiert ist es für die Beteiligten nach wie vor am schönsten: Der gleichzeitige, gemeinsame Orgasmus ist das größte Erlebnis, das es für Menschen gibt.

Von dieser Wert-Rangliste ausgehend halte ich es für gefährlich, eine Gesellschaft zu schaffen, in der allen voran die Männer, aber sehr wohl auch die Frauen daran gehindert werden, ihren hohen Testosteronspiegel sozialverträglich abzubauen,

- indem eine sexualfeindliche Religion dem Geschlechtsakt einen Großteil seiner Vergnüglichkeit raubt (im Extremfall: Indem er sich für die Frau durch Genitalbeschneidung mit Pein anstatt mit Lust verbindet und ihr damit die Möglichkeit nimmt, dem Mann größtmögliche Lust zu schenken);
- indem eine ungeeignete Wirtschafts- und Sozialordnung die Menschen daran hindert, sexuelle Energie in der Jagd nach Erfolg und Wohlstand zu verbrauchen; und
- indem womöglich sogar noch die Sublimierung in Kunst und Wissenschaft Beschränkungen unterliegt.

Eine solche Gesellschaft wird dazu neigen, die durch das Testosteron aktivierte sexuelle Energie in Form von Aggression gegen andere Gesellschaften loszuwerden. Womit ich einmal mehr bei meinem Dogma gelandet bin: Sexualfeindlichkeit befördert Krieg.

Ich habe mir immer Söhne und Töchter gewünscht, die viel von Orgasmen und wenig von Krieg halten – und zumindest diesbezüglich war ich zu hundert Prozent erfolgreich.

19. Wissen als Todsünde

Neben ihrer Ablehnung der Sexualität ist die Ablehnung der Wissenschaft die größte Gemeinsamkeit von Christentum und Islam.

Als wir kürzlich einen Familienausflug nach Fez in Marokko gemacht haben, haben mich zwei Gebäude ungemein beeindruckt. Das erste war eine wunderschöne Universität, von der uns unser Führer stolzgeschwellt erzählt hat, dass hier im Jahr 800 die Null für die Mathematik entdeckt worden sei. Das stimmte zwar nicht ganz – sie wurde in Indien entdeckt –, aber die Araber haben sie tatsächlich schon damals, lange vor den Europäern, für die Mathematik nutzbar gemacht. In Europa hielt die Kirche die Null, als sie durch Arabien-Reisende davon erfuhr, für ein Teufelswerk und hat ihre Verwendung damit um Jahrhunderte hinausgezögert. Obwohl Mathematik nicht meine und auch nicht Erics Stärke gewesen ist, hat er sich rasch mit mir einigen können, dass es sich um eine epochale Neuerung gehandelt hat.

Das zweite Bauwerk, das mich zutiefst beeindruckt hat, war ein Spital für psychisch Kranke. Man hat dort im Mittelalter Geisteskranke mit Musik therapiert, während sie in Europa in Narrentürme gesperrt worden sind. Auch das hat unser Führer, ein reizender älterer Marokkaner, der ein herrliches Französisch gesprochen hat, mit entsprechendem Stolz vermerkt.

Dann haben wir uns gemeinsam die „Industrie" von Fez angesehen: Keramikfabriken, in denen halb nackte Männer, im Türkensitz am Lehmboden kauernd, Ton, Silber oder Leder so wie vor Hunderten Jahren und fast so schön wie damals bearbeitet haben. Auf nahen Märkten konnte man das Zeug sehr teuer kaufen und ein wenig wird es auch exportiert – das Einkommen, das die Arbeiter daraus beziehen, ist minimal.

Wohl gibt es in anderen marokkanischen Städten auch eine halbwegs moderne Industrie, aber sie wurde von Ausländern, meist von Franzosen, aufgebaut und steht auch vielfach in ihrem Eigentum. Im Verhältnis zur Größe des Landes ist sie lächerlich klein. Vor allem aber ist sie lächerlich klein im Verhältnis zur wissenschaftlichen Tradition dieses Raumes: Man hat die Null für die Mathematik erfunden – aber dann 1200 Jahre lang nichts mehr.

Wenn man die Wut begreifen will, die die Intellektuellen dieses Raumes, von Syrien bis Ägypten, von Marokko bis Tunesien, gelegentlich der Vorherrschaft des „Westens" entgegenbringen, muss man sich immer nur diese Relation vor Augen halten: Aus diesem Raum stammen Mathematik und Astronomie als Ausgangspunkt der gesamten Naturwissenschaft – und heute erwirtschaften die Menschen dort (wenn sie nicht zufällig auf einem Ölteich sitzen) Bruchteile dessen, was Österreicher oder Deutsche erwirtschaften, die zum Zeitpunkt der Entdeckung der Null auf den Bäumen saßen.

Es ist nicht nur die wirtschaftliche Armut, die Männer wie unseren Führer bedrückt, es ist der aus ihr abzulesende Rückstand, der als demütigend empfunden wird. Dabei ist Marokko innerhalb der arabischen muslimischen Länder ein vergleichsweise fortschrittliches, vergleichsweise liberales Land.

Unser Führer hat uns dafür gemocht, dass uns die Erfindung der Null und der Musiktherapie begeistert hat, aber sein Bruder oder sein Sohn könnten uns genauso gut dafür hassen, dass wir in einem Cabriolet angereist sind, in einem zum Hotel umgebauten ehemaligen Palast wohnten und uns erkundigten, zu welchem Preis man einen solchen Palast vielleicht kaufen könnte. Es gibt mittlerweile eine ganze Reihe von Spaniern, die sich in Fez eingekauft haben und die Realitätenpreise dort in die Höhe treiben.

Man ist wer, wenn man aus Spanien nach Marokko kommt.

Dabei haben erst die Mauren, die im achten Jahrhundert aus Marokko nach Andalusien gekommen sind, den Rückstand Spaniens gegenüber dem Nahen Osten beendet. Sie haben Mathematik und Astronomie, Baukunst und Bewässerungsanlagen dorthin mitgebracht und sogar Toleranz verbreitet: Christen und Juden konnten unter maurischer Herrschaft leben, Mauren unter christlicher Herrschaft nicht mehr. Isabella die Katholische hat sie gemeinsam mit Ketzern und Hexen ausgerottet.

Heute ist der wirtschaftliche Abstand zwischen den beiden nur durch zwölf Kilometer Mittelmeer getrennten Ländern so groß, dass er in fünfzig Jahren nicht zu überwinden sein wird. Dabei ist Marokko eines der reformfreudigsten arabischen Länder.

Wenn man sich vor Augen hält, dass Syrien und der Irak noch vor Marokko, dass Damaskus noch vor Fez die kulturellen, wissenschaftlichen Zentren dieses Raumes waren, dann kann man ahnen, wie demütigend erst ein Syrer diesen Abstand empfinden muss.

Irgendwann wird die intellektuelle Elite dieser Länder den Ärger über diese Demütigung aufgeben und die Ursachen des Abstands erforschen müssen: das Festhalten an einem unbeweglichen, sich zunehmend versteifenden statt langsam lösenden Islam. Es nutzt nichts, die Null erfunden zu haben, wenn die überwältigende Mehrzahl der Schulen in der Folge die Suren des Korans anstelle von Mathematik, Biologie oder Physik unterrichtet haben.

Der wirtschaftliche Rückstand der Völker des arabischen Raumes (aber etwa auch Pakistans oder Indonesiens) ist die Folge ihres Rückstands in den Wissenschaften und ihr Rückstand in den Wissenschaften ist die Folge gelebter Wüstenreligion: Sie lehrt präzise zwischen Gläubigen und Ungläubigen, zwischen reinen und unreinen, erlaubten oder verbotenen Handlungen zu unterscheiden – nicht aber zwischen Masse und Energie, Gravitation und Elektromagnetismus, Teilchen und Wellen oder Säuren und Laugen.

Das ist keine zufällige Begleiterscheinung der Religionen, sondern es gehört zu ihrem Wesen: Sie verbieten das Fragen. Denn indem der Mensch fragt und infrage stellt, könnte er entdecken, dass er nicht von Gott aus Lehm geformt, sondern durch die Evolution geformt worden ist, dass er das Universum nicht Gottes Schöpfungsakt, sondern dem Urknall verdankt und dass nicht er Gottes Ebenbild, sondern Gott sein Ebenbild ist, das von seinen Vorfahren in den Himmel projiziert wurde.

Religion kann keine Fragen zulassen, denn sie lebt davon, alle großen Fragen für grundsätzlich unlösbar zu erklären und zu behaupten, dass „Gott" als Antwort restlos genüge. Darin sind Christentum, Judentum und Islam vollkommen einig: Eva ist des Teufels, als sie Adam eine Frucht vom „Baum der Erkenntnis" essen lassen will.

Augustinus formulierte es für die Christen in der Folge am klarsten: „Es gibt noch eine weitere Art der Versuchung, die noch stärker mit Gefahren verbunden ist. Es ist die Krankheit der Neugier. Sie treibt uns dazu, dass wir die Geheimnisse der Natur aufdecken wollen, jene Geheimnisse, die außerhalb unseres Verständnisses liegen, die uns nichts nützen und die zu kennen wir uns nicht wünschen sollten."

Der ganze Fortschritt des Abendlandes beruht darauf, dass revolutionäre, bewusst oder unterbewusst atheistische Geister sich nicht an diese Maxime gehalten, sondern sich dem Teufel ihrer Neugierde verschrieben haben. Wobei durchaus auch Mönche wie Gregor Mendel oder sogar Religionsgelehrte wie Isaac

Newton unter diesen Neugierigen gewesen sind und man der Kirche zugutehalten muss, dass die Fähigkeit, Wissen zu erlangen, die längste Zeit vor allem durch Klöster verbreitet wurde: Die Neugier hat, dem Teufel sei Dank, auch vor Klostermauern nicht haltgemacht.

Es war ein Kampf auf Leben und Tod, der da zwischen der zunehmenden Neugier der Menschen und dem wankenden Verbot der Kirche, Fragen zu stellen, ausgetragen wurde, und insofern ist verständlich, dass die Päpste sich mit aller Kraft gegen die vordringenden Wissenschaften zu wehren versuchten. Sie mussten Galilei den Prozess machen und Darwin beschimpfen, denn gemeinsam bereiteten diese das Ende des Schöpfungsmythos vor.

Im Zuge der Aufklärung hat die Kirche diesen Kampf endgültig verloren: Egal ob sich die Menschen weiterhin Katholiken oder Protestanten nannten, ob sie sich taufen ließen, Kirchen besuchten oder die Letzte Ölung empfingen – das Verbot, vom Baum der Erkenntnis zu essen, war endgültig gefallen. Es war die Wissenschaft, nicht mehr die Religion, die die Gesellschaft formte und ihre Entwicklung vorantrieb: Die Industrialisierung hatte zur Voraussetzung, dass man Maschinen konstruierte, und jede Konstruktion hatte zur Voraussetzung, dass man die Naturgesetze kannte, statt diese Kenntnis mit Augustinus für überflüssig und gefährlich zu halten.

Allerdings hat die Religion auf dem Umweg über ein Missverständnis den zweiten wesentlichen Beitrag zur Industrialisierung geleistet: Der Schweizer Prediger Calvin hat den Menschen ganz gegen seine Intention versehentlich beigebracht, Wissen in Wohlstand, ja Reichtum, zu verwandeln und damit laut Max Weber die emotionale Basis für den Kapitalismus geschaffen.

Dabei schätzte Calvin keineswegs den Reichtum an sich, sondern nur dessen wohltätigen Ausfluss. Um es ungenauer, aber kürzer als Max Weber zu fassen: Calvin lehrte, dass die Menschen in keiner Weise beeinflussen können, was Gott in seiner Weisheit für jeden von ihnen vorherbestimmt hat – ob er nämlich in den Himmel oder aber in die Hölle kommt.

Seine Anhänger glaubten ihm dieses Vorherbestimmung, wollten aber zu ihren Lebzeiten wenigstens einen vagen Hinweis erhalten, wie weit sie nun zu den Auserwählten oder den Verdammten zählten. Den gab ihnen Calvin widerstrebend, indem er erklärte: Dass einer zu den Auserwählten gehöre, könne man am ehesten daran erkennen, dass er gottgefällig lebe, strebsam, sparsam und wohltätig sei.

Ein guter Schweizer eben.

Was die Schweizer, die Holländer, die Amerikaner oder gar die Deutschen daraus gemacht haben – den Kapitalismus von heute nämlich –, sähe der Protestant Calvin als pure Entartung: Möglichst viel Geld zu machen, möglichst viel

Geld zu besitzen und möglichst viel Geld auszugeben, hätte er, nicht anders als die katholischen Päpste, als übelsten Materialismus verdammt.

Aber die Büchse der Pandora war geöffnet: Statt mit Inbrunst danach zu streben, nach einem asketischen Leben ins Himmelreich aufzusteigen, strebten die Menschen danach, auf Erden möglichst reich zu werden, und dieses Streben verband sich ideal mit den aufgeklärten Wissenschaften, die die entsprechenden technischen Voraussetzungen zu liefern vermochten.

Beides verstieß diametral gegen die Intention der katholischen wie der protestantischen Religion, aber der Siegeszug des Teufels war nicht aufzuhalten.

Ich meine das nur zum Teil sarkastisch: Eigentlich hätte ich es erfreulicher gefunden, wenn mehr von Calvins karitativen Ambitionen im Kapitalismus erhalten geblieben wären. Die Wohltätigkeit, die Jesus als einen Teil der Nächstenliebe gepredigt hat, zählt entschieden zu den sympathischen Forderungen der christlichen Religion.

Der Islam hat sich wesentlich erfolgreicher gegen den Teufel gewehrt. Vielleicht liegt das daran, dass Mohammed das alttestamentarische Gedankengut weit weniger relativiert hat als Jesus mit dem Neuen Testament. Vielleicht liegt es an dem Umstand, dass die Suren des Korans Wort für Wort dem Diktat Allahs zugeschrieben werden, sodass an ihnen noch schwerer als an den Aussagen der Bibel zu rütteln ist. Möglicherweise liegt es daran, dass Allah, anders als der christliche Gott, am Ende der Gotik keine Renaissance der griechischen Götterwelt erleben musste, die ihn in seiner Einzigartigkeit und Allmacht schwächte. (Immerhin wagten Maler, die bis dahin nur Madonnen gemalt hatten, plötzliche nackte Göttinnen zu malen, und Leonardo da Vinci schändete Leichen, indem er anatomische Studien an ihnen betrieb, und forderte den Himmel heraus, indem er ihn mit einem Flugapparat erobern wollte.) Ganz sicher liegt es daran, dass Allahs Allmacht von der Aufklärung verschont blieb, die aus der Renaissance gewachsen ist.

In jüngster Zeit stand einer Modernisierung des Islam ein in seiner Art einzigartiges Phänomen entgegen: In den einflussreichsten islamischen Ländern – jenen, die über Ölseen liegen – unterlag er nicht zunehmender Aufklärung, sondern trieb die schlimmsten fundamentalistischen Blüten. Setzte die Industrialisierung, die den Wohlstand des Abendlandes geschaffen hat, eine Stärkung der Wissenschaften, der Bildung und der Freiheit voraus, so schafft Öl, das aus dem Boden sprudelt, unendlichen Reichtum, ohne dass sich die Gesellschaft, der dieser zugutekommt, verändern müsste. Sie kann, wenn man von einer kleinen Führungselite absieht, die gebraucht wird, um die Verträge mit ausländischen Ölgesellschaften abzuschließen, weiterhin ungebildet und undemokratisch, verkrustet und rückständig sein.

Um eine stabile Diktatur aufrecht- und das Volk ruhig zu halten, eignet sich nichts besser als ein festes Bündnis zwischen Herrscherhaus und Islam. In Saudi-Arabien, das mit seinem Ölreichtum die gesamte Region sanieren könnte, wurde es zwischen dem König und der Geistlichkeit in der Form geschlossen, dass Ersterer Zweiterer das Volk mit Haut und Haaren überlassen hat. Während die Söhne des Herrscherhauses an englische oder amerikanische Universitäten gingen, wurde die saudi-arabische Jugend die längste Zeit an Koran-Schulen unterrichtet. Das Steinigen, Hand-Abhacken und Köpfen wegen Untreue, Trunksucht oder Diebstahl gemäß den Vorschriften der Scharia wurde mit Eifer geübt, führte es dem Volk doch gleichzeitig vor Augen, was mit jemandem geschähe, der sich gegen die Herrschaft auflehnte.

Auf der Basis seines Ölreichtums konnte sich das saudi-arabische Herrscherhaus den aggressivsten, fundamentalistischsten, rückständigsten Islam weit und breit leisten und ihn auch noch bis nach Afghanistan oder Pakistan exportieren. Auf diese Weise war es seine revolutionärsten Exponenten los: Sie kämpften anderswo für den Sturz der herrschenden Regime – das saudische Herrscherhaus blieb verschont und konnte seine Stellung als Schutzmacht eines Koran-getreuen Islam ausbauen.

Auch dieses Sonderphänomen hat dazu beigetragen, den Islam, anders als das Christentum, bis hinein ins dritte Jahrtausend so zu erhalten, wie Mohamed ihn im Jahr 700 nach Christus begründet hat: eine kraftvolle, kämpferische, kompromisslose, alle Bereiche des Lebens umfassende und durchdringende Religion.

Deshalb ist Fez noch immer das Fez des siebten Jahrhunderts.

Deshalb hatte Kemal Atatürk, als er die Türkei zu einem neuzeitlichen, wirtschaftlich erfolgreichen Staatswesen machen wollte, keine andere Chance, als den Islam radikal zurückzudrängen.

Karl Popper wendete sogleich ein, dass es die islamische Partei der Türkei, die AKP, ist, die derzeit für Reformen im Sinne der Aufklärung sorgt: für Demokratisierung, für eine Liberalisierung der Wirtschaft, für ein Strafgesetz, das den Ehrenmord nicht mehr zulässt.

Das liegt daran, dass die Türkei durch Jahrhunderte eine europäische Großmacht war, an der die europäische Entwicklung, von der Renaissance über die Aufklärung bis zur Französischen Revolution, von der Leibeigenschaft über den Feudalismus bis zum Kapitalismus, nicht spurlos vorübergegangen ist. Und dass der Islam, dem die AKP anhängt, die Reformen Atatürks hinter sich hat. Der Islam der Türkei ist ein geläuterter und geschwächter.

Deshalb kann man nicht nur, sondern soll man mit ihm leben.

Ich habe über diese Frage ein paar Mal mit Eric diskutiert und wie mein Freund und Kollege Christian Ortner, dessen Meinung mir in solchen Fragen besonders wichtig ist, steht er einer Aufnahme der Türkei in die EU eher reserviert gegenüber: Was tun mit anatolischen Bauernfamilien, die noch immer glauben, dass die Töchter von den Vätern verheiratet werden sollen und dass man sie töten muss, wenn sie sich zu einem Urlaubsflirt mit einem Deutschen hergegeben haben?

Auch ich sehe diese Probleme natürlich: Ehe sie in die EU aufgenommen werden kann, muss das Verhältnis der Türkei zu den Kurden natürlich ebenso geklärt sein wie ihr Verhältnis zu Zypern, und beides birgt noch jede Menge Stolpersteine. Was hingegen die anatolischen Bauernfamilien betrifft, so bin ich wesentlich optimistischer. Anatolien ist trotz seiner Rückständigkeit gegenüber der „westlichen" europäischen Türkei eine durchaus geordnete Region mit einer ebenso freundlichen wie fleißigen Bevölkerung. Interessanterweise gibt es ausgerechnet dort sogar Gemeinden, die einer dem Calvinismus ähnlichen religiösen Vorstellung anhängen und auch wirtschaftlich ähnlich produktiv sind.

Die asiatische Türkei ist nicht das „wilde Kurdistan", der türkische Islam ist nicht der Islam der Taliban. Die zunehmende Annäherung an die EU wird diese Region daher weit rascher verändern, als man glaubt: Ich setze auf die verändernde Kraft einer rapide wachsenden Wirtschaft.

Allen voran ist es die Tourismusindustrie, die die überkommenen Strukturen aufbricht: Es arbeitet eben ein immer größerer Anteil der Bevölkerung in dieser Industrie, und auch wenn die ausländischen Paare, die halb nackt am Strand liegen und einander öffentlich küssen, anfangs noch Empörung hervorgerufen haben, wecken sie doch auch leisen Neid und den Wunsch, es ihnen gleichzutun. Auch in Tirol hat ein Paar noch vor vierzig Jahren kein Hotelzimmer bekommen, wenn es nicht verheiratet war, heute haben Ischgl oder Kitzbühel die Sitten auch im „Herrgottswinkel" total verändert.

Dazu kommt eine blühende Bauindustrie, die immer mehr Arbeitskräfte braucht, die sie aus einer rückständigen Landwirtschaft abzieht.

Die türkische Wirtschaft wächst mit gelegentlich zweistelligen Raten und braucht eine immer besser ausgebildete Bevölkerung. Es sind nicht Koran-Schulen, in denen die jungen Türken ausgebildet werden, sondern moderne „westliche" Schulen, nicht anders als in Niederösterreich oder in Westfalen.

Letztlich braucht eine solche wachsende Wirtschaft immer auch Frauen, wenn sie nicht hinter die anderen Wirtschaften des gleichen Wirtschaftsraumes zurückfallen will, und das bedingt Frauenemanzipation, egal, ob zum Herrgott oder zu Allah gebetet wird. Natürlich stimmt es, dass die Gleichberechtigung der

Frau oder das Verbot des Ehrenmordes vorerst bloß papierene Gesetzesbestimmungen sind, die in der Realität ganz anders gehandhabt werden. Aber auch die Charta 77 war im Ostblock vorerst Papier. Doch mit der Zeit hat das Wissen um die veränderten Bestimmungen sehr wohl die Realität verändert.

So wird es auch in der Türkei sein: Es wird weiterhin Polizeidienststellen geben, die Ehrenmorde einfach nicht verfolgen. Aber dann wird es Zeitungsberichte geben, die diesen Umstand anprangern; es wird Juristinnen geben, die Anklagen gegen diese Polizisten einfordern werden; und irgendwann wird ein solcher Polizist von einem Gericht für sein Verhalten verurteilt werden. So wie irgendwann ein Vater dafür verurteilt werden wird, dass er seine Tochter zwangsverheiratet hat, weil diese Tochter bei einer Juristin Rat und Hilfe gesucht hat.

Die wirtschaftliche Verflechtung mit der EU wird die gesellschaftliche Annäherung zwangsläufig nach sich ziehen.

Ich glaube in dieser Hinsicht an die Thesen Marx': Die wirtschaftlichen Verhältnisse werden das gesellschaftliche Bewusstsein formen.

20. Die Wirtschaft als Motor

Wichtiger als alle Politiker sind die Kaufleute: Es sind die Handelswege, auf denen der Fortschritt sich verbreitet. Von der Türkei über die EU bis zur Globalisierung.

Nachdem er kurz hintereinander zuerst in Indien und dann in China gewesen war, meinte mein Kollege Christian Ortner, er geniere sich zwar für das, was er jetzt sage, aber ich würde ihn hoffentlich gut genug kennen, um nicht an seiner demokratischen Gesinnung zu zweifeln: Er sei nicht ganz sicher, ob er es nicht vorzöge, im autoritär geführten China statt im demokratisch verkommenen Indien zu leben. So sehr habe ihn die Armut in Indien bedrückt und der Aufschwung in China beeindruckt.

Mein Sohn Eric reagierte nach einem Studienaufenthalt in Peking ähnlich: Natürlich seien die Menschen nicht frei in unserem demokratischen Sinn, aber sie wirkten durchwegs zufrieden. Man könne den Aufschwung geradezu physisch spüren. Auch wenn China unzweifelhaft eine Diktatur sei, sei er überzeugt, dass die Entwicklung sukzessive in Richtung Freiheit führe.

Ich bin das auch, obwohl ich mir mindestens so sehr eine abrupte Wende vorstellen kann: Es ist auch denkbar, dass die Diktatur in China, wie seinerzeit die Diktatur in der Sowjetunion, innerhalb weniger Tage in sich zusammenbricht, weil die Söhne der Spitzenfunktionäre und der Generäle ihrer überdrüssig sind. Denn die relative Akzeptanz des Regimes durch die Bevölkerung beruht ausschließlich auf dessen wirtschaftlichem Erfolg. Wenn der aufgrund der Weltwirtschaftskrise in sich zusammenbricht, erlebt die politische Führung eine Belastungsprobe ohnegleichen: Einen noch so bescheidenen Wohlstand wieder zu verlieren, würde von der Bevölkerung vermutlich schwerer ertragen, als ihn gar nicht erst zu erringen. Wenn es in Peking zu Unruhen käme, bei denen nicht bloß ein paar Studenten, sondern Arbeitermassen auf die Straßen strömten, wäre ich nicht so sicher, dass das Militär wirklich auf sie schießt. Und nicht zu schießen, hat noch kein autoritäres Regime überlebt – weder das des Schah in Teheran noch das der KP in Moskau.

Doch gerade weil ich dieses Szenario für gar nicht so unwahrscheinlich halte, bete ich im Interesse der Chinesen (und im eigenen Interesse), dass es nicht eintritt, denn es führte nach menschlichem Ermessen nicht zu demokratischen, sondern zu chaotischen Verhältnissen.

Viel eher – und das ist das Paradoxe – werden weiterhin geordnete Verhältnisse und fortgesetztes Wirtschaftswachstum Chinas Diktatur absterben lassen: Sofern der ökonomische Erfolg anhält, wird er dem autoritären Regime langsam, aber sicher die Basis entziehen. Denn dass es privates Eigentum gibt und riesige Konzerne private Namen tragen, verändert die Verteilung der Macht. Sie liegt schon jetzt nicht mehr ausschließlich bei den Funktionären der Kommunistischen Partei, sondern auch bei einer wachsenden Schicht erfolgreicher Kaufleute, die sich nur nebenher auch „Kommunisten" nennen. Früher oder später wird diese Schicht politische Rechte einfordern und sie auch bekommen.

Es gibt für diese Entwicklung ein Paradebeispiel: Südkorea. Auch dort gab es ursprünglich nur eine wirtschaftlich sehr erfolgreiche Diktatur. Dann hat es eine immer größere, immer mächtigere Schicht von Unternehmern, Bankiers und Financiers gegeben, die irgendwann – wenn auch unter zusätzlichem Druck von außen – eine Art Powersharing durchgesetzt haben. Bis aus den Scheinwahlen, die es in Südkorea, wie in den meisten Diktaturen, gegeben hat, echte Wahlen geworden sind.

Auf Kaufleute ist Verlass: Wer freien Handel will, setzt Freiheit durch.

Wenn Eric sein Schlüsselerlebnis in Bezug auf die positive Macht der Wirtschaft in Peking hatte, dann hatte ich meines in Florenz. Es gibt keine andere Stadt so voller vollendeter Kunstwerke; vor allem aber: Diese Kunstwerke wurden nicht unter entsetzlichen Entbehrungen der Bevölkerung und in ständiger Furcht vor einem zürnenden Gott geschaffen, wie in der Romanik oder der Gotik, sondern die Bürger von Florenz waren vergleichsweise satt, lebten, an ihrer Zeit gemessen, in fast schon demokratischer Freiheit und litten weniger als die Bevölkerung anderer Stadtstaaten unter Kriegen.

Denn Florenz wurde von Kaufleuten regiert.

Da es das wichtigste Anliegen jedes Kaufmanns ist, Waren mit Gewinn zu verkaufen, muss er ein natürliches Interesse an Wohlstand, Frieden und Freiheit haben:

- daran, dass die Handelswege frei sind, damit diese Waren überall hin transportiert werden können;
- daran, dass möglichst viele Leute vermögend genug sind, Waren zu kaufen; und schließlich
- daran, dass weder die Produktionsstätten, noch die Handelswege, noch die Vermögen durch Kriege vernichtet werden.

Deshalb haben die Florentiner die größten Werkstätten und Handelshäuser ihrer Zeit gegründet; deshalb haben sie die Piraten bekämpft, die ihren Handelsschiffen aufgelauert haben; deshalb haben sie Kriege, wenn irgend möglich, vermieden.

Kaufleute waren und sind die wichtigsten Träger gesellschaftlichen Fortschritts und die energischsten, erfolgreichsten Gegner von Unrecht und Krieg.

Zur traditionellen Linken wird diese These vermutlich sofort auf Einwände stoßen: Schließlich haben schon die Fugger, die man am ehesten als Neuauflage der Florentiner Handelshäuser sehen könnte, einander in ihren Briefen auch über Kriege und die daraus erwachsenden Chancen für gute Geschäfte informiert – aber nicht, weil sie den Krieg wollten, sondern weil sie an dem Mangel profitierten, den er schuf. Wirklich interessiert am Krieg waren immer nur die Waffenhändler und wirklich befördert haben den Krieg nur Industrielle vom Zuschnitt der Krupps. Wobei ihre Neigung, Hitler zu unterstützen, belegt, dass intelligentes kaufmännisches Denken politische Dummheit nicht ausschließt.

Und schon gar vor einer Geisteskrankheit, wie der Nationalsozialismus es letztlich war, sind auch Kaufleute nicht gefeit.

Wie weit auch geistig relativ gesunde Waffenhändler den Krieg befördern, ist eine spannende Frage, zu der ich ein amüsantes Erlebnis erzählen möchte: Ich habe einmal versucht, Geld für eine Tageszeitung aufzutreiben, die ich zusammen mit dem damals bekanntesten Journalisten Österreichs, Hugo Portisch, gründen wollte. Jemand hat mir die Adresse eines Münchner Rechtsanwalts genannt, der als Financier für die verschiedensten Projekte auftrete. Der hat sich grundsätzlich interessiert gezeigt und mir als Termin eine Fahrt nach Liechtenstein vorgeschlagen, denn er hätte dort zu tun und während der Autofahrt könnten wir in Ruhe sprechen.

Es wurde die seltsamste Autofahrt meines Lebens. Der Mann, der mich neben sich in einem riesigen schwarzen Mercedes Platz nehmen ließ, war ein schwarzhaariger Hüne, der seine Augen, trotz des trüben Wetters, bis zuletzt hinter einer schwarzen Brille verbarg. Er hatte eine überaus attraktive, sehr viel jüngere Frau bei sich, die sicher nicht seine „Gattin" war und die er wie seinen Hund behandelte: Sitz! Platz! Brav! Mit einem tiefen Schmiss in der Wange sah er aus wie das billige Hollywood-Klischee eines deutschen SS-Mannes – nur dass er, wie er mir freimütig erzählte, wirklich einer gewesen war.

Jetzt vertrat er eine der größten Waffenhandelsfirmen der Welt und sah es als seine späte Berufung an, einen, wie er meinte, intelligenten jungen Mann wie mich darüber aufzuklären, wie diese Welt in Wahrheit funktioniere.

Man habe, so erklärte er mir, als Kaufmann die grundsätzliche Entscheidung zwischen zwei Wegen: Entweder man produziere so etwas wie Konservendosen – dann verdiene man 3 Prozent, aber die sicher. Oder aber man ginge ins Geschäft mit Waffen: Das sei riskant, aber es bringe 30 Prozent.

Und dann der erste Lehrsatz: „Ihr Zeitungsgeschäft, Herr Lingens, kombiniert das Risiko des Waffengeschäfts mit der Gewinnspanne von Konservendosen."

Er irrte: Das Zeitungsgeschäft ist eines der lukrativsten weit und breit, aber ich wollte seinen Redefluss nicht unterbrechen.

„Wissen Sie, wie ein wirklich gutes Geschäft aussieht?", stellt er nur eine kurze rhetorische Zwischenfrage, um sie mit einem Deal zu beantworten, den seine Firma angeblich im Nahen Osten abgewickelt hatte: Offiziell habe man als US-dominierte Firma selbstverständlich die israelische Armee mit den modernsten Waffen ausgerüstet, aber natürlich habe man sich auch das Geschäft mit Israels Gegnern nicht ganz entgehen lassen wollen, also habe man unter der Hand auch Gewehre an Ägypten geliefert. Im Sechs-Tage-Krieg hätten die Israelis – „Hut ab, hätte ich diesen Juden gar nicht zugetraut" – die Ägypter dann bekanntlich vernichtend geschlagen. Die hätten ihre Gewehre in den Sand geworfen und seien nur mehr gelaufen. Die Israelis hätten die Gewehre eingesammelt, aber nicht wirklich etwas damit anfangen können, denn ihre Armee habe modernere besessen und für die ägyptischen hätten ihnen außerdem die Ersatzteile gefehlt. Also wären sie froh gewesen, die Gewehre als Schrott so rasch wie möglich wieder zu verkaufen. „Und was ist näher gelegen, als dass sie uns mit diesem Geschäft betraut haben? Wir haben das Zeug also als Schrott wieder gekauft. Und raten Sie, wo die Gewehre jetzt sind?" – Pause, um sich an meinem fragenden Blick zu erfreuen – „In Ägypten!"

Ob es ihn nicht doch ein wenig irritiere, wollte ich wissen, dass Ägypter und Israelis einander auf der Basis dieses Geschäftes weiterhin mit Erfolg umgebracht hätten?

Er habe diese Frage erwartet, meinte er, aber sie zeige, dass ich das Waffengeschäft nicht wirklich verstünde. „In Wahrheit sind nämlich auch wir für den Frieden."

Es folgten Ausführungen, die sich in ihrem Geist zwar völlig, in ihrem sachlichen Inhalt aber nur unwesentlich von denen der Florentiner Kaufleute unterscheiden: „Krieg", so dozierte der Waffenhändler, „ist nur kurzfristig gut fürs Geschäft, langfristig ist er schlecht. Denn die Leute hauen ihre Industrie zusammen und dann haben sie kein Geld mehr, um Waffen zu kaufen. Viel besser als Krieg ist ein angespannter Frieden: zwei Gegner, die sich bis an die Zähne bewaffnet gegenüberstehen und beide so stark sind, dass sie sich hüten, einander gegenseitig wirklich anzugreifen. Nur dass jeder immer Angst hat, der andere könnte die Überhand gewinnen, sodass sie beide ständig die neuesten Waffen kaufen. Denn Geld haben sie ja, weil ihre Wirtschaft intakt ist."

Ich fand das als Beschreibung des damals herrschenden „Kalten Krieges" zwischen den USA und der Sowjetunion recht treffend. Und dass Öl, das aus dem Boden sprudelt, es manchen Ländern erlaubt, auch dann weiter Waffen zu kaufen, wenn sie ständig Kriege verlieren, wusste man damals noch nicht so genau.

Ob denn aber, wollte ich wissen, nicht die Gefahr bestünde, dass die beiden bis an die Zähne bewaffneten Gegner dieses Spiel durchschauten und einvernehmlich abrüsteten?

„Doch, deshalb braucht es hin und wieder einen kleinen Krieg. Aber eben einen kleinen, keinen großen."

Ob er den Vietnamkrieg unter die kleinen Kriege zähle, wollte ich wissen.

„Anfangs schon", meinte mein Lehrer, „aber dann ist er außer Kontrolle geraten, und da haben wir eingegriffen."

Es folgte die seltsamste Version vom Ende des Vietnamkrieges, die ich je gehört habe, und ich glaube sie auch nicht – zumindest nicht im Kern –, aber in Nuancen, als zusätzlicher Beitrag zur Beendigung dieses Krieges, ist sie nicht völlig abwegig. Und jedenfalls höchst amüsant: Das Hauptgeschäft der Waffenindustrie, so erläuterte mir mein Lehrer, sei – siehe oben – die ständige Nachrüstung. Lange Zeit hindurch seien die USA reich genug gewesen, den Krieg in Vietnam und die Nachrüstung gleichzeitig zu finanzieren. Aber irgendwann habe Vietnam so viel Gerät und Munition verbraucht, dass die Kapazitäten der amerikanischen Rüstungsindustrie trotz hundertprozentiger Auslastung nicht mehr ausgereicht hätten, Krieg und Nachrüstung gleichzeitig zu bewältigen. Das sei ein ungemein kritischer Punkt gewesen: Die US-Rüstungsfirmen hätten in Kauf nehmen müssen, dass die USA auch in Europa einkaufen, was ein enormes Risiko bedeutet hätte. Denn das Pentagon hätte bemerken können, dass insbesondere manche europäischen Feuerleitsysteme weit besser als vergleichbare US-Systeme funktionieren, und hätten bei den neuen, auswärtigen Lieferanten hängen bleiben können. Das wäre ein GAU gewesen. Also wäre nur die zweite Möglichkeit offen geblieben: Die Kapazitäten auszuweiten. Das aber hätte sehr viel Geld gekostet und wäre nur rentabel gewesen, wenn der Krieg in Vietnam endlos fortgedauert hätte. Das wiederum sei politisch unrealistisch gewesen, denn die amerikanischen Verlustzahlen hätten sich derart gehäuft, dass abzusehen gewesen sei, dass die Bevölkerung nicht mehr lange mitmacht.

„Also sind wir zu dem Schluss gekommen, dass wir an diesem Krieg kein Interesse mehr haben und dass er ausklingen soll. Sie denken, die amerikanische Presse hat das mit ihren Berichten erreicht? Weil Sie keine Ahnung haben: Glauben Sie, wir haben keinen Einfluss auf das, was in den Zeitungen steht? Mit unserem Geld? Wir haben einfach durchblicken lassen, dass wir den Krieg jetzt anders sehen. Es waren unsere Leute in der Armee, die den Journalisten plötzlich gesteckt haben, dass sie zweifeln, ob er jemals zu gewinnen ist. Dass es Zeit ist, Frieden zu machen, bevor die amerikanische Wirtschaft an diesem Krieg verblutet. Wir waren die treibende Kraft hinter dem Frieden in Vietnam."

Ich halte das, wie gesagt, im Kern für Unsinn – Leute dieses Schlages lieben es, sich selbst als allmächtig darzustellen –, aber ich bin nicht absolut sicher, dass nicht ein Körnchen Wahrheit in dieser Geschichte steckt: Das Ende des Krieges ist der Rüstungsindustrie vielleicht tatsächlich nicht ungelegen gekommen. Und zumindest die Grunderkenntnis rationaler Waffenkaufleute deckt sich, aus rein kaufmännischen Gründen, tatsächlich mit der der Florentiner: Ein großer Krieg, der alles kaputt macht, ist schlecht fürs Geschäft.

Dieser ökonomische Zynismus ist zumindest besser als der pure Wahnsinn, der auf jede kaufmännische Überlegung verzichtet.

Der Mann im schwarzen Mercedes gab sich freilich mit seiner Rolle als Friedensengel noch nicht zufrieden und brachte ein weiteres Argument vor, wie es normalerweise nur eingeschworene „Kapitalismus"-Gegner vorbringen: „Im Übrigen können Sie doch gar nicht aufs Waffengeschäft verzichten – wer sonst schafft Vollbeschäftigung?"

Er wusste als Ex-SS-Mann, wovon er sprach: Der Ausbau der Rüstungsindustrie bescherte Deutschen und Österreichern jene Vollbeschäftigung, die sie Hitler blind ins Verderben folgen ließ.

Auch in den USA wurde die Arbeitslosigkeit der Weltwirtschaftskrise erst mit der Aufrüstung für den Zweiten Weltkrieg endgültig überwunden und bis heute beschäftigt der militärisch-industrielle Komplex dort jedenfalls so viele Leute, dass Arbeitslosigkeit entstünde, wenn er als Auftraggeber komplett ausfiele. Das ist in meinen Augen zumindest mitverantwortlich dafür, dass trotz der Wende nur begrenzt abgerüstet wurde.

Auch vor vierzig Jahren musste ich dem Mann im schwarzen Mercedes daher zugestehen, dass Rüstungsaufträge die Wirtschaft ankurbeln. Freilich nur in der Form, in der John Maynard Keynes das für alle gesteigerten Staatsausgaben vorhergesagt hat: Die staatlichen Großaufträge pumpen Geld ins Wirtschaftsleben und bringen den Wirtschaftsmotor auf Touren. Keynes' Anhänger behaupten bekanntlich – aber darüber wird heftig gestritten –, dass er in der Folge so kräftig läuft, dass das erhöhte Steueraufkommen das entstandene Budgetdefizit wieder abdeckt.

Ich glaube, dass das in gewissen Grenzen funktioniert; manche Mitglieder der derzeit vorherrschende ökonomische Schule bestreiten es und behaupten: Keynes ist tot. Was er ja leider ist, sodass er nicht mit der ihm eigenen Brillanz widersprechen kann.

Eines aber ist ganz sicher: Wenn staatliche Großaufträge die Wirtschaft tatsächlich ankurbeln, dann ist es vernünftiger, wenn der Staat Straßen, Spitäler, Eisenbahnen oder Abwasserkanäle baut, als dass er Waffen und Munition produzieren lässt, die entweder sinnlos in Depots lagern (was noch das Beste wäre) oder (was das Schlimmste ist) in einem Krieg verpulvert werden.

Der Ankurbelungseffekt ist der gleiche.

„Da haben Sie theoretisch recht", sagte zu meiner maßlosen Verblüffung der Mann hinter der schwarzen Brille, „aber eben nur theoretisch. Denn in der Praxis ist es für eine Regierung, schon gar in den USA, unmöglich, große Budgetmittel für Spitäler oder Eisenbahnen frei zu bekommen. Das tragen die Wähler nicht mit. Damit wirklich große Mittel bewilligt werden, braucht man eine große Emotion – und die schafft nur die militärische Bedrohung."

George W. Bush war zum Zeitpunkt dieses Gespräches noch ein jugendlicher Alkoholiker, aber ich musste an diese Belehrung denken, als ich ihn als Präsidenten erleben durfte.

Damals trat ich dem Waffenhändler, der die Irrationalität so rational zu verteidigen wusste, mit einem rationalen Argument entgegen, das gleichfalls an etwas Irrationales appellierte: „Ich gebe zu", sagte ich, „dass die Leute große Emotionen brauchen, um große Staatsausgaben gutzuheißen. Aber könnte man, statt sich der Emotionen zu bedienen, die mit Krieg zusammenhängen, nicht auch große Emotionen schüren, indem man Entwicklungshilfe zu einem nationalen Anliegen macht?"

„Da haben Sie bis zu einem gewissen Grad recht", sagte mein Lehrer einmal mehr, „deswegen sind auch alle Leute, die im Kriegsgeschäft drin sind, mit einem Bein auch in der Entwicklungshilfe."

Und das vierzig Jahre vor Dick Cheneys Halliburton. (Cheney war Chef von Halliburton, ehe er als Vizepräsident George Bushs besonders energisch für einen Krieg gegen den Irak eintrat. Derzeit erhält Halliburton Milliardenaufträge für den Wiederaufbau des Irak.)

Mein eigentliches Anliegen – Kredit für eine Zeitung – griff der Anwalt erst wieder auf, als wir Liechtenstein in Richtung Schweiz verließen: „Sie brauchen also mindestens vierzig Millionen Schilling", meinte er, „und um dieses Geld wollen Sie dann in Ihrer Zeitung schreiben, was Sie wollen? Und Sie meinen, dass ein vernünftiger Mensch Ihnen diese Summe gibt?"

„Ja", sagte ich, „Dr. Portisch ist der beste Chefredakteur Österreichs, und ich bin auch kein schlechter Journalist. Wir dachten, dass uns ein vernünftiger Mensch dieses Geld geben könnte." (Mittlerweile weiß ich aus reicher Erfahrung, dass es einen solchen Geldgeber für Journalisten wie Dr. Portisch und mich nicht gibt. Aber damals dachte ich es wirklich, auch wenn ich meine Antwort nur gab, um unsere so amüsante Unterhaltung am Kochen zu halten.)

„Leute, die vierzig Millionen an der Hand haben", dozierte mein Lehrer, „verstehen im Allgemeinen etwas von Geld, sonst hätten sie nicht so viel. Sie werden also aus finanziellen Gründen sicher kein Geschäft mit dem Risiko eines Waffengeschäftes und den Gewinnen einer Konservendosenproduktion finanzieren – sie haben andere Gründe dafür, eine Zeitung zu gründen. Die gibt es: politische Gründe. Meine Leute könnten sich sogar eine Zeitung vorstellen, in der Sie eine Menge Freiheit haben. Über österreichische Politik könnten Sie zum Beispiel schreiben, was Sie wollen – die ist vollkommen irrelevant. Und selbst in der Außenpolitik hätten wir im Moment nur eine Bedingung: Wir glauben, dass es notwendig ist, die Junta, die derzeit in Griechenland regiert, gegen die Unvernunft aller dieser linken Gegner unter den Intellektuellen Europas zu verteidigen. Die Junta schafft Ordnung im Land und konsolidiert die Wirtschaft. Und nebenher braucht sie Waffen. Sie scheinen mir intelligent, wenn auch etwas naiv, und könnten solche Intellektuelle ansprechen – und wenn das aus dem neutralen Österreich kommt, wird das recht ernst genommen."

„Ich glaube nicht, dass Dr. Portisch auf diese Bedingung eingeht", schob ich einen anderen vor, um das Gespräch bis zur Neige auszukosten. Aber mein Waffenhändler hatte mich, fürchte ich, durchschaut: „Mit Leuten, die nicht selbst entscheiden können, hat ein ernsthaftes geschäftliches Gespräch keinen Sinn", meinte er, „was Sie brauchen, ist offenbar ein Philanthrop – da sind Sie bei mir an der falschen Adresse."

Wir waren bei einem, mittlerweile leider verstorbenen, aus Wien stammenden Schweizer Freund angekommen, der uns herzlich einlud, bei ihm zu essen und allenfalls zu übernachten: Hermann Pollak hatte sein Geld in Brasilien gemacht, wo er mit Kaffee, Kakao und Getreide gehandelt hatte und unendlich reich geworden war. In der Schweiz gelandet finanzierte er mit diesem Reichtum am liebsten Erfinder, die zu wenig Geld hatten, ihre Erfindung selbst produktionsreif zu machen.

So war Hermann Pollak für mich in vieler Hinsicht das Ideal eines Kaufmanns: fantasievoll, wagemutig und im Übrigen ungemein lebenslustig. Einmal kaufte er den Fiaker, der ihn nach einer langen, feuchtfröhlichen Nacht ins Hotel Sacher heimbrachte, um ihn dem Kutscher drei Tage später mit gewaltigem Verlust lachend zurückzuverkaufen: „Ich hatte meinen Spaß. Die paar Tausend Schilling muss einem das wert sein."

Am Spaß einer Zeitung wollte er leider trotzdem kein Geld verlieren. Aber als der Waffenhändler gegangen war, bestätigte er meine Einschätzung seines Charakters: „Weißt Du, solange ich mit guten, anständigen Geschäften sechs, sieben Prozent verdiene, können mir dreißig Prozent mit Waffengeschäften gestohlen bleiben. Wir sind nicht dazu da, den Menschen durch unsere Geschäfte zu schaden, sondern wir sind dazu da, ihnen durch unsere Geschäfte zu nützen. Ich habe mit dem Mann geredet, weil Du ihn mitgebracht hast. Sonst kommt mir so wer nicht ins Haus. Und allen meinen Bekannten auch nicht."

Ich habe diese Waffenhändler-Geschichte erzählt, weil Karl Popper mich gelehrt hat, immer auch die Beispiele anzuführen und zu diskutieren, die nicht zu meiner These passen: Der Ex-SS-Mann mit der dunklen Brille passt nicht zu meiner These, dass Kaufleute für Frieden und Freiheit stehen. Aber er falsifiziert sie auch nicht: Seine Argumente über die Nachteile großer, anhaltender Kriege für die Waffenindustrie sind in ihrer Art erstaunlich einleuchtend. Und für die Masse der Kaufleute bleibe ich bei meiner Einschätzung aus Florenz: Sie wollen eine möglichst große Güterproduktion; sie wollen freie Handelwege; sie wollen Rechtssicherheit für das Geld und die Waren der Käufer wie der Verkäufer; und sie wollen vermeiden, dass ein Krieg all das wieder kaputt macht.

Was ich eben als Credo der überwältigenden Mehrheit aller Kaufleute formuliert habe, ist das Credo der Europäischen Union. Sie ist die politische Umsetzung dieses Credos im Rahmen des vereinten Europa. Ich weiß in unserem Jahrhundert keine größere Errungenschaft.

Mir ist bewusst, dass viele Leute das anders sehen – besonders in Österreich. Denn wir sind nach wie vor etwas „nationaler" als der Rest Europas und wir genießen es, einen „fremden" Sündenbock zu erfinden und über ihn herzuziehen. Im Moment ist das Brüssel, das laut *Kronen Zeitung* sogar „nach unserem Wasser" greift.

Wären die Florentiner ebensolche Nationalisten gewesen, sie hätten die griechische Kultur als „fremd" zurückgewiesen und keine Handelsschiffe über die Weiten des Meeres gesendet. Wären sie ähnlich einfältig gewesen, sie hätten die fremde griechische Götterwelt zu einer Bedrohung ihrer Identität erklärt, statt ihr zur Renaissance zu verhelfen.

Natürlich waren auch die Florentiner auf ihre Weise von Stolz auf die eigene Besonderheit erfüllt: aber eben stolz auf ihre besondere Weltoffenheit, die auf so wunderbare Weise auf ihre Kunst zurückgewirkt hat, indem dort neben den griechischen Einflüssen auch die Einflüsse aus dem Orient Aufnahme gefunden haben. (Genauso wie in Venedig, das gleichfalls eine der führenden Handelsstädte gewesen ist.)

Ich bleibe überzeugt vom Sieg der internationalen Großkaufleute über die nationalen Kleinkrämer: Das vereinte Europa ist irreversibel. Irgendwann werden doch alle seine Mitglieder einen Vertrag unterschrieben haben, durch den es auch politisch etwas handlungsfähiger wird. Und zumindest meine Kinder leben Europas Grenzenlosigkeit: Eric ist in Spanien in die Schule gegangen, er wird in England studieren, besucht seine Freunde in Stockholm und Paris und wird vielleicht ein Mädchen aus Florenz zur Freundin haben.

Er weiß schon fast nicht mehr, was eine Landesgrenze ist.

Ich habe sie fünfzig Jahre hindurch überqueren müssen. Einige meiner besten Storys als Journalist habe ich über meine Abenteuer an Grenzen geschrieben: über die unglaubliche (und fast schon wieder unterhaltsame) Mühe, eine erotische Bronze-Skulptur unter den lüsternen Augen erregter Zollbeamten nach Deutschland auszuführen; über die Unmöglichkeit, einen Hosenanzug für meine Tochter Katharina aus Venedig nach Wien mitzunehmen, ohne Zoll zu zahlen, obwohl er nur 1500 Schilling (109 Euro) gekostet hat und jeder von uns eine Ware im Wert von 1000 Schilling zollfrei einführen durfte (aber ein Hosenanzug – wiewohl aus Hose und separater Jacke bestehend – war zollamtlich als Einheit zu sehen und daher zu verzollen, obwohl wir die Grenze zu dritt passierten); über den Kauf zweier Anzüge in Paris, bei denen der demonstrative Versuch, sie am Wiener Flughafen ehrlich zu verzollen, damit endete, dass ich in der Unterhose vor dem zuständigen Beamten gestanden bin. (Denn die Anzüge kosteten mehr als 10.000 Schilling pro Stück und durften daher nicht mehr am Flughafen selbst zollamtlich behandelt werden, von mir aber auch nicht ohne zollamtliche Behandlung eingeführt werden. Da ich den einen der Anzüge anhatte, zog ich ihn zum Schrecken des Flughafen-Zöllners *coram publico* aus.)

Nur wer solche Geschichten noch erlebt hat, wird begreifen, dass mich bis heute ein körperliches Glücksgefühl überkommt, wenn ich, ohne anzuhalten, über Grenzen fahre, an denen ich in Erics Alter Stunden gewartet habe, bis ein grantiger Beamter meinen Pass kontrolliert und meinen Kofferraum geöffnet hat.

Er weiß das alles nicht mehr und kann es sich wahrscheinlich trotz meiner Grenzgeschichten nicht wirklich vorstellen. Aber die Angehörigen meiner Generation müssten es eigentlich wissen und sich noch sehr präzise daran erinnern. Deshalb kann ich nicht verstehen, dass sie den Unterschied zu heute so gar nicht zu schätzen wissen. (Wahrscheinlich sind sie nie in die Lage gekommen, eine erotische Bronze-Skulptur über die Grenze zu bringen, und haben dafür die Anzüge lustvoll geschmuggelt. Anders kann und will ich es mir nicht erklären.)

Restlos unverständlich ist mir, dass Angehörige meiner Generation, wenn sie über die österreichische Grenze nach Tschechien oder über die deutsche Grenze nach Frankreich fahren, so selten daran denken, dass noch vor siebzig Jahren Panzer über diese Grenzen vorgestoßen sind – mit 56 Millionen Toten als Konsequenz.

Und nun rollen über diese selben Grenzen Personenkraftwagen: Autos, in denen Tschechen oder Franzosen nach Deutschland oder Österreich reisen, Autos, die Deutsche oder Österreicher nach Tschechien oder Frankreich bringen. Junge Polen oder Holländer jubeln bei Fußballfesten in Berlin oder Wien gemeinsam mit jungen Deutschen und Österreichern – obwohl sich noch ihre Eltern und Großeltern vor Hitlers Wehrmacht verstecken mussten.

Und das soll nicht der größte Fortschritt seit Jahrhunderten sein?

Bemerken denn die Leute überhaupt nicht, unter welch sagenhaften Bedingungen sie leben dürfen?

Mein Freund und Kollege Christian Ortner hat zur Erklärung eingewendet, dass der Zweite Weltkrieg für die Generationen von heute ungefähr so weit weg ist, wie es für uns der Erste Weltkrieg war: ein Krieg, von dem man in der Schule lernt, dass es ihn irgendwann gegeben hat. Das „Friedensprojekt Europa" tauge daher nicht mehr dazu, Begeisterung für Europa zu erzeugen.

Wenn das so ist, dann möchte ich zumindest meine Kinder daran erinnern, dass ihre Großmutter, die sie verehren, die Jahre, die diesem Friedensprojekt vorangingen, in Auschwitz verbracht hat, dass mein Vater den Zweiten Weltkrieg nur durch ein Wunder und mein Onkel Albrecht gar nicht überlebt hat. Dass es zu Ende dieses Krieges in den USA einen einflussreichen Politiker, Henry M. Morgenthau, gegeben hat, der meinte, man müsse Deutschland zerstückeln und für alle Zeiten arm und unbewaffnet niederhalten, damit es nie wieder einen Krieg beginnen kann, und dass dieses Deutschland jetzt an der Seite der USA in Afghanistan kämpft; dass es wiedervereinigt ist; dass es Europas führende Volkswirtschaft ist; und dass es zusammen mit Frankreich, das es zweimal überfallen hat, der Motor der europäischen Einigung war. Einer Einigung, die das überfallene Belgien, das überfallene Holland oder das überfallene Griechenland so selbstverständlich umfasst wie das überfallene England oder das überfallene Dänemark. Einer Einigung, die Mussolinis Italien, Francos Spanien oder Salazars Portugal und zuletzt auch noch Rumänien und Bulgarien von faschistischen Partnern Hitlers zu demokratischen Partnern seiner einstigen Gegner gemacht hat. Einer Einigung, die die kriegsbedingte Spaltung Europas in einen freien „Westen" und einen unterdrückten „Ostblock" fast ohne Narben überwunden hat, indem es gelungen ist, die betroffenen Länder innerhalb weniger Jahre in die EU zu integrieren.

Und in allen diesen alten und neuen Mitgliedsländern der EU hat die Wirtschaft – auch wenn man die gegenwärtige Krise mit einrechnet – einen so dramatischen Aufschwung genommen, dass Europas gemeinsame Währung, in der sich die Stärke seiner Volkswirtschaft spiegelt, heute sogar den Dollar überflügelt.

Wer das nicht als die größte Erfolgsgeschichte der Gegenwart begreift, dem ist nicht zu helfen.

Diesen Erfolg kann man doch nicht übersehen, bloß weil ein paar Brüsseler Bürokraten neben einer Menge sinnvoller auch ein paar unsinnige Vorschriften erlassen; weil ein paar EU-Parlamentarier überhöhte Spesen verrechnen; oder weil zu viel Verkehr durch Tirol donnert.

Speziell für Eric: Ich möchte, dass Du nie so wirst: einer, der Großes aus mangelndem Geschichtsbewusstsein kleinredet; einer, der vor lauter Sattheit gar nicht mehr begreift, wie gut es ihm geht; einer, der vor lauter Privilegien gar nicht mehr sieht, welches unglaubliche Glück er hat, ein Bürger dieses vereinten Europa zu sein.

Natürlich ist dieses vereinte Europa unvollkommen. Aber wer kann nach nur siebzig Jahren allen Ernstes erwarten, dass ein derart gewaltiges politisches Unterfangen vollkommen ist? Dass es nicht nur auf der Ebene der Wirtschaft – als Binnenmarkt –, sondern auch auf der Ebene der Politik fehlerlos funktioniert? Dass es alle denkbaren Probleme – auch solche, die gar nicht mit der europäischen Einigung zusammenhängen – im Griff hat?

Die Leute müssen in der Schule doch irgendetwas über die Zeiträume gelernt haben, die historische Entwicklungen normalerweise in Anspruch nehmen.

Um es provokant zu formulieren: Ich halte für möglich, dass Europa noch auf Jahrzehnte hinaus auf der Ebene der Politik nicht wirklich funktionieren wird – dass es vielleicht sogar nie zu einer effizienten gemeinsamen Außenpolitik findet, aber dann wäre die wirtschaftliche Einigung immer noch ein so gewaltiger Fortschritt, dass man ihn täglich feiern müsste.

Das Europa der Kaufleute allein ist das beste Europa, das es je gab.

Mit Robert Schuman und Konrad Adenauer haben zwar zwei große Politiker den Anstoß zu diesem Europa gegeben (indem sie die kriegswichtigen Rohstoffe Kohle und Erz der gemeinsamen Verwaltung durch die Montanunion unterstellten), aber vorangetrieben haben es die Kaufleute in ihrem „Profitstreben": Bevor es darum ging, mich am Grenzbalken nicht mehr warten zu lassen, ist es darum gegangen, freie Bahn für den Güterverkehr zu schaffen.

Grüne, Alternative und linke Linke werden diese Dominanz des Warenverkehrs „typisch" und „schrecklich" finden – ich finde sie auch typisch, aber nützlich: So wie die Florentiner Kaufleute zuerst Waren verkaufen wollten und dann erst eine blühende Republik geschaffen haben, haben Europas Kaufleute zuerst grenzenlose Geschäfte machen wollen und sich dann erst an einem Europa ohne Grenzen erfreut.

Der problemlose Verkauf deutscher Autos in Frankreich, der problemlose Verkauf französischer Kostüme in Deutschland, der problemlose Verkauf österreichischer Joghurt in Italien war das angestrebte Ziel, aber der freie Personenverkehr war die logische Konsequenz.

Wenn wir heute so sicher sein können, dass Deutschland und England einander nicht mehr bombardieren oder England und Frankreich keine Flotten mehr aufeinander hetzen, dann weil deutsche Bomben, die auf Coventry fielen, Anlagen von Rolls-Royce und Bentley zerstörten, die BMW und VW gehören, und weil englische Kriegsschiffe, die auf die französische Küste zusteuerten, dort englische Touristen verscheuchten.

Die ständig zunehmende gegenseitige wirtschaftliche Verflechtung, die Dumme, Uninformierte oder Verhetzte eine Bedrohung nennen, ist zur entscheidenden Absicherung gegen gegenseitige militärische Bedrohung geworden. Dass die gegenseitigen Politiker im Europäischen Rat zusammensitzen ist eine angenehme Draufgabe.

Sosehr ich hoffe, dass Europa sich von einem bloß gemeinsamen Markt immer mehr zu einem gemeinsamen Staatswesen entwickelt, so sehr ist dieser gemeinsame Markt doch sein Kern: Die Kaufleute können überall Waren produzieren; es gibt für diese Waren überall Käufer; die Handelswege sind frei; die Vermögen sind frei; und die Wahrscheinlichkeit, dass ein Krieg dies alles wieder zunichte macht, ist minimal.

Wenn wir etwas mehr vom Florentiner Geschlecht der Medici an uns hätten, hätte längst eine neue, große Epoche der Kunst begonnen: Der unglaubliche Reichtum vor allem der alten Mitgliedsländer schlüge sich in prachtvollen Bauten, Festivals und privatem Mäzenatentum nieder. Stattdessen wurde – auch schon vor der aktuellen Krise – und wird jetzt schon gar nichts als gejammert und Herr Strache, der allen Ernstes die Wiedereinführung der Grenzkontrollen fordert, vereint 18 Prozent der österreichischen Wähler hinter sich.

Natürlich gibt es auch berechtigte Einwände gegen Entwicklungen, die mit der Vereinigung Europas zusammenhängen. Weil die Transportkosten so relativ niedrig sind, sind nicht nur die Verkehrsströme unerträglich angeschwollen, sondern auch problematische Wirtschaftsstrukturen entstanden: Es wäre vernünftiger, wenn sich die Produktionsstätten näher bei den Abnehmern befänden, statt dass man selbst Joghurt von Österreich nach Spanien transportiert und umgekehrt. Dergleichen ist, bei aller Liebe zur Warenvielfalt, ein Verstoß gegen die ökologische Vernunft und durchaus verzichtbar. (Obwohl dieselben Tiroler, die über den Fernverkehr stöhnen, vermutlich ungern auf spanisches Obst und Gemüse verzichteten.)

Aber das sind Probleme, die nicht daher rühren, dass die „Gesetze der Ökonomie" alle anderen Überlegungen dominieren, sondern daher, dass sie nicht beachtet werden: Eigentlich müssten Ferntransporte viel teurer sein, als sie derzeit sind, weil sie Folgekosten verursachen, die eingerechnet werden müssten, und weil vor allem die Erdölreserven so knapp sind, dass der Preis für Treibstoff schon längst viel höher sein müsste. In absehbarer Zeit wird sich kaufmännisches Rechnen jedoch auch auf diesem Sektor durchsetzen: Der Ölpreis wird aufgrund des chinesischen und indischen Bedarfs trotz der aktuellen Krise letztlich wieder massiv ansteigen und wird den Gütertransport so sehr verteuern, dass Kreuz- und Querfahrten mit Joghurtbechern unrentabel werden.

Weitsichtige Politiker, so behaupte ich, hätten von Beginn an begriffen, dass Treibstoff nur so billig ist, weil der Ölmarkt kein wirklich funktionierender Markt ist: Die kurzfristigen Interessen der Scheichs und der USA verzerren ihn zu Lasten der langfristigen Interessen der Völkergemeinschaft. Deshalb hätte die EU den Verkehr von vornherein durch eine Abgabe administrativ verteuern sollen und in ihrem Verkehrs-„Weißbuch" hat sie das auch erkannt.

Aber wie so oft hat die Wirtschaftsberichterstattung „die Wirtschaft" in Gestalt der Frächter in ihrem Bemühen unterstützt, die Verkehrskosten „am Boden" zu halten. Es hat des Krieges im Irak und des Booms in China und Indien bedurft, um den Preis des Erdöls zumindest vor der aktuellen Krise auf eine in Wahrheit vernünftige Höhe anzuheben.

Womit ich ein erstes Mal (ich werde mich diesbezüglich mehrmals wiederholen) auf die Naivität der Überzeugung hinweisen möchte, dass der „Markt" alle Probleme von selber löst: Das tut er ausschließlich im theoretischen Modell, dessen Voraussetzungen (volle Information und logisches Handeln aller Teilnehmer) beim Öl – siehe oben – in keiner Weise gegeben sind. Der real existierende, massiv verzerrte Erdölmarkt war daher kein Ersatz für politische Weitsicht.

Die Österreicher mit ihrer Autobahnvignette und ihrem Widerstand gegen den Fernverkehr waren – teils aus Egoismus, teils aus grüner Überzeugung – in dieser Frage tatsächlich die (ökonomisch wie ökologisch) Klügeren. Aber sie sind ein stimmberechtigter Teil der EU und die EU ist lernfähig. Die Verteuerung des Verkehrs ist im Gange.

Sie ist allerdings, wie fast alles, auch unter anderen als nur ökologischen und ökonomischen Gesichtspunkten zu betrachten: Wenn Fliegen beispielsweise so teuer würde, dass meine Kinder ihre Freunde in den USA nicht mehr besuchen könnten, dass englische Fans nicht mehr zu Fußballspielen nach Frankreich fliegen könnten oder dass Ungarn oder Tschechen es sich nach Jahrzehnten kommunistischen Kerkers nicht mehr leisten könnten, nach England zu reisen, dann wäre das ein gravierender Nachteil für jene „Völkerverständigung", die neben der gegenseitigen wirtschaftlichen Durchdringung Basis unseres Friedens ist.

Es geht also, wie so oft, um ein besonnenes Abwägen und wahrscheinlich sogar um verzerrende Ausnahmeregelungen im Detail: Weil Fernreisen ein entscheidender Beitrag zur Völkerverständigung sind, sollte die Verteuerung des Flugbenzins weiterhin nicht mit der Verteuerung des Kfz-Treibstoffs Schritt halten.

Einem Markt-Dogmatiker muss das widerstreben – aber ich wünsche mir nicht zuletzt, dass keines meiner Kinder das ist.

Auch an der „mangelnden Bürgernähe" der EU kann man zu Recht Anstoß nehmen. Christian Ortner hat mir empfohlen, mir den Vertrag, den alle EU-Mitglieder anstelle einer Verfassung unterschreiben sollen, aus dem Internet herunterzuladen und den Versuch zu machen, ihn zu verstehen. Er sei daran nach zwei Stunden gescheitert.

Ich bin nicht völlig gescheitert, denn da ich gerade mit Eric Jus-Skripten gepaukt habe, war ich in die umständliche Ausdrucksweise der Juristen eingelesen. Aber ich halte es, wie Ortner, für ausgeschlossen, dass der Durchschnittsbürger diesen Vertrag auch nur entfernt verstehen oder gar beurteilen kann, wenn er sich nicht mindestens einen Tag zum Studium Zeit nimmt – und das kann die EU von keinem berufstätigen Menschen verlangen.

In derselben Woche ist dann allerdings in der Zeitung *Österreich* ein Text erschienen, der die wichtigsten Veränderungen, die der Vertrag mit sich bringt, auf nur einer halben Seite zusammengefasst hat: Jeder, der diese halbe Seite gelesen hat, konnte verstehen und beurteilen, worum es im Wesentlichen geht.

Dass es in Summe dennoch ein ungemein komplizierter Vertrag ist, liegt nicht nur daran, „dass Brüssel gar nicht will, dass der Vertrag verstanden wird", sondern mindestens so sehr an den komplexen Forderungen der Mitgliedsstaaten: Die sehr kleinen wollen unter gar keinen Umständen einfach überstimmt werden, nur weil sich ein paar sehr große darauf einigen; und die sehr großen wollen ihren Bevölkerungsreichtum doch einigermaßen in größeren politischen Einfluss umgemünzt sehen. Das lässt sich dann eben nicht anders als mit einem Wahlmodus lösen, der auf der Website der EU folgendermaßen erklärt wird:

„Die Bestimmung, wonach die qualifizierte Mehrheit dann als erreicht gilt, wenn sie 55% und mindestens 15 der Mitgliedstaaten umfasst, bedarf einer Erläuterung: Bei 25 Mitgliedstaaten entsprechen 15 Staaten 60% der Mitglieder insgesamt. Treten neue Mitgliedstaaten bei, verliert diese Bestimmung an Bedeutung, denn sobald die Union 26 Mitgliedstaaten zählt, entspricht ein Anteil von 55% mathematisch mindestens 15 Mitgliedstaaten. Diese Bestimmung ist also als Übergangsklausel zu verstehen."

Ich halte für möglich, dass der Entschluss des Parlaments, diesen Vertrag zu ratifizieren, tatsächlich, wie die FPÖ behauptet, unserer Verfassung widersprochen hat, die eine Volksabstimmung fordert, wenn Souveränität abgetreten wird. (Die Argumentation, dass das Volk dieser Abtretung schon grundsätzlich zugestimmt hat, indem es sich für den EWG-Beitritt ausgesprochen hat, ist zumindest problematisch: Das Ausmaß, in dem Souveränität abgetreten wird, kann in meinen Augen einen qualitativen Unterschied bedingen.) Aber wenn das der Fall sein sollte, so spricht es eher dafür, die Verfassung als diese Vorgangweise zu ändern. Österreich ist eine repräsentative Demokratie, in der das Volk Abgeordnete wählt, um in seinem Namen Entscheidungen zu treffen. Diesen Entscheidungen liegen in der Welt von heute meist ungemein komplexe Sachverhalte zugrunde, die man ausführlich studieren, prüfen und diskutieren muss. Gerade das kann „das Volk" aber immer weniger und es ist daher nur sinnvoll, wenn die Abgeordneten es an seiner Stelle tun.

Die Behauptung, das sei „undemokratisch", kann mich angesichts demokratisch gewählter Abgeordneter nicht überzeugen. Viel eher läuft die Volksabstimmung Gefahr, gegen den Sinn der Demokratie zu verstoßen: Indem es Demagogen viel leichter gelingt, die Bevölkerung in einer komplexen Frage zu einer unbedachten Antwort zu bewegen, als dass Abgeordnete eine unbedachte Entscheidung treffen.

Alle Demokratie-Theoretiker – vom alten Aristoteles bis zu Karl Popper – haben um dieses Risiko gewusst und auf die Gefahr der Volksabstimmung für das demokratische System hingewiesen.

Karl Popper wiese mich jetzt freilich aus Prinzip auf die Schweiz hin, die via Volksabstimmung angeblich blendend funktioniert. Ich will dem eine gewagte Vermutung entgegensetzen: Ich bin nicht so sicher, dass die Schweiz wirklich immer so blendend mit ihrer Volksabstimmung gefahren ist und fahren wird. Dass sie der EU nicht angehört, wird sich auf die Dauer nicht zu ihrem wirtschaftlichen Vorteil auswirken. Ihr vom Volk mehrfach gewünschtes Beharren auf der Neutralität bedingt weit überproportionale Militärausgaben, die die Wirtschaft gleichfalls nicht gerade fördern. Und ich bin auch nicht sicher, ob die Bevölkerung wirklich darüber abstimmen soll, ob das Europäische Kernforschungszentrum CERN in Genf einen größeren Teilchenbeschleuniger braucht.

Obwohl mir klar ist, dass das System der direkten Demokratie die Bevölkerung zur Befassung mit den Problemen ihrer Umwelt erzieht, halte ich das System der repräsentativen Demokratie für letztlich überlegen, um die richtigen Entscheidungen in komplexen Fragen zu treffen. Und jedenfalls ist es in Österreich das bessere System, denn die Österreicher sind nicht zur Volksabstimmung erzogen. Ein bisschen demagogisch: Es ist mir ganz ungleich lieber, wenn die Abgeordneten von ÖVP und SPÖ wesentliche Entscheidungen fällen, als wenn diese Entscheidungen auf der Basis einer „Kampagne" der *Kronen Zeitung* zustande kommen.

Ein weiterer stehender Vorwurf gegen die EU ist jener der „Überbürokratisierung". Bürokratie zu bekämpfen ist immer gut, selbst wenn der Anstoß dazu aus der *Kronen Zeitung* kommt. Denn wahrscheinlich funktioniert Brüssels Bürokratie tatsächlich ungefähr so, wie Österreichs Bürokratie bis vor etwa zwanzig Jahren funktioniert hat – nämlich mühsam.

Als ich noch als Professor für Journalismus an der Donau-Universität in Krems gearbeitet habe, an der wir zahllose ausländische Studenten (voran aus dem ehemaligen Ostblock) aufgenommen haben, die sich das Studium beim besten Willen nicht leisten konnten, habe ich den Versuch unternommen, dafür eines der EU-Programme anzuzapfen. Das Glück wollte es, dass ich den höchsten Beamten, der auf österreichischer Seite für diese Programme zuständig war, persönlich gut kannte, sofort einen Termin erhielt und mit größtem Entgegenkommen informiert wurde: Innerhalb von drei Stunden, die mir mein Bekannter zusammen mit der zuständigen Sachbearbeiterin aufs Intensivste gewidmet hat, war es mir nicht möglich, zu begreifen, welche Voraussetzungen erfüllt sein mussten, um eines der Programme in Anspruch zu nehmen.

Völlig ratlos bin ich an die Universität zurückgekehrt und habe mir gedacht: Vielleicht bin ich zu blöd.

In der Woche darauf hat es mein Chef, der damalige Leiter der Europäischen Journalismus Akademie, Professor Maximilian Gottschlich, versucht. Um mir am Abend erschöpft zu berichten: „Die haben mir gesagt, dass wir selbstverständlich etwas bekommen müssen. Dann habe ich versucht herauszufinden, wie unser Antrag aussehen muss. Sie haben es mir zwei Stunden lang erklärt. Ich habe es nicht verstanden."

Wenn alle europäischen Programme so rätselhafte Bedingungen enthalten wie die, mit denen ich konfrontiert war, verstehe ich, dass viele Leute die Brüsseler Bürokratie für einen Wasserkopf – in jedem Sinne dieses Wortes – halten.

Die Einzigen, denen ich dennoch das Recht abspreche, sich über die schiere

Größe dieses Wasserkopfes zu beschweren, sind allerdings die Österreicher: Mit jeder einzelnen Landesregierung leisten sie sich etwa so viele Beamten, wie Brüssel für ganz Europa beschäftigt.

Was in den Köpfen von Leuten vorgeht, die sich auf einem Gebiet von der Größe Bayerns oder Andalusiens neun solche Landesregierungen leisten und gleichzeitig auf die Geldvergeudung in Brüssel schimpfen, weiß ich nicht.

Dass auch intelligente Politiker sich nicht scheuen, jedes von ihnen nicht gelöste Problem Brüssel anzulasten, zählt unter die großen politischen Skandale: Diese Minister und Landeshauptleute vergehen sich an unserem Wohlstand. Denn kein Land profitiert so sehr von der EU, und ganz besonders ihrer Erweiterung nach Osten, wie Österreich: Unsere Exporte dorthin sind explodiert und sichern ebenso österreichische Arbeitsplätze wie Zuwächse im Tourismus, welche uns die neuen Nachbarn bescheren. Österreichische Unternehmer haben in Ungarn, Tschechien, der Slowakei oder im ehemaligen Jugoslawien weit mehr nationale Unternehmen „aufgekauft" als selbst die Deutschen.

Es ist dies ein Musterbeispiel dafür, um wie viel mehr die Kaufleute völkerverbindend agieren als die Politiker: Als der Eiserne Vorhang gefallen ist und in der österreichischen Bevölkerung durchaus eine Welle der Sympathie gerade für jene Völker zu spüren war, die uns einst durch die Monarchie verbunden waren, hätte die Chance bestanden, uns ihnen auch politisch und kulturell wieder anzunähern. Ich erinnere mich noch, wie ich in einem Kommentar davon geträumt habe, dass Wien, Budapest und Prag wieder zu einem magischen Dreieck würden, in dem man einander am Wochenende so selbstverständlich besucht wie jetzt, wenn man von Wien nach Salzbug fährt. Aber es hat Jahre gedauert, bis die Autobahnverbindung mit Budapest wenigstens die beiden wichtigsten Städte Österreich-Ungarns wieder in gegenseitige Reichweite gebracht hat, und die Straßenverbindung nach Prag ist bis heute so katastrophal, dass die tschechische Hauptstadt weit eher Deutschland als Österreich verbunden ist.

Die kulturelle Rückbesinnung ist völlig unterblieben. Dabei ist Österreichs Kultur ohne Budapest und Prag gar nicht denkbar. Große Mozart-Opern wurden in Prag uraufgeführt und das Prager Deutsch galt als das schönste im gesamten deutschen Sprachraum: Ein Rainer Maria Rilke wurde davon geprägt. Und im *Budapester Lloyd,* der deutschsprachigen Zeitung Ungarns (die es heute als Wochenzeitung wieder gibt), veröffentlichten Autoren wie Joseph Roth, Franz Molnár oder Alfred Polgar. Hätte man Prag, Wien und Budapest mit einer ICE-Strecke verbunden, Budapest wäre in etwas über einer Stunde, Prag in zwei Stunden zu erreichen und die gemeinsame Sprache der Eliten wäre vielleicht wieder Deutsch statt Englisch.

Eine gewaltige kulturelle Chance wurde vertan. Und eine politische auch: Denn hatten diese östlichen Anrainerstaaten ursprünglich die besondere Unterstützung ihrer Integration durch Österreich erhofft, so mussten sie bald feststellen, dass sie – wenn man von der Unterstützung Kroatiens durch Alois Mock absieht – auf den erbitterten Widerstand österreichischer Krämerseelen stießen: Während Deutschland seine in dieser Hinsicht viel problematischere Grenze nach Polen längst für polnische Arbeitskräfte geöffnet hat, beharrten die Österreicher auf extremen Wartezeiten, und sofern man den Tschechen wegen Temelin Schwierigkeiten machen konnte, machte man sie ihnen. (In beiden Zusammenhängen bestimmte die *Kronen Zeitung* die öffentliche Meinung und die führenden Politiker schlossen sich ihr an.)

Einzig die Kaufleute nahmen die Chancen, die die Osterweiterung ihnen bot, entschlossen wahr: Weit vor den Unternehmen aller anderen Nationen drangen sie in den neuen Markt vor. Wenn ich jemals nationalen Stolz empfinde (was bei mir nicht allzu oft vorkommt), dann wenn ich die Firmenembleme der OMV oder der „Baumax"-Kette in den Ländern des ehemaligen Ostblocks sehe oder lese, dass die Wiener Städtische (als „Vienna insurance group") dort zum größten Versicherer geworden ist.

Die Kaufleute, die Ruttensdorfers, Essls oder Geyers – nicht Werner Faymann oder Josef Pröll – sind es, die Europas Wohlstand Tag für Tag wachsen lassen.

Angesichts der aktuellen Osteuropakrise kann man einwenden, dass uns eben diese initiativen Unternehmer zurzeit die größten Probleme bescheren. Dieser Einwand ist bezüglich der Handels- und Produktionsunternehmen falsch – sie tragen nach wie vor zu Österreichs Wohlstand bei –, bezüglich der Banken besteht eine ernsthafte Gefahr, dass er sich als richtig erweist: Diese Banken und ganz Österreich könnten ihre Initiative auf kurze Sicht büßen. Auf lange Sicht war es dennoch eine ebenso unvermeidbare wie richtige Initiative: Diese Länder werden den wirtschaftlichen Anschluss an das „alte" Europa finden, ihr Wachstum wird nach einer schmerzhaften Pause erneut anspringen und Europa wird dadurch letztlich stärker als vorher sein.

Zumindest dann, wenn es jetzt solidarisch und unternehmerisch agiert, das heißt weiter in diese Märkte der Zukunft investiert, statt sie aufzugeben und alles zu verlieren.

An den Kaufleuten liegt es nicht, es sind die Politiker, die von ihnen lernen sollten, dass man in die Zukunft investieren muss. Und sie scheinen gelernt zu haben: Die EU hat die Mittel jener Institutionen, die Geld für die Wirtschaft der betroffenen Oststaaten bereitstellen können, massiv aufgestockt.

Dass selbst die primitivste Anti-EU-Polemik bei Teilen der Bevölkerung Anklang findet, hat mehrere Gründe. Die „nationale" Tradition ist sicher einer davon, aber die gewichtigste Rolle spielt zweifellos die Angst vor dem Verlust von Arbeitsplätzen. Ich erinnere mich noch an die Volkswut, als erstmals bekannt wurde, dass ein Betrieb in Österreich schloss, weil seine Produktion in Ungarn weit billiger kam: Der Reifenhersteller Semperit sperrte in Wimpassing zu und in Ungarn auf. Die Regierung, so forderte daraufhin die „öffentliche Meinung", möge das unterbinden, denn schließlich gehöre Semperit der Creditanstalt und die gehöre dem Staat. (Alles Schnee von Gestern. Die Creditanstalt gehört heute der italienischen UniCredit und Semperit ist längst in deutscher Hand. So rasch verändern sich die Dinge.)

Am lautesten protestierte damals naturgemäß die Gewerkschaft: Die Arbeitsplätze müssten erhalten bleiben. Sie sind auch erhalten geblieben – aber eben in Ungarn statt in Österreich. Aber keine Sekunde hat man beim ÖGB akzeptiert, dass das seitens der Kaufleute eine Leistung darstellt und dass Autoreifen auf diesem Weg billiger werden.

Nicht der ÖGB, wohl aber Österreichs florierende Wirtschaft hat die gekündigten (und abgefertigten) Semperit-Arbeiter nach ein paar Monaten wieder aufgesogen. Genauso wie etwas später die Arbeitskräfte einer unrentabel gewordenen Fertigung von Waschmaschinen in Fürstenfeld. Auf der ständigen Suche eines bürgerlichen Journalisten nach „Auswüchsen des Kapitalismus" bin ich damals nach Fürstenfeld gefahren und habe für *profil* bei den betroffenen Familien und in der Gemeinde die „tragischen Folgen" recherchiert. Mit einem Ergebnis, das zur Linken unserer Redaktion so viel Widerstand erregte, dass ich es kaum niederzuschreiben wagte: Die Region hatte im Gefolge der Betriebsschließung einen kleinen Boom erlebt. Die gekündigten Metallarbeiter hatten ihre Abfertigungen nämlich in den Ausbau ihrer Häuschen gesteckt, sodass Baumeister, Installateure, Zimmerleute und Tischler der näheren Umgebung eine unerwartete Umsatzsteigerung erlebten. Und alle Gekündigten hatten innerhalb weniger Monate neue Anstellungen gefunden, denn die Wirtschaft rundum florierte.

Dass sie florierte und die gekündigten Arbeiter aufsaugen konnte, lag nicht zuletzt daran, dass Österreichs Exporte in den ehemaligen Ostblock explodiert sind und jene österreichischen Unternehmen ausgelastet haben, die komplexere Waren als Autoreifen und Wachmaschinen im Programm hatten.

Die Abwanderung gewisser Produktionen in die Niedriglohnländer im Osten hat nicht nur keine Arbeitslosigkeit provoziert, sondern auch die Wirtschaftsstruktur verbessert.

Damit will ich nicht behaupten, dass es in manchen Regionen nicht auch die zur Linken vermutete tragische Arbeitslosigkeit gegeben hat – aber das war nicht in der europäischen Einigung oder gar der Osterweiterung, sondern in schlechten Wirtschaftsstrukturen dieser Regionen begründet.

Inzwischen richtet sich der Volkszorn denn auch immer weniger gegen Ungarn, Tschechen oder Slowaken. Man hat begriffen, dass sie Österreich weder als Produktionsstandort ausgebremst haben, noch unerträglich auf unsere Löhne drücken, indem sie den Schwarz-Arbeitsmarkt „überfluten". (Eher ist die Mehrheit der Österreicher froh, dass man überhaupt noch einen bezahlbaren Handwerker findet.)

Ähnliche Erfahrungen haben bei voller Öffnung ihrer Arbeitsmärkte zuvor schon Spanien und Frankreich gemacht: Obwohl portugiesische Bauarbeiter ein Drittel französischer und die Hälfte spanischer Bauarbeiter verdienen und die Sprachbarriere eine relativ geringe ist, sind sie nicht scharenweise in Spanien und Frankreich eingefallen.

Denn trotz des vereinten Europa hängen die Menschen an dem Fleckchen Erde, auf dem sie aufgewachsen sind. Das dämpft das Tempo jenes marktwirtschaftlichen Prozesses, der darin bestehen müsste, dass billige portugiesische Bauarbeiter so lange nach Frankreich strömen, wo sie mehr bezahlt bekommen, bis ihr Druck auf die hohen französischen Bauarbeiter-Löhne diese sinken ließe, während der zunehmende Mangel an Bauarbeitern in Portugal dort zu höheren Löhnen führte. So lange, bis sich ein Gleichgewicht auf der Basis eines mittleren Lohnniveaus ergeben hat.

Auch das müsste vom Standpunkt solidarischer Gewerkschaften, die nicht nur „Portugiesen" oder „Franzosen", sondern Bauarbeiter vertreten, ein akzeptables Resultat sein.

In der Realität haben sie jeweils geschäumt und wollten die Öffnung des Arbeitsmarktes unterbinden. Aber sie hatten das Glück, dass der Turbo-Effekt des vereinten Europa die Bauarbeiter-Löhne in Portugal viel rascher als erwartet steigen ließ, sodass die Motivation, ohne Familie im fremden Frankreich oder Spanien zu arbeiten, ökonomisch ständig abgenommen hat.

Nicht anders wird es in Österreich nach der vollen Ostöffnung des Arbeitsmarktes sein.

Selbst die polnischen Facharbeiter, die Polen tatsächlich in Massen verlassen haben, um in England das Fünffache zu verdienen, kehren derzeit zurück, weil die polnische Baukonjunktur auf Volldampf läuft.

Europa hält, was es versprochen hat: Der gewachsene Markt lastet die vorhandenen Produktionsstätten der alten Mitgliedsländer besser aus und hat in den neuen Mitgliedsländern neue Produktionsstätten entstehen lassen, die für die nötige Kaufkraft sorgen. Die Sesshaftigkeit der meisten Menschen hat dafür gesorgt, dass der gesamte Prozess nicht überfallsartig, sondern mit der notwendigen Dämpfung abgelaufen ist und weiter abläuft.

Das war nicht vorhersehbar – und sollte für die Zukunft optimistisch stimmen: Das vereinte Europa hat viel schneller funktioniert, als der größte Optimist erhoffen durfte.

Von meinen Kindern aber wünsche ich mir, dass sie auch akzeptiert hätten, dass österreichische Bauarbeiter etwas weniger verdienen, weil ungarische oder tschechische Bauarbeiter etwas mehr verdienen. Ein boshafter Leser wird jetzt einwenden: weil sie so wenig Bauarbeiter sind wie ich. Aber dieser Einwand wäre demagogisch: Wenn eines von ihnen Informatik studiert hätte – was durchaus denkbar ist –, wäre ich dennoch dafür, dass die Gehälter österreichischer Informatiker etwas niedriger als bisher ausfallen, wenn dadurch die Gehälter ungarischer Informatiker etwas höher als bisher sein könnten.

Knapp vor der Osterweiterung habe ich in der Industriestadt Wiener Neustadt eine Wahlveranstaltung der Liberalen mit Heide Schmidt als Spitzenkandidatin besucht. Nach ihrem Grundsatzreferat, in dem es um allgemeine liberale Inhalte ging, kam die Diskussion auch auf die kommende Osterweiterung. Ob die Liberalen diese Erweiterung befürworteten, wurde Heide Schmidt gefragt – „Ja" sagte sie aus tiefer Überzeugung. Ob das nicht Lohneinbußen für österreichische Arbeitskräfte mit sich brächte, bohrte ein Zuhörer weiter. Und diesmal zögerte sie merklich mit ihrer Antwort, doch dann gewann ihr Bedürfnis nach einer ehrlichen Diskussion, wie bei ihr so oft, die Oberhand über parteitaktische Bedenken: Langfristig, so sagte sie, würden auch Österreichs Lohnabhängige von der Erweiterung profitieren, aber kurzfristig könnte es sein, dass es zu einem gewissen Druck auf die Löhne käme.

Ich verschärfte diese Argumentation mit meiner Wortmeldung noch weiter: „Wenn sich eine Reihe sehr reicher Länder in vollem Umfang mit einer Reihe sehr armer Länder vereinigt, dann ist es unmöglich, dass alle Länder gleich reich bleiben. Sondern die Reichen müssen etwas von ihrem Reichtum abgeben, das die Ärmeren dazubekommen. Das darf kein Hindernis sein, die Staaten des ehemaligen Ostblocks aufzunehmen – es geht um einen Akt der Solidarität. Dass er sich letztlich lohnen wird, weil irgendwann beide dazugewinnen, ist eine andere Sache."

„So sehe ich das auch", sagte Heide Schmidt.

In diesem Augenblick war klar, dass die Liberalen in Wiener Neustadt keine Stimmen gewonnen hatten. Wenig später flogen sie aus dem Parlament und sind auch 2008 bei ihrem Comeback-Versuch gescheitert.

Die Realität der Ostöffnung ist dann – bis zur aktuellen Krise – weit glimpflicher verlaufen: Die langfristigen Vorteile des Zusammenschlusses haben sehr rasch die kurzfristigen Nachteile überwogen. Aber es gibt durchaus die Möglichkeit, dass sich diese Rechnung jetzt als voreilig erweist: Es könnte sein, dass für sehr lange Zeit Reichtum aus den reichen Ländern in die besonders armen Länder des Ostblocks abfließt, dass die Annäherung im Niveau des Wohlstands so langsam stattfindet wie bei der deutschen Wiedervereinigung und dass sie auch mittelfristig sehr, sehr viel kostet.

Dann war sie trotzdem richtig.

Aber ich möchte auf diese Problematik hinweisen, ehe ich auf die Globalisierung zu sprechen komme, die heute die Osterweiterung als Schreckgespenst abgelöst hat.

Sie ist ja kein Zusammenschluss und gehorcht daher ganz anderen Gesetzen, aber ich erwarte von meinen Kindern, dass sie sie auch dann begrüßen, wenn sie ihren Wohlstand eine Zeit lang etwas langsamer wachsen lässt, weil der Wohlstand in Guatemala, in Nigeria oder in Indien etwas schneller wächst.

Globalisierung bedeutet, dass Kapital sich über den gesamten Globus hinweg den Einsatzort sucht, an dem es am meisten abwirft. Damit schafft es eine neue, marktgerechtere Verteilung der Produktionsstätten und der Einkünfte aus der dort geleisteten Arbeit.

Das ist einmal mehr nicht „schrecklich" und ein „Diktat des Kapitals", sondern logisch und sinnvoll: Wenn man mit hundert Millionen Euro, die man in eine Autofabrik in Malaysia steckt, doppelt so viel verdienen kann, wie wenn man denselben Betrag in Österreich investiert, dann wird man ihn in Malaysia investieren.

Das wird, weil die entwickelte, reiche Welt im Vergleich zur unterentwickelten, armen Welt sehr klein ist, meines Erachtens doch die von Heide Schmidt befürchteten Folgen haben: Österreich, Deutschland und vergleichbare Länder werden etwas an Reichtum verlieren, damit Malaysia oder Nigeria schneller an Reichtum hinzugewinnen. Allerdings spricht alles dafür, dass das nur relativ, nicht absolut gilt: Denn Österreich wird nicht absolut an Reichtum verlieren, weil Investoren lieber in eine malaysische als eine österreichische Autofabrik investieren, sondern sein Reichtum könnte nur etwas langsamer als bisher wachsen.

Denn es wird nicht so klar sein, dass ein Investor in Malaysia tatsächlich doppelt so viel verdient wie in Mitteleuropa, bloß weil die Löhne dort einen Bruchteil der hiesigen betragen. Denn er muss sich fragen, ob in Malaysia wirklich so viel mehr abgesetzt werden kann. Ob die niedrigeren Löhne bei einer hoch automatisierten Fabrik wirklich einen so großen Kostenvorteil darstellen. Ob die hohen Löhne, die man den europäischen Spitzenmanagern bezahlen muss, damit sie in Malaysia Dienst tun, nicht einen Teil dieses Kostenvorteils wieder auffressen.

Trotzdem würde ich meinen, dass diese Abwägungen bei Autos ziemlich häufig zugunsten des neuen Standorts ausgehen.

Gott sei Dank: Denn in Malaysia brauchen sehr viel mehr Leute Autos als in Österreich. Und sehr viel mehr Leute brauchen dringend Arbeit in einer Automobilfabrik, während bei uns eher Konstruktionsbüros für Automobilfabriken gegründet werden sollten.

Um es an einem weit kritischeren Beispiel zuzuspitzen: Wenn es in Indien Informatiker gibt, die für komplexe Berechnungen ein Viertel des Entgelts gleich qualifizierter österreichischer Informatiker fordern, dann wird der entsprechende Auftrag nach Indien wandern.

Wenn ich den Globus als funktionierenden Markt betrachte, dann muss das, wenn die Arbeitskräfte nicht übersiedeln – was sie, wie man an Portugals Bauarbeitern sehen konnte, nur ungern tun – theoretisch folgende Konsequenzen haben: Aufträge müssen so lange von teuren Standorten (mit teuren Arbeitskräften) zu billigeren Standorten (mit billigen Arbeitskräften) wandern, bis sich die Lohnkosten bei einem gewissen Mittelwert eingependelt haben. Der könnte in etlichen Fällen unter dem derzeitigen österreichischen Niveau liegen.

Ich bin so unpatriotisch zu meinen: Es ist gerecht, dass ein Informatiker in Wien nicht das Vierfache eines gleich guten Informatikers in Neu Delhi verdient.

Eine Gewerkschaft, die sich nicht ausschließlich als Vertretung nationaler Interessen sieht, müsste es theoretisch genauso sehen: Werktätiger ist Werktätiger. Solidarität müsste für eine Gewerkschaft, die dieses Wort ernst nimmt, daher bedeuten, die beschriebene Angleichung der Einkommen nicht nur zu akzeptieren, sondern sogar anzustreben. Und gewerkschaftlicher Kampf müsste theoretisch darin bestehen, den Teil der Erlöse aus der EDV-Produktion, der auf die Informatiker entfällt, an allen Standorten zu erhöhen.

Die Wirklichkeit sieht selbstverständlich wie bei Semperit aus: Österreichische oder deutsche Gewerkschaften vertreten so gut wie ausschließlich die Interessen österreichischer und deutscher Arbeitnehmer. Nur tun sie sich damit in Bezug auf die Globalisierung ungleich schwerer: Je höher die Gewerkschaften die Honorare oder Löhne hierzulande zu halten versuchen, desto mehr befördern sie die Verlagerung der Produktion in ärmere Länder mit gleich gut ausgebildeten, wesentlich billigeren Arbeitskräften.

Unter anderem deshalb steigen die Reallöhne hierzulande in der Tat fast nicht mehr oder sinken sogar. Zugunsten stark steigender Löhne und Honorare in den Dritte-Welt- und Entwicklungsländern. (Dass sie auch zugunsten von Unternehmensgewinnen immer weniger ansteigen, ist ein anderes Kapitel, über das man an anderer Stelle diskutieren muss.)

Für jemanden, der die Erde von außen betrachtet, ist die sukzessive Angleichung der Löhne nach dem Prinzip „gleicher Lohn für gleiche Leistung" nach wie vor richtig und gerecht.

Die Österreicher können die Erde zwangsläufig schwer von außen betrachten, daher ist ihre Angst vor der Globalisierung nicht ganz unbegreiflich. Sie ist nur maßlos übertrieben.

Denn einmal mehr verläuft die Entwicklung nicht abrupt, sondern stark gedämpft: Die „alten" Industrieländer besitzen bei der Ausbildung der Arbeitskräfte immer noch einen beträchtlichen Vorteil, weil sie sich die besseren Schulen und Universitäten leisten können: Es ist daher nicht so leicht, in Malaysia Ingenieure aufzutreiben, die den Absolventen der Wiener oder Grazer TU gleichwertig sind. Es ist ferner, auch im Zeitalter der Telekommunikation, nicht so leicht, in einem fernen, fremden Land eine hochwertige Produktionsanlage einzurichten und vor allem auch instand zu halten. Die geringere soziale, innere und politische Sicherheit stellt – von Venezuela bis Nigeria – ein weiteres signifikantes finanzielles Risiko dar. Und vor allem bei der Herstellung hochwertiger Güter mittels meist auch sehr hochwertiger Maschinen spielen die Lohnkosten längst keine so große Rolle mehr.

Damit ist auch die Strategie, die ein Hochlohnland wie Österreich oder Deutschland angesichts der Globalisierung einschlagen muss, vollkommen klar: noch und noch in Ausbildung investieren, um den diesbezüglichen Vorsprung so lang wie irgend möglich zu halten. Denn vorerst sind wir noch erheblich reicher und können uns hohe Investitionen in Ausbildung wesentlich leichter leisten als ein Entwicklungsland.

Und unser Vorsprung an Reichtum geht auch nicht so rasch verloren: Vorerst werden die etablierten Industrieländer nämlich ganz im Gegenteil viel mehr vom globalen Käufermarkt profitieren, als sie an den globalen Produzentenmarkt verlieren: Noch lassen sich Produkte von hoher Qualität, von der Mercedes S-Klasse bis zu Heidelberger Druckmaschinen, in China oder Indien zu guten Preisen verkaufen, obwohl sie in Europa zu hohen Löhnen produziert worden sind. Noch werden die Produktionsanlagen in den Schwellenländern durchwegs von Anlagenbauern der etablierten Länder errichtet. Auch danach wird zumindest ein Teil der Gewinne, die europäische Firmen mit Produktionsstätten im Ausland erzielen, nach Europa zurückfließen. Gleichzeitig werden in den Schwellenländern noch mehr Reiche heranwachsen, die, wie heute die Amerikaner, einen Mercedes, Audi oder BMW den kaum schlechteren Autos aus eigener Produktion vorziehen. Europäische Qualitätsprodukte werden so noch sehr lange vom vergrößerten globalen Markt überproportional profitieren.

Natürlich wird man zur grünen Linken sofort erklären, dass es ja nicht nur die niedrigen Löhne sind, die es für die Konzerne so viel billiger machen, in Entwicklungsländern zu investieren, sondern auch deren unterentwickelte Sozialgesetze, Umweltschutz- oder Sicherheitsauflagen. Natürlich ist das richtig und man soll dagegen ankämpfen: zum Beispiel indem man gewerkschaftliches Know-how exportiert; aber auch, indem man tatsächlich solche Waren boykottiert, von denen bekannt wird, dass sie unter unmenschlichen Bedingungen hergestellt werden. Auch das ist freilich, wie immer, komplex: Uns erscheint es unmenschlich, wenn Kinder dank ihrer kleinen Hände Teppiche knüpfen – in den betroffenen Familien ist man selig, dass sie dazu Gelegenheit haben.

Wir haben in vielen Entwicklungsländern die Bedingungen des frühen Kapitalismus – aber aus diesem frühen Kapitalismus ist in rund hundert Jahren unsere soziale Marktwirtschaft gewachsen. In den heutigen Entwicklungsländern sollte das wesentlich rascher passieren, denn inzwischen hat sich unter „Kapitalisten" herumgesprochen, was seinerzeit eine sensationelle Erkenntnis Henry Fords gewesen ist: dass seine Arbeiter besser verdienen müssen, damit sie seine Autos kaufen können.

Es wachsen in den Entwicklungs- und Schwellenländern auch jetzt schon keineswegs nur Reiche und Superreiche heran, die die Mercedes S-Klasse kaufen, sondern auch Arbeiter, die den Renault-, VW- oder Fiat-Billigwagen kaufen, der in ihrem Land produziert wird. In Ziffern: Waren 1990 noch 42 Prozent der Weltbevölkerung „sehr arm", so ist dieser Prozentsatz mittlerweile auf weniger als 25 Prozent heruntergegangen. (In China, das am intensivsten an der Globalisierung teilnahm, sank er von 60 auf 16 Prozent.)

Mit ein bisschen Glück werden die Löhne in den heutigen Niedriglohnländern daher in einem solchen Tempo steigen, dass der Abstand zu unseren Löhnen seine überragende Bedeutung schon verloren hat, ehe Strache & Co. politisches Kapital aus den Übergangsschwierigkeiten ziehen konnten.

Aber das ist nicht sicher, und deswegen sollten wir in den kommenden Jahrzehnten eigentlich besonders gute, fähige Regierungen ins Amt beförderten, die um die unglaubliche Dringlichkeit des Investierens in Bildung wissen. Ich bin nicht absolut sicher, dass das in Österreich der Fall ist – schon weil wir (und übrigens auch die Deutschen) ein Wahlrecht besitzen, das kompromisslos initiatives Handeln der jeweiligen Regierung überaus schwierig macht.

Doch das war Gegenstand des 13. Kapitels und ich will es nicht noch einmal aufwärmen, obwohl der verzweifelte Kampf von Bildungsministerin Claudia Schmied um Unterstützung durch ihren schwarzen Widerpart Josef Pröll es nahe legte.

Ich bin also nicht absolut sicher, dass wir die Globalisierung so relativ gut wie die Osterweiterung überstehen (falls wir die wirklich relativ gut überstehen sollten). Aber wenn wir sie überstanden haben, wird sie sich als das einzige Unterfangen darstellen, das die Einigung Europas an Gewicht und Bedeutung noch übertrifft: Rund um den Globus werden Kaufleute ungleich mehr produzieren, ungleich mehr absetzen und damit ungleich mehr Wohlstand als heute schaffen.

Dieser durch die Kaufleute geschaffene Wohlstand wird, wie in China, vorerst wichtiger sein als die demokratische Ordnung und der Rechtsstaat. Aber er wird den Rechtsstaat befördern, denn wer Wohlstand besitzt, will verhindern, dass er ihm von irgendjemandem – Dieben, Betrügern oder der Regierung – einfach weggenommen werden kann.

Es wird also, wie in China, überall zu einem funktionierenden Schutz des Eigentums kommen. Und immer mehr Eigentümer werden irgendwann auch immer mehr politische Rechte fordern und erhalten. Und das wird mehr Freiheit bewirken.

Ich glaube an Fukujamas „Ende der Geschichte".

Christian Ortner hat wie immer einen gewichtigen Einwand bereit, dem er vielleicht sogar die Form eines Buches geben will: Es könnte sein, dass sich autoritäre Systeme wirtschaftlich sogar besser und schneller nach oben entwickeln als demokratische. China, aber auch Nordvietnam könnten ein Beispiel dafür sein. In diesen Ländern, so meint er, könnten die Menschen das Wachstum ihres Wohlstandes so sehr genießen, dass sie gar nicht auf die Idee kommen, das durch demokratische Experimente zu gefährden. Zumal sie die Freiheit des Reisens, der Berufswahl, der Partnerwahl usw. usw. ja (anders als in Hitler-Deutschland oder der UdSSR) durchwegs genießen und einzig und allein darauf verzichten müssen, ihre – sowieso erfolgreiche – Regierung alle paar Jahre abzulösen oder zu bestätigen.

Ich halte das für möglich, nicht aber für wahrscheinlich.

Politische Freiheit ist zugegebenermaßen ein Luxus. Aber die Menschen streben nach Luxus – gerade wenn sie sonst alles haben, werden sie auch darauf nicht verzichten wollen. Es geht letztlich um die Freiheit des Denkens (und zum Beispiel des Niederschreibens von Gedanken), die ein autoritäres Regime nie in ausreichendem Maße zulassen kann. Auf diese Freiheit wollen aber gerade die Menschen nicht dauerhaft verzichten, von denen man innovative wissenschaftliche Leistungen erwarten kann. Und diese Leistungen braucht eine Wirtschaft, um dauerhaft auf einem Spitzenplatz zu liegen.

Noch gibt es keine großen nordvietnamesischen oder chinesischen Entdeckungen und Erfindungen und ich würde mich wundern, wenn sie unter einem autoritären Regime zustande kämen.

Es gibt aber ein spannendes *experimentum crucis*: Das autoritäre Regime von Singapur hat beschlossen, innerhalb kürzester Zeit eine führende Stellung in der Biologie und Biochemie einzunehmen, und eine Menge Wissenschaftler sind dem lukrativen Ruf an ihre Universitäten gefolgt.

Wenn das Experiment Erfolg hat, werde ich mich geschlagen geben.

21. Der behinderte Markt

Falls sich jemand angesichts der aktuellen Krise der Weltwirtschaft über mein Vertrauen in die Wirtschaft wundert: Diese Krise war vorhersehbar. Sie wurde nicht in erster Linie dadurch verursacht, dass „der Markt versagt hat", sondern dadurch, dass die Politik den Markt energisch am Funktionieren gehindert hat.

Beide Behauptungen treffen zur Linken wie zur Rechten auf betroffenen Widerspruch: Man habe, erklären der rote Ex-Finanzminister Ferdinand Lacina und der schwarze „Erste"-General Andreas Treichl fast wortgleich, nicht ahnen können, dass eine Finanzkrise des aktuellen Ausmaßes über uns hereinbricht. Zusatz Lacina: Der Markt hat versagt, der Staat ist wieder gefordert.

Ich habe die Finanzkrise nicht bloß geahnt, sondern vor fünf Jahren öffentlich vertreten, dass sie kommen muss. Allerdings nicht, weil ich ein solches Genie gewesen wäre, sondern weil ich mich an jemandem orientiert habe, den man zumindest brillant nennen müsste: Erich Streissler, seines Zeichens Professor für Volkswirtschaftslehre an der Universität Wien, hat die aktuelle Krise in einem doppelseitigen Artikel der *Presse* vom 10. August 2002 aufs Komma genau vorhergesagt.

Seine Argumentation war ebenso einfach wie überzeugend: Die USA seien, wie aus ihrem Budgetdefizit und ihrer Leistungsbilanz ersichtlich ist, dramatisch verschuldet. Auf der Basis dieser hohen Verschuldung sei es zu einem künstlichen Boom gekommen, der sich unter anderem in weit überhöhten Aktienkursen niederschlage. Doch jedes Mal, wenn der amerikanische Aktienmarkt Gefahr gelaufen sei einzubrechen, weil sich eine Spekulationsblase gebildet hatte, habe der Chef der Notenbank, Alan Greenspan, anstatt die notwendige kräftige Korrektur zuzulassen, die Zinsen massiv gesenkt und die Geldmenge ausgeweitet. Daher hätten alle Beteiligten sich noch weiter verschuldet und also müsse der Absturz noch kräftiger ausfallen. Denn der Kapitalzufluss aus dem Ausland würde angesichts dieser extremen Verschuldung früher oder später abreißen und die Amerikaner zwingen, wieder zu sparen, um ihre Schulden abzutragen. Massives Sparen bei stagnierenden Einkommen bedeute Rezession und Rezession in der größten Volkswirtschaft müsse eine Weltwirtschaftskrise auszulösen.

Genauer geht es eigentlich nicht.

Ich las den Artikel aus zwei Gründen mit besonderer Aufmerksamkeit: zum einen, weil ich mich seit Jahren mit dem Thema Arbeitslosigkeit auseinandergesetzt habe und der Meinung war, sie sei in den entwickelten Industrieländern vor allem durch den galoppierenden technologischen Fortschritt im industriellen Bereich bedingt. Dieser These entsprach, dass Deutschland mit seiner extrem hoch entwickelten Technologie eine erstaunlich hohe Arbeitslosenrate auswies – aber dem schien zu widersprechen, dass die USA ein „Beschäftigungswunder" verzeichneten. Streisslers Analyse schien mir diesen Widerspruch zu verringern: Wenn die USA vor allem auf Pump boomten, dann war das Beschäftigungswunder nicht ganz so erstaunlich, denn natürlich kann ein Krida-Unternehmen sogar durchaus eine Menge Leute beschäftigen, solange man ihm jede Menge Kredite einräumt.

Der zweite, mindestens so gewichtige Grund, den Artikel mit besonderem Interesse zu lesen, lag in der Person des Autors: Ich hatte Professor Streissler aus meiner Tätigkeit als Herausgeber der leider eingestellten *Wochenpresse/ WirtschaftsWoche* in spezieller Erinnerung. Anlässlich der deutschen Wiedervereinigung hatten wir ihn gebeten, deren wirtschaftliche Konsequenzen vorherzusagen, und während das Gros der Wirtschaftswissenschaftler Übergangsschwierigkeiten von höchstens vier, fünf Jahren vermutete, die von einem neuen deutschen Wirtschaftswunder abgelöst würden, behauptete Streissler das genaue Gegenteil – die wirtschaftlichen Probleme der Wiedervereinigung würden Deutschland durch Jahrzehnte belasten: Wolle man das äußerst niedrige Realeinkommensniveau der DDR auf das der Bundesrepublik anheben, so bedürfe es einer „Investition von mindestens 1000 Milliarden D-Mark", die Westdeutschland finanziell überlasten müsste. Gerade die alten Industriegebiete im Osten Deutschlands seien ein Mühlstein am Hals jeder Entwicklungspolitik. Ostdeutschlands Länder würden daher „Gegenden bleibenden Wirtschaftrückstandes" sein.

Während Christian Ortner, mein Stellvertreter als Chefredakteur, aufgrund dieser Argumente überzeugt war, dass Streissler recht hätte, vertraute ich damals eher dem Mainstream: Mit der Mehrheit der deutschen Wirtschaftswissenschaftler hoffte ich auf ein neues deutsches Wirtschaftswunder.

Vergeblich, wie wir heute wissen.

Das habe ich mir gemerkt: In der Wissenschaft im Allgemeinen und in der Wirtschaftswissenschaft im Besonderen ist es völlig unerheblich, was die Mehrheit der Experten vermutet. Es ist besser, sich an einen noch so krassen Außenseiter zu halten, wenn er überzeugend argumentiert.

Streissler freilich war beileibe kein Außenseiter, sondern besaß und besitzt auf seinem Gebiet weltweite Reputation. Es hätte also nahe gelegen, dass sich die wichtigeren Medien und diverse „Wirtschaftsexperten" – von den Vorständen der großen Banken bis zum amtierenden Finanzminister – eingehend mit seiner Argumentation zum wirtschaftlichen Zustand der USA auseinandergesetzt hätten.

Aber dem war nicht so.

Vielleicht weil ich kein „Experte", sondern ein interessierter Laie bin, habe ich nach der Lektüre des Streissler-Textes begonnen, systematischer als zuvor im Internet Daten über den Zustand der amerikanischen Wirtschaft zu recherchieren und es dabei als geradezu atemberaubende Informationsquelle schätzen gelernt: Von Text zu Text bin ich auf immer mehr kritische Stimmen gestoßen, auch wenn sie sich nie, wie bei Streissler, zu einem Gesamtbild zusammenfügten, sondern bestimmte Details betrafen: etwa den Umstand, dass die USA ihre Wirtschaftsdaten manipuliert und insbesondere im wichtigen Bereich der Produktivität massiv geschönt haben.

Als mich der Verband der österreichischen Versicherungsunternehmen im November 2002 für eine Tagung in Graz zu einem Vortrag über die „USA als Vorbild" eingeladen hat, habe ich das zum Anlass genommen, meine gesammelten Detailrecherchen zum „Beschäftigungswunder" mit Streisslers grundsätzlicher These zu verschränken und das amerikanische Vorbild energisch anzuzweifeln.

Wenn ich meinen Vortrag hier in einem gekürzten Auszug wiedergebe, dann hat das drei Gründe:

Erstens Eitelkeit: Ich bin ein wenig stolz darauf, Streisslers überzeugende Argumentation als überzeugend erkannt und durch eigene Recherchen noch gestärkt zu haben.

Zweitens Abbau des Irrglaubens, die angesprochenen Probleme wären zu komplex, um von einem Laien verstanden zu werden: Jede Hausfrau kann problemlos verstehen, warum der amerikanische Haushalt in die Krise schlittern musste.

Drittens unveränderter Bedarf an gemeinverständlicher Information: Ich bin, wenn ich von Streisslers Urtext absehe, in den hiesigen Medien auf keine weitere zusammenfassende Darstellung jener Entwicklung gestoßen, die zur aktuellen Krise geführt hat. Der ORF hat im „Club 2" zu diesem Zweck zwar große (und auch interessante) TV-Diskussionen unter allen möglichen Experten veranstaltet – aber Streissler hat er nicht eingeladen.

Es besteht, so würde ich behaupten, ein verständliches Bedürfnis der sogenannten „Experten", die Entwicklung als kaum verständlich und unvorhersehbar darzustellen, weil man sich sonst fragen müsste, warum sie sie, trotz Streisslers Hinweis, so gar nicht vorhergesehen haben.

Damit zum Vortrag vom November 2002:

„Dass die USA zur Zeit die stärkste Wirtschaftsmacht der Welt sind, ist ein Standardsatz der Weltpresse. Bis vor kurzem war er durchwegs von einem zweiten Standardsatz gefolgt: Die Europäer müssen endlich ihre Hausaufgaben machen, wenn sie nicht immer weiter hinter die USA zurückfallen wollen, fordert so gut wie jeder Wirtschaftskommentator, egal ob er nun die Entwicklung der Aktienmärkte, den Kurs des Dollar oder das Wirtschaftswachstum zum Gegenstand hatte. Doch seit Sommer vorigen Jahres sind diese Stimmen leiser geworden. Die USA, so wird immer deutlicher, befinden sich in der Anfangsphase einer Rezession. Ich fürchte, Sie in der Folge davon überzeugen zu müssen, dass ein ernsthaftes Risiko dafür besteht, dass die kommenden Jahre – auch für uns – sehr kritisch werden.

Die Fehlentwicklung hat begonnen, als die USA uns 1980 unter Ronald Reagan erstmals als großes Vorbild präsentiert worden sind. Ich kann mich noch gut an diese Zeit erinnern. Es gab damals immer die Wirtschaftsgespräche in Alpbach und ich war einer der Journalisten, die mit großen Augen mit anhörten, was die Banker, die in Österreich als Inbegriff der Wirtschaftswissenschaften gelten, so zu sagen haben. Im Wesentlichen waren sie spätestens beim vierten Satz bei Ronald Reagan und ihrer Begeisterung für seine angeblich völlig neue Wirtschaftspolitik. Es war, das muss ich gleich hinzufügen, vorerst eine klammheimliche Begeisterung, denn an der Regierung waren damals bekanntlich die Sozialisten unter Bruno Kreisky, die eine Wirtschaftspolitik betrieben haben, die sich in Worten wie das diametrale Gegenteil von Reagonomics las: Sie erinnern sich sicher an Kreiskys Ausspruch, dass ein Milliardendefizit ihm lieber sei als ein einziger Arbeitsloser.

Die SPÖ setzte voll auf staatliches Deficit Spending – Reagan dagegen hatte den Rückzug des Staates und die Eindämmung der Staatsausgaben ... auf seine Fahnen geschrieben ...

(Nur) ist das Gegenteil eingetreten: Reagan hat ein gewaltiges Rüstungsprogramm in Gang gesetzt und das Budgetdefizit gegenüber seinem Vorgänger Jimmy Carter in etwa verdoppelt. Von den politischen Folgen dieser Hochrüstung profitieren wir bis heute: Die Sowjetunion, die geglaubt hat, in ähnlichem Ausmaß mitrüsten zu können, ist daran wirtschaftlich zerbrochen, und das war ein entscheidender Beitrag zur Wende.

Die wirtschaftlichen Folgen dieses Rüstungsprogramms waren ein dramatisch gesteigertes Budgetdefizit in der Höhe von 4,6 Prozent des BIP.

Die gewaltigen Staatsaufträge für die Rüstungsindustrie haben ihrerseits die riesige Zulieferindustrie stimuliert und damit die gesamte Konjunktur angekurbelt. Mit einem Fremdwort nennt man das Deficit Spending – also genau das, was die Regierung Kreisky für den Stein der Weisen gehalten hat.

Während Kreisky primär den Schuldenberg des Staates erhöht hat – Sie erinnern sich sicher an die gewaltigen Zuwachsraten des Budgetdefizits –, hat Reagan darüber hinaus den Schuldenberg der Privathaushalte gewaltig erhöht. Er hat nämlich durch Änderung der entsprechenden Bestimmungen ermöglicht, dass die Amerikaner höhere Kredite auf ihre Häuser aufnehmen.

Auf diese doppelte Weise keynesianisch angeheizt, sind die USA in einen Boom eingetreten, der mit kurzen Unterbrechungen fast bis zu diesem Jahr gedauert hat. Ein Konsumrausch hat die Amerikaner erfasst, der ebenfalls bis heute andauert: Sie haben gekauft und gekauft und gekauft, Autos, Häuser, Aktien – sie haben alles ausgegeben, was sie verdienten, und mit den Jahren noch zunehmend mehr.

Seit Ronald Reagan leben die Amerikaner auf Pump.

Ich glaube zeigen zu können, dass das zu einem Mühlstein um ihren Hals geworden ist.

In der Ära Bush senior war weniger vom Vorbild USA in der Wirtschaftspolitik die Rede, denn er hatte mit dem von Reagan hinterlassenen Budgetdefizit und mit der sinkenden Auslastung der Rüstungsindustrie zu kämpfen, da sich angesichts des Zusammenbruchs der Sowjetunion weitere Rüstungsausgaben Reagan'scher Dimension beim besten Willen nicht mehr vertreten ließen. Eine leise Rezession mit sinkenden Steuereinnahmen ließ sein Budgetdefizit noch um einiges höher als jenes Reagans ausfallen.

Erst unter Clinton – der unter anderem an die Regierung gelangte, weil man Bush Erfolg in der Wirtschaftspolitik absprach – wurden die USA neuerlich und endgültig zum wirtschaftlichen Vorbild: Kein Tag, an dem nicht irgendjemand gefordert hätte, Europa müsse von den Amerikanern lernen, das heißt, die Wirtschaft so wie sie betreiben.

Alle Zahlen (der Ära Clinton) suggerieren ein (fortgesetztes) amerikanisches Wirtschaftswunder:

- Das Budgetdefizit wich einem Budgetüberschuss.
- Die Produktivität schien stärker als im europäischen Schnitt gestiegen.
- Die Inflation schien gering geblieben.
- Die Arbeitslosigkeit ist auf das niedrigste Niveau seit 25 Jahren gefallen.

Vor allem die letzte Feststellung war und ist es, die die Regierungen der EU-Mitgliedsstaaten vor Neid erblassen lässt, denn in ihren Ländern ist die Arbeitslosigkeit bekanntlich – mit Ausnahme von Holland und zuletzt Frankreich – entweder gestiegen oder hat allenfalls auf hohem Niveau stagniert.

Im ersten Augenblick ist man geneigt, diesen amerikanischen Erfolg mit dem überragenden Wirtschaftswachstum in den USA in Zusammenhang zu bringen. Aber das stimmt nicht: Nur in den letzten Jahren war das Wirtschaftswachstum dort höher als z. B. in Deutschland, im Schnitt der letzten zehn bis fünfzehn Jahre ist der Unterschied marginal. Während aber in den USA Wirtschaftswachstum und Jobwachstum gekoppelt waren, sind sie in Österreich oder Deutschland voneinander abgekoppelt. Die Wirtschaft wächst, die Zahl der Jobs wächst nicht mit.

Da Österreich oder Deutschland gleichzeitig wesentlich geringere Arbeitszeiten als die USA aufweisen, muss es also einen anderen Grund haben, dass das Wirtschaftswachstum in den USA so viele und in Deutschland oder Österreich so vergleichsweise wenige neue Jobs hervorgebracht hat. Die wesentlichste Ursache ist außergewöhnlich simpel: Die Arbeitsproduktivität, das, was die einzelne Arbeitskraft pro Stunde leistet, ist in den USA deutlich geringer. Stieg sie dort etwa zwischen 1983 und 1993 um nur 9 Prozent, so ist sie im Westen Deutschlands in diesem Zeitraum um 31 Prozent gestiegen. Wenn die Produktivität der USA seit 1995 im Durchschnitt um 3,5% pro Jahr, in Deutschland aber nur um 1,7% gestiegen ist, so bedarf das also dringend der Relativierung: Der Anstieg erfolgte von einem wesentlich niedrigeren Niveau aus. Absolut gesehen liegt die US-Produktivität weiterhin unter der Produktivität der starken europäischen Volkswirtschaften.

Wenn aber, wie vor allem in Deutschland, nach wie vor jede Arbeitskraft pro Stunde deutlich mehr als in den USA leistet, braucht man weniger Leute, um einen Auftrag zu erfüllen. Oder umgekehrt: Wenn eine Arbeitkraft, wie in den USA, pro Stunde deutlich weniger leistet als in Deutschland, braucht man mehr Leute.

Damit bin ich beim entscheidenden Punkt. Man kann das amerikanische Beschäftigungswunder auch so beschreiben: Die US-Wirtschaft kann vor allem deshalb wesentlich mehr Leute beschäftigen, weil ihre Produktivität geringer ist. Es gibt – jeder Augenschein erweist es – in der US-Industrie weniger moderne Maschinen, die den Menschen die Arbeit abnehmen – man kann auch, je nach Standpunkt, wegnehmen sagen.

Die amerikanischen Industrie ist altmodischer. An dieser Feststellung ändert auch die Tatsache nichts, dass sie in manchen Bereichen – etwa der IT-Branche – führend ist.

Deutschland hat u. a. so viele Arbeitslose, weil es von der maschinellen Ausstattung her eine so fortschrittliche Wirtschaft hat.

Nun ist der Grad der maschinellen Ausstattung bzw. der Rationalisierung noch kein wirtschaftlicher Vorteil per se. Der Ersatz von Menschen durch Maschinen lohnt ja nur, wenn die Maschinen die Arbeit billiger verrichten. In den USA sind genügend Arbeitskräfte billig genug, um ohne die modernsten Maschinen konkurrenzfähig zu bleiben. Nur glaube ich nicht, dass das auch für längere Zeitspannen gilt: Modernere Maschinen arbeiten auch besser und ziehen neue Innovationen nach sich. Der durchschnittliche europäische Industriebetrieb, so könnte ich mir vorstellen, wird seinen amerikanischen Konkurrenten in den kommenden Jahren davonlaufen.

Auch wenn man die Bereiche, in denen die USA technologisch führend sind, mit einbezieht, sind sie das exportschwächste aller entwickelten industrialisierten Länder. Denken Sie nur einmal daran, wie viele japanische oder deutsche Autos in den USA fahren und wie wenige amerikanische bei uns – dann haben Sie eine ziemlich präzise Illustration der Lage.

Damit bin ich bei einer zweiten für meine These wesentlichen Feststellung: Die USA exportieren seit Jahrzehnten weniger als die Hälfte dessen, was sie importieren. Fachchinesisch: Die USA haben seit Jahrzehnten ein chronisches Leistungsbilanzdefizit.

Man kann ein Leistungsbilanzdefizit auch anders lesen – nämlich: Die USA sind im Ausland chronisch verschuldet.

Seit Reagan sparen sie nicht mehr, sondern lösen, im Gegenteil, ihre Sparguthaben auf, um wie nie zuvor zu konsumieren. Zuletzt – unter George W. Bush – sogar um mehr zu konsumieren, als sie verdienen.

Das war die wesentlichste Basis der anhaltenden amerikanischen Konjunktur: Nichts mehr sparen, alles verkonsumieren.

Ihre Investitionen lassen sich die USA nicht mehr aus der eigenen Sparleistung, sondern durch die Sparleistungen des Auslands finanzieren: Sie nehmen per Saldo immer mehr internationale Kredite auf. Derzeit sind sie im Ausmaß von mehr als 40 Prozent ihres Sozialprodukts im Ausland verschuldet. Es ist dies eine völlige Umkehr der amerikanischen Wirtschaftspolitik, denn von der Weltwirtschaftskrise bis in die 1980er-Jahre waren die USA immer ein Land mit einem Sparüberschuss, den sie stets zu einem erheblichen Teil im Ausland veranlagt haben. Sie waren es, die ausländische Realitäten, Rohstoffvorkommen, Unternehmen aufgekauft haben und nicht zuletzt auf diese Weise zur führenden Wirtschaftsmacht der Welt geworden sind. Stattdessen sind sie zum größten Schuldner der Welt geworden. Man muss es sich auf der Zunge zergehen lassen: Die USA, nicht vielleicht Brasilien oder irgendeine Bananenrepublik, sind zurzeit das absolut meistverschuldete Land.

Der amerikanische Kaufrausch hat nicht nur den Konsum, sondern auch den Aktienmarkt angeheizt. Der Aktienboom von 1995 bis 1999 beruht in seinem hausgemachten Teil auf der Übernachfrage in den USA, die die Aussichten der Unternehmen unerschöpflich aussehen ließ. Da Aktien in den USA breit gestreut sind, also auch zahllose Haushalte Aktien besitzen, hat die Aktien-Hausse ihrerseits den Konsum weiter angeheizt, denn sie hat jede Familie in der Überzeugung gewiegt, sehr wohlhabend zu sein und sich etwas leisten zu können.

Wahrscheinlich wäre diese wirtschaftliche Konstellation dennoch nicht so lange reibungslos verlaufen, wenn es nicht gleichzeitig mit der chronischen Übernachfrage in den USA eine chronische Unternachfrage in Japan gegeben hätte. Die Japaner sparen zu viel und konsumieren zu wenig. Japans Leistungsbilanz liest sich daher genau spiegelverkehrt zur amerikanischen: Es wird ständig ungleich mehr exportiert als importiert.

Auf diese Weise haben die Fehlverhalten beider Volkswirtschaften sozusagen ideal zusammengepasst: Die Amerikaner haben wie wild importiert, was die Japaner wie wild exportiert haben. Um die Nachfrage im eigenen Land anzukurbeln, hat die japanische Regierung Yen-Kredite bekanntlich extrem billig gemacht, und so haben Anleger auf der ganzen Welt Yen aufgenommen, um damit Aktien in den USA zu kaufen. Damit ist der Kurs amerikanischer Aktien in den Himmel gestiegen und hat den amerikanischen Haushalten noch mehr das Gefühl vermittelt, unbegrenzt konsumieren zu können.

Wenn Sie mir bisher gefolgt sind, dann ahnen Sie, dass ich nicht glaube, dass das eine vorbildliche Entwicklung der Wirtschaft darstellt.

Normalerweise findet die immer größere Auslandsverschuldung eines Landes ein natürliches Ende: Seine Kreditwürdigkeit sinkt, der Kurs seiner Währung sinkt, es muss immer höhere Zinsen zahlen, um Kredit zu erhalten. Die hohen Zinsen drücken ihrerseits aufs Wirtschaftswachstum und damit auf die Nachfrage nach Kapital, bis sich auf einem reduzierten Niveau wieder ein Gleichgewicht eingependelt hat. Der durch Verschuldung überhitzten Konjunktur folgt sozusagen die Abkühlung auf dem Fuß.

Bei den Amerikanern war das bis 1999 nicht der Fall: Die Aktien sind immer weiter gestiegen, der Dollar ist gestiegen, die Zinsen sind fast gleich geblieben. Die Anleger mussten sich im Schlaraffenland wähnen und haben immer weiteres Kapital in die USA verlagert.

Die Wirtschaftspresse war begeistert: Ein neues Zeitalter ist angebrochen. Fortdauernde Hochkonjunktur, fortdauernde Aktien-Hausse, keine Inflation.

Gutgeschrieben wurde dieses Wunder einem Mann, dessen Name nur mit gezogenem Hut ausgesprochen wurde: dem Chef der US-Geldbehörde FED, Alan Greenspan.

An ihm, so hat die Wirtschaftspresse gefordert, sollte sich Wim Duisenberg ein Beispiel nehmen: So wie die FED sollte die Europäische Zentralbank EZB reagieren, dann stünde die EU anders da.

Sehen wir uns also an, ob die Politik der FED ein Vorbild für die EZB sein könnte.

Vorweg: Die US-Notenbank hat vom Gesetz her eine andere Aufgabe als die EZB. Während Letztere nur die Aufgabe hat, die Preise stabil zu halten, also die Inflation zu bekämpfen, hat die FED neben der Inflationsbekämpfung die Wirtschaftsentwicklung als Ganzes im Auge zu behalten. Sie darf zum Beispiel, im Gegensatz zur EZB, eine deutlich erhöhte Inflation in Kauf nehmen, wenn sie das im Sinne der gesamtwirtschaftlichen Entwicklung für nötig hält. Die EZB darf das nicht: Inflationsbekämpfung muss immer ihr Hauptziel sein. Die Wirtschaft darf sie nur unterstützen, wenn das die Preisstabilität nicht gefährdet. Ihr Spielraum für Zinssenkungen ist daher wesentlich geringer.

Die EZB verfolgt ihr Ziel auf der Basis einer Zwei-Säulen-Strategie. Erste Säule: Orientierung an der Geldmenge aus der Überzeugung, dass Inflation ein monetäres Phänomen ist: Wenn knappen Gütern zu reichliches Geld gegenübersteht, steigen die Preise. Geld knapp zu halten, schützt daher vor Inflation. Weil der Euro-Raum allerdings sehr unterschiedliche Volkswirtschaften vereint, hat man dieser ‚monetaristischen‘ Säule eine zweite hinzugefügt: Beobachtet werden auch gewisse Wirtschaftsindikatoren, die Hinweis auf die künftige Preisentwicklung geben – natürlich die Entwicklung der Zinsen, der Verbraucherpreise, aber auch die Entwicklung der Lohnkosten oder das Wirtschaftswachstum. Auf diese Weise besitzt auch die Geldpolitik der EZB eine gewisse Flexibilität gegenüber der ausschließlichen Orientierung an der Inflation wie sie für ihr Vorbild, die deutsche Notenbank, charakteristisch war – aber zwangsläufig ist diese Flexibilität bedeutend geringer als die der FED.

Denn für die FED gibt es überhaupt kein Regelwerk, das ihr eine bestimmte Geldpolitik vorschreibt, sondern ihr Vertreter betreibt sie sozusagen nach Augenmaß: Er gleicht einem jener Götter in Weiß, die ihren Patienten nur anschauen und dann genialisch die richtige Medizin verordnen.

Entsprechend überragend war in unserer Mediengesellschaft der Status des Alan Greenspan: ‚Maestro‘ war der Beiname, der ihm am häufigsten verliehen wurde und seine absolute Taktsicherheit ausdrücken sollte. Aus der Art und Weise, wie er seine Aktentasche gehalten hat, wurden ebenso Schlüsse gezogen wie aus dem Winkel seiner Augenbrauen. Von der Stellung seines Zeigefingers bei seinen Reden hingen die Börsenkurse ab.

Im Wesentlichen sorgte er dafür, dass sie hoch blieben. Wohl sagte er dann und wann, dass er das Kursniveau übertrieben fände – dann sackten die Kurse auch kurzfristig sofort um 2 Prozent herunter –, aber die Geldmenge bremste er kaum und meist waren die Kurse ein paar Wochen später schon wieder am alten, hohen Niveau.

Man kann das damit entschuldigen, dass es ja keine Inflation gegeben hat. Allerdings nur, wenn man die Preise der Aktien außer Acht lässt – die haben sich nämlich im Beobachtungszeitraum vervielfacht.

Als 1998 der Zusammenbruch einiger großer, hochspekulativer Fonds eine Börsenkrise einzuleiten drohte, hat Greenspan den bereits überhöhten Aktienkursen weiterhin Priorität vor schmerzhafter Anpassung an die Realität eingeräumt. Damit die Fonds-Pleite nicht in einen allgemeinen Kurssturz übergeht, hat er die Wirtschaft mit billigem Geld geflutet und tatsächlich den aktuellen Einbruch abgefangen. Das wurde einmal mehr als vorbildlicher Geniestreich gewertet. Damals jedenfalls. Heute muss man es nüchterner beurteilen: Greenspan hat die Krise nur hinausgeschoben – und ihr potenzielles Ausmaß damit dramatisch verstärkt. Denn das billige Geld – die niedrigen Zinsen – bewirkte jene dramatische Überinvestition in Aktien, die als New Economy Bubble im letzten Sommer geplatzt ist.

Denn der Zusammenhang zwischen der Höhe der Aktienkurse und der Höhe der Geldzinsen ist unvermeidlich: Wenn Geld geringe oder fast keine Zinsen trägt, wird es natürlich in scheinbar ewig steigende Aktien investiert. Wenn viele Leute das tun, steigen die Aktienkurse zwangsläufig, auch wenn dem keinerlei Steigerung des inneren Wertes der Unternehmen zugrunde liegt.

So wiesen amerikanische Aktien Kurs-/Gewinnverhältnisse (KGVs) von durchschnittlich 50 auf – etwa doppelt so viel wie die Aktien Europas.

Besser sind amerikanische Unternehmen deshalb nicht.

Und irgendwann muss diese künstliche Aktien-Hausse ihr Ende finden. Normalerweise geschieht das innerhalb relativ kurzer Zeit. Das Besondere der amerikanischen Entwicklung war, dass es so ungemein lange gedauert hat, bis die Kurse zu bröckeln begonnen haben.

Daran hat abermals Alan Greenspan einen wesentlichen Anteil: Er hat durch seine wirtschaftlichen Thesen wesentlich zur Legendenbildung beigetragen. Damit nämlich eine Menge Leute, die normalerweise wirtschaftlich zu denken vermögen, bereit und gewillt sind, Geld in Aktien zu stecken, die bereits 50- bis 100-mal so viel kosten, wie sie an Gewinnen ausschütten, musste alles auf den Kopf gestellt werden, was man bisher über Ökonomie wusste. Eine Legende musste geboren werden: die Legende von der durch das E-Business geschaffenen ‚New Economy'.

Diese New Economy war angeblich, so haben ihre Propagandisten verlautet, imstande, alles, was man bisher als Probleme entwickelter kapitalistischer Systeme betrachtet hatte, zu vermeiden.

- Die Informationstechnologie würde zu ungeahnten Produktivitätssteigerungen führen, ohne dass deshalb Arbeitskräfte freigesetzt würden. Diese würden vielmehr alle in dem massiv ausweitenden Dienstleistungssektor Platz finden, den diese neue Technologie geschaffen habe.
- Und Preissteigerungen würden unterbleiben, weil die neue Technologie ungemein kostensenkend sei.

Unbestritten daran ist, dass durch das schnelle und kontinuierliche Wachstum der Leistungsfähigkeit mikroelektronischer Komponenten und die sinkenden Kosten für Informationsverarbeitung und -übertragung eine neue Branche, nämlich die IT-Branche, entstanden ist. Das hat zu einer Ausweitung der Anwendungen geführt, die ihrerseits mit der Schaffung einer beträchtlichen Zahl neuer Dienstleistungen, d. h. neuer Jobs, gepaart war und ist. Gleichzeitig haben sich die Lebenszyklen von Produkten verkürzt, was bedeutet, dass sie rascher erneuert werden müssen. Das bedingt abermals Arbeitsplätze.

Es besteht also kein Zweifel, dass die Explosion der Informationstechnologie der Wirtschaft einen kräftigen Impuls gegeben und neue Arbeitsplätze geschaffen hat.

Nur wurde beides vor allem in seiner Dauerhaftigkeit maßlos überschätzt und überzeichnet. Selbst die Unternehmen, die am erfolgreichsten mit diesem neuen Markt gewachsen sind, wie etwa Nokia, Oracle oder Nortel, müssen ihre Wachstumsziele jetzt ununterbrochen nach unten korrigieren und haben ihren Börsenwert halbiert. Jene viel kleineren Wunderunternehmen, die zu Sensationspreisen gehandelt wurden, obwohl sie nur Verluste vorweisen konnten, sind krachend zusammengebrochen ...

In welchem Ausmaß die Informationstechnologie tatsächlich zur Verbilligung von Produkten außerhalb des ureigensten Bereichs beiträgt, ist zumindest noch unklar. Dass sie die Produktivität steigert, ist wahrscheinlich. Aber wie so oft geht es um das Ausmaß. Wir haben schon einmal, im Zusammenhang mit dem Beschäftigungsgrad, von der US-Produktivität gesprochen und festgestellt, dass sie deutlich niedriger als etwa die deutsche ist, dass es also auch leichter gewesen ist, sie von diesem niedrigen Niveau zu steigern.

Während Deutschland seine Produktivität im Schnitt der letzten acht Jahre nur mehr um 1,6 Prozent gesteigert hat, waren es in den USA satte 3,5 Prozent, die der IT-Branche gutgeschrieben und als Wahrzeichen der New Economy gewertet wurden.

Aber einmal mehr muss man bei diesen amerikanischen Erfolgszahlen Vorsicht walten lassen. 1995 haben die USA nämlich die Berechnungsmethode für die Produktivität verändert. Zum Ersten wird sie nach dem ‚hedonistischen Prinzip‘ ermittelt, d. h. die Qualitätssteigerung eines Produkts wird als wert- und damit produktivitätssteigernd berücksichtigt. Ein Beispiel: Die Erhöhung der Taktfrequenz von Prozessoren von 1000 MHZ auf 1300 MHZ stellt ‚hedonistisch‘ eine Qualitätsverbesserung um 30 Prozent dar, d. h. es wird geschlossen, dass der entstandene Computer 30 Prozent mehr wert ist – egal, um welchen Preis er tatsächlich gehandelt wurde. Diese Methode, die man sachlich vielleicht diskutieren kann, wird in den USA bereits bei einem Fünftel des BSP angewendet und bedeutet: Die Wirtschaft weist ein höheres Wachstum aus, weil vielen Produkten ein höherer Wert als der tatsächliche Verkaufspreis zugebilligt wird. Damit fällt auch die Produktivitätsrate höher aus, weil je Stunde ein höherer Wert produziert wurde. Und die Inflationsrate sinkt, weil die Wertsteigerung auch gleich als 30%-ige Verbilligung des Produktes angesehen wurde – wiederum egal, um welchen Preis es verkauft worden ist.

Insgesamt schlägt sich diese methodische Veränderung bei der Messung der Produktivität mit ca. 0,5 Prozentpunkten nieder.

Im gleichen Zeitraum wurde aber noch eine zweite Veränderung vorgenommen: Die Kosten für Software-Entwicklung werden nicht mehr unter Materialkosten, sondern unter Investitionen in der volkswirtschaftlichen Gesamtrechnung verbucht, wodurch das Wirtschaftswachstum höher erscheint, was die Produktivität abermals, diesmal um 0,4 Prozent, höher ausfallen lässt.

Weil das so schöne Zahlen ergibt, haben die USA die Statistiken bis 1959 in diesem Sinne zurückkorrigiert. Im Vergleich mit der Produktivitätssteigerung in Europa müssen von den US-Zahlen also 0,9 Prozent abgezogen werden. Tut man das, so liegen die Produktivitätssteigerungsraten von EU und USA auch in den scheinbar so sensationellen Jahren der New Economy nur mehr um ein paar Zehntel auseinander.

Immer davon abgesehen, dass wir (Österreicher oder Deutsche), absolut gesehen, sowieso die weit höhere Produktivität aufweisen.

Gewachsen ist die US-Produktivität übrigens fast ausschließlich im IT-Sektor selbst sowie in jenen Teilen der Industrie, die IT vorrangig einsetzt. Umgekehrt: In der Waren produzierenden US-Industrie hat es fast kein Produktivitätswachstum gegeben. Sie ist technologisch so weit zurück wie eh und je.

Warum, so werden Sie mich fragen, korrigieren die USA ihre Produktivität und ihr Wirtschaftswachstum von Staats wegen nach oben? Um beide scheinbar so viel höher als in Europa aussehen zu lassen?

Die Erklärung ist spannend: Weil sie dringend so viel besser aussehen müssen. Denn sie sind völlig abhängig vom ständigen Zufluss von Auslandskapital. Zu diesem Zweck müssen sie den Eindruck einer unvergleichlich besser funktionierenden Wirtschaft machen. Deshalb hat man der Qualität der Wirtschaftsdaten von Staats wegen nachgeholfen.

Denn wenn nicht mehr geglaubt wird, dass die Wirtschaft der USA sich ungleich besser als die anderen großen Volkswirtschaften, die europäische und die japanische, entwickelt, dann fließt weniger Kapital in die USA.

Es scheint, dass wir diesen Zustand erreicht haben, und das könnte eine Reihe bitterer Konsequenzen für die USA, aber auch für die gesamte Weltwirtschaft haben.

Vorbote ist das ständige Sinken der Aktienkurse in New York.

Wovon hängt der Wert einer Aktie normalerweise – und ich würde sagen sinnvollerweise – ab? Erstens vom gegenwärtigen und vom zu erwartenden Gewinn. Zweitens von den Kosten des investierten Geldes, also von den dafür zu bezahlenden Zinsen. Je höher die Jahr für Jahr zu erwartenden Erträge und je niedriger die Zinsen, desto höher der Aktienkurs.

Damit sind wir wieder bei Greenspan: Indem er die Zinsen für amerikanische Verhältnisse stets relativ niedrig belassen hat, hat er die hohen Aktienkurse befördert. Die Erwartung der hohen Erträge haben die sogenannten ‚Analysten' geschürt: In ihrer Darstellung haben die 500 Unternehmen des Leitindex S&P im vergangenen Jahr 45 Dollar je Aktie verdient – in der Realität waren es 28. (Manchmal, wie bei Enron, Tyco, Xerox oder Worldcom, hat das Management auch schlicht die Bilanzen gefälscht.) So haben Greenspan und Analysten den Kurswert der Aktien gemeinsam auf einem gigantischen Niveau gehalten. Bis er im Sommer des Vorjahres zu bröckeln und das gesamte Kartenhaus zu rutschen begonnen hat.

Daraufhin hat Greenspan zum zweiten Mal, aber diesmal noch viel drastischer, zum Mittel der Zinssenkung gegriffen: Von 6,5 hat er die Zinsen auf 1,75 Prozent heruntergesetzt. Das hat den dramatischen Verfall der Aktienkurse vorerst verhindert.

Nur erzeugt diese Rettungsaktion ein neues Problem: Wenn die Amerikaner sehr niedrige Zinsen zahlen, werden sie es schwer haben, weiterhin in einem solchen Ausmaß Auslandskapital anzuziehen, wie sie das bisher getan haben, um ihre Investitionen und ihren Boom zu finanzieren. Die Situation wird noch dadurch verschlimmert, dass gleichzeitig auch der Dollarkurs verfällt und, ökonomisch gesehen, auch verfallen muss. Es wird also immer weniger Kapital in die USA fließen.

Damit gehen die USA, und damit bin ich bei meiner Eingangsthese, einer massiven Rezession entgegen. Die Aktienkurse sind noch immer zu hoch und werden sich nicht erholen, sondern, im Gegenteil, weiter fallen. (Das bedeutet übrigens nicht unbedingt, dass deshalb europäische Aktien steigen, denn meist werden sie von der Entwicklung in New York mitgerissen, und im Übrigen wird sich natürlich auch der amerikanische Markt für europäische Waren verengen.)

Mit fallenden Aktienkursen und einem sinkenden Dollarkurs verkehrt sich der Kapitalzufluss in einen Kapitalabfluss.

Ohne weitere Auslandskredite, so argumentiert Professor Erich Streissler in einer wegweisenden Analyse in der Presse, werden die Amerikaner daher gezwungen sein, ihr Leistungsbilanzdefizit abzubauen, das heißt, ihre Sparleistung trotz stagnierender Einkommen drastisch zu erhöhen, indem sie ihren Konsum drastisch verringern. Im Verein mit den zusammenbrechenden Investitionen muss das einen doppelt rezessiven Effekt haben.

Ihn, Streissler, schaudert es bei diesem Gedanken.

Mich auch."

So weit mein Vortrag am 21. November 2002. Auch wenn das Copyright für die zentralen Überlegungen bei Professor Streissler liegt, macht er doch deutlich, was man, wenn man wollte, schon zu diesem Zeitpunkt wissen konnte.

Als eine Weltwirtschaftskrise in den Jahren, die auf seinen Artikel und meinen Vortrag folgten, nicht und nicht eingetroffen ist, habe ich Streissler gelegentlich angerufen und mich nach ihrem Verbleib erkundigt.

Seine Antwort ließ nie einen Zweifel offen: „Warten Sie ab. Es nimmt nur die Fallhöhe für den Absturz weiter zu."

Er war eben, im Gegensatz zu mir, ein wirklicher Experte.

Trotzdem müsste ich meine Grazer Aussagen heute lediglich an einer Nebenfront ergänzen: Das US-Sozialprodukt war nicht nur im Computerbereich geschönt, es wies auch im Bereich der Finanzdienstleistungen sinnwidrige Größen aus: Die Wertschöpfung dieses Sektors erhöhte sich unter anderem um all die Kreditoperationen, die mittlerweile als Ursache der Finanzkrise berühmt geworden sind. Natürlich waren auch die vielen um diese Kredite erworbenen Häuser längst nicht ihre weit überhöhten Preise wert, und in der volkswirtschaftlichen Rechnung scheinen bekanntlich sogar Autos, die auf Halden dahinrosten, als ebenso wertvoll wie tatsächlich verkaufte Autos auf.

Das ausgewiesene BIP der USA war noch etwas irrealer, als ich sowieso vermutet hatte. Zugleich relativiert sich auch das amerikanische Jobwunder ein weiteres Mal: Natürlich haben die Banken extrem viele Mitarbeiter gebraucht, um den Leuten all die Kredite anzudrehen, die sich jetzt als faul erweisen; und die Realitätenbüros haben extrem viele Keiler gebraucht, die Leute zum Kauf all der Häuser zu verleiten, die sie jetzt nicht mehr bezahlen können.

Aber das sind Details, die am Gesamtbild von 2002 nichts ändern: Die Krise war vorhersehbar und ist erklärbar.

Die dramatische Entwicklung ab der Jahreswende 2007/2008 ergab sich exakt, wie Streissler es erwartet hatte: Weil der Dollar sonst abgestürzt wäre, konnte Greenspan den Diskontsatz nicht weiter senken, sondern musste ihn im Gegenteil drastisch erhöhen. Darauf folgten die Aktienkurse endlich dem Marktmechanismus und stürzten ab. Gleichzeitig brach die Subprime-Krise auf, denn natürlich konnten auch all die Amerikaner, die ohne ausreichendes Eigenkapital und Einkommen billige Kredite zum Hauskauf erhalten hatten, diese Kredite nicht zurückzahlen – schon gar nicht, nachdem sie nun wesentlich teurer geworden waren. Es folgte zwingend der Zusammenbruch jener Banken, die ihnen diese Kredite viel zu unvorsichtig eingeräumt hatten. Und ebenso zwingend knickten jene europäischen Banken mit ein, die US-Banken solche Kredite in größerem Ausmaß abgekauft hatten. So rapid, wie das Vertrauen der Kunden in die Banken schwand, schwand bekanntlich auch das Vertrauen jeder einzelnen Bank in jede andere Bank und der berühmte „Credit Crunch" bahnte sich an und konnte nur durch Milliarden-Hilfspakete bis auf Weiteres abgewendet werden.

Schon er allein reichte aus, die USA in eine schwere Rezession zu stürzen, denn trotz eines aufs Neue (wenn auch jetzt aus ganz anderen Motiven) heruntergesetzten Diskontsatzes gab es mit Lehman Brothers den ersten großen Bankzusammenbruch; durchwegs bedrängte Banken vergaben immer weniger Kredite, und auch die nur mit gewaltigem Risikoaufschlag; große wie kleine Unternehmen bekamen Schwierigkeiten, sich zu finanzieren, und vor allem der Konsum brach ein und entfernte unter anderem den letzten Vorhang vor dem Bankrott der seit Jahren desolaten US-Autoindustrie.

Der Finanzkrise folgte die Krise der Produktionsunternehmen.

Barack Obama glaubt diese Entwicklung durch sein Konjunkturprogramm aufhalten zu können, aber zumindest auf Sicht der nächsten zwei, drei Jahre wird sich die Rezession meines Erachtens noch vertiefen. Die Rezession in allen anderen Volkswirtschaften daher zwangsläufig auch. Streisslers Weltwirtschaftskrise ist in vollem Gange.

Seltsamerweise kennt man Streisslers so prophetische Analysen in der Öffentlichkeit weiterhin weit weniger als die Ansichten all jener Experten, die, wie Ferdinand Lacina, von der Entwicklung völlig überrascht gewesen sind und sie nun zum Anlass nehmen, linkes Wunschdenken als neues wirtschaftspolitisches Credo zu verkünden: Die Ereignisse hätten erwiesen, dass die behauptete Fähigkeit des Marktes zur Selbstregulierung ein Märchen sei.

Das ist (jedenfalls in dieser Form) ein neues Märchen: Wer den vorangegangenen Text aufmerksam gelesen hat, müsste gemerkt haben, dass genau umgekehrt massive Eingriffe die Märkte daran gehindert haben, sich selbst zu regulieren.

Um es im Detail darzustellen: Es war der Staat, nicht der Markt, der spezielle Geldinstitute – Fannie Mae und Freddie Mac – geschaffen hat, die, durchaus sozialistisch, „jedem Amerikaner" die Möglichkeit geben sollten, billig zu einem Hypothekarkredit zu kommen. Auch wenn Fannie Mae und Freddie Mac privatwirtschaftlich organisiert waren, haben sie doch zwangsläufig eine ähnliche Entwicklung genommen wie Österreichs ebenfalls privatwirtschaftlich organisierte Verstaatlichte Industrie: Das Management wurde politisch bestellt, hatte bei seinen wirtschaftlichen Entscheidungen immer auch den politischen Auftrag im Hinterkopf und hielt die eigenen Unternehmen angesichts ihrer Nähe zum Staat für unsinkbar. Bei Österreichs Verstaatlichter Industrie hat das in den Siebzigerjahren dazu geführt, dass sie sich in die abenteuerlichsten Geschäfte – zuletzt in Spekulationen am Öl-Terminmarkt – einließ und mit Steuermilliarden gerettet werden musste.

Auch Fannie Mae und Freddie Mac mussten mit Steuermilliarden gerettet werden, denn sie waren die Institute, die am häufigsten und am unvorsichtigsten Kredite an Häuserkäufer vergeben hatten.

Erleichtert wurde ihnen das, wie Lacina zu Recht moniert, durch Deregulierung, die freilich politisch motiviert war: Ronald Reagan und Bill Clinton verzichteten bei Fannie Mae und Freddie Mac auf einen Mindestprozentsatz, zu dem ein Hauskäufer Eigenkapital einbringen musste. Das erleichterte die Überschuldung. Aber in einer normalen Bankenszene ist dieser Prozentsatz überhaupt nicht von irgendeinem Politiker abhängig, sondern bemisst sich an den Erfordernissen der Sicherheit: Ein Hypothekarkredit in der Höhe von mehr als 80 Prozent des geschätzten Liegenschaftswertes ist vernünftigerweise im Allgemeinen nicht zu haben.

In den USA erhielt man zuletzt gelegentlich 95 Prozent, die sich nachträglich als 120 Prozent herausstellten. Denn auch die privaten Geschäftsbanken haben sukzessive auf einen adäquaten Eigenkapital-Beitrag verzichtet – aber sie taten das in Konkurrenz zu den beiden staatlichen Riesen Fannie Mae und Freddie Mac.

Sie konnten das freilich nur, weil sie in Geld schwammen. Und sie schwammen in Geld, weil die staatliche Notenbank FED ihnen jede Menge Geld zu immer günstigeren Bedingungen zur Verfügung stellte, indem sie den Diskontsatz grundsätzlich niedrig hielt und in kritischen Situationen ganz extrem absenkte.

Gleichzeitig trieb die Regierung, unter tatkräftiger Mitwirkung von Alan Greenspan, die Deregulierung voran: Ein nach der Krise von 1929 beschlossenes Gesetz, das verbot, dass ein und dieselbe Bank Geschäfts- und Investmentbank zugleich ist (damit sie nicht Kredite vergibt, die sie postwendend bei sich selbst veranlagt sehen will), wurde vom Kongress aufgehoben. Und als die Leiterin einer der vier Marktaufsichtsbehörden darauf aufmerksam machte, dass Millionen sogenannter „Derivate" (z. B. Wetten auf Zinsschwankungen) in einem völlig rechtsfreien Raum gehandelt würden und eine massive Gefahr für die Stabilität des Welt-Finanzsystems darstellten, verbot ihr der Kongress – neuerlich unter tatkräftiger Hilfe von Alan Greenspan – jede Aktivität.

Es herrschte die absurde politische Überzeugung vor, dass Finanzmärkte keiner Regeln bedürften, um störungsfrei zu funktionieren, obwohl gerade ein wachsender Teil der Derivate eine entscheidende Anforderung an dieses Funktionieren nicht erfüllt: dass nämlich für jeden Marktteilnehmer klar ersichtlich ist, was er mit dem Derivat eigentlich kauft und welches Risiko er damit eingeht.

Die gesamte Finanzpolitik war auf diese Weise im engsten Sinne dieses Wortes ebenso Politik wie die Geldpolitik der FED. Ronald Reagan hatte den konservativen Chef der Notenbank Paul Volcker, der die Zinsen extrem hoch gehalten und damit eine Rezession eingeleitet hatte, ganz bewusst abgelöst und durch Alan Greenspan ersetzt, von dem er sich zu Recht eine ungleich lockerere Hand versprach: Anders als Volcker sollte er durch seine Zinspolitik nicht so sehr Inflation verhindern, als den Wirtschaftsaufschwung, den Reagan versprochen hatte, gewährleisten.

Das war eine politische Vorgabe, nicht eine Forderung des Marktes.

Bill Clinton hat diese Vorgaben noch verschärft, indem er – was ihn persönlich ehrt – die Forderung aufstellte, dass nicht nur die weiße Mittelschicht, sondern auch die schwarze Unterschicht die Möglichkeit erhalten sollte, in einem eigenen Haus zu wohnen: „Fannie Mae", so vermerkte die *New York Times* am 30. September 1999, „ist unter steigendem Druck der Clinton Administration gestanden, ihre Kreditvergabe an Leute mit geringen und niedrigen Einkünften auszuweiten. Indem sich die Gesellschaft in diese Richtung bewegt, nimmt sie ein wesentlich größeres Risiko in Kauf."

Selbstredend wollten Bill Clinton, und nach ihm George W. Bush, ihre Amtszeit, nicht anders als Ronald Reagan, auch sonst von besonders hohem Wirtschaftswachstum und besonders geringer Arbeitslosigkeit begleitet sehen. Normalerweise wären diese Ziele vielleicht durch eine immer bessere Infrastruktur, durch immer stärkere Unternehmen und immer höher qualifizierte Arbeitskräfte erreichbar gewesen – die USA erreichten sie, indem sie immer größere Schulden machten. Denn auch auf Pump lassen sich jede Menge Häuser kaufen und lässt sich ein gigantischer Boom entfachen. Die Aktienkurse müssen steigen und die Arbeitslosigkeit muss sinken. George W. Bush konnte sogar seine Kriege auf Kredit führen, weil alle Welt den USA diese Kredite gab. Und die Aktienmärkte konnten selbst bei nachlassendem heimischem Interesse weiterhin haussieren, weil alle internationalen Investoren vorzugsweise US-Aktien kauften. Denn die ganze Welt hielt die USA für das Eldorado erfolgreicher Wirtschaft.

Das aber tat sie nicht zuletzt, weil der amerikanische Staat irreführende Ziffern über sein BIP und seine Produktivität veröffentlichte und die Medien sie ungeprüft übernahmen.

Alan Greenspan hat das amerikanische Strohfeuer nicht nur am Leben erhalten, indem er, sobald es zu erlöschen drohte, den Diskontsatz gesenkt und die Geldmenge erhöht hat, sondern auch, indem er die Legende von der Wunderwirkung der Telekommunikation geschaffen und verbreitet hat.

Drastischere Eingriffe ins Marktgeschehen als eine massive Senkung der Geldkosten, eine massive Manipulation der Wirtschaftsdaten und die Verbreitung einer Legende zur Verschleierung der Ungereimtheiten gibt es nicht.

Hätte der Staat die Daten nicht geschönt, hätte Greenspan ihn darin nicht unterstützt und hätte er das Land vor allem nicht aus dem völlig falschen Anlass mit Geld geflutet, so hätte der Markt die US-Aktienkurse und Hauspreise schon vor Jahren nach unten korrigiert, das Ausland hätte schon vor Jahren aufgehört, noch und noch Kapital in die USA zu transferieren, die überhitzte US-Konjunktur hätte sich schon vor Jahren selbsttätig eingebremst.

Nicht der Markt hat versagt, sondern er wurde mit aller Gewalt am Funktionieren gehindert. Seine Alarmsignale haben nicht dazu geführt, ihm endlich zu folgen und die notwendigen Korrekturen zuzulassen, sondern die FED hat Benzin ins Feuer gegossen.

Ich möchte daher dringend vor dem aktuell gängigen Schluss warnen, dass man den aufgetauchten Problemen ganz allgemein durch „mehr Staat" begegnen soll – es kommt schon extrem darauf an, wie das geschieht. Es klingt zwar eindrucksvoll, wenn Ex-Finanzminister Ferdinand Lacina erklärt, dass der österreichische Staat (bzw. die EU) jetzt schließlich Milliarden bereitstellen musste, um die Finanzkrise des privaten Bankensektors abzuwenden, aber Österreich (die EU) musste das nur, weil zuvor ein anderer Staat, die USA, diese Finanzkrise durch seine Politik herbeigeführt hat.

Es muss doch ein wenig zu denken geben, dass es die staatsnahen Institute Fannie Mae und Freddie Mac waren, die die US-Pleitewelle anführten; dass es in Deutschland vorzugsweise Landesbanken waren, die krachten, während zumindest das Gros der europäischen Geschäftsbanken sich aus eigener Kraft über Wasser halten konnte.

Um es an einem konkreten Problem zu diskutieren: Die Verluste der europäischen Banken entstanden daraus, dass sie amerikanische Wertpapiere erwarben, in die faule US-Kredite verpackt waren.

Glaubt man wirklich, dass Staatsbeamte diese Mogelpackungen eher durchschaut hätten als die Risikomanager der Banken?

Ohne Staatsbeamten damit Intelligenz und Leistungsfähigkeit absprechen zu wollen und ohne die Manager der Privatwirtschaft für so überlegen zu halten, wie sie sich selbst gerne einschätzen, glaube ich – und kann mich dabei gegenüber Ferdinand Lacina sogar auf Otto Bauer berufen –, dass es eine Katastrophe wäre, wenn die aktuelle Krise dazu führte, dass der Staat begänne, Managementaufgaben selbst in die Hand zu nehmen. Mein Freund Christian Ortner meint boshaft, das würde eine Wirtschaftskrise heraufbeschwören, neben der die gegenwärtige sich geradezu gemütlich ausnähme. (Es würden dann womöglich alle derzeit kränkelnden Banken so grandios geführt wie Fannie Mae, wie die deutschen Landesbanken oder wie die Kommunalkreditbank in Österreich.)

Der (amerikanische, österreichische, deutsche, französische, englische usw. usw.) Staat hat nach relativ übereinstimmender Ansicht aller nicht ganz linken Ökonomen im Augenblick zwei unbestrittene Aufgaben:

- Er muss die nach wie vor nicht endgültig gebannte Gefahr eines Zusammenbruchs des Geldkreislaufs weiterhin mit allen Mitteln abwehren, das heißt weiterhin Geld für allfällige Rettungsaktionen bereitstellen.

- Und er muss natürlich versuchen, relativ rasch ein Einvernehmen über jene Spielregeln herzustellen, die in Zukunft für ein korrekteres Funktionieren des Marktes sorgen sollen.

Teilweise müssen bloß längst gemachte Erfahrungen wieder zu Ehren kommen: In den USA muss man z. B. alles, was Greenspan dereguliert oder zu regulieren verhindert hat, schleunigst regulieren. Natürlich muss wieder streng zwischen Geschäfts- und Investment Banking getrennt werden, damit die Banken nicht mit ihrer Kreditabteilung Gelder vergeben, die sie bei ihrer Investment-Abteilung angelegt wissen wollen. (Der Markt hat die entsprechenden Gesetze schon fast vorweggenommen: Investmentbanken sind reihenweise eingegangen und Universalbanken haben sich reihenweise aufs normale Geschäft des Geldverwahrens und Geldverleihens zurückgezogen.)

Natürlich muss die Marktaufsicht über Derivate, die Greenspan mit aller Kraft (und Unterstützung durch Bushs Finanzminister) verhindert hat, dringend eingeführt werden. Natürlich müssen bezüglich dieser Derivate, wie bei Aktien, Vorschriften erlassen werden, die sicherstellen, dass der, der sie erwirbt, das mit ihnen verbundene Risiko erkennen kann. Natürlich muss es international vereinbarte und sehr viel seriösere Standards für das Rating geben, denn die sogenannten „Rating-Agenturen", deren mit Abstand wichtigste in den USA angesiedelt sind, haben eine entscheidende Rolle bei der Fehleinschätzung der Kreditwürdigkeit der USA gespielt, indem sie z. B. auch besonders kritischen US-Wertpapieren gute Bonität bescheinigt haben.

In Wirklichkeit bestehen, gerade zwischen Wirtschaftswissenschaftlern und Politikern, die sich dem Markt verpflichtet fühlen, kaum Differenzen darüber, wie die neuen Spielregeln für die Finanzmärkte beschaffen sein müssen: Sie müssen vor allem anderen das Ausmaß der Information erhöhen, das die Marktteilnehmer erhalten. (Ich gehe darauf im 23. Kapitel ausführlicher ein.)

Wenn dann noch die Wirtschaftspresse zu ihrer Kontrollfunktion zurückfindet, statt blind die scheinbaren Interessen „der Wirtschaft" zu vertreten, lassen sich Krisen wie die gegenwärtige vermutlich durchaus vermeiden.

22. Die Abhängigkeit der Medien von der Wirtschaft

Die Wirtschaftsberichterstattung hat im Zuge der aktuellen Krise eine wesentliche Rolle gespielt. Eine sonderlich rühmliche war es nicht.

Die wirtschaftliche Entwicklung der USA war zu allen Zeiten (und in den letzten Jahrzehnten mehr denn je) von intensiver Berichterstattung in den Wirtschaftsteilen aller Zeitungen und Zeitschriften begleitet. Tenor der Berichterstattung war überall – egal ob am Boulevard oder in den für die Qualität ihrer Wirtschaftsberichterstattung bekannten Blättern –, dass die USA sich hervorragend entwickeln und die Länder der EU sich an ihnen ein Beispiel nehmen und „endlich ihre Hausaufgaben" machen sollten. Auch worin diese Hausaufgaben bestehen sollten, war ziemlich klar: den Arbeitsmarkt stärker liberalisieren, alle Steuern, voran die Unternehmenssteuern, senken, die Politik der EZB der wirtschaftsfreundlichen Politik der FED annähern.

Von all dem ist die Forderung nach einer Liberalisierung des Arbeitsmarktes und einem Überdenken des Auftrages der EZB diskutabel. Der Rest bedürfte einer globalen Entgegnung: Die Wirtschaftstrukturen der USA sind denen der EU in keiner Weise überlegen, sondern im Gegenteil unterlegen. Die Europäer haben ihre „Hausaufgaben" wesentlich besser als die Amerikaner erledigt – zum Beispiel den Energiebedarf der Produktionsanlagen und der erzeugten Produkte drastisch vermindert. Die Besteuerung der Unternehmen ist niedrig. Und wenn die EZB voll auf die Politik der FED umgestiegen wäre, hätte das wahrscheinlich auch in der EU ein Schuldenproblem nach amerikanischem Muster bewirkt. (Das hätte allerdings einen Vorteil gehabt, den die EZB-Kritiker bei ihrer Kritik sicher nicht im Auge hatten: Die EU hätte dann möglicherweise beim Rest der Welt enorme Schulden gehabt – und das ist möglicherweise angenehmer, als dass die USA enorme Schulden bei der EU haben.)

Vor allem der US-Aktienmarkt hat fast ausschließlich davon gelebt, dass die US-Wirtschaft in allen internationalen Zeitungen über den grünen Klee gelobt wurde – wäre sie in ihrem wirklichen Zustand dargestellt worden, so wäre die amerikanische Aktien-Hausse ungleich früher und sehr viel weniger schmerzhaft in sich zusammengebrochen.

Man kann zwar einwenden, dass es hochoffizielle Wirtschaftsdaten waren, die diese Täuschung über den wahren Zustand der US-Wirtschaft ermöglicht haben, aber das stellt nur einen Milderungsgrund dar: Die Aufgabe guter Wirtschaftsjournalisten hätte darin bestanden, eben diese hochoffiziellen Daten auf ihre Relevanz zu hinterfragen.

Dann hätte sich herausgestellt, was sich auch bei meinen laienhaften Recherchen herausgestellt hat: dass die Wirklichkeit hinter diesen Daten alles eher als berauschend aussieht.

In Summe wie im Detail: Die Wirtschaftsberichterstattung hat durch zwei Jahrzehnte in ihrer Kontrollfunktion weitestgehend versagt.

Das hat viele Gründe, von der schlechten Ausbildung der meisten Journalisten bis zum enormen Zeitdruck, unter dem sie besonders in Österreich stehen, weil fast jedes Ressort unterbesetzt ist: Die Kosten einer ausreichend besetzten Redaktion sind auf dem kleinen österreichischen Zeitungsmarkt nicht geringer als in Deutschland, aber die Einnahmen betragen ein Zehntel, also wird hierzulande drastisch an Redakteuren gespart.

Aber das ist nur ein spezifisch österreichischer Milderungsgrund, der in Deutschland keine Berechtigung hat. Deutschlands Wirtschaftsredaktionen waren groß genug, erstklassige Berichterstattung abzuliefern, und haben das, was die USA und ihren Aktienmarkt betrifft, genauso wenig getan.

Die Frage, warum das so war, muss interessieren.

Bankmanagern werfen gerade die Wirtschaftsjournalisten derzeit vor, dass sie die Bevölkerung unter anderem deshalb kaum auf die Risiken der Aktien-Hausse hingewiesen und zum Kauf von immer mehr und immer undurchsichtigeren Wertpapieren angeregt haben, weil das – solange es gut ging – die Gewinne der Banken (und damit ihre Provisionen) beträchtlich gesteigert hat.

Diese Überlegung scheint mir auch bezüglich des Wirtschaftsjournalismus nicht völlig abwegig: Man kann, denke ich, nicht ganz davon abstrahieren, dass Banken, Versicherungen und Wertpapierhäuser zu den wichtigsten Inserenten zählen und die Gewinne der Zeitungen, und damit insbesondere auch die Gehälter der Wirtschaftsjournalisten, beträchtlich gesteigert haben, solange deren

Berichterstattung ein rosiges Bild von der wirtschaftlichen Entwicklung (insbesondere der Aktienmärkte) gezeichnet hat.

So wie die Bankmanager haben die wenigsten Wirtschaftsjournalisten bewusst wider besseres Wissen geschrieben, aber so wie diese erlebten sie den Boom in den USA rundum als wohltuend: Sie konnten sich eins mit der „Expertise" der Banker und den „Interessen der Wirtschaft" fühlen, wenn sie die USA als Vorbild für Europa in den Himmel hoben.

Ich fürchte, man kommt nicht um den Verdacht herum, dass die Wirtschaftsberichterstattung in einem nicht ganz unproblematischen Ausmaß von den wirtschaftlichen Interessen des Wirtschaftsunternehmens „Zeitung" abhängig ist: Positive Wirtschaftsnachrichten sind positiv fürs Inseratengeschäft.

Die Öffentlichkeit ist sowieso von dieser Abhängigkeit überzeugt, aber sie vermutet sie vorrangig in einem Bereich, in dem sie halb so schlimm ist: dass nämlich Zeitungen oder Zeitschriften freundlich über Firmen berichten, die bei ihnen Inserate schalten, bzw. dass sie unfreundliche Informationen über inserierende Firmen unterdrücken.

Auch das gibt es natürlich und ich möchte es an einer köstlichen Geschichte illustrieren, die ich auch meinen Studenten immer wieder erzählt habe: Als ich noch für den *Kurier* gearbeitet habe – also vor fast vierzig Jahren –, gab es einen heiklen Wirtschaftsprozess, über den ich als Gerichtssaalberichterstatter berichten sollte. Die neun größten Wiener Möbelhändler standen unter der Anklage, sie hätten beschlossen, einen zehnten großen Händler, „Urbanek den Preisschreck", nicht mehr zu beliefern, weil er vor allem sie mit seinen Niedrig-Preisen schreckte.

Einer der Möbelhändler hatte das, in Unkenntnis der Strafbarkeit, bei der Polizei so ausgesagt: Wir werden den doch nicht beliefern, wenn er uns die Preise ruiniert.

Darauf fußte die Anklage.

Mein Chefredakteur Hugo Portisch, der beste und anständigste, der mir je begegnet ist, nahm mich zur Seite, um mich gebührend auf meine Mission vorzubereiten. „Lesen Sie das", sagte er und drückte mir einen Brief etwa folgenden Inhalts in die Hand: Wir – es folgte der Name einer PR-Agentur – vertreten die nachfolgend angeführten neun Möbelhändler, die leider in ein absolut unberechtigtes Strafverfahren verwickelt sind. Wenn Ihre Zeitung dennoch darüber berichten zu müssen glaubt, ersuchen wir um größtmögliche Objektivität. Nachsatz: „Über die Seriosität und Bonität der von uns vertretenen Firmen gibt Ihnen Ihre Inseratenabteilung jederzeit Auskunft."

„Also äußerste Objektivität, Herr Lingens", sagte Hugo Portisch und ich glaubte ein leises Lächeln auf seinen Lippen wahrzunehmen. Seither weiß ich, und das sollten auch meine Kinder wissen: Wenn ein Chef außergewöhnlich intensiv auf „äußerste Objektivität" dringt, ist man im Allgemeinen gezwungen, seine Kompromisse mit ihr zu schließen.

Zu dem Zeitpunkt, zu dem es zum Prozess kam, hatten sich bereits andere Kompromisse ergeben: Die neun angeklagten Möbelhändler hatten sich längst mit „Urbanek dem Preisschreck" ausgesprochen (um das Wort „geeinigt" zu vermeiden) und das Strafverfahren war allen Beteiligten nur mehr lästig.

Auch der Justiz.

Was tut man in einem solchen Fall? Man hofft auf einen geeigneten Sachverständigen. Im Besonderen hoffte man zu jener Zeit in besonders heiklen Fällen – etwa wenn Polizisten wegen Körperverletzung vor Gericht standen – auf den Psychiater Dr. Heinrich Gross.

Der Mann wäre beinahe ein eigenes Kapitel wert. Ich habe Jahre später, als Chefredakteur des *profil*, eine erste Meldung über seine wichtigste wissenschaftliche Leistung verfasst: Er habilitierte sich mit einer Arbeit über Gewebsschnitte aus Gehirnen kranker Kinder, deren Krankengeschichten er besonders gut kannte: Sie waren in der NS-Zeit unter seiner Leitung am Spiegelgrund totgespritzt worden. Die Meldung hatte erst ein Jahrzehnt später Konsequenzen, weil sich ein Arzt von politischem Gewicht, Dr. Werner Vogt, in einer für solche Fragen sensibleren Zeit des Themas annahm: Gross musste gehen. Der Prozess wurde ihm trotzdem nicht gemacht, weil ihm ein Gutachter Verhandlungsunfähigkeit bescheinigte.

In der Geschichte, die ich eigentlich erzählen wollte, spielte Dr. Gross die folgende, weit harmlosere Rolle: Er wurde beauftragt, ein psychiatrisches Gutachten jenes Mannes zu liefern, der das „Geständnis" abgelegt hatte.

Das Problem: Der Mann leitete eines der größten Möbelhäuser des Landes, also konnte man ihm schwer „Unzurechnungsfähigkeit" attestieren.

Dr. Gross fand trotzdem eine Lösung. Er entdeckte, dass der Mann im Krieg eine Schussverletzung im Nacken erlitten hatte. Diese, so gutachtete er, habe zwar nicht seine Denk-, wohl aber seine Merkfähigkeit beeinträchtigt: Immer wieder sei er in die Lage gekommen, keine Erinnerung mehr an einen Vorgang zu haben. Dafür habe er sich zwangsläufig ungemein geniert und deshalb dazu geneigt, diese „Gedächtnislücken mit Konfabulationen auszufüllen": Er habe kurzerhand eine soeben zusammengereimte Märchengeschichte erzählt.

„Könnte es sein", fragte der vorsitzende Richter und zog auch seinem Gesicht einen Talar über, „dass es sich auch bei dem Geständnis um eine solche Konfabulation gehandelt hat?"

„Ich möchte natürlich keineswegs in die Beweiswürdigung des hohen Gerichts eingreifen", erklärte Dr. Gross mit ebenso würdiger Miene, „aber die

Aufregung einer Vernehmung war sicher geeignet, seine Verlegenheit zu erhöhen."

„Danke", sagte der Richter, setzte sein Barett auf und sprach die neun Angeklagten aus Mangel an Beweisen frei.

Ich habe meinen Bericht über diesen Freispruch „streng objektiv" – also ohne den geringsten ironischen Unterton bei der Zitierung des Gross-Gutachtens – geschrieben und er ist so auch im *Kurier* erschienen.

Das damals noch existierende Zentralorgan der SPÖ, die *Arbeiter-Zeitung*, die sich als Sprachrohr der Konsumenten gegen die düsteren Praktiken kapitalistischer Konzerne verstand, vermeldete einen triumphalen Freispruch von neun seriösen Möbelhändlern, denen die Verdächtigungen durch einen Schleuderkonkurrenten nichts anhaben konnten. Die „Konfabulationen" des Dr. Gross kamen in dem Bericht nicht vor.

Die Erklärung des Phänomens ist einfach: Der *Kurier* hatte schon damals sehr viele Inserate. Wenn die neun Möbelhändler eine Zeit lang nicht inseriert hätten, hätte ihn das nicht umgebracht. Lange hätten sie es sowieso nicht durchgehalten, denn sie brauchten den *Kurier*, um Kunden anzusprechen.

Die *Arbeiter-Zeitung* hingegen hatte kaum Inserate – wenn die wichtigsten Möbelhändler als Inserenten gänzlich ausgefallen wären, wäre das für sie (aber keineswegs für die Händler) eine Katastrophe gewesen.

Deshalb bin ich ein solcher Fan von *Auto Motor und Sport* und preise sie jedermann als Automobilzeitschrift an: Sie hat so unglaublich viele Auto-Inserate, dass sie sich zu meiner Zeit leisten konnte, den VW-Käfer veraltet zu finden, und dass sie sich in jüngerer Zeit leisten konnte, dem kleinen Mercedes mit Unterflurmotor eine ebenso dürftige Straßenlage wie Federung nachzusagen.

Viele Inserate gewähren sehr viel mehr unabhängige, objektive Berichterstattung als wenige Inserate. Deshalb sind dicke, inseratenstarke Blätter im Allgemeinen dünnen, inseratenschwachen vorzuziehen, wenn man gut informiert werden will.

Allerdings gilt diese Regel mit einer wesentlichen Einschränkung: Auch eine Zeitung mit unendlich vielen Inseraten kann sich schwer nachhaltig für eine Form des Wirtschaftens einsetzen, die mit sehr viel weniger Werbung auskäme. Nicht dass ich eine solche Form des Wirtschaftens zwingend für so vorteilhaft hielte, aber die Problematik steht außer Zweifel: Auch die größten und stärksten Medien sind in Bezug auf das herrschende Wirtschaftssystem unmöglich wirklich unabhängig.

Ihre Abhängigkeit fällt bloß kaum auf, denn sie äußert sich eben nicht als durchsichtige Rücksichtname auf inserierende Firmen oder selbst Branchen (die hält sich, siehe *Kurier* und die Möbelhändler, in Grenzen), als vielmehr als Abhängigkeit von den Interessen „der Wirtschaft" in ihrer Gesamtheit. So will „die Wirtschaft" zum Beispiel fast immer „niedrige Lohnabschlüsse" – und wird darin von der Wirtschaftsberichterstattung fast immer unterstützt. (Selbst wenn die Löhne bei massiv steigenden Unternehmensgewinnen stagnieren.) Auch Steuern auf Unternehmensgewinne oder auf Erlöse aus Wertpapierbesitz können „der Wirtschaft" kaum jemals niedrig genug sein – genau wie der Wirtschaftsberichterstattung. Forderungen des Umweltschutzes oder der Arbeitsmedizin sieht nicht nur „die Wirtschaft" in neun von zehn Fällen als „Gefahr für den Wirtschaftsstandort", sondern auch die Wirtschaftsberichterstattung ist selten anderer Meinung.

Kurzum: Die vermuteten oder wirklichen Interessen „der Wirtschaft" sind im Wirtschaftsteil einer Zeitung durchwegs um einiges besser aufgehoben als etwa die Interessen der Arbeitnehmer.

Allerdings wird das kein Wirtschaftsjournalist oder gar Zeitungsherausgeber je zugeben, sondern er wird die Behauptung aufstellen, dass sich beider Interessen in Wahrheit decken: Was für die Wirtschaft gut ist, ist gut für die Arbeitnehmer. Das stimmt tatsächlich sehr oft, aber durchaus nicht immer: Die niedrigen Lohnabschlüsse, die die Unternehmer als Betriebswirte zwangsläufig freuen, können volkswirtschaftlich unsinnig sein, wenn sie die Kaufkraft im falschen Augenblick schwächen. Hohe Energiekosten, die kurzfristig immer die Konkurrenzfähigkeit vermindern, können dennoch sinnvoll sein, indem sie eine Optimierung des Produktionsprozesses bewirken und so langfristig die Abhängigkeit von Energie-Ressourcen vermindern usw. usw.

Eines der Probleme der Berichterstattung liegt darin, dass die Journalisten, die über Wirtschaft schreiben, weit häufiger mit Betriebswirten, Unternehmensführern, Bankiers und Großaktionären als mit Nationalökonomen verkehren: Ihre Berichterstattung orientiert sich daher viel öfter an Kriterien der Betriebswirtschaft als an solchen der Nationalökonomie. Und ein Teil der Berichterstatter sieht nicht einmal den Unterschied zwischen den beiden: „Was gut für General Motors ist, ist gut für Amerika", wie es ein US-Minister ausdrückte, dem unlautere Bevorzugung von GM vorgeworfen wurde.

Sosehr ich überzeugt bin, dass niemand bewusst – sei es bezüglich der USA, sei es in anderen Zusammenhängen – volkswirtschaftliche Risiken übersehen wollte oder will, glaube ich doch, dass die unterbewusste Bevorzugung betriebswirtschaftlicher Gedankengänge damit zusammenhängt, dass die Wirtschaftsberichterstattung aller Medien zu sehr um die Akzeptanz der so genannten „Wirtschaft" bemüht ist – um die Zustimmung jenes seltsamen Konglomerats aus

Unternehmern, Bankiers, Financiers und Aktionären, das in den meisten Texten diffus mit „Wirtschaftskreise" umschrieben wird: „Wirtschaftskreise sehen in den jüngsten Lohnforderungen der Metallarbeiter eine ernsthafte Gefährdung des Wirtschaftsstandorts Deutschland ..."; oder: „Eine Besteuerung des Zugewinns aus Aktien wird in Wirtschaftskreisen als ernsthafte Gefährdung des Finanzstandorts Österreich gesehen ..." usw. usw.

Letztlich ist es, auch wenn es von niemandem gewollt wird, doch so banal, wie der kleine Maxl es sich vorstellt: Das Wohlwollen, das „Wirtschaftskreise" bei der Lektüre solcher und ähnlicher Formulierungen empfinden, hat beträchtliche Rückwirkungen auf die Akzeptanz der betreffenden Zeitung als Werbemedium für „die Wirtschaft".

Auch das würde von den Beteiligten niemals eingestanden, sondern sie erklärten, es sei nur zu logisch, dass „die Wirtschaft" lieber in Zeitungen inseriere, deren Wirtschaftsjournalisten auch etwas von Wirtschaft verstünden. Das aber leiten „Wirtschaftskreise" so gut wie ausschließlich daraus ab, dass diese Wirtschaftsjournalisten die Interessen „der Wirtschaft" vertreten.

An diesem sich selbst verstärkenden Regelkreis ist schwer zu rütteln.

Er ist so lange kein gröberes Problem, als die „Wirtschaftskreise" die Interessen der Wirtschaft richtig einschätzen, denn dann decken sie sich tatsächlich fast immer mit denen der meisten Zeitungsleser. Aber es kann eben auch vorkommen, dass die „Wirtschaftskreise" aufgrund ihrer kurzfristigen Interessen (z. B. an höheren Aktienkursen) ihre langfristigen Interessen (z. B. an einer gesunden, nur maßvoll verschuldeten Volkswirtschaft) völlig aus den Augen verlieren. Wenn sie dann von der Wirtschaftsberichterstattung in ihrer Kurzsichtigkeit unterstützt anstatt kritisiert werden, dann leistet die Zeitung ihren Lesern einen Bärendienst.

23. Eldorado der falschen Propheten

Wie sollen Journalisten die Wirtschaft durchschauen, wenn Wirtschaftswissenschaftler es nur in den seltensten Fällen tun? Trotz der frappierenden Treffsicherheit der Voraussagen von Professor Streissler fällt es mir schwer, in den Wirtschaftswissenschaften eine Wissenschaft zu sehen. Dazu habe ich zu viele falsche Voraussagen erlebt.

Langfristige Voraussagen in den Wirtschaftsteilen der gängigen Zeitungen sind mit Sicherheit mehrheitlich unbrauchbar. Aber auch spezialisierte Wirtschaftszeitschriften und Bücher sind darin selten erheblich besser. Selbst ein großes Kaliber wie John Naisbitt, der in seinem Bestseller *Megatrends* zwanzig Jahre aktueller Wirtschaftsentwicklung bis etwa zum Jahr 2000 verblüffend richtig vorhergesagt hatte, lag mit seinem nächsten Buch *Mind Set!* reichlich daneben: Eingehend erläutert er darin die ebenso grundsätzliche wie dramatische Überlegenheit der amerikanischen Wirtschaftsstrukturen gegenüber den Wirtschaftsstrukturen Europas und kommt zu dem Schluss, dass die stagnierende EU auch in den nächsten zehn bis zwanzig Jahren nicht die geringste Chance besäße, den Vorsprung der boomenden USA aufzuholen.

Das Buch kam in Österreich 2007 auf den Markt.

Im Frühjahr 2008 traten die Vereinigten Staaten in die aktuelle Rezession ein: Hoch verschuldet, mit desolater Infrastruktur und veralteter Großindustrie könnten sie Jahre brauchen, um den wirtschaftlichen Vorsprung der EU aufzuholen.

Trotzdem könnte in weiteren zehn, zwanzig Jahren schon wieder Naisbitt recht haben, weil die USA die aktuelle Rezession dank der von ihm behaupteten besseren Grundvoraussetzungen, dank Barack Obamas Charisma oder dank einer glücklichen Fügung des Schicksals besser als die EU überwinden und in den nächsten Boom eintreten. Es gibt eine Reihe von Wirtschaftsjournalisten, die diese These schon jetzt vertreten, und zumindest einen objektiven Grund gibt es für diese Vermutung: Die Amerikaner haben zwar gewaltige Schulden – aber sie haben diese Schulden nicht zuletzt bei uns. Wenn ich als Kaufmann einem Kridatar viel Geld geborgt habe, bin ich nicht wirklich besser dran als er. Schon gar nicht, wenn er jetzt gänzlich aufhört, bei mir einzukaufen. (Trotzdem halte ich es eher für falsch, dass die USA bald wieder boomen werden, während die Europäer darben, denn es widerspräche den wenigen Gesetzmäßigkeiten der Wirtschaft, die ich zu erkennen glaube, aber ich kann es nicht völlig ausschließen.)

Grundsätzlich verdienen längerfristige wirtschaftliche Voraussagen noch größere Skepsis als alles andere, was in Zeitungen steht. Ich habe dort schon gelesen, dass Deutschland, nachdem es den Zweiten Weltkrieg verloren hat, die Welt dank seiner Wirtschaft erobert; dass Japan dank seiner ebenso fleißigen wie billigen Arbeitskräfte Deutschland um seine letzten Aufträge bringen wird; dass nur die USA richtig zu wirtschaften wissen; und nun: dass wir alle keine Chance gegen den künftigen Wirtschaftsgiganten China haben.

Alles Titelgeschichten und Kommentare großer Zeitungen und Magazine. Alles von Wirtschaftswissenschaftlern mit Argumenten und Fakten untermauert.

Die Wirtschaftswissenschaftler mögen von ihrem Anspruch her seriöser als die Journalisten sein – geirrt haben sie sich mindestens so oft.

Das liegt an der Materie: Wirtschaft ist nicht nur für mich und meine Kollegen, sie ist grundsätzlich schwer durchschaubar. Denn sie gehorcht nur ganz selten Gesetzmäßigkeiten, die den Ansprüchen einer Wissenschaft genügen. Das liegt daran, dass wirtschaftliche Entwicklungen, wenn man vom Einfluss neu entdeckter Rohstoffvorkommen absieht, ausschließlich davon abhängen, wie sich die Menschen verhalten, die „die Wirtschaft" bilden.

Und menschliches Verhalten ist kaum vorherzusagen. So haben etwa die Amerikaner bis in die Ära Reagan einen durchaus beträchtlichen Teil ihres Einkommens gespart. Doch in den folgenden Jahrzehnten weisen dieselben Amerikaner eine immer negativere Sparquote aus: Sie sind nicht selten mit mehr als dem Doppelten ihres Jahreseinkommens verschuldet. Es lässt sich im Nachhinein zwar analysieren, dass gewisse Entscheidungen der Präsidenten und der Notenbank zu dieser Veränderung beigetragen haben, aber mindestens so gravierend war doch das veränderte Verhalten der Amerikaner, die völlig aufhörten, auf den Grad ihrer Verschuldung zu achten.

Die Bürger achteten nicht mehr auf ihre Kreditwürdigkeit, die Bankangestellten achteten nicht mehr auf die Kreditwürdigkeit der Bürger, die FED achtete nicht mehr auf die Kreditwürdigkeit der Banken, die US-Präsidenten achteten nicht mehr auf die Kreditwürdigkeit der USA und John Naisbitt achtete nicht mehr auf die Kreditwürdigkeit aller Beteiligten.

Seine Fehlprophezeiung ist im Nachhinein nicht sonderlich erstaunlich – erstaunlich ist allenfalls, dass Erich Streissler mit seiner Prophezeiung so richtig lag. „Wirtschaftliche Prophezeiungen sind ungemein schwierig", sagte er lächelnd in einer seiner Vorlesungen, „ich bin sehr gut darin, ich liege zu 52 Prozent richtig."

Ich würde behaupten: Viel mehr ist in den Wirtschaftswissenschaften nicht drin. Kein Mensch kann mit Sicherheit vorhersagen, in welcher wirtschafts-religiösen Phase sich die Menschen eines wichtigen Wirtschaftsraumes gerade befinden. Niemand weiß, wann und ob eine bahnbrechende Erfindung gemacht wird, die, wie etwa die Dampfmaschine, die industrielle Entwicklung einer ganzen Epoche bestimmt. Und selbst wenn sie gemacht wurde, kann es in einem Fall ganz kurz, in einem anderen Fall Jahrzehnte dauern, ehe sie wirtschaftlich genutzt wird.

Selbst ein Verhalten, das man ein Dutzend Male beobachtet hat, kann beim dreizehnten Mal ganz anders ausfallen. So gilt zum Beispiel als gesichert, dass eine große Menge umlaufenden Geldes Inflation – rasch steigende Preise – bewirkt. In den Jahren des amerikanischen Booms hat es aber trotz einer großen Menge umlaufenden Geldes keine Inflation gegeben. Zumindest nicht, wenn man, wie üblich, die Verbraucherpreise zugrunde gelegt hat. Hätte man allerdings die Aktienpreise mit einbezogen, dann wäre die Inflation sehr wohl eine gewaltige gewesen, denn das von der FED so reichlich vergebene Geld wurde vor allem zum Kauf von Aktien verwendet, deren Kurse – Preise – daher ständig stiegen, ohne dass der innere Wert der Unternehmen zugenommen hätte. (Und ein solcher Preisanstieg ist nichts anderes als Inflation.)

Daher: Auch alle angeblichen Indikatoren für die Richtung wirtschaftlicher Entwicklungen verdienen grundsätzlich größtes Misstrauen.

Dagegen verdient der Markt dieses grundsätzliche Misstrauen trotz der aktuellen Krise nicht: Er ist nach wie vor das mit Abstand beste System zur Herstellung eines Gleichgewichtes von Angebot und Nachfrage beziehungsweise zur Ermittlung des niedrigsten dazu geeigneten Preises. Nur müssen zu seinem Funktionieren eine Reihe von Voraussetzungen erfüllt sein, auf die ich im Folgenden eingehen möchte.

Der Markt ist ein theoretisches Modell. Es geht mit Adam Smith davon aus, dass sich ein optimales Ergebnis für alle Teilnehmer auch dann ergibt, wenn jeder einzelne Teilnehmer nur seinen persönlichen, egoistischen Erfolg anstrebt.

Aber das kann nur funktionieren, wenn alle Teilnehmer dieses Marktes auch die logischen Voraussetzungen des theoretischen Modells erfüllen: wenn sie gleiche Rechte und gleiche Chancen haben, das heißt:

- Alle Marktteilnehmer müssen im gleichen Ausmaß über alle relevanten Informationen verfügen; und
- alle müssen im gleichen Ausmaß in der Lage sein, gemäß diesen Informationen rational und zu ihrem Vorteil zu handeln. (Wobei rationales Handeln dann gegeben ist, wenn es ihnen aus ihrer Sicht auch längerfristig und nachhaltig zum Vorteil gereicht.)

In der Praxis, auf real existierenden Märkten, sind diese Bedingungen so gut wie nie voll erfüllt: Manche Marktteilnehmer besitzen durch ihre wirtschaftliche Macht ständig einen erheblichen Informationsvorsprung; manche Marktteilnehmer haben die Möglichkeit, Informationen zu manipulieren; manche Marktteilnehmer sind in der Lage, allen anderen die Sicht zu verstellen, indem sie etwa marktrelevante Aktivitäten ins Ausland verlagern; manche Marktteilnehmer sind durch ihre faktische (etwa militärische) Macht in der Lage, andere an der Wahrnehmung ihres Vorteils zu hindern; usw. usw.

Es ist daher absurd, den real existierenden Markt mit dem theoretischen Modell des Marktes gleichzusetzen und zu erwarten, dass er zwingend und jederzeit das optimale Resultat liefert. Es ist aus dem gleichen Grund unerlässlich, den real existierenden Markt Spielregeln zu unterwerfen, die ihn dem idealen theoretischen Markt wenigstens so weit wie möglich annähern. So ist es insbesondere notwendig, die möglichst genaue, gleichwertige Information aller Teilnehmer abzusichern, indem etwa Insiderhandel verboten ist, Bilanzierungsvorschriften gleich sind oder die Organe der Aktiengesellschaften jedes Quartal Auskunft über die wirtschaftliche Entwicklung geben müssen. Es ist notwendig, dass alle Beteiligten wissen, welche Chancen und Risiken komplexe Finanzinstrumente enthalten: Wenn das, wie bei vielen Derivaten, niemand weiß und ihr Handel keiner der Auflagen unterliegt, die ich eben für Aktien angeführt habe, weil sie als „Privatverträge" figurieren, dann verstößt man gegen die wichtigste Grundvoraussetzung eines funktionierenden Marktes: die Transparenz.

Ebenso selbstverständlich muss es Vorschriften geben, die dafür sorgen, dass unter den Teilnehmern des Marktes tatsächlich Chancengleichheit besteht. Wenn ein Unternehmen etwa das Monopol besitzt, Glühlampen herzustellen, dann hat der Konsument als Marktteilnehmer keine Möglichkeit mehr, um den Preis zu handeln, wenn er nicht im Dunkeln sitzen will. Deshalb muss es Anti-Trust-Gesetze geben, die marktbeherrschende Unternehmen verhindern. Es muss Anti-Dumping-Gesetze geben, die verhindern, dass ein extrem kapitalstarkes Unternehmen seine Konkurrenz durch Preise ausschaltet, die gar nicht mehr am Markt, sondern per Vorstandsbeschluss gebildet werden, usw. usw.

Einen Markt ohne Spielregeln zu fordern, kann nur jemandem passieren, der, wie Ronald Reagan, den Unterschied zwischen theoretischem Modell und real existierenden Märkten nie verstanden hat, oder, wie Alan Greenspan, in einer erstaunlich naiven „Deregulierungs-Manie" befangen ist.

Selbst unter den ungünstigsten Voraussetzungen stellt der Markt allerdings letztlich das richtige „Gleichgewicht" her: Die Schulden der USA sind ja letztlich schlagend geworden, die Aktienkurse sind ja letztlich trotz Greenspans Eingriffen eingebrochen, die US-Wirtschaft hat ja trotz der manipulierten Daten letztlich aufgehört, künstlich zu boomen. Es hat nur sehr lange gedauert: Immerhin haben die Amerikaner zwanzig Jahre hindurch zu viel ausgegeben, ohne dass „selbstkorrigierende Marktmechanismen" sie zu mehr Sparsamkeit gezwungen hätten – und nun wird vielleicht ähnlich viel Zeit vergehen, bis die Welt die Rezession verdaut hat, die von ihnen ausgegangen ist.

Der real existierende Markt hat gelegentlich eine ziemlich lange Leitung.

Seine Reaktionszeit ist das eigentliche Problem: Wenn es Jahre dauert, ehe eine extrem negative Entwicklung ausklingt oder eine positive sich einschleift, ist es nicht so völlig absurd, „links" oder gar „kommunistisch" doch für solche Eingriffe von außen zu plädieren, die nicht nur mehr Transparenz, sondern auch eine Verkürzung der Reaktionszeit bewirken.

Die ganze Gewerkschaftsbewegung war nichts als Verkürzung zu langsamer Reaktionen des real existierenden Marktes: Wahrscheinlich hätten die Unternehmer auch ohne Streiks irgendwann – in hundert Jahren – von sich aus erkannt, dass sie weniger verdienen, wenn sie ihren Arbeitern minimale Löhne bezahlen, oder dass es letztlich teuer kommt, wenn ungesicherte Maschinen ständig Arbeitsunfälle verursachen, aber die Streiks und die ihnen folgenden gesetzlichen Veränderungen haben diesen Lernprozess doch einigermaßen beschleunigt.

Was wieder nicht heißt, dass es solcher Eingriffe immer bedarf: In den USA hat es im 19. Jahrhundert weit weniger Streiks als in Europa gebraucht, um dort bessere Bedingungen für die Arbeitnehmer herzustellen. Es gab dort nämlich, anders als in Europa, keine industrielle Reservearmee, sondern im Gegenteil einen ständigen Arbeitskräftemangel. Die höheren Löhne setzten sich daher auf dem Weg eines funktionierenden Arbeitsmarktes durch.

Es war also das Bestehen einer industriellen Reservearmee, die den entscheidenden Unterschied gemacht hat: In Europa, wo es sie gab, war es sehr schwer, höhere Löhne durchzusetzen, die sicherstellten, dass die produzierten Waren auch gekauft werden konnten, in den USA, wo es sie die längste Zeit nicht gegeben hat, war es leicht.

Es ist also insbesondere der Arbeitsmarkt, bei dem die Herstellung des marktgerechten Gleichgewichtes ihre Tücken hat, und das liegt daran, dass die oben angeführten Voraussetzungen für ein klagloses Funktionieren kaum je gegeben sind: Arbeitnehmer verfügen nur selten über alle relevanten Informationen und sie haben vor allem große Probleme, gemäß diesen Informationen zu handeln. Das hat sogar schon Adam Smith in seinem *Ersten Buch* (Kapitel 8) angemerkt: Er sah Arbeiter bei Lohnverhandlungen in einer weit schwächeren Position als Unternehmer, weil diese sich weit leichter zusammenschließen und ein Lohnkartell bilden können, während den Arbeitern ein Zusammenschluss wegen ihrer großen Zahl schwerer fällt und damals sogar gesetzlich verboten war.

Adam Smith nahm also die Notwendigkeit gewerkschaftlichen Zusammenschlusses vorweg, und bis vor kurzem war das von ihm erwähnte Ungleichgewicht bei Lohnverhandlungen durch die Macht der Gewerkschaften beseitigt (ja zeitweilig sogar ins Gegenteil verkehrt), aber heute ist es von Neuem entstanden: Unternehmen sind mobil genug, ihre Produktion zunehmend in Entwicklungsländer fast ohne Gewerkschaften zu verlagern, während der Mobilität des Arbeitnehmers selbst innerhalb der EU, ja innerhalb des eigenen Landes, eine Vielzahl praktischer Widerstände entgegenstehen: Arbeitnehmer hängen an ihrem „Heimatort" – sie haben dort ein Haus, Verwandte und Freunde, die sie ungern verlassen; und Arbeitnehmer hängen an ihrem Beruf: Es ist nicht so einfach, ein guter Kellner zu werden, wenn man bisher ein guter Schlosser gewesen ist. Kapital kann den Ort seines Einsatzes und die Form seines Einsatzes blitzartig verändern – Menschen können das nicht.

Vor allem aber ist Arbeitslosigkeit nicht irgendeine von vielen möglichen Folgen des Marktgeschehens, sondern eine Konsequenz, die die gesamte Existenz des Betroffenen infrage stellt. Arbeitslosigkeit macht Angst – und Angst essen nicht nur Seele, sondern auch Verstand auf.

Gefährdete Arbeitnehmer sind daher nur in Ausnahmefällen in der Lage, „rational und zu ihrem längerfristigen Vorteil" zu handeln. An zwei Beispielen:

Beispiel 1: Wenn die Gefahr zu vieler Arbeitskräfte für zu wenige Jobs besteht, müssten alle Arbeitnehmer, wenn sie informiert, rational und zu ihrem nachhaltigen Vorteil handelten, eigentlich so heftig wie nie zuvor konsumieren, denn das vergrößerte den Bedarf an Gütern und sicherte damit Arbeitsplätze. In der Praxis tun sie das Gegenteil: Sie schränken ihren Konsum so weit wie irgend möglich ein, um die erwarteten schwierigen Zeiten zu überleben.

Beispiel 2: Rationale Arbeitnehmer müssten, wenn sie Kündigungen fürchten, ihr Angebot an Arbeitskraft verknappen, das heißt Überstunden unbedingt ablehnen. In der Realität geraten sie jedoch, ganz im Gegenteil, in Panik und erklären sich, jeder für sich, bereit, noch viel mehr Überstunden als bisher zu leisten und sogar weniger Lohn dafür zu bekommen. Das wieder bedeutet, dass der Überhang des Angebotes von Arbeitskraft über den Bedarf an Arbeitskraft noch größer wird. Gleichzeitig bedeutet es, dass die geringer entlohnten Beschäftigten noch weniger einkaufen können, als sie aufgrund ihrer Panik sowieso schon einkaufen wollen, was den Unternehmen, für die sie so lange und so billig arbeiten, in Wirklichkeit schadet, weil sie nicht mehr so viele Waren an diese Menschen verkaufen können. Aber bis die Unternehmer das erkennen, kann es Jahre dauern, denn auch sie sind gelegentlich nicht in der Lage, ihren langfristigen Vorteil zu erkennen.

Im schlimmsten Fall können die Ängste, die steigende Arbeitslosenzahlen auslösen, zur Panik ausarten und eine Abwärtsspirale in Gang setzen: Es wird aus Angst vor der Zukunft immer weniger gekauft, daher wird immer weniger produziert, daher werden immer weniger Arbeitskräfte gebraucht, die immer weniger einkaufen, usw. usw.

„Weltwirtschaftskrisen" neigen stark zu dieser Dynamik. Wir könnten sie in den kommenden Jahren aus eigener Anschauung miterleben.

Der englische Wirtschaftswissenschaftler John Maynard Keynes hat sich ausgiebig mit diesem Arbeitslosigkeit/Nachfrage-Problem auseinandergesetzt und empfiehlt für solche Situationen das energische Eingreifen des Staates ins Marktgeschehen: Er soll zu Lasten des Budgets Großaufträge zur Verbesserung der Infrastruktur – Verkehrswege, Abwassersysteme, Spitäler usw. – vergeben, die möglichst viele Arbeitskräfte brauchen. Dadurch würden massive Arbeitslosigkeit und ein massives Absacken des Konsums vermieden und die Wirtschaft wieder zum Wachsen animiert. All dies soll er unterstützen, indem auch die Kosten des Geldes nicht zu hoch gehalten werden.

In der jüngeren Nationalökonomie gibt es unter dem (hierzulande nur abwertend und falsch gebrauchten) höchst unpräzisen Sammelnamen „Neoliberale" eine Reihe sonst durchaus unterschiedlich denkender Wirtschaftswissenschaftler, denen gemeinsam ist, dieses Rezept zu bezweifeln: „Keynes ist tot", ist ihr Schlachtruf. (In Wirklichkeit waren die originären Neoliberalen Wirtschaftswissenschaftler, die dem „Manchester-Liberalismus" eine Absage erteilten und für einen kontrollierten Liberalismus eintraten – hierzulande werden aber die Vertreter eines schrankenlosen Liberalismus fälschlich als Neoliberale bezeichnet.)

Schlachtrufe sollten misstrauisch machen. Wer beim toten Keynes nachliest, wird feststellen, dass er ungemein überzeugend argumentiert und im Übrigen ein glühender Verfechter des freien Marktes gewesen ist. Er war nur nicht bereit, die vorhin angesprochenen langen Reaktionszeiten bzw. Zeitverzögerungen seines Funktionierens zu übersehen. Seine Vorschläge sind niemals dahin gegangen, den Markt außer Kraft zu setzen, sondern er hat lediglich empfohlen, ihm im Falle einer Rezession durch einen möglichst kurzen, möglichst neutralen Eingriff wieder auf die Sprünge zu helfen. Auf Pump finanzierte Staatsaufträge sollen dabei die Rolle des elektrischen Startens bei einem Benzinmotor spielen – nachdem er gestartet wurde, läuft er wieder aus eigener Kraft und lädt sogar die Batterie wieder auf.

In dieser Form ist Keynes' Rezept nach dem Zweiten Weltkrieg bei kleineren Konjunktureinbrüchen immer wieder angewendet worden und hat meines Erachtens auch funktioniert. Allerdings wurde das Geld, das man dazu braucht, meines Wissens kaum je, wie er das gefordert hat, bereits in guten Zeiten angespart oder jedenfalls wieder hereingebracht, nachdem das Deficit Spending Erfolg gezeitigt hatte. Stephan Koren war, fürchte ich, der einzige österreichische Finanzminister, der das so gehandhabt hat, und ist dafür vom ahnungslosen Wähler auch abgewählt worden.

Die heute entscheidende Frage ist aber wohl eine andere: Hat Keynes' Deficit Spending zur Bewältigung der Weltwirtschaftskrise des Jahres 1929 beigetragen? Denn es soll ja nun auch die Weltwirtschaftskrise des Jahres 2009 bewältigen.

Ich weiß darauf keine seriöse Antwort: Mit dem Herzen hoffe ich zutiefst, dass die Argumente, die für Keynes' erfolgreichen Beitrag sprechen, zutreffen – mit dem Verstand hege ich leise Zweifel.

Allerdings weiß derzeit niemand etwas Besseres als der verstorbene Brite und so kommt sein Deficit Spending auch diesmal wieder zu Ehren: Überall werden Schulden gemacht, um die Wirtschaft anzukurbeln.

Dass das wirklich gelingt, scheint mir aus Überlegungen, die ich mit vielen Liberalen teilen dürfte, nicht so sicher, aber das ist Gegenstand eines späteren Kapitels. Einen der Gründe will ich voraus anführen: Auch der elektrisch gestartete Benzinmotor läuft nur, wenn ausreichend Treibstoff vorhanden ist. Und da ich „Bedarf" für den unentbehrlichen Treibstoff jedes dauerhaften Wirtschaftswachstums halte, sehe ich für Keynes' Erfolg eher „grün": Ich bin nicht überzeugt, dass der Bedarf in den entwickelten Industrieländern je wieder in dem Tempo wächst, in dem er in den vergangenen Jahrzehnten gewachsen ist. Die Sanierung des ehemaligen Ostblocks wird meines Erachtens nicht ausreichen, den Rückgang der Nachfrage in den alten, wohlhabenden Mitgliedsländern der EU auszugleichen. Damit könnten in meinen Augen die wirklich großen, originären Wachstumsimpulse fehlen, die es dem Wirtschaftsmotor erlauben, wieder auf volle Touren zu kommen.

Vielleicht ist das eine Katastrophe – aber vielleicht auch ein Wink des Schicksals zur Selbstbesinnung. Und vielleicht ist es auch einfach nicht richtig. Schließlich handelt es sich um eine langfristige Voraussage und die ist – schon gar wenn sie von einem blutigen Laien wie mir kommt – mit der allergrößten Vorsicht zu betrachten.

Jedenfalls ist es eine ungemein spannende Frage, auf die ich im nächsten Kapitel näher eingehen will.

Hier möchte ich nur – zurzeit wenig originell – festhalten: Die Behauptung mancher dogmatischer Liberaler, dass man den real existierenden Markt nur einfach Markt sein lassen und ja nie eingreifen soll, hält weder der theoretischen Überprüfung noch der empirischen Erfahrung stand.

Schlimmer als die Missverständnisse der Liberalen sind in meinen Augen nur die Missverständnisse jener linken Kritiker, die den Markt endlich wieder durch überlegene staatliche Planung abgelöst wissen wollen – das wäre der sicherste Weg zur permanenten Weltwirtschaftskrise.

Es ist mit der Marktwirtschaft ein wenig wie mit der Demokratie: Beide sind alles eher als vollkommen und anfällig für alle möglichen Fehler – es gibt nur weit und breit nicht Besseres.

24. Der kapitale Hunger des Kapitals

Die aktuelle Krise wird uns nach menschlichem Ermessen noch einige Zeit begleiten. Die zentralen Fragen lauten: Wie schmerzhaft? Und wie lang? Beides hängt davon ab, wie weit die ergriffenen Gegenmaßnahmen funktionieren. Das wiederum dürfte davon abhängen, wie weit die Ursachen der Krise richtig erkannt worden sind.

Die „Blase" in den USA wurde nicht nur durch die ausführlich beschriebene Politik Greenspans bis zum Zerreißen aufgebläht, sondern eine schon kurz angedeutete andere Entwicklung (die man keineswegs als Fehlentwicklung erkannt hat), hat einen entscheidenden Beitrag dazu geleistet: Die ganze Welt hat den USA vor allem deshalb so viel Geld geborgt und so viel Geld in US-Wertpapiere investiert, weil sich auf der ganzen Welt so viel Geld angesammelt hatte, das auf der intensiven Suche nach lukrativen Anlagemöglichkeiten gewesen ist.

Dieses vagabundierende, hungrige Kapital ist ein aktuelles wirtschaftliches Grundproblem: Es wird immer dazu neigen, sich auf eine vermeintliche oder echte Chance zu stürzen – und jedenfalls dann eine gewaltige Blase verursachen, wenn es, wie in den USA, eine vermeintliche Chance gewesen ist.

Mein Kollege Franz G. Hanke, bis zu seinem frühen Tod durch Krebs Wirtschaftsredakteur des *profil*, hatte dazu eine stark an Keynes angelehnte These: In den entwickelten Industrienationen würden sich große Mengen Sparkapitals ansammeln, die dem Konsum entzogen wären, das heißt nur wenig dazu beitrügen, dass Waren gekauft werden. Vielmehr würde es in Wertpapierspekulationen investiert.

Daraus müssten der Reihe nach folgende Probleme resultieren:

Die Wertpapierspekulation müsste zu Blasen führen, denn die Unternehmen, die ihre realwirtschaftliche Basis darstellen, bekämen, da das Spargeld dem Konsum entzogen wäre, zuerst ein Absatz-Problem – zu wenige Leute würden ausreichend viel Geld ausgeben, um die vielen angebotenen Waren auch zu kaufen; dann ein Strukturproblem: Die Kapazitäten würden sich allenthalben als größer als der Bedarf herausstellen; daraus müsste am Ende ein gewaltiges Beschäftigungsproblem resultieren: Wenn man die Kapazitäten nicht mehr brauchte, würde man Arbeitskräfte abbauen.

Aufgrund dieser Überlegungen hat auch Hanke in einem 1982 erschienenen Buch (*Endsieg des Kapitalismus*, Orac-Verlag) eine von den USA ausgehende, lebensgefährliche Krise vorhergesagt, deren Einsetzen er auf der Basis eines Modells des russischen Ökonomen Kondratjew etwa im Jahr 2010 erwartete.

Teilweise waren seine Überlegungen grob falsch: In den USA nahm die Sparquote nicht zu, sondern im Gegenteil auf die beschriebene gefährliche Weise ab. Auch in den etablierten Volkswirtschaften Europas hat die Sparneigung keineswegs signifikant zugenommen. Allerdings konnten wohlhabende Leute aufgrund des insgesamt hohen Einkommensniveaus in absoluten Zahlen doch eine Menge Geld auf die hohe Kante legen, das hungrig nach günstiger Veranlagung war. Vor allem aber haben Japan und noch mehr China aufgrund ihres gewaltigen Handelsvolumens mit den USA Dollarberge gehortet: Die Bürger Japans haben zu wenig Geld ausgegeben, weil sie dazu seit Jahren nicht den Mut finden, die Bürger Chinas haben es nicht ausgegeben, weil sie es gar nicht erst bekommen haben. Es gab also sehr wohl riesige Mengen Kapitals, das, statt dem Konsum zu dienen, auf günstige Veranlagung gewartet hat: Aus allen angeführten Reservoirs (dem riesigen chinesischen, dem sehr großen japanischen und dem jedenfalls nicht kleinen europäischen) sind diese Gelder in die USA geflossen und haben dort die Geldschwemme bewirkt, der wir nun schon mehrmals begegnet sind: Das Geld ist in Aktien geflossen und hat ihre Kurse hochgetrieben; das Geld ist in Wertapiere geflossen, die mit dem Häusermarkt gekoppelt waren, und hat die Hauspreise hochgetrieben; das Geld ist in Derivate geflossen und hat ihren Kurs vervielfacht.

Da weder die Unternehmen hinter den Aktien noch die Häuser noch die Derivate in diesem Zeitraum an substanziellem Wert zugelegt haben, besteht wenig Zweifel, dass dieses Geld entscheidend zur amerikanischen Blase beigetragen hat.

Mit ihrem Platzen hat es sich verflüchtigt.

Alle Beteiligten, voran die Chinesen und die Japaner, haben einen beachtlichen Teil dessen, was sie bei ihren Warengeschäften mit den USA verdient haben, bei ihren Geschäften mit US-Wertpapieren wieder verloren.

Vom Standpunkt der USA aus gesehen gar nicht so schlecht.

Die verbliebenen Dollarberge sind freilich immer noch sehr hoch – schließlich haben sie sich in zwanzig Jahren aufgetürmt. Daraus resultiert für China (Japan) ein mehrfaches Problem: Erstens hat der Dollar schon bisher kräftig abgewertet und in diesem Ausmaß haben die gehorteten Dollarberge kräftig an Wert verloren. Zweitens spricht viel dafür, dass diese Abwertung trotz der augenblicklichen Gegenbewegung noch lange nicht zu Ende ist, sodass die chinesischen (japanischen) Dollars in den nächsten Jahren noch weiter an Wert verlieren könnten. China (Japan) müsste also das größte Interesse daran haben, seine Dollars gegen eine bessere Währung, zum Beispiel den Euro, zu tauschen. Nur dass in dem Moment, in dem einer der beiden eine größere Menge Dollars auf den Markt brächte, der Kurs des Dollars ins Bodenlose stürzen müsste und der Wert der gehorteten Dollarberge mit ihm. China wie Japan könnten auf diese Weise am Ende fast alles, was sie an den Amerikanern verdient haben, wieder verlieren: Schuldscheine eines Kridatars – und das sind Dollars bis zu einem gewissen Grade – sind keine optimale Wertanlage.

Das Einzige, was die Chinesen (und die Japaner und die Europäer) mit relativ geringem Verlust mit ihren Dollars tun können, ist, in den USA einkaufen: billig gewordene amerikanische Unternehmen, Banken, Grundstücke oder Häuser erwerben.

Das tun sie auch nach Kräften und es kann dazu beitragen, die amerikanische Wirtschaft wieder zu stabilisieren – nur dass solche Unternehmen, Banken und Realitäten dann wirklich Chinesen, Japanern oder Europäern gehören.

Ich bin gespannt, wie weit die Amerikaner das zulassen. Oder richtiger: Ich befürchte, dass sie alsbald, entgegen diversen Beteuerungen auch Barack Obamas, versuchen werden, sich durch protektionistische Gesetze gegen diesen „Ausverkauf" zu schützen.

Interessanterweise kaufen die Chinesen aber nicht nur amerikanische Unternehmen und Realitäten, sondern auch amerikanischen Staatsanleihen – sie borgen den Amerikanern damit weiterhin Dollars. Die kann der amerikanische Staat dringend brauchen, denn Obama hat bekanntlich ein gewaltiges Programm zur Überwindung der Rezession gestartet, das er irgendwie finanzieren muss. Durch Chinas Dollars finanziert er es relativ billig.

Wenn es funktioniert, hat China zwei Vorteile auf einen Schlag errungen: Seine Dollarberge gewinnen bei funktionierender US-Wirtschaft wieder an Wert und für die Dollars, die es den USA geliehen hat, kassiert es Zinsen.

Wenn Obamas Wirtschaftsprogramm allerdings nicht funktionieren sollte, ist China doppelt bedient: Nicht nur sind seine verbliebenen Dollarhügel dann noch viel weniger wert, sondern es hat den amerikanischen Staat darüber hinaus zum riesigen, schlechten Schuldner.

Trotzdem handelt China in meinen Augen vernünftig: Es hat kaum eine andere Wahl, als sich zu einer Schicksalsgemeinschaft mit den USA zu bekennen.

In der EU hat man dagegen große Probleme, sich wenigstens auf dem eigenen Territorium als Schicksalsgemeinschaft zu begreifen. Jeder hofft, vor allem die eigene nationale Haut vor dem Nasswerden zu retten, obwohl in Wirklichkeit alle im Regen stehen.

Insbesondere Angela Merkel hat sich – angesichts der bevorstehenden Bundestagswahlen möglichst lautstark – dagegen gewehrt, dass Deutschland wieder einmal für schwächere Staaten der EU zur Kasse gebeten werden soll, wobei zu diesen schwächeren Staate in diesem Fall durch sein Ostengagement auch Österreich zählt: Als Finanzminister Josef Pröll bei der EU mit seinem Ersuchen um ein gemeinsames Hilfspaket für Osteuropa vorstellig wurde, hat der deutsche Finanzminister Peer Steinbrück bekanntlich zuerst einmal energisch abgewinkt und erklärt, das Problem im Osten sei ein nationales Problem Österreichs.

Aber am Ende hat Deutschland doch auch zugestimmt, die Mittel der EU-Institutionen, die Geld nach Osteuropa pumpen können, erheblich aufzustocken. Nicht aus purer Freundschaft, sondern weil es, wie alle anderen Beteiligten, weiß, dass das Projekt EU auf dem Spiel steht: Wenn man Ländern wie Rumänien, Bulgarien, Tschechien, der Slowakei oder Kroatien und wahrscheinlich sogar der Ukraine nicht, wie zuvor schon den Baltischen Staaten und Ungarn, unter die Arme greift, kommt es dort zu einem Kollaps, den ihre noch sehr schwachbrüstige Wirtschaft nicht überlebt. Dass Österreichs Banken ihn auch nicht überlebten, wäre für Deutschland nicht wirklich ein Trost, denn Österreich ist Deutschlands noch viel wichtigerer Handelspartner.

Österreich Banken für ihr Engagement zu schelten, fällt mir schwer: Natürlich kann man sie dafür kritisieren, dass sie in diesen Gebieten ein weit überproportionales Risiko eingegangen sind. Natürlich kann man Österreich dafür kritisieren, dass seine Bankenaufsicht das zugelassen hat. Nur müsste man dann eigentlich auch die EU kritisieren, dass sie sich auf die Osterweiterung eingelassen hat. Denn es war klar, dass man damit eine Reihe sehr armer Länder in die Union aufnimmt bzw. in der Warteschleife mit ihr verknüpft. Es war das erklärte Ziel der EU, diese Länder wirtschaftlich an die alten Mitgliedsländer heranzuführen. Das konnte nur durch den Aufbau eines funktionierenden Geldapparates geschehen, und da die Banken dieser Länder weder über Know-how noch über Kapital verfügten, war klar, dass ausländische Banken sie übernehmen würden.

Nur so konnte die Wirtschaft dieser Länder sich entwickeln.

Dass Österreich sich daran überproportional beteiligt hat, war primär sinnvoll: Es ist mit diesem Raum stärker als irgendein anderes Land durch die Geschichte, durch verwandtschaftliche Beziehungen, durch die Kenntnis der Mentalität und oft auch der Sprache verbunden. Österreichs Banken waren daher für diese Aufgabe prädestiniert und hätten sie, wäre die Finanzkrise nicht lähmend über ganz Europa hereingebrochen, wohl auch recht gut erfüllt.

Ich gebe zu, dass „hätten" nicht viel zählt: Die Finanzkrise ist hereingebrochen und das Damoklesschwert der möglichen Verluste hängt über diesen Banken und damit über Österreich. Aber es wäre um nichts kleiner, wenn auch englische, französische oder holländische Banken den notwendigen Geldapparat für den Osten bereitgestellt hätten. Es hinge dann eben – für das einzelne Land zweifellos ungefährlicher, aber für die EU nicht minder groß – über fast allen „alten" Mitgliedern. Deshalb scheint mir doch vernünftig, dass letztlich alle alten Mitgliedsstaaten die neuen Mitgliedsstaaten im Osten, und damit indirekt auch Österreich, unterstützen. (Österreich wird trotzdem noch vor allen anderen unter der aktuellen Ostkrise leiden, so wie es dort zuvor vor allen anderen verdient hat.)

Man hat, glaube ich (hoffe ich), entdeckt, dass es ganz allgemein zurzeit nicht sehr viel Sinn hat, diesem oder jenem mehr oder weniger Schuld zuzuweisen, sondern dass alle, die irgend können, einander unter die Arme greifen müssen, wenn nicht ganz Europa zu einem riesigen Krankenhaus werden soll.

In gewisser Hinsicht ist die Lage der EU nämlich doch nicht so viel weniger kritisch als die der USA: Auch bei EU-Staaten haben die USA eine Menge Schulden, deren Wert sich ständig vermindert; auch manche Geldinstitute der EU haben noch immer faule US-Wertpapiere in ihren Tresoren; auch EU-Notenbanken sitzen auf entwerteten Dollars. Gleichzeitig ist Europas extrem exportintensive Industrie weit mehr vom amerikanischen Markt abhängig als die exportschwache US-Industrie vom europäischen Markt. Und zu guter Letzt trägt Europas (voran Österreichs) Engagement in Osteuropa durchaus auch „amerikanische" Züge: Es wurden auch in Osteuropa Kredite an Leute vergeben, deren Fähigkeit zur Rückzahlung sich möglicherweise nicht so völlig von der amerikanischer Subprime-Schuldner unterscheidet. Auch in Osteuropa sind teilweise „Blasen" entstanden: Es ist nicht unbedingt logisch, dass beispielsweise die Preise für Realitäten in Prag weit über den Wiener Preisen liegen, und auch in den anderen Hauptstädten des Ostens ist die Höhe der Immobilienpreise längst nicht durch die Qualität der städtischen Infrastruktur gerechtfertigt. In Summe: Auch in den Ländern des ehemaligen Ostblocks ist das investierte Geld nicht immer und überall durch entsprechende „Substanz" gedeckt.

Das muss entsprechende Probleme mit sich bringen, auch wenn es nicht mit der Subprime-Krise in den USA zu vergleichen ist. Die Bewohner Osteuropas haben vermutlich „nur" den Anschluss an das Niveau des „Westens" um einiges zu rasch gesucht. Ein halbes Jahrhundert kommunistischer Misswirtschaft lässt sich wahrscheinlich doch nicht schon in einigen wenigen Jahren aufholen, sondern es gilt auch dort eher die Rechnung, die Erich Streissler bezüglich Ostdeutschlands aufgestellt hat: Man müsste Billionen investieren, um den „Osten" auf das Wohlstandsniveau des „Westens" anzuheben. Auf den Schmerzpunkt gebracht: Es ist vielleicht doch so, wie Heide Schmidt und ich das bei jener Wahlversammlung in Wiener Neustadt eingestanden haben, dass nämlich beim Zusammenschluss reicher mit sehr armen Ländern unmöglich alle sofort gleich reich sein können, sondern dass die reicheren anfangs einiges an die ärmeren abgeben müssen. Und zwar nicht nur durch drei, vier Jahre, sondern etwas länger.

Die nun notwendig gewordenen Hilfszahlungen sind nicht nur eine Folge der Weltwirtschaftskrise, sondern eine Konsequenz dieses „Etwas länger" und werden auf absehbare Zeit zu unser aller Lasten gehen.

Das heißt nicht, dass der versprochene Wirtschaftsaufschwung durch den erweiterten gemeinsamen Markt ausbleibt. Er kommt schon, aber eben nicht in einem solchen Tempo.

Es geht einmal mehr um eine Reaktionszeit. „Markt" allein ist noch kein Zauberelixier.

25. Der Kampf gegen die aktuelle Krise

Alle Regierungen, von Washington bis Tokio, von Neu Delhi bis Peking, von Berlin bis Madrid, unternehmen alles Mögliche, um die aktuelle Rezession nicht zur Depression werden zu lassen. Wie stehen die Chancen?

Ich schreibe diesen Text Ende März des Jahres 2009 (und habe ihn Anfang Mai ein letztes Mal überarbeiten können). Obwohl Österreich sich schon zu Beginn des Jahres, unmittelbar nach Deutschland, offiziell als in „Rezession befindlich" erklärt hat, ist diese Rezession noch nicht wirklich im Bewusstsein angekommen. Dabei schreiben die Zeitungen über nichts anderes als die „Finanzkrise", alle Fernsehnachrichten beginnen mit der „Finanzkrise" und bei jedem Tischgespräch, sei es im Sacher, sei es im Wirtshaus, ist sie Thema Nr. 1 vor dem Thema Nr. 1. Aber eben die „Finanzkrise", noch nicht die „Wirtschaftskrise", denn noch spürt man sie hierzulande nicht wirklich: Die Geschäfte, die Restaurants und die Skipisten sind voll wie eh und je. Das erste heimische Opfer der „Wirtschafts-", nicht der „Finanz"-Krise, der Kfz-Zulieferer Eybl in Krems, ist schon wieder fast vergessen; man weiß, dass Magna in der Steiermark Probleme hat und dass dort kurzgearbeitet wird, aber vorerst hat noch jeder das Gefühl: Das ist weit weg, das sind die anderen, das trifft nicht mich. Manchmal könnte man fast den Eindruck haben, das Reden über die Krise verhindert, sie wirklich wahrzunehmen, so wie man den Wald vor lauter Bäumen nicht sieht. Das ist nicht nur ein psychischer Schutzmechanismus, sondern auch ein wirtschaftlicher Vorteil: Indem die Menschen den Kopf so lang wie möglich in den Sand stecken, zögern sie die Heftigkeit des Crashs hinaus, weil vorerst weiterhin konsumiert, das heißt nachgefragt wird.

Selbst dass soeben 300.000 Arbeitslose und 50.000 in Umschulung Begriffene gemeldet wurden, hat im ersten Moment nicht Leitartikel, sondern nur Kurz-kommentare provoziert.

Denn in absoluten Zahlen ist diese Arbeitslosigkeit noch immer nicht ge-spenstisch, sondern entspricht einer Rate, um die man uns anderswo beneidet – nur der Zuwachs innerhalb der letzten drei Monate ist gespenstisch. In Wirk-lichkeit war dieser 1. März 2009 der Augenblick, in dem die Finanzkrise auch bei uns endgültig in die Krise der Güterproduktion übergegangen ist. In dem Aus-maß, in dem diese schrumpft, werden die Arbeitslosen mehr. Und dieses Aus-maß ist erschreckend: Weltweit ist die industrielle Produktion im ersten Quartal 2009 um 3,6 Prozent zurückgegangen, in den USA waren es 4,4 Prozent, in Deutschland 6,8 Prozent, in Japan 12 Prozent.

Aufs Jahr hochgerechnet wäre das in Japan eine Schrumpfung um 48 Prozent, also auf fast die Hälfte, in Deutschland um 27,2 Prozent, also um mehr als ein Viertel.

„2009: Jahr der Arbeitslosigkeit" habe ich meinen ersten *profil*-Kommentar für das neue Jahr überschrieben.

Wenn dieses Buch auf dem Markt ist, wird darüber leider nicht mehr der ge-ringste Zweifel bestehen: Wir gehen einer von den gegenwärtigen Generationen noch nie erlebten Arbeitslosigkeit entgegen, denn eine so große Schrumpfung der Produktion kann nur zu Kündigungswellen führen.

Der spektakulärste Teil dieser Produktionskrise, jener der Autoindustrie, hat freilich schon vor der Finanzkrise begonnen und wurde durch sie nur verschärft. Die Kapazitäten der Kfz-Industrie sind so dimensioniert, dass sie Vollmotorisie-rung in den USA, in Japan und in Westeuropa herzustellen vermochten – jetzt ist sie hergestellt: Seit drei, vier Jahren will die Dichte der Kraftfahrzeuge in den Ländern, deren Bewohner sich Autos leisten können, nicht mehr zunehmen, sondern es werden im Wesentlichen nur mehr zu Ende gefahrene Autos erneu-ert. Osteuropa (inklusive Russland), das untermotorisiert dazugekommen ist, reicht nicht, die gigantischen Kapazitäten im bisherigen Ausmaß auszulasten. Dass das entsprechende Problem der USA mit ihrer ganz besonders großen Kfz-Dichte und ihren ganz besonders großen Automobilproduzenten noch größer ist, ist nur logisch und wäre nicht entscheidend anders gekommen, wenn GM oder Chrysler weniger durstige, bessere Autos produziert hätten. Es wären dann nur die Überkapazitäten der japanischen und der deutschen Autobauer noch früher spürbar geworden.

Gäbe es den idealen freien Markt, Europa wäre freilich entschieden besser dran: Die maroden US-Giganten GM und Chrysler gingen ein und die gesunden deutschen und japanischen Produzenten teilten sich ihren Markt und hätten vorerst womöglich nicht einmal Überkapazitäten. Aber auf dem real existierenden Weltmarkt wird die US-Autoindustrie staatlich gestützt, also wird auch die deutsche staatlich gestützt, also wird auch die japanische staatlich gestützt. Also stehen alle Autoriesen einander im etwa gleichen Ausmaß aufgerüstet weiterhin gegenüber und kämpfen weiterhin um die großen Automärkte. Doch diese Automärkte sind weiterhin mit Autos gesättigt. Damit stehen ihnen weiterhin viel zu große Produktionskapazitäten gegenüber. Es bleibt also, nachdem von allen Regierungen viel Geld verpulvert wurde, letztlich alles beim Alten: Die viel zu großen Produktionskapazitäten müssen schrumpfen, und das bedeutet Kündigungswellen.

Ich glaube, es ist wichtig, sich dessen bewusst zu sein: Die Krise der Autoindustrie hat nur mittelbar etwas mit der Finanzkrise zu tun, die Hauptursache besteht darin, dass die Grenzen des Autobedarfs erreicht sind.

Ich fürchte, dass es bei einer Reihe von Gütern – etwa bei Haushaltsgeräten oder bei der Unterhaltungselektronik – nicht sehr viel anders als bei Autos aussieht.

Deshalb wird die Krise der Güterproduktion eine hartnäckige sein.

Zu dieser Sättigung, die bei einer Reihe wichtiger Güter auch ohne Finanzkrise aufgetreten wäre, kommen die gewaltigen Probleme, die diese Finanzkrise zusätzlich erzeugt hat: ein gewaltiger Rückgang jeder Art von Investitionen; ein gewaltiger Rückgang des Konsums auch bei solchen Gütern, bei denen keineswegs Grenzen des Bedarfs erreicht sind; ein gewaltiger Rückgang bei der Inanspruchnahme von Dienstleistungen – selbst Friseurbesuche oder Urlaubsreisen gehen zurück.

Denn die Menschen haben, selbst in Österreich, doch mehr Angst, als sie zugeben, und sind letztlich doch auf der sparsameren Seite. (In den USA wohnen sie sowieso schon seit Monaten zu Abertausenden in Caravans und stehen um Gratissuppe an.)

Natürlich versucht der Staat, den stagnierenden Konsum zu stärken. Österreich wie Deutschland haben zu allererst Steuerreformen beschlossen, um den Abschwung zu verlangsamen. Das neoliberale Rezept „Steuern herunter, dann geht es mit der Wirtschaft hinauf" klingt so gut, dass man nicht gewagt hat, darauf zu verzichten.

Vorerst scheint es auch Erfolg zu haben: Vor allem, weil gleichzeitig die Treibstoffpreise massiv gesunken sind, haben die Bürger merklich mehr Geld in der Tasche. Das hat zusammen mit der Verschrottungsprämie in Deutschland sogar zu einem kleinen Boom des Autohandels geführt. Aber er kann nicht nachhaltig sein: Die Autos, die jetzt mehr gekauft werden, werden in Zukunft weniger gekauft. Und auch die Wirkung der Steuersenkung wird sich als eher begrenzt herausstellen: Denn Steuersenkungen kommen voran den Besserverdienenden zugute, und die werden das zusätzliche Geld, wenn die Arbeitslosigkeit ansteigt (und das wird sie), doch lieber mehr aufs Sparkonto legen. Es wird dem Konsum daher nur zu einem Teil zugutekommen. Die Gruppe, die zusätzliches Geld am ehesten ausgäbe – die Bezieher kleiner und kleinster Einkommen – bekommt fast nichts, denn sie bezahlt sowieso keine oder fast keine Steuer. Ihr Haushaltseinkommen hängt vielmehr vom Ausmaß der Sozialleistungen ab – und die lassen sich nach einer Steuersenkung schwerer finanzieren.

In den USA scheint mir die Situation anders: Dort könnten Steuerermäßigungen den Mittelstand in die Lage versetzen, seine meist beängstigend hohen Kredite abzutragen, und das entspannte die Lage der Banken.

Dennoch bleibt nach wie vor ein riesiger Brocken des Obama-Rettungspakets für die Banken reserviert und es ist gar nicht so sicher, dass trotzdem noch genug für das eigentliche Deficit Spending nach Keynes übrig bleibt.

Dieses Deficit Spending ist laut Lehrbuch der eigentliche Wirkstoff in der Medizin, die Keynes zur Überwindung eine Rezession empfiehlt: Nur große Staatsaufträge sind in der Lage, in großem Stil Arbeit zu schaffen und damit den Konsum aufrechtzuerhalten.

Der im Obama-Paket enthaltene Wirkstoff ist meines Erachtens nicht nur sehr viel niedriger dosiert, als die 800 Milliarden im ersten Augenblick vermuten lassen, sondern er gelangt auch nur in Etappen in den Wirtschaftskörper. Viele Gelder fließen erst 2010.

Wenn man an Keynes glaubt, könnte das um einiges zu zögerlich sein.

Die Amerikaner glauben freilich vor allem an Barack Obama. Und da Wirtschaft zu einem hohen Prozentsatz Psychologie ist, könnte es sein, dass die Erholung in den USA doch früher und schneller anläuft, als es der Größenordnung der eingesetzten Mittel entspricht.

Sofern sie überhaupt nachhaltig anläuft – denn das tut sie nur, wenn Keynes recht hat.

Auch Deutschland und Österreich haben die größten Konjunkturpakete ihrer Geschichte geschnürt und in beiden Ländern werden Staatsaufträge den Abschwung tatsächlich lindern. Der Plan von Wirtschaftsminister Reinhold Mitterlehner, die Gebäude der Bundesimmobiliengesellschaft zu isolieren und zu sanieren, ist sogar ein Beispiel perfekten Krisenmanagements: Es erhöht den Wert dieser Gebäude, vermindert ihre Erhaltungskosten und beschäftigt viele Leute. Auch Schulen zu bauen, um endlich einen Unterricht in ausreichend kleinen Leistungsgruppen zu ermöglichen, ist sicher nützlich.

Aber dergleichen könnte dennoch zu wenig sein, wenn die Arbeitslosigkeit die befürchteten Dimensionen erreicht. Es braucht dann womöglich wirkliche Großprojekte: zum Beispiel ICE-Verbindungen zwischen Wien, Budapest und Prag. Oder den Bau von U-Bahn-Netzen auch in mittleren Städten – in Österreich etwa in Linz, Innsbruck und Graz. Auch der Brennerbasistunnel geht in diese Richtung, obwohl er mehr große Bohrgeräte als Menschen beschäftigt.

In gewisser Hinsicht tun sich die USA bei der Suche nach sinnvollen Investitionen dieser Art leichter als Westeuropa: Ihre Infrastruktur ist in großem Stil desolat, die österreichische, deutsche oder französische ist dagegen alles in allem in einem recht guten Zustand.

Das könnte die Bewältigung der Krise in Europa schwieriger machen, weil es schwerer sein wird, die Bevölkerung von der Sinnhaftigkeit großer Investitionen zu überzeugen – es sei denn, die Arbeitslosigkeit wird so dramatisch, dass die Bevölkerung alles bejaht, was Arbeit bringt, auch wenn es noch so große Schulden erzeugt.

Ob man die Arbeitslosigkeit eindämmen kann, ehe dieser verzweifelte Punkt erreicht ist, wird die entscheidende Frage der kommenden Jahre sein.

Es ist nützlich, sich gelegentlich den *worst case* auszumalen: Gesetzt einmal den Fall, es gelingt Barack Obama nicht, die Rezession in den USA in absehbarer Zeit zu stoppen; gesetzt den Fall, allein die US-Autoindustrie und die mit ihr verbundenen Branchen setzen dort am Ende doch Millionen Arbeitskräfte frei. Dann wird der zweitgrößte Arbeitgeber des Landes, die Bauindustrie, sie trotz Wärmedämmungsprojekten schwerlich auffangen, denn die Neubautätigkeit ist derzeit die niedrigste seit Jahren: Statt dass Häuser nachgefragt werden, stehen überall Häuser zum Verkauf. An der Neubau-Industrie hängen aber Möbelindustrie und Haushaltsindustrie: Auch sie werden niemanden aufnehmen, sondern im Gegenteil massenweise Arbeitskräfte freisetzen. Unter diesen Umständen könnte Massenarbeitslosigkeit in den USA – ohne wirksame neue Großprojekte – nur vermieden werden, wenn der Dienstleistungssektor in noch weit größerem Ausmaß als zuvor Menschen aufnähme. Aber eine der beschäftigungsintensivsten Branchen des Dienstleistungssektors, die Finanzindustrie, nimmt derzeit nicht Leute auf, sondern setzt sie gleichfalls massenweise auf die Straße.

Wenn eine solcherart auf allen Linien schrumpfende US-Volkswirtschaft auf ihrem schrumpfenden Markt praktisch kaum mehr europäische und japanische Exporte aufnehmen kann (wahrscheinlich ergriffe sie sogar protektionistische Maßnahmen, um sich abzuschotten), müsste das die Wirtschaft vor allem Japans, aber auch Europas tatsächlich weiter so dramatisch schrumpfen lassen, wie das in den eingangs zitierten drei Monaten der Fall war. Wenn auf diese Weise in allen genannten großen Volkswirtschaften Abwärtsspiralen in Gang gekommen sein sollten, hätten wir das Szenario von 1929 hoch zwei. Mit durchaus vergleichbaren politischen Optionen: Die neu zur EU gekommenen Staaten des ehemaligen Ostblocks sind alles eher als gefestigte Demokratien, Österreich oder Japan sind es auch nur mit Einschränkung. In China, wo die Bevölkerung die Diktatur nur ertragen hat, weil sie ihr Wohlstand beschert hat, könnten Aufstände der Arbeitslosen ausbrechen, die dort zumindest Chaos verursachen – mit weiter verminderten Chancen für westliche Exporteure. Und es müsste sich erst noch weisen, ob die USA nach Bush gegen einen extremeren Rechtsruck gefeit sind. Ein Thinktank des Pentagon hat eine Rangordnung der großen Bedrohungen des Friedens erstellt, mit denen derzeit noch niemand rechnet – an erster Stelle die Möglichkeit einer faschistischen Entwicklung in den USA.

Das ist, wie gesagt, ein *„worst case"*-Szenario. Aber es ist – trotz Pakistans oder Nordkoreas Atompotenzials und eines vermutlich demnächst nuklear bewaffneten Iran – um einiges wahrscheinlicher als zum Beispiel der Ausbruch eines regionalen Atomkrieges, denn von dem wissen alle Beteiligten, dass er dem Untergang ihrer Welt gleichkäme. Dagegen ist die Weltwirtschaftskrise – solange sie nicht voll eingesetzt hat – weit weniger plastisch.

Deshalb meine drastischen Worte.

Ich bin aber, wie zumindest meine Kinder wissen, alles eher als ein Pessimist und möchte auch niemanden dazu machen. Daher, auch im Sinne Karl Poppers, gleich die Gegenargumente zu diesem Höllen-Brueghel: Objektiv gesehen gibt es nicht den geringsten Grund, dass es uns in den nächsten zehn Jahren, selbst angesichts eine Rezession, objektiv gesehen schlecht gehen müsste, denn wir gehen von einem unglaublich hohen Niveau des Wohlstands aus. Die Rohstoffressourcen sind nicht erschöpft – es gibt sogar vorerst noch ausreichend Öl. (Vor der Küste Brasiliens scheint man soeben riesige Vorkommen entdeckt zu haben.) Wir besitzen die besten landwirtschaftlichen Technologien aller Zeiten, um eine Nahrungsmittelversorgung auf höchstem Niveau sicherzustellen. Wir haben – siehe oben – so hervorragende Produktionsmethoden, dass wir sogar weit mehr Güter herstellen können, als wir brauchen.

Es gibt kein Problem, ausreichend Wohlstand zu produzieren – es gibt allerdings ein Problem, ihn erfolgreich zu verteilen, ohne dass bei dieser Gelegenheit eine große Gruppe – die Arbeitslosen – auf der Strecke bleibt. Der Markt hat eine seiner verlangsamten Reaktionszeiten: Produktivität, Warenmenge, Konsum, Kredite, Ersparnisse und Geldumlauf an den verschiedensten Punkten der Welt sind nicht optimal aufeinander eingependelt. Man könnte es als Krampfzustand eines an sich unendlich leistungsfähigen Wirtschaftskörpers bezeichnen – ein solcher Krampfzustand muss nicht zwangsläufig in eine Wirtschaftskrise vom Format von 1929 münden. Denn man hat aus dem Ablauf dieser 1929er-Krise doch einiges gelernt. Die meisten Kommentare pflegen sogar zu behaupten, dass man „die Situation von damals mit der von heute überhaupt nicht vergleichen kann", aber das halte ich für übertrieben: Es gibt eine Reihe von Ähnlichkeiten mit der Weltwirtschaftskrise – nur kann man ähnlichen Problemen hoffentlich besser als damals beikommen.

Vor 27 Jahren ist mein Kollegen Franz G. Hanke in seinem Buch vom *Endsieg des Kapitalismus* auch auf die Weltwirtschaftskrise zu sprechen gekommen, ehe er vom „Endsieg" geschwärmt hat. Denn sie hat in Hankes Leben eine zentrale Rolle gespielt: Sein Vater ist in der Krise arbeitslos geworden, hat sich daraufhin den Nationalsozialisten angeschlossen und ist bis zu seinem Tod ein verbissener Anhänger Hitlers geblieben. Sein Sohn war darüber verzweifelt: Er war ein freigeistiger Humanist, dem alles am Nationalsozialismus etwa so unsympathisch wie mir gewesen ist. Nachdem er ursprünglich Chemie studiert hatte, wandte er sich als Autodidakt der Nationalökonomie zu und las so ziemlich alles, was zur Weltwirtschaftskrise von 1929 geschrieben wurde.

Wenn ich hier seine Argumentation wiedergebe, ist mir klar, dass es zahllose andere Argumentationen gibt, die von ungleich prominenteren Autoren – von John Maynard Keynes bis Milton Friedman – stammen, aber schon diese beiden Namen zeigen auf, wie unterschiedlich die Argumentationslinien sind. Ich beziehe mich auf den unbekannten F. G. Hanke, weil mir seine Argumente einleuchtend erscheinen, weil sie mit meinen nebulosen Vorstellungen von Wirtschaft relativ viele Übereinstimmungen aufweisen und weil sie vor allem eine Reihe von Bedingungen als wesentlich anführen, die mir auch in der gegenwärtigen Krise vorzuliegen scheinen.

Möglicherweise ist seine Darstellung (die sich ausschließlich auf die USA bezieht) trotzdem grober Unfug, aber das ist für ihren wesentlichsten Teil – die Gegenmaßnahmen Roosevelts im Rahmen des „New Deal" – ohne Bedeutung.

Auch der Krise von 1929, so argumentiert Hanke, ist in den USA eine lange Periode der Hochkonjunktur vorausgegangen. Allerdings nicht einer künstlichen Hochkonjunktur auf Pump, sondern einer sehr natürlichen: Dieses riesige, von Natur aus reiche Land wurde im 19. Jahrhundert neu erschlossen und jeder konnte sozusagen bei Null anfangen: Bester Ackerboden wurde vom Staat verschenkt, Städte, Straßen, Eisenbahnlinien mussten neu errichtet werden.

Es gab also jede Menge Arbeit – und gleichzeitig einen krassen Mangel an Arbeitskräften. Denn trotz zunehmender Einwanderung war das riesige Land nur dünn besiedelt. Jeder, der arbeiten konnte und wollte, wurde gebraucht. Das sorgte auch ohne viel Gewerkschaft für hohe Löhne, die ihrerseits für hohen Konsum sorgten, sodass auch die Konsumgüterindustrie wachsen konnte. Gleichzeitig waren diese hohen Löhne auch ständiger Antrieb zur Rationalisierung, sodass eine überaus moderne Industrie mit den jeweils neuesten Maschinen entstand, die nicht zufällig das Fließband erfand.

Damit gab es alle Voraussetzungen für ein „Wirtschaftswunder": einen gewaltigen Bedarf an Gütern und Leistungen, steigende Löhne, um die diese Güter erworben werden konnten, und eine hervorragende Wirtschaftsstruktur.

(Wenn auch aus ganz anderen Gründen waren das ganz ähnliche Voraussetzungen, wie sie auch das deutsche „Wirtschaftswunder" hatte: Der Krieg hatte alles zerstört, sodass von null weg aufgebaut werden musste; die dezimierte erwerbsfähige Bevölkerung sorgte für ständig steigende Löhne, mit denen ein ungeheurer Nachholbedarf an Konsum befriedigt werden konnte; und die völlig neuen deutschen Wirtschaftsstrukturen waren den alten Strukturen etwa der englischen „Sieger" klar überlegen.)

Die Wende für das amerikanische Wirtschaftswunder sah Hanke (wie Keynes) mit dem Ende der Erschließung des Kontinents gekommen: Die Städte waren gebaut, sie waren durch ein ausreichendes Straßennetz verbunden und vor allem das Wachsen des Schienennetzes mit seinen gewaltigen wirtschaftlichen Folgen war zu Ende. Die Infrastruktur des Landes, die bis dahin Millionen Menschen beschäftigt hatte, war im Großen und Ganzen vollendet.

Gleichzeitig war die Bevölkerung gewaltig gewachsen: von 23 Millionen im Jahr 1850 auf 92 Millionen im Jahr 1910. Damit verkehrte sich der Arbeitskräftemangel in einen Arbeitskräfteüberschuss: Es entstand, wie in Europa, eine industrielle Reservearmee, die auf die Löhne drückte, ohne dass dem die unterentwickelte Gewerkschaft ausreichend Widerstand geleistet hätte. Selbst die Rationalisierung der Betriebe erlahmte, denn es gab genügend billige Arbeitskräfte. Die Unternehmer glaubten, jeder für sich mit Recht, ihre Betriebe profitabel zu halten, indem sie noch niedrigere Löhne zahlten. Damit aber knickte auch der private Konsum ein, der sonst vielleicht in der Lage gewesen wäre, die Konjunktur aufrechtzuerhalten. Die Voraussetzungen für großes Wirtschaftswachstum waren aufgebraucht – die Krise erhielt ihre Chance.

In vielen Teilen entspricht diese Darstellung der Theorie des nicht mehr für aktuell gehaltenen russischen Wirtschaftswissenschaftlers Nikolai Kondratjew, wonach die Weltkonjunktur seit Beginn der Industrialisierung in langen Wellen verläuft. Aufschwungphasen werden nach dieser Theorie durch grundlegende wissenschaftliche Erkenntnisse und neue Technologien verursacht. Die Wirtschaft wächst so lange, bis alle wissenschaftlichen und technischen Neuheiten in der Praxis umgesetzt und an den Konsumenten herangebracht wurden. Ist das der Fall, so folgt Stagnation oder sogar Schrumpfung.

In der Vergangenheit haben Kondratjews Wellen immer etwa fünfzig Jahre gedauert. Die erste begann etwa 1790 mit der Entwicklung mechanischer Webstühle, der Kohle- und Eisentechnologie sowie der Dampfschifffahrt, ehe ihr eine Abschwungphase folgte. Der nächste Aufschwung setzte 1850 ein und hatte die Entwicklung der Eisenbahn, die Erfindung des Zement, der Telegrafie und der Fotografie zum Treibsatz, ehe die nächste Abschwungphase einsetzte. Ab 1900 waren es dann Anwendungen der Elektrizität, der Chemie und die Erfindung des Benzinmotors, die für den nächsten Aufschwung sorgten, ehe die Weltwirtschaftskrise den nächsten, diesmal dramatischen Absturz eingeleitet hat. Der nächsten großen Aufschwungphase ab 1950 lassen sich dann Elektronik, Fernsehen, Kernkraft, Kunststoffe, Raumfahrt und Computer zuordnen, wobei, wenn man das bisherige Muster fortführt, um 1990/2000 der Gipfel des Wellenberges erreicht wäre und um 2000 ein neuer Abschwung eingesetzt haben müsste.

Wenn man das Ganze als Grafik aus *Knaurs Weltspiegel* vor sich sieht, ist es ziemlich frappierend: Die gegenwärtige Krise ist dann der vorgezeichnete Weg in Kondratjews nächstes Wellental.

Für Hanke (und andere namhaftere Autoren, darunter Milton Friedman) ist die Krise von 1929 allerdings nur deshalb so verheerend ausgefallen, weil die FED beständig falsch reagiert hat. Indem sie auf die Golddeckung des Dollars gedrungen hat, habe sie die Geldmenge stets zu klein und die Zinsen zu hoch gehalten. Das habe den Abschwung entscheidend vertieft. Anlass, diese „Deflation" genannte Politik zu forcieren, bot ihr der Erste Weltkrieg. Wegen der Umstellung auf Kriegswirtschaft musste die Konsumgüterproduktion eingeschränkt werden, sodass die Produktionskosten kräftig anstiegen. Spekulatives Horten von Gütern verstärkte die inflationäre Tendenz – vor allem die Großhandelspreise verdoppelten sich fast.

Die FED reagierte, indem sie den Diskontsatz kräftig von 4 auf 6 Prozent anhob, was im Zusammenhang mit der Bindung der Geldmenge an die Goldreserven zu einer massiven Verminderung des Kreditvolumens führen musste. Als die Preise dennoch (Hanke meint: eben deshalb) weiter stiegen, wurden die Restriktionsmaßnahmen im Mai 1920 weiter verschärft. „Der Geist der Kriegszeit muss wieder erweckt werden", erklärte der damalige FED-Chef Harding, „und in dem Bestreben bestehen, mehr zu produzieren, mehr zu sparen und weniger zu verbrauchen."

Dieser Appell, den Gürtel enger zu schnallen, klang wie immer vortrefflich und zeitigte wie meistens das falsche Resultat: Der Konsum brach noch mehr ein. Als die Notenbank den Diskontsatz auf 7 Prozent hinaufsetzte, was noch weit höhere Kreditzinsen aller Geschäftsbanken zur Folge hatte, war die Inflation tatsächlich abgewürgt – aber die Wirtschaft auch: Millionen Menschen verloren ihre Arbeit.

Im Sommer 1921 entschied sich die FED für eine Ausweitung des Geldvolumens und senkte den Diskontsatz – worauf sich die Wirtschaft prompt erholte: Der Produktionsindex stieg um 33 Prozent. Doch weil das so rasch geschah und die Preise mitstiegen, stieg die FED gleich wieder auf die Bremse. Die Geldmenge konnte sich neuerlich nur langsam ausdehnen, die Preise gingen zwar zurück, aber die Geschäfte auch.

Es gab die ersten Bankenzusammenbrüche.

Worauf die FED den Diskontsatz wieder kräftig, auf 3 Prozent, senkte und Preise und Geschäfte sich prompt erholten. 1925 erreichte die Konjunktur sogar einen neuen Höhepunkt.

Wenn man diese gesamte Entwicklung als Diagramm aufzeichnet, kann man tatsächlich sehr schön verfolgen, wie jede Erhöhung des Diskontsatzes eine Verminderung des Wachstums und jede Senkung des Diskontsatzes eine Erholung des Wachstums nach sich zog.

Keynes wie die „Monetaristen" haben daraus den Schluss gezogen, dass der Steuerung der Geldmenge entscheidende Bedeutung für erfolgreiches Wirtschaften zukommt. Daraus zu schließen, dass jede Senkung des Diskontsatzes Wirtschaftsaufschwung beschert, wäre freilich ein gravierender Fehler. Als die FED ihre Restriktionsmaßnahmen lockerte und den Diskontsatz deutlich senkte, hatte das angesichts einer real nicht mehr wachsenden Wirtschaft eine Wirkung, die aus der Ära Greenspan bekannt sein sollte: Die sinkenden Zinsen ließen statt echter wirtschaftlicher Aktivität nur mehr die Aktienkurse steigen.

Denn auf den Bankkonten lag eine Menge Geld. Die hohe Arbeitslosigkeit hatte dazu geführt, dass auch relativ kleine, aber noch nicht arbeitslose Leute ihr Geld lieber gehortet als ausgegeben hatten, und bei den Wohlhabenden war die Tendenz zum Sparen sowieso noch viel größer gewesen. Die Unternehmer machten ja zumindest anfangs noch gute Profite, weil ihre Lohnkosten sanken. Diese Profite im eigenen Unternehmen zu reinvestieren, war aber immer weniger lohnend, weil die Zukunft keine gestiegene Nachfrage verhieß. Also legten besonders viele wohlhabende Leute und Unternehmer immer mehr Geld auf die Bank.

Ein Dollar auf einer Bank findet seine Ware aber nur auf einem Umweg: Wenn sich ihn nämlich jemand anderer in Gestalt eines Kredites ausborgt und damit einkauft. Solange die Erschließung des amerikanischen Kontinents noch im Gange gewesen war, war die Nachfrage nach Kapital und damit auch nach Kredit so hoch gewesen, dass die Sparkapitalbildung ständig hinter der Kreditnachfrage nachhinkte. Jetzt, mit dem Abschluss dieses Expansionsprozesses, kehrte sich dieses Verhältnis um: Die Ersparnisbildung ging rascher vor sich, als Kredite benötigt wurden. Denn die wichtigsten Kreditnehmer wären die Unternehmen gewesen, doch gerade die brauchten immer weniger Kredite, weil sie immer weniger Investitionen nötig hatten.

So entstand ein immer größerer Überhang der Sparguthaben über die Kreditnachfrage und dem Konsum wurde immer mehr notwendige Kaufkraft entzogen. Er konnte die unternehmerische Expansion zur Erschließung des Kontinents daher in keiner Weise als Motor der Konjunktur ablösen.

Also stürzten sich die Sparer auf den Anlagemarkt: Eine gewaltige Menge Kapital war auf der Suche nach lukrativer Veranlagung und die Beteiligten glaubten, sie in Aktien zu finden.

Wenn das viele Leute gleichzeitig glauben, steigen die Aktienkurse automatisch, auch wenn dem keinerlei Ausweitung der Produktion entspricht. Das System machte sich selbstständig: Immer mehr Menschen investierten zu Lasten eines sowieso schon stagnierenden Konsums in die Aktien einer Wirtschaft, die eben wegen dieses stagnierenden Konsums unmöglich wachsen konnte. Es musste zum Crash kommen.

Wer das 21. Kapitel mit der Darstellung der jüngeren Entwicklung des US-Aktienmarktes aufmerksam gelesen hat, dem müsste diese Beschreibung bekannt vorkommen.

Ich glaube, dass wesentliche Merkmale der Krise von 1929 sehr wohl auch die gegenwärtige Krise kennzeichnen. Wir könnten uns in einer typischen Abschwungphase nach Kondratjew befinden – und das sogar in dem von ihm vorgegebenen 50-Jahres-Rhythmus: Vor allem das Auto, aber auch Kunststoffe, Atomkraft, Elektronik oder Raumfahrt haben als Treibsatz für ein massives weiteres Wachstum des Konsums ausgedient und selbst der Computer steht schon bald in jedem Haus. Der Wiederaufbau nach dem Zweiten Weltkrieg ist überall abgeschlossen: Strom-, Kanalisations- und Verkehrsnetz sind weitgehend ausgebaut. Die Voraussetzungen für weiteres stürmisches Wachstum sind keineswegs zwingend gegeben.

So wie vor der Krise von 1929 gibt es viel zur Seite gelegtes Geld. Zwar nicht in erster Linie in den USA, aber eben in Europa und vor allem in Japan und China. Dieses Geld war weltweit auf der Suche nach lukrativen Anlagemöglichkeiten und alle Beteiligten haben geglaubt, sie in US-Aktien oder auf dem Umweg über Aktien in US-Immobilien zu finden. Daher mussten die Aktienkurse automatisch steigen und den Spekulationstrieb immer breiterer Bevölkerungsgruppen wecken. Weitere Ausführungen erspare ich mir – man braucht bloß die diesbezügliche Entwicklung von 1929 auf Seite 347ff. noch einmal zu lesen.

Nun zu dem Teil der Darstellung der Weltwirtschaftskrise von 1929, für dessen Richtigkeit ich eher die Verantwortung übernehme: Wie haben die USA sie überwunden?

Etwa gleichzeitig wie in Deutschland Hitler an die Macht gekommen ist, wurde in den USA Franklin D. Roosevelt zum neuen Präsidenten gewählt und tat alles, was Keynes zur Überwindung einer schweren Rezession vorgeschlagen hatte:

- Er schaffte den Goldstandard ab, sodass sich die Geldmenge wieder freier ausdehnen konnte.
- Er sorgte für eine Erhöhung der Kaufkraft, indem er Mindestlöhne einführte und zur Stärkung der Gewerkschaften aufrief. Hatten sie 1933 nur 4,1 Millionen Mitglieder, so waren es 1939 neun Millionen.
- Und er griff zum Deficit Spending, das seither untrennbar mit Keynes verbunden ist: Indem er die Staatsschuld von 23,4 Milliarden Dollar im Jahr 1932 auf 48,9 Milliarden im Jahr 1939 mehr als verdoppelte, finanzierte Roosevelt staatliche Großaufträge, Sozialprogramme und eine Arbeitslosenunterstützung.

Das Resultat war freilich ernüchternd: Die Arbeitslosrate, die 1933 mit 25 Prozent ihren Höchststand erreicht hatte, konnte bis 1938 lediglich auf 18,5 Prozent gesenkt werden.

Manche „liberale" Ökonomen ziehen daraus den Schluss, dass Keynes in Wahrheit gar nicht funktioniert hat. Der festgestellte Aufschwung sei nichts anderes gewesen als die Erholung, die zwangsläufig auf jeden Tiefpunkt folge. 1937 ist es sogar zu einem neuerlichen Einbruch der Aktienkurse und einer Art Krise in der Krise gekommen. Von einem auf vollen Touren laufenden Wirtschaftsmotor konnte jedenfalls nicht die Rede sein.

Hanke ist anderer Meinung: „Dieser bescheidene Erfolg geht nicht auf einen prinzipiellen Fehler der Politik Roosevelts zurück, sondern auf die Zaghaftigkeit, mit der sie durchgeführt wurde. Diese wiederum ist auf den enormen Widerstand zurückzuführen, den das konservative Amerika diesen damals revolutionären sozialen Maßnahmen entgegensetzte. Vor allem gegen das Deficit Spending liefen orthodoxe Nationalökonomen Sturm. Sie wurden nicht müde, den baldigen Staatsbankrott und eine zerstörende Inflation zu prophezeien. In Wirklichkeit wurde die amerikanische Wirtschaft durch die Maßnahmen Roosevelts keineswegs über-, sondern immer noch unterfordert. Erst 1941, als die Staatsverschuldung auf 55,3 Milliarden geklettert war, überholte das BNP mit 103,8 Milliarden den Stand des Jahres 1929 (87,3 Milliarden). Eine volle Entfaltung der US-Wirtschaft brachte aber erst der Zweite Weltkrieg: Erst als die Staatsschuld 1943 auf 141 Milliarden hochschnellte, stieg auch das Nationaleinkommen auf 170 Milliarden. Im Jahr 1946 erreichte die Staatsschuld mit 270 Milliarden ihren

Höhepunkt und das Nationaleinkommen ging auf 180 Milliarden Dollar hinauf."

Ich halte diese Argumentation Hankes insofern für schlüssig, als Ausgaben für Rüstung nichts anderes als besonders exzessives Deficit Spending darstellen – nur dass sie jetzt nicht „linke Schuldenwirtschaft", sondern „nationale Notwendigkeit" genannt werden. Es macht keinen logischen Unterschied, ob der Staat Panzer und Kanonen oder Eisenbahnen und Schulbauten in Auftrag gibt – nur dass die Zustimmung für das Zweite politisch offenbar weit schwerer zu bekommen ist. Es gelang den USA zwischen 1932 und 1946 jedenfalls, ihre Arbeitslosigkeit in Vollbeschäftigung überzuführen, indem sie von Staats wegen sehr viel Geld ausgaben.

Obwohl Hanke also eindeutig für Keynes Partei nimmt, meldet er Zweifel an, dass dessen Rezept dauerhaft funktioniert, und ich tue das mit ihm. Nachgewiesen ist nur, dass man Arbeitslosigkeit jedenfalls beseitigen kann, wenn man sehr hohe Schulden macht – das hat ja auch die Ära Bush jun. gezeigt. Nicht nachgewiesen ist, dass der auf Touren gekommene Wirtschaftsmotor auch sehr hohe Schulden über ein erhöhtes Steueraufkommen wieder abzutragen vermag. Das gilt nicht nur für die Ära Roosevelt, sondern auch für die jüngste Vergangenheit: So steigerte etwa Ronald Reagan die Staatsschulden im Wege faktischen Deficit Spendings durch Rüstung jedes Jahr um gewaltige 13,07 Prozent – das Nationalprodukt wuchs aber nur um 6,97 Prozent pro Jahr.

Der Zusammenhang von Deficit Spending und Wirtschaftswachstum ist also alles eher als linear.

Die Entwicklung von 1932 bis 1946 zeigt vielmehr, dass immer größere Summen aufgewendet werden mussten, um relativ immer kleiner Zuwächse beim BIP zu erzielen. Es gibt offenbar einen Punkt, an dem Deficit Spending in Wahrheit nur mehr das Defizit erhöht. Dieser Punkt wurde – und das muss in der aktuellen Lage zu denken geben – ganz offensichtlich bereits durch George Bush jun. erreicht: Er steigerte die Staatsschuld um 7,8 Prozent pro Jahr und das Nationalprodukt wuchs nur gerade um durchschnittlich 4,93 Prozent. Damit hinterließ er beim Staat wie bei den privaten Haushalten jene gewaltigen Schulden, die nach allgemeiner Ansicht die Ursache der aktuellen Krise sind. Diese Schulden werden jetzt durch das Deficit Spending Obamas noch einmal ganz gewaltig vergrößert. Das führt, wenn es funktioniert, dazu, dass die Amerikaner neuerlich in die Lage versetzt werden, wie unter Bush mehr Häuser, Autos oder Kühlschränke zu kaufen und im Idealfall neuerlich so etwas wie einen Boom zu erleben, der die Arbeitslosigkeit in den erhofften Grenzen hält.

Aber genau das – einen durch Schulden finanzierten Boom – hatten wir bis 2007.

Der Unterschied zwischen heute und gestern ist für mich als Laien nicht auf den ersten Blick ersichtlich. Für Angela Merkel war er es auch nicht. Sie meinte, ihr sei nicht klar, wie man hohe Schulden durch noch höhere bekämpft.

Allerdings ist zwischen 1938 und 1945 genau das geschehen: Die USA hatten schon hohe Schulden und haben dennoch gigantische staatliche Mittel in die Aufrüstung gesteckt. Das hat den Wirtschaftsmotor angeblich in einem solchen Ausmaß angekurbelt, dass er tatsächlich in der Folge perfekt gelaufen ist.

Wenn das in dieser Form wahr ist.

Denn man könnte auch der Meinung sein, dass die USA nach Ende des Krieges vor allem von ihrer neuen, absoluten Vorrangstellung in der gesamten Nachkriegs-Weltwirtschaft profitiert haben: Alle Länder mussten bei ihnen Waren einkaufen, weil nur sie ausreichend viele Waren zu produzieren vermochten; sie konnten in der ganzen Welt ertragreiche Investitionen tätigen; und sie erlangten vorrangigen Zugriff auf die größten Ölfelder.

Das – und nicht die inneramerikanische Konjunktur auf der Basis des Deficit Spendings – könnte in Wahrheit entscheidend zum Wiederaufladen der Batterien (Bewältigen des Schuldenberges) geführt haben. Denn wenn Rüstung (Krieg) allein ausreichte, diesen positiven Umschwung herbeizuführen, dann müssten die USA derzeit besser denn je dastehen: Schließlich hatten sie gleich zwei Kriege fürs Deficit Spending zur Hand – einen im Irak und einen in Afghanistan.

Die Leute, die Keynes' Rezept anzweifeln, müssten diese Argumente wohl gegen ihn ins Treffen führen.

Wer immer in der wirtschaftstheoretischen Debatte recht haben sollte – Obama verwendet das Geld, das er durchwegs ausborgen muss, jedenfalls für sinnvolle Zwecke: für die Verbesserung der Infrastruktur statt für einen weiteren Irak-Krieg (obwohl es auch ziemlich teuer werden kann, den Afghanistan-Krieg zu gewinnen); für eine Krankenversicherung; für vernünftige Schulen. Lauter Dinge, die die USA dringend brauchen. Außerdem werden die Amerikaner mit ihrem Geld nicht mehr sosehr japanische und chinesische, sondern amerikanische Waren kaufen, denn der Dollar müsste eigentlich angesichts der gigantischen Schulden derart an Wert verlieren, dass ausländische Waren in den USA nahezu unerschwinglich sind.

Obamas Deficit Spending kommt also ungleich mehr als Bushs Schuldenwirtschaft einer nutzbringenden amerikanischen Realwirtschaft zugute.

Schließlich gibt es noch einen erheblichen Unterschied zum Deficit Spending nach 1929: Die Chinesen scheinen bereit, mit ihren riesigen Dollar-Reserven weiterhin amerikanische Staatsanleihen zu kaufen, sodass Obama das Geld für sein Deficit Spending relativ billig zur Verfügung steht.

In Summe ist der Unterschied zur Ära Bush also erheblich – aber für mich bleibt offen, ob es wirklich ein qualitativer und nicht bloß ein quantitativer Unterschied ist.

Letztlich stehen einander doch zwei Wirtschaftstheorien ziemlich unversöhnlich gegenüber: die eine, die da lautet: Schulden schaffen auf jeden Fall Aufschwung, und die andere, die da lautet: Wenn man sehr große Schulden hat, muss man sparen, um sie abzutragen.

Noch aus einem zweiten Grund bin ich nicht so leicht restlos vom Erfolg des Deficit Spendings zu überzeugen: Ich sehe, vor allem in Europa, den enormen Bedarf nicht, der dem Geld Beine macht. Es ist ja nicht, wie nach dem Zweiten Weltkrieg, ein ungeheurer Nachholbedarf der Konsumenten zu befriedigen oder, wie damals in Europa, jedes zweite Haus neu aufzubauen. Auch wenn man an Keynes glaubt, sieht man nicht sofort entsprechende Wachstumsreserven.

Das heißt aber nicht, dass es keine mehr gibt. Um die wichtigsten aufzuzählen:

- EU wie USA werden ernsthaft versuchen, sich von den Erdgas und Erdöl produzierenden Ländern unabhängiger zu machen, indem alternative Energiequellen erschlossen werden. Die Windenergie hat man technisch voll im Griff, aber sie ist von vornherein auf gewisse Gebiete beschränkt und verbraucht viel Platz. Die Atomenergie ist ausgereift und sofort einsetzbar, aber umstritten. (Trotzdem wird sie zweifellos eine Renaissance erleben, nur sind auch die Uran-Reserven begrenzt.)

  Die Zukunft liegt zweifellos bei der Sonnenenergie: Angeblich gibt es bereits Systeme, sie in der Form von Wasserstoff auf eine Weise zu speichern, die es möglich macht, Öl innerhalb der nächsten zwanzig Jahren auch in der praktischen Nutzung durch Wasserstoff zu ersetzen.

  Wenn das wahr sein sollte – ich wage nicht, es zu beurteilen –, wird ein völlig neues Energiegewinnungs- und -verteilungssystem entstehen, das zu errichten man tatsächlich viele Leute brauchen wird.

- Eine zweite große Wachstumsreserve ist die großräumige Umstellung des Verkehrs: Man könnte, um ihn ökologisch zu verbessern, ein Hochleistungs- und Hochgeschwindigkeits-Eisenbahnnetz für den Personen- und Güterverkehr schaffen, das die Städte der USA und Europas einander so nahe rückte wie heute die Bezirke einer größeren Stadt. Das ginge allerdings zu Lasten der Auto- und vielleicht auch der Flugzeugproduktion. Es müsste sich daher erst zeigen, ob zur Errichtung dieses neuen Verkehrssystems tatsächlich so viel mehr Leute gebraucht werden, wie das auf diese Weise schrumpfende bisherige Verkehrssystem freisetzt. Denn Schienennetze werden zunehmend von Riesenmaschinen verlegt.

- Dritte Reserve ist ein weiteres Wachstum des Dienstleistungssektors, das sich vor allem aus der ständig steigenden Lebenserwartung der Bevölkerung ergeben sollte: Man wird mehr medizinische Betreuung, mehr Pflegeheime und mehr Personal dafür brauchen. Wenn man dieses Personal ordentlich bezahlt – was die Leistungsfähigkeit unserer Wirtschaft durchaus zulässt –, ist es wahrscheinlich auch eine wirkungsvolle Maßnahme gegen einen Einbruch des Konsums durch Massenarbeitslosigkeit.

Es ist daher entscheidend, dass den USA der Aufbau einer funktionierenden Krankenversicherung gelingt. Denn es nutzt nichts, dass die Wirtschaft an sich reich genug ist, eine gute Krankenversorgung sicherzustellen, sondern das Geld muss zu den Leuten gelangen, die krank sind oder Kranke zu versorgen haben.

Es geht also – in den USA wie in Europa – um massive Umverteilung, und ich weiß nicht, ob das herrschende Wirtschaftsdenken vor allem in den USA die zulässt.

In Summe: Ich glaube, dass wir, wenn wirklich Großprojekte des beschriebenen Umfangs gestartet werden, irgendwann zur alten Auslastung der Wirtschaft zurückkehren können, auch wenn dem eine Menge praktischer, psychologischer und politischer Hemmnisse im Wege stehen. Aber selbst diese Rückkehr zum früheren Wirtschaftswachstum muss keineswegs zwangsläufig die Rückkehr zu Vollbeschäftigung bedeuten. Beziehungsweise umgekehrt formuliert: Ich fürchte, dass wir sehr lange mit sehr großer Arbeitslosigkeit konfrontiert sein werden.

Das ist jetzt von meiner Seite eine Voraussage, die über einen Zeitraum von fünf Jahren hinausgeht, und daher rate ich, ihr das gebührende Misstrauen entgegenzubringen.

Aber ich halte sie für nicht ganz unbegründet.

26. Was tun mit der Arbeitslosigkeit?

Auf absehbare Zeit wird die Wirtschaft schrumpfen. Dann dürfte sie vorerst eher geringfügig wachsen. Wie sicher ist, dass die Beschäftigung in ausreichendem Ausmaß mitwächst?

Wir gehen, so glaube ich, einer Periode wirtschaftlicher Schrumpfung und danach stark verringerten Wachstums entgegen. Das wird uns vor zwei Fragen stellen, von denen die erste völlig ungeklärt ist, während die zweite seit Jahrzehnten als geklärt angesehen wird, obwohl sie es in meinen Augen in keiner Weise ist:

1) Was machen wir ohne Wirtschaftswachstum?

2) Und wozu braucht man dieses „Wachstum" eigentlich?

Nur Demagogen können behaupten, dass ohne Wirtschaftswachstum der Wohlstand nicht mehr wüchse, denn der wächst zumindest auf der Güterseite auch durch Akkumulation: Eine Wohnung, ein Auto, ein Kühlschrank oder ein Fotoapparat werden längst nicht in dem Zeitraum kaputt, in dem sie erarbeitet werden – deswegen haben zahllose Familien bereits zwei Autos, zwei Fernseher und mehrere Fotoapparate. Die Schweizer sind nicht durch überragendes Wachstum so reich, sondern weil kein Krieg ihren Wohlstand jemals dezimiert hat, sodass sie ständig Vermögen akkumulieren konnten. Es gibt, mit einem Wort, keinen vernünftigen Grund, warum eine Gesellschaft nicht auch mit Nullwachstum immer wohlhabender werden sollte.

Erleichtert wird durch Wachstum hingegen die berühmte Umverteilung: Man braucht den Wohlhabenden nichts wegzunehmen, sondern muss den Ärmeren bloß etwas mehr vom Zuwachs überlassen. Seltsamerweise ist das in den letzten Jahrzehnten trotz Wachstum nicht mehr geschehen. Aber das entsprach keiner wirtschaftlichen Notwendigkeit, sondern einer veränderten politischen Einstellung: Das Wort „Umverteilung" wurde von einer sozialen Forderung, die durchaus auch ein Konservativer oder Liberaler erheben konnte, zu eine „linkslinken Utopie", der vorgeworfen wurde, an den Grundfesten des Kapitalismus zu rütteln.

Warum, weiß ich nicht. Es gibt keinen logischen Grund, warum man nicht auch ohne die paar Prozent Wirtschaftswachstum umverteilen können sollte, wenn man das anstrebt. Wenn beispielsweise ein paar Prozent der Amerikaner über 30 Prozent des Volkseinkommens verfügen, dann ist nicht einzusehen, warum man diese Quote nicht auch auf 28 Prozent heruntersetzen können sollte. Eine solche Forderung zu stellen, muss man wirklich noch kein „linker Umstürzler" sein. Denn der Wohlstand der Wohlhabenden nimmt auch ohne Wirtschaftswachstum durch Akkumulation weit stärker zu als der Wohlstand der relativ Armen.

Doch die so genannten „Neoliberalen", was immer man darunter versteht, waren in der Lage, dem Rest der Menschen einzureden, dass es unverzichtbar für das Wohlergehen der Wirtschaft ist, dass vor allem die Wohlhabenden immer wohlhabender werden. Sonst, so ihre, die wirtschaftlichen Zusammenhänge ins Gegenteil verkehrende Drohung, bräche das Wirtschaftswachstum in sich zusammen.

Aber selbst wenn ich mich ihnen anschließe und mich damit einverstanden erkläre, dass Umverteilung als schädlich zurückgefahren werden sollte, wird die alte Frage nur um so drängender: Wozu brauchen wir Wirtschaftswachstum?

Die Antwort wird von allen Politikern, gleich welcher Couleur, einstimmig gegeben: Weil wir nur so die Beschäftigung sicherstellen können.

Nur dass auch das seit langem nicht mehr in dieser Form stimmt: Das Beschäftigungswachstum hat sich – voran in den Ländern mit der am höchsten entwickelten Wirtschaft – weitgehend vom Wirtschaftswachstum abgekoppelt. Aber eins ist richtig: Ohne Wirtschaftswachstum gäbe es noch mehr Arbeitslose. Das beruht, so behaupte ich, in erster Linie darauf, dass der technologische Fortschritt ununterbrochen mehr Arbeitskräfte freisetzt, als selbst ein wachsender Dienstleistungssektor aufnimmt. Allerdings gibt es genügend angesehene Professoren der Wirtschaftswissenschaft, die das Gegenteil behaupten: Nur weil wir die Arbeitslosen so gut bezahlten, würden es immer mehr.

Wenn meine Behauptung allerdings doch stimmen sollte, wird man, um soziale Unruhen zu vermeiden, doch nach einem Weg suchen müssen, Massenarbeitslosigkeit anders als durch unerreichbares Wirtschaftswachstum zu vermeiden. Ich wage es kaum hinzuschreiben, denn es hat Franz G. Hanke und mir schon einmal den Ruf eingetragen, keine Ahnung von Wirtschaft zu haben: Ich halte die Verkürzung der wöchentlichen Arbeitszeit nach wie vor für diskussionswürdig.

Den folgenden Text zu dieser Frage habe ich vor beinahe dreißig Jahren geschrieben. Er hat eine gewichtige Schwäche, auf die ich später eingehen werde, aber er scheint mir heute trotzdem nicht völlig überholt:

„Wir sind gewohnt, Arbeitslosigkeit als lebensgefährliches Symptom einer todkranken Wirtschaft zu sehen. Die Assoziationen reichen von Bankenzusammenbrüchen über Betriebsschließungen bis zu bettelnden Facharbeitern. Das Trauma der Weltwirtschaftskrise lastet so schwer auf den Gehirnwindungen, dass die Widersprüche nicht einmal wahrgenommen werden, wenn sie so offen zutage liegen wie in der Bundesrepublik Deutschland: Das Land mit der besten Währung der Welt, den besten Patenten der Welt, den besten Produktionsanlagen der Welt – dieses absolute Wunderland der freien Marktwirtschaft und der neuzeitlichen Technologie – hat mehr als eine Million Arbeitslose. (*Mittlerweile sind es 3,1 Millionen. Ende des Jahres könnten es wieder weit über vier Millionen sein.*)

Eben deshalb.

Denn je entwickelter die Wirtschaft und je moderner die Technologie, desto größer die Produktionsanlagen, desto zahlreicher die Computer, desto besser die Roboter und Automaten – lauter hoch entwickelte Maschinen, die die mechanisch ziemlich primitive Mensch-Maschine im Produktionsprozess ersetzen.

Wenn noch vor zehn Jahren im Werksaal einer großen Textilfabrik an die 40 Frauen saßen, die 40 Maschinen zu bedienen hatten, dann steht dort heute eine einzige Monstermaschine, die von zwei Frauen betreut wird. Diesen technischen Fortschritt gibt es fast überall: in der Kraftfahrzeugindustrie, wo ein Automat anstelle von Hunderten von Arbeitern Pressteile bewegt. (*Selbst der Straßenbau, der in allen keynesianischen Rezepten als klassischer Staatsauftrag empfohlen wurde, weil er besonders viele Arbeitskräfte gebunden hat, brächte heute weder Keynes noch Adolf Hitler Erfolg bei der Bekämpfung der Arbeitslosigkeit: Riesenbagger schieben die Trassen fast ohne Arbeiter frei, riesige Maschinen gießen fast ohne Arbeiter die Bitumendecken und riesige Bohrer graben fast ohne Arbeiter Tunnels durch die Berge.*)

Selbst in jenen Bereichen, die auffangfähig sind – im viel zitierten Dienstleistungsgewerbe – gibt es gleichzeitig einen Rationalisierungsprozess: Zwar werden die Verkaufsabteilungen immer größer, aber dafür schrumpfen Buchhaltung und Lagerhaltung. Es gibt im Handel Spitzenbetriebe, die den Verkauf enorm rationalisieren: Man macht dort die Umsätze eines Großwarenhauses mit dem Personal eines Gassenladens.

Natürlich müssen auch die verwendeten Automaten und Computer hergestellt werden, natürlich fallen zusätzliche Wartungsarbeiten an, natürlich entstehen immer wieder neue, manchmal auch personalintensive Branchen, aber all dies unmöglich in dem Ausmaß, in dem Monstermaschinen, Automaten und Computer den Bedarf an Arbeitskräften vermindern. Die Arbeitslosigkeit der modernen Industriestaaten ist vor allem anderen eine technologische Arbeitslosigkeit: Sie resultiert nicht aus der Schwäche der herrschenden Wirtschaft, sondern, genau umgekehrt, aus ihrer Stärke.[1]

In der Vergangenheit ist diese ständige, von der Technologie bewirkte Freisetzung von Arbeitskräften durch eine andere Entwicklung paralysiert worden: Die Wirtschaft ist ununterbrochen gewachsen. Indem die Produktion ständig ausgeweitet wurde, konnten die aufgrund der Maschinen erübrigten Arbeiter, vielfach sogar in ihrer eigenen Branche, wieder aufgesogen werden. Eine Autoindustrie, die ihren Absatz verzehnfacht, kann ihre Arbeiter auch dann weiterverwenden, wenn pro Fahrzeug immer weniger menschliche Arbeitskraft benötigt wird. (*Derzeit aber sinkt der Autoabsatz.*)

Diese beständige gigantische Ausweitung der Produktion war ihrerseits möglich, weil vor allem in Europa ein ungeheurer Nachholbedarf an Wohlstand herrschte.

Jetzt ist diese Nachholphase abgeschlossen.

Übrig geblieben sind Überkapazitäten: Denn um sehr schnell einen sehr großen Bedarf zu befriedigen, wurden vielfach Produktionsanlagen errichtet, die für eine normale Nachfrage (Ergänzung, Erneuerung und ständige leichte Anhebung des Wohlstandes) zu groß sind. Das Gleichgewicht zwischen Kapazität und Bedarf ist – insbesondere in Europa – schlecht eingestellt.

Aber selbst dann kann der Bedarf in Zukunft unmöglich so schnell wachsen, wie gleichzeitig die Automatisierung Arbeitskräfte erübrigt. Das Gleichgewicht ist irreversibel gestört. Wenn in der Vergangenheit die Produktion den Bedürfnissen hinterherlief, so laufen heute die Bedürfnisse hinter den Produktionskapazitäten her. Und allen beiden läuft die Automatisierung davon.

Die Vorstellung, es könne auf die Dauer gelingen, die Freisetzung von Arbeitskräften durch Produktionsausweitung abzufangen (die herrschende Vorstellung der meisten Politiker und leider auch vieler Nationalökonomen), ist blanker Schwachsinn.

Die technologische Arbeitslosigkeit ist kein wirtschaftliches Problem. Die Bundesrepublik führt vor, dass man Arbeitslosen höhere Unterstützungen zahlen kann, als manche Leute hierzulande Lohn erhalten.

Das eigentliche Problem ist ein gesellschaftliches: Es ist schwachsinnig, dass 10 Prozent der Leute gar nichts tun (und sich noch dazu unglücklich fühlen), während sich 90 Prozent nach wie vor bei ständig gleich bleibender Arbeitszeit auspowern müssen.

Arbeit und Nichtstun sind ungleichmäßig – und damit schlecht – verteilt. Jeder vernünftige Mensch würde daraus schließen, dass man beides besser verteilen soll. Statt dass 90 Prozent der Menschen 40 Stunden in der Woche arbeiten, während

---

1 Natürlich kann diese technologische Arbeitslosigkeit durch die verschiedensten anderen Formen der Arbeitslosigkeit überlagert und verstärkt werden. Typisch in Italien, wo die technologische Arbeitslosigkeit des hoch industrialisierten Nordens neben traditioneller Arbeitslosigkeit des Südens existiert.

10 Prozent Daumen drehen, könnten 100 Prozent der Menschen nur mehr 36 Stunden arbeiten und irgendwann nur mehr 30.

Anders formuliert (weil ich bemerkt habe, dass dieser höchst einfache Sachverhalt in Gesprächen auf unglaublichen emotionalen Widerstand stößt): Um ein bestimmtes Produktionsziel zu erreichen (*oder eine bestimmte Dienstleistung durchzuführen*), ist eine bestimmte Zahl von Arbeitsstunden notwendig, und es ist gleichgültig, ob zu diesem Zweck 90 Leute sehr viel und 10 Leute gar nichts arbeiten oder ob die Arbeitsstunden gleichmäßig über alle 100 Leute verteilt werden.

Weil das in der Nationalökonomie jetzt modern ist, kann man das Ganze auch in eine höchst einfache mathematische Gleichung fassen:

Warenangebot = Arbeitszeit x Produktivität.

Wenn die Produktivität (Technologie) sehr rasch größer wird, während die Arbeitszeit gleich bleibt, muss das Warenangebot überschwappen. Da ein solches überschwappendes Warenangebot nicht absetzbar ist (weil man ihm in unserer Gleichung nur relativ kleine Zuwachsraten zubilligen kann), bleibt nur eine Möglichkeit, das Gleichgewicht zu erhalten: Man muss die Arbeitszeit drastisch verringern.[2] (Es sei denn, man wollte die Produktivität reduzieren, was von einigen Schwachsinnigen im Gewerkschaftsbereich auch schon vorgeschlagen wurde – die zweite Generation der Maschinenstürmer).

Es geht dabei keineswegs um eine dramatische Systemänderung. Nur um eine neue Synchronisation: Der Fortschritt der Technik sollte sich etwas stärker als bisher in Verkürzungen der Arbeitszeit und etwas weniger als bisher in einer Vergrößerung des Warenangebots niederschlagen.

Eigentlich müsste man an dieser Stelle aufhören können, denn es gibt gegen dieses Denkmodell keinen vernünftigen Einwand.

In der Praxis werden nichts als Einwände erhoben.

Einer lautet: Man kann die Arbeitszeit nicht generell senken, denn in gewissen Branchen muss es dann zu Preisexplosionen kommen. In einem Warenhaus beispielsweise werden dann noch mehr Schichten notwendig.

Der Einwand ist im Detail richtig, im Großen gesehen unrichtig: Es würde sich – sicherlich mit gewissen Anfangsschwierigkeiten – ein neues Arbeitskräftegleichgewicht herausbilden: mehr Leute im Dienstleistungsgewerbe und weniger Leute in den Fabriken, wo man sie nicht braucht.

Natürlich würden die Waren des Dienstleistungsgewerbes relativ teurer (das ist ein Prozess, der ja schon seit Jahrzehnten im Gange ist: je personalintensiver, desto teurer). Aber gleichzeitig würden eben alle anderen Produkte, die von überflüssi-

---

2 In Wirklichkeit ist auch die Arbeitslosigkeit eine Form der Arbeitszeitsenkung: Eines von mehreren möglichen Ergebnissen des Umstands, dass zur Erreichung eines bestimmten Produktionsziels nicht mehr so viele Arbeitsstunden notwendig sind.

gen Arbeitskosten entlastet werden können, entsprechend billiger. Für den einzelnen Konsumenten ist es egal, ob er mehr für den Friseur und weniger für Kleidung zahlt, sofern nur seine Kaufkraft zur Befriedigung seiner Bedürfnisse insgesamt ausreicht.

Dergleichen kann man den meisten Menschen notfalls noch erklären. Die wirkliche Barriere beginnt anderswo und mündet unweigerlich (ich habe das in ein paar Dutzend Diskussionen erprobt) in der Frage: Ja, aber wenn die Leute immer weniger arbeiten, dann verdienen sie doch immer weniger. Wovon sollen sie sich denn dann all die vielen Waren kaufen? So gebräuchlich dieses Argument auch ist, so unsinnig ist es leider. Es wird widerlegt durch die Vergangenheit: Obwohl wir innerhalb der letzten 50 Jahre die Arbeitszeit halbiert haben, können wir uns heute das 10-Fache von damals kaufen. Und es wird sich in der Zukunft restlos ad absurdum führen: Natürlich kann eine Volkswirtschaft, die die besten (d. h. am stärksten computerisierten und automatisierten) Produktionsanlagen hat, ihren Bürgern das beste Einkommen bieten. Wenn eine Wirtschaft gar keine Arbeitsplätze mehr braucht (weil sie vollautomatisiert ist), kann sie ihnen die höchsten Löhne überhaupt schenken.

Es liegt allein an uns, wie wir das Verhältnis von Produktion, Löhnen und Arbeitszeit künftig regeln. Kein mysteriöser Marktmechanismus und schon gar nicht Marxens ‚unerbittliche Gesetze‘ des Kapitalismus zwingen uns eine bestimmte Lösung auf.

Wie viele Arbeitslose wir haben oder nicht haben, ist eine politische Entscheidung. Sie muss nur endlich als solche begriffen werden."

Dieser Text erschien (noch bevor Hanke ihn in den *Endsieg des Kapitalismus* aufnahm) als Leitartikel im *profil* und erntete entweder Gelächter oder wütende Ablehnung: Fast als wäre ich plötzlich von einem vernünftigen, der Marktwirtschaft zugetanen Liberalen zu einem linken Utopisten mutiert. Ich halte ihn trotzdem auch fast dreißig Jahre später für in weiten Bereichen richtig.

In Österreich und Deutschland bedarf er allerdings einer gröberen Ergänzung: Die massiv erhöhte Lebenserwartung hat dazu geführt, dass die Lebens-Freizeit (die Jahre der Pension) im Verhältnis zur Lebens-Arbeitszeit deutlich zugenommen hat. Die Wirtschaft muss also so viel abwerfen, dass eine wachsende Gruppe der Pensionisten eine immer längere Zeit davon leben kann. Daher wird derzeit eine Verlängerung der Lebensarbeitszeit diskutiert und es ist möglich, dass sie im Moment gerechtfertigt ist. Weder Hanke noch ich sind je für die Verkürzung der Lebensarbeitszeit eingetreten, schon weil sie unwirtschaftlich ist: Die kostspielige Ausbildung und die Erfahrung eines Menschen sollte man nutzen, so lange man kann.

Es geht uns um die Wochenarbeitszeit, von der wir glauben, dass sie verkürzt werden sollte.

Von Christian Ortner kommen vier Einwände, von denen ich zwei in dieser Form aus zahlreichen Diskussionen kenne: Der erste lautet, Arbeitszeitverkürzung habe noch nie funktioniert. Das ist unwahr: Die Verkürzung der Arbeitszeit von achtzig Wochenstunden auf den Achtstundentag in einer Sechs-Tage-Arbeitswoche hat ganze Arbeitslosenheere von der Straße genommen. Nur dass damals noch nicht so genau Buch darüber geführt wurde, sodass wir uns auf das Zeugnis von Literaten verlassen müssen.

Gewichtiger ist der Einwand, die Verkürzung der Arbeitszeit auf 35 Stunden in Frankreich habe nichts gebracht. Darauf antworte ich erstens ähnlich wie Hanke auf den Einwand, der New Deal habe zu wenig gebracht: Die Verkürzung wurde viel zu zaghaft vorgenommen und vielfach in der Praxis unterlaufen. Sicher hat sie Frankreich aber nicht, wie in konservativen Medien prophezeit wurde, wirtschaftlich zugrunde gerichtet. Und ob sie gar nichts gebracht hat, ist zumindest unklar: Die französische Arbeitslosenrate hob sich in der Folge jedenfalls positiv von der deutschen ab und auch die französische Wirtschaft erlebte gerade damals eine ihrer starken Phasen. Es wurde sogar von der französischen anstelle der deutschen Konjunktur-Lokomotive gesprochen, ohne dass ich das auf die Arbeitszeitverkürzung zurückführen wollte. Nur kann man auch ihre spätere Schwächephase kaum auf die 35-Stunden-Woche zurückführen.

Ortners dritter Einwand hätte mich intellektuell am meisten verblüfft, wenn ich ihn nicht schon so oft von überaus intelligenten Leuten gehört hätte: „Die Arbeitszeitverkürzer" so meinte er, „machen den grundlegenden Fehler, von einer statischen Menge Arbeit auszugehen."

Im Gegenteil: Ich glaube, dass die Menge der (von Menschen zu leistenden) Arbeit sich beständig verringert – das ist ja in meinen Augen die Ursache des Problems –, aber selbst wenn sie sich vergrößerte, ist es relativ (nicht ganz, wie wir bald sehen werden) gleichgültig, ob man das Arbeitsvolumen, wie groß immer es sein sollte, in 60-Wochenstunden- oder in 20-Wochenstunden-Pakete aufteilt. Man braucht im einen Fall nur sehr wenige, im anderen sehr viele Menschen, um es zu bewältigen. Wenn man bei sinkendem Bedarf an menschlicher Arbeitskraft Arbeitslosigkeit vermeiden will, wird man die zweite Variante vorziehen.

Ortners vierter und letzter Einwand ist einer, der erhoben wird, seit wir überhaupt über Arbeitszeiten nachdenken: Es sei nicht wahr, dass uns jemals die Arbeit ausginge, sie verlagere sich nur. So wären die zahllosen Arbeitskräfte, die die Landwirtschaft zugegebenermaßen durch Mechanisierung erübrigt habe, alle durch die Industrie aufgesogen worden und nun würden eben alle Arbeitskräfte, die die Industrie durch Automatisierung freisetze, vom Dienstleistungsgewerbe aufgesogen. Er glaube nicht, dass man die Arbeitszeiten verkürzen müsse, um Arbeitslosigkeit zu vermeiden – man müsse nur mehr Anreiz zu neuen Dienstleistungen bieten. Wenn, wie er zugebe, auch in vielen Dienstleistungsbereichen rationalisiert würde, müsste man eben einfallsreicher bei der Suche nach neuen Dienstleistungen sein.

Die Argumentation stimmt historisch nur begrenzt: Es wurden nicht alle Arbeitskräfte, die die Landwirtschaft freigesetzt hat, von der Industrie aufgesogen, sondern es hat im Gefolge der Landflucht gewaltige Arbeitslosigkeit gegeben, die zwar durch den Fortschritt der Industrie stark vermindert, aber letztlich durch genau das Mittel beseitigt wurde, das Ortner ablehnt: durch dramatische Verkürzung der Arbeitzeit.

Von einer 7-Tage-Arbeitswoche zu 82 Stunden sind wir zu einer 5-Tage-Arbeitwoche zu 38,5 Stunden gelangt.

Das Argument, dass der Dienstleistungssektor die derzeit von der Industrie freigesetzten Arbeitskräfte vielleicht doch aufsaugen könnte, ist theoretisch nie zu entkräften. Natürlich ist immer denkbar, dass eine neuartige Dienstleistung auftaucht, die so personalintensiv und so gefragt ist, dass sie die riesige Zahl der anderswo freigesetzten Arbeitskräfte aufnimmt.

Sie ist nur meines Erachtens nicht gefunden, sonst gäbe es die derzeitige Arbeitslosigkeit nicht. Denn die betrug in Österreich oder Deutschland schon vor der nunmehrigen Rezession nicht sechs, sieben, acht Prozent, sondern in Wirklichkeit um die zehn, elf, zwölf Prozent, wenn man die zahlreichen Frühpensionisten und in „Umschulung" begriffenen oder vom Arbeitsmarktservice verliehenen Personen ebenso hinzuzählt wie jene jungen Leute, die nicht arbeitslos werden konnten, weil sie noch nie Arbeit gehabt haben, oder die älteren Personen, die jede Suche seit Längerem aufgegeben haben.

Die nunmehrige Krise könnte diesen Prozentsatz auf gegen zwanzig Prozent anheben, und das könnte kein augenblicklicher, sondern ein länger andauernder Zustand sein. Denn er kommt zum Beispiel ganz entscheidend dadurch zustande, dass Arbeitskräfte aus der Automobilindustrie und ihrem Umfeld ihren Job verlieren. Und zwar eben nicht, weil Autos im Moment, aufgrund der Krise, nicht mehr im bisherigen Ausmaß absetzbar sind, sondern weil – siehe das vorige Kapitel – in dieser Branche schon längst riesige Überkapazitäten gegeben waren.

Mir ist aber schon die aktuelle Arbeitslosenrate genug, um über eine Umverteilung der Arbeit nachzudenken.

Natürlich kann ich nicht ausschließen, dass Dienstleistungen gefunden werden, die auch 20 Prozent aufsaugen. Wenn sich zum Beispiel herausstellte, dass professionelles Salsa-Tanzen die Lebenserwartung und die sexuelle und intellektuelle Leistungsfähigkeit um zwanzig Jahre verlängert, dann könnten zig Millionen ehemalige Automobilarbeiter, Metallarbeiter, Textilarbeiter, Straßenbauarbeiter, Bankangestellte Anstellung bei Salsa-Schulen finden. Ich habe nichts gegen eine solche Entwicklung. Ich kann sie nur – trotz des ständigen Wachstums des Freizeitsektors – beim besten Willen in keinem der entwickelten Industrieländer in einem ausreichenden Ausmaß sehen.

Wenn das Dienstleistungsgewerbe in der Lage wäre, alle von der Industrie freigesetzten Arbeitskräfte aufzunehmen, dann hätten wir die Arbeitslosigkeit nicht, die wir ausgerechnet in den am weitesten entwickelten Industrieländern haben. Die seinerzeitige Bundesrepublik Deutschland ohne ihren zurückgebliebenen Osten war dafür das Musterbeispiel. Und obwohl der Osten sich jetzt erholt hat und die „Ich AG" jede Möglichkeit einräumt, Dienstleistungen anzubieten, hat die Arbeitslosigkeit auch schon vor der aktuellen Krise ein beträchtliches Ausmaß erreicht.

Ortner meint, sie würde nur dank zu großer Arbeitslosenunterstützung nicht entsprechend zurückgehen – ziemlich viele Hartz-IV-Empfänger dürften ihm da widersprechen. Sie suchen – nicht erst seit der Krise – dringend einen Job.

Wie seltsam die These, dass uns die Arbeit nie ausginge, klingt, wenn man sie auf die Vergangenheit anwendet, möchte ich anhand der bisherigen großen Schübe der Arbeitszeitverkürzung aufzeigen: Nach dieser These hätten wir eigentlich beruhigt bei der 80-Stunden-Woche bleiben können, denn die Arbeit geht uns nie aus. Danach beruhigt bei der 60-Stunden-Woche, denn die Arbeit geht uns nie aus. „Die Wirtschaft" wollte das auch jedes Mal und hat behauptet, die Verkürzung der Arbeitszeit führte zum wirtschaftlichen Zusammenbruch. Gott sei Dank haben wir die Arbeitszeit trotzdem von damals bis heute mehr als halbiert – und leben besser als je zuvor.

In Wirklichkeit hat es die Verkürzung der Arbeitszeit aufgrund des technologischen Fortschritts ununterbrochen gegeben – sie wurde bisher nur anders begründet: nämlich damit, dass die körperliche Belastung der Arbeitnehmer gelindert und ihre Freizeit vermehrt werden müsse. Es ist die neue Begründung – die Vermeidung von Arbeitslosigkeit –, die solche Irritation hervorruft.

Dabei gibt es nicht den geringsten vernünftigen Grund, dass die stete Verkürzung der Arbeitszeit ausgerechnet im Jahr 2009 mit der 38,5-Stunden-Woche zu Ende kommt.

Sie geht natürlich weiter. Die Frage ist nur, ob in Form von Arbeitszeitverkürzung oder in Form von Arbeitslosigkeit.

Viel eher hätte ich von Ortner einen anderen Einwand erwartet: Warum überlässt man es nicht dem Markt, die Verkürzung der Arbeitszeit durchzusetzen? Warum, ausgerechnet von Dir, der behauptet, ein Liberaler zu sein, der

Wunsch nach einem dirigistischen Eingriff, der die Arbeitszeit von oben her absenkt?

Antwort: Weil der Markt angesichts der mangelnden Information und der psychischen Konstellation seiner Teilnehmer dazu tendiert, die auf lange Sicht unsinnigste Form der Arbeitszeitverkürzung durchzusetzen – die immer größere Arbeitslosigkeit.

Denn der Arbeitsmarkt unterscheidet sich eben ganz besonders vom ideal funktionierenden Markt, wie nicht nur Keynes, sondern sogar schon Adam Smith festgestellt hat. Natürlich müssten Politiker wie Unternehmer auch von selbst irgendwann merken, dass Massenarbeitslosigkeit die dümmste Form ist, „marktkonform" auf den Rückgang des Bedarfs an Arbeitskräften zu reagieren, weil sie eine Abwärtsspirale in Gang setzt (die Massenkaufkraft schwächt). Aber wie so oft ist es die Frage, wann sich diese Erkenntnis durchsetzt. Zumal sich – und das ist das besondere Problem – auch und gerade viele Arbeitnehmer gegen diese Einsicht sperren. Auch für sie klingt der Schlachtruf: „Wenn es eine Krise gibt, müssen wir mehr, nicht weniger arbeiten" mangels besserer Information einleuchtend, und wenn sie gefragt werden, ob sie lieber eine Lohnerhöhung oder eine Arbeitszeitsenkung haben wollen, votieren sie für die Lohnerhöhung. Man müsste sie fragen: Wollt ihr lieber eine Lohnerhöhung, obwohl das bedeutet, dass drei Mann gekündigt werden müssen, oder seid ihr zu einer Arbeitszeitsenkung bereit, um das zu verhindern? Dann sähe die Antwort vielleicht anders aus.

Man hat ein solches Modell bekanntlich bei VW ausgehandelt: Die Belegschaft durfte den alten hohen Stand beibehalten, arbeitete aber erheblich kürzer. Mir ist zumindest nicht bekannt, dass VW an dieser Lösung zugrunde gegangen wäre. Wenn die Lohnkosten dieses Unternehmens insgesamt im Vergleich zu seinen Konkurrenten zu hoch sein sollten, was ich nicht weiß, dann hätte das andere Gründe, die ich nicht kenne. Aber augenscheinlich kann sich VW mit seinen Lohnkosten am Markt behaupten.

Trotzdem halte ich die Lösung nicht für optimal, weil punktuelle Lösungen immer ein Problem sind. Nur eine generelle, für alle Branchen gleiche Verkürzung der Arbeitszeit schützt mit Sicherheit vor Verzerrungen. Nur sie brächte die logische weitere Verteuerung der Dienstleistungen und relative Verbilligung aller anderen Güter mit sich, die für den Kunden – siehe weiter oben – letztlich kostenneutral wäre.

Das gewichtigste Argument in diesem Zusammenhang lautet, dass eine generelle Verkürzung der Arbeitszeit zu einem gravierenden Engpass bei Spezialisten führen wird – deshalb ist es nicht völlig egal, ob die Arbeitszeit in 20- oder 60-Stunden-Pakete geteilt wird. Dieser Einwand ist wichtig und richtig: Der hoch qualifizierte Facharbeiter, der nur mehr 30 anstatt 38,5 Stunden in der Woche arbeitet, muss fehlen, ja wird schon unter den jetzigen Arbeitszeitverhältnissen händeringend gesucht. Aber warum geben die Verfechter des Marktes ihm in diesem Bereich plötzlich nicht die geringste Chance: Wenn Facharbeiter eine solche Mangelware darstellen, müssten sie sehr viel höhere Gehälter erzielen, und das sollte dazu führen, dass sehr viel mehr Leute sich zu Facharbeitern heranbilden lassen. Wenn die Wirtschaft die entsprechende Ausbildung nicht gewährleisten kann, ist es eine unglaubliche Schande und könnte dahingehend ausgelegt werden, dass sie es nicht ernsthaft versucht, indem sie Höherqualifizierung viel zu wenig fördert, weil das vorerst einmal mit Kosten verbunden ist, die dem „shareholder value" entgegenstehen.

Weil ich also auch in diesem Zusammenhang die „lange Leitung" des Marktes fürchte, hielte ich es für klug, die Arbeitszeitverkürzung mit einer massiven, politisch gesteuerten Qualifizierungsoffensive zu kombinieren.

Gewisse Ansätze einer Arbeitszeitverkürzung ohne Diktat von oben gibt es im Übrigen: In Schweden haben die sehr hohen Steuern bewirkt, dass viele Leute nur mehr die Hälfte des Jahres arbeiten und die andere Hälfte Urlaub machen. In Holland hat ein hoher Anteil an Teilzeitarbeit zu kürzeren wöchentlichen Arbeitszeiten geführt.

Grundsätzlich ist mir das holländische Modell, das Teilzeitarbeit finanziell begünstigt, sympathischer als jedes Diktat – aber leider ist es bisher in keiner andern Volkswirtschaft umgesetzt.

Und die Zukunft wird das Arbeitslosenproblem nicht nur der aktuellen Krise wegen dramatisch verschärfen.

Ich möchte diese Zukunft daher ein letztes Mal aus meiner Sicht in groben Zügen zusammenfassen – mit allem Risiko, durch die Realität eines groben Irrtums überführt zu werden:

Der Bedarf an Gütern wird bei den entwickelten Industrienationen nicht mehr entfernt in dem Tempo wachsen, in dem die Produktivität des Güterbereiches wächst. Das muss bei gleich bleibender Arbeitszeit eine immer größere Zahl von Arbeitskräften freisetzen.

Der Bedarf an Dienstleistungen scheint nicht in einem Ausmaß zu wachsen, das ausreicht, alle diese freigesetzten Arbeitskräfte aufzunehmen.

Wenn der gegenwärtige Trend, die wöchentliche Arbeitszeit nicht zu verkürzen und die Lebensarbeitszeit zu erhöhen, anhält, muss das insbesondere unter den gegenwärtigen Umständen zu einer dramatisch ansteigenden Zahl von Arbeitslosen führen, die nur mehr im Ausmaß ihrer Arbeitslosenunterstützung konsumieren und damit den sowieso schwächelnden Konsum weiter reduzieren, was weitere Absatzschwierigkeiten und damit noch mehr Arbeitslose nach sich ziehen wird.

Wenn die gegenwärtige Ambition der Beschäftigten, lieber unvermindert lang zu arbeiten und den Produktivitätszuwachs mit einem höheren Gehalt abgegolten zu bekommen, anhält, wird das angesichts eines stagnierenden Absatzes einerseits Inflation, andererseits nur einen Anstieg der Sparquote nach sich ziehen. Dieses gesparte Geld wird dem sowieso schwächelnden Konsum entzogen und das muss eine krisenhafte Entwicklung weiter vertiefen. Darüber hinaus könnten sich große Mengen angesammelten Spargeldes wie gehabt auf die Suche nach lukrativen Anlagen begeben, und das kann neuerlich die Folgen haben, die es auch schon einmal gehabt hat.

Ich glaube daher nicht, dass irgendein Weg an einer Verkürzung der wöchentlichen Arbeitszeit vorbeiführt, wenn man diese Arbeitszeitverkürzung nicht in Gestalt von Massenarbeitslosigkeit erleben will.

Bis zu dieser Stelle war dieser Text in etwa gediehen, als ich Professor Streissler gebeten habe, mich auf Fehler im Detail und natürlich auf entscheidende Denkfehler aufmerksam zu machen. Er unterzog sich tatsächlich dieser Mühe, fand in den vorangegangenen Kapiteln auch eine Unzahl mehr oder minder schlimmer Fehler im Detail, die ich hoffentlich – er hat sie mir nicht im Einzelnen angeführt – ausgebessert habe, widersprach mir aber, wie ich das erwartet hatte, energisch in der Frage der Arbeitszeitverkürzung. Im Kern mit demselben Argument wie Christian Ortner: Es gäbe Arbeit genug – der Dienstleistungssektor sei sehr wohl aufnahmefähig. Ich hätte in meiner Argumentation bezüglich des technischen Fortschritts völlig auf die Produktion von Gütern abgestellt und außer Acht gelassen, dass mittlerweile zwei Drittel des BIP entwickelter Staaten in Dienstleistungen bestehen. Im Dienstleistungsbereich gäbe es wesentlich weniger technologiebedingtes Wachstum der Produktivität, er sei, vor allem im Bereich der Gesundheitsversorgung, noch durchaus aufnahmefähig. Eine Verkürzung der Arbeitszeiten würde sein Wachstum gefährden, denn viele Dienste – er nannte Finanzdienstleistungen und medizinische Dienstleistungen – ließen sich nur mit längeren Arbeitszeiten erbringen.

Ich räume zuerst einmal ein, dass ich – vor mehr als dreißig Jahren – tatsächlich von einer wirtschaftlichen Situation ausgegangen bin, in der der industrielle Sektor noch annähernd gleich groß wie der Dienstleistungssektor gewesen ist, und dass mir bis zu Streisslers Kritik nicht ausreichend bewusst war, in welch dramatischem Ausmaß sich dieses Verhältnis mittlerweile verändert hat.

Nach diesen beiden Eingeständnissen bleibe ich, trotz allem und trotz meiner unverminderten Verehrung für Professor Streissler, bei meiner Sicht der Dinge. Mit allem Risiko, mich entsprechend zu blamieren.

Es stimmt zwar, dass Industrie und verarbeitendes Gewerbe mittlerweile EU-weit nur mehr 34 Prozent der Beschäftigten binden – gegenüber 64 Prozent im Bereich der Dienstleistungen –, aber auch daraus resultieren noch sehr große Zahlen. Selbst im dienstleistungsintensiven Österreich stehen 2,280.000 Dienstleistern immer noch 852.000 Beschäftigte in Industrie und Gewerbe gegenüber. Wenn dort der Stellenabbau aufgrund des technologischen Fortschritts ein weiterhin derart rasanter ist, kann das meines Erachtens sehr wohl weiterhin bedeuten, dass der Dienstleistungssektor nicht rasch genug wächst, die abgebauten Arbeitskräfte aufzufangen. Das gilt umso mehr, als eine sehr große Zahl der angeführten Dienstleistungen industriebezogen sind und mit deren massiver Schrumpfung mitschrumpfen dürften.

Jedenfalls scheinen die veröffentlichten Arbeitslosenzahlen (auch schon vor der Krise) diesen Verdacht zu bestätigen.

Die wirklichen Zahlen der Nicht-Beschäftigten (ich gebrauche bewusst diese vorsichtige Bezeichnung) sind, das dürfte auch Professor Streissler mir zugestehen, ja zweifellos ungleich höher als die Zahlen in der Arbeitslosenstatistik, die um Frühpensionierte, Umgeschulte und vom AMS Verliehene geschönt sind und in der Jugendliche, die ihren ersten Job suchen, so wenig aufscheinen wie Ältere oder Frauen, die jede Suche aufgegeben haben.

Allerdings sind diese Zahlen auch in die umgekehrte Richtung sehr elastisch. Sie hängen zum Beispiel erheblich von der staatlichen Regelung der „Arbeitslosigkeit" ab. In dem Vortrag, den ich in Graz zum „Vorbild USA" gehalten habe, bin ich auch darauf eingegangen, wie sehr es zur Beschäftigung beiträgt, Arbeitslose nicht im österreichischen Ausmaß zu verwöhnen:

> „Arbeitslosengeld wird in den USA nur rund ein halbes Jahr ausbezahlt und beträgt höchstens ein Drittel des Nettolohnes. Die Regierung Clinton hat darüber hinaus die Auszahlung von ,Welfare' – in etwa vergleichbar unseren Sozial- und Fürsorgeleistungen – auf maximal zwei Jahre in Folge und fünf Jahre insgesamt begrenzt und gleichzeitig an die Verpflichtung geknüpft, angebotene Arbeit anzunehmen. All dies erzeugt offensichtlich starken Druck in Richtung zu tatsächlicher Annahme einer Arbeit. Bei uns sind Arbeitslosengeld, Kindergeld und die Unterstützung angeblich oder wirklich alleinerziehender Mütter hingegen so bemessen und werden in ihrer Gewährung so gehandhabt, dass ein Sog in Richtung zu ihrer fortgesetzten Entgegennahme besteht."

Jedenfalls sind in den USA aufgrund der hier beschriebenen „Härte" nur 10 Prozent der Leute länger als ein Jahr arbeitslos – gegenüber 30, 40, 50 Prozent in den meisten europäischen Staaten. Dänemark oder Schweden haben aufgrund rigoroserer Bestimmungen die Arbeitslosenquoten ebenfalls erheblich gesenkt. Auch die österreichische Quote an Langzeitarbeitslosen und Arbeitslosen überhaupt ließe sich zweifellos durch strengere Bestimmungen drücken, ohne dass man das Arbeitslosengeld gleich, wie Clinton, mit einem Drittel des Nettolohnes begrenzt. So schaffte etwa Schweden die Regelung ab, dass sich Arbeitslose durch Schulungen immer aufs Neue für den Bezug von Arbeitslosengeld qualifizieren können, und hatte damit den erwarteten Erfolg.

Die „echte" Arbeitslosigkeit ist also eine nicht so leicht korrekt zu ermittelnde Größe. Sie hängt extrem von der Demografie und dem Ausmaß der Beschäftigung von Frauen ab. Ich gehe also bei den folgenden Überlegungen davon aus, dass Frauen kaum minder als Männer in den Arbeitsprozess eingebunden sind – weil die gesellschaftliche Entwicklung das nahe legt – und dass die Geburtenrate oder die Zuwanderung ausreichen, die Bevölkerung halbwegs stabil zu halten. Mir ist auch bekannt, dass Nobelpreisträger Friedrich Hayek die Arbeitslosigkeit als noch immer zu klein bezeichnet hat, als sein Modell der Reduktion der Staatsausgaben unter Margaret Thatcher nicht so recht funktionieren wollte, aber mir erscheint sie europaweit groß genug, darüber nachzudenken, was man dagegen unternehmen kann. Zumal sie in den nächsten Monaten weiter drastisch steigen wird, weil sich herausstellen wird, dass der Sektor der industriellen Produktion in Wahrheit viel zu lange viel zu viele Leute gebunden hat, die er nicht mehr braucht. Die Arbeitslosen hier oder in den USA werden nicht nur die Folge der augenblicklichen Krise, sondern längst viel zu großer Kapazitäten sein. Der technologische Fortschritt im Rahmen der Güterproduktion wird jetzt nur in seinem ganzen Ausmaß spürbar werden.

Wenn der Dienstleistungssektor das alles aufnimmt, freue ich mich – ich bin nicht, wie Hanke, ein Dogmatiker der Arbeitszeitverkürzung, ich glaube es nur nicht.

Ich bestreite nämlich, dass der technologische Fortschritt im Dienstleistungssektor so wenig Arbeitskräfte erübrigt. Mein eigener Beruf ist ein recht eindrucksvolles Beispiel: Bis meine Gerichtssaalberichte für den *Kurier* in den 1960er-Jahren in Druck gehen konnten, waren noch folgende Personen nötig: eine Sekretärin, der ich sie diktiert habe; ein Korrektor, der sie korrigiert hat; ein Setzer, der sie in Blei gegossen hat; ein Metteur, der den Bleisatz zu Seiten zusammengefügt hat; ein Redakteur, der ihn dabei grafisch unterstützt hat; und ein Druckereiangestellter, der die fertigen Bleiseiten zuerst in eine Art Gummikarton gepresst und dann auf die Walzen der Druckmaschinen gespannt hat. Vor zwanzig Jahren waren es nur mehr die Hälfte. Inzwischen sind alle diese Zwischenschritte entfallen.

Allerdings sind wegen der Verbilligung des Druckvorganges sehr viel mehr Printmedien gegründet worden, aber von der Zahl der auf diese Weise hinzugewonnen Jobs muss man eben die in den Druckereien verloren gegangenen abziehen.

Trotzdem hat der Mediensektor in den vergangenen Jahren zweifellos extrem viele Menschen aufnehmen können – nur dass das nicht heißt, dass er es weiterhin im bisherigen Ausmaß kann. Was das Internet an neuen Arbeitsplätzen bietet, könnte im Printbereich locker verloren gehen.

Vor allem in der Verwaltung hat die EDV dagegen das Potenzial, ungleich mehr Arbeitskräfte freizusetzten, als wegen vermehrter Verwaltungsaufgaben aufgenommen werden müssen. Wobei es in der öffentlichen Verwaltung diesbezüglich zweifellos die größten Reserven gibt, die unter dem Kostendruck einer Arbeitszeitverkürzung auch genutzt würden, statt dass die Mehrkosten für die öffentliche Verwaltung genau umgekehrt als Argument gegen eine Verkürzung der Arbeitszeit genutzt werden.

Finanzdienstleistungen, von denen Professor Streissler meint, sie erforderten längere Arbeitszeiten, kennen besonders große Produktivitätsfortschritte: Das „Electronic Banking" erübrigt so viele Menschen, dass manche Online-Banken mit einem Bruchteil des bis dahin für Geschäftsbanken üblichen Personals auskommen. Sie verzichten bewusst auf maßgeschneiderte Finanzdienstleistungen und können dadurch höhere Zinsen zahlen – was immer mehr Kunden als Vorteil empfinden. (Schon gar in Zeiten, in denen sich die individuell erbrachten Finanzdienstleistungen als eher verlustreich erweisen.)

Beim öffentlichen Verkehr, als einem auch nicht so kleinen Arbeitgeber, kommen die städtischen Straßenbahnen, in denen ursprünglich drei Schaffner neben dem Fahrer Dienst taten, jetzt mit dem Fahrer allein aus, und selbst Vorverkaufsfahrscheine werden an Automaten gekauft. Innerstädtische Verkehrssysteme kommen heute mit erstaunlich wenigen Menschen aus. Immer längere Züge und immer größere Flugzeuge auch. An den Schaltern der immer größeren Flughäfen werden die hübschen Damen durch Check-in-Automaten ersetzt, auch wenn der Terror eine Menge neuer Arbeitsplätze geschaffen hat.

Der derzeit größte private Arbeitgeber der EU im Dienstleistungsbereich ist der Handel. Dabei spielen die Warenhäuser eine nicht unerhebliche Rolle. Natürlich hat sich ihre Zahl vervielfacht, aber die immer zahlreicheren besonders großen Warenhäuser lassen sich inzwischen mit erstaunlich wenigen VerkäuferInnen betreuen. Wirklich viele Mitarbeiter braucht man nur noch an den Kassen. Mittlerweile aber sind Kassen in Erprobung, die die Waren, nachdem man sie auf ein Band gestellt hat, in Tragtaschen abfüllen, die Rechnung erstellen und den Kunden erst durchlassen, nachdem er bezahlt hat. Wenn diese Kassen eingeführt sind, fallen in Großwarenhäusern auch die vielen Frauen und gelegentlich Männer an der Kasse weg. (Ebenso die elend bezahlten Frauen und Männer, die einem die Waren in den USA in die Tragtasche packen.)

Bei der Lagerverwaltung sind es ohnehin schon ungleich weniger geworden, denn die erfolgt elektronisch, und gestapelt werden die Waren mit immer perfekteren Hubstaplern, die sich irgendwann auch ihren Weg selber suchen werden. (In der Autoindustrie hat sich die Dienstleistung der Lagerhaltung überhaupt fast aufgehört: Hat man ursprünglich Ersatzteile für den Bedarf einer Woche gelagert, so lagert man ihn jetzt für Minuten und peilt Sekunden an, so genau wird produziert.)

Dem stehen zugegebenermaßen große Hoffnungsgebiete für Dienstleistungen gegenüber. In einem ist Österreich führend: Der Tourismus dürfte das größte private Dienstleistungsunternehmen des Landes sein und hat in der Vergangenheit ununterbrochen Arbeitskräfte aufgenommen und immer noch werden „Abwäscher" für die dreckige Arbeit dringend gesucht. Rationalisierung gibt es dennoch auch im Tourismus: bessere Geschirrwaschmaschinen zum Beispiel. Oder Skilifte, die viermal so viele Leute in der gleichen Zeit befördern. Vor allem aber kann sich der Tourist seinen Urlaubsort statt im Reisebüro inzwischen auch am Bildschirm aussuchen und Reise wie Zimmer via Internet buchen. Im Hotel funktionieren Buchhaltung und Abrechnung längst per EDV und es gibt neuerdings sogar Hotelketten, die fast ohne Personal auskommen, indem sie dem Gast extrem einfache Möglichkeiten anbieten, seine schmutzige Bettwäsche und seine gebrauchten Leintücher gegen neue zu tauschen. Gewaschen und gebügelt wird diese Wäsche dann vollautomatisch.

Trotzdem ist die Rationalisierung im Tourismus zum Glück für Österreich bisher zweifellos weit geringer als seine Zunahme – aber auch das muss keineswegs so bleiben, wenn wegen der CO_2-Belastung und eines sicher wieder steigenden Ölpreises das Reisen teurer wird.

Der andere noch ungleich größere Hoffnungsmarkt schien lange die Vergnügungs- und Unterhaltungsindustrie: Sie ist es auch – nur wächst gerade sie vor allem durch mehr Freizeit = kürzere Arbeitszeiten. Und vor allem kennt gerade diese Branche auch gewaltige technologische Fortschritte: Immer mehr Menschen sitzen in ihrer Freizeit nämlich vor Bildschirmen und Spielkonsolen, die beide mit immer weniger menschlicher Arbeit immer billiger erzeugt werden können.

Bleibt der dritte und größte Hoffnungsmarkt für Dienstleistungen: die medizinische Versorgung. Wieder will ich nicht bestreiten, dass dieser Markt durch die Altersmedizin wachsen wird. Aber über das Ausmaß kann man lange diskutieren. Denn es ist keineswegs sicher, dass es so viel mehr Krankentage pro Person geben muss, bloß weil die Menschen älter werden, es könnte auch eine nur unwesentlich größere Zahl von Krankentagen später und später anfallen. Zumindest ist unwahrscheinlich, dass die Krankheitsanfälligkeit proportional mit der Lebenserwartung zunimmt.

Gleichzeitig gibt es in der Medizin sehr wohl einen gewaltigen Produktivitätsfortschritt: Im Wiener Sozialmedizinischen Zentrum Ost ist beispielsweise einer der arbeitsintensivsten Vorgänge – das Waschen, Desinfizieren und Bügeln von täglichen Bergen von Bettwäsche – voll automatisiert: Kleine Wägelchen im Souterrain finden selbstständig ihren Weg von einer automatisierten Arbeitsstation zur nächsten. Gleichzeitig hat mir der Leiter der Röntgenabteilung schon vor Jahren vorgeschwärmt, wie viel mehr Patienten er betreuen kann: Er bekommt ihren Akt per EDV auf den Bildschirm, macht seine Anmerkungen per Spracherkennung notfalls selbst im Dunkeln und schickt das Resultat dorthin, wo es gerade benötigt wird. Wenn es notwendig wäre, selbst in ein Krankenhaus in Aachen. Labors, die früher unzählige Mitarbeiter an unzähligen Geräten beschäftigt haben, vertrauen die Blutproben Computern an, die in Minuten Resultate auswerfen. Überall spart die elektronische Übermittlung von Krankengeschichten und Untersuchungsergebnissen Schreibkräfte und Boten.

Diese Technologien haben mittlerweile in fast alle größeren Krankenhäusern Einzug gehalten.

So haben etwa die großen Gemeindespitäler Wiens im Jahr 1989 rund 260.000 Patienten betreut, während es heute, zwanzig Jahre, später rund 350.000 sind. Trotzdem ist der Personalstand die ganze Zeit über nahezu gleich geblieben: Im Jahr 2000, für das es bis zur letzten Stelle exakte Vergleichsziffern gibt, betrug er 23.849 Mitarbeiter, neun Jahre später sind es nur gerade 23.918.

Der erzielte Produktivitätsfortschritt – der durchschnittliche Krankenhausaufenthalt dauert nur mehr 7,5 Tage anstatt 12,5 Tage wie vor zwanzig Jahren – hat es also möglich gemacht, eine dramatisch gestiegene Zahl von Krankenhausaufnahmen zu bewältigen, indem nur gerade ein paar Dutzend Mitarbeiter zusätzlich aufgenommen wurden.

Ich kann nicht sehen, wo hier die gewaltigen Reserven für vermehrte Dienstleistungen liegen.

Die Explosion der Kosten in der Medizin beruht nicht auf einer kritischen Zunahme der Personal-, sondern auf einer kritischen Zunahme der Medikamente- und der Apparatekosten.

Die Kosten für die reine Altenpflege nehmen zu, weil immer weniger Familien sie im Familienverband vornehmen. Hier gibt es zwar kein Reservoir für Beschäftigung – die Alten werden ja auch zu Hause gepflegt –, wohl aber ein Reservoir für bezahlte und legale Beschäftigung, das aber durch die höhere Lebenserwartung einmal mehr keineswegs proportional zunimmt – die Menschen werden auch erst später pflegebedürftig.

Natürlich kann ihre Betreuung nie durch Roboter ersetzt werden und vermag mit Abstand die meisten Menschen zu binden. Allerdings stimmt gerade dort nicht, was Professor Streissler bezüglich der Finanzdienstleistungen vielleicht mit Recht behauptet: dass kürzere Arbeitszeiten diese Dienstleistungen erschweren. Altenpflege ist im Gegenteil gar nicht anders denkbar, als dass sich mehrere PflegerInnen in „Radln" abwechseln.

Und der Produktivitätsfortschritt ist selbst auf diesem Sektor im Kommen: Siemens entwickelt zum Beispiel gar nicht so komplizierte Überwachungssysteme, durch die man in einer Pflegezentrale jede Bewegung und jeden Laut in einer der angeschlossenen Wohnungen wahrnehmen kann – eine der Pflegerinnen oder einer der Pfleger setzt sich dann dorthin in Bewegung und sieht nach dem Rechten, statt ununterbrochen und oft ohne gebraucht zu werden im Nebenzimmer zu sitzen. Es gibt Roboter, die Pflegebedürftige in die Badewanne heben, ihnen Essen bereitstellen oder sie umbetten. Das muss keineswegs, wie es sich hier liest, mit zunehmender Unmenschlichkeit gekoppelt sein, sondern es kann im Gegenteil Zeit schaffen, in der die Pfleger länger mit dem Pflegebedürftigen sprechen.

Vorläufig steht der Ausweitung der bezahlten Pflegedienstleistungen allerdings ein gewaltiges Hemmnis entgegen: Pflegebedürftige, beziehungsweise ihre Angehörigen, haben selten das Geld für eine adäquate Bezahlung der Pflege. Wenn überhaupt jemand beschäftigt wird, dann weiterhin vorwiegend schwarz.

Man muss also durch bessere Pflegegesetze dringend Geld zu den Pflegebedürftigen (ihren Angehörigen) transferieren. Das ist nicht bloß ein Dienst am betroffenen Patienten bzw. Pflegefall, es ist auch ein Dienst an der Wirtschaft in ihrer Gesamtheit, die das Pflegepersonal als Konsumenten braucht.

Aber nicht einmal auf unverändert lange Pflegezeiten ist Verlass: Es kann auch sein, dass der Fortschritt der Medizin es in absehbarer Zeit möglich macht, dass die Menschen sehr viel gesünder älter werden.

Ich glaube, dass Jean Fourastié (von dem die These stammt, dass es im tertiären Sektor kaum technologischen Fortschritt gäbe, der Menschen erübrigt) zu wenig Fantasie hatte.

Vielleicht habe ich zu viel.

Man wird sehen.

Keynes – der wie Streissler ganz gut im Prognostizieren war (so sagte er nach dem Ersten Weltkrieg vorher, dass die hohen, den Verlierern aufgebürdeten Reparationsleistungen in eine Katastrophe münden müssten) – hat es jedenfalls ähnlich wie ich gesehen. Als er von der englischen Regierung gebeten wurde, seine Gedanken zur langfristigen Entwicklung nach Kriegsende darzulegen, vermutete er im Mai 1943 folgende drei Phasen:

Erstens: Eine Wiederaufbau-Phase, in der hoher Investitions- und Konsumbedarf Wirtschaftswachstum und Beschäftigung expandieren lassen und lediglich das Risiko einer gewissen inflationären Anspannung besteht.

Diese Vermutung Keynes' war richtig.

Zweitens: Eine folgende Phase, in der der Nachholbedarf gedeckt ist und inflationäre Kräfte kein größeres Problem mehr darstellten, zugleich aber noch Vollbeschäftigung gegeben ist. Konjunkturelle Schwankungen würden in dieser Phase mit Hilfe antizyklischer Politik ausgeglichen.

Auch diese Vermutung war richtig.

Die dritte von Keynes prognostizierte Phase muss ich wie er im Konjunktiv formulieren, denn sie gilt es zu prüfen: Sie brächte, so behauptete Keynes, ein anhaltend niedrigeres Wachstum, das nicht mehr ausreichte, um Vollbeschäftigung zu sichern. Ursache für diese Wachstumsreduktion seien die nachlassende Konsumdynamik und die ihr folgende Einschränkung der Erweiterungsinvestitionen, die sich möglicherweise sogar ausschließlich aus den Abschreibungen decken ließen. Da bei Ersatzinvestitionen dennoch weiterhin dem technischen Fortschritt Rechnung getragen würde, würde die Produktivität jedoch weiterhin gesteigert. Für diese dritte Phase des Übergang zur Stagnation sah Keynes (neben temporär wachstumswirksamen Maßnahmen zur gleichmäßigen Einkommens- und Kaufkraftverteilung) als einzige auf Dauer wirksame beschäftigungspolitische Strategie die Verkürzung der Arbeitszeit.

Ich befinde mich also zumindest in nicht so schlechter Gesellschaft.

Aber Keynes' Voraussage hat sich über einen Zeitraum von mittlerweile mehr als fünfzig Jahren erstreckt und ich habe oft genug geschrieben, dass solche Voraussagen eine heikle Sache sind.

Vom Schreibtisch aus ist diese Frage kaum zu klären: Niemand weiß, wie viele Arbeitslose wir auch dann noch hätten, wenn die Zahlung von Arbeitslosengeld strenger gehandhabt würde – wenn es vor allem kürzer in voller Höhe ausbezahlt würde. (Und niemand weiß, welche wirtschaftlichen Nachteile die kürzere Auszahlung hätte.) Niemand weiß ferner, wie viele Dienstleistungen an der industriellen Produktion hängen und in nächster Zeit mit ihr zurückgehen werden. Und niemand weiß schließlich, wie hoch der Produktivitätszuwachs im Dienstleistungsgewerbe wirklich ist und weiterhin sein wird.

Man kann nur abwarten: Ich bleibe bei meiner Vermutung, dass die Zahl der Arbeitslosen so gravierend sein wird, dass man sich über Staatsaufträge hinaus etwas einfallen wird lassen müssen. Nicht zwangsläufig, weil es wirtschaftlich nicht anders geht (man kann die Arbeitslosen, wie seinerzeit in der BRD, relativ problemlos aus der hohen Wertschöpfung der Beschäftigten bezahlen), sondern weil es psychologisch nicht anders geht: Eine sehr hohe Zahl von Arbeitslosen wird derart auf die Stimmung drücken, dass das indirekt signifikant nachteilige Wirkung auf die Wirtschaft haben muss.

Wieder einmal eine dieser gefährlichen Vorhersagen über einen Zeitraum von mehr als fünf Jahren: Natürlich kann ich mich völlig irren. Vielleicht saugt ein wachsender Dienstleistungssektor doch in absehbarer Zeit alle Arbeitslosen auf. Ich wäre dann nicht betrübt, dass meine These falsch ist, sondern sähe es mit der größten denkbaren Freude. (Ja, ich hätte auch nicht das Geringste dagegen, die Arbeitszeit zu verlängern, wenn sich das der verlängerten Lebenserwartung wegen als notwendig herausstellen sollte.) Ich bin – ich wiederhole mich – in dieser Frage kein Dogmatiker. Dogmatiker sind meines Erachtens nur jene Gegner der Arbeitszeitverkürzung, die sie als Instrument der Beschäftigungspolitik grundsätzlich ablehnen, weil es ihnen gegen die calvinistische Natur geht.

Ein astreiner Liberaler wird in dieser Situation vorschlagen: Lassen wir doch den Markt entscheiden: Bevor so viele Leute arbeitslos werden, wie Sie, Herr Lingens, behaupten, wird es von sich aus zu kürzeren Arbeitzeiten kommen – sonst eben nicht.

Aber leider – ich wiederhole mich einmal mehr – spielt es das so nicht: Der Markt bevorzugt die einfachste Form der Arbeitszeitverkürzung: die Arbeitslosigkeit.

Ich sehe nicht ein, was so schlimm daran sein soll, zumindest zu probieren, ihr durch eine Neuregelung der Arbeitszeit zu begegnen, und stelle folgende Modelle einander gegenüber:

England hat den Arbeitsmarkt wie die USA „neoliberal" freigegeben und hat die höchsten Arbeitszeiten der OECD. Dementsprechend verzeichnet es den geringsten Fortschritt der Produktivität, was es jetzt büßen könnte. So wie die USA hatte es in der Vergangenheit eine besonders geringe Arbeitslosigkeit, die allerdings mit enormem Druck für die Arbeitnehmer verbunden war und ist: Vielfach müssen sie mehrere Jobs annehmen, um finanziell durchzukommen. So wie die USA (wenn auch längst nicht im selben Ausmaß) verdankt es seine geringe Arbeitslosigkeit auch einem künstlichen Boom (insbesondere auch des Finanzsektors), der derzeit in sich zusammenbricht.

Deutschland hat gesetzlich geregelte Arbeitszeiten, eine im Vergleich zu England oder den USA niedrige Jahresarbeitszeit pro Beschäftigtem bei hoher Pro-Kopf-Wertschöpfung. Es bezahlt seine Arbeitslosen jedenfalls besser als England oder die USA viele ihrer Beschäftigten. In den letzten zehn Jahren hatte

Deutschland zwar eine relativ hohe Zahl von Arbeitslosen, aber daran hatte Ostdeutschland den entscheidenden Anteil. Betrachtet man vernünftigerweise nur Westdeutschland, so war die Arbeitslosigkeit in der Vergangenheit trotz der hohen Produktivität gerade noch akzeptabel, was ich doch der niedrigen Jahresarbeitszeit gutschreibe. Sie ist aber auch schon damals ständig gestiegen.

In Holland hat die finanzielle Begünstigung von Teilzeitarbeit dazu geführt, dass erstaunlich viele Arbeitnehmer (70 Prozent der Frauen, 20 Prozent der Männer) diese Möglichkeit ergriffen haben. Das Gehaltsniveau ist entsprechend maßvoll, aber keineswegs dürftig. Obwohl die Niederländer die derzeit kürzeste Wochenarbeitszeit aller OECD-Staaten (und eine keineswegs hohe Jahresarbeitszeit) haben, hat Holland eine der höchsten Wertschöpfungen pro Kopf der EU. Und gleichzeitig die mit Abstand niedrigste Arbeitslosigkeit.

Diese Gegenüberstellung würde ich folgendermaßen deuten:
1) Freigabe der Arbeitszeiten bremst zwangsläufig den technologischen Fortschritt, weil sie beliebig billige Arbeitskräfte schafft. Die in England und den USA bisher beobachtete Vollbeschäftigung ist einerseits eine Folge dieses mangelnden technologischen Fortschritts, andererseits der Notwendigkeit jedes Menschen, irgendwie zu überleben und daher jede noch so schlecht bezahlte Arbeit anzunehmen, weil gerade im Dienstleistungssektor gewerkschaftliche Organisation extrem schwer fällt.
2) Hoher technologischer Fortschritt, wie im Westen Deutschlands, produzierte bei niedriger Jahresarbeitszeit eine bis zur Wiedervereinigung gerade noch erträgliche Arbeitslosigkeit, die allerdings ständig zunahm. Der Dienstleistungssektor ist offenbar nicht in ausreichendem Ausmaß mitgewachsen. (Weil, so wendeten liberale Kritiker zweifellos ein, Deutschland auf menschenwürdiger Entlohnung und Sozialversicherung bestand – was es in meinen Augen freilich so wohltuend von den USA unterscheidet.)
3) Bleibt das niederländische Modell mit seiner minimalen Arbeitslosigkeit bei tadelloser Wertschöpfung. Es ist nicht von selbst – durch den Markt – entstanden, sondern wurde organisiert. Voran ging ihm eine Vereinbarung zwischen Gewerkschaften und Arbeitgebern über Lohnmäßigung. Gleichzeitig sorgten staatliche Regelungen dafür, dass die Arbeitsstunde bei Teilzeitarbeit relativ besser als bei Vollzeitarbeit bezahlt wird und alle anderen Arbeitsrechte vergleichbar sind.

Als es nach einiger Zeit (meiner Erwartung entsprechend) zu einem Engpass bei Fachkräften gekommen ist, ist Holland dem mit einer weiteren Regelung von oben entgegengetreten: Man kann sich Überstunden steuerfrei gutschreiben lassen und sie irgendwann, auch viel später, in freie Tage umwandeln, die man konsumiert, wenn es sich günstig ergibt. (Etwa wenn man wegen der Krankheit des Partners oder der Geburt eines Kindes länger zu Hause sein will.)

Wenn ich diese drei Varianten vergleiche, ist mir die holländische mit Abstand die liebste: Man kann die Arbeitszeit nicht nur wie ein Narr, man kann sie auch intelligent und maßvoll verkürzen.

Es geht – um meine Formulierung von vor dreißig Jahren zu wiederholen – keineswegs um einen totalen Systemwandel, sondern um eine bessere Synchronisation: etwas mehr „mehr Freizeit" statt etwas mehr „mehr Einkommen" pro Mann und Frau, um etwas mehr Männer und Frauen beschäftigt zu halten.

27. Die grüne Zukunft

Als einzige Partei hatten die Grünen die Arbeitszeitverkürzung immer in ihrem Programm. Aber weil sie in der Bevölkerung nicht populär war, haben sie immer weniger dafür gekämpft. Theoretisch müsste es dennoch die Epoche der Grünen sein: Sie haben seit jeher gefordert, sparsamer mit Energie umzugehen – jetzt packen sogar die Amerikaner ihre Häuser ein und investieren in alternative Energie. Auch in vielen anderen Bereichen haben die Grünen die Entwicklungen der Zukunft besser als andere Parteien vorhergesehen – und ihre Chancen dennoch vertan: Ihr immer wieder durchblitzender Fundamentalismus hat ihren Anliegen mehr geschadet als genutzt.

Vor ein paar Jahrzehnten hat es in Klagenfurt eine der ersten großen Tagungen zum Thema „Energiesparen" gegeben und ich bin als Chefredakteur des *profil* hingefahren, weil ich zeitlebens von der Notwendigkeit extremen Energiesparens überzeugt war. Unter den anwesenden Journalisten war ich mit Abstand der prominenteste, denn das Thema war damals noch nicht so *en vogue*. Das Gros der Tagungsteilnehmer waren Grüne – nicht Mitglieder oder Wähler der Grünen als Partei (die hat es damals noch nicht gegeben), sondern Grüne aus Gesinnung.

Nach mehreren Referaten, in denen es meist um weise Selbstbeschränkung beim Verkehr oder im Konsum gegangen ist, hielt ein Ingenieur, der, wenn ich mich richtig erinnere, ursprünglich von Siemens kam und sich dann selbstständig gemacht hatte, einen Vortrag über sein Bemühen, den Energiebedarf durch den Einsatz von Hochtechnologie zu senken.

Doch während ich mit dem größten Interesse zuhörte, wurde des Saal immer leerer: Die Grünen wollten an die frische Luft.

Am Abend kam es dann beinahe zum Eklat: Der Ingenieur hatte zur Besichtigung seiner Villa eingeladen, die, wie er behauptete, mit einem Drittel der üblichen Energie auskam. Dennoch war sie mit Scheinwerfern angestrahlt und auch ein Springbrunnen im Park war grell beleuchtet.

Das hätte beinahe genügt, die Tagungsteilnehmer schon bei der Einfahrt kehrtmachen zu lassen. Nur mit äußerster Mühe gelang es dem Tagungsleiter, sie zu überreden, sich das Haus doch noch anzusehen. Doch je länger die Besichtigung dauerte, desto grüner wurden ihre Gesichter, desto empörter schnappten sie einmal mehr nach Luft: Nichts als Computer, die mittels kleiner Elektromotoren alles, von der Öl-Einspritzmenge der Heizung über den Luftdurchsatz der Fenster bis zum Neigungswinkel der Solarzellen am Dach, ununterbrochen verstellten, um es energetisch zu optimieren.

In der Mitte der Führung verließen die Grünen nicht nur mit dem Kopf, sondern nunmehr auch physisch die Veranstaltung.

Natürlich werden Funktionäre der Grünen von heute erklären, das sei untypisch. Ich aber behaupte, dass es sehr wohl typisch gewesen ist: „Grün" zu sein, ist bei erstaunlich vielen Leuten eine Religion – und behindert wie diese das Denken.

Karl Popper hat das im hohen Alter bei einem Vortrag in Wien mit der ihm eigenen Unerbittlichkeit angeprangert. Als ein sehr sympathischer junger Grüner ihm im Zuge der Podiumsdiskussion wieder einmal erklärte, dass der Mensch durch sein Tun zwangsläufig die Natur vernichte, entgegnete er sarkastisch: Wieso? Vielleicht haben Sie Glück und das Aids-Virus rottet den Menschen aus.

Es ist der gleiche „Historizismus", den Popper dem Marxismus vorwirft (und als Kennzeichen einer „geschlossenen Gesellschaft" brandmarkt), den er bei diesem jungen Mann zu entdecken glaubte: die unbegründete Überzeugung, dass sich die Welt in eine ganz bestimmte (in diesem Fall fatale) Richtung entwickle, weil Ökonomie und Technik das Verhalten des Menschen „unnatürlich" pervertieren.

Die Technik als jener Sündenfall, der die Vertreibung des Menschen aus dem Paradies nicht nur bedingt, sondern auch rechtfertigt.

Intelligente Grüne bestreiten mit dem Kopf zwar jede grundsätzliche Technik-Feindlichkeit, aber so oft sie mit der jeweils neuesten Technik konfrontiert werden, folgen sie ihrem Herzen: Sie sind dagegen. Sie sehen den Menschen und seine Fertigkeiten emotional nie als einen Teil der Natur bzw. des Ökosystems, sondern immer als dessen Gegner.

Ein Ökosystem im Gleichgewicht zu halten (die „Natur" zu erhalten), heißt für sie immer, die Einflussnahme des Menschen ausschalten. Die Bäume, die Otter, das Virus – sie alle dürfen gemäß ihren spezifischen Fähigkeiten am Ökosystem teilnehmen: Pflanzen in ihrem Schatten verdrängen (Baum), Fische fressen (Otter), die molekulare Struktur anderer Lebewesen verändern (Viren). Nur der Mensch, dessen spezifische Fähigkeit das Denken und das Erfinden ist, bringt alles aus dem „Gleichgewicht".

Die Überzeugung statischer, natürlicher Gleichgewichte unter ständigem Ausschluss des Menschen ist sozusagen ein grünes Markenzeichen – obwohl viele Ökosysteme auch ohne jede menschliche Teilnahme keineswegs stabile Gleichgewichte darstellen und es in ihnen alle möglichen Formen der Veränderung und Anpassung an neue Gegebenheiten gibt: So haben sich die Bäume am Rand von Autobahnen beispielsweise an die höchst unnatürlichen Abgaswerte angepasst und sind kräftig gewachsen, statt sich, wie von den Grünen behauptet, zum Waldsterben hinzulegen.

Immer wenn ein Grüner auf eine „unwiderrufliche" Entwicklung hinweist, juckt es mich, ihn an das Waldsterben zu erinnern: Grüne „Forstsachverständige" stellten „eindeutig" fest, dass die Abgase der Autos und der Industrie den Wald zum Sterben verdammen. In allen Illustrierten und Magazinen, die Sammelbecken grün gesinnter Journalisten waren, erschienen unzählige Berichte und vor allem Fotos, die dieses Waldsterben illustrierten: verkrüppelte Bäume, entblätterte Bäume, Baum-Skelette. Förster führten „Messungen" durch, die ergaben, dass jeder vierte Baum bereits tödlich erkrankt sei, und grüne „Umweltexperten" errechneten, wann Europa keine Wälder mehr haben würde.

Als jemand einzuwenden wagte, dass die Bäume entlang der Autobahnen erstaunlich dicht wüchsen und dass es mitten in den Schweizer Alpen, in der größten denkbaren Entfernung von jeglicher Industrie, Schneisen sterbender Bäume gäbe, präsentierten grüne Chemiker eine erklärende Theorie: Erst durch die Verbindung mit besonders viel Ozon würden die durch den Wind von den Autobahnen über die Berge getriebenen Abgase zum tödlichen Baumgift.

Ich werde mich ewig an eine Fernsehdiskussion zu diesem Themenkreis erinnern, in der der damals und heute grüne Poet André Heller mich anfuhr: „Wie können Sie noch atmen, Herr Lingens, obwohl in jeder Sekunde ein Baum stirbt?"

In diesem Klima dauerte es Jahre, bis sich die „absolute Gewissheit" des Waldsterbens beim grünsten Willen nicht mehr aufrechterhalten ließ. Eine europaweite Bestandsaufnahme ergab, dass sich die bewaldeten Flächen trotz zunehmender Industrialisierung stärker als in vielen Jahrzehnten zuvor ausgedehnt hatten. Neue Forstsachverständige, die davor kaum zu atmen, geschweige denn zu reden gewagt hatten, wussten plötzlich, dass nicht jeder Baum mit geringerer Belaubung „sterbenskrank" sei, sondern dass es sich damit wie mit den Haaren verhalte – bei manchen sind sie dichter, bei manchen schütterer. Und dass es im Übrigen im Verlauf der Jahrhunderte immer Zyklen mit abnehmender und zunehmender Bewaldung gegeben habe.

Das gesamte Waldsterben war Einbildung.

Eine Einbildung, die nicht aus einem Irrtum bei der Beobachtung erwuchs, denn den hätte man spätestens angesichts des dichten Grüns entlang der Autobahnen entdecken müssen, sondern aus einem unterbewussten Wunsch: Die Grünen suchten ein Symbol für das frevelhafte Vorgehen des Menschen gegen die „Natur" – und was eignete sich dazu besser als ein Mord an den Bäumen, die in unseren Breiten einst Götter waren?

Es ist den Grünen gelungen, eine absolute Antinomie – hier Mensch, dort Natur – zu konstruieren und daraus eine ebenso absolute Forderung abzuleiten: Nur was sich im Einklang mit der Natur befindet, ist gut. Was „Natur" und was „Einklang" ist, bestimmen wir.

Nur wer im Einklang mit dem christlichen Glauben lebt, ist gut. Was „christlicher Glaube" und was „Einklang" ist, bestimmt der Papst.

Es ist diese Überzeugung der Grünen, im Besitz der allein selig machenden Wahrheit zu sein, die Karl Popper und mich an ihnen so irritiert.

Denn von unserem Verhalten her sind wir beide immer „grün" gewesen: Sind immer begeistert im Grünen gewandert, haben nie ein Stück Papier oder gar einen Plastikbecher weggeworfen und immer das Licht abgedreht, wenn wir ein Zimmer verließen. (Natürlich habe ich auch mein Haus „eingepackt", eine Solaranlage installiert und das Heizungssystem optimiert.)

Mein jüngster Sohn weiß, wie irritiert ich reagiere, wenn er wieder einmal darauf vergisst, beim Weggehen das Fenster zuzumachen und das Licht abzudrehen.

Ich bin auch sehr dagegen, Abgase in die Luft zu blasen.

Aber ich vertrage die religiöse Inbrunst, die Selbstgewissheit und die Hysterie nicht, mit der die Grünen ihre Lehre verkünden.

Stopp! Ich merke an mir, dass auch ich mit einem Anflug von religiösem Eifer auf die Grünen losdresche. Das beeinträchtigt auch bei mir das unvoreingenommene Denken. Ich will also im Sinne Karl Poppers meinen gewichtigsten Einwand gegen meine eben geäußerte Ansicht vortragen: Es stimmt zwar, dass die grüne Abwehr von Produktion, Technik und Konsum eine stark religiöse Note hat, aber die Art und Weise, in der unsere Gesellschaft das Bedürfnis nach Konsum mit aller Gewalt anfacht, nur damit die Technik die Produktion weiter und weiter steigert, ist auch nur als religiöses Unterfangen – als Pervertierung des Calvinismus – zu verstehen. Vielleicht ist es nicht möglich, einer so tief verankerten religiösen Überzeugung wie der von der Notwendigkeit ständigen Wachstums anders als durch das Propagieren einer Gegenreligion zu begegnen.

„Wachstum ist des Teufels" statt „Wachstum ist gottgefällig".

Hätte ich denn mein Haus „eingepackt", wenn die Grünen es nicht ständig gefordert hätten? Hätte ich denn die Heizung optimiert? Die Solaranlage montiert?

Ich weiß es nicht sicher. Ich muss zugeben, dass die grüne Bewegung mitsamt ihren Fehleinschätzungen und mitsamt ihrer Hysterie ein rundum nützliches, neues Bewusstsein geschaffen hat: Die Motoren sind in den Jahren seit dem missglückten Besuch in jener Kärntner Villa ganz ungleich sparsamer und sauberer geworden, überall sieht man Solaranlagen auf den Dächern, die Heizungen werden besser gewartet und die Industrie hat ihre Abgase in einem Ausmaß reduziert, an dem sich der Hausbrand ein Beispiel nehmen sollte.

Aber zumindest die Industrie und ich haben das alles nicht vorrangig aus religiöser (grüner) Überzeugung heraus, sondern aus einem eher prosaischen Motiv getan: Wir wollten die Kosten reduzieren.

Der wirkliche Durchbruch beim Energiesparen ist mit dem höheren Ölpreis gekommen. Die größere Sauberkeit ist eine zwingende technische Folge: Energie wird umso sparsamer genutzt, je vollständiger der Verbrennungsvorgang abläuft, zu dem man sie einsetzt. Indem man ihn optimiert, reduziert man automatisch die Rückstände. Nur soweit sie giftig sind, muss man sich zusätzlich den Kopf zerbrechen.

Der Ölschock hat den Umschwung bewirkt.

Als der Club of Rome seinen ersten großen Bericht veröffentlichte, in dem er das nahe Ende der Erdölreserven an die Wand malte, habe ich ihm im *profil* den breitestmöglichen Raum gegeben und seine Aussagen durch meine Kommentare so gut ich konnte unterstützt. So energisch, dass ich mir mit dem damaligen Herausgeber des Wirtschaftsmagazins *trend*, Jens Tschebull, immer wieder in die Haare geraten bin. Ich sei hysterisch, hat er mir entgegengehalten, denn die Geschichte zeige, dass die Menschen noch immer eine neue Energiequelle entdeckt hätten, wenn die alte versiegt sei.

Auch dieser Glaube, dass die Menschen letztlich jedes Problem bewältigen würden, ist eine Religion und ihre Aussage entsprechend unbrauchbar: Es ist ein Unterschied, ob ein paar Millionen Menschen sich im Lauf der Geschichte sämtliche Energie der Erde aufteilen konnten oder ob ein paar Milliarden Menschen um die verbliebenen Energiereserven streiten. Die erfolgreiche Erschließung neuer, großer, nutzbarer Energiequellen ist keineswegs gewiss, obwohl man ihre theoretische Basis kennt: Es kann durchaus sein, dass wir weder die Fotovoltaik noch die Kernfusion so rechtzeitig beherrschen, dass wir die Erschöpfung der Erdöl-, Kohle- oder Uranreserven wettzumachen vermögen.

Allerdings ist Tschebulls Glaube eine nützliche Religion: Weil wir glauben, dass wir alle Probleme lösen können, nehmen wir ihre Lösung so energisch in Angriff und optimieren so die Chancen auf Erfolg.

Trotzdem nutze ich jede Gelegenheit, um in Erinnerung zu rufen, dass die Endlichkeit der Erdölreserven keine unbewiesene grüne Vermutung, sondern eine unbestreitbare Tatsache ist, und zwar eine, die eine gewisse Hysterie durchaus rechtfertigt.

Doch seltsamerweise fürchten wir zwar alle den CO_2-Ausstoß der Kraftfahrzeuge, nicht aber, trotz des Wissens um den künftigen Bedarf von 1,3 Milliarden Chinesen und 1,1 Milliarden Indern, dass uns das Erdöl ausgehen könnte.

Während das Waldsterben ganz Österreich und Deutschland auf die Barrikaden getrieben hat, hat die Endlichkeit der Erdölreserven nicht einmal verhindert, dass in beiden Ländern geländegängige Siebensitzer den größten Zuwachs verzeichnen konnten. Jetzt begegnet man ihnen mit Strafabgaben. Obwohl die Menge des verbrauchten Benzins Strafe genug sein sollte: Wer mehr verbraucht, stößt im Großen und Ganzen auch mehr CO_2 aus – alle stärker maßgeschneiderten Bestimmungen erhöhen nur den Verwaltungsaufwand.

Benzin muss noch teurer werden. So teuer, wie die Grünen einmal gefordert haben, ehe sie vor ihrem eigenen Mut – und der unaufgeklärten Reaktion der Bevölkerung – in die Knie gegangen sind.

Und damit bin ich doch wieder bei der Notwendigkeit einer gewissen religiösen Inbrunst: Die Menschen müssen daran glauben, dass das Erdöl endlich und knapp ist.

Der Markt regelt das wieder einmal nicht, weil die Menschen weder alle Informationen besitzen, noch danach handeln.

So müssten die Scheichs, um die Endlichkeit ihrer Erdölreserven wissend, die Produktion natürlich massiv drosseln, damit auch noch ihre Nachkommen in der zehnten Generation damit ihre Rolls-Royces finanzieren können. Sie tun das auch gelegentlich, aber ihr Motiv ist weit eher der augenblicklich für sie erzielbare Preis als die Rücksicht auf ihre Ururururururur-Enkel. Und schon gar nicht nehmen sie natürlich auf unsere Ururururururur-Enkel Rücksicht, die dann noch mit ihrem Renault Twingo (oder wenigstens dem Zug) fahren wollen.

Allerdings können die meisten Scheichs einwenden, dass sie gar nicht Herr ihrer Energiereserven sind: Der weltgrößte Ölproduzent, Saudi Arabien, ist eine bessere US-Kolonie: Der König wusste, dass die USA einmarschiert wären, wenn er die Ölförderung so ernsthaft reduziert hätte, dass die Amerikaner nicht mehr in der Lage gewesen wären, beim Fenster hinaus zu heizen und zu kühlen und Straßenkreuzer zu fahren.

Wenn man die Preisentwicklung des Öls über einen langen Zeitraum hinweg anschaut, dann sieht man, dass sein Preis langsamer als der anderer wichtiger Rohstoffe gestiegen ist. Immer nur in dem Maße, das die Amerikaner zu ertragen bereit waren.

Und diese ihre Leidensbereitschaft hängt offenbar sehr wohl von einer gewissen religiösen Indoktrinierung ab: Die religiöse Überzeugung der Amerikaner, dass mehr und größer besser und besser ist, stand der Einsicht, dass Erdöl knapp ist, offenbar stark im Wege.

Es brauchte den Glauben an Obama, um diese Überzeugung zu erschüttern.

Boshaft könnte man einwenden, dass die USA in letzter Zeit auf anderem Wege dafür gesorgt haben, dass Erdöl zeitweilig teurer wurde (und meines Erachtens trotz Rezession in absehbarer Zeit wieder teurer werden wird): Der Krieg im Irak hat ebenso dazu beigetragen wie die Auseinandersetzung mit dem Iran und Venezuela.

Auch von der zweiten verbliebenen militärischen Großmacht, Russland, ist nicht zu erwarten, dass sie ihre Ölförderung der Knappheit entsprechend drosselt. Denn die angepeilten Wirtschaftsreformen kommen nur sehr langsam voran. In Wirklichkeit basiert der Aufschwung, den Russlands Wirtschaft genommen hat, im Wesentlichen auf seinen Öl- und Erdgaseinnahmen. Russland hat, Gott sei Dank, wenigstens dasselbe Interesse an hohen Ölpreisen wie alle Erdöl produzierenden Länder – ein Interesse an der zehnten Generation nach Putin hat es nicht.

Das theoretische Modell des Marktes muss total versagen, wenn seine wichtigsten Teilnehmer dem wichtigsten Parameter – der Knappheit der Erdölreserven – nur ganz unzureichend Rechnung tragen.

Gäbe es das berühmte außerirdische Wesen von allumfassender, alles durchdringender Intelligenz, verbunden mit allmächtigem Durchsetzungsvermögen, es müsste die Erdölreserven der Erde addieren und dann errechnen, wie viel wir pro Kopf pro Jahr verbrauchen dürfen, wenn wir noch mindestens hundert Jahre auskommen wollen. Denn das ist ein Zeitraum, in dem Kernfusion und Fotovoltaik mit ziemlicher Sicherheit auf breiter Basis nutzbar sind. Danach müsste das allmächtige außerirdische Wesen die Förderung aller Produzenten schrittweise so drosseln, dass sich die Fördermenge der errechneten Idealmenge pro Jahr nähert, wobei das Tempo dieser Drosselung darauf abgestimmt sein müsste, dass die Industrie es gerade noch aushält. In dem Augenblick, in dem die Jahresplan-Menge erreicht ist, sollte auch die Industrie alle

Verbrennungsvorgänge so optimiert haben, dass sie mit dieser Menge auskommt.

Ein Plan, den wirklich nur Allah oder der liebe Gott durchführen könnten – in politisches Bemühen umgesetzt mündete er zweifellos ins totale Fiasko.

Wir müssen darauf setzen, dass bei allen Beteiligten etwas Einsicht einsetzt, sodass alle kleine Kurskorrekturen in die richtige Richtung vornehmen. Der Ölpreis wird von sich aus wieder steigen, weil der Bedarf von Chinesen, Indern Indonesiern usw. so groß sein wird, dass die vorhandenen Förderkapazitäten samt neu erschlossener Ölfelder ihn nur gerade befriedigen können. Die Ölproduzenten werden die Förderung vielleicht, mit Rücksicht auf ihre Urururururur-Enkel, nicht allzu sehr ausweiten, sondern sich ein Beispiel an den Norwegern nehmen, die etwas haushalten. Die Preissteigerung wird jedenfalls dazu führen, dass zunehmend gespart wird: Ich kann mir nicht vorstellen, dass Eric in meinem Alter noch mit dem Auto vom ersten Bezirk zu seinen Geschwistern nach Mauer fährt, obwohl das eine der wenigen Strecken ist, für die man derzeit mit öffentlichen Verkehrsmitteln länger als mit dem Auto braucht.

Autofahren wird einfach zu teuer sein.

Häufiges Fliegen wahrscheinlich auch: Die sehr schnellen Züge werden doch die Chance erhalten, von der die Grünen so lange reden.

Man wird die Häuser so isolieren, wie sie es immer gefordert haben, weil andernfalls die Heizkosten einfach nicht mehr bezahlbar sein werden.

Und die viel geschmähte Industrie spart sowieso schon jetzt am erfolgreichsten und wird es aus rein kaufmännischen Gründen weiter tun.

Intelligente Regierungen werden erkennen, dass sie ihrem Land einen kaufmännischen Vorteil verschaffen, wenn sie die Energiepreise durch Steuern sukzessive maßvoll anheben – in dem Tempo, das ihre Industrie gerade noch verträgt. Das wird ihre Industrie nicht schwächer machen, wie manche Unternehmer natürlich sofort behaupten werden, sondern es wird sie stärker machen: Sie wird die Produktionsprozesse schneller optimieren als die Konkurrenz aus Ländern mit niedrigeren Energiepreisen.

Energie sparen zu müssen bedeutet immer: jeden Vorgang, voran jeden Verbrennungsprozess, optimieren. Daher bedingt Energiesparen automatisch maximalen technischen Fortschritt.

Der beste Weg zum Energiesparen ist die Besteuerung der Energie. Die Politiker müssen den Mut haben, die schwachsinnige Forderung selbst einer Hillary Clinton, die Kraftstoffsteuern angesichts des Ölpreisanstieges zu senken, immer aufs Neue zu verwerfen und sich immer aufs Neue Barack Obama anzuschließen, der gemeint hat, das würde das Problem nur vergrößern, weil es den Verbrauch nicht senken würde.

Natürlich ist es nicht sinnvoll, immer nur die Autofahrer zur Kasse zu bitten, sondern jede Energie muss im Gleichschritt teurer werden, damit nicht nur die besseren Motoren und irgendwann die Züge zur Selbstverständlichkeit werden, sondern die besser wärmegedämmten Häuser ganz genauso.

Einmal mehr braucht man keine detaillierten Strafvorschriften: Viel besser und viel präziser funktioniert alles über den Preis pro Kilowatt. Wenn er im richtigen Ausmaß erhöht wird, wird dort zuerst gespart werden, wo es am meisten einbringt. Und genau das ist der Sinn der Sache.

Was ich bis hierher in diesem Kapitel geschrieben habe, könnte wahrscheinlich dem Parteiprogramm der Grünen entstammen. Es ergibt sich nicht aus religiöser Überzeugung, sondern aus der rationalen Berücksichtigung der Tatsache, dass Erdöl knapp ist.

Mir wäre lieb, wenn das genügte. Aber ich gebe zu, dass es nützlich ist, wenn die Religion das, was vernünftig ist, befördert. So hat das mit dem späten Mittelalter einsetzende exponentielle Bevölkerungswachstum ganz rational verbesserte Produktionsbedingungen erfordert, wenn die vielen Menschen einigermaßen überleben sollten. Diese Verbesserung war einerseits eine Folge von Erfindungen (Erkenntnisfortschritten, die die Religion nicht verhindern konnte) und andererseits einer neuen Einstellung zur Produktivität: eben der von Calvin verbreiteten Idee, dass Sparen und Produzieren gottgefällig seien.

Der Calvinismus hat den Entdeckungen die breite wirtschaftliche Umsetzung ermöglicht. Er war im Sinne Karl Poppers eine Religion mit eindeutig positiven Folgewirkungen. (Wobei man es, wie Karl Marx, auch umgekehrt sehen kann: Die wirtschaftlichen Erfordernisse haben den Calvinismus als Religion begünstigt.)

Ich muss den Grünen also bis zu einem gewissen Grad Abbitte für den Anfang dieses Kapitels leisten: Ihre Bewegung hat für meinen Geschmack zwar zu viele religiöse Züge an sich, aber sie entspringt und entspricht rational einsichtigen wirtschaftlichen Erfordernissen.

Europa wird in den nächsten Jahrzehnten erleben, wie in den USA eine der machtvollsten grünen Bewegungen entstehen wird, weil die Amerikaner nur so ihre dramatisch gestiegenen Energiekosten in den Griff bekommen werden. Nicht mehr Al Gores Greenhouse-Effekt, sondern die mörderische Höhe der Energiekosten wird das zentrale Thema sein.

Wenn es wahr ist: Denn derzeit ist der Ölpreis aufgrund der Rezession so tief wie schon lange nicht. Aber das wird sich ändern, weil die Rezession irgendwann vorüber sein wird und weil zweieinhalb Milliarden Inder und Chinesen Öl brauchen – daher muss der Ölpreis langfristig wieder steigen.

Barack Obama hat das begriffen, und das wird den „Wechsel" in der US-Energiepolitik zweifellos beschleunigen. Aber verwirklichen werden ihn einmal mehr die Kaufleute in ihrem Profitstreben: Warren Buffett wird gigantisch daran verdienen, dass er bereits seit Jahren Eisenbahnlinien aufkauft. Alle Städte werden in U-Bahnen investieren. Die veraltete traditionelle Industrie der USA wird ihre Anlagen erneuern, um Verbrennungsvorgänge zu optimieren und mit der europäischen gleichzuziehen. Die hervorragende Computerindustrie wird mit der Solarindustrie verschmelzen und überragende Fotovoltaik-Systeme hervorbringen. Die Energiedämmung der Wohnbauten – bisher in den USA kein Thema – wird entscheidend dazu beitragen, neue Arbeitsplätze zu schaffen.

Die Überwindung der Rezession in den USA wird entscheidend durch jene Betriebe gelingen, die sich einer grünen Zukunft verschreiben. Und da die Amerikaner alles, was sie angehen, mit ungeheurem Enthusiasmus in Angriff nehmen, werden sie vielleicht doch die führende Wirtschaftsmacht des Erdballs bleiben.

Eines der Gebiete, auf denen die USA, wie in der Computertechnologie, einen beträchtlichen Vorsprung vor der EU haben, ist die wirtschaftliche Nutzung der Gentechnologie. Allein die Silbe „Gen" lässt jeden Grünen fast noch lauter aufheulen als die Silbe „Atom", denn bezüglich der Atomkraft zeigen sich neuerdings erste Risse in der bisher geschlossenen Front: Wenn man den CO_2-Ausstoß wegen des Glashauseffektes tatsächlich für die größte Gefahr hält, der die Menschheit derzeit ausgesetzt ist, kann man sich doch nicht völlig der Tatsache verschließen, dass Atomkraft kein CO_2 produziert.

Ich meine, dass man auch nicht völlig über die Endlichkeit des Erdöls hinwegsehen kann, aber das berührt die Grünen, wie beschrieben, immer weniger.

Diesem Umstand steht das Risiko des berühmten GAU gegenüber, der in Tschernobyl immerhin schon einmal, wenn auch nicht mit der befürchteten Opferzahl, eingetreten ist, und auch die Frage der Endlagerung des radioaktiven Abfalls ist noch nicht gelöst. Ich behaupte: vor allem politisch nicht gelöst, weil keine Region das Endlager aufnehmen will. Technisch halte ich die erhobenen Einwände für nicht gravierend genug.

Ich bin freilich noch weniger ein Physiker, als ich ein Wirtschaftswissenschaftler bin, und das stellt eine grundlegende Problematik dar: Kaum ein Bürger kann die Argumente der Atomkraftgegner und Atomkraftbefürworter seriös beurteilen – wir sind auf die zuständigen Wissenschaftler angewiesen. Deren überwältigende Mehrheit ist der Ansicht, dass die Vorteile der Atomkraft ihre Risiken vor allem unter dem neu hinzugekommenen Aspekt des Klimaschutzes klar überwiegen. Aber ich habe eben noch im 20. Kapitel behauptet, dass die „Mehrheit" in der Wissenschaft nichts bedeutet – sie kann wie bei der „Weltwirtschaft-krise" oder der „Wiedervereinigung" Unrecht haben.

So wie ich mich in Fragen der Wirtschaft an Erich Streissler orientiere, weil ich ihn nicht nur für einen brillanten Wissenschaftler, sondern auch für einen höchst unparteilichen, anständigen Menschen halte, halte ich mich in Fragen der Atomkraft daher an das Urteil des Jugendfreundes meiner Mutter, Victor Weisskopf.

Weisskopf – er ist leider vor wenigen Jahren verstorben – war einer der brillantesten, unabhängigsten, anständigsten Menschen, die ich kenne oder gekannt habe. Als Inhaber des Lehrstuhls für Theoretische Physik am MIT hatte er jedenfalls größere Kenntnisse der Physik als alle mir bekannten heimischen Atomkraftgegner. Allerdings könnte man einwenden, dass er Partei ist, weil er an der Entwicklung der Atombombe mitgewirkt hat, aber ich habe schon beschrieben, wie wenig ihn das in seinem Urteil beeinflusst hat: Den Abwurf der zweiten Atombombe nannte er öffentlich ein Kriegsverbrechen. Ich kannte Weisskopf so gut und so genau, dass ich ausschließen kann, dass er auch nur eine Sekunde ein für ihn ersichtliches Risiko verschwiegen hätte. Und seine Meinung zur Atomkraft hat gelautet: Trotz der mir bekannten Risiken bin ich der Ansicht, dass die Vorteile ihrer Nutzung angesichts des Klimaproblems klar überwiegen.

Das hat meine Ansicht zu dieser Frage bestimmt und ich glaube, dass es auch die meiner Kinder bestimmen soll. Und zumindest außerhalb Österreichs und Deutschlands denken die meinungsbildenden Eliten ähnlich.

Mir ist bewusst, dass die Österreicher, voran die Journalisten der *Kronen Zeitung*, diesen Eliten intellektuell um Längen überlegen sind, aber ich ziehe es vor, hierzulande zur Minderheit zu gehören.

Das gilt auch für das derzeit vorherrschende grüne Reizthema „Gentechnik". Ich habe einen grünen Kollegen, der sich bei seinem Studium an der Universität für Bodenkultur in diese Thematik vertieft hat, gebeten, mir zu erklären, wo die angeblich ungeheuren Risiken gentechnisch veränderter Nahrungsmittel liegen, obwohl Gen-Mais sich nur aufgrund seiner Herkunft, nicht anhand seiner Beschaffenheit von biologischem Mais unterscheiden lässt und die Amerikaner ihn seit nunmehr dreißig Jahren zu sich nehmen, ohne zwei Köpfe und sechs Arme ausgebildet zu haben. Er hat mir zugegeben, dass er das Risiko nicht beim Maiskonsum, wohl aber darin sieht, dass gentechnisch veränderte Pflanzen, in der Natur ausgesetzt, andere Pflanzen verdrängen könnten.

Als ich ihn gebeten habe, mir dieses Risiko angesichts der unendlichen Auflagen, die die Aussaat gentechnisch veränderten Saatguts betreffen, zu spezifizieren, ist nichts übrig geblieben als – ich zitiere wörtlich: „Die neuen Fähigkeiten der technischen Pflanzen können sich auf wilde Pflanzen übertragen und dann unkontrolliert in der Wildbahn verbreiten. Offenbar ist das in Kanada bereits passiert. Dort hat man Raps angebaut, der gentechnisch gegen ein Unkrautvertilgungsmittel unempfindlich gemacht worden war (während tatsächliches Unkraut sofort einging). Der Vorteil: Der Raps wuchs ungebremst und man brauchte insgesamt weniger Spritzmittel. Doch dabei blieb es nicht: Die Pollen des Gen-Rapses befruchteten eine verwandte Wildpflanze, den wilden Senf, dem das Spritzmittel auch nichts mehr ausmachte. Auf diese Weise könnten Super-Unkräuter entstehen."

Ich kann den Kollegen zumindest bezüglich Kanada beruhigen: Weder der Gen-Raps noch der Gen-Senf haben das Land überwuchert, sie sind überhaupt kein Thema.

Es handelt sich um nichts anderes als eine grüne Schauer-Geschichte, die mit einer theoretischen Möglichkeit droht: Natürlich könnte auf diese Weise ein Super-Unkraut entstehen. Aber nirgendwo ist eines entstanden. Denn die Vorsichtsmaßnahmen sind beträchtlich. Die Gefahr, dass jemand durch die viel zu intensive Verwendung von Unkrautvertilgungsmitteln Schaden erleidet, ist jedenfalls im konkreten Fall ungleich größer als die Gefahr, die vom resistenten Gen-Raps oder Gen-Senf ausgegangen ist.

Diese Art „Es könnte"-Einwände ist mir in Zeiten eines wachsenden Welternährungsproblems jedenfalls zu wenig, eine ganze Technologie abzulehnen. Schon gar, wenn man bedenkt, wie schwer sich die Unterscheidung zwischen „gefährlicher" Gentechnik und akzeptierter traditioneller Züchtung von Pflanzen argumentieren lässt: Auch deren Gene sind verändert; nur hat man diese Veränderung nicht durch einen gezielten Eingriff in die Genstruktur erreicht, sondern hat sich Mutationen zunutze gemacht, wie sie bei jeder Art immer wieder durch die verschiedensten Umwelteinflüsse vorkommen. Indem man jene Mutanten ausgewählt und miteinander gekreuzt hat, die eine der erwünschten Eigenschaften – etwa eine Ähre mit besonders vielen Körnern – aufwiesen, hat man am Ende die Pflanze herangezüchtet, die man gebraucht hat.

Niemand hat bei der Aussaat so geschaffenen Saatguts darauf geachtet und durch Monate geprüft, ob diese Pflanze nicht womöglich alle anderen Pflanzen verdrängt und das gesamte Ökosystem gefährdet.

Die Kartoffel war eine in Europa unbekannte südamerikanische Frucht, die Seefahrer im 16. Jahrhundert nach Europa mitbrachten. Sie wurde wie keine andere Pflanze in dem ihr fremden Ökosystem angebaut und bildet bis heute eines unser Grundnahrungsmittel.

Gott sei Dank, sonst wäre ein erheblicher Teil der explodierenden europäischen Bevölkerung des 17., 18. und 19. Jahrhunderts Hungers gestorben.

Wenn man grüne Experten über die Einfuhr hätte entscheiden lassen, auch.

Es gilt doch, Risiken und Vorteile einer Technologie gegeneinander abzuwägen und dabei immer auch den Bedarf zu berücksichtigen: Wenn es wahr ist, dass der Klimawechsel die Wachstumsbedingungen fast aller Regionen dramatisch verändern dürfte – und davon gehen gerade die Grünen aus –, dann muss man Gott doch danken, eine Technologie zur Verfügung zu haben, mit der man gezielt auf diese veränderten Bedingungen reagieren kann. Zum Beispiel indem man Getreide herstellt, das auch bei großer Kälte, extremer Hitze, stark abnehmender oder stark zunehmender Feuchtigkeit gedeiht. Wenn man Angst vor Monokulturen hat, dann erlaubt gerade die Gentechnik auch die verschiedensten, differenziertesten Kulturen. Wenn man Angst vor ihrer überlegenen Lebenskraft hat, dann erlaubt die Gentechnik es sogar, ihre Lebenszeit zu begrenzen.

Natürlich könnte ein Irrer diese Möglichkeiten missbrauchen und eine Pflanze züchten, die ungenießbar, aber gegen alle bekannten Pflanzengifte resistent ist und sich in Windeseile, alle Nutzpflanzen verdrängend, über alle warmen wie kalten Regionen ausbreitet. Aber dieser Irre könnte auch eine Wasserstoffbombe werfen, tödliche Viren aussetzen oder Waggonladungen Zyankali ins Wasser kippen.

Wenn wir über hervorragende gentechnische Labors verfügen, haben wir wenigstens die Möglichkeit, seiner wuchernden Verdrängerpflanze mit einer Killerpflanze entgegenzutreten, seine Viren oder Bakterienschwärme auszuhungern oder das Zyankali biologisch abzubauen.

Alle modernen Technologien waren zu allen Zeiten auch gefährlich. Es ist vernünftig, strenge Gesetze zu erlassen, die ihre Verwendung regeln, aber es ist unsinnig, und im Übrigen chancenlos, diese Technologien als solche zu verteufeln.

Wieder wissen es die Österreicher, voran die Journalisten der *Kronen Zeitung*, natürlich besser als der Rest der Welt.

Wieder ziehe ich es vor, der rationalen Minderheit anzugehören.

Grünes Thema des Jahrzehnts ist die angeblich bevorstehende Klimakatastrophe. Ich gestehe auch hier einen gewissen emotionalen Widerstand, ihr Ausmaß für so lebensgefährlich und ihren Eintritt für so unbestritten zu halten, wie er wahrscheinlich ist. Denn noch in den Siebzigerjahren gab es die Besorgnis arrivierter Meteorologen (und mit ihnen der Medien und Bestseller-Autoren), dass wir einer neuen Eiszeit entgegengehen.

Verstärkt wird diese leise Skepsis um das Ausmaß der Erwärmung durch die andauernde Diskussion um die Gültigkeit der Messergebnisse: So gab es in wissenschaftlichen Zeitschriften etwa die Behauptung eines Forscherteams, dass der gemessenen überdurchschnittlichen Erwärmung eines Teils der Atmosphäre die überdurchschnittliche Abkühlung eines anderen Teils gegenüberstünde, und auch Anzahl und Gewicht der Messpunkte werden ständig diskutiert.

Zu guter Letzt bestritt mein Schwiegervater als Professor für Meteorologie zwar relativ einsam, aber sehr ernsthaft das Ausmaß des Einflusses menschlicher Tätigkeit auf das Klima: Weit vor ihr sei die Tätigkeit der Sonnenflecken für die Erwärmung oder Abkühlung der Atmosphäre verantwortlich und es habe diesbezüglich schon immer Zyklen gegeben. Im Übrigen schleudere ein einziger Vulkanausbruch mehr Abgase in die Luft, als Industrien in Jahren produzierten.

Anders als bei Victor Weisskopf weiß ich allerdings nichts über den wissenschaftlichen Rang und die persönlichen Emotionen von Professor Friedrich Lauscher, sodass mich sein Urteil nicht in vergleichbarem Ausmaß überzeugt. Vor allem aber erscheint es mir letztlich nicht so wichtig, wie weit er recht hat. Denn es besteht jedenfalls kein Zweifel, dass ein erhöhter CO_2-Gehalt die Erwärmung der Atmosphäre begünstigt, und auch wenn die Tätigkeit der Sonnenflecken weit wichtiger sein sollte, gibt es keinen Grund, sie durch erhöhte CO_2-Werte zusätzlich zu begünstigen. CO_2 in die Luft zu blasen, ist auf jeden Fall schlecht – schon weil es für die Vergeudung wertvoller Energie spricht. Und das Risiko, dass die Mehrheit der Meteorologen doch recht hat, wenn sie eine „Katastrophe" befürchten, ist mir in diesem Fall zu groß, um es einzugehen.

Ich bin also – wenig originell – mit den Grünen voll für den energischen Kampf gegen CO_2-Emissionen.

Die einfachste Form, sie zu bekämpfen, wäre einmal mehr die entschiedene Verteuerung der Energie. Sie kommt einmal mehr durch den Markt nicht zustande, weil die Erdölproduzenten sich weniger an der Knappheit des Öls als an der Knappheit ihrer Kassen orientieren. Die Industrienationen müssten also politisch eingreifen: die Energie durch Steuern verteuern bzw. den CO_2-Ausstoß finanziell bestrafen.

Scheinbar sehr vernünftig hat sich die EU zu diesem Zweck den Handel mit Emissionsrechten ausgedacht: Die Unternehmen bezahlen für das Recht, eine bestimmte Menge CO_2 in die Luft zu blasen, und indem man die Anzahl dieser Berechtigungen sukzessive verringert, bremst man die Gesamtmenge des CO_2-Ausstoßes nach und nach ein. Indem die Emissionsrechte auf einem Markt gehandelt werden, findet die Reduktion dort am raschesten statt, wo sie am wirtschaftlichsten ist.

So weit die Theorie.

In der Praxis sind die Lobbys der diversen besonders emissionsintensiven Unternehmen so lange in Brüssel vorstellig geworden, bis sie kostenlos so viele

Emissionsrechte erhalten haben, dass bei der Versteigerung weiterer Rechte kein Preis mehr zu erzielen war.

Die Idee war bis zu ihrer Unbrauchbarkeit unterlaufen. (In den USA ist derzeit Ähnliches im Gange: Auch hier ist Obama dabei, den Lobbys seine hochgesteckten Klimaziele zu opfern.)

Ein junger Informatiker, der seine Zuhörer bei einem Seminar von Professor Streissler mit diesem Ergebnis konfrontierte, schloss daran die Frage, ob es nicht, bei aller Sympathie für den Markt, gelegentlich sinnvoll sei, ganz altmodisch Verbote auszusprechen: Ein Unternehmen, das mehr als die ihm bewilligte Menge an CO_2 emittiert, ist mit einer hohen Geldstrafe zu belegen. Er verwies in diesem Zusammenhang auf ein japanisches Beispiel. Dort habe die Regierung diktatorisch angeordnet, dass nur mehr Klimaanlagen zugelassen würden, die mit deutlich weniger Energie auskommen. Die zuständige Industrie habe zuerst aufgeheult und behauptet, das richte sie zugrunde. Danach habe sie die entsprechende technologische Entwicklung forciert und erzeuge derzeit Klimaanlagen mit einem wesentlich besseren Wirkungsgrad, was ihr einen Vorsprung auf dem Markt der Klimageräte gesichert habe.

Ich glaube, dass das allgemein gilt: Unser Wirtschaftssystem leistet umso mehr, mit je größeren Anforderungen es konfrontiert ist – und nicht umgekehrt.

Es ist ideal, wenn man diese Anforderungen gleichmäßig auf alle Teilnehmer des Marktes verteilen kann, wie das durch den Emissionshandel geschehen könnte, wenn er nicht durch Lobbys unterlaufen würde. Aber wenn es einfach ist, den Wirkungsgrad eines Gerätes vorzuschreiben und zu messen, dann soll man meines Erachtens vor solchen punktuellen Eingriffen nicht zurückschrecken. Marktgerechtigkeit als Dogma ist unsinnig, wenn man das Unterlaufen nicht unterbindet.

Vorzuschreiben, dass alle in Österreich oder Deutschland montierten Thermen einen bestimmten Wirkungsgrad besitzen müssen, und das mit einer Kreditaktion zum Ankauf neuer Thermen zu koppeln, ist zwar altmodisch, aber durchaus zweckdienlich und sorgte in Zeiten wie diesen darüber hinaus für Arbeitsplätze.

Es kommt bei jeder Maßnahme nicht nur darauf an, dass sie theoretisch klug und marktgerecht erdacht wurde, sondern dass man ihre Einhaltung auch einfach handhaben und kontrollieren kann: Den Wirkungsgrad einer Klimaanlage oder Therme kann man einfach vorschreiben und einfach kontrollieren.

Jedenfalls offenbar einfacher als einen funktionierenden Emissionshandel.

Es kommt noch ein weiteres starkes Argument hinzu: Altmodische Vorschriften lassen sich auch gegenüber den Schwellen- und Entwicklungsländern leichter durchsetzen. Denn dies ist ja derzeit das größte Problem im Kampf gegen den Klimawandel: dass Europa darin ziemlich weit fortgeschritten ist, dass die USA kräftig nachhinken, aber unter Obama den Anschluss schaffen werden, während riesige Volkswirtschaften wie die chinesische oder die indische gerade erst in der Phase der Industrialisierung angelangt sind und sich durch Kyoto-Protokolle nicht bremsen lassen wollen. Aber wenn den Geräten, die sie erzeugen und an uns verkaufen wollen, ein bestimmter sparsamer Umgang mit Energie vorgeschrieben ist, dann werden sie diese Vorgaben notgedrungen einhalten und die Geräte für den Eigenbedarf aus Gründen der Serienfertigung nicht anders auslegen.

Gleichzeitig sind es weiterhin europäische und amerikanische Anlagenbauer, die ihnen den Großteil ihrer Produktionsanlagen liefern, und auch ihnen kann man vorschreiben, wie viel CO_2 ihre Anlagen produzieren dürfen. Zwar werden exportierte Anlagen erst an Ort und Stelle – also normalerweise für uns unüberprüfbar – zusammengebaut, aber erstens kann man hoffen, dass es ebenfalls unrentabel ist, sie anders als die nach Europa gelieferten Anlagen zu konstruieren, und zweitens werden solche Exporte fast immer über Staatshaftungen abgewickelt: Die aber kann man an die Bedingung knüpfen, die Anlage vor Ort auf ihren CO_2-Ausstoß überprüfen zu dürfen.

Der Klimawandel ist zu wichtig, um ihn allein Marktmechanismen zu überlassen. Staatliche Verbote sollten für rational denkende liberale Ökonomen kein Tabu sein.

Nur unsinnige Verbote beeinträchtigen kaufmännisches Handeln. Sinnvolle Verbote können es sogar befruchten.

28. Was macht einen guten Kaufmann aus?

Kaufleute – das ließ sich allen vorangegangenen Kapiteln entnehmen – genießen meinen ganz besonderen Respekt. Das heißt nicht, dass sie zwingend die Brillanz eines Warren Buffett besitzen. Was also haben sie nicht ganz dummen, aber wirtschaftlich ungleich weniger tüchtigen Menschen wie mir voraus?

Ich habe immer wieder darüber nachgedacht, was einen guten Kaufmann ausmacht. Wenn ich die Reihe der guten Kaufleute, die ich kenne (es sind nicht sehr viele und es sind keine ganz großen darunter), durchgehe, ergibt sich ein völlig inhomogenes Bild:

Mein reichster persönlicher Bekannter war ein Mann namens Bernard Wessen, der in Wien Bernhard Wiesenthal geheißen hat und sich als Schmalspuringenieur mit dem Basteln von Radioempfängern durchgebracht hatte. Wegen Hitler ausgewandert, heuerte er bei einem metallverarbeitenden Unternehmen in New York an und wurde von seinem Chef als Bastelgenie entdeckt: Er baute Maschinen, mit denen sich Federn für Lastautos und Panzer besonders preiswert erzeugen ließen, und das Unternehmen verdiente damit im Zweiten Weltkrieg Millionen.

Doch nun ereignete sich etwas in Österreich oder Deutschland Undenkbares: Ob er sich denn nicht am Unternehmen beteiligen wolle, wurde Wessen von seinem Chef gefragt.

„Natürlich – aber ich habe doch keinen Cent."

„Das Geld borge ich Ihnen, ich bin sicher, dass ich es mehrfach zurückbekomme."

Hundertfach. Denn nach dem Krieg baute Wessen die Maschinen zur Produktion von Panzer- und Lkw-Federn so um, dass sie billige Armbänder und Ketten produzierten, für die unter den Frauen ein ungeheurer Nachholbedarf bestand.

„Sie sind so gut, Sie werden doch nicht ewig für mich arbeiten, sondern Ihr eigenes Unternehmen haben wollen", sagte der amerikanische Mehrheitseigentümer.

„Schon, aber ich arbeite gern mit Ihnen zusammen."

„Dann schlage ich Ihnen vor: Ich borge Ihnen das Geld für Ihr eigenes Unternehmen und Sie beteiligen mich zu 25 Prozent daran und bleiben bei mir beteiligt."

So geschah es und Wessen erfand für das neue Unternehmen ein neues Produkt: jene Blechelefanten, -tiger oder -pferde, die vor Kaufhäusern stehen und nach dem Einwurf einer Münze kleine Kinder jauchzen lassen.

Beide Männer wurden vielfache Milliardäre.

Dabei weiß ich nicht, ob Wessen ohne seinen Partner jemals ein großer Kaufmann gewesen wäre: Er war ein Bastler mit einer ganz besonderen Fähigkeit und hatte das Glück, dass ein anderer diese Fähigkeit erkannte.

Eigentlich ist dieser andere der große Kaufmann: Jemandes Talent zu erkennen und es wirtschaftlich zum Tragen zu bringen, ist eine spezifische kaufmännische Fähigkeit, die gute Menschenkenntnis, aber auch eine gewisse Menschenfreundlichkeit voraussetzt.

Ich besitze zwar auch die Fähigkeit, ein schlummerndes Talent zu erkennen, und auch die Bereitschaft, einem begabten Menschen zu Erfolg zu verhelfen, aber die Menschenkenntnis fehlt mir ganz entschieden.

Als ich einmal in einer ganz anderen Branche mit erstaunlichem Erfolg ein eigenes Unternehmen aufgebaut habe, habe ich dort einen bis dahin mäßig erfolgreichen, aber sehr begabten Studenten beschäftigt, ihn aus Eigenem hervorragend bezahlt und schließlich auch zu vorteilhaften Bedingungen beteiligt. Mit dem Erfolg, dass er, als ich aufgrund meines Strafprozesses und eines Herzinfarktes physisch und psychisch darniederlag, erklärte, er würde die Arbeit niederlegen, wenn ich ihm das ganze Unternehmen nicht auf der Stelle in einer Art Pacht übergäbe. Da ich auf seine Mitarbeit angewiesen war, blieb mir nichts anderes übrig, als ihm tatsächlich den Hauptteil meiner Aufträge zu überlassen und mit der ausgehöhlten eigenen Firma irgendwie weiterzuwursteln, was mir, nachdem ich mich physisch und psychisch erholt hatte, einigermaßen gelungen ist.

Mein Vorstellung, dass meine Geschäftspartner, von denen ich einen in einer ähnlich kritischen Situation durch meine Loyalität vor dem Untergang bewahrt hatte, sich mit mir solidarisieren könnten, erwies sich als rundum falsch: Sie fanden meine Verärgerung „emotional" und „übertrieben" und meinen

Ex-Angestellten ungemein tüchtig – was er ja insbesondere mir gegenüber zweifellos auch war – und überhäuften ihn mit Aufträgen.

Menschenfreundlichkeit ohne Menschenkenntnis ist für einen Kaufmann ein eher gefährliches Handicap.

Beides besaß ein anderer Kaufmann, den ich für den idealen Vertreter seines Standes halte und als solchen auch schon im 20. Kapitel beschrieben habe: Hermann Pollak half Erfindern, ihre Ideen zu verwirklichen, und machte sie verkaufsreif.

Einem Chemiker, der die Formel für eine Antibaby-Pille im Kopf hatte, richtete er ein Labor ein und brachte die Pille auf den Markt. Einem Techniker, der meinte, Licht besser und billiger als andere regeln zu können, half er, es zu beweisen. Er investierte gleichermaßen geschickt in Immobilien, neue Technologien der Metallsinterung oder heizbare Wände. Seine Schützlinge wurden durchwegs reich, er selbst wurde noch reicher. Geld war ihm als Nachweis seines Erfolges wichtig – sein Lebensstil war, an seinem Reichtum gemessen, dennoch bescheiden, wenn auch nie puritanisch.

Das war er auch in seinem Privatleben nicht. Aber nicht ganz zufällig gingen die beiden Frauen, mit denen er gleichzeitig gelebt und (durchwegs erfolgreiche) Kinder gezeugt hat, bei seinem Tod Hand in Hand hinter seinem Sarg her.

Pollak war neben allem anderen ein Lebenskünstler.

Das konnte man von einem anderen im Ausland reich gewordenen Österreicher nicht behaupten: Hans Haid gelangte durch den Vertrieb von Waschmaschinen und später Schreibmaschinen zu einem der „großen deutschen Nachkriegsvermögen" (so der Titel einer Zeitungsartikel-Serie, die seinen Werdegang schilderte). Die Waschmaschine hatte er in den USA als Erfolgsprodukt kennengelernt und in Nachkriegsdeutschland mittels Vertreterkolonnen verkauft, „weil ich überzeugt war, dass eine Maschine, die den Hausfrauen die Arbeit erleichtert, gut ist". Nachsatz: „Alles, was gut für die Menschen ist, ist auch ein gutes Geschäft."

Er meinte solche pathetischen Worte durchaus ernst und bettete sie in ebenso ernst gemeinte buddhistische Meditationen und quäkerische Ambitionen ein. Sein Lebensstil war ein betont asketischer und vor allem zum Essen gönnte er sich nur Körner und Wasser.

Reichtum war ihm, wie Calvin das gepredigt hatte, nie mehr als der gelungene Nachweis eines anständigen, gottgefälligen Lebens.

Allerdings hatte er durchaus Fantasie: Der deutsche Schreibmaschinenhandel krankte damals, in den Fünfzigerjahren, daran, das jeder, der Schreibmaschinschreiben konnte, schon eine Schreibmaschine hatte. Also kam Haid zu dem Schluss, dass er die Menschen Schreibmaschinschreiben lehren musste, wenn sie mehr Schreibmaschinen kaufen sollten – „und Schreibmaschinkenntnisse sind gut für die Menschen".

Er erdachte ein System mit bunten Fingerhütchen, das es extrem einfach machte, Schreibmaschinschreiben zu lernen, und verkaufte entsprechende Kurse, für die man eine Maschine mieten und am Ende kaufen konnte.

Seine Idee rettete den deutschen Schreibmaschinenhandel seiner Zeit.

Diese Fantasie beim Ausdenken eines Geschäftes war das Einzige, was er mit dem Kaufmann gemeinsam hatte, den ich am besten kannte: Alexander Weissberg. Wahrscheinlich entsprach er am ehesten dem, was man sich unter einem „großen" Kaufmann vorstellt – auch wenn er arm wie eine Kirchenmaus gestorben ist. Aber zwischendurch war er steinreich und um ein Haar wäre ihm ein Projekt im Stile eines Rockefeller gelungen.

Weissberg war ein Spieler. Auch in der direkten Bedeutung dieses Wortes: Einmal kam er mit einem Betrag von sechs Millionen Schilling (ca. 435.000 Euro) in der Tasche mit der Absicht nach Wien, meiner Mutter die „Hinterbrühl" zu kaufen, die die Erben Karl von Motesiczkys damals zum Verkauf anboten. In der Nacht, bevor er sich mit ihnen in Verbindung setzen wollte, verlor er den gesamten Betrag im Kasino. Zweifellos spielte dabei der unterbewusste Wunsch, sich doch nicht an meine Mutter zu binden, die entscheidende Rolle, aber er verlor auch bei anderen Gelegenheiten riesige Beträge beim Roulette.

Geld war ihm nicht wirklich wichtig, wollte ich eben schreiben. Aber das trifft es nicht: Es war ihm sehr wohl wichtig, vorzuführen, dass er jede Menge Geld verdienen konnte, wenn er das wollte. Und zwar nie durch ein Geschäft, wie es Millionen Kaufleute jahraus jahrein überall auf der Welt abschließen, sondern durch ein einzigartiges Geschäft, das „Fantasie" zur wichtigsten Voraussetzung hatte: Null Dachpappe in Polen im Kreis zu führen; Schrott-Motoren und Schrott-Rümpfe zu Flugzeugen zusammenzusetzen; den weltgrößten Verbraucher von Erz durch eine Eisenbahnlinie mit dem weltgrößten Lieferanten zu verbinden; das waren die Geschäfte, die er machen wollte.

Geld war hin und wieder die Folge und der äußere Nachweis eines solchen „schöpferischen Aktes", es war nie das eigentliche Ziel.

Ich glaube, dass es eine Menge großer Geschäftsleute gibt, für die dieser schöpferische Akt im Vordergrund steht, so wie es für einen Schriftsteller in erster Linie wichtig ist, Romanfiguren zu erschaffen, und erst in zweiter Linie, ob das Buch auch viel Geld abwirft. Allerdings schreiben die wenigsten Schriftsteller nur für sich allein – sie brauchen ein Publikum, das ihnen applaudiert.

Das brauchte Weissberg auch: Es war ihm wichtig, dass man wusste, auf welche Weise er Geld machen konnte – deshalb zeigte er seinen Reichtum. Geld zu besitzen, war ihm nicht deshalb wichtig, weil er es genussvoll auszugeben gewusst hätte – seine Villen sahen immer aus, als ob er eben beim Einziehen oder beim Ausziehen wäre –, sondern weil es nach außen sichtbar machen sollte, dass er ein Auserwählter war. Auf eine völlig perverse Weise folgte Weissbergs Verhalten der These Calvins, dass man am ehesten am Reichtum eines Mannes sieht, ob er zu den Auserwählten oder den Verdammten gehört. Weissberg wollte jedermann beweisen, dass er ein Auserwählter war, dem das Glück nur so zuflog, im Geschäft wie am Spieltisch.

Ich glaube, dass auch das auf viele große Kaufleute zutrifft: Reichtum ist ihnen wichtig als eine Aura, die sie umgibt und erhöht, nicht weil er sie in die Lage versetzt, sich eine große Villa zu kaufen.

Anders verhält es sich bei Männern, die Kaufleute geworden sind, um aus kleinsten Verhältnissen möglichst hoch hinauf zu kommen. Für sie ist die Villa im Cottage der äußere Beweis, es geschafft zu haben, und sie legen fast alle, vom ehemaligen Finanzminister Hannes Androsch bis zu Wiens Garagenkönig Hans Pruscha, den größten Wert darauf, sie irgendwann zu besitzen.

Aber während Androsch seine schönen Häuser auch mit seinem persönlichen Geschmack ausgestaltet hat und das Bewohnen zu genießen vermag, verbrachte Hans Pruscha, der in Pötzleinsdorf eine prachtvolle Villa besaß, seine Tage von acht Uhr morgens bis spät in den Abend in einem winzigen Zimmerchen, das über eine Stahltreppe durch eine seiner Garagen zu erreichen war. Dort saß er hinter einem schäbigen, alten Schreibtisch, der aus dem nächsten Trödlerladen zu stammen schien und auf dem sich Akten, Werkzeugkataloge und Baustoffmuster stapelten, die auch sonst überall im Raum gelagert waren. Sein Mittagessen nahm er im billigsten Lokal der Umgebung gemeinsam mit kleinen Angestellten und Pensionisten ein und bestellte wie sie grundsätzlich das Menü.

Wenn er mich außerhalb seiner Garage traf, dann immer nur dort: Bei Milchreis oder Fischstäbchen erzählte er mir dann von seinen Millionengeschäften und fragte mich allen Ernstes, ob er diese oder jene Firma kaufen oder auf die Knappheit dieses oder jenes Rohstoffs setzen sollte. Denn er hielt mich für intelligent und ehrlich, wenn auch für absolut nicht geschäftstüchtig: „Sonst hätten Sie es nicht zum Chefredakteur, sondern zum Eigentümer einer Zeitschrift gebracht!"

Nicht zuletzt, so hielt er mir immer wieder vor, fehle mir die richtige Einstellung zum Geld: Es sei nicht dazu da, ausgegeben zu werden, sondern es sei dazu da, in jeder Sekunde zu arbeiten. Mich aber habe er schon einmal im nahen Restaurant „Hausboot" Mittagessen gesehen, wo ein Menü das Dreifache dessen koste, was er hier zahle. Das sei nicht nebensächlich, sondern grundsächlich: So könne man zu nichts kommen.

Pruscha hatte sein erstes Geld in der Nachkriegszeit mit Schleichhandel gemacht. „Die erste Million ist schwer, nachher muss man schon sehr unbegabt sein, um es nicht weiter zu bringen." Er hatte in Häuser, Tankstellen und schließlich Garagen investiert und kämpfte bei seinen Investments um jeden Schilling. Einem Bauarbeiter, den er mit seinem Werkzeug herumstehen sah, nahm er es aus der Hand, um ihm zu zeigen, wie schnell man arbeiten konnte. Vergeudung erzürnte ihn und den Staat (aber auch die meisten in den Zeitungen hofierten österreichischen Industriellen) hielt er grundsätzlich für ebenso verschwenderisch wie unfähig. Zum Beweis erzählte er mir die folgende, tatsächlich höchst einprägsame Geschichte, die ich leider nur mehr in ihrer Grundstruktur, nicht aber mit den genauen Ziffern in Erinnerung habe.

Als die Stadt Wien selbst eine Großgarage baute, habe sie ihn gebeten, einen keinen Anteil – ich glaube nicht einmal fünf Prozent – an der Errichtungsgesellschaft zu übernehmen, um sein Know-how zu nutzen. Bei der Ausschreibung sei eine gemeindeeigene Baufirma als Bestbieter ausgewählt worden, deren Angebot pro Quadratmeter um gut ein Drittel über den Kosten gelegen sei, die er aus vergleichbaren eigenen Projekten kannte. Er habe eine neue Ausschreibung verlangt – Bestbieter sei wieder die gemeindeeigene Baufirma, aber diesmal um dreißig Prozent billiger, gewesen. Darauf habe er sich mit dem Manager des Unternehmens zusammengesetzt: „Ich wollte einfach wissen, was in so einem Menschen vorgeht. Ich meine, wenn er fünf Prozent mehr verlangt, weil die Gemeinde der Bauherr ist, oder von mir aus sogar zehn Prozent. Aber dreißig Prozent! Und wissen Sie, was der mir geantwortet hat: ‚Na ja, wir haben gedacht, wir können U-Bahn-mäßig anbieten.'"

Er lachte nicht, als er das erzählte, sondern der Zorn des Steuerzahlers und des Puritaners waren ihm gleichermaßen ins Gesicht geschrieben.

Auch Hans Pruscha war von der calvinistischen Ethik – wenn auch in ihrer ursprünglicheren Form – beseelt: Vergeudung war gotteslästerlich, Sparen und Investieren waren gottgefällig.

Wirtschaftkriminalität hielt er – obwohl er am Schwarzmarkt groß geworden war – für gleichermaßen unanständig wie dumm: „Wer die erste Million einmal gemacht hat, sollte das nicht mehr nötig haben. Es steht in keinem Verhältnis zum Risiko: Ich verliere doch nicht alles, nur um ein paar Millionen mehr zu verdienen oder an der Steuer vorbeizuschieben. Wer das tut, ist ein schlechter Geschäftsmann."

Leute, die kraft ihres Intellekts zu guten Geschäften fähig gewesen wären und sie nicht machten, konnte er nicht verstehen. Durch ein paar Jahre unterstützte er einen Wiener Kaufmann namens Herbert Herzog, der ein grandioses Teppichge-schäft mit Persien eingefädelt hatte und es nicht exekutieren konnte, weil sein Partner es an sich zog und dabei seine exzellenten Beziehungen zur Gemeinde Wien nutzte, in deren Hafen-Zollfreizone die Teppiche gelagert waren.

Im entscheidenden Augenblick wurde Herzog widerrechtlich der Zutritt zu seiner eigenen Ware verwehrt.

Darauf verfolgte er Wiens Bürgermeister Felix Slavik, den er für verantwortlich hielt (während der in Wirklichkeit wahrscheinlich kaum wusste, was da vor sich ging, aber, wie so oft, nicht gewillt war, Freunden auf die Finger zu schauen) mit biblischem Hass: Die meisten jener Recherchen über zweifelhafte Geschäfte der Gemeinde Wien, die *profil* in seinen Anfangstagen in einer berühmt gewordenen Beilage namens „Dokumente" veröffentlichte, kamen durch ihn zustande.

Er war in dieser Hinsicht mindestens so gut wie Alfred Worm.

Der Hafendirektor wurde letztlich verurteilt, Felix Slavik trat letztlich als Bür-germeister zurück – aber für Herbert Herzog hatte das alles keinen Nutzen: Er erlöste nach endlosen Jahren und Prozessen ein Minimum dessen, was seinem Teppichgeschäft an Potenzial innegewohnt hatte, und starb an Herzversagen.

Als er obduziert wurde, fand man die Narben von 17 winzigen Infarkten.

„Ich habe ihm hundertmal gesagt, er soll dieses Geschäft abschreiben und diesen ganzen sinnlosen Kampf aufgeben", kritisierte ihn Pruscha fast ohne Be-dauern, „in der Zeit, in der er da prozessiert und sich gerächt hat, hätte er ein Dutzend mindestens so große Geschäfte machen können. Ich habe ihm dafür immer wieder Geld angeboten, denn er hat wirklich hervorragende Ideen ge-habt. Aber letztlich war er eben doch kein Geschäftsmann. Ein Geschäftsmann, der keine Geschäfte macht, ist keiner. Pech ist eine Ausrede, das gibt es nicht."

Dieser Garagen-Typ des Kaufmanns ist mir ein paar Mal begegnet: Immer zeichnete er sich durch winzige, sparsamste Büros aus, sodass ich beinahe die These aufgestellt hätte, ein Mann sei umso vermögender, je kleiner sein Büro ist. Aber obwohl sie für einen gewissen Typus von Kaufleuten durchaus zutrifft, ist sie vielfach falsifiziert und es lässt sich wahrscheinlich sogar behaupten, dass niemand mit einem derart winzigen Büro es zu einem ganz großen Vermögen bringt: Irgendwo fehlen da ein Quäntchen Lust und ein Quäntchen Fantasie, wie sie für Alexander Weissberg charakteristisch waren.

Allerdings ist Weissberg arm wie eine Kirchenmaus gestorben: Der Tod ereilte ihn in einem Wellental seines geschäftlichen Auf und Ab. Das hätte Pruscha nie passieren können: Er hortete sein Vermögen und hatte es zuletzt absolut sicher durchwegs in Realitäten angelegt.

Er wollte nie wieder – „nie wieder!" – arm sein.

Ein wenig scheint mir auch Hans Dichand in diese Kategorie zu gehören. Er ist in einer Barackensiedlung aufgewachsen, in die die ursprünglich mittelständische Familie in der Krise übersiedeln musste. Der Wiederaufstieg ist zweifellos eine ganz wesentliche Triebfeder gewesen. Dass er ihn so fulminant geschafft hat, verdankt er allerdings einem herausragenden Talent: ganz genau zu wissen, was eine gewisse – sehr große – Gruppe der Österreicher denkt und fühlt.

Dazu kamen unglaubliche Zähigkeit, der berechtigte Glaube an sein Talent und erstaunliche Kaltblütigkeit in entscheidenden Augenblicken: Eine Zeitung, die ihm ursprünglich nur zu einem Drittel gehörte, am Ende ganz zu besitzen, macht ihm nicht so leicht jemand nach. Ich habe diesen „Kriminalfall *Kronen Zeitung*" seinerzeit für eine mehrteilige Serie recherchiert und beschrieben, ohne dass mir das eine Klage eingebracht hätte und selbst das persönliche Verhältnis zu Hans Dichand gestaltete sich ganz passabel, nachdem ich ihm unter vier Augen erklärt hatte: „Egal, ob die *Kronen Zeitung* juridisch eigentlich Franz Olah (dem ehemaligen Präsidenten des ÖGB) oder Ihnen gehören sollte, von der Leistung her steht sie ausschließlich Ihnen zu."

Dichand wurde zu einem der reichsten Männer des Landes, denn er wusste sein Geld auch außerhalb der *Kronen Zeitung* bestens anzulegen: Solange er es auf einem Sparkonto liegen hatte, führte die *Kronen Zeitung* eine Intensivkampagne gegen die Quellensteuer, später erwarb er wie Hans Pruscha vor allem Immobilien und die *Kronen Zeitung* fährt eine intensive Kampagne gegen Vermögenssteuern.

Auch Dichand wollte „nie mehr" arm sein.

Ich bin zwar nie reich geworden, aber dass ich zumindest nicht arm sein wollte, könnte auch bei mir damit zusammenhängen, dass ich den Abstieg meiner Familie im Hinterkopf hatte: Vom Sohn eines der angeblich reichsten Männer Düsseldorfs wurde mein Vater zu einem gerade noch geduldeten Arzt in einem riesigen amerikanischen „Irrenhaus", dem diese Bezeichnung eher angemessen war als die Bezeichnung „psychiatrische Klinik".

Ich habe den Reichtum meiner väterlichen Familie zwar so wenig erlebt wie meinen Vater (und in Wirklichkeit existierte er ja zu meinen Lebzeiten auch längst nicht mehr), aber so wie ich immer das ferne Traumbild dieses Vaters in mir trug, träumte ich auch immer von den „Vereinigten Kesselwerken", die einmal eines der größten Industrieunternehmen des Rheinlands gewesen waren, von den Gruben und der Waggonfabrik, an denen die Piedboeufs beteiligt waren, oder von „Haus Grünewald" (heute: „Schloss Grünewald") bei Köln, wo meine Großmutter aufgewachsen ist. Es gab Fotos davon, und ich sah sie mir an, wenn wir gerade in Zimmer-Küche-Kabinett hausten. Auch vom riesenhaften

Gut meines Großvaters mütterlicherseits gab es einen Plan, der kaum an eine Zimmerwand passte. Es gab einen Prokuristen der Kathrein Bank, der meine Mutter bevorzugt behandelte, weil sie doch einmal seine Miteigentümerin gewesen war, und es gab sogar eine vage Erinnerung an die Dachgeschoss-Wohnung in der Piaristengasse und den Park in der Hinterbrühl.

Vor allem meine Mutter hatte diese Traumbilder für mich aufbewahrt: in unserem für eine kleine Neubau-Wohnung viel zu großen Salon; in den Barockmöbeln, die sie sich unter unglaublichen Entbehrungen vom Gehalt einer nebenberuflichen Fürsorgeärztin absparte, in einem Service von Limoges, dessen Teile sie wie rohe Eier behandelte und dennoch Stück für Stück zerbrach.

Ich wollte immer zumindest ähnlich wie meine Eltern wohnen: in großen Räumen und mit schönen Möbeln. So steckte ich die erste größere verdiente Summe Geldes – sie stammte aus dem Verkauf meiner Anteile am *profil* – prompt in den kostspieligen Umbau des Fertigteilhauses, das ich davor in Mauer am Grundstück meiner ersten Frau errichtet hatte, und bescherte ihm einen, im Verhältnis zum Rest des Hauses, viel zu großen Wohnraum, der alle anderen Zimmer entsprechend klein ausfallen ließ. „Das hat Sie fast so viel Geld gekostet, wie ich als Ausgangspunkt für mein heutiges Vermögen gehabt habe", kritisierte mich Hans Pruscha. „Sie hätten es in ein Geschäft stecken können und heute wäre es wesentlich mehr."

Aber ich wollte, wie meine Mutter, „jede Menge Platz" im Wohnzimmer haben, um ihre Barockkommode dorthin zu stellen. Und ich wollte dennoch ein noch so winziges „Gästezimmer" haben, um, wie sie, ein „offenes Haus" zu führen: Mit ihren beiden großen Wohnungen in Wien waren meine Eltern immer in der Lage gewesen, anreisenden Freunden ein Quartier anzubieten und schließlich Gehetzten und Verfolgten Unterkunft zu gewähren. (Als meine Mutter in den Fünfzigerjahren nur mehr zwei Zimmer und ein Kabinett zur Verfügung hatte, überließ sie eines der Zimmer einem ungarischen Flüchtling und übersiedelte ins Kabinett. Das „offene Haus" war zwingend.)

Speziell für Eric: Ich hatte also mit meiner ersten Frau ein Haus und später, mit Deiner Mutter, eine riesige Wohnung und später ein Haus und beide waren gezwungen, ununterbrochen Flüchtlinge zu beherbergen: in Mauer durch Jahre eine Vietnamesin, später, am Modenapark und schließlich in Enzesfeld, Polen, Bosnier, Rumänen, die Du durchwegs kennst, weil Du Dein Zimmer mit ihren Kindern teilen musstest. Zu meiner Freude bist auch Du, wie alle meine Kinder, in dieser Hinsicht ein großzügiger Menschen geworden: hast die ständigen Wohnungs- und Zimmergenossen willig aufgenommen; hast in Spanien fünf Schulfreunde in Deinem kleinen Appartement unter unserer Terrasse beherbergt, damit sie Marbella kennenlernen konnten; und in Wien hast Du zwei Burschen, die bei der Fußballeuropameisterschaft kein Zimmer gefunden hatten, kurzerhand in unsere Wohnung eingeladen. Auch Du willst ein „offenes Haus" führen, und ich möchte, dass das eine Tradition unserer Familie bleibt. Aber dazu muss man mindestens so viel verdienen, dass man sich eine große Wohnung oder ein Haus leisten kann. Ich hoffe, dass Du auch das begreifst, denn es ist mit Anstrengung verbunden, wenn man kein geborener Kaufmann ist.

Mehr ist nicht wichtig – und ist auch mir nie wichtig gewesen. Ich habe, sobald ich das Haus in Mauer und später in Enzesfeld hatte, keinen wirklichen Unterschied mehr zwischen mir und Hans Dichand, Hans Pruscha oder Alexander Weissberg gesehen, obwohl ihr Vermögen hunderttausendmal größer war: Ich habe in schönen Räumen mit schönen Möbeln gelebt, bin ein gutes Auto gefahren, konnte mir schöne Urlaube leisten und meine Familie erhalten. Mehr ist eigentlich überflüssig. Natürlich wollte ich eine Zeit lang, wie alle Männer, einen Sportwagen fahren, aber ich habe ihn mir nie gekauft. Lieber ein antikes Möbelstück, ein Bild oder eine italienische Designer-Lampe. Das ließ sich ersparen, denn ich rauche nicht, ich trinke nicht, ich trage durch Jahre denselben Anzug und esse in Restaurants im Sinne Hans Pruschas meistens das Tagesmenü.

So bin ich in keiner Weise traurig, nicht „reich" zu sein.

Geld war mir nie ein zentrales Anliegen.

Wenn ich dennoch versucht habe, etwas auf die Seite zu legen, dann eigentlich nur wegen meiner Kinder: weil ich ihnen zumindest mehr hinterlassen wollte, als mir mein Vater hinterlassen hat – einen Aschenbecher und einen kaputten Fotoapparat.

29. Berufs(um)wege

Leute, die von Beginn an wissen, was sie werden wollen, sind zu beneiden.
Oder zu bedauern, weil sie zu wenig Interessen haben.

Ich hatte das Glück, mein Geld in einem Traumberuf zu verdienen, obwohl ich vorher viele andere Träume genauso intensiv geträumt habe und sie jederzeit gegen ein geringeres Gehalt ausgeübt hätte. So wollte ich vor meinem Wehrdienst eigentlich Berufsoffizier werden, weil ich dachte, dass sich Österreich nie mehr ohne Gegenwehr einem Angreifer ergeben sollte – aber achteinhalb Monate Präsenzdienst beim realen österreichischen Bundesheer des Jahres 1957 haben mir diese Idee gründlich ausgetrieben. Danach war ich kurz in der Klasse für Malerei der Akademie für Angewandte Kunst um zu entdecken, dass ich nicht Egon Schiele bin, und habe schließlich bei der *Arbeiter-Zeitung* als Journalist angefangen. Ich habe dort Lob für ein paar sozialkritische Reportagen eingeheimst und bin schließlich einem Arzt namens Dr. Heinz Humplik mit einem Text über eine von ihm entwickelte Operation aufgefallen. Dieser sei, so behauptete er, der „einzig korrekte unter lauter fehlerhaften" gewesen. Jedenfalls wollte er mich „an eine ordentliche, bürgerliche Zeitung" vermitteln, sofern ich bereit war, die *Arbeiter-Zeitung* zu verlassen. Das war ich aus mehreren Gründen, die ich im 8. Kapitel eingehend beschrieben habe: Ich hatte keine wirkliche Lust mehr, weiterhin für ein „Zentralorgan" zu schreiben, auch wenn ich dort sehr intelligente, sehr sympathische und vielfach auch sehr qualifizierte Kollegen hatte.

Auf Humpliks Empfehlung hin bot mir der Chefredakteur der *Wochenpresse*, Wolf In der Maur, in dem zu seiner Zeit recht angesehenen bürgerlichen Wochenblatt einen Job als Redakteur an. Auf dem Gang begegnete uns Fritz Molden, dem die *Wochenpresse* damals gehörte und dem er mich vorstellen wollte.

„Und was zahlen Sie ihm?", fragte Molden.

„2500 Schilling (182 Euro)", antwortete In der Maur.

„Sind Sie wahnsinnig?", schrie Molden (mit dem mich heute eine herzliche Freundschaft verbindet, aber zwischen damals und heute liegt bei ihm ein schmerzhafter Konkurs und bei mir ein schmerzhafter Prozess).

In der Maur wurde rot und dann weiß.

„Ich denke, ich gehe lieber", sagte ich und blieb zerknirscht bei der AZ.

Allerdings nur für kurze Zeit, denn schon wenig später präsentierte mir Humplik „eine noch viel größere Chance": Ein Bekannter von ihm, ein Österreicher namens Hans Haid, hatte – wie im letzten Kapitel beschrieben – in Deutschland mit dem Vertrieb von Waschmaschinen und danach von Schreibmaschinen eines der großen Nachkriegsvermögen gemacht und wollte eine Eltern-Kind-Organisation gründen, die von der Babyausstattung übers Kinderzimmer bis zum Familienurlaub alles verkaufen und vermitteln sollte, was mit Eltern und Kindern zusammenhängt. Zu diesem Zweck, so erzählte mir Humplik, habe er auch die Entwicklung einer Eltern-Zeitschrift in Auftrag gegeben, aber er sei mit dem Fortgang des Projekts höchst unzufrieden. „Wenn Sie Haid gefallen, haben Sie den Job."

Ich gefiel Haid, aber ich hatte den Job nur halb. Der Mann, der das Projekt bisher geleitet hatte, blieb weiterhin sein Leiter, war mir allerdings auf Haids Weisung hin „nicht vorgesetzt".

Also tat er alles, um nachzuweisen, dass ich doch sein Untergebener und jedenfalls völlig auf ihn angewiesen war.

Durch ihn lernte ich erstmals, warum Österreicher in Deutschland so häufig Karriere machen: weil sie arbeiten, statt die Arbeit „ganz präzise zu organisieren". So werde ich nie vergessen, wie mein norddeutscher „Nicht-Vorgesetzter" zur ersten großen Arbeitsbesprechung diverse Psychologen und Illustratoren einlud. „Also um 16 Uhr funfzehn, ne, machen wa siebzehn."

Dann redeten wir zwei Stunden lang heiße Luft, ehe ich erschöpft in mein feudales Büro zurückkehren konnte.

Ich hatte nach kurzer Zeit eine Null-Nummer des geforderten Magazins zusammengeschrieben und eine Umfrage, der das Manuskript unterworfen wurde, ergab, dass es auf begeisterte Zustimmung fast aller jüngeren Mütter, aber auf energische Ablehnung mancher der älteren Mütter stieß.

Nach normalen Kriterien ein optimales Resultat. Mein „Nicht-Chef" aber erklärte dem Eigentümer, dies sei zwar kein schlechtes, aber doch ein sehr kritisches Resultat: Da man schließlich alle Eltern erreichen wolle, müsse man meinen Texten die Giftzähne ziehen.

Das besorgte ein von ihm beauftragter „hoch professioneller Kollege", so gründlich, dass ein „bis zur Unkenntlichkeit ausgewogener Text" herauskam, wie ihn Karl Kraus als Markenzeichen der *Wiener Zeitung* seiner Tage verspottet hat.

Ich wehrte mich gegen etwas, das ich „Vergewaltigung" nannte, mein „Nicht-Chef" attestierte mir „jugendliche Uneinsichtigkeit" und „unbegründete Präpotenz" und am Ende hatte Hans Haid die Nase so voll, dass er die ganze Idee an ein anderes Unternehmen verkaufte.

Ich kehrte, um eine Erfahrung und etliche Tausend D-Mark reicher, nach Wien zurück und begann Medizin zu studieren, mit der Absicht, wie mein Vater (und eigentlich auch meine Mutter) Psychiater zu werden.

Aber der Teufel – oder eigentlich der liebe Gott – wollte es, dass ich mich unsterblich in eine hinreißende junge Schauspielerin namens Christine Prober verliebte (sie sollte im Atelier-Theater beginnen und später am Berliner Schillertheater tragende Rollen übernehmen) und nur mehr eines im Sinn hatte: Ihr und ihrem Kind ein „Familienvater" zu sein.

Also versuchte ich, neben dem Studium Geld zu verdienen, indem ich bei meinem Onkel Klaus Lingens mit Antiquitäten zu handeln lernte.

Das Studium wurde immer weniger, das Handeln immer mehr und schließlich war ich drauf und dran, eine kleine Einrichtungsfirma zu gründen, denn die Leute, denen ich antike Möbel vermittelte, wollten auch Einbauschränke und Büchergestelle von mir entworfen haben. Das Ganze endete damit, dass meine beiden wichtigsten Handwerker unter Hinterlassung beträchtlicher Schulden und mehrerer halb fertiger Einbauschränke mit meinem Auto nach Italien abhauten. Menschenkenntnis, ich kann es nur wiederholen, ist nicht meine Stärke.

Ich war wieder um eine Erfahrung reicher, diesmal aber um 30.000 Schilling ärmer.

Etwa um diese Zeit – glaube ich zumindest, mein Gedächtnis für dergleichen ist miserabel – kam Simon Wiesenthal zu uns auf Besuch. Meine Mutter hatte ihn auf einer internationalen Tagung von Lagergemeinschaften kennengelernt, an der sie als Vertreterin der österreichischen Lagergemeinschaft Auschwitz und er als Vertreter der Lagergemeinschaft Mauthausen teilnahm. Gemeinsam hatten sie sich dagegen gewehrt, ihre Organisationen völlig von den Kommunisten vereinnahmen zu lassen, die in fast allen Lagergemeinschaften eine dominierende Rolle spielten, denn sie schätzten die kommunistischen Diktaturen so wenig wie die Diktatur Hitlers. Das hatte sie einander schätzen lassen und nun saß Simon Wiesenthal bei uns bei Tee und Brötchen im „Salon".

Er war damals in Österreich kein geschätzter, sondern ein ungemein verhasster Mann und selbst ich hatte von ihm die Vorstellung eines unbarmherzigen

Rächers. Stattdessen entpuppte er sich als ein Mann, der die ruhige Besonnenheit und Herzlichkeit eines Victor Weisskopf ausstrahlte und beides mit dem sprühenden Witz eines Alexander Weissberg paarte. Ob er mich nicht ein bisschen beraten könnte, fragte meine Mutter unvermittelt, ich befände mich in einer schwierigen Lebensphase, wüsste nicht recht, was ich wollte, und widersetzte mich ihrem Einfluss. Jemand mit seiner Erfahrung könnte mir vielleicht helfen, besser zu mir selbst zu finden. „In Wirklichkeit", gestand sie mir später, „war ich damals wahnsinnig besorgt, was aus Dir wird, und mit meinem Latein völlig am Ende. Und Simon Wiesenthal hat so viel natürliche Autorität und Güte ausgestrahlt, dass ich mir gedacht habe: Auf den könntest Du hören, der wirkt wie der Vater, den ich Dir gewünscht hätte."

Das war er dann auch: Einen herzlicheren, gütigeren, lieberen Menschen als den angeblich von Rache zerfressenen Nazi-Jäger habe ich nie mehr kennengelernt. Ich war sehr froh, dass ich ihm später etwas von dem, was er mir in den wenigen Monaten der Arbeit in seinem Büro gegeben hat, zurückgeben konnte. Bloße Irritation über Kreiskys Entgleisung hätte wahrscheinlich nicht ausgereicht, mit seiner Verteidigung meinen Job bei *profil* zu riskieren. Simon Wiesenthal ist wie Karl Popper einer meiner fantasierten Väter gewesen.

Irgendwann muss ich auch Jus zu studieren begonnen haben – wann ist mir trotz energischen Nachdenkens rätselhaft; ich habe aus allen diesen unruhigen Jahren nur die Beziehung zu Christine Prober präzise im Gedächtnis, denn sie war eine der „großen Lieben" meines Lebens. So aufregend, wie es nur die Liebe zu einer Schauspielerin sein kann: voller Poesie und Hysterie und beständig bedroht durch den Partner, mit dem sie gerade spielte, oder den Regisseur, der sie gerade führte oder verführte. Sie hätte einen „gestandenen", deutlich älteren Mann (einen Vater) gebraucht – den sie später in dem Regisseur Günther Tabor auch finden sollte –, ich hingegen war ein unfertiger, längst nicht erwachsener, junger Mann, der weder ihren noch den eigenen Neurosen gewachsen war.

Speziell für Eric: Irgendwann verließ sie mich – es war mein erster Tod – und heute ist sie eine liebe Bekannte, bei der Du in Berlin gewohnt und Dich mit ihren Söhnen angefreundet hast. „Große Lieben", selbst wenn sie schiefgehen, sind nie vergebens, und wenn man es einigermaßen vernünftig handhabt, enden sie auch nicht in Todfeindschaften, sondern in lebenslangen Freundschaften. Du scheinst diesbezüglich jedenfalls Talent zu haben, denn Deine erste Liebe – auch eine Christine – ist immer noch Deine beste Freundin.

Ich blieb ohne Christine mit ein paar halb fertigen Einbauschränken meiner halb fertigen Einrichtungsfirma zurück und musste sie mühsam selber fertigstellen, um von den wütenden Auftraggebern nicht erschlagen zu werden. In diesem

Zustand befand ich mich, als ich durch die Kuppelei einer Antiquitätenhändlerin „Lisi", meine erste Frau, kennenlernte.

Alles an ihr war unhysterisch liebevoll und liebenswert – „wie klares Wasser", wie meine Mutter zu sagen pflegte.

Ungemein bekömmlich, nach einem Champagner-Kater.

Und ungemein gesund: Alles, was mir später an Karriere gelingen sollte, danke ich ihrer liebevollen Geduld und Zärtlichkeit.

Damals, zu meiner desolaten Zeit, bescherte ihr ein platzendes Kondom eine Schwangerschaft und ich entdeckte, dass ich außerstande war, eine Familie zu erhalten, weil ich keinen Beruf hatte. Ein verschwiegener Arzt erlöste uns von dem Problem, aber ich war entschlossen, mit aller Energie eine Berufslaufbahn einzuschlagen, damit mir das nie mehr passieren sollte: ein Kind auf dem Weg zu wissen und nicht zu wissen, wie man es versorgt.

Für eine Familie sorgen zu müssen, kann ähnlich beflügeln wie der Wunsch, aus Floridsdorf herauszukommen. Ich habe mich meiner schreiberischen Fähigkeiten besonnen und Glück gehabt: Mein erster Interview-Partner als Anfänger bei der *Arbeiter-Zeitung* war der spätere Fernsehdirektor, Unterrichtsminister und schließlich langjährige Wiener Bürgermeister Helmut Zilk – 1965 verhalf mir seine Empfehlung zu einem Probeengagement beim *Kurier*, der damals mit großem Abstand führenden Zeitung des Landes.

„Er ist ganz sicher kein Nazi", brachte Zilk ein Argument vor, von dem er wusste, dass es für den Chefredakteur des *Kurier*, Hugo Portisch, ebenso wichtig war wie für Verlagsdirektor Alfons Maluschka und den damaligen Eigentümer des *Kurier*, Ludwig Polsterer: Portisch war mit einer Jüdin verheiratet, Maluschka und Polsterer hatten im Krieg einer Widerstandsgruppe angehört. Es gab das damals: Nester des patriotischen Widerstandes.

„Dass er in der *Arbeiter-Zeitung* war, braucht Dich nicht zu besorgen", fügte Zilk sicherheitshalber an. „Du weißt, ich bin auch a Roter und sag auch, was ich mir denk. Und die haben gute Leute in der AZ – nur dass sie sie ned schreiben lassen."

Portisch wusste das: Die *Arbeiter-Zeitung* hatte fachlich eine der besten Redaktionen Österreichs. Sie hätte auch eine der besten Zeitungen Österreichs sein können, wenn sie nicht „Zentralorgan", sondern eine linksliberale Zeitung nach Art der *Süddeutschen* hätte sein dürfen.

Sechs Wochen vor Ablauf der dreimonatigen Probezeit stellte der *Kurier* mich an und ich bekam einen Chef, dem ich journalistisch viel verdanke: Reinald Hübl, der in der *Kronen Zeitung* nicht über „Menschlich gesehen" hinauskommen sollte, war ein glänzender Lokaljournalist, von dem ich nicht nur genau zu recherchieren, sondern vor allem ungemein schnell zu schreiben lernte: Er konnte in eineinhalb Stunden eine Doppelseite über einen Skandal im Dorotheum, einen Strafprozess gegen einen Politiker oder einen Mord im Schwarzenberg-Park diktieren, ohne danach mehr als ein paar Worte korrigieren zu müssen – und ich kann das auch.

Das hat dem Neun-Mann-*profil* das Überleben gesichert.

Ich denke, ich war auch als Redakteur einer Tageszeitung überaus fleißig und ziemlich begabt – jedenfalls wurde ich für meine Gerichtssaalberichte mit dem „Förderungspreis des Renner-Preises für Publizistik" ausgezeichnet. (Den eigentlichen Renner-Preis für eigene journalistische Leistungen habe ich nie erhalten, aber ich trage es mit Fassung.) Karriere habe ich im *Kurier* trotzdem nicht gemacht: Als ein neuer Chef des Chronik-Ressorts bestellt werden musste, weil Reinald Hübl zur *Kronen Zeitung* gewechselt war, wurde mir ein reichlich wortarmer Polizei-Reporter vorgezogen.

Speziell für Eric: Viel mehr als ein Konkurrent zu können, das merke Dir, bedingt nicht zwingend, vor ihm aufzusteigen. Aber es erleichtert, ein Wagnis einzugehen: Als mein Jugendfreund Oscar Bronner einen Chefredakteur für ein neu zu gründendes Nachrichtenmagazin gesucht hat, habe ich zugesagt, obwohl die Branche mir prophezeit hat, in spätestens einem halben Jahr würde die Zeitschrift pleite sein und ich würde darum betteln, zum *Kurier* zurück zu dürfen.

Stattdessen war *profil* nach einem halben Jahr Stadtgespräch.

Ich hatte nicht den Mut Oscar Bronners, zwei Zeitschriften und später eine Tageszeitung aus dem Nichts zu gründen, aber ich hatte immerhin den Mut, aus einer gesicherten Stellung in eine reichlich ungewisse Zukunft zu springen, und die selbstbewusste Überzeugung, mich in einer Führungsposition zu bewähren.

Das war erstaunlich, denn ich war und bin kein allzu selbstbewusster Mensch: Kinder, die aus geschiedenen Ehen kommen, sind das selten, und wie Du weißt musste ich zwischen meinem zweiten und meinem fünften Lebensjahr überhaupt ohne Eltern auskommen: Eine solche Kindheit verhindert jene innere Sicherheit, die aus Urvertrauen erwächst.

Du aber bist mit Eltern aufgewachsen, die zu jedem Zeitpunkt für Dich da gewesen sind – Du müsstest hundertmal das Selbstbewusstsein besitzen, ein Wagnis einzugehen und Dich in einer Führungsposition zu bewähren. Ich glaube, Du besitzt es auch. Sonst hättest Du Dich nicht um die Nominierung für die „Global Young Leaders" beworben und wärest vielleicht auch nicht aufgenommen worden, denn gute Interviewer spüren, ob jemand Führungsqualitäten hat.

Ich habe diese Führungsqualität zwar besessen, aber nie im nötigen Ausmaß ausgestrahlt, sondern immer erst in der täglichen Arbeit nachweisen müssen: Wer unsicher ist, muss sehr viel mehr als seine Konkurrenten können oder das

Glück haben, dass jemand wie Oscar Bronner sein Können erkennt. Ohne Können ist allerdings noch so viel Wagemut und noch so viel Selbstbewusstsein im Allgemeinen vergebens. Im Allgemeinen – keineswegs immer: Ich kenne ein paar Kollegen, die es trotz eines erstaunlichen Mangels an Talent erstaunlich weit gebracht haben, indem sie nur unendlich beharrlich oder sehr anpassungsfähig waren. Du wirst solchen Leuten immer wieder begegnen und ich rate Dir, sie nicht zu unterschätzen: Sie entwickeln die erstaunlichsten Fähigkeiten, wenn es darum geht, die nächste Sprosse der Karriereleiter zu erklimmen und dabei Dich und andere notfalls herunterzustoßen. Die überaus Mediokren besitzen die Stoßkraft all derer, die sich vom Schicksal benachteiligt fühlen und entschlossen sind, es zu korrigieren. Du bist vom Schicksal bevorzugt, und das prädestiniert Dich dazu, ihr Opfer zu sein.

Auch ein paar erstaunlich naive Menschen habe ich in erstaunlich einflussreichen Positionen vorgefunden. Das liegt daran, dass sehr große Inkompetenz jeden kritischen Zweifel an den eigenen Fähigkeiten ausschließt.

„Elisabeth Gehrer geht mir ab", trauerte der Kabarettist Alfred Dorfer der Frau nach, die länger als jeder andere an der Spitze des österreichischen Unterrichtsministeriums gestanden ist. „Das Drollige an ihr war diese mit Vehemenz und Selbstbewusstsein vorgetragene Inkompetenz."

Im Journalismus gibt es diesen Typus auch und er kann es durchaus bis zum Leiter des Chronik-Ressorts bringen, zu dem ich es nicht gebracht habe – sofern er das Glück hat, jemanden zum Chefredakteur zu haben, der es bestenfalls bis zum Leiter des Chronik-Ressorts gebracht haben sollte.

Was ich Dir damit sagen will: Glaube ja nicht, dass Dir Dümmere oder weniger Befähigte im Konkurrenzkampf unterliegen müssen, aber glaube trotzdem an Dich: Wenn Du wirklich intelligenter und fähiger bist, liegt Deine Chance, Dich gegen weniger Intelligente und weniger Fähige durchzusetzen, doch über fünfzig Prozent.

Sonst wäre Österreich im internationalen Vergleich nicht so erfolgreich.

Ich denke, ich war ziemlich intelligent, ziemlich fähig und habe darüber hinaus über eine enorme Arbeitskraft verfügt: Ich konnte Coverstorys von vierzig Seiten in wenigen Tagen erarbeiten und in wenigen Stunden schreiben – dazu noch zwei kleinere Geschichten und den Leitartikel. Das nicht nur einmal, sondern durch Wochen, durch Monate, durch Jahre; jeden Tag – Samstag und Sonntag eingeschlossen – von neun Uhr früh bis elf Uhr abends am Schreibtisch sitzen, eigene Texte schreiben und fremde Texte korrigieren. Nur so haben wir zeitweilig zu neunt 64 Seiten eines zweimal und dann viermal im Monat erscheinenden Nachrichtenmagazins gefüllt, denn eine größere Redaktion hätte Bronners Budget gesprengt und tatsächlich dazu geführt, dass er gezwungen gewesen wäre, *profil* zuzusperren, obwohl es bei den Lesern von Beginn an erfolgreich war.

Nicht aber bei den Inserenten, denn die mochten keine angriffslustige Zeitschrift. So hat es sieben Jahre gedauert, bis *profil*, zwei Jahre nach Bronners Abgang und zum Wochenmagazin mutiert, endlich aus den roten Zahlen war.

Eine ziemlich gute Zeitschrift war es schon vorher: In den Siebzigerjahren wurde das kleine Nachrichtenmagazin aus Österreich in den großen deutschen Verlagen von Hand zu Hand gereicht und, wie alles, was das kleine Nachbarland hervorbrachte, ungläubig bestaunt. Der damalige Herausgeber der *ZEIT*, Gerd Bucerius, bot an, sich an der nun auch als Herausgeber von mir geführten Zeitschrift zu beteiligen und mindestens 26 Prozent zu erwerben. Zehn Jahre später hat es mit dem damaligen Geschäftsführer des britischen *Economist*, Andrew Knight, sogar einen unterschriftsreifen Vertrag für ein „*profil* mit *Economist*" gegeben, der uns gestattet hätte, jeden *Economist*-Text, auch bearbeitet und gekürzt, noch vor dessen Erscheinen in England in einer deutschen Übersetzung abzudrucken.

Bucerius' Angebot haben die Eigentümer abgelehnt, die *Economist*-Kooperation ist am Widerstand der Redaktion gescheitert.

Beiden Gremien hat in meinen Augen die Fantasie gefehlt – und mir ganz offensichtlich das Geschick, sie zu überzeugen: Ich war zu ungeduldig, zu undiplomatisch, wahrscheinlich auch manchmal zu arrogant.

Nur wenn es einem Unternehmen ganz dreckig geht oder wenn es ganz am Beginn steht, gelangt auch einer in den Chefsessel, der, wie ich, bloß tüchtig, nicht aber populär ist.

Aber es ist ziemlich frustrierend, bloß tüchtig, aber nicht populär zu sein. Als ich dem *Economist* absagen musste, weil mein Stellvertreter die Eigentümer beim *Kurier* einen Tag vor Vertragsunterzeichnung wissen ließ, dass die Redaktion die Kooperation ablehne, habe ich mich gefühlt wie jemand, dem die langjährige Freundin den Verlobungsring vor die Füße wirft. Von da an war mein Verhältnis zu der Zeitschrift, die ich als mein Lebenswerk betrachtet hatte, so zerbrochen, wie nur ein Liebesverhältnis es sein kann. Andere Zerwürfnisse sind gefolgt und haben sich zugespitzt: Jemand, der für seine Fähigkeiten als Skandalaufdecker berühmt war, ist in meinen Schrank eingebrochen, um Briefe zu entwenden, durch die er mich belastet glaubte. Ich musste einer Betriebsversammlung Rede und Antwort dafür stehen, dass ich die Landeshauptleute darum gebeten hatte, eine Zeitschrift zu unterstützen, die ich im Rahmen des *trend*-Verlages, aber mit einer eigenen Beteiligung von 25 Prozent, an den Schulen herausbringen wollte, um *profil* junge Leser zuzuführen.

Neid ist in Österreich eines der wirksamsten Motive.

Ich habe die Betriebsversammlung überstanden, weil ich die Beteiligten auf-klären konnte, dass die Landeshauptleute gleichzeitig die Landesschulräte der Bundesländer sind, deren Zustimmung zu einer an Schulen vertriebenen Zeitung zwingend war. Und ich habe sie durchgestanden, weil ich keine Niederlage erleiden, mich nicht geschlagen geben wollte.

Arroganz ist in einer solchen Lage eine starke und nützliche Motivation.

Mein Stellvertreter, bei dem die Betriebsversammlung die umgekehrte Erfahrung ausgelöst hat, hat bereits mit einem anderen Verlag verhandelt, zu dem er wechseln wollte. Aber als der mit ihm befreundete Geschäftsführer des *trend*-Verlages, Günther Enickl, mir anbot, mir für das bloße Verfassen des Leitartikels mein bisheriges Gehalt weiterzuzahlen, habe ich mich innerhalb weniger Minuten und zum Entsetzen der Eigentümer entschlossen, als Herausgeber und Chefredakteur aus *profil* auszuscheiden. Aus Frustration über den *Economist*; aus dem durch die Auseinandersetzung mit meiner Mutter bedingten Bedürfnis nach reibungsfreier Ruhe; und nicht zuletzt aus Freude an meinem letzten Kind: Eric war damals gerade auf die Welt gekommen und ich habe mir vorgestellt, dass er das erste Kind sein würde, das ich aufwachsen sehe, statt von früh bis spät über Manuskripten zu sitzen.

Speziell für Eric: Das ist auch wirklich sehr schön gewesen und ich hoffe Dich nicht zu kränken, wenn ich meinen Abschied von *profil* dennoch für den entscheidenden beruflichen Fehler meines Lebens halte: Das Zeitung-Machen ist mir unendlich abgegangen – so gerne ich Dich gewickelt habe.

Deshalb fasse nie einen wesentlichen Entschluss, nachdem Du eine Enttäuschung erlitten hast oder wenn Du Dich in einer privaten Krisensituation befindest – das ist so falsch wie der Entschluss, unmittelbar nach einer enttäuschten „großen Liebe" das Standesamt aufzusuchen.

Vor allem aber: Gib eine wirklich einflussreiche Position niemals freiwillig auf, auch wenn man Dir viel Geld und zugleich mehr Lebensqualität verspricht. Denn Geld ist nicht alles und Lebensqualität ist untrennbar mit befriedigender Arbeit verbunden, selbst wenn sie noch so strapaziös ist.

Darüber hinaus wird niemand Dir glauben, dass Du die Macht freiwillig abgegeben hast. Manche Leute haben gedacht, ich müsste silberne Löffel gestohlen haben, andere haben vermutet, die Redaktion hätte mich zum Rücktritt gezwungen, die freundlichste Interpretation hat noch darin bestanden, mich für psychisch krank zu halten.

Und zu einem winzigen Bruchteil hat das sogar gestimmt: Ich war verletzlicher, als für eine Führungskraft gut ist.

Ich weiß nicht, ob ich Dir wünschen soll, sehr viel weniger verletzlich, ja unverletzlich zu sein. Du wärst mir dann wahrscheinlich fremd und ich habe

Dir ja bereits gestanden, dass ich mir wünsche, dass Du nicht völlig anders wirst als ich.

Nein, ich wünsche mir Dich nicht unverletzlich – aber sehr wohl mit der Fähigkeit begabt, Verletzungen gar nicht erst eintreten zu lassen. Ich denke, ein „*Mister popular*", wie sie Dich am Aloha College nannten, hätte die Redaktion geduldig genug davon überzeugt, dass in der Kooperation mit dem *Economist* eine gewaltige Chance lag, die die Risiken bei Weitem überwog. Er hätte die Ängste seiner Mitarbeiter, durch preiswerte *Economist*-Texte um den eigenen Job gebracht zu werden, rechtzeitig erkannt und ausgeräumt, statt von ihrem Schreiben völlig überrascht zu werden. Er hätte vor allem seinen ehrgeizigen Stellvertreter unter Kontrolle und seinen Geschäftsführer zum Freund gehabt, statt dass beide mich dringend entmachtet sehen wollten. Ein „*Mister popular*" wäre gar nicht in die Lage gekommen, sich zwischen einer unangenehmen Fortführung seiner Chefredaktion und den Freuden einer neuen Vaterschaft zu entscheiden, sondern hätte beides schon viel früher – schon bei seinen ersten Kindern – in Einklang gebracht.

Kommando zurück: Ich weiß nicht, ob das wirklich möglich ist. Ich zweifle, dass *profil* überlebt hätte, wenn ich in seinen Anfangsjahren nicht achtzig Wochenstunden gearbeitet hätte. Ein Unternehmen zu gründen, oder zumindest mit zu begründen, ist, fürchte ich, immer mit einem 16-Stunden-Tag verbunden. Zumindest wenn man nicht außergewöhnliches Glück hat oder, wie Oscar Bronner, außergewöhnlich viel Fantasie besitzt und imstande ist, andere zu einem 16-Stunden-Tag zu animieren.

Es ist das Unangenehme am Dasein eines Arbeitnehmers in einer Spitzenposition, dass es fast immer damit verbunden ist, mehr Arbeit auf sich zu nehmen, als dem Familienleben guttut. Aber zu wenig Arbeit tut ihm schon gar nicht gut: Es hat Monate gedauert, ehe ich die Depression, in die mich der Abschied von *profil* gestürzt hat, einigermaßen überwunden hatte.

Finanziell war er dagegen von Nutzen. Rund dreitausend Euro für einen Kommentar pro Woche waren wirklich sehr viel Geld. Gleichzeitig habe ich die Jugendzeitschrift, die ich als Mini-*profil* im Rahmen des *trend*-Verlages gründen wollte, stattdessen als *Klex* im Rahmen des *Kurier* gegründet und schließlich allein übernommen. Sie hat sich so gut entwickelt, dass wir eine Hälfte an einen starken Partner verkaufen konnten und von der anderen Hälfte leben können. Alles eher als ein großes, aber doch ein solides kleines Geschäft, das Freude macht und jung hält.

Ich habe mich manchmal gefragt, warum es mir nie gelungen ist, wie Oscar Bronner eine große Zeitung zu gründen, obwohl ich zweimal einen Anlauf dazu genommen habe: Einmal hoffte ich, Geld für eine Qualitäts-Tageszeitung aufzutreiben, für die mir immerhin Hugo Portisch als Chefredakteur zugesagt hatte, einmal waren die besten Journalisten des *profil* bereit, ein neues Magazin à la *News* mit mir zu gründen: mehr Bilder, kürzere Texte und ein Einstandspreis von zehn Schilling. In beiden Fällen habe ich trotz eines glaubwürdigen Konzepts und des besten denkbaren Teams niemanden gefunden, der mir das nötige Geld gegeben hätte.

Bronner bekam es für den *Standard* sogar ohne redaktionelles Team – es muss also am Unterschied zwischen uns beiden gelegen sein.

Der bestand einmal darin, dass Bronner über ein, wenn auch eher kleines, Ausgangskapital verfügte: Um den *trend* zu gründen, verpfändete er seinen Bungalow am Maurer Berg. Ich habe von meinem Vater keinen solchen Bungalow mit auf den Weg bekommen, aber ich gestehe, dass ich nicht riskiert hätte, ihn zu verpfänden, wenn das der Fall gewesen wäre.

Bronner war – anders als ich – immer bereit, volles Risiko zu gehen. Denn er hielt dieses Risiko in tiefster Seele für gar nicht so groß, so überzeugt war er immer von seinem Erfolg.

Das war der entscheidende Unterschied zwischen uns beiden: Bronner war immer unendlich selbstsicher – ich war es nur in den engen Grenzen meiner journalistischen Fähigkeiten.

Dabei hatte auch er eine schwierige Kindheit. Aber die Frau, mit der er den Großteil davon verbracht hat, die Schauspielerin Bruni Löbel, hat sich nach ihrer Scheidung nicht wie meine Mutter als restlos gescheitert betrachtet. Sie hat weiterhin an sich geglaubt – vielleicht ist das einer der Gründe, warum auch Oscar Bronner weiterhin an sich glauben konnte.

Da ich dieses erstaunlich resistente Selbstbewusstsein allerdings bei fast allen meinen jüdischen Freunden vorgefunden habe, habe ich dazu auch noch eine andere Theorie: Jüdische Eltern sehen in ihren Kindern fast durchwegs mittlere Genies. Sie geben ihnen die Überzeugung, etwas ganz Besonderes zu sein, mit auf den Lebensweg, weil sie wissen, wie oft auf diesem Lebensweg sie übelster Diskriminierung ausgesetzt sein werden.

Dagegen soll ihr Selbstvertrauen sie wappnen.

Bei Bronner paarte sich überragendes Selbstvertrauen mit einer tatsächlich überragenden Intelligenz, mit Intuition und dazu noch mit Durchsetzungskraft.

Trotzdem wäre er mit *profil* um ein Haar gescheitert, weil er – ein wenig wie ich – auch nicht wirklich optimal mit seinen Angestellten umgehen konnte: Nachdem er ihnen die anfangs eher niedrigen Gehälter vollmundig durch das Versprechen einer späteren Mitbeteiligung schmackhaft gemacht hatte, vergrämte er sie, indem er immer neue Gründe vorbrachte, sie vorerst hintanzustellen.

Als der *Kurier* ein Konkurrenzprodukt zum *trend* forcierte und Kurt Falk zusammen mit Gerd Bucerius unter dem Titel *Zeit-Bild* ein Gegen-*profil* herausbringen wollte, traten fast alle Redakteure in intensive Verhandlungen mit den beiden Großverlagen, die nicht nur leitende Positionen, sondern auch Handgelder anboten.

Die Einzigen, die eisern blieben, waren der Herausgeber des *trend*, Jens Tschebull, und ich.

Bronner erkannte den Ernst der Lage und übergab uns 50 Prozent des Verlages – wir teilten sie nach einem eilig erdachten Schema an die wichtigsten Mitarbeiter auf und hielten sie so an Bord.

Die Konkurrenz der Großverlage drohte freilich noch immer, und diesmal erwies auch ich mich erstmals als Unternehmer – oder zumindest Subunternehmer: Ich kam zu dem Schluss, dass es klüger war, an der Seite eines honorigen Großverlages sicher zu überleben, als heroisch allein zu bleiben und mit großer Wahrscheinlichkeit unterzugehen. Um die heftige Konkurrenz von *Kurier* und *Krone* wissend, rief ich Gerd Bacher an und warnte, dass uns die *Kronen Zeitung*, an der Kurt Falk damals noch zur Hälfte beteiligt war, fressen könnte. Das führte zum erhofften Erfolg: Schon wenige Tage später machte der *Kurier* ein erstklassiges Angebot. Bronner verkaufte ihm seine fünfzig Prozent sofort und ging als Maler nach New York, die Redakteure verkauften ihre persönlich gehaltenen 25 Prozent nach einem Jahr und der von einer Redaktionsgesellschaft gehaltene Rest wurde ein paar Jahre später verkauft.

Ich lukrierte erstmals im Leben Beträge von mehr als hunderttausend Euro.

Charakteristischerweise habe ich sie in den Umbau unseres Wohnhauses in Mauer gesteckt und damit die Rüge Hans Pruschas herausgefordert. Ein geborener Unternehmer täte das nie.

Allerdings hat auch Bronner den Löwenanteil seines Erlöses aus dem Verkauf des *trend*-Verlages in eine Immobilie gesteckt: Im Prater Cottage erwarb er ein wunderschönes Mehrfamilienhaus, in dessen hohen Räumen er seine großformatigen Bilder ideal präsentieren konnte, und verbrauchte einen weiteren Teil für ein Loft in New York, wohin er schließlich aufbrach, um im Zentrum des neuen Kunstgeschehens zu sein.

Anders als Menschen, die nur in Bilanzen zu denken vermögen, vermochte er sein Geld immer auch zu genießen und wäre vielleicht, statt sich neuerlich ins Zeitungsgeschäft zu stürzen, ein glücklicher Maler geblieben, wenn seine Begabung zu einer echten Karriere auf diesem Gebiet gereicht hätte.

So dürfte er erkannt haben, dass er letztlich nur unter die begabten Dilettanten zählte, und wollte anderswo Erfüllung finden: „Österreich braucht dringend eine wirklich unabhängige Qualitätszeitung", konstatierte er auf dem Höhepunkt der Waldheim-Affäre, „ich habe mich entschlossen, sie zu gründen."

Er sagte nicht: Ich werde versuchen, eine hochwertige Tageszeitung ins Leben zu rufen – er sagte: Ich habe mich entschlossen, sie zu gründen.

Wenn er den Titel damals schon gewusst hätte, hätte er das Türschild für den Aufgang zur Redaktion angeschafft, so überzeugt war er, dass es ihm gelingen würde. Obwohl er das Mediengeschäft seit Jahren nur aus weiter Ferne beobachtet hatte; obwohl er kein nennenswertes Kapital besaß; obwohl er kein Team an der Hand hatte; obwohl es für ein solches Unterfangen eines zweistelligen Millionenbetrages bedarf.

Dies war zweifellos der entscheidende Unterschied zwischen uns beiden: Bronner zweifelte selbst unter ungünstigsten Bedingungen keinen Augenblick an seinem Erfolg – ich schloss selbst unter günstigen Bedingungen nicht aus zu scheitern.

Das darf man nicht, wenn man ein Unternehmer sein will.

An diesem psychischen Defizit gemessen sind die objektiven Voraussetzungen unerheblich. Auch für das von mir verfolgte Projekt gab es eine Marktlücke: ein Nachrichtenmagazin, das sich wesentlich kürzer als *profil* fassen und dafür wesentlich mehr Bilder präsentieren würde. Ich hatte ein erstklassiges Team an der Hand: Die besten Leute des *profil* waren bereit mitzumachen. Und ich war selbst noch gut im Geschäft: eben erst aus *profil* ausgeschieden und belagert von Lesern, die meinten, ich sollte diesen Fehler doch wieder gut und eine eigene Zeitschrift machen.

Es gab sogar jemanden, der viel Geld hatte und sich aus politischen Gründen sehr ernsthaft für dieses Projekt interessierte: Der Industrielle Karl Kahane schätzte mich als Journalisten, kannte meine Aversion gegen braunes Gedankengut und wusste, dass ich einer sozialdemokratischen Regierung grundsätzlich genauso offen gegenüberstehen würde wie einer bürgerlichen. Es war im Gunde die gleiche politische Stimmung, die dem *Standard* eine Chance gab: Immer mehr Wechselwähler wollten ihre Information aus Medien beziehen, deren Herausgeber gleichfalls Wechselwähler waren.

Bronner und ich gehörten gleichermaßen der in Österreich eher raren Spezies der Liberalen an: wirtschaftspolitisch extrem marktwirtschaftlich orientiert – aber gesellschaftspolitisch eher links.

Auf dem Sektor der Tageszeitungen war der Bedarf nach einem Blatt, das diese Linie vertrat, zum damaligen Zeitpunkt zweifellos größer als auf dem Sektor der Magazine – denn es gab ja *profil* –, aber wie viel Platz neben *profil* medial noch offen war, hat *News* bewiesen.

Ich hatte also die mindestens gleich gute Ausgangposition – trotzdem ist nur Bronner angekommen.

Hatte ich von Beginn an ein Team, das ich gegenüber potenziellen Geldgebern ins Treffen führen konnte, so hatte Bronner einen anderen Startvorteil: Er konnte darauf verweisen, schon einmal erfolgreich zwei Printmedien – *trend* und *profil* – gegründet zu haben. Ich hingegen konnte nur anführen, dass ich *profil* von einem defizitären Monatsmagazin mit anonymen und uniformen Beiträgen, völlig ohne Bronner, zu einem erfolgreichen wöchentlichen Nachrichtenmagazin mit persönlich gefärbten Reportagen und Kommentaren umgebaut hatte.

Aber die Leistung eines Managers, in diesem Fall eines Chefredakteurs, wiegt in den Augen von Geldgebern ungleich weniger als die von Erfolg gekrönte Risikobereitschaft eines Gründers. Deshalb werden selbst kleine Unternehmer wirklich reich, während selbst exzellente Manager nur dann sehr gut verdienen, wenn sie sich im Wege von Aktien-Optionen am Unternehmen beteiligen können.

Wer einmal etwas gegründet hat, hat es beim zweiten Mal ungleich leichter – so wie jemand, der ein erstes Buch veröffentlichen konnte, ungleich leichter auch den Vertrag für ein zweites bekommt. Denn die wenigsten Verleger oder Lektoren sind sich ihres Geschmacks sicher: Bevor sie es riskieren, das Buch eines Unbekannten grandios zu finden, setzen sie lieber auf das Manuskript eines „bewährten" Autors, der sich – und sei es selbst mäßig – schon einmal verkauft hat. Und wahrscheinlich haben die Verlage damit wirtschaftlich recht: Isabel Allende zum Beispiel kann mittlerweile den zehnten Aufguss immer der gleichen Erfahrungen schreiben und es wird jedes Mal ein Bestseller daraus.

Bei der Gründung eines Unternehmens ist das nicht viel anders: Die Brüder Fellner konnten *Österreich* problemlos finanzieren, denn sie hatten zuvor die Volltreffer *News* und *Woman* gelandet.

Das überzeugt Geldgeber mehr als jedes Konzept.

Bei Bronner lagen die Treffer allerdings schon viele Jahre zurück und also spielte das Konzept beim *Standard* eine größere Rolle: Weil er mich ursprünglich als Chefredakteur vorgesehen hatte, war ich dabei, wie er es dem für Beteiligungen zuständigen Vorstand des deutschen Springer-Verlages präsentierte: Der *Standard* sollte eine absolut elitäre Finanz-Zeitung ohne Chronik und Sportteil werden. Schlank und rank – mit überschaubaren Redaktions- und Druckkosten – sollte er von vornherein fast ausschließlich von hohen Inserateneinnahmen leben.

Als ich naiv fragte, wie weit man dieses minimalistische Konzept in Umfragen abgetestet habe – ich lese die Sportseiten mindestens so gerne wie die innenpolitische Berichterstattung –, entgegnete mir der Springer-Vorstand: „Herr Bronner ist überzeugt – das genügt."

In der Praxis ist der *Standard* dann doch eine ziemlich normale Zeitung geworden und die Sportseite zählt zu seinen wichtigsten Atouts. Aber Konzepte, die man Geldgebern vorlegt, sind idealerweise so beschaffen, dass sie etwas völlig Neues, Außergewöhnliches zu wesentlich geringeren Kosten als alles Bisherige in Aussicht stellen.

Speziell für Eric: Solltest Du jemals ein Konzept erstellen, merke Dir das als Regel: Wichtiger als seine Qualität ist sein Profil. Der potenzielle Geldgeber muss es blitzartig erfassen können und es muss sich auf eineinhalb Seiten darstellen lassen – sonst lesen Vorstände es gar nicht erst.

Und jetzt das Wichtigste: Schreibe klar und deutlich hin, dass das von Dir vorgeschlagene Projekt in spätestens fünf Jahren in den schwarzen Zahlen ist. Wenn Du darüber den geringsten Zweifel offenlässt, bist Du ohne Chance.

Wahrscheinlich war das mein größter Fehler: „Ich gehe davon aus", so habe ich Karl Kahane in unserem letzten Gespräch die für die ersten drei Jahre erstellte Kostenrechnung erläutert, „dass die *Republik*" – so der Arbeitstitel des geplanten Nachrichtenmagazins – „in rund fünf Jahren den Break-even-Punkt erreicht." Und dann der tödliche Nachsatz: „Jedenfalls wird es ein erstklassiges Magazin sein und Sie auch im schlimmsten Fall nicht mehr kosten als ihr Büro am Schwarzenbergplatz."

Drei Tage später sagte Kahane ab.

Dass jemand für möglich hält, dass sein Projekt nur wenig verlieren anstatt viel verdienen könnte, geht Geldgebern auch dann gegen den Strich, wenn die diesbezügliche Möglichkeit nur als *„worst case"*-Szenario aufgezeigt wird, denn sie verrät Zweifel.

Oscar Bronner, so würde ich vermuten, genießt bei Springer ungebrochene Wertschätzung, obwohl er die Deutschen zig Millionen gekostet hat, denn er hat sich ihnen gegenüber als der gewieftere, als der geborene Unternehmer erwiesen.

Ich bin das nicht.

Ich wünsche mir manchmal, dass Du es sein könntest.

Aber ganz sicher bin ich mir dessen nicht.

Ich habe später noch ein paar Mal einen kleinen Anlauf genommen, ein Magazin zu gründen. Statt eines Wochenmagazins immer nur ein Monatsmagazin, für das man sehr viel weniger Kapital brauchte. Mit 600.000 Euro im Jahr, so habe ich diversen sehr reichen Geschäftsleuten vorgerechnet, könnte ich ein Monatsmagazin von der Qualität des monatlichen *profil* sicherstellen – in meinen Augen das beste *profil*, das es jemals gegeben hat.

Wahrscheinlich würde ich diesen Betrag in ein paar Jahren gar nicht mehr brauchen – aber selbst wenn ich ihn dann immer noch brauchte, wäre der Verlust für sie minimal, denn sie könnten mir das Geld im Wege von Inseraten zuwenden, die für sie jedenfalls von einigem Werbewert und von der Steuer abschreibbar wären. Wenn sich drei, vier von ihnen zusammentäten, würden sie die Beträge nicht einmal bemerken – und Österreich könnte eine hervorragende Zeitschrift gewinnen.

Ich bin nie auch nur zu einem zweiten Gespräch gelangt.

Die Annahme, ein Geldgeber könnte etwas für ihn nicht sehr Kostspieliges unter anderem aus Idealismus – zum Wohle der Allgemeinheit – tun, ist in Österreich und wahrscheinlich auch in Deutschland in 99 von 100 Fällen falsch, sie gewinnt erst wieder bei Männern vom Format eines Bill Gates oder eines George Soros Gewicht.

Nicht nur, weil sie über noch viel mehr Geld verfügen, sondern weil es im angelsächsischen Raum noch immer Reste jenes Calvinismus gibt, der laut Max Weber die Ausgangsbasis des Kapitalismus gewesen ist.

Ohne religiöses Bekenntnis darf ich es weniger puritanisch sehen: Es wäre manchmal schön, sehr reich zu sein, weil man dann die Macht hätte, etwas zu gründen, das man für wichtig hält, obwohl es vielleicht nichts einbringt und vielleicht sogar etwas kostet.

30. *Speziell für Eric:*
Das „Leck mich am Arsch"-Kapital

Reich zu sein ließe nicht nur zu, eine gute Zeitschrift herauszugeben, obwohl sie etwas kostet, sondern finanzielle Unabhängigkeit ist ganz allgemein eine wesentliche Voraussetzung für persönliche Freiheit und politische Unabhängigkeit. Das gilt auch für die Unabhängigkeit eines Sohnes von seinem Vater.

Ich verdanke die folgende überaus präzise Definition der zauberhaften Frau meines leider verstorbenen Steuerberaters, die allerdings nebenher einem reichen pakistanischen Adelsgeschlecht entstammt und außerdem eine hohe Position bei der UNO bekleidet: Das „Leck mich am Arsch"-Kapital ist demnach jene Summe Geldes, die nötig ist, um bei konservativer Veranlagung so viel an Zinsen abzuwerfen, dass man davon akzeptabel zu leben vermag: in einer hübschen Wohnung, mit einem Auto der Golf-Klasse und ohne darüber nachdenken zu müssen, ob man in die Oper gehen kann, obwohl nur mehr Parkett-Sitze zu haben sind.

Viertausend Euro netto im Monat, so meinte die Prinzessin im Jahr 1990, sei ausreichend, diesen Lebensstil zu gewährleisten.

Um diesen Betrag – rund 50.000 Euro im Jahr – bereitzustellen, bedürfe es, bei sicherer Veranlagung, eines Kapitals von rund 1,5 Millionen. Dieses unangetastet zu besitzen, sollte daher jedermanns Ziel sein, denn es erlaube, den folgenden, von ihr einfühlsam vorgetragenen fiktiven Vorfall angemessen zu überstehen: „Stellen Sie sich vor, Ihr mäßig sympathischer Chef kommt in Ihr Büro, um mit Ihnen über Ihren jüngsten Bericht in einer heiklen Angelegenheit zu sprechen. ‚Herr Lingens', sagt er zum Beispiel, ‚Sie scheinen mir in dieser Causa doch etwas voreingenommen. Wenn Sie wieder etwas darüber schreiben, sollte ich den Text unbedingt vorher kurz durchsehen, damit Sie keine Probleme bekommen.' ‚Natürlich', so können Sie dann antworten, ‚ich habe das vollste Verständnis für Ihre Besorgnis. Aber wissen Sie was: Lecken Sie mich am Arsch!'"

Ich habe leider mein Lebtag nie über das „Leck mich am Arsch"-Kapital verfügt – mit vier Kindern aus zwei Ehen hätte ich dazu schon vielfacher Millionär sein müssen –, aber ich hatte das Glück, die längste Zeit keinen Chef zu haben.

Ich empfehle Dir, entweder auch Dein eigener Chef zu werden oder jedenfalls sehr viel zu verdienen und trotzdem halbwegs sparsam zu leben – nur so gelangt ein Angestellter vielleicht zum „Leck mich am Arsch"-Kapital.

Es sei denn, Du heiratest reich.

Von meinem Vater ist mir dazu folgende lehrreiche Geschichte überliefert: Einer seiner Freunde, ein früher „Existentialist", der bis dahin in einem Untermietzimmer über die Sinnlosigkeit des Daseins nachgedacht hatte, überraschte ihn durch seine plötzliche Heirat mit einer nicht sehr attraktiven, aber sehr wohlhabenden Apothekerstochter.

„Ausgerechnet Du?", fragte mein Vater.

„Wieso ausgerechnet ich?", fragte der Philosoph zurück. „Um das Nichts zu bejahen, bedarf es einer gewissen materiellen Grundlage."

Als die Wirtschaftkrise das Vermögen der Apothekerstochter auffraß, ließ der Philosoph sich scheiden. „Findest Du den Zeitpunkt nicht ein bisschen unpassend?", fragte ihn mein Vater.

„Man wird sich doch noch seelisch entwickeln dürfen", belehrte ihn der Philosoph.

Beide Aussprüche gehören seither zum Zitatenschatz unserer Familie und ich möchte vor allem den ersten an Dich weiterreichen: Fast alles auf der Welt bedarf einer gewissen materiellen Grundlage. Deshalb sollte jeder Mensch zumindest danach streben, irgendwann das „Leck mich am Arsch"-Kapital zu besitzen. Der größte Vorzug gewisser Ersparnisse ist auch in einer gehobenen Position die erheblich größere Unabhängigkeit: Man kann zumindest dann „Leck mich am Arsch" sagen, wenn einem Unerträgliches oder Unanständiges zugemutet wird. Nur wer dazu in der Lage ist, kann von sich behaupten, ein freier Mann zu sein. Mein Kollege Christian Ortner zum Beispiel war in der Lage, nicht nur eine Führungsposition aufzugeben, die ihm nicht mehr passte, sondern auch noch ein Angebot abzulehnen, das von einer Seite kam, die er nicht schätzte. Denn er hatte immerhin so viel auf seinem Bankkonto, dass er ein gutes Jahr sorgenfrei davon leben konnte.

Außerdem ist er ein „Single", und das erleichtert die Unabhängigkeit gegenüber einem vierfachen Vater gewaltig.

Zumindest Chefredakteure sollten aber eigentlich in der Lage sein, unappetitliche Angebote auch dann zurückzuweisen, wenn sie Familie haben. Das ist aber leider bei der Gehaltsstruktur österreichischer Medien nur ganz selten der Fall. Höchstens die Intendanten des ORF hätten jederzeit „Leck mich am Arsch" sagen können, denn sie sind durch horrende Pensionen abgesichert. Trotzdem hat es nie einer von ihnen gesagt, denn die Eigentümer – die erweiterten Großparteien – bestellen seit ihren traumatischen Erfahrungen mit dem von ihnen tatsächlich erstaunlich unabhängigen Gerd Bacher sicherheitshalber nur Personen zu Intendanten, von denen sie grundsätzlich kein Götz-Zitat zu fürchten haben.

Ganz generell ist Österreich ein Land, in dem man die Leute, die irgendwelchen Oberen das Götz-Zitat zu sagen bereit sind, an den Fingern einer Hand abzählen kann – dafür gibt es besonders viele Leute, die es hinter vorgehaltener Hand wirkungslos murmeln.

Diese leise Feigheit, verbunden mit mangelnder wirtschaftlicher Unabhängigkeit, ist einer der Gründe für den hierzulande ubiquitären Mangel an Zivilcourage: Man sagt überall dort leichter „Lecken Sie mich am Arsch", wo es leichter ist, an das „Leck mich am Arsch"-Kapital zu kommen.

Am leichtesten erwirbt man es zweifellos in den USA – das scheint mir einer der Gründe dafür, dass sie nach wie vor, und trotz zweier Amtszeiten des George W. Bush, das freieste Land der Welt sind.

Man kann sich leider auch in größter Freiheit für den falschen Präsidenten entscheiden.

Umgekehrt ist das Verbot jeglichen Privateigentums in Nordkorea (oder seinerzeit in der Sowjetunion) sicher einer der Gründe, dass sich dessen totalitäres Regime so lange halten kann (so lange halten konnte).

Dass faschistische Regime Privateigentum nicht beseitigt, sondern geduldet, ja seine Bildung gelegentlich sogar erleichtert haben, war einer der Gründe dafür, dass sie so viel kürzer als kommunistische Regime gedauert haben: Selbst wenn sie nicht gestürzt oder besiegt worden sind, haben sie sich – von Salazars Portugal über Francos Spanien bis zu Pinochets Chile – im Laufe der Jahre immer mehr aufgeweicht, um am Ende mit erstaunlicher Leichtigkeit von einem unabhängigen Bürgertum abgelöst zu werden.

Privateigentum ist wirklich ein Pfeiler der Freiheit – das behaupten nicht nur die „bürgerlichen Parteien", das scheinen mittlerweile auch die letzten noch vom Marxismus geistesgeschwächten Sozialdemokraten begriffen zu haben.

„Warum holst Du so weit aus – bloß um mir zu sagen, dass ich sparsamer sein soll?", wirst Du fragen.

Weil ich die stille Hoffnung hege, dass Du erkennst, dass Geld nicht nur dazu da ist, ein Handy, ein Mischpult und einen besseren Tischtennisschläger zu kaufen (sosehr ich Dein Tischtennisspiel schätze), sondern dass es die Welt bewegt: Wirtschaft kann sich nur in dem Maße entfalten, in dem ihr Geld zur Verfügung steht – Du wirst das hoffentlich im Rahmen Deiner nationalökonomischen Vorlesungen noch genauer hören, als ich es weiter vorne beschrieben habe –, und Freiheit bedarf nicht nur der Absicherung durch Demokratie und Rechtsstaat, sondern – wie selbst der alte Aristoteles schon wusste – auch durch private Vermögensbildung.

Das gilt auch für Dich: Du musst mir so lange gehorchen, als ich für Dein Leben aufkomme – der Geldhahn hat sich jedenfalls als mein wirksamstes Druckmittel erwiesen.

Das hat Dich immer wieder irritiert.

Ich wünsche mir, dass diese Irritation dazu führt, dass Du alles daran setzst, möglichst bald auf eigenen finanziellen Füßen zu stehen. Nicht indem Du in den Sommerferien jobbst, obwohl das auch nicht schadet, sondern indem Du Dein Studium wie in diesem letzten Jahr mit aller Kraft vorantreibst. Und indem Du lernst, mit Geld etwas sorgsamer umzugehen: Wenn Du es weiterhin so locker ausgegeben hättest, wie Du das unmittelbar nach Deiner Übersiedlung aus Marbella nach Wien getan hast, hättest Du Dein Leben lang zu wenig davon gehabt. Deshalb hoffe ich auf Dein Verständnis, wenn ich schreibe: Mir ist ein Stein vom Herzen gefallen, dass es in den letzten eineinhalb Jahren so viel besser funktioniert.

Wenn ich mich frage, was wir falsch gemacht haben – Eltern verantworten immer die Schwächen ihrer Kinder –, dann hat Marbella, fürchte ich, eine Menge damit zu tun.

Auch wir haben dort in den letzten Jahren sehr viel leichtfertiger eingekauft als früher. Das hängt damit zusammen, dass wir nicht mehr so jung sind. Sowohl Deine Mutter als auch ich haben uns plötzlich zu fragen begonnen: Worauf warten wir eigentlich noch? Wann soll ich mir denn das Hemd leisten, das mir in der Boutique in Puerto Banus so gefallen hat, wenn nicht jetzt? Wann, wenn nicht jetzt, soll Deine Mutter sich das rote Abendkleid kaufen, das sie sich schon so lange wünscht? Bis der Ausschnitt für ihr Alter zu gewagt ist? Schließlich haben wir durch Jahrzehnte nicht nur wie verrückt gerackert, sondern auch wie die Sparschweine gelebt. Deine Mutter fährt immer noch ein Auto, das wir schon gebraucht erworben haben; ich zimmere immer noch unsere Einbauschränke selbst, um den teuren Tischler zu sparen – da dürfen wir doch endlich etwas lockerer sein, wenn es um ein Kostüm, einen Anzug oder eine Grafik geht.

Aber das versteht ein Kind wahrscheinlich nicht. Es sieht nur, dass die Eltern in ein Geschäft gehen und sich einfach kaufen, was ihnen gerade ins Auge gestochen hat – ohne eingehende Planung, ohne lange Prüfung der Notwendigkeit, ohne Preisvergleich.

Also hast Du es genauso gemacht.

Ich fürchte, dazu hat noch ein zweiter Faktor Deiner Eltern beigetragen: Wir haben auch Dir nach unserer Übersiedlung nach Marbella öfter und schneller gekauft, was Du Dir gewünscht hast, um Dich über den Verlust Deiner Wiener Geschwister, Freunde und geliebten Maurer Hunde hinwegzutrösten. Und wir haben Dich vor allem – weil das technisch gar nicht anders gegangen wäre – im Aloha College untergebracht, in das in Marbella die Kinder der „Reichen und Schönen" gehen, obwohl Deine Mutter zwar schön, Dein Vater aber nicht reich ist. An sich hat dieses College alle unsere Vorstellungen von einer erstklassigen Schule ideal erfüllt: Unterricht in kleinen und kleinsten Gruppen; selbstständiges Erarbeiten des Stoffes wie an der Universität; Theaterspielen als gleichberechtigtes Unterrichtsfach; und soziales Engagement als schulische Verpflichtung.

Ich habe immer von einer solchen Schule geträumt.

Doch leider hat sie Dich nicht nur mit ungemein engagierten englischen Lehrern konfrontiert (die übrigens durchaus mäßig verdienen), sondern in weit höherem Maße mit einer Dir bis dahin unbekannten Welt: der Welt der Superreichen.

Auch wenn Deine Mitschüler hundertmal die vorgeschriebene, für alle gleiche Schuluniform getragen haben, konnte Dir doch nicht entgehen, wie sie von ihren Müttern mit den neuesten Mercedes, Porsches oder Bentleys abgeholt wurden. Wahrscheinlich hätten wir hellhörig werden sollen, als Du Dich einmal geniert hast, von mir mit meinem alten Mitsubishi in die Schule gebracht zu werden: Der BMW Deiner Mutter war zwar ebenfalls alt, aber immerhin ein BMW und sogar ein Cabrio – das stank nicht so sichtbar ab.

Zwar hast Du gelegentlich durchaus über den Reichtum Deiner Schulkollegen lachen können: Wie zum Beispiel über das Mädchen, das Dich, als Du ihr erzählt hast, Du hättest kein Flugticket für Wien mehr bekommen, ganz unschuldig gefragt hat: „Why didn't you lease a jet?" Auch dass sie mit ihrem Vater allein in einem Haus mit 3000 Quadratmeter Wohnfläche gelebt hat, hat Dich amüsiert. Aber es dürfte doch nicht ganz spurlos an Dir vorübergegangen sein, dass sie letztlich auf Distanz zu Dir geblieben ist, weil sie schon einem Burschen aus ähnlich reichem Haus versprochen war. Statt dass Du sie dafür bedauert hast, dass sie ihre Gefühle nach Bankkonten ausrichten muss, hast Du doch eher Dich bedauert.

Ich verstehe nachträglich, wie schwer das alles gewesen ist: Mitschüler, die eine Disco mieten, um ihren Geburtstag zu feiern; Freunde, die sich, wenn sie etwas brauchen, „ein paar Scheine" aus dem elterlichen Safe holen, „weil die Eltern das gar nicht bemerken"; Freundinnen, die jetzt selbstverständlich schon ihren eigenen Wagen fahren, während Du Dir unseren ausborgen musst. (Deine Geschwister werden Dir trotzdem vorwerfen, dass Du viel mehr als sie verwöhnt wurdest, obwohl deine Schwester in deinem Alter schon einen kleinen, wenn auch gebrauchten Sportwagen zur Verfügung hatte – dieser leise Argwohn unter Geschwistern ist unvermeidbar, also gewöhne Dich daran.)

Ich begreife, dass es sehr, sehr schwer ist, zwischen Kameraden aufzuwachsen, deren Familien so viel reicher als die eigene sind. Dass in Wohlstand aufzuwachsen und dennoch den sorgsamen Umgang mit Geld zu erlernen, vielleicht überhaupt schwerer ist, als in beengten Verhältnissen aufzuwachsen und durch den sorgsamen Umgang mit Geld Wohlstand zu erwerben.

Der Formel-1-Milliardär Bernie Ecclestone musste in einem Fernsehinterview bekennen, er sei restlos daran gescheitert, seinen Töchtern einen vernünftigen Umgang mit Geld beizubringen – sie werfen es zum Fenster hinaus. Ich bin heilfroh, dass Du mir seit unserer Übersiedlung nach Wien die Sorge abgenommen hast, ein ähnliches Bekenntnis ablegen zu müssen.

Selbst eine pudelarme Kindheit ist nur dann ein Handicap, wenn sie Dir die Chance auf eine erstklassige Ausbildung nimmt. Wenn Du dieses Handicap überwindest, bist Du in neun von zehn Fällen sogar doppelt so schnell an Deinem Ziel: Friedrich Lauscher, Dein Großvater mütterlicherseits, war im Alter von elf Jahren gezwungen, sich und seine Eltern mit Nachhilfestunden durchzubringen, denn sein Vater war in der Krise arbeitslos geworden und seine Mutter litt an Leukämie. So gab er nicht nur Gleichaltrigen Nachhilfeunterricht, sondern betreute sogar ältere Mitschüler, denn er war im Lehrstoff immer um eine Klasse voraus. Nach seiner ersten größeren Prüfung an der Universität verhalf ihm sein Prüfer zu einer Stellung als wissenschaftliche Hilfskraft, die ihm erlaubte, weiter zu studieren. Er war in der kürzestmöglichen Zeit fertig und wurde zu einem angesehenen Professor für Meteorologie.

Ich will Dir nicht vorenthalten, dass diese Kindheit ihn auch eine Menge gekostet hat: die Fähigkeit, sich gelegentlich in Ruhe zurückzulehnen zum Beispiel; die Fähigkeit, nicht nur seinen Verstand, sondern auch seinen Geschmack zu schulen; oder Geld für etwas anderes als wissenschaftliche Literatur auszugeben.

Nein, ich plädiere nicht für die „harte Schule der Armut", die Schwächere gnadenlos aussondert und selbst Starke nicht selten verstümmelt – ich stelle ihr nur das Risiko des „gemachten Bettes" gegenüber, das zum Ausruhen einlädt.

Es interessierte mich im Übrigen, wie viele Deiner Schulkameraden aus Marbella imstande sein werden, aus eigener Kraft Reichtum zu schaffen. Denn den

Reichtum, der Dich an ihnen fasziniert hat, haben nicht sie, sondern ihre Eltern oder sogar Großeltern geschaffen – und in dem einen oder anderen Fall möchte ich besser nicht wissen, wie.

Vielleicht kanntest Du in Marbella auch die falschen reichen Leute. Die wenigen reichen Leuten, die ich kenne, ermöglichen ihren Kindern keineswegs, Geld aus dem Safe zu nehmen, sondern wissen sehr genau – ich fürchte genauer als ich –, welche Beträge sie dort verwahren. Sie leasen auch keine Jets, wenn sie sie nicht geschäftlich brauchen und die Kosten von der Steuer absetzen können. Und wenn ihre Töchter heiraten, ziehen sie einen tüchtigen Schwiegersohn einem reichen Schwiegersohn vor.

Versuche, ein solcher Mann zu werden: einer, den man reich geborenen jungen Männern vorzieht, weil er es selbst zu etwas gebracht hat. Du hast doch alle Voraussetzungen dazu: warst an den besten Schulen, bist zu den besten Universitäten zugelassen, sprichst drei Sprachen wie Deine Muttersprache, wurdest vom Aloha College für die „Global Young Leaders Conference" nominiert.

Miss Dich an diesen Deinen Qualitäten, nicht am Vermögen Deiner Eltern.

Wenn schon, dann an der Schönheit Deiner Mutter, die alle doppelt so jungen Mütter Deiner Kameraden in den Schatten stellt. Wenn schon, dann an der Wertschätzung, die Dein Vater bei manchen Leuten genossen hat, die sich auch mit den Reichsten von Marbella nur in Ausnahmefällen abgegeben hätten. Ich fahre zwar keinen Porsche, aber dafür findest Du in der vierten Reihe des Bücherregals im Wohnzimmer zwei Bücher, die mir Karl Popper gewidmet hat, und kannst erzählen, dass er mich zu seinem achtzigsten Geburtstag zu einem Vortrag über seine Thesen eingeladen und diesen dann „den schönsten von allen" genannt hat.

Das hat für mich schwerer gewogen, als wenn an diesem Tag ein Porsche vor meiner Haustür gestanden wäre. Ich wünsche mir, dass es auch für Dich ein bisschen Gewicht erhält.

Geld ist nicht alles.

Ererbtes Geld schon gar nicht: Ich wüsste nicht, was mir an jungen Menschen imponieren sollte, die von ihren Eltern ein paar Hundert Millionen Euro geerbt haben. Dass Dein Bruder Sebastian es geschafft hat, mit seiner Frau einen florierenden Kosmetiksalon zu gründen, imponiert mir. Dass Dein Bruder Oliver es geschafft hat, zum Werbeleiter eines Radio-Senders aufzusteigen, imponiert mir. Dass Deine Schwester Katharina als Sonderschullehrerin eine besonders große soziale Leistung für ein besonders kleines Gehalt erbringt, imponiert mir wahrscheinlich am meisten.

Du merkst vermutlich: Ich halte viel von erbrachter Leistung – und wenig von ererbtem Vermögen.

Vielleicht konntest Du das schon aus meiner Schilderung der Geschichte unserer Familie herauslesen: Achilles Thommen, der Eisenbahnen über Berge gebaut hat, hat mir imponiert. Friedrich Reiner, der es von einer Entenjagd zu einer Soja-Fabrik gebracht hat, hat mir imponiert. Beide imponieren mir ganz ungleich mehr als Walther Lingens, der als einer der reichsten Männer von Düsseldorf galt. Denn dieser Reichtum, neben dem der Wohlstand des Achilles Thommen oder des Friedrich Reiner sich lächerlich ausnahm, entsprang nicht eigener Leistung – der entsprang bloß sein Gehalt als Polizeipräsident von Köln –, sondern war von A–Z das Geschenk glücklicher Zufälle: Seine Familie besaß irgendwelche Tuchfabriken, die es Onkeln und Tanten gestatteten, ihm zu feierlichen Anlässen jeweils mehrere Tausend Golddukaten zu vermachen oder bei ihrem Tode zu hinterlassen – und seine Frau Eugenie war eine Piedboeuf, die einer Ehe mit einem Dawans entsprang.

Die Dawans besaßen eine der größten Eisenwaren-Erzeugungen Deutschlands: Sie stellten das Gros der Nägel und Schrauben fürs Reich her. Du hast in Grünewald ihr Sommerhaus gesehen – nicht zufällig wird es jetzt „Schloss Grünewald" genannt.

Die Piedboeufs waren ursprünglich Bierbrauer im benachbarten Belgien. Dort gibt es sie immer noch und ich habe sogar einmal eine Flasche ihres Bieres getrunken und dabei die gebührende Ehrfurcht vor erfolgreich gepflegter Tradition empfunden. Zum Brauen braucht man Kessel und irgendwann hat ein Zweig der Familie deren Herstellung zu seinem Hauptgeschäft gemacht: Neben den Bier-Piedboeufs entstanden so die Stahl-Piedboeufs und stießen mit ihrer Kesselproduktion schon bald erfolgreich nach Deutschland vor. Es gibt sogar ein Buch, das ihren Beitrag zur Industrialisierung des Rheinlandes würdigt, denn Kessel waren damals die Voraussetzung jeder Produktion, wurde diese doch fast ausschließlich mit Dampfmaschinen betrieben. Und weil auch Eisenbahnen damit betrieben wurden, bauten die Piedboeufs auch gleich zusammen mit der englischen Familie Talbot Eisenbahnwaggons und gossen Schienen. (Dieses Werk gibt es als Bombardier übrigens immer noch.)

Daher der Rang und der Reichtum der Stahl-Piedboeufs. Einmal mehr gestattete er diversen Verwandten, meiner Großmutter zu feierlichen Anlässen mehrere Tausend Golddukaten zu vermachen. In Summe machte das die Familie Lingens so reich, dass sie wahrscheinlich in der Lage gewesen wäre, mit den reichen Familien Deiner Schulkameraden aus Marbella mitzuhalten.

Es ist nur – und deshalb gehe ich so ausführlich auf diese Geschichte ein – so gut wie nichts von diesem Reichtum geblieben.

Erbe ist eine flüchtige Substanz.

Als Eugenie Lingens, bzw. nach ihrem frühen Tod ihre Kinder, die Kesselwerke erbten, waren diese bereits dem Untergang geweiht: Elektro- und Dieselmotoren hatten die Dampfmaschine abgelöst und die Kesselproduktion war auf ein unrentables Minimum zurückgegangen. Eugenies Vormund, ein gewisser „Onkel Theo", soll damit befasst gewesen sein, das gewaltige Unternehmen zu liquidieren. Mein Vater erinnerte sich an endlose Abrechnungen, auf deren Haben-Seite sich die Millionen addierten – nur dass ihnen auf der Soll-Seite ebensolche Millionenbeträge gegenüberstanden. Am Ende kam dann ein Guthaben von ein Paar Pfennig heraus, bis „Onkel Theo" diese ererbte Miteigentümerschaft meines Vaters eines Tages mit dem Satz beendet haben soll: „Es ist mir gelungen, die Vereinigten Kesselwerke ohne Verlust für die Familie zu liquidieren."

Angeblich, so erläuterte mir mein Vater dieses Ende, habe „Onkel Theo" die Anlagen, Hallen und Areale so erfolgreich an Krupp verkauft, dass er dort zu einem größeren Aktionär geworden sei – „aber in der Familie hat man nicht mehr mit ihm gesprochen".

Als ich meinen Onkel Ralf Lingens, jenen Halbbruder meines Vaters, der die Geschichte der Familie wie kein anderer kennt, mit dieser Darstellung konfrontierte, wies er sie freilich ebenso verblüfft wie energisch zurück: „Onkel Theo" sei völlig korrekt vorgegangen und habe sich in keiner Weise bereichert.

Damit ist die Geschichte nicht mehr ganz so Kapitalismus-kritisch, wie sie mein Vater aus der Perspektive seiner kommunistischen Jugend wohl sehen wollte: Kein Vormund, der sein Mündel um sein Vermögen bringt, indem er die Hallen viel zu billig verkauft und sich die Differenz auf den korrekten Preis mit dem Käufer teilt, sondern der Untergang eines Vermögens als Lehrbuchbeispiel für funktionierenden Kapitalismus: Auch ein noch so großes Unternehmen kann innerhalb kürzester Zeit zugrunde gehen, wenn neue Erfindungen seine Produkte überflüssig machen und seine Führung diesen Wandel nicht früh genug erkennt.

Auch ohne Vereinigte Kesselwerke war Dein Urgroßvater Walther Lingens allerdings noch immer wohlhabend genug, seinen vier ehelichen Söhnen jeweils einen Studienscheck zu schicken, von dem eine Familie leben konnte, und selbst als die Krise sein Vermögen viertelte, besaß er noch mehr Golddukaten als der fleißige Unternehmer Friedrich Reiner, dem die Geldentwertung die vorzeitige Rückzahlung jener Kredite erlaubte, mit denen er die Drina reguliert und die Entenjagd in Ackerboden verwandelt hatte.

Die „unternehmerische" Reaktion des Polizeipräsidenten auf die Geldentwertung sah, zumindest in der nicht sehr ehrfürchtigen Überlieferung meiner Eltern, so aus, dass er den unteren Stock seines Wohnhauses mit Stoffballen und Konservendosen anfüllte, damit die Familie im Falle einer neuerlichen Geldentwertung zumindest nicht erfrieren und verhungern würde.

Niemand wird so sehr von Verarmungsängsten geplagt wie ein reicher Mann, der seinen Reichtum nicht selber geschaffen hat.

Seine Kinder, darunter mein Vater, erbten trotzdem noch ganz respektabel: ein größeres Paket Aktien erstklassiger deutscher Unternehmen. Mein Vater allerdings nur seinen Pflichtteil: Als Walther Lingens erfuhr, dass sein Sohn mit einer evangelischen Wienerin ein Kind erwartete, wies er ihm die Tür: Er möge die Wertpapiere nehmen und verschwinden.

Mein Vater tauschte sie im Krieg gegen ein paar Kilo Fleisch und Butter, weil er überzeugt war, dass das Dritte Reich untergehen und die Unternehmen nichts mehr wert sein würden. Das Gleiche taten seine ähnlich denkenden Brüder Walter und Klaus. Nur sein Bruder Karl, der als SS-Mann an den Endsieg glaubte, behielt seine Aktien und rettete damit den letzten Rest des einstigen Millionenvermögens über den Krieg.

Das kleinere der elterlichen Häuser in Düsseldorf verblieb zwei Halbgeschwistern aus einer zweiten Ehe, die Walther Lingens senior nach dem Tod von Eugenie Piedboeuf eingegangen war, denn nicht er, sondern seine zweite Frau hatte es finanziert. Meinem Vater und seinen Brüdern blieben ein Haus, das nach dem Krieg einer Straße weichen musste, und ein zweites Haus, das billig, weil viel zu bald nach dem Krieg, verkauft wurde. Alle Brüder erbten einen nicht sehr großen Anteil vom Verkauf des Anwesens in Grünewald, zu dem eine riesige Landwirtschaft gehörte, und dazu herrliche antike Möbel, die sie in den Nachkriegsjahren teils für Nahrungsmittel verkauften, teils ihren Geliebten überließen. Nur mein Onkel Klaus begründete damit ein Antiquitätengeschäft, führte es aber so ungeschickt, dass er zuletzt so gut wie pleite war. Von den Möbeln aus dem Hause Lingens blieb nur die Renaissancetruhe, die bei Deinen Halbgeschwistern im Haus in Mauer steht: Ich habe sie Klaus um den doppelten Preis abgekauft, damit er seine letzten Schulden begleichen und den Konkurs vermeiden konnte.

Seine letzten Lebensjahre hat dein Großonkel Klaus als Mindestrentner in einer Zweizimmer-Wohnung verbracht, die ihm die Kirche billig im feuchten Seitentrakt eines Schlosses im niederösterreichischen Jedenspeigen überlassen hatte. Am Abhang vor seinem Fenster hat er Gemüse angebaut, das er am Wochenende in einer abgeschabten Aktentasche nach Wien gebracht und dort an vegetarische Restaurants verkauft hat. So endete der jüngste Sohn eines Mannes, der einst als einer der reichsten Männer von Düsseldorf gegolten hat.

Ich denke dennoch mit der größten Hochachtung an Klaus Lingens zurück: Nicht nur hat er in der NS-Zeit in derselben Aktentasche Essen für jüdische U-Boote ausgetragen, nicht nur hat er zumindest versucht, aus seinem Erbe etwas zu machen und wäre darin vielleicht sogar erfolgreich gewesen, wenn seine Homosexualität ihn weniger Geld und Verstellung gekostet hätte, sondern er verarmte auch mit unvergleichlicher Noblesse: sah in seinem fadenscheinigen, dunklen Anzug bis zuletzt wie ein britischer Lord aus; vermochte seine beiden Zimmer mit ein paar verbliebenen Hinterglasbildern, Kupferpfannen und Modeln noch immer attraktiver einzurichten, als es die meisten Häuser in Marbella sind; überbrachte bei jedem seiner Besuche bis zuletzt einen herrlichen Strauß Blumen – nur dass er ihn nicht bei Sädtler gekauft, sondern auf der Wiese vor seinem Fenster gepflückt hatte.

Die Renaissancetruhe, die ich ihm abgekauft habe und die sein einziges verbliebenes wertvolles Eigentum war, wollte er mir zuvor schon zweimal zum Geschenk machen: einmal zur Hochzeit und dann, als ich erstmals Vater wurde – „denn irgendwie hat sie doch auch Deinem Vater gehört und sollte in der Familie bleiben".

So reich an Großmut war Dein armer Großonkel Klaus.

Mein Vater war da weniger nobel. Was ihm von seinem Erbe verblieben war, brachte er in Wiener Bars durch. Als Hilfsarzt in einem psychiatrischen Krankenhaus in New Jersey (dem einzigen, in dem er ohne Anerkennung seines Doktorats aus der NS-Zeit arbeiten durfte) verdiente er auch nicht gerade glänzend, aber seine Frau war als Gebrauchsgrafikerin ganz gut im Geschäft – trotzdem zahlte er nicht einmal die niedrigen mit meiner Mutter vereinbarten Alimente ohne ständige Mahnung.

Als er sehr früh, mit nur 54, an einem platzenden Aneurysma starb, erbte ich eine alte Agfa-Kamera und den im vorigen Kapitel erwähnten Aschenbecher. Das ist mir von diversen Tuchfabriken, den Vereinigten Kesselwerken und einem Haufen Golddukaten geblieben.

Damit Du diese finanzielle Entwicklung nicht für einen völlig atypischen Einzelfall hältst, darf ich Dir noch rasch überliefern, was aus dem Vermögen meiner Großeltern mütterlicherseits geworden ist: Das Gut im ehemaligen Jugoslawien wurde von den Kommunisten enteignet. Zwar nahm das jugoslawische Gesetz Personen, die Widerstand gegen Hitler geleistet hatten, von der Enteignung aus, aber das höchste jugoslawische Gericht entschied, dass das Verstecken von Juden nicht als Kampf gegen Hitler zu werten sei, und so fiel auch das Erbteil meiner Mutter der Enteignung zum Opfer.

Irgendwann zwang ein zwischenstaatliches Abkommen die Republik Österreich im Gegenzug zum Erlass irgendwelcher Kriegs-Reparationen, ihre in Jugoslawien enteigneten Landsleute zu entschädigen, aber der Betrag war so lächerlich, dass er mir entfallen ist.

Die Edelsojawerke wurden unter Hitler für „kriegswichtig" erklärt und Friedrich Reiner musste sie an ein großes, NS-genehmes Unternehmen verkaufen.

Der Kaufpreis war gerade hoch genug, dass er nach dem Krieg nicht als viel zu niedrig angefochten werden konnte. In Reichsmark ausbezahlt, hatte der Betrag bis Kriegsschluss jeden Wert verloren.

Die Anteile an der Kathrein Bank überlebten zwar den Krieg, aber 1945 hätten wir Kapital nachschießen müssen, um das Bankhaus arbeitsfähig zu machen. Meine Mutter hatte keines und wusste auch keines aufzutreiben, also musste sie sie um eine entsprechend niedrige Summe abgeben, von der jedes der fünf Kinder ein Fünftel – also kaum mehr etwas Nennenswertes – erhielt.

Blieb das elterliche Wohnhaus und blieben Anteile an drei weiteren Häusern in guten Wiener Bezirken. Aber es waren meist nur Drittel-Anteile, denn Elsa Reiner hatte es „wirklich zu beschwerlich" gefunden, sich neben der Aufsicht über ihr Personal auch noch mit der Verwaltung von Häusern herumzuschlagen, weshalb sie bei Realitäten grundsätzlich in der Minderheit bleiben wollte. Entsprechend minder war in der Zeit ehernen Mieterschutzes der Erlös aus dem Verkauf. Für die Hälfte unseres rechten Nachbarhauses mit vierzig Wohnungen sind mir 5000 Schilling (370 Euro) in Erinnerung.

Da gab Gott, dass Bauarbeiten zur Linken unseres Elternhauses dazu führten, dass sich Mauerrisse nach einem teilweisen Bombenschaden derart vergrößerten, dass die Baupolizei das Gebäude als baufällig einstufte und zum Abriss freigab. Damit stellte es plötzlich wieder ein Vermögen dar. Denn die absurde Ideologie der Sozialdemokraten, alle Wiener Häuser unter Mieterschutz zu stellen und die Mieten auf Vorkriegsniveau einzufrieren, sodass nicht einmal ihre Erhaltung möglich war, führte dazu, dass riesige intakte Wohnhäuser nur ein paar Tausend Schilling, Ruinen dagegen Millionen wert waren (denn an ihrer Stelle ließen sich Neubauten mit Eigentumswohnungen errichten, die nicht unter Mieterschutz standen). So viel jedenfalls, dass wir aus dem Fünftel, das wir aus dem Verkauf unseres Elternhauses erlösten, eine 100-m²-Eigentumswohnung in dem Neubau erwerben konnten, der auf dem Abriss-Grundstück entstand.

Es war dies die erste, einzige und somit größte unternehmerische Leistung meiner Mutter: Sie hatte den überaus prominenten Architekten des Nachbarhauses so lange mit der Möglichkeit eines Schadenersatz-Prozesses konfrontiert, bis er, der über die besten Beziehungen zu allen Behörden verfügte, den so kostbaren Bescheid der Baufälligkeit erreichte.

Darauf war meine Mutter zu Recht unendlich stolz.

Sie hat uns diese Wohnung ein paar Jahre vor ihrem Tod zum Geschenk gemacht, nachdem sie sie in ihrem gebrechlichen Zustand nicht mehr bewohnen konnte. Sie war sozusagen mein Erbe und die 210.000 Euro, die wir aus dem Verkauf erlösten, waren der Grundstock unseres „Vermögens" – jenes Teiles unseres Geldes, den wir unangetastet lassen konnten.

Alles, was wir heute darüber hinaus besitzen, haben Deine Mutter und ich selbst geschaffen: weil wir wollten, dass Du und Deine Geschwister einmal mehr von ihren Eltern erben als Deine Mutter und ich.

Allerdings bin ich mittlerweile nicht mehr so sicher, dass ich Dir damit wirklich etwas Gutes tue. Obwohl längst nicht so viel da ist, dass Du und Deine Geschwister damit wirklich abgesichert wären, könnte es Dich doch in einer trügerischen Sicherheit wiegen und Deinen Eifer bremsen, selbst zu Geld zu kommen.

Nicht einmal vom gesamtwirtschaftlichen Sinn des Vererbens bin ich überzeugt: Zwar werden viele Vermögen vor allem geschaffen, damit es die Kinder einmal besser haben, aber dem stehen all die Vermögen gegenüber, die nicht geschaffen werden, weil die Kinder sich mit dem ererbten Wohlstand zufrieden geben.

Ich glaube, ich bevorzuge, sowohl makroökonomisch als auch im Verhältnis zu meinen Kindern, in den letzten Jahren zunehmend die Einstellung der Amerikaner, wonach jede Generation sich ihr Vermögen möglichst selber schaffen sollte. Die USA kennen deshalb, im Gegensatz zu den meisten europäischen Ländern, ausnehmend hohe Erbschaftssteuern, während Österreich stolz ist, die Erbschaftssteuer zur Gänze abgeschafft zu haben, und Deutschland ihre Abschaffung diskutiert hat.

Wenn die Vermögenssteuern niedrig sind – und in Österreich sind sie die niedrigsten weit und breit –, müssen die Einkommensteuern entsprechend höher sein. Das ist einer von vielen Gründen dafür, dass es in Österreich so viel schwerer ist, Vermögen zu schaffen – und in den USA so viel leichter.

Dafür halten bei uns dank geringer Vermögenssteuern selbst mittelgroße Vermögen trotz Kriegen und Krisen durch ein, zwei Jahrhunderte, wenn die Erben nicht ganz so viel Pech wie meine Eltern haben und nicht ganz so ungeschickt sind.

Das hat den Vorteil, dass bei uns nicht nur Rockefellers durch Generationen in denselben schönen Villen wohnen und dort antike Möbel oder Bilder sammeln, sondern auch Hofräte oder gewesene Seidenfabrikanten, aber den Nachteil mangelnder Durchlässigkeit von unten nach oben.

Heute lebt aber auch die Kultur nicht mehr in erster Linie von den Leuten, die seit vielen Generationen reich sind wie Karl Schwarzenberg oder Heinrich Treichl, sondern von Neureichen wie dem *Kronen Zeitung*-Hälfte-Besitzer Hans Dichand oder dem Ex-Finanzminister und Neo-Großindustriellen Hannes Androsch.

Brennender Ehrgeiz, der Wunsch, es unbedingt bis zur Villa in Döbling, zur gotischen Madonna oder zum Großformat von Christian Ludwig Attersee zu bringen, ist eine der stärksten und damit ökonomisch wertvollsten Motivationen.

Schon Androschs Vater hat mit Wiens „Garagenkönig" Hans Pruscha darum gewettet, wer von ihnen als Erster aus Floridsdorf herauskommen würde, und auch wenn Pruscha siegte, haben sie es letzten Endes beide geschafft.

Pruschas Sohn ist zum „Erben" geworden, Hannes Androsch, der mir als sozialistischer Student noch erklärt hat, wie unerlässlich die Verstaatlichung ist, hat es – voran durch die Übernahme ehemaliger Staatsbetriebe – zum vielfachen Millionär gebracht.

Ein boshaftes Büchlein aus der Schweiz, das charakteristischerweise von der *Neuen Zürcher Zeitung* besonders lobend besprochen wurde, hält den Neid sogar für eine zentrale Triebfeder aller linken Weltanschauungen: Besitz und Einkommen so lange umzuverteilen, bis man endlich auch zu den Reichen gehört. Ich teile diese Einschätzung nicht ganz – meine Eltern waren der lebende Gegenbeweis –, aber ein Körnchen Wahrheit ist schon darin enthalten: Nur der, dem „Profit" über die Maßen wichtig ist, verteufelt ihn mit solcher Vehemenz.

„Ich habe keinen anderen Menschen kennengelernt", erzählte mir lachend der ehemalige Sekretär der Vereinigung Österreichischer Industrieller, Ernst Gideon Loudon, „der das Wort ‚Profit' so überzeugend wie der Sozi Hannes Androsch aussprechen konnte. Das hat ihn bei unseren Mitgliedern so beliebt gemacht."

Es ist jedenfalls alles eher als Zufall, dass Hannes Androsch es zum Millionär gebracht hat. Denn über seine hohe Intelligenz, seine überragende Tüchtigkeit und sein überzeugendes Engagement für jeglichen Profit hinaus, war ihm eine Villa in Döbling so wichtig, dass er sogar in der Position des Finanzministers ihre nicht ganz astreine Finanzierung in Kauf genommen hat.

Das Penthouse des ungleich weniger tüchtigen Gewerkschaftspräsidenten Fritz Verzetnitsch ist wahrscheinlich das überzeugendste Beispiel dafür, was Sozialisten in Kauf nehmen, um so weit oben zu wohnen wie Kapitalisten, Adelige oder „Erben".

Du scheinst mir ja weniger auf die sozialdemokratische Seite zu fallen. Aber auch wenn Du ein Bürgerlicher werden solltest, wünsche ich mir, dass Dir ein Penthouse niemals so wichtig wird, dass Du dafür eine anstößige Handlung in Kauf nimmst.

Geld ist sehr viel – ich habe bis hier 14 Seiten geschrieben, um Dir das klarzumachen –, aber es ist nicht alles.

Meine Eltern hatten so etwas wie ein Penthouse schon vor dem Krieg: eine Wohnung im Dachgeschoss eines herrlichen Eckhauses in der Piaristengasse in Wien-Josefstadt mit einer riesigen aufschiebbaren Glasfront als Abschluss des Salons.

Wer schon weit oben wohnt, dem fehlt leider der Drang nach oben.

Meine Mutter, die über einen IQ von mehr als 140 verfügte und sowohl Juristin als auch Medizinerin war, brachte es im Sozial- bzw. Gesundheitsministerium nur gerade bis zum Ministerialrat, weil einer von Verzetnitschs Vorgängern, der ÖGB-Generalsekretär und Sozialminister Anton Proksch, sie der Position eines Sektionschefs nicht für würdig befand.

Proksch lebte, im Gegensatz zu Verzetnisch, bis zuletzt im Gemeindebau: Meine Mutter war ihm suspekt, obwohl sie seit Ewigkeiten seiner Partei angehörte, denn sie sprach nicht seine Sprache. Die Zugehörigkeit zu einer Klasse hing für seinesgleichen nicht davon ab, ob jemand zu den „Eigentümern" oder den „Werktätigen" gehörte, die ÖVP oder die SPÖ wählte, sondern ob er das „L" wie in Favoriten oder Floridsdorf aussprach.

Androsch spricht es wie in Floridsdorf aus und war allen ÖGB-Präsidenten auch als Milliardär ein geschätzter Genosse.

Meine Mutter hat es fertig gebracht, mit ihrem „L" immer der falschen Klasse anzugehören.

Solange sie jung, links und reich gewesen ist, hat sie sich dem klassenlosen Paradies so nahe gesehen, dass sie ihm ihr persönliches Streben nach irdischen Gütern in erstaunlichem Ausmaß zum Opfer gebracht hat: In Deinem Alter ist sie nur in den billigsten Sandalen, Baumwollkitteln und Leinenblusen herumgelaufen, um ganz sicher dem auserwählten Proletariat zugezählt zu werden.

Wie lange Zeit mein Vater hat zwar auch sie einen größeren elterlichen Scheck entgegengenommen, um ihr und sein irdisches Leben zu bestreiten und die Miete in der Piaristengasse und der Doblhoffgasse zu bezahlen, aber beide haben ihn sozusagen nur mit spitzen Fingern angefasst.

Geld war irgendwie igitt. Energie und Intelligenz darauf zu verwenden, Geld zu erwerben oder gar zu mehren, hätten Deine Großmutter und Dein Großvater in ihrer Jugend für eine Vergeudung, wenn nicht für einen Missbrauch ihrer Talente gehalten. Geld war etwas, das ihre Familien – zu Unrecht, wie sie meinten – in unbegrenzter Menge besaßen, nicht aber etwas, um das sie sich kümmern mussten.

Umso schwerer ist ihnen dieses Kümmern später gefallen. Meiner Mutter hat immerhin die von ihrer Mutter erlernte protestantische Sparsamkeit dabei geholfen, durch Jahre mit dem dürftigen Gehalt einer nebenberuflichen Fürsorgeärztin auszukommen – später ist sie dank der Fürsprache des einflussreichen Sozialisten Christian Broda Ministerialbeamtin geworden und hat endlich brauchbar verdient. Broda, Österreichs zweifellos einflussreichster Justizminister, hing der Idee einer klassenlosen Gesellschaft noch an, als meine Mutter sie längst begraben hatte – aber er war mit ihr seit seiner Jugend befreundet und die beiden stammten aus demselben großbürgerlichen Milieu: Das auf die gleiche Weise ausgesprochene „L" ließ ihn ihr helfen, obwohl sie politisch stritten, so oft sie einander trafen.

Merk Dir das: Suche Dir einen Kreis von Freunden, die das „L" wie Du aussprechen. Sie sind die Einzigen, auf die Du Dich halbwegs verlassen kannst.

Mein Vater hat solche Freunde an sich in größerem Ausmaß als meine Mutter besessen, denn er war Dir in gewisser Weise ähnlich: ein ungemein charmanter, blendend aussehender junger Mann, den alle – die jungen Linken wie die jungen Bürgerlichen – mochten.

Aber ab 1948 lebte er in den USA, und dort gab es keine Jugendfreunde, die in der Lage gewesen wären, ihm zu helfen – ganz abgesehen davon, dass Beziehungen dort weniger nützen. Die Amerikaner sind der Ansicht: Wer tüchtig ist, erreicht auch so die ihm angemessene Position.

Also blieb mein Vater durch ein Jahrzehnt Hilfsarzt in einem riesigen, abgefuckten staatlichen Irrenhaus, weil er die Prüfung zur Nostrifizierung seines Doktorats nicht und nicht schaffte. Ein anderer Emigrant, Hans Hoff, fiel gleich siebenmal durch, kehrte entmutigt nach Wien zurück und wurde hier legendärer Vorstand der psychiatrischen Universitätsklinik. Mein Vater schaffte es im dritten Anlauf – aber zwei Wochen, nachdem er in New York eine Wohnung angemietet hatte, um dort eine private Praxis zu eröffnen, platzte das überlastete Gefäß in seinem Gehirn.

Seine Frau ließ seinen Sarg für eine horrende Summe nach Österreich fliegen, damit er in Spitz an der Donau begraben werden konnte. Denn obwohl er die Vorzüge der USA anerkannte – „im Berufsleben geht es dort ungleich fairer als in Europa zu" –, hat er sie bis zuletzt gehasst: „Wenn Du kein Geld hast, bis Du in Amerika absolut niemand. Sie messen Dich an der Länge Deines Autos, und meines ist für amerikanische Verhältnisse ein Kleinwagen."

Er hatte sich einen unendlich hässlichen „Nash Ambassador" zugelegt – eine Marke, die es inzwischen zu Recht nicht mehr gibt –, und als er mich das erste Mal in Europa besuchte, nahm er ihn mit: Hier war auch ein kleiner „Amerikaner" immerhin ein „Amerikaner" und er wollte mir damit Eindruck machen. In Velden am Wörthersee gingen wir in ein Strandrestaurant, und da wir, seinen finanziellen Verhältnissen entsprechend, sehr sparsam bestellten, war die Bedienung mäßig aufmerksam. „Am liebsten würde ich ihnen mit meinem Nash in den Arsch fahren, damit sie sich überlegen, wie sie sich verhalten" , war mein Vater so wütend, wie ich ihn nie mehr gesehen habe.

Anders als sein Bruder Klaus war er nicht in der Lage, nobel zu verarmen. Er hasste nicht nur die USA, er hasste Gott und die Welt, die ihm beide nicht die angemessene Wertschätzung entgegenbrachten.

So haben mich beide Eltern, gerade weil sie nichts mehr hatten, dazu angespornt, es wirtschaftlich besser als sie zu machen.

Wie kann ich Dich anspornen? Die Schule hast Du mit dem von mir erhofften sehr guten Erfolg hinter Dich gebracht: Sie hat Dir nicht nur ideale Lernbedingungen, sondern darüber hinaus ein strenges Korsett geboten: perfekt aufgebaute Lehrbücher; ständige abschnittsweise Prüfungen; permanente Information der Eltern über den Lernerfolg. Trotzdem hast Du es zum Schluss fertiggebracht, diesen Informationsfluss irgendwie zu unterbinden und in Mathematik um ein Haar zu stolpern. „Mathe liegt mir nicht", hast Du gesagt und entgegen vernünftiger Pädagogik habe ich Dir schon gestanden: Mir ist sie auch nicht gelegen.

Trotzdem habe ich zumindest bei der Matura ein „Sehr gut" bei der Mathe-Arbeit geschrieben. Nicht weil ich plötzlich talentiert gewesen wäre, sondern weil ich wie verrückt gebüffelt habe. Mein bester Freund, Klaus Draxler, war der Beste der Klasse in Mathematik und hat mich trainiert. Durch Stunden. Denn ich wusste: Ich muss da durch.

Versuche mir zu glauben, dass man alles irgendwie schafft, wenn man es unbedingt muss – sofern man es unbedingt will. Man muss nur genügend üben. Du weißt, wie untalentiert ich im Tennis bin, und doch hab ich Dich lange Zeit geschlagen. Du bist unglaublich talentiert im Tennis – aber Du trainierst fast überhaupt nicht.

Versuche, Dir ein bisschen von meinem Ehrgeiz abzuschauen.

Nicht zu viel – nicht die Verbissenheit, mit der ich tausend verkrampfte Rückhände gegen die Ballmaschine geschlagen habe, um schließlich an einem Tennisarm zu laborieren –, aber doch genug, um zu gewinnen.

Vor allem aber kannst Du unglaublich viel erreichen, wenn Du Deine Stärken trainierst. Ich kenne keinen Menschen mit einer solchen Sprachbegabung: Du sprichst English wie ein Engländer – das ist kein Wunder, Du wurdest schließlich in dieser Sprache unterrichtet –, aber Du sprichst auch Spanisch wie ein Spanier, obwohl in Marbella höchstens die Verkäuferinnen und die Kellner Spanisch sprechen – und selbst die nicht immer. Und Du sprichst ungleich besser Französisch als ich, obwohl ich seinerzeit an meiner Schule immer der Beste in Französisch war und dafür sogar Jahr für Jahr einen Preis der französischen Botschaft erhalten habe. Wenn Du drei Tage in Italien bist, sprichst Du wie ein Italiener, wenn Du drei Tage in Kroatien bist, sprichst Du wie meine kroatische Cousine Elsa, und nach vier Wochen Bundesheer mit einem Kurden haben wir geglaubt, ihn schimpfen zu hören, wenn Du ihn nachgemacht hast.

Du besitzt die Musikalität Deiner Mutter und ihr Gehör.

Ich weiß nicht genau, was man mit so viel Sprache anfängt. Die Tätigkeit bei einer internationalen Behörde, die Dir seit jeher im Kopf herumspukt, ist sicher eine gute Sache, auch wenn man dabei nur schwer bis zum „Leck mich am Arsch"-Kapital kommt und die längste Zeit einen Chef hat. Aber Dir käme neben

Deinen Sprachen Deine Fähigkeit zugute, Dich überall, wo Du hinkommst, in wenigen Wochen einzugewöhnen; schließlich sind wir nicht nur von Österreich nach Spanien, sondern zuvor von Wien nach Enzesfeld umgezogen und haben im Verlauf Deiner Kindheit in mindestens zehn verschiedenen Wohnungen gewohnt.

Ich mache mir manchmal Sorgen, dass Dich das wurzellos gemacht hat, aber es macht Dich auch beweglich, und das ist angeblich eines der wichtigsten Berufserfordernisse unserer Zeit.

Auch Dein gutes Aussehen, Dein souveränes Auftreten, ja sogar Deine etwas zu gute Kenntnis exklusiver Speisen und Getränke käme Dir wahrscheinlich als Diplomat oder dergleichen zugute. Aber auch um auf dem internationalen Parkett wirklich erfolgreich zu sein, musst Du zuallererst etwas können – ein erstklassiger Jurist, ein Volkswirt oder sonst ein Fachmann sein. Du wirst um ein erfolgreiches Studium nicht herumkommen – deshalb, nicht weil ich ein solcher Kleingeist bin, habe ich mich derart über Deine guten Noten im letzten Trimester gefreut.

Auch in der Politik – lach nicht – könnte ich mir Dich gut vorstellen: Es ist absurd, immer über das angeblich dort herrschende dürftige Niveau zu schimpfen und gleichzeitig auszuschließen, sich selbst politisch zu engagieren. Erstens stimmt es nur in Einzelfällen, dass Politiker zu wenig können, um auch in anderen Berufen zu reüssieren – in ihrer Mehrzahl können sie Journalisten, Anwälten oder Managern durchaus das Wasser reichen. Zweitens kann das Niveau nicht steigen, wenn besonders begabte Leute die Politik nach Möglichkeit meiden.

Du hast viermal an der „Global Young Leaders Conference" teilgenommen. Natürlich ist das ein hochtrabender Name, aber die amerikanische Organisation, die dahintersteht, hat einen guten Ruf. Einer der intelligentesten österreichischen Politiker, Erhard Busek, ist dort gelegentlich als Vortragender eingeladen gewesen. Ihr wurdet nicht umsonst von führenden Politikern, von Botschaftern, von Gewerkschaftern in den USA, in China, in Australien empfangen und man kommt nicht so leicht dazu, Al Gore und Colin Powell Fragen zu stellen. Und dass ihr aus allen Ländern der Welt gekommen seid und selbst große Länder nicht mehr als zwei, drei Teilnehmer nominieren konnten, spricht doch einigermaßen für die Auswahl – das heißt für Dich.

Politik ist einer der faszinierendsten, wichtigsten Bereiche des Daseins, sie kommt für mich gleichauf mit Theoretischer Physik, Volkswirtschaftslehre und Biochemie: Hier wird die Form unseres Zusammenlebens in Regeln gegossen. Man darf sich nicht davon abschrecken lassen, dass auch die kleinlichsten Intrigen hier gedrechselt werden.

Eigentlich wäre es besonders wichtig, dass jeder, der in die Politik geht, über das „Leck mich am Arsch"-Kapital verfügt, und in den USA ist das fast durchwegs der Fall. Bis hin zum umgekehrten Problem: Fast nur Multimillionäre werden Gouverneure und vornehmlich Milliardäre werden Präsidenten. Aber erstens ist das – entgegen wütender Kritik von links – im Allgemeinen keine so schlechte Auslese: John F. Kennedy ist typischer als George W. Bush. Und zweitens haben begabte Außenseiter immer ihre Chance: Dwight D. Eisenhower wurde als Kriegsheld, Ronald Reagan als Leinwandheld Präsident und Barack Obama brauchte nicht einmal ein Held zu sein.

Ich glaube nicht, dass einer, der besonders begabt ist, in den USA oder einem anderen entwickelten Land jemals ganz unten in der Einkommensskala steht. Ein gewisser wirtschaftlicher Erfolg, so behaupte ich, ist in unserer Gesellschaft durchaus eine positive Auslese – er sollte nur nicht das einzige Auslesekriterium sein.

In Österreich wird eher anders für die Politik ausgelesen: Jemand ist ein Beamter, am häufigsten ein Lehrer oder zur Linken ein Betriebsrat, engagiert sich für seine Kollegen und irgendwann auch für die Allgemeinheit. Nicht dass das so schlecht wäre – auch Beamte müssen, im Gegensatz zur allgemeinen Meinung, etwas können –, aber es spült doch nicht unbedingt die Initiativsten an die Schalthebel der Macht. Auch wenn sie dafür meist gute Teamfähigkeit und eine ausgeprägte Fähigkeit zum Kompromiss mitbringen. „Lecken Sie mich am Arsch", sagen sie zweifellos selten, obwohl sie durch Pensionen kaum so viel schlechter abgesichert sind als Männer und Frauen, die über das „Leck mich am Arsch"-Kapital verfügen.

Auch das ist nicht so schlecht – Politik funktionierte schwer zwischen Personen, die einander das Arsch-Lecken anschaffen –, aber gelegentlich wäre die Bereitschaft zu etwas mehr Zivilcourage doch von Vorteil. Insofern hoffe ich, dass mit der Zeit doch etwas mehr „Reiche" ins Parlament einziehen: Leute, die ihre eigene Meinung ohne Risiko vertreten können – und auch gewohnt sind, es zu tun.

In jüngster Zeit werden auch die Medienleute in der Politik zahlreicher und ich bin so vermessen, auch das für eine positive Auswahl zu halten: Man wird nicht so leicht Ressort-Leiter einer Zeitung oder Moderator einer Fernsehsendung. Man braucht auch dort Teamfähigkeit und anstelle des „Leck mich am Arsch"-Kapitals bringt man das Kapital einer gewissen öffentlichen Bekanntheit mit: Auch sie erleichtert, ja erzwingt es bis zu einem gewissen Grade, eine eigene Meinung zu haben.

Helmut Zilk hätte als Wiener Bürgermeister nie so viel durchgesetzt, wenn er nicht Fernsehdirektor und später Ombudsmann der *Kronen Zeitung* gewesen wäre.

Am ehesten machen in Österreich freilich solche Frauen und Männer in der Politik Karriere, die von Beginn an den Beruf des Politikers ergriffen haben: von Alfred Gusenbauer über Josef Cap bis Wolfgang Schüssel. So schlecht kann auch das nicht sein, sonst wäre Österreich nicht, wo es ist: Wer den Aufstieg in der Organisation einer Partei geschafft hat, weiß jedenfalls Organisationen zu managen, verfügt über Zähigkeit und Durchsetzungsvermögen. Fachkenntnis ist etwas, das man sich bei genügend Ehrgeiz und Intelligenz in erstaunlichem Ausmaß anzueignen vermag: Wolfgang Schüssel vermag wie ein Nationalökonom oder Betriebswirt zu sprechen, obwohl er nie einen Betrieb geleitet oder gar gegründet hat. Trotzdem wären mir etwas mehr Unternehmer à la Martin Bartenstein oder Hans Peter Haselsteiner in der Politik lieber: Wirklich tief greifende Reformen, wie sie manchmal notwendig sind, bedürfen unternehmerischer Tugenden, von einer gewissen Risikobereitschaft über das notwendige Kostenbewusstsein bis hin zur Effizienz.

Was Du für die Politik mitbrächtest, wäre die Fähigkeit, Bedürfnisse zu erkennen und wahrscheinlich auch präzise zu formulieren. Vor allem aber die Fähigkeit, mit Menschen umzugehen und erfolgreich zu argumentieren: Es war phänomenal, was Du alles einzuwenden wusstest, wenn ich behauptet habe, Du drehtest fast nie das Licht ab.

Wenn Du mit dieser Eloquenz fürs Energiesparen eintrittst, wirst Du Energiesprecher Deiner Partei.

Es kommt Dir in diesem Zusammenhang nicht nur Dein sprachliches Talent zugute, Du bist auch ein exzellenter Selbstdarsteller: Manchmal war ich nahe daran, Dich schon für meine Rügen zu bedauern, so glaubwürdig hast Du mir vorgeführt, wie ungerecht ich Dich behandelt habe.

Wenn Du echtes Unrecht so glaubwürdig anzuprangern vermagst, kannst Du die Welt verbessern.

Vielleicht solltest Du aber auch Schauspieler werden. Deine Mutter wollte immer Schauspielerin werden und hat nur im letzten Moment davon Abstand genommen, weil ihre Eltern sie so gar nicht ermutigt, sondern nur ständig vor einer brotlosen Zukunft gewarnt haben.

Nachdem ich Dir über viele Seiten erklärt habe, wie wichtig Geld ist, schreibe ich Dir jetzt das Gegenteil ins Tagebuch: Dass ein Beruf brotlos ist, ist nicht der geringste Grund, von ihm abzulassen, wenn er einen freut.

Das Wichtigste an jedem Beruf ist die Freude daran. Wir haben das Glück, in einer so reichen Gesellschaft zu leben, dass nicht einmal der verhungert, der sich „brotlosen Künsten" verschreibt. „Brotlose" Schauspielerei, wenn sie Dich freute, ist besser als ungeliebte Informatik, mit der Du angeblich sofort einen Job bekommst. „Brotlose" Archäologie, wenn sie Dich freute, ist besser als Metallurgie, für die wir verzweifelt Fachleute suchen. Auch Journalismus ist zwar nicht gerade „brotlos", aber sicher kein Handwerk mit goldenem Boden – und trotzdem ein Traumberuf: Man kann sein Leben lang Neues lernen und dann und wann sogar etwas bewirken.

Ich wollte in meinem Leben schon fast alles werden: Offizier, Antiquitätenhändler, Maler, Architekt, Psychiater, Richter, Physiker, Biochemiker, Schauspieler, Lehrer und Politiker. Malerei, Medizin und Jus habe ich sogar ein paar Semester studiert, gelegentlich habe ich öffentlich Rilke gelesen und in Spanien habe ich ein Haus entworfen. Aber der Journalismus hatte den Vorteil, allen meinen Interessen zu entsprechen: Ich konnte aus dem Gerichtssaal berichten und in der Affäre Kreisky–Wiesenthal vor dem Europäischen Gerichtshof gegenüber dem Wiener Oberlandesgericht recht behalten; ich konnte mit Karl Popper oder Henry Kissinger über die *Logik der Forschung* oder den Einsatz von Raketen sprechen; ich durfte mit Victor Weisskopf oder Leó Szilárd über Nutzen und Risiken der Atomenergie diskutieren und mit Elisabeth Orth oder Axel Corti vom Theater schwärmen.

Überall war ich nicht mehr als ein begabter Dilettant, wie er im seriösen Journalismus von heute zunehmend auf Skepsis trifft: Man möchte Spezialisten, die alles über die Krankenversicherung, über Wechselkurse oder den Kaschmir-Konflikt wissen, anstatt eingebildete Universalisten, die sich nur deshalb überall einzumengen wagen, weil sie gar nicht bemerken, was sie alles nicht wissen.

Aber den Beruf in dieser Form auszuüben ist und bleibt herrlich und bereitet jeden Tag neue, unerwartete Freuden.

Das ist es, was ich mir von dem Beruf, den Du einmal ergreifst, für Dich vor allem anderen wünsche: dass Du daran Freude hast. Nur in einem Beruf, an dem man Freude hat, kann man wirklich gut sein. Und nur in einem Beruf, in dem man wirklich gut ist, kann man am Ende vielleicht sogar viel Geld verdienen. Bis hin zum „Leck mich am Arsch"-Kapital.

31. Journalismus 1: Der gläubige Leser

Journalismus ist ein herrlicher Beruf, denn er erlaubt es, auf jedem Gebiet der Welt zu dilettieren. Nicht zuletzt deshalb muss ich raten, dem Wahrheitsgehalt dessen, was man aus „Medien" erfährt, mit einigem Misstrauen zu begegnen. Ich weiß, wovon ich rede.

Ich hatte in meinem Beruf zu jeder Stunde Freude – selbst wenn ich mich rasend geärgert habe. Denn zu recherchieren und zu schreiben, war immer aufregend und hat es vor allem erlaubt, schöpferisch zu sein: Obwohl Schriftsteller sich schon in der Berufsbezeichnung von uns abheben, ist der Unterschied gering: Zahllose grandiose Schriftsteller haben als Journalisten begonnen – von Charles Dickens über Joseph Roth bis García Márquez. Immer geht es darum, durch Worte ein Stück Wahrheit einzufangen – Journalisten recherchieren sie eher auf der Straße, Schriftsteller eher in ihrem Kopf. Mit fließenden Übergängen: Als ich für *profil* in einem Inserat Kandidaten für eine Lehrredaktion gesucht habe, habe ich unter die idealen Voraussetzungen die Lust, ein Gedicht zu machen, und die Bereitschaft, im Grundbuch nachzublättern, angeführt.

Tatsächlich befriedigt der Journalismus einen ganz entscheidenden Antrieb jedes Menschen fast noch mehr als die Schriftstellerei: die Neugier. Und zwar nicht nur die Neugier an einem einzigen Gegenstand, sondern die Neugier an allem, was einem begegnet. Ich wäre auch gern Physiker geworden, um herauszufinden, ob sich Blicke messen lassen, die man Mädchen nachwirft. Ich wäre auch gern Biologe geworden, um herauszufinden, ob Stammzellen Multiple Sklerose heilen können. Ich wäre auch gern Psychiater geworden, um herauszufinden, wie die Schizophrenie das Bewusstsein spaltet. Ich wäre auch gern Historiker geworden, um herauszufinden, wie man von Goethes Weimar nach Auschwitz gehen konnte. Als Journalist hatte ich die Chance, in alle diese Fragen hineinzuriechen – dilettantisch, oberflächlich, wie wir nun einmal sind, aber doch mit ungeheurem Genuss an dem, was andere erahnen, erforschen oder vielleicht schon wissen.

Journalismus ist ein Beruf für ewige Kinder: „Und warum hat das Nashorn ein Horn, Papa? Und warum fallen wir nicht von der Erde herunter, Mama?

Ich war ein Mann, der nicht nur ein Kind bleiben durfte, indem er Fragen aufgegriffen hat, sondern ich durfte „Zeitung machen": ein paar Hunderttausend Lesern mit den Fragen von zwei Dutzend Journalisten konfrontieren und ihnen die Anwortversuche zumuten, die wir unternommen haben.

Natürlich wünsche ich mir, dass meine Kinder mich als Journalisten schätzen und womöglich ein bisschen bewundern: als jemanden, der im Großen und Ganzen auf der richtigen Seite gestanden ist. Aber mit einem Heldenleben, wie Hollywood es von Journalisten zeichnet, kann ich trotzdem nicht dienen. Außergewöhnlichen Mut braucht ein Journalist in Österreich oder Deutschland normalerweise nicht. Anders in Russland oder im Iran oder als Kriegsberichterstatter oder Rechercheur gegen die Drogen-Mafia – aber das bin ich nie gewesen.

Allenfalls habe ich Missstände aufgezeigt.

Aber gerade der Mut, Missstände aufzuzeigen, wie er etwa dem legendären „rasenden Reporter" Egon Erwin Kisch zugeschrieben wird, ist heute in unseren Breiten keiner mehr: Ein Journalist mag mit großer Mühe irgendwo Unterprivilegierte aufspüren, Bergbauern etwa, und mag auf erschütternde Weise ihr Schicksal beschreiben – die Regierung wird eine Enquete zu Bergbauernfragen veranstalten und ihn als Referenten einladen. Er mag misshandelten Häftlingen zu Hilfe eilen – ein Untersuchungsausschuss wird seine Vorwürfe aufgreifen. Er mag die triste Unterbringung von Flüchtlingen in einer bewegenden Reportage kritisieren – und sie wird preisgekrönt werden.

Der Kampf mit der, noch in den Augen Kischs, so übermächtigen Industrie wird in neun von zehn Fällen von den Medien für sich entschieden: Wenn Österreichs größte Tageszeitung einen bestimmten Kraftwerksbau nicht will, kommt er zu Fall, obwohl das beauftragte Unternehmen sich mit Hochglanz-Werbekampagnen, parteiischen Gutachten und nicht minder parteiischen Gewerkschaftern zur Wehr setzt. (Nicht einmal, dass die Kraftwerker vielleicht recht und die Zeitungen vielleicht unrecht haben, schützt sie vor der Niederlage.)

Aber auch einzelne Journalisten, Außenseiter im Kampf mit einer ganzen Branche, sind keine einsamen Helden: Meine Kollegen Langbein, Martin und Weiss begannen ihre berühmt gewordenen Recherchen gegen die Pharmaindustrie im Rahmen des staatlichen österreichischen Rundfunks. Natürlich gab es nach der Sendung Probleme. Natürlich drohte die Pharmaindustrie mit Millionenklagen. Natürlich versuchte die verängstigte Rundfunkführung, Druck auf die Journalisten auszuüben. Aber sämtliche Zeitungen des Landes berichteten über diesen Druck und erzeugten damit ausreichenden Gegendruck. Und als Langbein und Co. ihre nächsten Recherchen präsentierten, rissen sich die sogenannten bürgerlichen Zeitungen darum, Erstabdrucke zu erhalten. In der Bundesrepublik *Spiegel, Stern, Bunte*; in Österreich *Kronen Zeitung, Kurier* oder *profil. Bittere Pillen* wurde im Renommierverlag Kiepenheuer und Witsch verlegt. So wie die *Unbequemen Reportagen* Günter Wallraffs. Beides waren Bestseller.

In meiner Ära hat das Nachrichtenmagazin *profil* den sogenannten AKH-Skandal aufgedeckt: umfangreiche Manipulationen beim Bau des größten österreichischen Krankenhauses. Der ehemalige Generaldirektor von ITT Österreich wurde unter dem Verdacht, seine Firma habe Schmiergelder für Aufträge bezahlt, vor Gericht gestellt. (Und als Person freigesprochen.) Er war zugleich Präsident der Industriellenvereinigung und diese war damals Mehrheitseigentümer des *profil*.

Mir ist nichts passiert, denn der Bericht war korrekt gewesen.

Der Journalist Alfred Worm, der den Skandal aufgedeckt hatte, wurde Gemeinderat der ÖVP. Natürlich hatte er ein paar harte Tage durchzustehen. Natürlich hatte ich, als Herausgeber des *profil*, ein paar harte Tage durchzustehen. Aber selbst, wenn es uns nicht gelungen wäre, den gerichtlichen Nachweis dessen zu führen, was wir behauptet hatten, hätte man allenfalls mich als den in letzter Instanz Verantwortlichen, kaum aber Alfred Worm, zum Rücktritt aufgefordert, sofern ich diesen nicht aus persönlichem Ehrgefühl heraus selbst angeboten hätte. Mit dem Risiko, hoch bezahlter Kolumnist in einer anderen Zeitschrift, wenn nicht sogar des *profil* zu werden.

Nicht einmal Henri Nannen, der als Herausgeber des *Stern* gefälschte Hitler-Tagebücher ins Blatt rückte (während wir sie bei *profil* innerhalb einer halben Stunde als gefälscht erkannten), verlor den Kopf. (Sondern Deutschlands wichtigste Journalistenschule wurde nach ihm benannt.)

Journalisten, die behaupten, es bedürfte in diesen Tagen des Mutes, Missstände aufzuzeigen, Berichte gegen den Druck des Establishments zum Abdruck zu bringen, lügen. Die Stellung des Missstände aufzeigenden Außenseiters ist eine der komfortabelsten, die unsere Gesellschaft bereithält.

Das Problem ist eher ein umgekehrtes. Bei Zusatzrecherchen, die *profil* zu jenem Pharma-Report von Langbein und Co. gepflogen hat, zeigte sich, dass manche Fragen zumindest um einiges komplexer waren, als sie dargestellt wurden. Im Wesentlichen ging es darum, dass die Pharmaindustrie direkte Zuwendungen an Ärzte und Krankenstationen gemacht hatte; ziemlich viele Ärzte steckten diese Gelder tatsächlich in die eigene Tasche; aber andere verwendeten sie auf Heller und Pfennig für die Kranken. Ich habe einen der so Angegriffenen kennengelernt und er führte mich durch den Turnsaal, den er auf diese Weise für seine rheumatischen Patienten finanzieren hatte können. Für jeden Schilling, den er erhalten hatte, wies er eine Rechnung vor.

Trotzdem stand dieser Arzt in einer Reihe mit anderen, die mit denselben Summen, die sie erhalten hatten, an die Riviera gefahren waren. Als ich ihn fragte, warum er sich nicht wehre, meinte er, er sei doch letztlich chancenlos. Die reine Tatsachenfeststellung, dass er das Geld erhalten hätte, sei richtig, der Hautgout nur zwischen den Zeilen aufzufinden. Und selbst wenn das Gericht ihm nach monatelangen Verhandlungen recht gäbe, ginge die Rechnung zu seinen Ungunsten aus: Die Zeitungen hätten anlässlich des Prozesses breit über die gegen ihn erhobenen Vorwürfe berichtet – und dann winzig über den Prozessausgang zu seinen Gunsten. Die Autoren hätten eine Strafe von vielleicht 30.000 Schilling (ca. 2200 Euro) riskiert, die vom *profil*, in dem der Artikel erschien, bezahlt worden wäre. Steuerabzugsfähig.

Ich habe diesen Arzt damals trotzdem für ungeschickt, vielleicht sogar für feig gehalten. Aber als ich etwas später in eine ähnliche Situation geriet, habe ich ganz genauso reagiert: Ein ehemaliger Kollege hatte in einem Buch behauptet, ich behindere die kritische Berichterstattung über den bekannten Wiener Architekten Harry Glück, weil er mir mein Haus umgebaut hätte.

Kein Wort daran war wahr. Der Gegenbeweis war aus den Bauunterlagen problemlos zu führen. Und die Berichterstattung des *profil* über diesen Architekten war so kritisch gewesen, dass gegen ihn ein standesrechtliches Verfahren eröffnet wurde, das ihn nur deshalb nicht seine Berufsbefugnis kostete, weil er recht und *profil* unrecht hatte.

Trotzdem habe ich nicht einmal geklagt, als der damals noch schmächtige *Falter* den Verdacht der Käuflichkeit aus dem Buch übernahm. Denn ein halbes Jahr lang hätte es geheißen, dass der mächtige Herausgeber des *profil* die „medienkritische" Veröffentlichung einer „kleinen, alternativen Zeitschrift" zu unterdrücken suche. Die Strafe gegen die Zeitschrift wäre lächerlich gewesen, weil sie ja nur fremde Vorwürfe übernommen hatte. Und die Strafe gegen den ursprünglichen Autor hätte überhaupt keinen Sinn gehabt: Er war bereits gepfändet.

Das Problem ist längst nicht mehr: Wie stellt die Gesellschaft sicher, dass kritische Nachrichten auch an die Öffentlichkeit gelangen? Sondern: Wie stellt sie sicher, dass die Bürger nicht Opfer eines Journalismus werden, der unter dem Deckmantel der Kritik Unwahres oder Halbwahres verbreitet?

Wie sehr sich die Machtverhältnisse umgekehrt haben, mag ein ewig aktuelles Beispiel aus den Achtzigerjahren illustrieren: die sogenannte „Privilegienabbau"-Debatte. Es ging damals um den höchst unbefriedigenden Umstand, dass Österreichs Politiker für große Teile ihrer Bezüge keine Steuer bezahlten und dieses Privileg aus demokratischen Überlegungen selbstverständlich abzuschaffen war. So weit erfolgte die zugehörige Pressekampagne zu Recht. Aber sie schuf ein Klima, in dem es für die Politiker unmöglich wurde, ihre nunmehr voll zu versteuernden Bezüge so zu erhöhen, dass der an sie auszuzahlende Nettobetrag wieder eine einigermaßen vernünftige Höhe hatte: Österreichs Minister erhielten von einem Tag auf den anderen rund 20.000–30.000 Schilling (ca. 1500 bis 2200 Euro) netto weniger als bisher. Sie verdienten damit in ihrer Mehrheit weniger als jene Chefredakteure, die den „Privilegienabbau" durchgesetzt hatten.

Wo immer es zu ähnlichen Zweikämpfen kam, blieben die Medien siegreich: in den USA, wo Richard Nixon der *Washington Post* weichen musste; in der Bundesrepublik Deutschland, wo die Regierung ihren Beschluss, ein Strafverfahren gegen den Milliardär Friedrich Karl Flick niederzuschlagen, revidieren musste oder Franz Josef Strauß sich mit seinem Vorgehen gegen den *Spiegel* um jede Chance brachte, je Kanzler zu werden.

Alle drei sind Beispiele für die Notwendigkeit einer starken, kritischen Presse. Aber es gibt die umgekehrten Beispiele genauso: In Österreich erlitt eine der sachlich erfolgreichsten Regierungen, die Alleinregierung Klaus, eine Erdrutschniederlage, weil es ihr nicht gelang, die Antipathie der Presse zu überwinden. In den 1970er-Jahren wurde einer der fähigsten und intelligentesten österreichischen Gewerkschafter, Sozialminister Alfred Dallinger, in der Presse zum Wahnsinnigen gestempelt, ohne die geringste Chance zur Gegenwehr zu haben. Und der ähnlich fähige Caspar Einem hatte nie eine Chance, anstelle Alfred Gusenbauers SPÖ-Chef zu werden, weil er unter die Feindbilder der *Kronen Zeitung* zählte. Dafür folgte Werner Faymann Gusenbauer blitzartig als Kanzler nach, nachdem er sich die *Krone* aufgesetzt hatte.

Medien, so fasse ich nicht sehr originell zusammen, werden nicht nur die „vierte Gewalt" genannt, sondern besitzen mindestens so viel Macht wie Legislative, Exekutive und Judikative. Die Verfügungsgewalt über Information hat ähnliches Gewicht wie die Verfügungsgewalt über Kapital, Waffen oder Bodenschätze.

Manchmal lässt sie sich direkt in militärische Macht übersetzen: Die kritische Berichterstattung der *New York Times* zum Vietnamkrieg reduzierte (gleich ob man das nun für richtig oder falsch hält) den militärischen Einsatz der USA so sehr, dass ihre Niederlage unausweichlich wurde. Ebenso direkt lässt sich Information in Geld transformieren: Eine Fehlmeldung der DPA, dass der gemäßigte Sowjetführer Nikita Chruschtschow gestorben sei, ließ die Aktienkurse der ganzen Welt für einen Nachmittag in den Keller stürzen. Ähnlich wie eine Fehlmeldung über ein Attentat auf US-Präsident Ronald Reagan die Goldpreise für einen Nachmittag in den Himmel schießen ließ.

Ein Journalist, der beide Fehlmeldungen bewusst lanciert hätte (wozu er nicht einmal in führender Funktion eines Mediums tätig hätte sein müssen), hätte zum reichsten Mann der Welt werden können.

Zumindest was den Goldpreis betrifft, haben einige Spekulanten dieses Phänomen auch klar erfasst: Sie sind von Brokern zu Buchautoren und Journalisten geworden und verbreitern sich in regelmäßigen Abständen über die zu erwartende Hausse bei Edelmetallen – die dann schwerlich ausbleibt.

Solange nicht Krieg geführt wird, so würde ich behaupten, ist die Verfügungsgewalt über Information die wichtigste Form der Machtausübung. Sie überragt in ihrer Bedeutung die Verfügungsgewalt über Kapital (beziehungsweise ist sowieso meist mit ihr kombiniert).

Egon Erwin Kisch, lebte er heute, wäre kein „rasender Reporter", sondern er gründete die Anti-Zeitung: recherchierte, wie unglaublich falsch drei Viertel der Berichte sind, die täglich in der Zeitung stehen; nähme sich der Tausenden von Medienopfern an: der kleinen, die man in Balkenlettern als „Diebe", „Wüstlinge", „Rowdies", „Mörder" anprangert, um sie in Fußnoten zu rehabilitieren (es gab diesbezüglich eine hervorragende ORF-Sendung des schon zitierten Teams um Kurt Langbein), aber eben auch der großen, angeblich privilegierten. Mutig wäre eine Reportage über jene Ärzte gewesen, die der schon zitierte Langbein-Pharmabericht zu Unrecht in ein schiefes Licht gebracht hatte. Mutig wäre die Darstellung der durch die Berichterstattung über den „Privilegienabbau" verursachten unerträglichen finanziellen Verhältnisse des österreichischen Bundeskanzlers gewesen. Mutig in dem Sinne, dass der Journalist, der solche Berichte geschrieben hätte, wahrscheinlich hätte akzeptieren müssen, völlig isoliert zu sein. Viel isolierter wahrscheinlich als Langbein oder Wallraff. Ehe auch daraus, aus den Anti-Berichten, eine Mode geworden wäre. Eine, die so gut wie die *Bitteren Pillen* oder die *Unbequemen Reportagen* verkauft worden wäre – nur eben mit der umgekehrten Emotion.

Kisch, selbst wenn er sich die Berichterstattung über die Macht der Berichterstattung zu seiner Aufgabe machte, würde heute unweigerlich reich: Weil jede Information, auch die Information über das Zustandekommen von Information, Macht darstellt (die sich in Geld umsetzen lässt).

So ließe sich beispielsweise von einem neuen „Re-Check-Reporter" ein Bestseller über die Dürftigkeit und Problematik außenpolitischer Berichterstattung verfassen. Beginnend damit, dass das Gros aller Zeitungen (insbesondere in Österreich) die wichtigsten Ereignisse der Welt im Grunde nur aus der Sicht der jeweils von ihr abonnierten Nachrichtenagentur kennt. Kein Mensch weiß, ob der Berichterstatter von AP in Basra oder Bagdad eigentlich qualifiziert oder ein höchst mäßiger Journalist ist. Welcher Weltanschauung er anhängt. Nach welchen Kriterien er Nachrichten auswählt. Ob er wenigstens die Landessprache beherrscht. Wenn er ausgewechselt oder nach Paris versetzt würde, merkte man das in den Zeitungsredaktionen gar nicht. Und doch ist sein Bild von den Kämpfen in Basra oder Beirut entscheidend für das Bild, das die Welt sich davon macht.

Es ist kein Zufall, wenn sich dann gelegentlich mehr Menschen auf der Flucht vor den Israelis befunden haben, als im ganzen betroffenen Landstrich wohnten.

Die großen und guten Zeitungen haben wenigstens ihre eigenen Korrespondenten. Da mag der Chefredakteur immerhin einigermaßen einschätzen können, wen er da losgeschickt und wie er dessen Recherchen einzuordnen hat. Und doch: Das Bild – etwa des Lesers der *Neuen Zürcher Zeitung* – von Mexiko hängt an einem einzigen Mann, der relativ kurz in dieser Weltgegend lebt. Im konkreten Fall sagte er in dem Schweizer Weltblatt lange vor allen anderen die mexikanische Finanzkrise voraus. Aber dieselbe Zeitung feierte seinerzeit auch Tito als den neuen Führer der kommunistischen Welt, bloß weil ihr jugoslawischer Korrespondent einer entsprechenden Theorie anhing. Und beide Male kann an solchen Berichten das Schicksal eines Landes hängen: Hätte Mexiko sich nicht tatsächlich in einer Finanzkrise befunden (hätte also der betreffende Redakteur falsche Berichte geliefert), es wäre dennoch mit großer Wahrscheinlichkeit in eine solche geraten, denn alle Investoren oder Kreditgeber, die die NZZ lesen, hätten mit entsprechenden Restriktionen reagiert.

Das heißt: Der Journalist, der über Probleme dieser Dimension berichtet, lädt ein Maß an Verantwortung auf sich, dem er selbst beim besten Willen kaum gewachsen sein kann.

Am allerwenigsten der „rasende Reporter": Es gibt kein wichtiges Problem der Gegenwart, das man im Rasen recherchieren könnte – von den Ursachen der Ausschreitungen in Kenia über die Berechtigung neuer Atomkraftwerke bis zur politischen Situation in Tibet.

Ich behaupte: Sich als Österreicher auch nur in Österreich politisch auszukennen, ist schon schwer. Über Deutschland zu schreiben, mag man hin und wieder wagen, weil man zumindest dieselbe Sprache spricht. Aber schon wenn der Starreporter des *Stern* seinerzeit für eine Woche nach Polen raste, um das Kriegsrecht zu beschreiben, das die Kommunisten dort zur Niederschlagung gewerkschaftlicher Unruhen verhängten, mutete er sich mehr zu, als er beim besten

Willen halten konnte: Henri Nannen hatte Verständnis für die polnische Härte, weil, so schrieb er, ein ausufernder Kampf der Gewerkschaften mit täglichen Ausschreitungen schließlich auch in Deutschland nicht zugelassen werden könnte. So sah die Meinung des „Starjournalisten" zu Solidarność aus.

Es beginnt damit, dass der „Starjournalist" im Allgemeinen die Landessprache nicht spricht. Und es endet damit, dass die Bewohner von Diktaturen es erlernt haben, auf die glaubhafteste nur erdenkliche Weise zu lügen.

Ich werde nie vergessen, wie ich vor etwa vierzig Jahren anlässlich eines längeren Polen-Aufenthaltes in einer Gruppe von polnischen Intellektuellen die Frage diskutierte, wie viele Stimmen das Regime bei freien Wahlen erhielte. „Wir glauben doch, dass es die klare Mehrheit wäre", meinten die Teilnehmer: Es hätte sich, trotz vieler Unannehmlichkeiten, trotz der unerträglichen Bürokratie, der Fehlplanung, gewisser Einschränkungen der Freiheit, doch letztlich eine Wende zum Besseren ergeben: Polen sei aus einem der rückständigsten Agrarstaaten Europas zu einem Industriestaat geworden. Niemand hungere, die Schulen, die Universitäten oder die medizinische Versorgung funktionierten zumindest besser als früher. Und was immer man gegen die Russen sagen mochte – es gäbe da eine ganze Menge –, so wären sie doch ein Schutz gegen die Deutschen.

So etwa argumentierten zu jener Zeit, da es in Polen wirtschaftlich noch ganz brauchbar zuging, die Teilnehmer jener Runde, und ich wäre mit dem Gefühl nach Wien zurückgekommen: Man darf dem Kommunismus in Polen zumindest nicht jede politische Berechtigung absprechen. Die Leute haben an diesem System zwar sehr viel auszusetzen, aber letztlich akzeptierten sie es.

Das hätte ich auch geschrieben. Hätte sich nicht zufällig im weiteren Gespräch ergeben, dass meine Mutter zwei Jahre in Auschwitz inhaftiert war, dass einer der Gesprächsteilnehmer sich ihrer erinnerte, sodass ich plötzlich nicht mehr irgendein Journalist, sondern der Sohn einer Auschwitz-Kameradin war. Worauf derselbe Kreis, der mir vorher glaubwürdig eine Mehrheit der Kommunisten bei freien Wahlen suggeriert hatte, seine ehrliche Prognose abgab: Sechs Prozent bekämen sie vielleicht.

Ich habe mich an diesen Zwischenfall erinnert, als ich ein Jahrzehnt später die DDR-Reiseberichte der von mir ansonsten ungemein verehrten Marion Gräfin Dönhoff in der ZEIT gelesen habe: Ich zweifle selbst an der von ihr vermuteten Zustimmung der Bevölkerung zum Sozialsystem. (Und wie wenig die Berichte in Summe stimmten, erwies die Wende.) Dabei war Gräfin Dönhoff eine grandiose Journalistin, in Ostdeutschland sprach man Deutsch und sie stammte von dort.

Für mich selbst habe ich ziemlich rigorose Konsequenzen gezogen: Ich berichte grundsätzlich nicht über die faktischen Zustände in einem Land, in dem ich nicht mindestens ein Jahr gelebt habe oder aus dem ich nicht zumindest jemanden sehr gut kenne, der als qualifizierter Journalist lange dort gelebt hat und mir detailliert auf hundert kritische Einwände Auskunft gibt. Stünde ich noch einmal am Beginn einer journalistischen Karriere, ich hielte es wahrscheinlich sogar für meine wichtigste Aufgabe, meine Leser systematisch über die Fragwürdigkeit jedweder Berichterstattung zu informieren.

An einem für mich typischen Beispiel, das wie die meisten Beispiele in diesem Kapitel aus einer Zeit stammt, in der ich als *profil*-Herausgeber noch eingehend mit derartigen Fragen befasst war: Wie in allen Redaktionen tobte auch in der meinen die Auseinandersetzung um die amerikanische Politik gegenüber El Salvador und Nicaragua. Bestritten wurde sie auf der Basis der Berichterstattung von Kollegen, die sich im Allgemeinen vierzehn Tage in diesen Ländern aufgehalten hatten. Es zeigt sich, dass das Resultat solcher Recherchen denn auch in erster Linie davon abhing, mit welcher Meinung der Betreffende angereist war: Ein von mir sehr geschätzter Kollege der eher konservativen *Presse* entdeckte in Nicaragua ernsthafte Ansätze zu einer künftigen kommunistischen Diktatur und in El Salvador ebenso ernsthafte Ansätze zu einer künftigen Demokratie westlichen Musters. Eine von mir ebenso geschätzte linkskatholische Kollegin sah es genau umgekehrt.

Bei dem Versuch, mir ein eigenes Bild zu machen, stieß ich auf den (mittlerweile längst verstorbenen) Leiter der österreichischen Caritas, Prälat Leopold Ungar, einen hochanständigen, hochintelligenten Mann, der mir, von einer El-Salvador-Reise zurückkehrend, fast wörtlich bestätigte, was die katholische Kollegin geschrieben hatte. Ich war tief beeindruckt – bis ich herausfand, dass beider Informant ein und derselbe katholische Pater war, der ihnen sein El-Salvador-Bild vermittelt hatte. Immerhin ein Pater, der seit mehreren Jahren in diesem Raum lebte, der sich also einigermaßen gut auskennen könnte. Nur dass ich den Leiter einer anderen katholischen Organisation (die sich um die Alphabetisierung der Bevölkerung bemühte) kennenlernte, der ebenfalls seit Jahren in diesem Raum lebte und ein doch wesentlich anderes Bild entwarf.

Nicht, dass die Bilder völlig divergiert hätten. Die Grundprobleme sahen beide gleich. Aber in der entscheidenden Frage – war es moralisch zulässig, dass die Amerikaner in El Salvador nach wie vor auf eine langsame positive Entwicklung des gegenwärtigen Regimes setzten, während sie die Sandinisten bekämpften? – war kein Einvernehmen zu erzielen. Der eine sagte ja, der andere sagte nein. Welche Meinung der Journalist vertrat, der die Meinung der Welt zu diesem Thema formte, hing in erster Linie davon ab, auf welchen der beiden Informanten er gestoßen ist. Denn die Vorstellung, der rasende Reporter könnte sich in vierzehn Tagen sein eigenes Bild machen, ist purer Unfug.

Er könnte nicht einmal eine so relativ begrenzte Frage beantworten, wie die nach dem Ausmaß und der Berechtigung der von links beziehungsweise von rechts geübten Gewalt: Man hat, um bei meinem Beispiel zu bleiben, in El Salvador riesige Leichenhalden gefunden, die vermutlich zu Recht den Regierungstruppen zugeschrieben wurden. Es gab keine vergleichbaren Leichenhalden der Guerilleros. Aber könnte das nicht bloß daran gelegen sein, dass die Kampfweise regulärer Truppen es mit sich bringt, dass relativ viele Tote auf einmal und an einem Ort anfallen? (Um einen grauenvollen Vorgang mit einem unpassenden Zeitwort zu versehen.) Dass diese Truppen ein großes Interesse haben, diese Toten zu verheimlichen? Und dass sie die Transportkapazitäten zur Verfügung haben, die Leichen alle in irgendein unwegsames Stück Felswüste zu transportieren, wo sie dann umso dramatischer entdeckt und gefilmt werden können? Während demgegenüber die Kampfweise von Guerilleros zwangsläufig nach sich ziehen könnte, dass an einem bestimmten Ort nur relativ wenige Tote anfallen, die denn auch nach Abzug der Guerilla von den Angehörigen relativ rasch bestattet werden.

Ob das, über das Land verteilt, weniger Tote sind, als die, die der Regierung beziehungsweise diversen Todesschwadronen zugeordnet werden, weiß kein Mensch. Und selbst, wenn man es wüsste, ließe sich daraus kein sinnvoller Schluss hinsichtlich der Qualität des bestehenden Regimes in Relation zu einem alternativen Regime der Guerilleros ziehen. Die Guerilla-Kampfweise zwingt automatisch zu einer relativ größeren Rücksicht auf die Zivilbevölkerung, die dennoch in dem Augenblick zu Ende sein kann, in dem der Sieg errungen wurde.

Die Vorgänge in Vietnam waren dafür ein ideales Beispiel: Kaum hatte der Vietkong über das autoritäre Südvietnam gesiegt, überzog er es mit einer Schreckensherrschaft.

Auch für die häufige Einseitigkeit jener Berichterstattung, die sich darauf spezialisiert hat, Missstände aufzuzeigen, ist dieses historische Beispiel typisch: Ein Jahrzehnt lang war die südvietnamesische Diktatur den Lesern der großen westlichen Zeitungen ein Ausbund an Laster und Brutalität, gegen die Ho Chi Minh zu Recht die Massen mobilisierte. Bestenfalls einen Monat dauerte die Berichterstattung über die grauenhafte Lage des vietnamesischen Volkes nach seinem Sieg.

Der rasende Reporter vom Typ des Egon Erwin Kisch ist prädestiniert für diese Art von Fehlberichterstattung: Da es unmöglich ist, sich in relativ kurzer Zeit ein vernünftiges Bild zu machen, kann er schwer anders, als auf seine vorgefasste Meinung zu vertrauen und sie durch selektive Wahrnehmungen bestätigt zu finden. Denn – und auch das ist eine der großen Gefahren des modernen

Journalismus – wenn er zurückkommt, muss er eine Meinung von sich geben. Jeder Journalist muss ununterbrochen auch über Vorgänge in fremden Ländern meinen. Mehr noch: Er muss ein Urteil abgeben, das seine angeblich objektiven Beobachtungen moralisch einordnet.

Die in den meisten Fällen einzig redliche Aussage über Vorgänge in fremden Ländern bestünde in der Feststellung: „Ich kenne mich nicht aus."

Ich habe diese Feststellung kaum je in einer Zeitung gelesen. Nicht einmal in Zusammenhang mit Dritte-Welt-Problemen, der Energiepolitik oder auch bloß der Zinsen-Entwicklung.

Allenthalben rasende Reporter, die es nach vierzehn Tagen ganz genau wissen. Ich glaube, Kisch, wenn er noch lebte (und wenn er tatsächlich der große Journalist war, für den er gehalten wird), schriebe sein Buch über den rasenden Reporter neu: „Er ist Teil jener politischen Gefahr, vor der er uns angeblich in Schutz nimmt."

Ich habe diesen Text im Wesentlichen schon vor Jahren für ein Buch über Egon Erwin Kisch geschrieben, aber ich könnte es heute nicht besser. Eine Einschränkung scheint mir allerdings wichtig: Ich schreibe über Printjournalismus, den ich von Grund auf kenne. Über Fernsehjournalismus weiß ich viel weniger und zumindest meine Kritik am rasenden „Starreporter" könnte dort vielleicht nicht mehr im beschriebenen Ausmaß zutreffen: Ein großer Fernsehsender wie CNN könnte über so viel Geld verfügen, dass er die Reportagen seiner rasenden „Starreporter" durch umfangreiche Vorausrecherchen perfekt vorzubereiten vermag. Wenn Christiane Amanpour in den Irak reist, hat sie sich vielleicht schon durch einen Stapel aktueller Recherchen hoch qualifizierter Kollegen gelesen, die seit langem vor Ort sind. Sie selbst muss dann vielleicht nur mehr die richtigen Gesprächspartner mit diesen Recherchen konfrontieren, und das fällt ihr insofern leichter, als sie heute nicht minder prominent als der Außenminister der USA ist.

(Wie sie allerdings anlässlich eines Konzerts der New Yorker Philharmoniker in Pjöngjang über Nordkorea fachsimpeln konnte, ist mir trotzdem ein Rätsel.)

So wie ich für möglich halte, dass CNN wegen seiner gewaltigen Einnahmen besser als die meisten Zeitungen informiert sein könnte, könnte das mittlerweile auch auf die großen Nachrichtenagenturen zutreffen: Der Boom der Information muss auch ihre Kassen gefüllt und es ihnen ermöglicht haben, mehr Leute für die Berichterstattung aus entfernten Ländern einzusetzen. Und *last but not least* erlaubt das Internet eine Abgleichung der breiten Informationsströme aus großen Medienunternehmen mit den unendlich zahlreichen Informationsrinnsalen, die ständig von Abermillionen Usern ausgehen.

Das kann vielleicht dazu beitragen, dass heute elektronisch ein insgesamt eher zutreffendes Bild der Welt entsteht, als ich es als Zeitungsmann erlebt habe, und dass auch der Printjournalismus von diesem präziseren Bild profitiert.

Aber ich rate trotzdem zur Vorsicht. Eine der wichtigsten Erkenntnisse Karl Poppers besteht darin, nachgewiesen zu haben, dass wissenschaftliche Theorien niemals daraus erwachsen, dass eine Unzahl von Informationen gesammelt und dann so lange geschüttelt werden, bis ein Naturgesetz herauslesbar ist, sondern dass Wissenschaftler immer mit einer theoretischen Vorstellung in den Wust der Informationen eintreten und sie in der Folge gemäß und entlang diesen Vorstellungen anordnen. Der entscheidende wissenschaftliche Prozess besteht dann darin, die aufgrund dieser Anordnung vermuteten Gesetzmäßigkeiten zu falsifizieren: Experimente (Beobachtungen) zu finden, die ihnen widersprechen.

Erst wenn sich die Suche nach solchen widersprechenden Beobachtungen als erfolglos herausgestellt hat, darf die Theorie bis auf Weiteres als richtig gelten und manche, sehr lange ohne Widerspruch gebliebene Theorien verdienen den Namen Naturgesetz.

Hervorragender Journalismus müsste theoretisch nach demselben Prinzip arbeiten: Man müsste jede These, ehe man sie zu Papier bringt, darauf abklopfen, ob es nicht Beobachtungen gibt, die ihr widersprechen.

Und da bin ich bei einem entscheidenden Problem des aktuellen Journalismus: Weil gerade brisante Berichte aus Gründen der Konkurrenz fast immer so schnell wie möglich erscheinen müssen, fehlt den befassten Journalisten fast immer die Zeit. Manchmal müssen sie schon schreiben, bevor sie denken konnten. Deshalb sind Tageszeitungen im Schnitt noch fehlerhafter als Wochenzeitungen, Wochenmagazine fehlerhafter als Monatszeitschriften und diese im Allgemeinen fehlerhafter als Bücher, an denen Journalisten doch gelegentlich ein Jahr und mehr gearbeitet haben.

Speziell für Eric: Ich habe einmal in einem *profil*-Leitartikel geschrieben, unsere Leser sollten sich gelegentlich die Zeit für ein Buch nehmen – und das rate ich auch Dir. Ein gutes Buch über den palästinensisch-israelischen Konflikt – etwa *Es war einmal ein Palästina* von Tom Segev – bringt mehr als der tägliche Blick in die neueste Meldung einer Tageszeitung aus diesem Raum. Jedenfalls kannst Du diese Meldung auf dem Hintergrund Deines Buchwissens wesentlich besser einschätzen.

Das Fernsehen liefert mittlerweile Reportagen und Dokumentationen, die manchmal die Qualität eines guten Buches haben: Österreich I und Österreich II von Hugo Portisch sind unübertroffene Beispiele aus Österreich. Auch heute haben wir ein erstklassiges „Weltjournal" und bei Arte kann man eine erstklassige

Dokumentation oder Reportage nach der anderen sehen. Das sind journalistische Meisterleistungen, für die die Autoren und Kameraleute genügend Geld und offenbar auch genügend Zeit aufwenden konnten.

Finanziert und gezeigt werden diese Beiträge, zumindest in Europa, fast durchwegs von öffentlich-rechtlichen Rundfunkanstalten, die mir deshalb als Informationsmedien absolut unverzichtbar scheinen. Mit ausschließlich privaten Rundfunkanstalten ist es ein wenig so wie mit ausschließlich privaten Theatern in den USA: Sie liefern Musicals, denn die sind ideal fürs Geschäft.

Das ist auch gut und schön und richtig so, denn die Mehrheit der Menschen braucht und will Unterhaltung. Nur eine Minderheit will Information – aber in gewissen Phasen kommt es auf das Verhalten dieser informierten Minderheit an, denn sie prägt das Verhalten der wenig informierten Mehrheit. Politiker, die seriöse Information schätzen, machen Gesetze und treffen Maßnahmen; Wissenschaftler, die seriöse Information schätzen, erkennen und lösen Probleme; Journalisten, die seriöse Information schätzen, verbreiten sie in Zeitungen und Zeitschriften in einer Weise weiter, an der auch das breite Publikum nicht ganz vorbeikommt.

Der öffentliche Rundfunk hat in meinen Augen die Rolle einer audiovisuellen Universität und manchmal sogar eine Volkshochschule. Daher soll man ihn meines Erachtens auch so wie derartige Institutionen finanzieren: nicht aus Gebühren und nicht aus Werbeeinnahmen, sondern aus Steuermitteln. Denn nur das schafft absolute Unabhängigkeit – zum Beispiel von „Wirtschaftkreisen" – und sichert hohe Qualität, weil die Redaktion nicht ununterbrochen unter dem Druck möglichst geringer Kosten steht, die man am besten erreicht, wenn man möglicht wenige Leute so kurz wie möglich recherchieren lässt.

Auch Universitätsprofessoren müssen – hoffentlich – nicht ununterbrochen unter höchstem Kostendruck forschen und Staatstheater dürfen sich lange Probezeiten leisten.

Qualität kostet Geld. Ich glaube, dass es ein politisches Bekenntnis zur Qualität der Information geben muss, weil Information den größten denkbaren politischen und gesellschaftlichen Einfluss ausübt.

In Wirklichkeit wäre es sogar sinnvoll, auch ein Printmedium zu schaffen, das aus Steuern finanziert wird (in Österreich böte sich die *Wiener Zeitung* an), denn irgendwo sollte man – ich erinnere an die Wirtschaftspolitik der USA – auch Informationen aus der Wirtschaft lesen können, die auf die Werbewirtschaft keine Rücksicht nehmen müssen.

Verleger und Kollegen werden sofort einwenden: Was ist die Abhängigkeit von Werbeinnahmen im Vergleich zur Abhängigkeit von politischen Parteien? Aber diese Abhängigkeit ließe sich minimieren. Man brauchte das oberste Organ öffentlicher Rundfunkanstalten (oder einer „öffentlich-rechtlichen" Zeitung) bloß mit Personen zu besetzen, die nicht vorrangig von politischen Parteien nominiert werden: zum Beispiel mit den Präsidenten oder Präsidentinnen von Gerichtshöfen, mit Rektoren oder Rektorinnen von Universitäten oder Dramaturgen und Dramaturginnen von Theatern usw. usw. Nicht dass die Politik auf die Bestellung in diese und ähnliche Positionen gar keinen Einfluss hätte, aber es ist doch ein derart gebrochener Einfluss, dass man ihn guten Gewissens in Kauf nehmen könnte.

Man müsste das Budget der Rundfunkanstalt dann nur noch per Verfassungsgesetz an die Teuerung koppeln und ihre Abhängigkeit von der Politik wäre minimal. Da ein solcher steuerfinanzierter Rundfunk grundsätzlich keine Werbung schalten dürfte, stellte er auch keine unfaire Konkurrenz für die privaten Medien, sondern eben bloß eine sinnvolle Ergänzung zu ihnen dar.

Alles in allem ein durchaus einfaches Modell – aber unendlich schwer zu beschließen. Denn der Beschluss müsste ja durch jene Parteien zustande kommen, deren Einfluss das zu beschließende Rundfunk-Gesetz endgültig eliminieren soll.

Aussichtslos? Nicht völlig: Ursprünglich befand sich der Österreichische Rundfunk ja in der uneingeschränkten Gewalt der politischen Parteien. Dann hat das Rundfunkvolksbegehren des Jahres 1964 einen solchen Widerhall gefunden, dass sich die ÖVP unter ihrem damaligen Parteichef Josef Klaus bereit erklärt hat, den Forderungen dieses Volksbegehrens nach möglichst großer Entpolitisierung des Rundfunks nachzukommen, wenn sie die Wahlen gewinnen sollte. Das hat erheblich dazu beigetragen, dass sie sie tatsächlich gewonnen hat.

Eine solche Konstellation ist nicht unwiederholbar.

Das Problem besteht darin, dass der „Leidensdruck" der Konsumenten nicht mehr so groß ist: Damals, vor fünfzig Jahren, waren alle Programme des staatlichen Rundfunks absolut unerträglich, jetzt finden selbst kritische Zuseher die Informationssendungen des ORF oder gar des ZDF keineswegs „unerträglich" und auch ich kann nur in Ausnahmefällen etwas aussetzen: Wenn etwa Professor Streissler auch vom ORF nicht zu einer Diskussion über die Krise am Finanzmarkt eingeladen wird.

ORF oder ZDF sind nicht auf unerträgliche Weise von Werbeeinnahmen und/oder von den politischen Parteien abhängig, sondern sie sind nur nicht ganz so unabhängig, wie sie im Idealfall sein könnten und im Notfall sein sollten.

Gerade in der Wirtschaftspolitik kann es diesen Notfall geben.

Ich gebe die Hoffnung nicht auf, dass die politischen Parteien irgendwann über ihren Schatten springen und ein Modell wie das meine beschließen könnten, das die gänzliche Unabhängigkeit sowohl von Parteien wie von Werbeeinnahmen sicherstellt: weil sie begreifen, dass eine unabhängige Rundfunkanstalt fast so wichtig ist wie unabhängige Gerichte.

Dogmatische Verfechter des Marktes werden einwenden, dass ein solcher, völlig werbefreier, in seiner Wirtschaftsberichterstattung daher völlig unabhängiger Sender doch auch aus kommerziellen Motiven geschaffen würde, wenn ein wirklicher Bedarf dafür bestünde.

Aber das stimmt eben nicht: Der durchschnittliche Konsument gibt allenfalls viel Geld dafür aus, dass er Spielfilme ohne Werbeunterbrechungen sehen kann. Das Gleiche für Wirtschaftsberichterstattung zu fordern, kommt ihm nicht in den Sinn und ist daher für einen kommerziellen Anbieter uninteressant.

Es mag schon sein, dass ungemein fortgeschrittene Medienkonsumenten aus einer künftigen Generation irgendwann anders zu dieser Frage stehen werden, weil sie zu mehr medienkritischem Denken erzogen sind (oder weil ihnen eine Wirtschaftskrise die Problematik gängiger Wirtschaftsberichterstattung vor Augen geführt hat). Aber um sie dorthin zu erziehen, bedarf es geeigneter Medien: zum Beispiel eines werbefreien, unabhängigen Rundfunks.

Womit sich die Katze vorerst in den Schwanz beißt.

32. Journalismus 2: Zeitgeist

Journalisten sind nur so stark wie ihr Medium. Dieses Medium gehört ihnen im Allgemeinen nicht. Die Eigentumsverhältnisse haben sich stark geändert.

Ich würde behaupten, dass die Verfügungsgewalt über Information heute wichtiger ist als die Verfügungsgewalt über Geld und selbst Waffen. So ist sowohl am Beginn des ersten als auch des zweiten Irak-Krieges der Krieg der Informationssysteme gestanden: die sofortige Zerstörung des irakischen Informationssystems und die Installierung des überlegenen amerikanischen, das es möglich gemacht hat, jede Stellung und jedes Depot zu orten. Dasselbe hat sich im Krieg im ehemaligen Jugoslawien abgespielt: Auch dort haben die Amerikaner zuallererst die Kommunikation der serbischen Einheiten miteinander unterbrochen. Um es zuzuspitzen: Wenn eine Kriegspartei in der Lage wäre, das Informationssystem des Gegners so zu überrumpeln, dass er über seinen eigenen Nachrichtensender erfährt, die eigene Armee sei geschlagen und befinde sich auf der Flucht, so wäre das bereits ihre Niederlage, denn sie flüchtete im nächsten Moment tatsächlich.

Dass die Medien durch Jahre die Fehlinformation von der Überlegenheit der US-Wirtschaft verbreitet haben, war für die aktuelle Wirtschaftskrise von mindestens so großem Gewicht wie die Fehlentscheidungen Alan Greenspans.

Ich glaube, das reicht, das sagenhafte Gewicht von Informationen vor Augen zu führen. Wer ein Medium zur Verbreitung von Information besitzt, besitzt unglaubliche Macht.

Bei diesen Eigentumsverhältnissen und vor allem den Anforderungen, die die Eigentümer an ihr Medium stellen, hat sich in den letzten Jahrzehnten schleichend eine bedeutsame Veränderung ereignet: Der Gewinn ist immer mehr zum Maßstab aller Dinge geworden.

In den ersten Jahrzehnten nach dem Krieg haben österreichische Journalisten es vor allem mit Eigentümern zu tun gehabt, die einen ganz bestimmten politischen Anspruch hatten: Manche hatten den Wunsch, eine christlichsoziale, andere den Wunsch, eine sozialistische, wieder andere eine liberale Botschaft zu verbreiten.

Die Letzteren waren sicher die angenehmsten, aber für den konkreten Journalisten war es doch immer die wichtigste Frage, wie weit er sich mit dem politischen Anspruch seiner Zeitung identifizieren konnte. Wenn er, wie ich, in die *Arbeiter-Zeitung* nicht mehr so recht hineingepasst hat, musste er die Konsequenzen ziehen und gehen. Heute ist ein anderer Unterschied häufig der gewichtigere: Ist man bei einer Zeitung, die wirtschaftlich überlebt, oder bei einem Blatt, das ständig mit dem Eingehen kämpft?

Nach der Ära der Parteipresse hat die Ära der „persönlichen" Eigentümer begonnen. Auch diese Männer hatten freilich meist eine relativ ausgeprägte politische Einstellung – im Allgemeinen standen sie der ÖVP deutlich näher als der Sozialdemokratie. Aber sie hatten persönliche Überzeugungen, die darüber hinausgingen: Ludwig Polsterer etwa, der den *Kurier* besaß, hatte dem Widerstand angehört und in Hugo Portisch einen Chefredakteur gewählt, der bedingungslos gegen alles Braune anschrieb.

Das war in Österreich nicht unbedingt verkaufsfördernd. Auf dem Höhepunkt der Affäre Borodajkewycz – eines Universitätsprofessors, der NS-Gedankengut vorgetragen hatte und dafür vom *Kurier* angegriffen wurde – wurde der *Kurier* auf der Straße öffentlich verbrannt. Er verlor in dieser Periode rund zwanzigtausend Exemplare an täglicher Verkaufsauflage. Portisch ging zu Polsterer, um ihm darüber zu berichten und notfalls seinen Rücktritt anzubieten. Polsterers Reaktion: Und wenn wir vierzigtausend Exemplare verlieren, wir machen weiter.

Ich möchte dem eine Unterredung gegenüberstellen, die sich ebenfalls in einer mir bekannten Zeitung in jüngerer Zeit abgespielt hat. Dort ist ein Manager des Eigentümers (nicht der Eigentümer selbst) auf einen wichtigen Redakteur zugetreten, um ihm zu sagen: „Ist Ihnen schon klar, dass diese massiven Anti-Haider-Stellungnahmen uns größenordnungsmäßig 30.000 Leser kosten? Sollten Sie nicht einmal darüber nachdenken? Das ist doch nicht notwendig, dass wir derartig viele Leute verscheuchen."

Das ist etwas anderes als die früheren Interventionen nach dem Muster: Dieser Mann ist unser politischer Gegner (oder unser politischer Freund) – schreiben Sie dementsprechend.

Aber es ist nicht so viel angenehmer.

Es hängt mit dem ungeheuren Gewicht zusammen, das der kommerzielle Erfolg oder Misserfolg des Unternehmens Zeitung für das Management gewonnen hat, weil dieser finanzielle Erfolg auch für die gegenwärtigen Eigentümer immer gewichtiger geworden ist. Dass es oft Gremien, vielfach Aktiengesellschaften, anstelle eines einzelnen reichen Privatiers sind, macht die Sache in keiner Weise einfacher: Dr. Polsterer konnte leichter sagen, dass er bereit ist, auf einen riesigen Betrag zu verzichten, als das der Obmann eines Gremiums oder der Vertreter einer Aktionärsgruppe sagen kann.

Die große Umwälzung, von der ich spreche, ist die hin zu Eigentümern, denen es in einem weit höheren Maße egal ist, was in ihrer Zeitung steht (was ihr Sender verbreitet), sofern diese Zeitung (dieser Sender) nur hohe Gewinne macht. Die Zeitung (der Sender) wird in erster Linie aus kommerziellen Interessen heraus betrieben. Das, so meint man, macht den Journalisten weit freier, zu schreiben, was er denkt und will – aber das stimmt nur begrenzt: Es muss von der Art sein, dass es den kommerziellen Erfolg der Zeitung nicht gefährdet.

Eine kritische Haltung gegenüber „der Wirtschaft" gefährdet ihn fast immer.

Insbesondere in Italien hat es einen großen Verkauf von Medien in Richtung rein kommerzieller Betreiber gegeben. Die sind dann freilich mit der ganzen Macht von Medieneigentümern in die Politik zurückgekehrt, indem sie jemanden politisch aufgebaut und zur Wahl empfohlen haben: Silvio Berlusconi vorzugsweise sich selbst.

In Österreich gibt es Hans Dichand, der zwar ein unendlich reicher persönlicher Eigentümer ist, von sich aber behauptet, weder finanzielle noch politische Absichten zu haben. In Wirklichkeit ist er der Sonderfall eines Eigentümers, bei dem die politische Grundhaltung – apolitisch und chauvinistisch – den maximalen finanziellen Erfolg sicherstellt, weil sie sich mit der der größten Lesergruppen des Landes deckt. Wenn ein Medium von der Macht der *Kronen Zeitung* „seinen" Kanzlerkandidaten präsentiert, hat er die Wahl bereits gewonnen. (Selbst der magenbittere, ehrliche Wilhelm Molterer hätte sie wie Werner Faymann gewonnen, wenn die *Kronen Zeitung* mit ähnlicher Vehemenz für ihn eingetreten wäre.)

Aber Dichand ist ein Komet für sich und nicht wirklich typisch für die Zukunft. Für die sind eher die Bertelsmann- oder die WAZ-Gruppe charakteristisch: Unternehmen, die in fast allen Medienbereichen tätig sind oder, wie die WAZ, auch mit größtem Erfolg einen Versandhandel betreiben.

Für sie steht der wirtschaftliche Erfolg über allem und teilweise ist das gut: Sie bieten Journalisten der verschiedensten weltanschaulichen Ausrichtungen eine Heimat. Denn sie betreiben auch Zeitungen ganz verschiedener Weltanschauungen, vorausgesetzt, dass sich damit gut verdienen lässt: In einem sozial-demokratisch dominierten Bundesland werden sie eher eine sozialdemokratisch ausgerichtete Zeitung betreiben, weil die mehr Leser verspricht. In einem christlichsozial dominierten Bundesland mit starker Wirtschaft wird es mit ziemlicher Sicherheit eine eher christlichsozial ausgerichtete Zeitung sein, weil das mehr christlichsoziale Leser und vor allem mehr Inserate verspricht. Aber der außenpolitische Kommentator wird für beide Zeitungen möglicherweise derselbe sein, weil das Kosten spart. Der entscheidende Unterschied dieser Zeitungen für ihre Eigentümer, die oft nicht mehr persönlich definiert, sondern von Managern vertretene Aktiengesellschaften sind, ist nicht mehr die unterschiedliche Botschaft, sondern der größere oder geringere finanzielle Erfolg.

Das verändert die Gesetzmäßigkeiten, nach denen Zeitungen und vor allem Zeitschriften gemacht werden. Ich zähle ein paar davon auf:

- Kurze Texte sind leichter verkäuflich als lange. Daher werden die Texte kürzer, auch wenn es manchmal notwendig und sinnvoll wäre, etwas lang und ausführlich darzustellen.

- Unterhaltung ist leichter verkäuflich als das, was wir politische Information nennen. Daher nimmt die Unterhaltung zu und die Information ab bzw. die politische Information wird in Unterhaltung – das berühmte „Infotainment" – umgewandelt.

- Klare Schwarz-Weiß-Botschaften sind leichter verkäuflich als differenzierte Analysen. Daher entwickelt sich die Berichterstattung in Richtung zu einfachen, schlagwortartigen Botschaften hin.

- „Menschen" verkaufen sich besser als Sachverhalte. Daher entwickelt sich die Berichterstattung dahin, entweder überhaupt nur Menschen zu beschreiben oder Sachverhalte grundsätzlich an Menschen aufzuhängen. Das hat vor allem in der Politik gewichtige Folgen, weil gut verkäufliche Menschen ihre Programme und Ideen viel besser in Zeitungen unterbringen können.

Natürlich gibt es die sogenannte „Qualitätspresse", die in Deutschland dank ihres Reichtums auch wirklich Qualität haben kann, während sie in Österreich wegen des ungleich kleineren Leser- und Werbemarktes oft nur den Anspruch auf Qualität erheben kann. Es gibt Oscar Bronner als Kometen für sich, der vielleicht weiterhin sagte: „Und wenn es uns vierzigtausend verkaufte Exemplare kostete ...“

Aber wenn es ihn wirklich vierzigtausend Exemplare kostete, wäre der *Standard* tot.

Die Massenpresse, die den letztlich doch größten Einfluss auf die Leser und die Politik hat, entwickelt sich eher in die andere Richtung: Die *Kronen Zeitung* nach Dichand wird weiterhin „national", wenn auch gemäßigter sein – denn so tickt ein Drittel der Leser und die muss man behalten. Allerdings wird der politische Teil der Zeitung noch weiter schrumpfen und der unterhaltende Teil noch größer werden – und das werde ich in diesem besonderen Fall als relativ angenehmer empfinden.

An die Stelle des apolitischen, aber im Zweifel chauvinistischen und nationalen Lesers wird irgendwann der restlos apolitische Leser treten und *Österreich* wird sich mit der *Krone* um diese Leserschicht matchen.

Was für Zeitungen gilt, gilt für kommerzielle Fernsehsender, die noch weit größere Gewinne oder Verluste machen können, zum Quadrat. Sie werden uns immer mehr „Dancing Stars" und immer weniger Nachrichtensendungen anbieten.

Für Leute wie mich hinge die Zukunft (die ich nicht mehr habe) davon ab, wie weit sie sich „profilieren" können: eine bestimmte, womöglich kaufkräftige Lesergruppe extrem an sich binden, indem sie starke Zustimmung oder starke Ablehnung provozieren. Sofern sie Außenseiter sind, müssen sie versuchen, wenigstens die Gruppe der Außenseiter an sich zu binden.

Ich versuche das. Zumindest in Bezug auf die bildende Kunst ist es mir restlos gelungen.

33. Journalismus 3: Die Diktatur der Wortmenschen

Die Macht der Journalisten erstreckt sich sogar über die bildende Kunst. Das ist nicht immer von Vorteil, denn Journalisten sind im Allgemeinen Menschen des Wortes. Ich sehe die Malerei nicht so gerne in ihrer Geiselhaft.

Seit meine Kommentare nicht mehr ganz vorne, sondern ganz hinten im Blatt stehen, muss ich auf die Leser hoffen, die eine Zeitschrift von hinten – mit dem Kulturteil – zu lesen beginnen.

Ich selbst zähle nicht dazu: Berichte über Ausstellungen, Stücke, Konzerte törnen mich eher ab, wenn sie nicht von ausgewählten Autoren stammen. (Der Mehrheit misstraue ich so wie der Mehrheit der Wirtschaftsberichterstatter.)

Im Allgemeinen sehe, höre, lese ich lieber selber.

Ich habe das von meiner Mutter, die es von ihrer Mutter hat.

So wenig Elsa Reiner sonst an finanzieller Zuwendung für ihre Tochter aufbrachte, so splendid war sie, wenn es um Kunst ging: Schon als Mädchen durfte meine Mutter mit ihr nach Frankreich, Italien und Holland reisen, um dort die großen Museen zu besuchen, und später tat sie das Gleiche gemeinsam mit meinem Vater. Sie besaß eine umfangreiche Sammlung von Kunstbüchern und vor allem von altmodischen Ansichtskarten, wie sie alle Museen der Welt von Stockholm bis Toledo von ihren Meisterwerken verkaufen.

So stolz andere Kinder darauf waren, jedes Automodell selbst aus größerer Entfernung der richtigen Marke zuzuordnen, so stolz war ich darauf, den Maler jeder dieser Ansichtskarten zu erraten. Wir betrieben das als Wettspiel und spätestens mit dreizehn war ich darin besser als sie und hatte zumindest den Louvre und die Londoner Tate Gallery auch schon selbst besucht.

Die ersten Originale hatte ich bereits mit sechs oder sieben in einem Bauernhof in Nötsch bewundert. Meine Mutter hatte mir erzählt, dass es dort einen Kreis ausgezeichneter Maler gäbe, mit denen sie Kontakt aufgenommen habe, sodass wir sie besuchen könnten. Der für mich eindrucksvollste unter den inzwischen europaweit bekannten Künstlern des Nötscher Kreises war Anton Mahringer – nicht nur wegen seiner herrlichen Landschaftsbilder, sondern wegen seiner Tochter Regina, in die ich mich unsterblich verliebte. „Regina, ich lieb Dich", schrieb ich auf ein Blatt Papier, das ich in ein Kuvert steckte und meiner Mutter mit Klebstoff verschlossen zur Verwahrung gab.

Speziell für Eric: Sie hat es, wie alle meine Kuverts, selbstverständlich geöffnet und es hat einen größeren Krach zwischen uns gegeben. (Deshalb kannst Du Dich darauf verlassen, dass ich Deine verschlossenen Kuverts immer respektiere – es sei denn, ich ersehe aus dem Absender, dass es eingemahnte Rechnungen sind.)

Bilder Mahringers oder seiner Kollegen zu kaufen, hatten wir leider trotz der damals unendlich günstigen Preise nicht das Geld – er hat meiner Mutter später aus Freundschaft ein kleines geschenkt. Aber ich bin zwei Jahrzehnte später auf Lisl Engels gestoßen, die gleichfalls längere Zeit in Nötsch malte und um nichts schlechter ist. Also habe ich von ihr gleich neun Aquarelle auf einmal erstanden – Du kennst sie aus unserer Wiener Wohnung und im Haus in Aussee hängen noch ein paar.

Der Mangel an Geld war damals, in den ersten Nachkriegsjahren, unser entscheidendes Hindernis, Bilder zu kaufen. Leider, denn es wäre auch das beste Geschäft unseres Lebens gewesen: Die erste Ausstellung, in die meine Mutter mich nach dem Krieg führte – sie fand in einer kleinen Galerie am Stephansplatz statt –, galt dem in ihren Augen besten österreichischen Maler aller Zeiten, dem damals noch keineswegs weltbekannten Egon Schiele. Und etliche der Bilder, die heute in den besten Galerien hängen, waren dort damals zum Verkauf ausgestellt.

Vor allem ein Bild mit herbstlichen Häuserfassaden hatte es meiner Mutter angetan und war mit seinem Preis von 5000 Schilling (ca. 365 Euro) nicht völlig außerhalb der Reichweite ihres Budgets – wenn sie alles, was sie seit dem Krieg gespart hatte, zusammenlegte, konnte sie das Bild kaufen. Um den Betrag richtig einzuschätzen: 5000 Schilling war so viel, wie sie zusammen mit ihren Geschwistern zur etwa gleichen Zeit als Kaufpreis für die Hälfte des Hauses Theresianumgasse 12 erzielte, und für 10.000 Schilling konnte man eine Eigentumswohnung kaufen. Stundenlang wurde die Frage des Schiele-Kaufes zwischen uns gewälzt: Meine Mutter hatte den Betrag auf einem Sparbuch, aber er war für eine Maria-

Theresien-Barockkommode reserviert, die ihr der Antiquitäten handelnde Bruder meines Vaters, Klaus, zum Kauf angeboten hatte und die uns die „Hinterbrühl" zurückbringen sollte.

Ich plädierte trotzdem für das Schiele-Bild, aber meine Mutter hat sich, wie Du aus unserem Wohnzimmer weißt, für die Kommode entschieden – die „Hinterbrühl" und der Bruder ihres geliebten Mannes waren als Emotion stärker als ihr untrüglicher Instinkt für die Qualität Schieles. Die Kommode ist heute vielleicht 30.000 Euro wert – Schieles Hausfassaden mindestens 3 Millionen.

Nicht nur mit Schiele kam ich damals in hautnahe Berührung, wenig später durfte ich sogar unter einem echten Kokoschka schlafen. Er gehörte jüdischen Freunden meiner Mutter, die nach England emigriert waren und dort einen großen Kunstverlag gegründet hatten. „Dein Bett steht direkt unter einem seiner Bilder", sagte meine Mutter und ich wusste es zu würdigen: Vor dem Einschlafen und nach dem Aufwachen schaute ich begeistert wie seinerzeit als Ministrant zu einem Christus auf, der sich vom Kreuz beugte.

Aber da bewegten sich die Preise von Kokoschka bereits in für uns unerreichbaren Höhen.

Alles, was uns von jenen englischen Nächten geblieben ist, ist das kleine Selbstporträt, neben dem Barock-Tabernakel, den meine Mutter uns vererbt hat: Darauf habe ich mich im Alter von elf so gemalt, wie ich meinte, dass Kokoschka mich gemalt hätte.

Es ist mein bestes Bild.

Wie Du weißt, habe ich kurze Zeit auch Malerei studiert. Ich habe die Aufnahme in die Klasse für Malerei an der Akademie für angewandte Kunst recht locker geschafft, diese Ausbildung aber nach einem Jahr abgebrochen, denn es war keine: Einmal in der Woche erschien der „Professor", ein würdiger weißhaariger Herr, und hieß uns die Blätter, die wir in den vorangegangenen Tagen produziert hatten, auf den Boden neben unseren Stuhl legen. Dann schritt er die Stuhlreihen entlang, stieß dieses oder jenes Blatt mit seinem Gehstock zur Seite und murmelte etwas wie „nicht schlecht" oder „schwach" – stets ohne dieses Urteil in irgendeiner Weise zu begründen.

Danach verschwand er wieder in seinem Atelier. Soweit ich durch die offene Tür auf seine Bilder sehen konnte, waren sie weder schlecht, noch aber sonderlich aufregend. Wenn man von dieser Viertelstunde seiner wöchentlichen Anwesenheit absah, waren wir im Wesentlichen seiner Assistentin überlassen, die sich jedes Urteils über unsere Werke ebenso enthielt wie jeglichen Unterrichts.

Zu meiner Zeit war sie in einen unserer Studenten verliebt, was dazu führte, dass wir besonders häufig in die „Natur" zeichnen gingen. Dort verschwand sie mit ihm, bis die Veranstaltung sich gegen Abend auflöste.

Wer gern und viel malte, tat es auch an der Akademie – wer lieber flirtete, fiel auch nicht negativ auf.

Der einzige Unterricht, an den ich mich erinnere, bestand in einem Fach, dessen Bezeichnung ich nicht mehr weiß, das aber inhaltlich mit Darstellender Geometrie übereinstimmte, wie sie Teil meiner Ausbildung an einer Realschule gewesen war. Bei meinen Mitstudenten war diese Vorlesung gefürchtet – für mich war sie dank meiner Vorbildung langweilig, aber ich erkenne ihr grundsätzlich Sinn zu: Es ist auch für einen Maler durchaus nützlich, zu wissen, wie der Schatten einer Geraden auf einem Kegel aussieht.

Das zweite Fach, das meiner Erinnerung nach mit Nutzwert gekoppelt war, war „Aktzeichnen", für das uns einmal die Woche ein Modell zur Verfügung stand. Das hatte man nicht, wenn man zu Hause arbeitete – Freundinnen waren damals noch ziemlich prüde –, und ich glaube mich zu erinnern, dass der zuständige Lehrbeauftragte uns auch ein paar Tricks zeigte, die es erleichterten, einen Körper plastisch zu erfassen.

Mein Zeichenlehrer an der Realschule, ein Professor Bauernfeind, dessen ich mich erstaunlich gerne erinnere, hatte uns ähnliche Tricks beigebracht, als wir einander bekleidet abzeichnen sollten, und uns auch sonst auf höchst reaktionäre Weise gedrillt: Er ließ uns ein Zeichenblatt in ein Dutzend Quadrate teilen und auf jedem davon eine andere Oberfläche – Holz, Metall, Haut, Porzellan usw. – darstellen. Er hat das etwa folgendermaßen begründet: „Es ist unmöglich, euch zu Künstlern zu machen – Kunst kann man nicht lernen –, aber ich kann euch gewisse Techniken beibringen, die der eine oder andere von euch vielleicht gebrauchen kann, wenn er das Zeug zu einem Künstler hat, und jedenfalls wird jeder von euch jemanden anderen so abzeichnen können, dass man ihn auf dem Porträt erkennt."

Tatsächlich vermochten alle etwa dreißig Schüler meiner Klasse solche mehr oder weniger braven Porträts zu zeichnen und einem von mir produzierten Selbstporträt gestand Bauernfeind sogar so etwas wie „Ausdruckskraft" zu.

Ich bin bis heute so reaktionär, diesen Realschul-Zeichenprofessor für einen wesentlich besseren Lehrer als den Professor an der Akademie zu halten. Denn er hat sich bemüht, uns das zu vermitteln, was man vermitteln kann – nämlich Handfertigkeit.

So wie er glaube ich, dass „Kunst" nicht lehr- bzw. erlernbar ist, sondern dass es allenfalls gelingen kann, Können – davon kommt das Wort „Kunst" – zu lehren. Darüber hinaus kann ein Lehrer, der selbst ein Künstler ist, einen Studenten, der das Zeug zum Künstler hat, möglicherweise zu immer besseren Leistungen anregen, indem es zwischen den beiden zu einer Art Wettstreit kommt, bei dem der Schüler dem Lehrer nacheifert und ihn möglichst einholen, ja übertreffen will.

Wenn dieses Vermitteln einer Handfertigkeit und dieses „Anregen" zusammentreffen, dann entspricht es in etwa der Konstellation, die wir aus den „Schulen" der klassischen Malerei kennen: Ein anerkannter Maler akzeptiert einige wenige begabte Schüler, die ihm zusehen und seine Techniken erlernen, um vorerst Details seiner Gemälde fertigzustellen, bis sie schließlich eigenständige Werke schaffen und ihren Lehrer dann und wann so klar übertreffen wie Raffael Perugino.

Die Klasse für Malerei an der Akademie für angewandte Kunst war zu meiner Zeit keine solche „Schule" – also habe ich nicht begriffen, was ich dort soll, und bin ausgetreten.

Gemalt habe ich immer noch und offenbar nicht ganz schlecht, denn ein Bekannter meiner Mutter, der irgendeine Funktion in der Galerie im Belvedere innehatte, ermutigte mich und meinte, er könnte meine Bilder vielleicht irgendwann ausstellen. Als ich ihn nach dem Wann fragte, bat er mich in einen Depotraum, in dem eine Reihe von Bildern des damals noch relativ jungen Rudolf Hausner, darunter das „Narrenschiff", gelagert waren. „Gauben Sie, dass Sie da mitkönnen?", fragte er mich.

„Sicher nicht", antwortete ich – und leise dachte ich: „Nie."

Das war der Tag, an dem ich erkannte, dass ich vielleicht ein ganz netter, aber niemals ein großer Maler werden würde. Und jung wie ich war, wollte ich ein großer oder gar kein Maler werden.

Also wurde ich gar kein Maler.

Speziell für Eric: So rigoros solltest Du nicht sein: Du hast Talent zum Schauspiel und solltest es durch eine Abendschule pflegen – das lässt sich durchaus mit dem Studium vereinbaren. Auch wenn Du nicht Schauspieler, sondern, wie geplant, so etwas wie Diplomat wirst, könnte es Dir später Freude machen, ähnlich wie mir, in meinen alten Tagen da und dort aufzutreten und etwas zu rezitieren oder bei einer Laienveranstaltung mitzumachen.

Kunst ist einfach auch eine wunderbare Freizeitbeschäftigung.

Jedenfalls besser als Fernsehen.

Bei mir haben sich das einstige malerische Talent, das ich doch immerhin bis zu einem gewissen Grad gehabt zu haben scheine, sowie die bei Bauernfeind erlernte Handfertigkeit nämlich mangels Übung im Laufe der Jahre restlos verloren. Als ich vor zwanzig Jahren Spaßes halber wieder einen Pinsel in die Hand genommen habe, war das, was ich produzierte, so absolut unbrauchbar, dass ich ihn sofort wieder weglegte, und heute kann ich für meine Enkel nicht einmal mehr einen Hund oder ein Pferd zeichnen.

Aber die Liebe zur Malerei ist mir geblieben – ich habe sie mir durch meine schlechten Bilder nicht austreiben lassen. Ich gehe in jede erreichbare Ausstellung, ich schaue in jede Galerie und, sofern ich es mir leisten kann, kaufe ich Bilder.

Manchmal solche sehr angesehener Maler wie Arnulf Rainer – allerdings zu einer Zeit, da er noch nicht sehr angesehen war –, manchmal solche recht renommierter Maler wie Lisl Engels, manchmal solche befreundeter Maler wie Adolf Frohner, Gottfried Helnwein oder Manfred Bockelmann. Sehr verschiedene Bilder also, die eigentlich nur eins gemeinsam haben: Sie sind häufiger gegenständlich als abstrakt, sie waren, als ich sie kaufte, noch erschwinglich und sie haben mir aus diesem oder jenem sehr unterschiedlichen Grund gefallen.

Es war mir – zum Nachteil meiner Erben – nie wichtig, ob es wertvolle Bilder waren oder ob es einmal wertvolle Bilder sein würden. Und ich habe mich nie an der Kunstkritik im Feuilleton orientiert, denn ich halte von ihr im Großen und Ganzen – Ausnahmen bestätigen die Regel – noch weniger als von der gängigen Berichterstattung über Wirtschaft. Sie stammt in neun von zehn Fällen von „Wortmenschen" statt von Menschen, die Bilder mit den Augen erkennen. (Das Wort „erkennen" bedeutete früher einmal „lieben".)

Je länger ich die äußere Entwicklung rund um die bildende Kunst verfolge – und ich verfolge sie seit rund 40 Jahren –, desto überzeugter bin ich, dass sie einen entscheidenden Einfluss auf die innere Entwicklung der bildenden Künste hat und dass dieser Einfluss in Österreich und in Deutschland besonders groß ist. Bei der Documenta des Jahres 1992 konnte man einen Künstler bewundern, der mit einem Eimer Wasser aus einem Fluss schöpfte und es vor dem Publikum ausleerte. Darin bestand sein von der Kritik ernsthaft diskutiertes Werk.

Reaktionär, der ich bin, halte ich das für keine sehr glückliche Entwicklung der bildenden Kunst und habe daher versucht, meine Irritation in eine Reihe von Thesen zu kleiden. Mir ist bewusst, dass ich dabei vereinfache und übertreibe, aber in dieser Hinsicht habe ich von den Malern gelernt: Wo Worte sind, da muss man provozieren.

Meine erste und auch wichtigste These (ich habe sie schon vor Jahren unter empörtem Aufjaulen des progressiven Lagers mit nahezu den gleichen Worten im *profil* niedergeschrieben) lautet: Die bildende Kunst hat sich der Tyrannei des Wortes unterworfen.

Ich möchte das mit einem Text illustrieren, mit dem der *Spiegel* seinerzeit den respektablen Grafiker, aber in meinen Augen höchst unbedeutenden Objekte-Macher Joseph Beuys zum „größten Künstler" der Gegenwart erklärt hat. Darin wurde die Skulptur einer Badewanne, auf die Beuys einen Fettklumpen geklebt hatte, folgendermaßen beschrieben:

„Zugleich ist dem Künstler die Wanne allerdings bedeutsam als Gefäß für das Urelement Wasser, als Ort belebender Wärme und gewissermaßen alchemistischer Verwandlung. So findet er noch in dem nahe liegenden Scherz, man habe ihn offenbar zu heiß gebadet, eine schmeichelhafte, unbewusste Wahrheit. Weil aber Verwandlung und die dazu nötige Energie bei Beuys zwei Hauptmotive sind, ist ihm der Werkstoff des lockeren Wannenzubehörs – das Fett – als Arbeitsmaterial besonders lieb. Fett etwa ist ihm chaotische Urmasse, doch auch Kalorienspeicher. Und als besonders sinnhaltig gilt ihm jener leichte Wechsel zwischen festem und flüssigem Zustand, an dem der Münchner Wanneneigner seine Margarinenklumpen im Eisschrank gerade hindern möchte." (Zitat *Spiegel*)

Normalerweise gälte es als Nachteil eines Kunstwerks, wenn man seinen Gehalt so lange beschreiben muss. Beuys indessen verdankt diesem Mangel seinen Weltruhm: Er liefert Zeilen fürs Feuilleton. Denn normalerweise ist es sehr schwer, ein Werk, das auf die Augen wirken soll, mit Worten plastisch zu machen. Es bedürfte dazu eines neuerlichen Kunstwerks: Der Kunstkritiker müsste dafür eigentlich die Statur eines Dichters haben. Beuys' Werk hingegen macht es ihm leicht: Es ist eingebettet in Worte, Theorie und Ideologie. Der Kunstkritiker braucht davon bloß etwas zu entlehnen, aufzuwärmen, mundgerecht zu machen und schon kann er es weitergeben. Über Joseph Beuys können sogar Blinde schreiben – und sich damit die Sehnsucht erfüllen, Sehende zu sein.

Die vielen Worte des Joseph Beuys und die vielen Worte der vielen Feuilletonredakteure für und gegen die Worte des Joseph Beuys schaffen dann die sogenannte „Diskussion, die dieser Künstler wie kein anderer herausfordert". So wird der Umstand, dass Beuys als Objekte-Macher so wenig zu sagen hat, dass man so viel zu ihm sagen muss, der entscheidende Motor seiner Karriere.

An die Stelle des Namens von Beuys kann man jederzeit ein paar Dutzende andere Namen setzen. So kann man die Werke, die in den letzten Jahren auf der Documenta gezeigt wurden, vielfach nur mehr mit einer Betriebsanleitung anschauen und neuerdings wird die auch tatsächlich mitgeliefert. Irgendwann wird ein Maler dort überhaupt nur mehr reden und völlig auf ein Bild verzichten.

Schon die vom *Spiegel* suggerierte These, es gäbe nur Leute, die Beuys für ein Genie, oder Leute, die ihn für einen Scharlatan hielten, ist eine klassische Manipulation. Beuys ist kein Scharlatan – nur ist er deshalb noch lange kein Genie. Er hat nichts Neues in die bildende Kunst gebracht. Die Idee, Gebrauchsgegenstände aus ihrem normalen Zusammenhang zu reißen und ihnen durch die unvermittelte Isolierung auf dem Podest eines Museums einen neue Dimension abzugewinnen, datiert meines Wissens aus der Zwischenkriegszeit. Als der erste Bildhauer die erste Badewanne aufs erste Podest stellte, war das vielleicht sogar ein recht bemerkenswerter schöpferischer Akt: zu demonstrieren, dass es manchmal nur auf die Sicht, den Ausschnitt und das Umfeld ankommt, um einem scheinbar uninteressanten Gebrauchsgegenstand Leben einzuhauchen.

Es gibt, besonders unter technischen Produkten, solche, deren ungewollte Schönheit mit Händen zu greifen ist: Die nächtlich beleuchtete Raffinerie Schwechat beispielsweise ist ein „Objekt", das sich mit mancher Plastik messen kann. Diese Möglichkeiten eines Gebrauchsgegenstandes zu demonstrieren, Menschen auf dem Umweg über eine Badewanne in einem Museum das Sehen zu lehren, ist ein gewisses Verdienst.

Insbesondere beim ersten Mal.

Fünfzig (heute achtzig) Jahre danach kann es manchmal noch immer ein ganz netter Spaß sein und es kann auch dann und wann noch immer ganz eindrucksvoll aussehen – besonders originell ist es nicht.

Beuys freilich hat seine Objekte verändert: Er beklebte sie zum Beispiel, beschmierte sie mit Fett, kombinierte sie mit anderen Gegenständen. Das ist bereits mehr, als bloß die Möglichkeit eines Gegenstandes zu erkennen, interessant auszusehen. Es ist ein schöpferischer Akt des Ordnens und Zuordnens. Wahrscheinlich hat es nie einen schöpferischen Menschen gegeben, der das nicht gelegentlich mit irgendeinem Material getan hat. Und auch hier war es ein gewisses Wagnis, ein solches verfremdetes Objekt erstmals in einen Rahmen zu stellen und als „Kunstwerk" zu deklarieren.

Aber auch dieses Wagnis ist achtzig Jahre alt.

Keiner der zahllosen Künstler, die damals auf so simple Weise mit Gegenständen experimentierten, ist uns heute noch – deshalb – mit Namen bekannt. Nicht weil es nicht eine Reihe recht guter solcher Gegenstände gäbe, sondern weil sie eben nicht mehr als Fingerübungen eines schöpferischen Menschen sind.

Am Beispiel Arnulf Rainers: Er hat eine Zeit lang Bilder „übermalt" und dieses Vernichten eines eigenen oder fremden schöpferischen Werkes war ein schöpferischer Akt. Im Rahmen eines umfangreichen Gesamtwerkes muss man ihn respektieren, auch wenn ich andere schöpferische Akte, etwa das Verfremden von Fotos durch einige wenige Pinselstriche, ungleich aufregender finde. Aber dass ausgerechnet jene Bilder Rainers, die nichts als schwarze Flächen mit kleinen weißen Auslassungen zeigen, seinen Weltruhm begründet haben, halte ich für absurd – oder eben die klassische Folge der Dominanz des Feuilletons: Für Leute, die keine Augen haben, ist eine schwarze Fläche die ideale Basis, jede Menge Worte zu vergießen.

Aber zurück zu Beuys: Er hat als Hauptwerk die amüsanten Einfälle, die bei wirklich großen Künstlern als Nebenprodukte abfallen.

Mit einem Vergleich aus der Physik: Jedes Sich-weg-Bewegen von einem Zustand totaler Unordnung erfordert schöpferische Energie. Zustände höherer Ordnung entsprechen größerer ordnender Energie – einer größeren schöpferischen Leistung: In ihnen ist mehr Energie – mehr schöpferische Kraft – gebunden. Auch eine mit Fett beschmierte Badewanne stellt gegenüber dem isolierten Fett und der isolierten Badewanne einen Zustand höherer Ordnung dar. Aber die darin gebundene schöpferische Kraft ist eben unvergleichbar der schöpferischen Kraft, die etwa in einem von Van Gogh gemalten Stuhl gebunden ist.

Van Gogh hat den Stuhl aus Farbe neu erschaffen.

Joseph Beuys hat einen hingestellt.

Den Unterschied soll man nicht ganz verdrängen.

Ohne dass ich Beuys damit abqualifizieren will, lässt sich sein Beitrag zur modernen Kunst auf folgende Sätze reduzieren: Er hat das relativ selten verwendete Material Filz als Grundstoff für Objekte eingeführt. Wobei ich glaube, dass es deshalb so selten verwendet wird, weil es kaum Verformung – und damit schöpferische Neuordnung – zulässt. Und er hat dem das besonders plastische Fett als zweites Material gegenübergestellt, ohne von dieser Plastizität allerdings viel Gebrauch zu machen. Ansonsten bewegte er sich mit deutscher Beharrlichkeit in Geleisen, die seit Jahrzehnten ausgefahren sind und auch in der Vergangenheit nicht allzu weit geführt haben.

Joseph Beuys verdient Erwähnung in einer Anthologie moderner Kunst – als verspäteter Dadaist – und er verdient wahrscheinlich den Titel „Professor", mit dem man dergleichen etablierten Progressismus abzusegnen pflegt. Die Relation zu einem wirklich großen Maler der Gegenwart sieht etwa so aus: Wenn er sich Francis Bacon auf die Schultern setzte, reichte er ihm gerade bis zum Kinn.

These 2: In dem Ausmaß, in dem die Wortmenschen ihn beherrschen, produziert der Kunstmarkt am Publikum vorbei.

Das kränkt seine Funktionäre nicht, sondern darauf sind sie stolz. Aus der zutreffenden Erfahrung, dass manches, was von der breiten Masse abgelehnt wurde, sich später als große Kunst herausgestellt hat, ziehen sie den falschen Umkehrschluss, dass alles, was die breite Masse ablehnt, auch schon große Kunst ist. Auf diese Weise sind zwei Märkte entstanden, die immer weniger miteinander zu tun haben. Der eine ist der Markt für die gewöhnlichen Leute, auf dem sozusagen die U-Malerei angeboten wird – von den röhrenden Hirschen der Eissalons bis hin zu den breiten Ärschen des Ernst Fuchs. Diesem „Gebrauchsmarkt" steht der Markt für E-Malerei gegenüber, auf dem die „Kenner", die „Sammler" bzw. die „Mäzene" einkaufen.

Wichtigste Voraussetzung für den Erfolg auf diesem Markt ist die Verankerung des Künstlers im Feuilleton: Denn auch große Sammler (wenn man vom Glücksfall eines Dr. Leopold absieht) besitzen nur selten einen eigenen Geschmack. So wenig wie große Banken oder große Konzerne. Sie beschäftigen für ihre Einkäufe vielmehr Berater und die sind, wenn nicht gerade verpatzte Maler, fast immer Geschöpfe des Feuilletons.

Ganz ähnlich verhält sich die Sache bei Museumsdirektoren. Das Unterrichtsministerium, der Bund, die Gemeinden verfügen zwangsläufig über keinen eigenen Geschmack. Wenn ein Minister einen Museumsdirektor bestellt, hat er daher als einzigen Anhaltspunkt dessen öffentlichen Ruf im Feuilleton. Deshalb werden fast nur Leute zu Direktoren von Museen moderner Kunst bestellt, die anstelle von Geschmack programmatische Erklärungen vorzuweisen haben. Es entsteht etwas, was Karl Popper als selbst immunisierendes System bezeichnen würde: Das Feuilleton bestätigt den Kulturpolitikern, dass die Museumsdirektoren, die es ihnen eingeredet hat, die besten weit und breit sind. Und die Museumsdirektoren bestätigen den Sammlern und die Sammler den Museumsdirektoren, dass sie die richtigen Bilder kaufen. Am breiten Publikum geht dieser Handel völlig vorbei.

Natürlich hat es diese Spaltung des Kunstmarktes – in den der gewöhnlichen Leute und jenen der Kenner – immer gegeben. Ich behaupte jedoch, dass diese Spaltung niemals so tief gewesen ist und dass es nie zuvor so wenige Brücken zwischen diesen beiden Märkten gegeben hat. Die Bilder der großen Maler der Renaissance oder des Barock haben durchaus der Mehrheit der Bevölkerung gefallen. Als Rembrandt aufhörte, Flächen und Konturen mit der alten Schärfe zu malen und – wie in einer Vorahnung des Impressionismus – von Licht durchfluten ließ, hat ihm das zwar eine gewisse Kritik des Establishments eingetragen, aber keineswegs jene Ablehnung, auf die ein Joseph Beuys so stolz war. Die Bilder der Impressionisten waren zwar keine Marktrenner, aber sie ließen sich am Montmartre ganz brauchbar verkaufen. Natürlich gibt es das Beispiel des Vincent van Gogh, der zeitlebens nur ein Bild verkauft hat und doch der größte Maler seiner Zeit gewesen ist, aber wir haben daraus das umgekehrte Prinzip gemacht: Dass ein Maler vom Mann auf der Straße restlos abgelehnt wird, wird als Beweis seiner Qualität genommen.

These 3: Die Wiener Malerei – die deutsche kenne ich zu wenig – ist unerotisch geworden.

Die erotische Emotion, die ein Bild auslöst, ist nämlich eines jener primären Gefühle, die sich nicht zu wortreichen Theorien eignen. Man geniert sich dafür, ein Bild aus so niedrigen Motiven heraus attraktiv zu finden. Ich habe einen Freund, Heinrich Deutsch, der einmal als einer der wichtigeren österreichischen Bildhauer galt und eine Reihe von Preisen erhielt. Bis er dazu überging, vorzüglich weibliche Körper zu modellieren, die so beschaffen waren, dass man am liebsten mit seinen Bronzen geschlafen hätte. Seither bekam er kaum mehr einen Auftrag.

Der Markt der erotischen Malerei oder Bildhauerei wird den Eissalons mit ihren nackten Mulattinnen und den Epigonen der Wiener Schule des Phantastischen Realismus mit ihren irisierenden Arschbacken überlassen. Das war nicht immer so: Die Frauenfiguren eines Botticelli, eines Rubens, eines Ingres strahlen eine ungeheure Erotik aus und die „Badende" von Renoir habe ich als 14-Jähriger heimlich unter der Bettdecke angeschaut wie später meine Söhne ein *Playboy*-Häschen. Ein erotisches Werk der Wiener Gegenwartskunst führte hingegen vermutlich zum sofortigen Zusammenbruch jeglicher Erektion: Es stößt den Beschauer mit geradezu erotischer Inbrunst in die Askese der Abstraktion oder der Körperzerstörung.

Die zuständigen Künstler werden gegen dieses Urteil natürlich heftig protestieren und behaupten, dass ihr Werk in Wahrheit von der allergrößten Sinnlichkeit sei. Nur eben einer anderen als der primitiv erotischen. Bei dem einen oder anderen mag das stimmen, in den meisten Fällen hingegen ist es einmal mehr die Flucht in Worte, die, so würde ich psychoanalytisch schließen, eine angstvolle Flucht vor der Herausforderung der Erotik ist.

Ich halte diesen zunehmenden Verlust der Erotik in der Malerei für eine ihrer Katastrophen. Sie steht in unmittelbarem Zusammenhang mit der Ablöse der Augenmenschen durch die Wortmenschen in der Kunstkritik.

These 4: Die Kunstkritik hat eine völlig einseitige Vorstellung von künstlerischer Qualität.

Da es für Menschen, die keine Augen haben, sehr schwierig ist, qualitätvolle Malerei von Schmarren zu trennen, suchen die Betreffenden einmal mehr Zuflucht bei wortreicher Theorie. So glaubt man, ein einfaches theoretisches Kriterium zur Abgrenzung des Genialen vom Durchschnittlichen gefunden zu haben, indem man die „Originalität" eines Kunstwerkes misst. Und unter Originalität versteht man ebenso eindimensional, dass jemand etwas zum ersten Mal tut. So war etwa Baselitz für die Kunstszene so lange unerheblich, als er ganz gewöhnliche, eher gegenständliche Bilder anfertigte. Bis er diese Gegenstände plötzlich auf den Kopf stellte – und damit Weltruhm erlangte.

Dergleichen ist mittlerweile zur Manie geworden: Jeder junge Maler ist auf der Suche nach irgendetwas, worin er der Erste ist. Der Erste, der seine Bilder übermalt, der Erste, der Schnitte in die Leinwand macht, der Erste, der Bretter darüber nagelt, der Erste, der Klebebänder davon abzieht. Es gibt nichts, dass so absurd wäre, dass es nicht von irgendeinem Feuilleton-Redakteur mit einer Theorie ausgestattet und spaltenlang abgehandelt würde.

Nun will ich gar nicht bestreiten, dass Originalität ein wichtiges Element des Genialen ist, aber beileibe nicht das einzige. So hat Raphael der Malerei der Renaissance in keiner Weise etwas Neues hinzugefügt – er hat nur die von vielen beherrschte Form noch etwas brillanter beherrscht. Leonardo da Vinci, Cézanne oder Picasso haben Entdeckungen gemacht und stehen zu Recht im Geruch von Bahnbrechern. Aber Picasso wäre in meinen Augen auch dann ein großer Maler gewesen, wenn er nicht zum Schöpfer des Kubismus geworden wäre und nur, wie davor und danach, die malerischen Formen anderer aufgenommen und allenfalls weiterentwickelt hätte. Während umgekehrt Braque, der den Kubismus gleichberechtigt mit Picasso entdeckt hat, in weiteren hundert Jahren durchaus dem Vergessen anheim gefallen sein könnte. Jedenfalls bin ich überzeugt, dass sein Name weit überstrahlt wird von dem Egon Schieles, obwohl der „nur" die Formensprache Klimts zur Vollendung geführt hat.

Wieder ist es derselbe unsinnige Umkehrschluss: Natürlich ist es der besondere Vorzug eines Kunstwerkes, wenn es etwas völlig Neues in die Malerei einführt, aber deshalb ist doch noch nicht alles, was zum ersten Mal in der Malerei geschieht, auch schon genialisch. Und es ist insbesondere noch nicht alles unbedeutend, das sich in der Tradition der Malerei bewegt. Selbst noch jene Bilder, die ausdrücklich als „Schule Rubens'" oder „Schule Tizians" gekennzeichnet sind, stellen Prunkstücke unserer Museen dar.

Für einen Maler der Gegenwart wäre eine ähnliche Zuordnung tödlich: Dass sich in seinen Bildern Anklänge an große Maler des Jahrhunderts, von Cézanne bis Picasso, von Schiele bis Kokoschka, auffinden lassen, würde ihm sogleich als „Mangel an Originalität" angekreidet. Er hat nur eine Chance, wenn er wie Beuys auf die Unbildung seiner Kritiker stößt und ihnen künstlerische Aktivitäten, wie sie im Dadaismus gang und gäbe waren, als Neuigkeit verkaufen kann.

These 5: Der Kunstmarkt gefällt sich in einem unsinnigen Widerstand gegen alles Gegenständliche, sobald man es erkennt. Insbesondere, wenn es um die menschliche Figur und das menschliche Gesicht geht.

Begründet wird das wie immer mit einer einleuchtenden Theorie über die veränderte Aufgabenstellung der Malerei. Lange Zeit erfüllte sie bekanntlich auch – und dieses „auch" will betont sein – jene Aufgabe, die heute die Fotografie erfüllt: Ein reicher Mann ließ sich und seine Familie getreulich abbilden, sodass jeder seiner Angestellten ihn, seinen Hermelinmantel und seinen Jagdhund sofort erkannte. Tatsächlich kann das die Fotografie noch besser. Aber aus diesem Umstand muss doch noch nicht zwangsläufig geschlossen werden, dass das erkenntliche Abbilden ein Sakrileg ist. Große Bilder von Vincent van Gogh bis Toulouse-Lautrec, von Pablo Picasso bis Francis Bacon vereinen durchaus beide Qualitäten: Sie vermögen den Abgebildeten so darzustellen, dass wir ihn sofort erkennen, aber gleichzeitig schauen wir durch sein Gesicht hindurch auf die Landschaft seiner Seele.

Immer war die qualitätvolle Malerei mehr als Wiedergabe. Aber das heißt doch nicht, dass Wiedergabe ein Fehler qualitätvollen Malens ist. Seltsamerweise – ich meine charakteristischerweise – hat sich zu jenen, die den menschlichen Körper und das menschliche Gesicht systematisch unkenntlich machen, eine

Gegenströmung etabliert, die mit der Sehnsucht des Publikums nach „Abbildung" spekuliert: Die Fotorealisten bringen es teilweise fertig, sehr viel unsensibler und fantasieloser zu malen als jeder guter Porträtfotograf.

Das gilt in meinen Augen auch für Andy Warhol: Natürlich hat es seinen Reiz, Marilyn Monroe als Werbegrafik in Farbabzügen zu reproduzieren oder Konservendosen fotorealistisch abzubilden – aber man vergleiche das mit den Früchten oder Stoffen, die in Gemälden von Tizian oder Vermeer spielerische Zutaten zu herrlichen Porträts sind: Obwohl in keiner Weise fotorealistisch gemalt, übertreffen sie Warhols Dosen an Wirklichkeitsnähe um Längen – sie haben die Fähigkeit, in unseren Augen wirklich zu werden.

Aber Warhol hat es verstanden, sein Leben zu einem schockierenden Kunstwerk zu gestalten: Er hat es vermocht, dem Feuilleton einzureden, dass in seinem Atelier gemeinschaftlich gemalt oder gefilmt würde, und man hat es ihm so lange geglaubt, bis er es selbst dementiert hat. Denn es war eine gute Story, die noch dazu in die herrschende politische Vorstellungswelt gepasst hat: Jeder von uns ist eigentlich ein Künstler.

Niemand glaubt das so gern wie ein Feuilleton-Redakteur.

Zumal es damit gepaart war, dass Warhol zugleich das Gegenteil suggeriert hat: seine persönliche Einzigartigkeit. Er vermochte das Flair eines Genies zu verbreiten: exzentrisch, bereit zur Vernichtung anderer und zur Selbstvernichtung. Ein guter Film über ihn könnte ein großer Film sein – seine Werke sind passable Gebrauchsgrafik fürs kleinbürgerliche Wohnzimmer zu den verrückten Preisen, die blinde Milliardäre dafür bezahlen.

Zwischen den beiden Extremen, der Unkenntlichmachung und der lupenreinen Wiedergabe, verkommt das schöpferische Porträt, das ein Reaktionär wie ich vielleicht sogar von seiner Frau und seinen Kindern malen ließe, um etwas ganz und gar Provinzielles zu tun: Es ins Wohnzimmer zu hängen und sich noch zwanzig Jahre später darüber zu freuen, dass er die Beteiligten wiedererkennt, ohne sich dafür genieren zu müssen, dass er Kitsch an der Wand hat.

These 6: In ihrer Begeisterung für alles, worüber sich viele Worte verlieren lässt, hält die Kunstkritik alles, was irgendjemanden provoziert, auch schon für genial.

Einer, der auf diese Weise zum „großen Maler" hochstilisiert wurde, ist Hermann Nitsch, dessen „Schüttbilder" eine Zeit lang Empörung bei Lesern der illustrierten *Kronen Zeitung* auslösten, weil er Schweineblut dazu verwendete. Angeblich gehörte auch Bundespräsident Thomas Klestil nicht zu seinen begeisterten Anhängern, denn er versäumte es, eine seiner internationalen Ausstellungen zu eröffnen.

Ich weiß nicht, warum er das tat, und da er tot ist, kann man ihn nicht mehr fragen, aber es mehrte Nitschs Ruhm gewaltig: Das Feuilleton konnte einem eher bürgerlich-konservativen Bundespräsidenten vorwerfen, „einen der bedeutendsten österreichischen Maler" durch seine Abwesenheit „brüskiert" zu haben.

Ich halte Nitsch trotz dieser Brüskierung nicht für einen der bedeutendsten österreichischen Maler. Das hat mich, wie ich einem Leitartikel von Sigrid Löffler im *profil* entnehmen konnte, nicht nur unter die Hinterwäldler, sondern auch unter alle jene Banausen gereiht, die keine Ahnung davon haben, was Stand der Malerei ist.

Dafür kenne ich das eine oder andere von Nitschs Bildern, als er noch gegenständlich malte: Sie sind von so jämmerlicher, gartenzwergischer Biederkeit, dass man sie eher einem Kurs der Volkshochschule als der zeitgenössischen Malerei zuordnet. Es ist verständlich, dass Nitsch diesen Eindruck nur beseitigen konnte, indem er zum Gegenteil überging und begann, Farbe und Blut gegen die Leinwand zu schütten. Das hat offenbar eine gewisse befreiende Wirkung auf ihn gehabt, denn nicht nur sind ihm in der Folge ein paar brauchbare Grafiken gelungen, sondern auch einige andere sehr schöne, manchmal sogar aufregende Blätter. Sie werden durchaus zu Recht ausgestellt.

Dass Nitschs Ruhm über die Wiener Innenstadt hinausgelangte, liegt freilich ausschließlich daran, dass es ihm gelang, mit seinem Aktionismus Anstoß zu erregen. Dass einer möglicherweise Lämmer schlachtete, empörte Tierschützer, Gartenzwerge und *Kronen Zeitung*. Dergleichen bedingte reflexartig, dass Österreichs progressives Lager den Wiener Aktionismus zur großen Kunst erklärte. (Wobei man unter diesem progressiven Lager keineswegs nur Leute linker Herkunft vermuten sollte, verklemmte Bürgerliche, die Nitschs Bürgerschreck-Gehabe bewundern, leisten ebenfalls einen entscheidenden Beitrag – seine Aktionen erlösen auch sie aus ihrer angestammten Biederkeit.) Deutschlands progressive Journalisten schreiben von Österreichs progressiven Journalisten ab, und wenn dann der eine oder andere Engländer oder Franzose dazukommt, sind wir bei Nitschs internationalem Ruhm angelangt.

Die „Kanonisierung" durch Aufnahme in das eine oder andere Museum für moderne Kunst kann unter diesen Umständen nicht ausbleiben, denn die Museumsdirektoren bilden mit den Redakteuren des Feuilletons eine Geschmacks- und Interessengemeinschaft. Beider entscheidendes Kriterium für die Qualität eines Kunstwerks ist das Ausmaß des Aufsehens, d. h. der Anzahl der Worte, die es in den Zeitungsspalten provoziert.

These 6: Die Malerei hat Angst vor allem, was „gefällt", denn die Kunstkritik belegt es automatisch mit dem Vokabel „gefällig".

Ich möchte zur Illustration meines Missbehagens nicht Beispiele aus der Malerei, sondern die Entwicklung der Musik heranziehen (mit der ich ungleich weniger vertraut bin). Die meisten Werke der E-Musik vermitteln das Gefühl, geradezu krampfhaft alles zu vermeiden, was vom Ohr als Harmonie oder gar Melodie empfunden werden könnte. Umso mehr schwelgt die U-Musik in ohrgängigem Kitsch.

In der Malerei scheint mir eine ähnliche Entwicklung in vollem Gange: Ein Betrachter, der ein Bild als schön bezeichnet, entlarvt sich damit gegenüber dem Kenner sogleich als Banause, und der Maler, der dieses Urteil herausgefordert hätte, wäre restlos diskreditiert.

Das Wort „schön" kommt vom Wort „schauen". Seine Abwertung entspricht der Entwicklung in der Kunstkritik: der nahezu restlosen Verdrängung der Kritiker, die Bilder gerne anschauen (wie provinziell das schon klingt!), durch solche, die gescheit darüber schreiben.

Ps: Die einzige Möglichkeit, die bildende Kunst aus ihrer Isolation in Museen, in Empfangsräumen von Großunternehmen und Salons betuchter Sammler zu befreien, besteht darin, jedem Menschen zu erlauben, einen bestimmten Promillesatz seines Einkommens für den Ankauf von Bildern und Skulpturen (aber auch für die Veranstaltung von Hauskonzerten oder Dichterlesungen) von der Steuer abzuschreiben. Der Staat könnte den Betrag, der ihm durch eine solche Regelung entgeht, beruhigt bei der staatlichen Kunstförderung einsparen – diese Förderung ginge nur aus den Händen von Kunst-Beamten in die Hände Privater über. Mit dem eminenten wirtschaftlichen Vorteil, dass privates Kapital aktiviert würde. Natürlich kämen die vermehrten privaten Ankäufe auch trivialer Kunst zugute – aber die ernsthaften Galerien profitierten doch in einem entscheidenden Ausmaß.

Und mit ihnen die Künstler.

Es müssten nur die zuständigen Ministerien bereit sein, etwas von ihrer Macht – in diesem Fall der Macht, über Kunst zu bestimmen – abzugeben bzw. breiter zu verteilen.

34. Macht und ihr Verlust

Niemandem sollte man größeres Misstrauen entgegenbringen als Zeitungs-
machern, die von sich behaupten, Macht weder zu wollen, noch Macht zu
besitzen.

Das Zeitungsmacher Macht besitzen, scheint mir geklärt. Dass jegliche Art von Macht gefährlich ist, auch. Über die Frage, wie man sie teilen, begrenzen und kontrollieren muss, sind Bibliotheken voll geschrieben, sodass ich auch darüber kein weiteres Wort verlieren möchte.

Aber Macht ist auch etwas Herrliches – das Wort kommt von „machen". Wir „machen" Kinder, „machen" Geschäfte, „machen" Politik, Kino, Theater und sogar Liebe. Überall ist neben der notwendigen Fähigkeit auch ein Quäntchen Herrschaft in diesem „Machen" enthalten: Herrschaft über Materialien, Herrschaft über Finanzen, Herrschaft über Informationen und immer auch Herrschaft über Menschen. Alle Philosophen, von Aristoteles über Kant bis Rousseau, haben darüber nachgedacht, wie diese Herrschaft beschaffen sein soll und wie sie zu rechtfertigen ist, aber ohne ein komplexes System gegenseitiger Über-, Unter- und Einordnung ist soziales Leben nicht denkbar. Im Moment erleben wir gerade eine Phase, in der es schon als höchst anstößig gilt, sich zur Lust an ein wenig Herrschaft über eine Frau zu bekennen. Aber ich ziehe es vor, anderen Leuten dieselbe Lust an Herrschaft zuzubilligen, die ich selbst genieße: Die Frau, die ich ein ganz klein wenig zu beherrschen glaube, herrscht mindestens so sehr über mich – und gemeinsam machen wir Liebe.

Der Wunsch nach Macht ist ein segensreicher, nützlicher Instinkt, solange sein Ziel nicht die Macht an sich, sondern das Machen ist.

Als Herausgeber des *profil* war ich durch 18 Jahre ziemlich mächtig – ungefähr so mächtig wie ein Minister, wenn auch längst nicht so mächtig wie ein Landeshauptmann –, aber ich habe das nie deshalb genossen, weil ich ein hohes Gehalt, einen Dienstwagen und eine Sekretärin hatte oder weil ich Kollegen Anweisungen geben konnte, sondern weil ich auf diese Weise mit ihnen eine gute Zeitschrift machen konnte.

Als ich diese Macht in einem Anfall von Schwachsinn, vermischt mit Wahnsinn, hingeschmissen habe, ist mir weder das Gehalt noch die Sekretärin noch das Dienstauto oder der respektvolle Gruß des Portiers abgegangen – wohl aber das „Zeitung-Machen": Ich bin in eine so tiefe Depression verfallen, dass ich eine Schlafkur benötigt habe, um sie zu überwinden.

Wer einmal „machen" durfte, will nie mehr davon lassen: Nur dass er vielleicht vom Zeitung-Machen dazu übergeht, ein Buch oder Gedichte zu machen, um seine Freude an der Sprache auszuleben.

Das ist bis heute so geblieben: Ich wäre nicht deshalb gerne wieder Herausgeber einer Zeitung geworden, weil ich gern wieder mehr verdient oder mehr Ansehen genossen hätte, sondern weil ich dann zum Beispiel die Möglichkeit gehabt hätte, einer von mir für begabt gehaltenen jungen Frau oder ihrem männlichen Pendant vorzuschlagen: „Schreiben Sie doch einmal probeweise einen Text für uns" oder „Zeichnen Sie einmal probeweise einen Cartoon".

Wenn ich irgendetwas als Herausgeber oder Chefredakteur wirklich konnte, dann war es, Kollegen zu „Stars" zu machen: Reinhard Tramontana war ein durchschnittlicher innenpolitischer Journalist, bis ich anhand eines zufälligen Satzes in einem seiner Texte seinen Humor entdeckt und auf der vorletzten Seite des *profil* „profan" für ihn eingerichtet habe; der heutige Autor der *Süddeutschen Zeitung* Joachim Riedl war ein blutjunger Schulabbrecher und Mitarbeiter eines unbedeutenden Pressedienstes, bis er mit meinem Zuspruch (und gegen einigen Widerstand aus der Redaktion) schon nach drei Wochen seine erste Titelgeschichte für *profil* schreiben und mir gelegentlich das Götz-Zitat entgegenschleudern konnte; der Bauingenieur Alfred Worm ist mit seiner Aktentasche voller „Bauring"-Unterlagen erfolglos durch sämtliche Wiener Redaktionen gezogen, ehe er daraus für *profil* seine erste große Skandal-Geschichte komprimieren durfte; der spätere Gründer des Zirkus Roncalli, Bernhard Paul, hat mir eine einzige Zeichnung seiner Freunde Gottfried Helnwein und Manfred Deix gezeigt und der eine hat sofort den nächsten Cover, der andere den nächsten Cartoon gezeichnet.

Als wir im befreundeten Orac-Verlag Deix' erstes Buch verlegt haben, habe ich ihm, wie Helnwein, eine Weltkarriere prophezeit, wie ich sie selbst nie gemacht habe. Aber was für ein Vergnügen, die beiden „gemacht" zu haben, weil ich die Macht dazu hatte! (Denn so leicht ist das nicht immer gewesen: Deix stieß anfangs auf heftigen Widerstand wichtiger Eigentümer und entsprechend mäßiges Verständnis des mäßig musischen katholischen Geschäftführers. Und Gerhard Haderer, den ich Jahre später für *profil* entdeckte, stieß sogar auf beträchtlichen Widerstand der Redaktion: Sie wollte ihn nach seinem ersten, tatsächlich nur mäßig gelungenen Cartoon nicht mehr beschäftigt wissen und ich musste ihn „halten". Nur bei Gottfried Helnwein war es einfach, denn damals war Oscar Bronner mein einziger Chef, und der war ein Maler.)

Speziell für Eric: Du merkst schon: Es schimmert unverhohlener Stolz durch diese Zeilen: Ich, Dein Vater, habe das Talent dieser Leute entdeckt, ihnen ihre erste und wichtigste Chance gegeben und sie zeitweilig auch gegen Widerstand „gehalten". Sie sind, einer wie der andere, in ihrem Metier besser als ich in meinem, aber das war mir nie Anlass zu Neid, sondern ist mir Anlass zu Freude, denn ich durfte sie „machen" und erleben, wie sie dadurch nicht nur ihren Lebensunterhalt verdienen, sondern Literatur und Kunst „machen" konnten. (Ja, wie sie heute in der Lage sind, ausschließlich das zu machen, wozu sie Lust haben, während ich damals mit der Geschäftsführung ermüdende Kämpfe führen musste, ihnen adäquate Honorare zu bezahlen.)

Wer das Machen liebt, wird immer nur Freude daran haben, dass andere etwas machen, auch wenn sie ihn durch ihre Leistungen in den Schatten stellen. Denn im Licht oder im Schatten zu stehen, ist für ihn nicht der Maßstab: Zu machen oder nicht zu machen, ist die Frage.

Beileibe nicht nur für Journalisten – auch für Schlosser, Dreher oder Näherinnen: Das Fließband ist so entwürdigend, weil es den Menschen nicht mehr die Möglichkeit gibt, ein Kleid, einen Motor oder wenigstens einen seiner Bauteile zu machen, sondern sie auf einen Handgriff reduziert. Jeder Mensch will von irgendetwas, das andere angreifen, sehen, hören oder fühlen können, sagen, dass er es „gemacht" hat und dass in diesem „Machen" ein schöpferischer Akt, und sei es ein noch so kleiner, enthalten war: dass man ihn, den Macher, nicht sofort auswechseln und durch einen anderen ersetzen könnte, weil dann die Nähte vielleicht nicht ganz so gerade gezogen, die Zylinder nicht ganz so plan geschliffen wären.

Arbeiten, die überhaupt keinen solchen schöpferischen Akt mehr enthalten, soll eine Gesellschaft, die etwas auf sich hält, Robotern überlassen, denn sie sind menschenunwürdig.

Denn Menschen wollen machen.

Und dazu brauchen sie die Macht, etwas zu gestalten.

Speziell für Eric: Deshalb solltest Du Menschen, die sich zu ihrer Lust an der Macht bekennen, besonders schätzen, denn sie wollen etwas machen. Und deshalb solltest Du extrem misstrauisch sein, wenn jemand behauptet, ihm sei Macht vollkommen gleichgültig. Denn entweder er ist ein unglaublich öder Mensch – jemand, dem ein psychischer Defekt die Lust am Gestalten vorent-hält –, oder er lügt.

Ein Musterbeispiel der erfreulichen Kategorie ist der Vater des ORF Gerd Bacher.

Niemand hat sich zeitlebens so offen zu der ungeheuren Lust bekannt, „die größte Orgel des Landes" zu spielen.

Weil er seine Lust an der Macht so genau kannte, hat er diese Macht erstaun-lich liberal gehandhabt: Leute, die ihm politisch überhaupt nicht in den Kram passten – von Günther Nenning über Peter Turrini bis André Heller – erhielten durch ihn jede Chance, weil er auch bei ihnen die Freude am Machen (einer guten Sendung, eines guten Stücks, einer guten Show) anerkannte.

Peter Rabl, eine Zeit lang sein Schwiegersohn und nach mir Herausgeber des *profil* und dann des *Kurier,* war ähnlich: Er bekannte sich uneingeschränkt zu seinem Wunsch nach Macht – und das machte jede Auseinandersetzung mit ihm so ungleich angenehmer als die Auseinandersetzung mit einem Intriganten, wie ich sie davor mit meinem Stellvertreter gehabt hatte. Als mir mein Vertrag erlaubte, in „seinem" *profil* weiterhin den Leitartikel zu schreiben, erklärte mir Rabl ganz offen, er empfände das als unerträgliche Einschränkung seiner Macht, die Zeitschrift als ihr Herausgeber und Chefredakteur zu gestalten. Ich habe das verstanden und mir einen anderen Job gesucht, denn ich hätte diese Konstruk-tion auch als unerträglich empfunden.

Dieser Job kam einmal mehr von Christian Konrad als Raiffeisen-General. Er gehört zu den wenigen Politikern, die nie den geringsten Zweifel daran gelassen haben, dass sie Macht besitzen, genießen und auch auszuüben gewillt sind – den-noch war er ein ungleich liberalerer Eigentümer als diverse SP-Parteisekretäre, die ständig den Machtmissbrauch von Interessengruppen und Lobbys angeprangert haben. Er hat jede Raiffeisen-Kritik im *profil* zugelassen, wenn der betroffene Raiffeisen-Funktionär nur korrekt zu Wort gekommen ist (was sowieso eine jour-nalistische Selbstverständlichkeit sein sollte), und die Zeitschrift konnte und kann seine ÖVP so selbstverständlich kritisieren wie irgendeine andere Partei.

Als ich in seinem Auftrag die *Wochenpresse* übernommen habe, kam es zu einem charakteristischen Zwischenfall: Der befasste Anwalt versuchte den Ge-sellschaftsvertrag in einer Art vorauseilendem Entgegenkommen ständig so zu formulieren, dass fast alle Macht beim Eigentümer (letztlich Konrad) und fast keine bei mir als Geschäftsführer gelegen wäre. Bis Konrad ihn beinahe anfuhr: „Warum wolln'S ihm denn keine Macht geben? Er soll ja schließlich was machen. Ned ich."

Daher: Habe keine Angst vor Menschen, die sich zum Wunsch nach Macht bekennen, fürchte nur die, die diesen Wunsch bestreiten. Sie zerfallen in drei Gruppen: Diejenigen, die nur ihrer Umgebung etwas vorlügen; diejenigen, die sich auch selbst belügen; und diejenigen, die auf ihre eigenen Lügen noch vor ihrer Umgebung hereingefallen sind. Denn weil sie sich wirklich selbst glauben, dass sie eigentlich keine Macht wollen und keine Macht besitzen, bemerken sie gar nicht, wenn sie sie missbrauchen.

Hans Dichand, der allmächtige Hälfte-Besitzer der *Kronen Zeitung*, bestreitet nicht nur in jedem Interview, in seiner Funktion ungeheure Macht zu besitzen und auszuüben, sondern er hält sich – glaube ich zumindest – tatsächlich nur für einen Mann, der Trends innerhalb der politischen Landschaft früher und besser als andere erkennt und allenfalls verstärkt, nie aber „macht".

Deshalb macht er sie so skrupellos: Weil Justizminister Christian Broda ein politischer Todfeind von Dichands Gönner (und in Wahrheit Teilhaber) Innenminister Franz Olah war, war die *Kronen Zeitung* ein Todfeind Christian Brodas. Weil Dichand wie viele Angehörige der „Kriegsgeneration" der Ansicht ist, diese habe im Zweiten Weltkrieg keinerlei Schuld auf sich geladen, bekämpft die *Kronen Zeitung* wütend jede Kritik an der Wehrmacht: ist empört über Ausstellungen, die aufzeigen, dass auch sie in Kriegsverbrechen verwickelt war; oder kann nicht verstehen, dass man dem erfolgreichen Kampfflieger Walter Nowotny sein „Ehrengrab" – durchaus nicht seine bisherige Grabstätte – nimmt. Weil die Außenministerin der Regierung Schüssel, Ursula Plassnik, (zu Recht) eine von der *Kronen Zeitung* geforderte Volksabstimmung über den Lissabon-Vertrag ablehnte, schoss die *Kronen Zeitung* täglich Breitseiten gegen ihre sämtlichen außenpolitischen Aktivitäten ab und meuchelte Schüssel bis hin zu dem letzten Foto, mit dem er abgebildet wurde. Mit der gleichen Vehemenz erklärte die *Kronen Zeitung* Werner Faymann zum einzig brauchbaren Bundeskanzler, nachdem er Hans Dichand wissen ließ, dass er die berühmte EU-Volksabstimmung begrüßte.

Alles, ohne dass Hans Dichand die geringste Macht besessen hätte.

Charakteristisch für seinen Umgang mit der Macht ist, dass sich ihr stets kein einziger seiner Redakteure auch nur mit einer Zeile widersetzte: Wenn Hans Dichand gegen die Quellensteuer, oder jetzt die Vermögenssteuer, ist, dann kanzeln sämtliche Ressorts und Kolumnisten diese „Sparbüchlsteuer" und die angebliche Besteuerung der Omas und Schrebergärtner ab, wenn Hans Dichand gegen das Wasserkraftwerk Hainburg, das Kernkraftwerk Temelin oder die „Bürokraten" der EU ist, dann ist es die *Krone* von der Kultur- über die Leserbriefbis zur Titelseite.

Nicht, dass sie damit immer und überall unrecht haben muss, aber der Leser erhält nicht die Nuance einer Chance, sich aus der Berichterstattung sein eigenes Urteil darüber zu bilden.

Die Meinung der *Kronen Zeitung* ist immer nur die Summe der Meinungen ihrer Redakteure. Aber die Summe der Meinung ihrer Redakteure ist auf wundersame Weise konstant bis aufs Komma identisch mit der Meinung Hans Dichands.

Das kann nicht an seiner geschickten Handhabung der Macht liegen – es beruht auf Parapsychologie.

Politiker, die diesem geballten, mit drei Millionen Lesern größten Machtapparat der Republik gegenüberstehen, gehen davor leider seit Jahrzehnten in die Knie: Bei der internen Diskussion von Maßnahmen, die die SPÖ setzen wollte, spielte im Parteivorstand durch Jahre eine entscheidende Rolle, „was die *Krone* dazu sagen wird", und jede Chance des Linksliberalen Caspar Einem auf den Parteivorsitz war begraben, nachdem seine Gegner glaubwürdig aufgezeigt hatten, „dass die *Krone* total gegen ihn ist".

Einzig Wolfgang Schüssel hatte den Mut, dem Kleinformat zu trotzen, und büßte es nur deshalb nicht augenblicklich, weil er sich zufällig zu hundert Prozent auf dessen Linie befand: Als die EU wegen seiner Koalition mit der FPÖ die berühmten „Sanktionen" gegen Österreich verhängt hatte, übertrafen Schüssel und *Krone* einander in trotziger Empörung (der man angesichts der Toleranz der EU gegenüber Berlusconi und seinen Neofaschisten die Berechtigung nicht ganz absprechen konnte). Die *Kronen Zeitung* hätte sich selbst desavouieren müssen, wenn sie in dieser Phase gegen Schüssel gewesen wäre. Also ließ sie ihn ungeschoren, als er ein paar abfällige Bemerkungen gegen sie wagte.

Hans Dichand hatte schließlich Zeit: Schüssel kam schon noch in seine Gasse.

Politiker gehören fast durchwegs in die letzte Kategorie derer, die behaupten, keine Macht zu wollen: Sie lügen.

Natürlich wird man Politiker, weil man Politik „machen" will.

Natürlich braucht man dazu die Macht, gestaltend einzugreifen.

Natürlich ist man stolz auf die eigene, in diesem Zusammenhang erbrachte schöpferische Leistung.

Unter den vielen Dingen, die man „machen" kann, ist Politik nach einem Kunstwerk oder einer wissenschaftlichen Entdeckung wahrscheinlich das Schönste: Man kann das Zusammenleben der Menschen in der Gemeinschaft reibungsloser, erfolgreicher, vielleicht sogar glücklicher gestalten.

Statt das geringste Ansehen unter allen gehobenen Berufen zu genießen – wie das alle Umfragen hierzulande signalisieren –, sollte das Ansehen des Politikers eines der höchsten sein. Aber dazu müssten mehr Politiker den beschriebenen Unterschied zwischen Macht um der Macht und Macht um des Machens willen besser begreifen. Es müsste beispielsweise zwei Parteien, die miteinander koalieren, gelingen, gemeinsam vor allem auf gut gemachte Gesetze stolz zu sein, statt vor allem darüber zu streiten, wer den größeren Anteil daran hat oder – noch häufiger – dem jeweils anderen die größere Schuld an einem Misserfolg zuzuschieben.

Damit will ich nicht gegen notwendige Auseinandersetzungen polemisieren, auch nicht gegen die zugehörige Selbstbehauptung, sondern nur für mehr schöpferische Freude plädieren: Ich hätte es genossen, wenn die Freude von Alfred Gusenbauer und Willhelm Molterer über ein gelungenes Gesetz einmal glaubwürdig größer gewesen wäre als die Sorge, wessen Partei die Bevölkerung es gutschreiben wird.

Statt dass sie uns ständig mit gequälter Miene vorführen, wie sehr die „große Verantwortung" auf ihnen laste, wünschte ich mir, dass aus den Gesichtern von Politikern wenigstens hin und wieder die Freude spräche, dass sie das große Glück haben, Politik machen zu dürfen. Die gleiche Freude, die ein Forscher an seinem Mikroskop, ein Maler an seiner Staffelei, ein Journalist an seinem Schreibgerät empfindet.

Ich glaube, dass ihnen die Bevölkerung dann ihr keineswegs überhöhtes Gehalt weit weniger neidete. Es ist erstaunlich, wie wenig sie beispielsweise extrem hoch bezahlten Managern ihre Gagen neidet, sobald sie den Eindruck hat, dass die Betreffenden etwas geschaffen, unter Erbringung einer schöpferischen Leistung so gut wie kein anderer „gemacht" haben.

Macht um des „Machens" willen findet bei anständigen Menschen Beifall – Macht um der Macht willen erweckt selbst bei anständigen Menschen Neid.

In Österreich ist nicht nur die Abneigung jedes Menschen gegenüber jedem anderen Menschen, sondern auch der Neid jedes Menschen gegenüber jedem anderen Menschen bis zum Gemeinschaftsgefühl gesteigert. Deswegen sind wir eine Nation, in der man nicht nur bestreitet, Macht zu genießen, sondern auch sein Gehalt ängstlich geheim hält.

Selbstbewusstsein gilt grundsätzlich als Arroganz.

Ich war ohnehin nur in Bezug auf meine berufliche Leistung einigermaßen selbstbewusst, aber ich war es offen – und deshalb galt ich als überaus arrogant. Und bin unter Kollegen auf ein Maß an Neid gestoßen, das mich immer wieder völlig vor den Kopf gestoßen hat: „Du weißt eh, dass Dich der Soundso hasst", pflegten mir meine wenigen Freunde gelegentlich von wildfremden Kollegen zu berichten, mit denen ich nie ein Wort gewechselt, nie die geringste Auseinandersetzung geführt hatte.

Möglicherweise war eben das der Grund. Österreich ist ein Land, in dem man seine Einordnung in die Gemeinschaft durch gelegentliche Restaurant-, Heurigen- oder Bordellbesuche mit Kollegen demonstrieren muss – und ich bin nicht nur ins Bordell lieber allein gegangen.

In der Gasse vor dem Redaktionsgebäude des *profil* gab es zu meiner Zeit ein winziges Beisl, das wir mir Recht „Plastik" nannten und aufsuchten, wenn wir Zeit zum Mittagessen hatten. Ich hatte selten Zeit zum Mittagessen und musste manchmal mit Klienten mittagessen, die dies oder jenes wussten oder wollten. Noch jedes Mal, wenn ich eine Woche nicht im „Plastik" gewesen war, braute sich irgendeine kleinere oder größere Intrige zusammen. „Dein größter Fehler war", sagte mir einmal meine erste Frau, die die besten Topfenknödel der Welt kochte, „dass du den Verlagsleiter und die Kollegen nie mehr nach Mauer zu Topfenknödeln eingeladen hast – da kannst Du Dich nicht wundern, dass sie Dich nicht wie früher gemocht haben."

„Aber ich habe dem A geholfen, seine Genossenschaftswohnung zu tauschen, ich habe dem B einen Arzt gefunden, bei dem er eine Entziehungskur machen könnte, ich habe mich mit allen Mitteln für ein besseres Gehalt des C eingesetzt", versuchte ich dann mit ihr zu streiten.

Obwohl ich wusste, dass es sinnlos war: Meine Mutter ist an ihrem Arbeitsplatz zeitlebens auf die gleiche Animosität gestoßen, obwohl sie ihre Sekretärinnen immer höflicher als ihre Kollegen und ihre Kollegen immer mit dem größten Respekt behandelt hat.

„Ich dachte, Sie haben gern mit mir gearbeitet", meinte sie verblüfft zu einer Sekretärin, die sich nach Jahren der Zusammenarbeit kaum von ihr verabschiedete.

„Sie haben mich nicht einmal nach meinen Kindern gefragt", sagte die Sekretärin.

„Sie haben mich nicht einmal gefragt, wie es mir geht", sagte mir eine Sekretärin, die ähnlich kühl von mir zum *Kurier* wechselte.

Ich dachte immer, es sei genug, mit ihr ein überaus korrektes, höfliches Arbeitsverhältnis zu haben, und wollte ein persönliches Verhältnis nur zu zwei ganz bestimmten Sekretärinnen, mit denen ich bis heute in herzlichem Kontakt stehe.

Die Vermengung des Persönlichen mit dem Beruflichen war es, die mir bis zuletzt so schwer gefallen ist und gemäß allen Management-Lehrbüchern auch einen Fehler darstellt. Aber diese Lehrbücher sind unbrauchbar. Sie müssten erklären: „Machen Sie den Menschen, mit denen Sie zusammenarbeiten, den Eindruck, dass Sie auch auf die persönliche Beziehung zu ihnen den allergrößten Wert legen."

Aber ich konnte das nicht. „Nein, es ist mir nicht wirklich wichtig, was Sie von mir als Mensch halten", sagte ich einer durchaus netten, begabten Kollegin, als sie mir diese seltsame, in meinen Augen intime Frage stellte. Und hatte sie in den folgenden Auseinandersetzungen zur energischen Gegnerin.

Speziell für Eric: Frauen, davor warne ich Dich, sind in dieser Hinsicht gefährlicher als Männer: Sie glauben, von der Bettkante verwiesen zu werden, wenn man bloß etwas mehr Distanz zu ihnen sucht.

Trotzdem will ich Dich mit diesen Erörterungen alles eher als zu meiner Einstellung bewegen: Sie ist kontraproduktiv – und sie hängt vielleicht doch mit einer gewissen Unfähigkeit zusammen, die Sehnsucht des anderen nach Nähe und Anerkennung zu begreifen.

Der beste Lehrer, den ich jemals kennengelernt habe, ein gewisser Professor Karl Grohmann, der in seiner Ordination schwierige Kinder lernen lehrte, pflegte jedem von ihnen mit der größten persönlichen Achtung entgegenzukommen und sie für jede Zeile zu loben, die sie richtig schrieben.

Ich habe die längste Zeit nicht begriffen, wie wichtig das Loben ist: Gerade Journalisten sind in einem ungeheuren Ausmaß Kinder, die das Lob eines Vaters brauchen. Eigentlich hätte gerade ich das wissen müssen.

Aber dass man selbst keinen Vater hatte, der einen gelobt hat, verschafft keinen Vorteil an Erfahrung, sondern ist wahrscheinlich das größte Handicap.

Wirklich nett waren die meisten Kollegen zu mir erst, als ich nicht nur alle Macht verloren hatte, sondern durch meinen Strafprozess ganz unten war. Derselbe Kollege, der in meinen Schrank eingebrochen war, um mich zu desavouieren, schrieb Kommentare, die mir gegen eine überschießende Anklage helfen wollten. Niemand hat mich schief angeschaut, viele haben mir Glück zum Freispruch gewünscht und sich gefreut, wieder eine Kolumne von mir zu lesen, auch wenn die jetzt ganz hinten statt ganz vorne im Blatt stand.

Wer die Macht verloren hat, hat keine Neider mehr.

Und ich gestehe, dass mich das gelegentlich über den schmerzhaften Verlust des „Machen"-Könnens hinweggetröstet hat: Wie angenehm, nie mehr zu hören, dass dieser oder jener, den ich gar nicht kenne, mich hasst. Denn ich habe nie einen Kollegen gehasst, schlimmstenfalls nicht sonderlich gemocht. Und gehasst zu werden hat mich, entgegen meinem scheinbaren, „arroganten" Desinteresse am Urteil der anderen, verletzt: Ich habe es, wie meine Mutter, als ungerecht empfunden.

Jetzt, als Entmachteter, habe ich mich von niemandem mehr ungerecht behandelt gefühlt, sondern mir sagen können: An allem, was jetzt mit Dir geschehen ist, bist Du selber schuld. Der Umstand, dass mir die Macht nie um der Macht willen wichtig war und dass ich meinen Beruf nie so wichtig wie mein Privatleben genommen habe, hat sich jetzt zu meinem Vorteil entwickelt: Anders als bei meinem Ausscheiden aus *profil*, habe ich unter dem „Abstieg" zum Kolumnisten, der für ein Zehntel des Geldes schreibt, für das er seinerzeit geschrieben hat, nicht gelitten.

Und schon gar nicht unter dem Abstieg in der sozialen Rangordnung.

Der hat mich schon bei meinem Ausscheiden aus *profil* eher belustigt. Wir hatten dort am Eingang des Verlages einen Portier, der jedes Mal aufsprang, wenn ich das Haus verließ, um mir die Tür aufzuhalten. Ich fand das ungemein peinlich und habe ihn jedes Mal vergeblich gebeten, doch hinter seiner Theke sitzen zu bleiben, ich sei noch keine siebzig. Dann bin ich ein paar Tage nach meinem Ausscheiden mit einem schweren Kopiergerät, das mir privat gehörte, auf die Türe zugegangen und habe verzweifelt versucht, sie zu öffnen, weil ich beide Hände brauchte, das Gerät zu halten. Der Portier hat mir genussvoll zugeschaut und keinen Finger gerührt, um mir zu helfen.

Auch das merke Dir: Es sind die Kleinen, die es am meisten genießen, wenn einer, der oben war, herunterfällt. Die, die weiterhin oben sind, sind um vieles angenehmer. Erstens weil Du kein Konkurrent mehr bist – aber auch weil sie wissen, wie leicht man fallen kann.

Beim Bundeskanzler oder einem Minister habe ich selbst nach meinem Prozess noch einen Termin bekommen (nur dass ich eben etwas länger warten musste), beim Referenten einer Werbeagentur nur nach Urgenz.

Die einstige dünne Höhenluft, die man geatmet hat, verbindet.

Beruflich ist der Verlust der einstigen Stellung manchmal seltsam: Leute, die mit Zeitungen bisher nicht viel mehr zu tun hatten als dass sie sie gelesen haben, überprüfen jetzt die Korrektheit meiner Texte, erklären mir, wie sie stilistisch besser wären oder wie ein Layout beschaffen sein sollte. Mich auch nur zum Mit-Herausgeber der von mir gegründeten Jugendzeitschrift zu bestellen, ist für sie seit Jahren absolut undenkbar. Ich denke mir dann manchmal, dass das seltsam ist: Es könnte doch ein ganz klein wenig zumindest professionellen Respekt gegenüber jemandem geben, der die wichtigste Zeitschrift des Landes geschaffen hat. (Denn Oscar Bronner hat *profil* zwar gegründet – aber als Monatsmagazin, mit einem völlig anderen Konzept, das namentlich nicht gezeichnete Berichte in einem einheitlichen literarischen Stil und nur ein einziges Meinungselement vorsah. Bei seiner Veränderung zum Wochenmagazin von heute war er nicht mehr an Bord.)

Aber es ist unsinnig, auf diese Art von Respekt zu hoffen: Er hat ein klares Ablaufdatum. Es gibt ihn weder bei Organisationen, die einen, zu Zeiten, da man noch Macht besessen hat, um Fairness gegenüber erhobenen Vorwürfen gebeten haben, noch gibt es ihn in der eigenen Branche oder auch nur bei den Leuten, die einem nachgefolgt sind. Man hat sich damit abzufinden, dass man vor unendlich langer Zeit Herausgeber und Chefredakteur einer wichtigen Zeitschrift gewesen ist. Punkt. Ende. Es ist Verjährung eingetreten.

Das hat mich manchmal nicht nur erstaunt, sondern auch meine Eitelkeit ein wenig gekränkt. Aber nie ernsthaft. Die Kränkung wird bei Weitem von der Freude überwogen, die ich erlebe, wenn ich das Jugendmagazin aufmache und feststelle, dass auch der Herausgeber, der ganz allein darüber entscheidet, sich nicht von verzopften Protesten gegen sexuelle Aufklärung beeindrucken lässt oder meine Beiträge über Malerei gegen den Einwand verteidigt, dass Jugendliche sich kaum für dieses Thema interessieren.

Und die Lektüre des *profil* ist fast Woche für Woche mit der alten Freude verbunden: Es ist noch immer dieselbe unabhängige Zeitung, von der absolut niemand behaupten kann, dass sie dieser oder jener Partei, Institution oder Organisation aus der Hand fräße; die weiterhin gegen alles auftritt, was braun, xenophob oder antisemitisch ist; von der klar ist, dass sie jeden Skandal, von dem sie erfährt, auch zu Papier bringt. Ich genieße, wie überzeugend Christian Rainer die Unterschätzung Heinz-Christian Straches durch die schlafende Wiener SPÖ geißelt, wie glänzend Herbert Lackner meinen Freund Helmut Zilk beschrieben hat oder um wie viel besser als jeder Österreicher der Schweizer Sven Gächter das Wesen der *Kronen Zeitung* erfasst.

Ich haben dann das Gefühl, in dieser Zeitschrift weiterzuleben, obwohl mir Gächter zu Recht zu verstehen gegeben hat, dass ich mit seiner Bestellung zum Chefredakteur nicht das Geringste zu tun habe, und Christian Rainer wohl auch ohne meine Empfehlung an Christian Konrad Herausgeber des *profil* geworden wäre.

Anders als bei Reinhard Tramontana oder Manfred Deix kann ich mir auch nicht im Entferntesten einbilden, die beiden „gemacht" zu haben.

Aber auch ohne jede eigene Macht freut mich unendlich, was andere erstklassig „machen".

Schwerer fällt mir, zu akzeptieren, dass ich so gar nicht mehr gebraucht werde: nicht als Journalismus-Lehrer an einer Fachhochschule, nicht als Verwalter von Medien-Beteiligungen oder Berater dieses oder jenes Gremiums, das mit Medien zu tun hat oder sich medial präsentieren will. Allerdings war ich immer so eitel zu glauben, dass man an mich herantreten und mir Derartiges anbieten würde, statt dass ich mich um eine solche Funktion bewerben müsste. Auch das war ein kapitaler Irrtum: Wer einmal weg von der Macht ist und keiner „Partie" angehört, ist für immer weg vom Fenster.

Nicht zuletzt habe ich auch noch lange Zeit einen großen Teil des Jahres in Spanien gelebt und bin auch jetzt durch etliche Monate dort: Wenn man in bestimmten Wiener Kaffeehäusern oder Restaurants nicht mehr gesehen wird, ist man tot.

Nicht einmal zur Mitarbeit an einem Wiesenthal Institut hat man mich eingeladen, obwohl ich durch einige Zeit sein Angestellter und durch Jahre sein wichtigster medialer Mitarbeiter war und in schwierigen Zeiten ziemlich einsam hinter ihm gestanden bin. (Der Leiter des Wiesenthal Instituts, Professor Anton Pelinka, übrigens auch – das macht mir seine Bestellung verständlich, aber meine Nicht-einmal-Verständigung noch etwas unverständlicher.)

Nein, es wäre unehrlich, zu behaupten, dass mich solche kleinen Verletzungen überhaupt nicht berühren, aber sie berühren mich umgekehrt auch nicht sonderlich tief.

Ich wohne herrlich. Es geht mir nichts Essenzielles ab. Ich habe gesunde, erfolgreiche Kinder und eine wunderschöne Frau, um die mich sehr viel jüngere Männer beneiden. Sie hat in ihrer Jugend am Konservatorium Klavier studiert – ist damals immerhin bis in den Mozartsaal gelangt – und hat zuletzt in Spanien eine Reihe erfolgreicher Solokonzerte gegeben, nachdem sie sich entschlossen hat, noch einmal acht Stunden täglich zu üben. Ich habe nach Jahrzehnten wieder Gedichte gemacht, die meistens von Liebe handeln. Das hat uns die Möglichkeit erhalten, kreativ zu sein. Gelegentlich treten wir sogar gemeinsam mit einem Programm auf, bei dem ich Gedichte von Turrini über eigene bis Rainer Maria Rilke lese und sie Klavierstücke von Liszt über Brahms bis Alban Berg spielt. Titel: „Liebesträume und Todesahnung".

Als wir dieses Programm in Salzburg aufgeführt haben, habe ich behauptet, es seien dies die beiden wesentlichen Dinge im Leben eines Mannes: die Liebe und der Tod. Gerd Bacher, der im Publikum saß, hat das energisch bestritten: „Die Arbeit ist mindestens so wichtig."

Für mich nicht.

35. *Speziell für Eric:* „Liebesträume und Todesahnung"

Liebe ist ein Ausnahmezustand. Meistens dauert er mehrere Monate, wenn man Glück hat mehrere Jahre und in Ausnahmefällen mehr als ein Jahrzehnt. Dann geht er – wofür man immer noch sehr dankbar sein sollte – in den Normalzustand gegenseitiger Wertschätzung über. Die Sehnsucht nach Liebe bleibt, aber in dem Ausmaß, in dem man älter wird, frisst sie einen nicht mehr auf.

Eigentlich wollte ich das Kapitel über die Liebe an das Kapitel über die Ehe anfügen, es muss sich ja nicht zwingend um einen Widerspruch handeln. Es wäre dann vor dem Kapitel über den Orgasmus gestanden, und auch der hat ja einiges mit Liebe zu tun. Jedenfalls wünsche ich mir, dass auch Du Ehe, Liebe und Orgasmus nicht als Gegensätze empfindest.

Dass ich trotzdem erst so spät auf die Liebe zu sprechen komme, liegt daran, dass ich ähnliche Skrupel habe, mit Worten auf sie einzugehen, wie bei einem großartigen Bild: Ich habe Angst, dem Wunder nicht gerecht zu werden. Viel eher läge mir, die Liebe als einen biochemischen Vorgang zu beschreiben, denn das wäre von vornherein eine völlig andere Ebene, auf der man nicht Gefahr läuft, banal oder sentimental zu werden.

Da ich kein Biochemiker bin, beginne ich immerhin so trocken und analytisch wie möglich: Liebe ist für mich die Phase, in der sich zu einem Maximum an körperlichem Verlangen nach dem geliebten Menschen ein Maximum an gegenseitiger Wertschätzung addiert. Man will ununterbrochen miteinander schlafen, aber man findet den anderen auch so interessant, intelligent, anständig und verständnisvoll wie keinen zweiten Menschen auf Erden. Alles immer wechselseitig und von keinem Zweifel getrübt. Man glaubt kompromisslos aneinander und betet einander an, bildet zu zweit eine Sekte mit der Liebe zueinander als ausschließlichem Glaubensinhalt. Peter Turrini hat das viel besser in einem Gedicht ausgedrückt, das Teil des Programms ist, das ich mit meiner Frau vortrage:

> Im Namen der Liebe
> verschenken wir das Herz.
> Ich verblute.

> Im Namen der Liebe
> rauben wir uns den Atem.
> Ich ersticke.

> Im Namen der Liebe
> schreiben wir einen anderen Namen.
> Anstelle des eigenen.

Für mich noch schöner (Turrini möge mir verzeihen, aber ich hebe ihn durch diesen Vergleich sowieso bereits in den Olymp) sagt es nur Rainer Maria Rilke:

> Wie soll ich meine Seele halten,
> dass sie nicht an Deine rührt,
> Wie soll ich sie hinheben, über Dich, zu andren Dingen?
> Ach gerne möchte ich sie bei irgendwas
> Verlorenem im Dunkel unterbringen,
> an einer fremden tiefen Stelle, die
> nicht weiterschwingt,
> wenn Deine Tiefen schwingen.

> Doch alles, was uns anrührt, Dich und mich,
> nimmt uns zusammen, wie ein Bogenstrich,
> der aus zwei Saiten eine Stimme zieht.
> Auf welches Instrument sind wir gespannt?
> Und welcher Geiger hat uns in der Hand?
> Oh süßes Lied.

Du wirst verstehen, dass es angesichts solcher Gedichte absurd wäre, die Liebe in der Sprache eines Journalisten zu beschreiben. Dafür riskiere ich eine „Deutung": Turrini und Rilke haben nicht mehr geliebt, als sie diese Gedichte schrieben. Während man sich im Ausnahmezustand der absoluten Liebe befindet, ist man stumm, man hat für nichts Platz, das sich außerhalb dieser Liebe befindet. Erst wenn sie in dieser absoluten, sektiererischen Form vorüber ist, findet man Worte.

Es liegt in der Natur des Ausnahmezustandes Liebe, dass er nicht ewig andauern kann: Man ist nun einmal nicht der interessanteste, intelligenteste, anständigste Mensch der Welt und der Partner ist es wahrscheinlich auch nicht. Und die physische Anziehungskraft nimmt mit zunehmender Gewöhnung aneinander nun einmal langsam, aber sicher ab: Gerade weil man körperlich so oft „ein Fleisch" gewesen ist, hört der Körper des anderen irgendwann auf, „ein anderer Körper" zu sein, und damit verschwindet die elektrische Hochspannung zwischen zwei Körpern.

Katholisch hat das nichts zu sagen. Im ehelichen Alltag schon. Es bleibt die gegenseitige Wertschätzung, die nunmehr realistische Formen annimmt: Man hält den anderen – hoffentlich – für immer noch ziemlich anständig und relativ intelligent, doch meist nicht mehr ganz so interessant und entdeckt Lücken in seinem Verständnis. (Vor allem in seinem Verständnis für die eigenen Schwächen.) Aber dafür hat sich ein riesiger Schatz gemeinsamen Erlebens angehäuft, der eine neue Art von Verbindung schafft: An jedem Gegenstand der gemeinsamen Wohnung hängen gemeinsame Erinnerungen an seinen Erwerb; man kann nicht nach Venedig fahren, ohne an dem Hotel vorbeizukommen, in dem man zum ersten Mal gemeinsam übernachtet hat, und nicht in die USA, ohne sich zu erinnern, wie man sie gemeinsam mit dem Wohnwagen durchquert hat; nicht einmal Schubert kann ich hören, ohne mich zu erinnern, wie ich Deine Mutter durch acht Stunden einer Schubertiade an der Hand gehalten habe und im Paradies gewesen bin. Und schon gar nicht kann ich Dich anschauen, ohne mich an die Nacht zu erinnern, in der Du entstanden bist.

Die Ehe bleibt so lange eine gute, als die Summe aus verbleibender physischer Anziehung, verbleibender gegenseitiger Wertschätzung und angehäufter gemeinsamer Erinnerung größer ist als das Verlangen, noch einmal den Ausnahmezustand kompromissloser Liebe zu erleben.

Je älter man wird, desto unwahrscheinlicher wird das. Goethe ist zwar bekanntlich über achtzig noch in Liebe zu einer 16-Jährigen entbrannt, aber wer ist schon Goethe?

Und wer weiß, ob auch sie entbrannt ist.

Liebe ist auch keineswegs immer nur wundervoll. Sie ist es nur gelegentlich, aber da unvergleichlich. Da es um meine Liebe geht, will ich es Dir mit einem eigenen Gedicht aus unserem „Liebesträume"-Programm beschreiben:

Einfach so
an Deiner Seite liegen
und Deinen nackten Arm
zu mir herüberbiegen,
um ihn, als wäre es Dein Leib,
an mich zu pressen
und nicht zu wissen, wessen
Herzschlag ihn wärmt.

Einfach so,
die Finger Deiner Hand
zum Mund zu führen,
ihr zartes Fleisch
am Zungenrand zu spüren,
um sie wie Scheren eines Hummers
auszusaugen,
die Augen
zum Träumen geschlossen.

Einfach so
in den diffusen Zwischenräumen
des Schlafens und des Wachens
vor sich hin zu träumen
und nur zu fühlen,
wie sehr ich Dich liebe.
Am liebsten bliebe
ich auf immer
einfach so.

Aus diesem Himmel stürzt man von Zeit zu Zeit in die Hölle, die ich auch erlebt und unter die „Todesahnung" unseres Programms gereiht habe:

Heute früh bin ich aufgeschreckt,
weil mir war, als ob Du mich riefest,
ich habe die Hand nach Dir ausgestreckt,
doch Du tatest, als ob Du noch schliefest.

Doch ich konnte Dein Herz
verzweifelt flattern hören,
unter der dünnen Trennwand aus Leinen.
Ich habe gefragt: Darf ich Dich stören?
Du hast gesagt: Lass mich doch weinen.

Ich wollte Dich an mich ziehen,
damit Dein Weinen endet,
doch Du hast aufgeschrieen
und Dich zur Wand gewendet.

Da wollte ich Deinen Schrei
mit meiner Zunge ersticken,
doch Du hast nur die Lippen
doppelt so fest
aufeinander gepresst
und weiter geschrieen
wie von Sinnen
nach innen.

So sind wir allein
zu zweien im verlorenen Bett gelegen.
Du hast gesagt: Ich möchte jetzt schlafen.
Ich habe gefragt: Was hab ich getan?
Und habe geahnt:
So fühlt sich der Tod
mitten im Leben an.

Manchmal hat man sogar so restlos genug voneinander, dass man nur weg will. Aber man kann es nicht, weil man mit dem anderen in einem solchen Ausmaß ein Leib und eine Seele ist, dass man sich selbst entleiben müsste, um den anderen aus sich herauszureißen. Man ist, beinahe wie ein siamesischer Zwilling, mit ihm verwachsen:

Ich versuche,
Dich mir abzugewöhnen.
Ich streife Dich von meiner Haut.
Ich muss den Nachhall deiner Stimme übertönen.
Darum bin ich laut.

Ich versuche,
Deinen Geruch zu vergessen.
Ich spüle Dich aus meinem Mund.
Ich muss Dich aus meinen Gedärmen pressen.
Darum bin ich wund.

Ich versuche,
Dein Bildnis auszubleichen.
Ich atme Dich aus mir heraus.
Du darfst keine Tür mehr zu mir erreichen.
Ich habe kein Haus.

Ich versuche,
mein Erinnern zu verdrängen.
Wo Du je in mir branntest, will ich es kalt.
Du sollst mir nie mehr das Herz versengen.
Darum bin ich alt.

Ich versuche,
Dich aus mir herauszuwaschen.
Ich würge Dich aus meiner Kehle.
Kein Abdruck unsrer Liebe soll mich überraschen.
Darum stirbt meine Seele.

Alle Gedichte waren an Deine Mutter gerichtet. In der extrem glücklichen Zeit, die länger als fünfzehn Jahre gedauert hat, entstand gar keines. In einer nicht ganz so glücklichen Zeit entstand das erste, zärtliche. Die beiden unglücklichen entstanden, nachdem ich am Ende einer großen Krise schon nicht mehr wirklich unglücklich war: Es hat mir schon wieder Spaß gemacht, ein unglückliches Gedicht zu schreiben, das Deine Mutter so gut gefunden hat, dass wir es auch in unser Programm aufgenommen haben.

Wenn man einander sehr liebt, kann man einander zeitweise sehr auf die Nerven gehen. Aber selbst in diesen unglücklichsten Augenblicken hatte das Leben Sinn.

Meine Seele ist nicht gestorben.

36. *Speziell für Eric: „Bist Du der Tod?"*

Mit zwanzig kann man sich überhaupt nicht vorstellen, was es heißt, alt zu werden. Du solltest es Dir aber ein bisschen vorstellen können, damit Du mich in den kommenden zwanzig Jahren – wenn sie mir geschenkt werden sollten – besser verstehst. (Wobei ich diese Bitte lediglich aus literarischen Gründen nur an Dich richte – in Wirklichkeit richtet sie sich natürlich mindestens so sehr an Oliver, Sebastian und Katharina, obwohl die schon alt genug sind, um selbst die ersten Todeserfahrungen gemacht zu haben.)

Am besten Du vergleichst es mit den großen Ferien: Zu ihrem Beginn, unmittelbar nach Schulschluss, kann man sich ihr Ende überhaupt nicht vorstellen. Obwohl man vom Verstand her weiß, dass sie im September enden, erscheinen sie unendlich. Das geht bis etwa zu ihrem zweiten Drittel, dann beginnt, für den einen schleichend, für den anderen plötzlich, die Vorstellung eines Ferienendes Gestalt anzunehmen. Natürlich ist es noch weit – es gibt noch unglaublich viel Zeit, die Sonne und die Freiheit zu genießen –, aber die Dauer wird doch abschätzbar, wird auf einmal in Wochen, ja Tagen zählbar.

Von der durchschnittlichen Lebenserwartung eines Mannes in meinem Alter ausgehend habe ich noch mindestens zehn, vielleicht sogar zwanzig Jahre zu leben. (Das war vor ein paar hundert Jahren ein halbes Lebensalter – viel älter wurde man nicht.)

Aber die Unendlichkeit des Lebens, wie Du sie empfindest, hat entschieden aufgehört: Man erkennt ein Ende.

In meinem Fall liegt der erste Hinweis jetzt rund dreißig Jahre zurück. *Profil* hat damals in jedem Winter einen Skitest veranstaltet und als begeisterter und recht passabler Skifahrer habe ich in der schwächsten Gruppe (die beste war Ex-Rennläufern des österreichischen A-Kaders vorbehalten) jedes Mal mitgemacht. Eines Tages habe ich am Skilift sitzend feststellen müssen, dass mir das rechte Knie – ohne dass ich gestürzt wäre – in abgewinkelter Stellung teuflisch wehgetan hat und offenbar auch etwas geschwollen war. Ich habe es daraufhin in den nächsten Nächten mit irgendeiner Salbe eingeschmiert, und als es nicht besser geworden ist, bin ich zum Arzt gegangen. Der hat eine Röntgenaufnahme gemacht und mir mitgeteilt, die Sache sei klar, ich hätte eine ziemliche Arthrose.

„Was ist das?", habe ich gefragt.

„Eine Abnützungserscheinung. Die Knorpelschicht ist nicht mehr überall intakt, sodass sich Knochen auf Knochen reibt."

„Und was kann man da machen?"

„Nix. Jedenfalls fast nix. Das kommt mit dem Alter."

Er hat mir dann trotzdem ein paar gute Ratschläge gegeben: „So wenig Fleisch wie möglich essen! Moorbäder nehmen! Das Knie nicht überanstrengen, aber umgekehrt auf keinen Fall einrosten lassen!" Und ich bin nicht nur fünf Jahre weiter beim Skitest mitgefahren, sondern fahre bis heute zumindest so gut wie Du. (Denn wenn man ziemlich gut fährt, kann man mehr oder weniger auf dem linken Ski allein fahren und das rechte Knie einfach an das linke anlehnen.) Aber Tennisspielen kann ich nicht mehr. (Es sei denn, ich nehme in Kauf, nach jedem Spiel einen Tag lang nicht gehen zu können.)

„Wenn man siebzig ist und einem beim Aufstehen nichts wehtut, ist man tot", hat mir ein echter Freund freundschaftlich erläutert und ich habe zu lachen versucht.

Dabei ist das Knie längst nicht das Schlimmste.

Das Schlimmste ist die Prostata, die zu der Blutabnahme geführt hat, der Du dieses Buch verdankst: Die altersbedingte Abnahme des Testosteronspiegels lässt sie wachsen, und wenn sie zu stark wächst, ist sie der Blase im Weg. Vor allem aber bringt ihr Wachstum keineswegs die alte Leistungsfähigkeit zurück – das Testosteron wird weniger und weniger.

Und die Libido mit ihr.

Du merkst schon an der Verwendung so vieler lateinischer Fachausdrücke, dass mir das Thema keinen so wirklichen Spaß macht, denn normalerweise pflege ich mich so klar und leicht verständlich wie nur möglich auszudrücken.

Nicht dass es keine Freude mehr machte – bei Gott nicht –, aber es ist keine so große Freude mehr, und sie hält vor allem auch nicht mehr so lange an. Das verringert – ich halte mich jetzt allgemein, anstatt von mir zu sprechen – vor allem die Freude der Partnerin und damit die eigene Freude, ihr Freude zu machen.

In allen Zeitschriften kannst Du lesen, dass ein Mehr an Zärtlichkeit dieses Weniger an Dauer jederzeit wettmacht, aber das ist so wenig wahr wie der ebenso häufig zu lesende Satz, dass es „nicht auf die Größe" ankommt. Dergleichen ist lieb gemeint, aber ich habe zeitlebens nicht dazu geneigt, mich zu belügen oder belügen zu lassen: Weniger Testosteron bedeutet im wesentlichsten aller Zusammenhänge weniger Mann.

Und das zu wissen bedeutet, zu wissen, dass man von nun an älter geworden ist. Es ist nicht mehr wie früher, obwohl man sich mehr anstrengt.

Selbst wenn man sich durch Laufen fit hält, den Bauch klein hält, indem man sich gesund ernährt, den Haarausfall mit Alpecin zu stoppen sucht – die Aura, unbezwinglich zu sein, ist unwiederbringlich dahin: Man geht nicht mehr wie John Wayne, wenn das Testosteron nur mehr um 0,4 liegt, man schaut nicht mehr wie Alain Delon aus und man spricht eine Frau nicht mehr wie George Clooney an. Maximilian Schell hat das am präzisesten formuliert: „Als ich bemerkt habe, dass Frauen, die mir begegnet sind, einfach durch mich durchgeschaut haben, hab ich gewusst: Jetzt bin ich alt."

Wenn einen eine junge Frau trotzdem anschaut, ist Vorsicht am Platz. „Halt Deine Brieftasche fest", pflegt Deine Mutter charmanterweise zu sagen. Ohne sie bin ich kühner: Als Du neulich abends nicht und nicht nach Hause gekommen bist, obwohl wir verabredet waren, bin ich ins „Flex" gegangen, um Dich dort vielleicht unter den Tanzenden aufzustöbern.

Ich hatte meinen eleganten dunklen Mantel an, den mir Dein Bruder Sebastian geschenkt hat, darunter einen Rollkragenpullover, der die Falten am Hals verdeckt, und kam frisch vom Friseur. Prompt hat mich, als ich im Gedränge an der endlosen Bar vorbeigehen wollte, ein ausnehmend hübsches, leicht beschwipstes blondes Mädchen überfallen und ihre Arme einfach um meinen Hals geschlungen, obwohl sie bestimmt kein Animiermädchen war.

Vielleicht sollte ich doch öfter allein ausgehen?, habe ich gedacht.

„Bist Du der Tod?", hat sie mich lächelnd gefragt. „Denn Du schaust genauso drein."

Deine Mutter hat sich krummgelacht, als ich ihr die Geschichte erzählt habe. Deshalb habe ich ihr gar nicht mehr weiter erzählt, dass mir die hübsche Blondine beim Rückweg noch ein zweites Mal um den Hals gefallen ist. Warum soll eine hübsche junge Frau in ihrem Dusel es nicht ganz reizvoll finden, mit dem Tod zu schlafen, wo mit dem Teufel zu schlafen doch durch Jahrhunderte ein reizvoller Wunschtraum so vieler Jungfrauen gewesen ist?

Ich habe jedenfalls versucht es so auszulegen. Und bei dieser Vorstellung sehr vergnügt mit Deiner Mutter geschlafen.

Denn sie steht der Blondine im „Flex" optisch noch immer um nichts nach. In einem ähnlichen Lokal in Marbella, in dem es auch schon ziemlich dunkel war, hat ein ähnlich junger Mann sie angesprochen und gefragt, was sie studiert. Sie ist gerade mit Jus fertig geworden, hat sie gesagt, obwohl das fast vierzig Jahre her war. Nur als er ihre Telefonnummer haben wollte, hat sie ihm eine falsche gegeben. Und einen sehr gut aussehenden gemeinsamen Bekannten wollte sie in der Früh partout nicht begrüßen, weil die Sonne bereits herunterbrannte, während sie noch immer nicht zum Schminken im Bad gewesen war.

Auch sie ist nicht mehr ganz so jung, wie sie es einmal war. Aber im Unterschied zu mir kann sie es wieder sein, wenn sie sich anstrengt. Das ist mein Pech – aber das ist auch mein Glück: Frauen bleiben länger jung als Männer, und wenn sie einem nicht davonlaufen, können sie einem bis ins hohe Alter die Blondinen ersetzen, die wissen wollen, ob man der Tod ist.

Ein bisschen ernster: Für Frauen gibt es die Pille, die ihnen nach den Wechseljahren Hormone zuführt, um ihnen die typischen Beschwerden dieser Jahre zu ersparen. Natürlich gibt es Ärzte, die das gefährlich finden, weil es das Risiko von Brustkrebs angeblich minimal erhöht, und Feministinnen, die es ablehnen, weil es eine Fortsetzung der Unterwerfung unter die Schönheitswünsche des Mannes darstellt.

Ich kann schwören: Ich habe meiner Frau nicht angedroht, sie nicht mehr zu begehren, wenn ihre Haut nicht mehr so glatt wie früher ist. Sie hat die Hormonpille im Einverständnis mit ihrem Arzt ganz von selber genommen. Und ich freue mich darüber, dass ihre Haut noch fast so glatt wie früher ist und dass sie im Halbdunkel einer Bar von einem Zwanzigjährigen angesprochen wird.

Solange sie ihre Telefonnummer für sich behält.

In Würde älter werden heißt unter anderem, sich darüber freuen zu können, dass der andere jünger bleibt. Solange er's nicht übertreibt.

Früher haben ja vor allem die Männer übertrieben. Sie sind es vor allem gewesen, die mit „grauen Schläfen" noch für sehr viel jüngere Damen attraktiv gewesen sind, und sie haben das durchaus ausgenützt. (Wobei eine dickere Brieftasche, wie sie einem in diesem Alter im Allgemeinen zur Verfügung steht, dieser Attraktivität sicher nicht im Wege war. Finanzielle Potenz ist Teil der Aura eines Mannes.) Aber das hat sich geändert. Die Brieftasche interessiert doch fast nur mehr die Animiermädchen. Und siebzig ist siebzig – bei einem Mann um einiges sichtbarer als bei einer Frau.

Wir müssen uns anstrengen, mitzuhalten. Auch schon mit dreißig anfangen, auf die Figur zu achten. Die Haut der Sonne nicht zu sehr aussetzen, damit sie nicht zu früh allzu ledern wird. Nicht erst mit fünfzig, sondern fast schon in Deinem Alter ins Fitnessstudio gehen. Wir haben, nicht minder, sondern eher mehr noch als Frauen die Pflicht, auf unseren Körper zu achten, denn alle medizinischen Erkenntnisse sprechen dafür, dass er in seiner Haltbarkeit dem weiblichen Körper unterlegen ist. Wenn Du so alt sein wirst wie ich, wird die Medizin vermutlich auch uns Männern ein wenig mit Pillen helfen. Nicht nur mit Viagra, sondern auch mit Testosteron, das die Urologen derzeit im Allgemeinen nur mit Bauchschmerzen verschreiben, weil es Prostata-Krebs zwar nicht bewirkt, aber sein Wachstum beschleunigt, wenn er in Ansätzen schon in der Prostata lagert. Und das tut er angeblich bei einem großen Teil der Männer über sechzig, also der Männer meiner Altersklasse.

Ich muss mich also bis auf Weiteres mit der Hoffnung begnügen, dass der jugendliche Anblick Deiner vom Schicksal und von der Medizin bevorzugten Mutter meinen Testosteronspiegel im entscheidenden Augenblick aufs notwendige Maß anhebt. Denn vor der Zeit an Prostata-Krebs zugrunde gehen möchte ich nicht. Das war auch der Grund, warum ich den Arzt damals sofort aufgesucht habe, als mein PSA – der Indikator für die Möglichkeit eines Prostata-Karzinoms – plötzlich von zwei auf vier gestiegen ist. Allerdings gibt es verschiedene Fraktionen des PSA und von ihrer Zusammensetzung hängt es angeblich ab, wie kritisch der Wert ist.

„Ihre Chancen stehen 50 : 50", sagte der Professor, als er mir die Blutprobe abnahm – ich glaube, er hatte Freude an diesem leisen Sadismus.

Da ist mir ein Bekannter eingefallen, der zwei Jahre nach dieser Frage tot war. Und gleich darauf, was ich Dir eigentlich noch sagen wollte: Ich wünsche mir – jetzt kann ich es ja ohne Umschweife sagen –, dass Du ein ganz klein wenig wirst wie ich, damit ich nicht nur in Katharina, Sebastian und Oliver, sondern auch ein ganz klein wenig in Dir weiterlebe.

Ja, es geht ums Weiterleben nach dem Tod. Jeder wünscht sich das – davon leben die Kirchen. Ich glaube ausnahmsweise mit ihnen, dass es das gibt. Als einem jungen Mann aus unserem Freundeskreis der Vater gestorben ist, ist es mir gelungen, ihn mit diesen Worten zu trösten: „Dein Vater ist nicht ganz weg. Er ist noch da – in Dir. Ich kann ihn sehen, wenn ich auf Deine Gesten, Deine Redewendungen, Deine Haltungen gegenüber diesem oder jenem achte, darin, wie Du jetzt Deinen Kopf zu mir drehst, sehe ich Deinen Vater, denn genau so hat er ihn mir zugewendet. Achte darauf, jetzt wo er nicht mehr da ist, dann wirst Du bemerken, wie sehr er noch in Dir weiterlebt."

Ich glaube, dass die meisten Kinder es irgendwie als Trost empfinden, dass ihre Eltern auf diese Weise in ihnen fortleben. Ich hoffe, dass meine Kinder da keine Ausnahme sind.

Auch das hängt ein wenig mit meinem Alter und mit dem „Weiterleben nach dem Tod" zusammen: Wenn man um die siebzig ist – wenn man dazu schon zweimal einen Herzinfarkt hatte und einem immerhin schon einmal die oben beschriebene Blutprobe entnommen wurde –, dann hält man das eigenen Leben nicht mehr für unbegrenzt. Man lacht nicht laut aus sich heraus, sondern lächelt still in sich hinein, wenn einen ein junges Mädchen umarmt, um zu fragen: „Bist Du der Tod?"

Denn man hat, wenn man glücklich so alt geworden ist, keine Angst mehr vor dem Tod. Ich jedenfalls nicht. Teils weil er mir manchmal schon relativ nahe war, teils weil ich ihn in meinen unglücklichsten Momenten schon das eine oder andere Mal gestorben bin, letztlich aber, weil ich ein reiches Leben führen durfte.

Es gibt ein wunderbares Gedicht von Rainer Maria Rilke, das die Zeile enthält:

„Oh Herr, gib jedem seinen eigenen Tod / das Sterben, das aus jenem Leben geht / darin er Liebe hatte, Sinn und Not."

Ich bin im Besitz dieses eigenen Todes, denn ich hatte in meinem Leben Liebe, Sinn und Not. Ich müsste nicht verzweifelt aufschreien, dass mir etwas vorenthalten wurde, wenn ich jetzt stürbe, sondern der Bogen des Lebens hätte sich eben etwas früher zu Ende geneigt.

Jeder Tag, den ich länger leben darf, ist sozusagen ein Geschenk, über das ich mich freue.

Das führt dazu, dass man in meinem Alter trotz oder gerade wegen des Wissens um das unvermeidliche Ende des Lebens eine gewisse Heiterkeit gewinnt: Wie wunderbar zu wissen, dass einem vielleicht noch zehn, zwanzig Jahre geschenkt sind!

Sobald man heiter über den Tod nachdenken kann, meint man sich weise. Ich weiß nicht, ob man es wirklich ist – vielleicht ist man nur eitel –, aber man glaubt sich berechtigt, ja sogar verpflichtet, etwas von der im Laufe des Lebens erworbenen Weisheit weiterzugeben: Die Erfahrungen, die man gemacht hat – so meint man –, sollten doch nicht vollkommen umsonst gemacht worden sein; die politischen Vorstellungen, die man mit vierzehn erworben, mit zwanzig verteidigt und mit fünfzig relativiert hat, sind doch vielleicht auch für andere von Interesse; was man über Macht und Ohnmacht, Erfolg und Misserfolg, Gunst oder Neid gelernt hat, ist doch vielleicht auch für andere nutzbar; was man von der Liebe und der Verzweiflung weiß, kann doch vielleicht auch die Verzweiflung eines anderen ein wenig lindern – dass es die Liebe eines anderen beflügeln könnte, sollte man nicht erwarten.

So hoffärtig darf man auch im Alter nicht werden.

Namenregister

Reinhold Gärtner

**POLITIK DER
FEINDBILDER**

Rechtspopulismus
im Vormarsch

192 Seiten
Format 13,5 x 21,5 cm
gebunden mit Schutzumschlag

ISBN 978-3-218-00798-6
Kremayr & Scheriau, 2009

Die Feindbilder sind alt und bekannt, werden je nach Bedarf geändert und an aktuelle Befindlichkeiten angepasst.

Kontinuierlich werden in UN-Berichten Fälle von Rassismus und Fremdenfeindlichkeit in Österreich aufgezeigt und kritisiert – und ebenso kontinuierlich werden diese hier bestritten. Steht es so schlecht um die österreichische Sensibilität, dass die alltäglichen Diskriminierungen, Misshandlungen und Brutalitäten nicht einmal dann wahrgenommen werden, wenn andere darauf aufmerksam machen? Oder kann man dagegen etwas tun?

Eine erschreckende Bestandsaufnahme und ein Aufruf, rechtspopulistischen Strömungen nicht tatenlos zuzusehen.